서사철학
Philosophy of Tale

이야기 탐구의 아이리스

서사 철학

PHILOSOPHY of TALE

김용석 지음

휴머니스트

| 지은이의 말 |

인간에게 이야기 취향은 본능적이다. 이것은 일상에서 감지할 수 있고, 역사적으로 증명할 수 있으며, 과학적 가설과 실험으로 설명할 수도 있다. 이는 또한 생물세계의 별종인 '문화적 동물'로서 인간의 특성을 잘 보여준다. 인간에게는 서사적 정체성이 있다.

더구나 오늘날 우리는 도처에서 서사 욕구를 감지한다. 이야기를 짓는 능력이 더욱 요구되는 시대에 살고 있기 때문이다. 지금 이 시대를 스토리텔링이 대세인 시대라고도 한다. 이야기 짓기는 더 이상 문학 작가의 과제만은 아니다. 다양한 전문 분야의 과업 수행에서, 곧 정치와 외교에서도 기업 경영에서도 문화 행사에서도 사회사업에서도 인간관계에서도 이야기를 풀어내듯 과제에 임하는 능력이 요구된다.

왜 그럴까? 무엇보다도 서사적 접근은 '설득력'을 갖기 때문이다. 설득이란 무리(無理)하지 않는다는 뜻이다. 그것은 힘겨운 일을 억지로 우겨서 하지 않는다는 현명한 의지의 표현이다. 그러기 위해서는 이치를 터득하는 일이 필요하다. 곧 철학이 필요하다. 서사철학 개발의 실용적 의미는 여기에 있다. 아리스토텔레스가 이미 수사학의 본질이 '설득'임을 가르치고, 고대 그리스 비극에서도 설득력 없는 이야기는 관객에게 수용될 수 없음을 시학의 핵심 주제로 설파한 것은 당연하다.

　물론 서사철학이 철학의 한 분야인 이상, 이 모든 것의 바탕에는 뜻깊은 철학적 주제가 깔려 있다. 그것은 지난 2500여 년 동안 철학과 자연과학의 논쟁 중심에 있어왔던 '실재와 허구'에 관한 문제이다. 그것은 고대 신화에서 현대 자연과학과 전위예술에 이르기까지 명시적이든 잠재적이든 인류 지성사에서 일관되게 제기되어왔던 문제이다. 인식론에서는 진리와 자연법칙에 대한 접근성의 문제로 다루어져왔다. 인간에게는 진리에 대한 직접성의 문제가 존재한다. 태양을 직접 보면 실명할 수 있다. 태양에 가까이 가면 소실된다. 그러나 우리는 태양의 자연법칙을 수식으로 표현할 수 있고, 다양한 예술적 방식으로 묘사할 수 있다. 우리는 시·공간의 실재에 대해서도 과학적 확신이 없다. 그것을 설명하기 위해서는 '허구'가 필요하다. 허구만이 인간에게 '수용될 수 있는 실재'일지 모른다. 또한 우리는 허구를 구성하는 과정에서 사물의 이치를 깨닫는다. 이런 인식론적 문제는 특히 '과학 서사'를 다룬 3부에서 심도 있게 다루고 있다. 그곳에서 "예술은 허구로서 완성되고 과학은 허구로서 출발한다"는 명제의 의미도 탐구한다.

　이야기 듣기의 즐거움과 편안함 때문에 우리가 오해하는 것이 있다. 이야기 짓기와 이야기 공부가 쉬울 것 같다는 짐작이 그것이다. 그러나 이야기는 하늘에서 떨어지지 않는다. 이야기를 창조하기 위해서는 공을 들여야 한다. 당연히 이야기를 탐구하는 작업도 '힘겨운 일'이다. 이야기가 제공하는 즐거움과 편안함은 이야기 짓기와 이야기 공부하기의 노력에 비례한다. 그러나 힘겨운 일을 억지로 우겨서 하지 않는다면, 곧 무리하지 않고 이치적으로 접근한다면 우리는 매우 흥미롭고 의미 깊은 세계에 들어설 수 있다.

　그러기 위해서는 무엇보다도 각각의 이야기에 대한 탐구가 선행되어야 한다. 곧 구체적인 서사 작품에서 이야기에 관한 득도의 길을 시작해야 한다. 구체적 작품에 철학적으로 접근한다는 것은 문화철학의 방법론에서 기본이다. 문화철학은 인간의 만드는 행위와 만든 것에 대한 탐구이기 때문이다. 이 책에서는 서사 구조를 기반으로 하는 신화, 대화, 진화, 동화, 혼화, 만화, 영화의 일곱 가지 텍스트를 다룬다. 이를 통해 신비와 합리, 말과 행동, 관찰과 개념, 은폐된 이야기, 환상과 현실, 공간 여행과 시간 곡예, 비가역성과 대칭성이라는 일곱 가지 주제가 어떻게 이야기에 작동하고, 이것으로 이루어진 이야기의 세계는 무엇인지 탐구한다. 그러므로 텍스트 분석의 작업은 불가피하다. 그것은 문헌학적 연구 방법의 치밀함을 기본으로 하면서도 그것을 넘어서 다양한 적용의 가능성을 탐색하기 때문에 지난한 작업이다. 이것이 독자에게는 어렵고 지루하게 느껴질 수 있다. 하지만 '이야기를 위한 새싹'을 발견할 수 있다면 보람 있는 일이다.

  나는 일곱 가지 특색을 지닌 장르에 대한 연구로 구성된 이 책이 '이야기 탐구의 아이리스'이기를 바란다. 고대 신화에서 무지개의 여신 아이리스(Iris)는 날개를 달고 얇은 베일을 쓴 모습으로 묘사되었다. 이 베일은 햇빛을 받으면 무지개의 일곱 가지 색을 띠었다. 아이리스는 무지개를 상징하지만, 좀더 넓게는 무지개가 나타내듯이 하늘과 땅의 결합 내지 천상의 신과 지상에 사는 인간의 연계를 상징한다. 나는 여기에 한 가지 상징을 더 붙이고 싶다. 무지개는 자연 현상 가운데서 매우 독특하게 '구성된' 것이다. 햇빛과 물방울이 절묘하게 만나 구성된 '아이리스의 베일'은 자연의 '허구'이다. 거기에는 미련이 남을 수밖에 없는 지고의 아름다움과 영원을 보장받은 순간적 감동과 소멸이 임박한 환희의 비극성이 있다. 누구든 이 책에서 이야기를 위한 '아이리스의 베일'을 찾아낸다면, 지난한 작업에 대한 값진 보상이 될 것이다.

  이제 독자를 위해 실용적인 조언을 하나 해야겠다. 내용의 차원에서 다음과 같은 점을 염두에 두면 독서에 도움이 되리라고 생각하기 때문이다. 첫째, 이 책은 서사 구조의 분석과 함께 철학적 함의를 담고 있다(그 함의는 미래세계까지 연장된다. 이런 뜻에서 '이미 현재인 미래를 전망하며'라는 글이 각 부 말미에 있다). 이 두 가지 차원이 단계적으로 기술되어 있다기보다 서로 긴밀하게 교직(交織)되어 있다. 둘째, '1부 신화'에서 '7부 영화'까지 다양한 창작 분야를 다룰 때에는 각 부의 1장에 그 분야의 특성에 대한 나의 입장을 기술했다. 이것은 그 분야에 대한 일반적 해설이 아니라, 각 분야의 구체적 작품에 서사철학적으로 접근하는 데 필요한 방법론적 전제와 사전 지식을 제공하는 역할을 한다. 셋째, '서장 서사철학'을 제외하고, 1부에서 7부까지 굳이 차례로 독서할 필요는 없다. 돈키호테 같은 발상일지 모르지만, 각 부는 '책 속의 책'과 같아서 독자의 관심과 취향에 따라 부를 선택해서 읽을 수 있다. 이 책은 다학제적 시험의 장이기도 하다. 차례로 읽으면 각 부 사이를 관통하는 사상의 흐름을 포착하는 데 도움이 될 수 있다. 어떤 방식을 택하든 독자의 이해를 돕기 위해, 각 부에 기술된 내용 사이의 연관성을 알려주는 각주를 곳곳에 달아두었다(예를 들어, '2부 3장 참조', '4부 2장 05 내용 참조', '7부 3장에서 좀더 자세히 다룸' 같은 경우를 말한다). 다만 '서장 서사철학'을 먼저 읽을 것을 부탁하고 싶다. 그리고 '프롤로그'와 '에필로그'의 독서는 작가에 대한 최소한의 적선이다.

오늘날 전문 분야에서 진지하고 탁월한 작업을 수행하고 있는 과학자들은 과학과 과학의 대중화를 명확히 구분하지 않는다. 이는 다른 학문예술 분야에서도 마찬가지로 수용해야 할 태도이다. 대중의 지적 능력과 역할을 소중하게 대하지 않고는 학문예술의 발전도 없기 때문이다. 전문 학자가 실험적 도전을 할 수 있는 것도 대중의 실력 덕분이다. 나는 그 실력을 믿는다.

실험적인 도전은 항상 힘겹다. 20세기 초 '놀이하는 인간'에 관한 독창적 책을 쓴 하위징아는 문화의 주제를 다룰 때에는 "과감하게 공격해야 한다"고 했다. "나는 지금 쓰거나, 그렇지 않으면 아예 쓰지 말아야 한다." 나를 하위징아 같은 대가에 비유하는 것은 아니다. 그의 말로부터 용기를 얻을 뿐이다. 이제 치기 같은 과감성으로 독자에게 이렇게 권하고 싶다.

  실재와 허구에 관한 오랜 철학적 주제에 대해 미래를 위하여 성찰하고 싶다면, 이야기 구조에 대한 철학적 분석의 재미를 즐기고 싶다면, 추리적이고 '말이 되는' 이야기를 지을 준비를 하고 싶다면, 스토리텔링 콘텐츠의 아이디어를 얻고 싶다면, 지식의 시대에 지식의 샘에서 목을 축이고 싶다면 Ecce Liber, 미천하지만 여기 '책'이 있다.

2009년 10월 12일

| 프롤로그 |

나는 한 마리 호랑이를 만들 수 있으리라
— **호르헤 루이스 보르헤스**

우리는 호랑이 담배 필 적 이야기를 시작하면서 이미 호랑이가 담배 핀다는 이야기를 지어내고 있다. 하나의 이야기는 단순히 하나의 이야기에 그치지 않는다는 간단하면서도 충분한 이유 때문에 '이야기 짓기'는 고갈되지 않는다. 그러나 나 같은 사람은 이야기를 잘 지어내지 못한다. 멋진 호랑이를 그려내지 못한다. 이야기꾼 보르헤스의 과장된 한탄처럼 "나의 꿈들은 내가 그토록 가지기를 바라는 그 맹수를 결코 탄생시킬 줄 모른다." 때로는 "호랑이가 나타나기는 나타난다. 그것은 사실이다. 그러나 그것은 해부되어 있거나, 허약하기 그지없거나, 온전치 못한 형상들을 가졌거나, 용인할 수 없는 크기를 가졌거나, 쉽게 흐트러져버리거나, 개나 새를 닮은 그런 호랑이다."

그럼에도 한 마리 호랑이를 사유할 수는 있다. 현기증을 일으키는 호피의 줄무늬를 해독하고 전율이 감도는 황홀한 위용에 감싸인 골격과 근육의 율동을 짐작해낼 수는 있다. 그곳에 온갖 의미가 있다. 의미 추적은 깊은 구멍을 천착하듯 재미있다. 해낼 수 있다는 느낌이 오면 언제든 시작할 수 있다. 그러므로 이야기를 사유하는 서사철학은 실험적 접근을 선호한다. 섣불리 완성된 이론이기보다 지속적인 시론(試論)이기를 바란다. 그것이 또한 이야기를 사랑할 수 있는 길이다.

필로뮈토스(philomythos), 곧 '이야기 사랑하기'의 여정으로서 서사철학은 존재한다. 그러면서 아리스토텔레스가 던진 포이에시스(poiesis)의 화두, 곧 '만들어내는' 일의 의미를 붙들고 이 세상에 편재하는 '이야기의 신(神)'이 남기는 흔적들을 탐색한다. 우리가 서사 취향을 지녔다는 사실은 이 세상이 이야기의 중층 구조로 되어 있다는 과감한 의혹을 품게 한다. 우리는 이야기를 지어내면서 누군가가 만들어내는 이야기 속에 살고 있는지도 모른다. 신화의 시대처럼 신은 언제나 이야기 속에 있으며, 이야기 창조의 신으로 존재한다. 시인들은 이런 세계를 노래한다. 보르헤스도 희망했듯이 시인이 이야기 만드는 사람이 되고 이야기를 읊조리는 때가 올 것이다. 시인이 지어내는 이야기, 그것은 니체처럼 시심을 질식시키는 서사를 증오했던 철학자도 기쁘게 하리라. 그러면 시와 이야기 사이를 철학이 비집고 드나들며 유쾌한 접촉음을 낼 수 있을 것이다.

■ 일러두기

1. 이 책의 외래어 표기는 다음과 같은 기준에 따랐다. 첫째, 고대 그리스·라틴 문화의 인명과 지명은 원칙적으로 피에르 그리말(Pierre Grimal)이 편찬한 《그리스 로마 신화 사전 (*Dictionnaire de la mythologie grecque et romaine*)》의 한글 번역본(백영숙·이성엽·이창실 공동 번역, 강대진 감수, 열린책들, 2003)을 따랐다. 이와 함께 고대 그리스 서사시와 비극에 나오는 인명과 지명의 경우에는 천병희 번역의 작품들도 참고했다(이 경우 각주에 표시했다). 다만 우리의 일상용어로서나 학술용어로서 관습화된 표현은 그대로 두었다(예를 들면 '아테나이'라고 하지 않고 '아테네'로 했으며, '헬라스'가 아니라 '그리스'라고 했다). 그리스어의 입실론(Y) 표기는 편의상 일부 '이'로 했으며, 쌍자음을 굳이 발음대로 표기하지 않았다. 예를 들어 'Aischylos'를 '아이스퀼로스'가 아니라 '아이스킬로스'로, 'Odysseia'를 '오뒷세이아'가 아니라 '오디세이아'로 했다. 둘째, 근현대 서양 지명과 인명은 '한글맞춤법 어문 규정'을 따랐다.

2. 일부 중요한 참고문헌일 경우 독자의 편의를 위해 인용문의 쪽수 표시를 할 때, 원서 쪽수 옆 괄호 안에 번역서의 쪽수도 함께 표시했다. 이 경우 '참고문헌 목록'에도 원서 다음에 번역서 서지 사항을 적었다. 필요한 경우에는 원서와 번역서를 비교하여 인용문의 번역을 수정 보완했고 일부 윤문했다. 본문과 각주에 도서와 논총 및 정기간행물은 《 》, 논문은 〈 〉로 표시했다. '필름 자료'는 〈 〉로 표시했으며, '참고문헌' 목록 다음에 '필름 자료' 목록을 따로 작성해 첨가했다.

| 차례 1 |

- 지은이의 말   5
- 프롤로그   12

서장 **서사철학** ——————— 21

1부 **신화** ——————— 67

2부 **대화** ——————— 143

3부 **진화** ——————— 225

4부 **동화** ——————— 365

5부 **혼화** ——————— 443

6부 **만화** ——————— 509

7부 **영화** ——————— 575

- 에필로그   646
- 참고문헌   652
- 찾아보기   663

| 차례 2 |

서장 서사철학

01 철학이 하는 일　23
필로소피아로서 철학 | 원리·윤리·진리 | 설리-'이야기 철학' 문을 열다 | 서사 취향의 숨은 이유

02 철학과 서사의 구체적 만남　48
서사 인프라 | 서사와 철학 | 이야기 탐구로서 서사철학 | 텍스트 탐구의 방식들

1부 신화

1장 신비와 합리, 이야기의 헤르마프로디토스

01 편재하는 신화　71
02 신화, 시, 그리고 철학의 관계에 대하여　77

2장 비합리적 세계의 '서사적 견인차'로서 합리성

01 이야기의 합리성에 대하여　89
아리스토텔레스의 입장 | 신화와 비극

02 뮈토스 안의 로고스: 라이오스 가문의 이야기　98
비합리의 덫 | 합리적인, 너무나 합리적인

03 원리와 합리적 선택: 아트레우스 가문의 이야기　107
인과의 원리 | 선택의 합리

04 오이디푸스와 오레스테스 사이　120
'합리성의 비극'과 '비극의 합리성' | 수수께끼 풀기와 법정의 재판 | 복수와 도망 | 처벌과 면죄, 그리고 여운

05 이미 현재인 미래를 전망하며　130
신호를 보낼 뿐이다 | 누가 '호모 사피엔스'를 찬양하는가?

- 지은이의 말　5
- 프롤로그　12
- 에필로그　646
- 참고문헌　652
- 찾아보기　663

2부 대화

1장 말속의 행동, 철학자의 액션 드라마

- 01 서사철학과 서사적 철학 — 147
- 02 '인생 이야기'와 '세상 이야기'로서 철학 — 154

2장 철학자의 삶과 죽음, 그리고 그 너머

- 01 소크라테스 — 161
  소크라테스와 아테네 | 소크라테스의 대화 방식들
- 02 테트라로기아 — 173
  기승전결 | 회상, 그리고 예언
- 03 《에우티프론》: 준비하기 — 179
  두 가지 소송건 | 아포리아
- 04 《소크라테스의 변론》: 나아가기 — 185
  유죄 판결과 사형 선고 | 실패한 변론?
- 05 《크리톤》: 돌아서기 — 191
  크리톤 코드 | 법을 넘어서 진행되는 이야기
- 06 《파이돈》: 정리하기 — 198
  플라톤은 어디 있나? | 닭 한 마리의 보은
- 07 행동하는 사변가, 이야기를 만들다 — 205
  미움을 사다 | 목숨을 걸다 | 체념의 덕을 보이다 | 새로 태어나다
- 08 이미 현재인 미래를 전망하며 — 219
  '이야기 짓는 삶' 또는 '삶의 미적 구성' | '완벽한 이야기'를 찾아서?

3부 진화

1장 생명과 자연, 그리고 이야기의 기원

- 01 불변과 변화 — 229
- 02 '자연'이 '역사'가 되고, 자연사가 '살아 있는 이야기'가 될 때 — 240
- 03 진화하는 진화론 — 244

2장 진화의 이야기, 이야기의 진화

- 01 다윈의 플롯들 — 249
  언어의 문제 | 은유와 유비 | 이야기
- 02 다윈의 개념들 — 270
  '실재와 허구'에 대한 성찰 | 왜 '이야기'인가? | 관찰과 개념 | 삶을 위한 투쟁 | 변이와 선택 | 개념과 서사
- 03 이야기의 새로운 기원 — 306
  아리스토텔레스의 원칙과 다윈의 서사 | 이야기의 분기 진화 | 이야기 짓기의 기원
- 04 비극의 암호 — 329
  필연성 | 시간의 비가역성 | 희석되는 의인화 | 이야기의 신
- 05 이미 현재인 미래를 전망하며 — 347
  윤리적 관성 | 진화의 종점 | 인간은 무엇이 되고 있는가?

4부 동화

1장 순수함이 은폐하는 이야기의 비밀

01 아이의 신화   369

02 동화 읽기의 방식들   373

2장 닫힌 사회와 그 친구들

01 열린 사회의 욕구와 닫힌 사회의 존속   381
포퍼와 베르그송 | 대한민국, 열림에의 의지, 그리고 김소진

02 안데르센의 《미운 오리 새끼》: 닫힌 사회의 모델들   388
백조의 이야기 | 닫힌 사회로의 여정

03 황선미의 《마당을 나온 암탉》: 아직은 닫힌 사회의 친구들   394
암탉과 오리 이야기 | 열린 사회의 친구들은 어디에?

04 두 작품, 같은 소재, 유사 전개, 다른 구조, 두 결과   402
두 작품 | 같은 소재 | 유사 전개 | 다른 구조 | 두 결과

05 이야기와 타자성   411
서사적 이해 | 서사적 정체성 | 서사가 은폐하는 타자성

06 이미 현재인 미래를 전망하며   430
닫힘의 망령과 엶의 포용성 | 노마디즘과 에레미티즘, 그리고 하이퍼텍스트 사회 | '예쁜 오리 새끼'와 '마당에 들어온 암탉'

5부 혼화

1장 환상예술과 서사 구조

01 '혼화'라는 말에 대하여   447

02 환상예술로서 혼화에 대하여   449

2장 환상의 분명함과 현실의 모호함

01 〈백설공주와 일곱 난쟁이〉: 현실과 환상의 경계, 그리고 '분명함의 철학'   467
이분법적 세계 구상의 전략 | 분명함의 윤리학

02 〈토이 스토리〉: 현실과 환상 사이, 그리고 '모호함의 철학'   479
혼재의 전략 | 모호성의 인간학

03 〈백설공주와 일곱 난쟁이〉와 〈토이 스토리〉 사이   487
두 작품의 드라마적 요소 | 해피엔딩의 방식 | 제3의 방식: 〈이웃집 토토로〉

04 이미 현재인 미래를 전망하며   496
'판타리얼리티'의 시대 | 우리는 다시 영혼을 이야기할 수 있는가? | 누가 엔터테인먼트 세계의 진지성을 의심하는가?

6부 만화

1장 에픽과 아포리즘

01 영상문화의 세계 513
02 만화의 서사적 특성 517
03 카툰과 코믹스 521

2장 공간 여행자와 시간 곡예사

01 공간과 시간에 대하여 527
　공간과 시간의 문화 | 공간과 시간의 역설
02 《코르토 말테제》: 공간 여행자의 존재 이유 535
　대서사시의 여정 | '토피아'의 향연 | 자유의 신화, 그 유혹의 힘
03 《피너츠》: 시간 곡예사의 존재 의식 549
　역해석의 아포리즘 | '크로니아'의 오수 | 진실의 소통 양식
04 《코르토 말테제》와 《피너츠》 사이 560
　'프레임 서사'의 제약과 해방 | 환상과 현실, 그리고 이야기
05 이미 현재인 미래를 전망하며 564
　'하이퍼스타' 같은 영웅 | '모-순의 감내'를 표상하는 문화

7부 영화

1장 흐름과 구조, 또는 비가역과 대칭성

01 영화의 현실: '있음'과 '남아 있음' 579
02 잔상의 구성 583
03 잔음의 효과 586
04 잔실의 서사 589

2장 비가역의 드라마와 대칭성의 판타지

01 비가역과 대칭성 595
　비가역적 조건과 시간의 재발견 | 대칭성의 다양한 의미
02 《8월의 크리스마스》: 강화된 비가역성 603
　시간, 그리고 의식된 죽음 | 흘러가버릴 사랑 이야기
03 《인생은 아름다워》: 잠재적 비가역성 610
　'펼쳐지는 양탄자' 같은 이야기 | 선물과 희망
04 《형사 Duelist》: 가미된 대칭성 619
　드라마를 판타지로 | 변증 구조의 도입
05 《맨 인 블랙》: 구조적 대칭성 627
　차원의 상대성과 물리적 장난 | 배제되는 시간성
06 이야기 짓기의 패턴들 634
　서사의 원형과 변형 | 이야기쟁이의 자유
07 이미 현재인 미래를 전망하며 637
　짧은 시간, 깊고 긴 이야기 | 옛날과 훗날의 이야기

서사철학

Philosophy of Tale

01 철학이 하는 일

철학은 무엇을 할 수 있는가? 철학이 무엇을 할 수 있는지 알아보기 위해서는 지금까지 철학이 무슨 일을 해왔는지 탐색하는 것이 우선일 것이다. 이것은 또한 다른 학문 분야와 달리 철학이 숙명처럼 자신의 정체와 존재 이유에 대한 물음을 그칠 수 없는 것과 깊이 연관되어 있다. '철학의 과제' 수행은 '철학의 이름' 찾기와 뗄 수 없다.

필로소피아로서 철학

여기서 우리가 철학이라고 하는 것은 '필로소피아(philosophia)'를 지칭한다. 필로소피아를 직역하면 '애지(愛智)', 즉 지혜를 사랑한다는 뜻이다. 플라톤은 대화편 《심포지온(향연)》에서 지혜에 대한 사랑으로서 철학의 의미를 잘 보여주고 있다.

"사랑은 지혜와 무지의 중간에 있다. 그렇기 때문에 어떠한 신(神)도 지혜를 사랑하는 자, 즉 철학자가 아니다. 그는 이미 지혜롭기 때문이다. 지혜로운 자는 지혜롭기를 바라지 않는다. 이미 지혜로운 자는 지혜를 찾아가는 철학적 과업을 수행하지 않는다. …… 한편 완전히 무지한 자들도 철학을 하지 않으며 지혜롭기를 갈구하지도 않는다. 그 이유는 무지라는 것이 실제로는 전혀 아름답지도 훌륭하지도 지혜롭지도 않은 사람들로 하여금 자신들이 충분히 아름답고 훌륭하며 지혜로운 사람이라고 착각하게 만들어주는 불행한 것이기 때문이다. …… 지혜란 가장 아름다운 것 속에 있는 것이고, 진정한 사랑이란 가장 아름다운 것에 대한 사랑이다."[1]

서구 철학의 역사에서 필로소피아를 지혜 자체인 소피아(sophia)와 확연히 구분하게 된 것은 소크라테스와 플라톤의 영향 때문이다. 그것은 지자(知者)라는 소피스트의 출현과 이에 대한 비판의 과정에서 나온 산물이기도 하다. 철학자는 소피스트처럼 지를 소유한 자가 아니라 지를 한결같이 사랑하는 자, 곧 애지자라는 의미는 이렇게 인류 사상사에서 자리매김하게 된다.

그러나 필로소피아라는 말은 그 이전에도 사용되었으며, 그 어원처럼 '끊임없이 탐구한다'는 의미를 지니고 있었다. 철학적 태도란 끊임없는 탐구로 세상 만물과 인간 삶의 이치를 추구하는 것이다. 그러므로 사유의 극단을 시험하며, '존재하는 것 전체'를 아우를 수 있고 꿰뚫어볼 수 있는 통찰력을 지향한다.

그런데 지를 끊임없이 사랑함으로써 전체에 대한 진리에 가까이

---

1 플라톤, 《심포지온(향연)》, 204a~204b.

가려는 것은 일상적이지도 않고 상식적인 태도도 아니다. 누구나 그렇게 하길 원하는 것도 아니고 그렇게 할 수 있는 것도 아니다. 그러므로 필로소피아가 탐구라는 차원에서 자연과학을 포함한 모든 학문의 모체임에는 틀림없지만, '얼른 보아' 실용적인 지식이나 일상생활의 지혜와는 거리가 있어 보인다.[2]

이런 점에서 철학자는 일반적으로 일컬어지는 현자와 구분된다. 《철학자 열전》을 쓴 디오게네스 라에르티오스에 의하면 그리스 고대 역사의 초기에 '일곱 명의 지혜로운 자'들이 있었다. 그들은 모두 시를 지었으며, 실용적인 지식을 갖추고 있었고, 공적인 일을 수행하는 사람들이었다. 예를 들어 솔론은 위대한 법률가였으며 아테네의 정치적인 기틀을 완성해가는 데 매우 중요한 역할을 했다. 칠현자는 뛰어난 지혜와 행동의 신중함 그리고 정치적 식견을 갖추고 있었다. 그들이 지녔던 삶의 지혜와 사물에 대한 직관은 오늘날 우리도 존경할 만한 것이다. 하지만 이것은 아직 '끊임없는 탐구'로서 필로소피아는 아니다.[3]

그렇다면 이런 생활의 지혜를 가르치는 현자와 달리 철학자들이 필로소피아의 정신으로 찾고자 한 것은 무엇인가? 그것은 크게 세 가지 세상의 이치라고 할 수 있다. 원리(原理), 윤리(倫理), 진리(眞

---

2 철학이 실용적이지 않다는 것은 사실 '겉보기'의 문제이다. 철학적 태도는 즉각적인 실용효과를 지향하지 않기 때문이다. 이는 자연과학과 인문학 등 모든 기초 학문의 특성이기도 하다. 철학을 비롯한 학문은 즉각적으로는 비실용적이지만 엄청난 '비즉각적 실용성'을 제공한다. 또한 탐구과정에서 산출되는 수많은 부수효과들이 매우 실용적으로 활용될 수 있다.
3 전문 철학의 개념에서 보면, 이른바 철학의 생활화를 추구하며 내세우는 "누구나 철학자이다"라는 명제는 맞지 않다. 그것은 생활의 지혜라는 차원에서 말할 수 있는 것이다. 오히려 누구나 철학자인 사회는 끔찍한 세상일 것이다.

〈플라톤의 향연〉, 포이어바흐, 1869년

理)가 그것인데, 철학의 학문 체계는 오랫동안 이것들을 위해서 형성, 발전해왔다고 해도 지나친 말이 아니다.

원리 · 윤리 · 진리

원리의 탐구

아리스토텔레스는 자신의 저서 《형이상학》 1권에서, 이 세상 모든 것들의 존재를 설명하는 유일한 '원리'에 관한 최초의 철학적 명제를 제시한 사람은 탈레스라고 했다. 다시 말해 탈레스는 '원리란 무엇인가?'라는 질문에 대답을 하려고 시도했던 최초의 인물이다. 이런 의미에서 탈레스를 철학의 효시라고 한다.

여기서 아리스토텔레스가 원리라고 표현한 것은 그리스어로 아르케(arché)인데, 탈레스가 이 말을 사용한 것은 아니다(그것은 탈레스의 제자인 아낙시만드로스가 처음 만들어 사용한 것으로 알려져 있다). 그러나 고대 사상에서 아르케의 의미를 내포하는 철학적 명제를 최초로 제시한 사람은 탈레스라고 할 수 있다. 아리스토텔레스가 해석하듯이 탈레스는 "물로부터 모든 것이 나오고, 종국에는 모든 것이 물에 귀속한다. …… 그러므로 현상이 변해도 하나의 현실은 변함 없이 존속한다"[4]고 주장했다.

이것을 정리하면 첫째 물은 모든 것의 원천이고, 둘째 물은 모든 것의 귀결이며, 셋째 물 그 자신은 변함없이 존속하는 근본 '실체(實體)'인 것이다. 이에 아리스토텔레스를 거쳐 서양 사상에서 매우 중

---

4 아리스토텔레스, 《형이상학》, 983b.

요한 이론으로 정립되어갈 실체(substance)의 개념이 그 맹아를 보이는 것이다. 실체로서 물은 우선적이고 근본적이며 지속적인 것이다. 따라서 부차적이고 파생적이며 단절적인 것에 반하는 존재이다.

그렇다면 탈레스는 어떻게 물이 만물의 원리라고 주장하게 되었을까? 아리스토텔레스의 설명을 계속 들어보자. "새로운 철학적 사고를 시작했다고 할 수 있는 탈레스는 물이 원리라고 하는데(그래서 그는 대지도 물 위에 떠 있는 것이라고 단언한다), 이런 주장은 틀림없이 이 세상 모든 것이 습한 것으로부터 자양분을 얻어 생성된다는 것을 관찰하고 그에 대한 확신으로부터 나온 것이다. …… 다시 말해 모든 씨앗은 습한 곳에서 자랄 수 있으며, 습한 것의 근원은 물이며, 물은 만물의 원리라고 추론했다."

여기서 우리는 사물을 관찰하고 그것을 논리적으로 풀어가려는 성향을 본다. '모든 것의 원리로서 물'이라는 것은, 바다의 신(神)이나 강의 여신 또는 물의 요정으로 설명하는 신화적인 성격의 물이 아니라, 현상에 대한 관찰과 경험에 기반할 뿐만 아니라 추론적 사고로 파악할 수 있는 이 세상의 근본 실체로서 물인 것이다. 더 이상 오케아노스나 테티스 등 신의 이름으로, 즉 뮈토스(mythos)로 세상을 조명하는 것이 아니라 로고스(logos)로 풀어가려고 하는 것이다. 이런 의미에서 탈레스와 함께 철학이 시작되었다고 하는 것이다.

이와 더불어 탈레스의 사고에서 중요한 것은 '하나의 원리'라는 점이다. 실개천이 모여 강이 되고 강이 바다를 이루듯이 모든 것을 합해서 하나를 이룰 수 있는 것이 물의 특성임을 관찰한 것이다. 이는 헤라클레이토스가 만물의 원리를 불로 본 것과 좋은 대비가 된다. 물과 불은 서로 상반된 것 같지만 모두 하나의 원리를 지향한다는 동일한 성격을 갖는다. 헤라클레이토스는 말한다. "모든 것은 불과의 교환이고, 불은 모든 것과의 교환이다." 이들은 여러 현상을 무엇인가 **일치성을 가진 것으로** 환원하려고 시도했던 것이다. 현대 철학자인 니체(F. Nietzsche)도 여러 가지 현상을 하나의 원리에 맞추어서 해석하려는 탈레스의 시도를 철학적인 태도로 보았다.

윤리의 탐구

초기 철학자들은 하늘, 땅, 바다 등 자연 현상을 관찰하면서 이 세상을 관장하는 원리를 찾았다. 그래서 철학사에서 통상 그들을 '자연철학자'라고 부른다. 이렇게 원리를 탐구하는 철학적 경향은 소피스트의 출현과 함께 새로운 전기를 맞는다. 소피스트들의 중심 과제는 원리의 탐구가 아니라 삶의 기술이었기 때문이다. 그들의 관심은 정치·사회 현실을 관장하는 기술을 갖추는 데 있었다.

소피스트들은 무엇보다도 수사법의 기술로서 공적 업무의 진행과정과 결정에 영향을 줄 수 있는 능력을 계발하고자 했다. 이런 점에서 소피스트들은 사회 활동에 관한 지식과 사람을 설득하는 기술로서 일종의 계몽적 욕구를 실현한 사람들이라고 할 수 있다. 하지만 상대주의적 입장을 취했던 그들은 정치·사회 활동의 보편적 정당성을 확보하는 데는 실패했다.

이에 소크라테스의 등장은 중요한 의미를 갖는다. 로마 시대의 사상가 키케로는 소크라테스가 철학을 하늘에서 떼어내(천문학과 자연에 대한 사변에서 분리하여) 사람들 사이로 가져왔다고 말했다. 소크라테스의 질문은 이런 것이었다. 인간은 함께 어울려 살기 위해서 어떻게 행동해야 하는가? 어떻게 행동하는 것이 궁극적으로 모든 사람들에게 좋은 것인가? 나는 지금 하고 있는 내 행동의 의미를 알고 있는 가? 사람답다는 것은 무엇인가?[5] 즉 그는 **필로소피아의 끊임없는 탐구 정신으로** '윤리'를 찾았던 것이다.

소크라테스의 이런 철학 정신은 그가 신성모독죄와 젊은이들을 타락시킨 죄로 고발당한 후 법정에서 변론할 때도 드러난다. "아테네 시민 여러분, 저의 고발자들은 '소크라테스라는 지자(知者)가 하늘의 일을 사색하고, 땅속의 온갖 것을 탐구하며, 약한 이치를 강한 이치로 만든다'는 소문을 퍼뜨리고 있습니다."[6] 소크라테스는 그의 철학적 관심이 자연의 원리가 아니라 인간 공동체의 윤리라는 것을 빗대어 밝히고 있는 것이다.[7]

이런 의미에서 소크라테스는 철학의 새로운 영역을 개척한 인물이라고 할 수 있다. 철학사가들은 소크라테스 이전의 철학자들이 자연철학의 원리를 개발했다면, 소크라테스는 도덕철학을 창시했다고 한다. 물론 소크라테스 이전에도 도덕적 규범은 존재했다. 사람들은 올바르게 살기 위해 소크라테스를 필요로 하지는 않았다.

그러나 소크라테스가 시도했던 것은 **도덕의 기초를 세우는 일**이었

---

[5] 소크라테스에게 '답다는 것'의 의미는 중요하다. 이것은 그리스어로 '아레테(αρετη)'의 개념과 연관된 문제이다. 아레테는 통상 '덕(德)'이라고 번역하는데, '답다는 것'의 의미를 내포하고 있다. 소크라테스는 젊은이들에게 윤리의 기본으로서 아레테의 의미를 가르치려고 노력했다.

[6] 플라톤,《소크라테스의 변론》, 18b~18c.

[7] 이 점에 대해서 소크라테스는 플라톤의 대화편《파이돈》에서 자세히 밝히고 있다. 사형 선고를 받은 소크라테스는 독배를 들기 전에 제자들에게 왜 자신이 젊은 날 '자연에 대한 탐구'에 열광하여 자연철학자 아낙사고라스를 찾아 스승으로 삼고자 했으나 후에 그 기대에서 내침을 당하고 새로운 사유의 길에 들어서게 되었는지 상세히 설명한다.《파이돈》 95e~102a 참조.

다. 즉 애지의 열정으로 도덕적 행위의 합리적 필연성에 도달하는 것이었다. 그는 진정한 윤리를 찾는 탐구를 했던 것이다. 소크라테스는 도덕의 구조에 대한 합리적 이해가 도덕에 진정한 존엄성을 부여하는 것이라고 생각했다.

관습의 관점에서 보면 사람들은 무엇이 자신들의 의무이고, 그것이 어떤 것인지 생각해보지 않고도 의무를 이행한다. 그것이 궁극적으로 좋은 것인지, 나쁜 것인지 사유함이 없이 습관적으로, 때로는 거의 '본능적으로' 행동한다고 할 수 있다. 반면 소피스트들의 등장과 함께 찾아온 전통적 문화의 위기 이후, 플라톤의 《폴리테이아(국가)》 첫 부분에 등장하는 케팔로스처럼 아무 생각 없이 순박하게 행동하는 것으로서 선을 행하는 것은 불가능해졌다.

이 순박한 노인은 도덕적 문제에 대해 논쟁이 일자 자리를 뜬다. 케팔로스는 과거의 관습적 인륜의 세계에 속해 있는 사람이다. 반면 소크라테스는 위기가 도래한 후에는 오로지 이성과 합리적 판단으로 도덕성을 회복할 수 있다는 것을 믿었다. 소크라테스는 개인의 자율에 기초함과 동시에 보편적으로 가치를 지닐 수 있는 객관적 윤리를 발전시킨 공적을 남겼다. 또한 자신의 무지를 인정하고 지혜를 추구했다는 의미에서 진정한 애지자였다고 할 수 있다.

진리의 탐구

소크라테스의 등장으로 원리의 탐구가 아니라 윤리의 탐구가 엄밀한 합리성을 가지고 진행된 한편, 필로소피아의 발달에 또 다른 전환점이 있었다. 철학은 발달 초기에 신화(mythos)와 종교적 성격에서 벗어나야(또는 새로운 발전을 모색해야) 했지만, 그 다음 단계에서는 자연과학적 성격으로부터도 자신을 구분해야 했다.

그리스 철학의 역사는 인식론적 관점에서 두 단계로 나누어 생각할 수 있는데, 첫 번째 단계는 신화적 개념의 가치를 극복하면서 경험과 관찰을 바탕으로 논리를 전개하려는 시도가 있었던 때이다. 이 단계는 밀레토스학파, 즉 탈레스, 아낙시만드로스, 아낙시메네스 등 이른바 자연철학자들의 활동과 함께한다.

첫 번째 단계에 이은 두 번째 중요한 단계는 소크라테스 이전에 활동했던 파르메니데스를 기점으로 한다고 볼 수 있다. 이 시점에서 철학은 종교와 신화로부터 해방될 뿐만 아니라, 개별 과학의 바탕을 이루는 경험적 지식의 틀로부터도 벗어나려고 했다. 이렇게 함으로써 철학은 자신의 고유한 탐구 대상을 찾게 된 것이다. 철학은 만물의 기원으로 더 이상 물이나 공기, 아니면 숫자 등 물리학에서 특징적으로 다루고 있는 것들을 자신의 주된 탐구 대상으로 여기지 않게 되었다. 파르메니데스는 '존재' 자체를 탐구하기 시작했다. '존재'란 다른 개별 과학에서 찾아볼 수 없는 순수 철학적 개념인 것이다.

상식의 입장에서는 우리가 살고 있는 이 세상이 현실이다. 그리고 자연철학자들의 사변도 — 그들의 철학이 아르케, 즉 원리를 추구하고 감각의 세계에서 오는 즉각적 효과를 초월한다고 할지라도 — 어떤 의미에서는 아직 상식의 범주에 있는 것이다. 왜냐하면 원리라는 것도 눈에 보이는 현상의 바탕이 되는 것을 의미하기 때문이다. 그러나 파르메니데스의 생각은 믿기지 않을 정도의 혁신적인 방법으로 이런 현실을 부정한다. 즉 모든 변화와 운동 세계를 부정하면서 불변의 진리가 존재함을 인정하고 그것을 추구하기 때문이다.

이런 탐구 태도는 인간의 **감각에 대한 모독**이자 **상식에 대한 모욕**이다. 하지만 파르메니데스는 이러한 모욕 없이는, 다시 말해 **감각의 가치를 부정할 가능성**을 갖지 않고는 철학은 존재할 수 없다는 것을 보여주었다. 이것은 파르메니데스가 일으킨 믿기 어려운 혁명이었다. 인간의 생각은 마침내 자기 스스로의 자율성에 도달한 것이다. 존재의 본질을 이해하기 위해서는 이러한 자율성에서 출발해야 한다. 우리 눈에 보이는 현상으로서의 존재에서 출발하는 것이 아니라, '존재의 개념'으로부터 출발하여 현실을 밝혀가는 것이다.[8]

철학의 본질이 이러한 선험적 순간이라고 가정한다면, 또한 존재의 구조를 분석하고 이해하는 인간 사고의 능력을 인정하는 것이라면, 파르메니데스는 인류 역사에서 불변하는 진리의 존재를 믿고 그것을 추구한 최초의 철학자라고 할 수 있다. 헤겔(G.W.F. Hegel)은 파르메니데스와 함께 진정한 의미에서의 철학은 시작되었다고 했다. 파르메니데스의 철학과 함께 인간은 감각적인 것과 속세의 견해에서 해방되었으며, 이러한 것들이 진리가 아님을 밝혔다는 것이다. 파르메니데스에게는 필연적인 존재만이 진리[9]라는 것이다.

파르메니데스의 새로운 점은 바로 인간이 끊임없는 탐구로 진리에

---

[8] 파르메니데스 철학에서 존재의 개념은 그가 개발한 두 가지 형식논리학의 원리, 즉 동일률(同一律)과 반모순율(反矛盾律)에 바탕을 두고 있다. 그는 이것을 바탕으로 '있음'은 필연적으로 '있음'이며, '없음(無)' 역시 필연적으로 '없음'을 설파했다. 이 책에서는 파르메니데스의 사상을 핵심으로 다루는 것이 아니므로 그 중요성을 언급하는 것으로 그친다.

[9] 파르메니데스의 철학은 견해와 진리, 즉 그리스어로 '독사($\delta\acute{o}\zeta\alpha$)'와 '알레테이아($\dot{\alpha}\lambda\eta\theta\epsilon\acute{\iota}\alpha$)'를 철저히 구분하는 바탕 위에 있다. 물론 이 구분은 파르메니데스 이전에 이미 있었지만, 철저하게 근본적인 구분을 한 것은 아니었다. 나무에 비유하면 서로 다른 가지일 수는 있어도 그 뿌리에서부터 다르다고 보지는 않았다. 그러나 파르메니데스에게는 유일한 진리가 존재하며, 우리가 개념을 통해 이해할 수 있는 것이다. 나머지 모든 인간의 지식은 이런 진리에 비하면 하나의 견해에 지나지 않는 것이다.

도달할 수 있다는 것이다. 이는 인간의 정신이 신적인 것에 참여할 수 있다는 뜻이기도 하다. 이것은 그리스 사상에서 커다란 전환이었다. 파르메니데스에게 중요한 문제는 이 세상에 존재하는 것들이, 사람이 사는 이 땅이, 아니면 자연과 그에 속하는 것들이, 그리고 우주가 물·공기·불로 이루어져 있는지, 아니면 세 가지, 네 가지 요소의 집합체로 이루어져 있는지를 밝혀내는 것이 아니었다. 이 모든 것은 진리 추구를 위한 진정한 노력과 무관하다는 것이 그의 입장이었다.

진리 추구의 노력은 순수한 지성적인 노력이라는 것이다. 즉 인간의 내적 문제라는 것이다. 따라서 파르메니데스는 자연의 관찰이라는 접근에서 인간 내적 접근으로 전환한 것이다. 아니 어쩌면 인간 내적인 빛으로 자연을 비추어보도록 했다는 표현이 더 맞을지도 모른다. 진리를 탐구하기 위한 끈질긴 추론과 철저한 논리 전개는 파르메니데스에 와서 실현되었다고 할 수 있다. 진리 탐구의 길에 나선 파르메니데스는 단호히 말한다.

"너는 모든 것을 알아야 한다/분명한 진리와 함께/떨리지 않는 심장을 가져야 한다/죽을 운명을 지닌/인간의 견해에는/진정한 확실성이 없다······/자, 내가 너에게 이르나니/내 이야기를 경청한 다음/그것을 가슴에 간직하라/인간의 사유는 어떤 탐구의 길을 찾아가야만 하는지."[10]

애지의 학문이 추구한 세 가지 길, 즉 원리·윤리·진리의 길은 그

---

10 파르메니데스, 《자연에 관하여》, DK28B1-2('Diels-Kranz'판을 기초로 한 한글 번역본, 《소크라테스 이전 철학자들의 단편 선집》, 아카넷, 2005, 274~275쪽 참조). 인용문 번역은 나의 의역이다.

후로도 철학의 삼대 체계를 이루며 거의 오늘날까지 이어지고 있다. 철학의 전통적인 분류는 물리학(physics), 윤리학(ethics), 논리학(logic)이다. 철학의 역사에서 체계적 철학의 거봉이었던 칸트(I. Kant)도 이런 분류를 거의 완벽한 것으로 보고 있다. "고대 그리스 철학은 세 분야로 나누어져 있었는데, 그것은 물리학, 윤리학, 논리학이다. 이런 분류는 이 세상의 이치에 전적으로 맞는 것이고, 더 이상 고칠 필요가 없는 것이다."[11]

그러나 이러한 삼분법에 제4의 분야가 추가될 수 있는 가능성 또한 고대 그리스 철학에서 제시되었다. 그것은 아리스토텔레스에 의해서였다. 어쩌면 그 자신도 의식하지 못했을 철학의 새로운 과제의 가능성은 이미 고대에 제시되었던 것이다.

설리(說理) – '이야기 철학' 문을 열다

아리스토텔레스는 고대 철학 체계를 세운 사람이다. 자연학 분야에서는 천체론, 동물학 등과 같이 각론 분야의 연구 저서도 남겼고, 윤리학 분야에서는 정치론과 함께 인간 공동체에 관한 방대한 연구 업적을 이루어냈으며, 진리 탐구의 방법들을 제시하는 형이상학과 논리학 체계를 이룩했다. 더 중요한 것은 이런 학문적 업적들과 함께 아리스토텔레스가 인간의 인공적 산물에 대해서도 철학적 연구를 했다는 사실이다. 그 결과가 《시학(Peri poietikes)》이다.

---

11 칸트는 바로 이 문장으로 《도덕 형이상학을 위한 기초 놓기(Grundlegung zur Metaphysik der Sitten)》(1785)의 '서문'을 시작한다.

그리스어로 '포이에시스(poiesis)'는 관용적으로는 시(詩) 같은 운문을 가리키지만, 원래 '만들다'라는 동사 '포이에인(poiein)'에서 나온 것으로 '만듦'을 뜻하는 말이다. 이것은 인간이 인간에게 행하는 행위인 '프락시스(praxis)'와 구분되면서, 인간이 사물을 이용해 인공적인 작업을 하는 것을 통틀어 가리키는 말이다. 이런 의미에서 아리스토텔레스의 《시학》은 이 세상에 주어진 자연의 원리를 탐구하는 물리학, 인간 사이의 행위와 관계를 탐구하는 윤리학, 세계의 진리를 탐구하는 논리학과 형이상학처럼 인간에게 '주어진 것'을 탐구하는 것과 더불어 인간이 '만들어낸 것'에 대한 또 하나의 철학적 탐구라고 할 수 있다.

문학사가들은 아리스토텔레스의 《시학》을 서구 최초의 문예비평서라고 한다. 또한 문학도들이 필독서로 삼는 것이기도 하다. 《시학》하면 저 유명한 모방(mimesis)과 정화(catharsis)의 개념을 상기할 것이며, 고대 희랍 서사시와 비극에 대한 문학 이론을 생각할 것이다. 물론 이것들은 《시학》에서 중요한 부분을 차지하고 있다.

하지만 나는 감히 《시학》을 '이야기 철학' 입문서라고 부르겠다. 아리스토텔레스는 이 책에서 본질적으로 '이야기'에 대한 철학적·논리적 분석을 시도하고 있기 때문이다. 오늘날까지 우리에게 전해오는 《시학》을 보건대 그렇다. 잘 알려져 있듯이 《시학》의 적지 않은 부분은 유실되었다. 움베르토 에코(Umberto Eco)도 현존하는 《시학》이 주로 비극을 논하고 있으므로, 유실된 부분에 희극론이 있으리라 상상하고 이를 자신의 소설 《장미의 이름》에서 흥미로운 소재로 활용한 바 있다.

현존하는 《시학》이 일종의 '이야기 철학' 또는 '서사철학'이라는 것을 알아보기 위하여 아리스토텔레스의 말을 들어보자. "비극은 여섯 가지 구성 요소를 가져야 하는데 플롯, 성격, 언어 표현, 사고력, 시각적 장치, 노래가 곧 그것이다. 이 가운데 가장 중요한 것은 사건들의 조직, 즉 플롯이다. 비극은 인간을 모방하는 게 아니라 인간의 행동과 생활을 모방하며, 그에 따른 행복과 불행을 모방해서 표현한다. …… 그러므로 사건들을 조직하는 것, 즉 플롯이 비극의 목적이며, 무슨 일에서나 목적이야말로 가장 중요한 것이다."[12]

아리스토텔레스는 플롯이야말로 비극의 제1 원리이며 비극의 생명이자 영혼이라고까지 말한다. 그는 어떤 플롯이 좀더 합리적으로 구성될 수도 있었을 텐데 하는 인상을 준다면 "시인(작가를 통칭하는 말로 보아도 좋다)은 예술상의 과오만 범한 것이 아니라 불합리도 저지른 셈이 된다"[13]고 말한다.

여기서 문학 용어 '플롯'이라는 말은 아리스토텔레스가 사용한 고대 희랍어 '뮈토스(mythos)'를 번역한 것이다. 이것은 원래 '이야기'라는 뜻이다(신들이 등장하는 이야기, 즉 '신화'라는 말도 여기서 유래한다). 아리스토텔레스는 이야기가 어떻게 조직되어야 하는지 당시 유명한 비극 작품들을 논리적으로 분석하며 설명한다. 무엇보다도 이야기의 필연성 또는 개연적 연결성을 논한다. 결국 플롯에는 "사소한 불합리도 있어서는 안 된다"는 점을 강조하는 것이다.

플롯은 비극에 필요 불가결한 요소이다. 비극의 목적은 스토리를

---

12 아리스토텔레스, 《시학》, 1450a 7~23 : 한글 번역본, 문예출판사, 2002, 52쪽(이하 필요할 경우 Bekker 편집본 쪽수 옆 괄호 안에 번역본 쪽수를 표시한다. 다른 참고문헌을 인용할 때도 필요할 경우 원서 쪽수와 번역본 쪽수를 함께 표시한다).
13 앞의 책, 1460a, 34~36(145).

〈호메로스 흉상과 아리스토텔레스〉, 렘브란트, 1653년

무대 위에 올려놓음으로써 특정한 쾌감을 산출하는 데 있다고 볼 수 있다. 그리스 비극의 연구가들은, 지성적인 관객들은 플롯이 거의 없는 대화극에서도 쾌감을 느낄 수 있을지 모르나, 비극의 진정한 효과는 면밀하게 구성된 스토리 없이는 도저히 산출될 수 없을 것이라고 본다. 물론 이것은 그리스 비극 작품의 특징과도 연관이 있다. 대부분의 고대 비극 작품들은 서사시에 나오는 옛이야기를 다시 이야기하기 때문이다.[14]

아리스토텔레스는 서정시에 관해서는 거의 언급하지 않고 있는데, 《시학》 연구자들은 그 이유를 그가 서정시를 음악의 범주에 속하는 것으로 간주했기 때문이라고 본다. 음악은 그가 별로 관심을 보이지 않은 소수의 대상 가운데 하나라는 것이다. 그러나 그리스 철학의 전통에서 음악은 매우 중요한 위치를 차지한다. 피타고라스가 그 대표적인 예이고, 아리스토텔레스의 스승인 플라톤도 음악을 중요하게 다루었다. 그런데 아리스토텔레스가 서정시를 시학 연구에서 다루지 않은 것은 서정시가 음악적 요소를 풍부히 갖고 있어서가 아니라, 서정시에는 스토리가 없기 때문이었을 것이다.

아리스토텔레스가 비극의 종교적 기원에 역점을 두지 않은 것에도 여러 가지 해석이 있다. 비극의 종교적 기능이 그의 시대에 와서는 많이 퇴색했거나, 그 자신이 이 문제에 대해 별로 흥미를 느끼지 못

---

14 대표적인 예로 호메로스의 서사시 《일리아스》에 트로이아 원정군 대장으로 등장하는 아가멤논 가문과 연관된 이야기들은 여러 비극 작품의 소재가 되었다. 아이스킬로스의 《오레스테이아》 3부작(아가멤논, 코에포로이, 에우메니데스), 소포클레스의 《엘렉트라》, 에우리피데스의 《엘렉트라》, 《아울리스의 이피게네이아》, 《타우리케의 이피게네이아》가 그것이다.

했기 때문이라는 해석 등이다. 하지만 이 문제에 답하기 위해서는 아리스토텔레스가 시학에서 관심을 둔 것은 신이 만든 이야기가 아니라 인간의 포이에시스, 즉 인간이 만든 이야기라는 점을 유심히 보아야 한다. 시학에서 그의 철학적 탐구는 종교적 서사(신이 전한 이야기라는 의미에서)가 아니라 인공적 서사를 겨냥한다.

아리스토텔레스는 시인(서사시 작가나 비극 작가)의 임무는 실제로 일어난 일을 이야기하는 것이 아니라 일어날 수 있는 일을 이야기하는 데 있다고 결론짓는다. 다시 말해 개연적으로 가능한 일 또는 필연성의 법칙에 따라 일어날 수 있는 일을 이야기하는 데 있다고 한다. 이것이 또한 시인이 역사가와 다른 점이다.

따라서 아리스토텔레스에게 "시는 역사보다 더 철학적이다."[15] 시는 보편적인 것을 더 많이 이야기하는 데 반해, 역사는 개별적 사건들을 이야기하기 때문이다. "보편적인 것을 이야기한다 함은 이러이러한 성질의 인간은 개연적으로 또는 필연적으로 이러이러한 것을 말하거나 행하게 될 것이라고 이야기하는 것을 의미한다." 다시 말해 "가능하지만 믿어지지 않는 것보다는 불가능하지만 있음직한 것을 택하는 편이 좋다." 이는 결국 이야기가 삶의 논리와 함께 철학적·형이상학적 논리를 가져야 한다는 것을 의미한다.

아리스토텔레스는 이야기 전개에서 각 사건이 서로 긴밀하게 짜여 있어 그 가운데 어느 하나라도 다른 데로 옮겨놓거나 빼버리게 되면 전체가 망가지도록 구성해야 한다는 것을 강조한다. "다른 모방 예술에서도 하나의 모방은 한 가지 사물의 모방이듯이, 시에서도 스토리

---

15   앞의 책, 1451b 5(62).

는 행동의 모방이므로 하나의 전체적 행동의 모방이어야 하며, 사건의 여러 부분은 그 중 한 부분을 다른 데로 옮겨놓거나 빼버리게 되면 전체가 뒤죽박죽이 되게끔 구성되어야 한다."[16] 이것은 이야기의 구조적 완성을 의미한다. 이는 이야기를 마치 공작(工作)하듯이 만들라는 뜻이다.

여기서 우리는 '시학'이라는 말이 품고 있는 본질인 '포이에시스'의 의미를 포착할 수 있다. 인간의 공작 행위는 작품에 내재하는 논리의 유기적 자연스러움으로 성취효과를 낼 수 있다. 이것은 이야기 짓기에서도 마찬가지다. "스토리는 시초와 중간과 종말을 가진 하나의 전체적이고 완결된 행위를 취급하지 않으면 안 된다. 그래야만 작품은 유기적인 통일성을 지닌 생물과도 같을 것이며, 그에 고유한 쾌감을 산출할 수 있을 것이다. 그 스토리가 흔히 볼 수 있는 역사와 같은 것이라고 생각해서는 안 된다. 역사는 필연적으로 하나의 행위를 취급하지 않고 한 시기와 그 시기에 한 사람 또는 여러 사람에게 일어난 모든 사건을 취급하며 사건 상호간에는 연관성이 없어도 무방하다."

이제 우리는 이런 결론을 이끌어낼 수 있다. 역사학이 인간의 실제 경험들을 연구하는 것이라면, **철학은 인간의 가상적 경험의 이야기가 내재적 논리성을 갖고 있는지를 탐구하는 것**이라고 할 수 있다. 또한 그 논리성은 인간 존재의 본질에 이르는 통로가 될 것이다. 바로 이 점에서 아리스토텔레스는 당시까지 '자연의 원리'를 탐구하고, '인간 사이의 윤리'를 성찰하며, '세계의 진리'를 추구하던 철학의 전통에

---

16 앞의 책, 1451a 30~34(61).

없었던 새로운 철학 연구의 대상을 제시한 셈이 된다. 원리, 윤리, 진리가 아닌 인간이 풀어낸 이야기를 철학하기의 대상으로 삼았기 때문이다.

다시 말해 설(說)을 풀어내는 인간의 작업이 철학의 연구 대상이 된 것이다. 굳이 말을 만들어 표현하면, 인간이 풀어내는 설에 이치가 있음을 밝히는 작업을 한 것이라는 점에서 '설리(說理)'라는 새로운 철학적 탐구의 영역에 문을 연 것이다. 이렇게 아리스토텔레스와 함께 설리의 철학, 즉 '이야기 철학'은 시작되었다고 할 수 있다. 이는 오늘날 철학이 이야기 구조를 가진 예술 분야인 동화, 소설, 연극, 뮤지컬, 영화, 만화, 컴퓨터 게임 등과 함께 탐구하고 함께 놀 수 있는 타당성이 이미 2300여 년 전에 제시되었다는 것을 의미한다.

나아가 상식적으로 보아 이야기의 성격을 갖지 않는 것으로 간주되는 서술, 설명, 해석의 방식들에 의외로(아니면 당연히) 이야기의 성격이 잠재함을 발견하는 것도 설리를 탐구하는 철학이 해낼 수 있는 일이다. 예를 들어 사회과학적 설명이나 자연과학적 기술(記述)에서도, 철학 자신의 서술방식에서도 '이야기로 풀어내려고' 하는 인간의 욕구를 관찰할 수 있다. 또한 많은 학문적 성과가 '인간의 이야기'일 뿐만 아니라 '인간을 위한 이야기', 나아가 '인간의 타자(他者)들을 위한 이야기'[17]의 시도임을 발견할 수 있다.

여기서 우리가 주의할 것이 있다. 어떤 학문적 업적에서 이야기의 요소를 발견하고 그 업적 자체를 이야기의 한 방식으로 파악한다고 해서(특히 자연과학을 서사적 차원 또는 허구적 구성의 차원에서 연구하고 해석한다고 해서), 그것의 가치가 떨어지는 게 아니라는 사실이다. 우리 삶의 현실과 이야기의 '현실' 모두 오랫동안 인간의 사고와 감성이 추구해왔던 '존재의 문제'를 드러내는 것일 수 있기 때문이다. 이야기를 철학적 탐구의 대상으로 삼는 것은 전통적으로 해왔던 존재에 대한 철학적 탐구와 그리 다르지 않을지도 모른다. 이야기의 비밀이 곧 존재의 비밀일지도 모르기 때문에⋯⋯.

서사 취향의 숨은 이유

설리의 탐구가 뛰어난 스토리텔링을 만들고 즐기기 위한 것이라면 그것은 문예적 차원에 머무는 것이다. 필로소피아는 허구의 이야기에 대해 탐구하는 것이 우리의 존재와 무슨 연관이 있는가를 묻지 않을 수 없다. 그것이 재미의 영역에만 머무는 것이 아니라 존재의 의

---

17 인간과 연관된 '타자들'에 대한 성찰은 다시금 새롭고 중요한 철학적 과제가 되고 있다. 타자성을 다양한 차원에서 탐구한 철학자 리처드 커니(Richard Kearney)는 오늘날 철학은 타자성의 차원에서도 '서사적 이해'를 필요로 한다는 점을 강조한다. "서사적 이해는 서로 적대적인 양극을 가로지르는 다리를 얻을 수 있게 해준다. 이것은 상호적 의미(intersignification)의 도전을 알리는 다양한 종류의 이미지와 유비, 상징을 필요로 한다." 커니는 "철학이 자아와 타자의 단순한 결합이 아닌 섬세한 교차 연결을 재배치하는 데 도움을 줄 것이라고" 생각한다. 그는 타자의 문제가 극명하게 드러난 '9·11 테러 사건'에서도 서사적 이해의 중요성을 실감한다. "감정은 그 나름의 서사를 가지는 법"이기 때문이다. 인간의 자아 역시 타자를 통한 서사적 정체성이다. "인간의 자아는 다른 사람에게서 듣고 또 남에게 말하는 다양한 이야기에 기반을 두고 있기" 때문이다. 또한 "자아에서 자아로의 가장 짧은 길이 타자라는 것을 알기 때문에 우리가 서사적 존재임을" 받아들여야 한다. 커니는 "모든 실존은 서사적이며, 모든 유한자의 임무는 우리 안과 밖에서 우리를 흘리고 사로잡는 낯설고 초월적인 타자성, 즉 우리 유한자의 한계를 뛰어넘는 것을 이해하는 것"임을 절감한다. 그러므로 철학적 차원에서 "이야기하기는 언제나 일종의 해석학적 해석"이다(Richard Kearney, *Strangers, Gods and Monsters: Interpreting otherness*, Routledge, London-New York, 2007 참조). 이 주제는 별도의 방대한 연구를 요구한다. 이 책에서는 '4부 동화'에서 타자성과 이야기의 관계를 일부 다시 논한다. 이야기는 타자성의 의미를 드러내기도 하지만, 그것을 왜곡하고 은폐하기도 하기 때문이다.

미와 어떤 연관이 있는 것인가를 묻고자 한다.

이와 연관해서 '보르헤스의 깨달음'을 함께 살펴보고자 한다. 호르헤 루이스 보르헤스(Jorge Luis Borges)는 〈돈키호테의 부분적 마법(Magias parciales del Quijote)〉이라는 글에서 '이야기 속에 이야기'가 등장하는 구조에 특별한 관심을 보인다. "한 가지 놀라운 사실은 1권 9장 서두에서 《돈키호테》는 아랍어 원본을 번역한 작품이라고 밝히고 있다는 점이다. 세르반테스가 톨레도 시장에서 원본 필사본을 입수해 한 무어인을 자기 집에 한 달 반 동안이나 기거시키면서 번역을 마무리짓도록 했다고 한다. 이 대목에서는 칼라일이 연상된다. 칼라일은 《의상철학》을 독일 출신의 디오게네스 테이펠스드뢰크 박사가 쓴 어느 작품의 일부분인 것처럼 위장했다. 또한 일명 〈광휘의 서(書)〉로도 불리는 《조하르》를 저술하고도 이를 3세기 무렵에 어느 팔레스타인 랍비가 쓴 것이라고 둘러댔던 카스티야 출신의 랍비 모이세스 데 레온도 떠올리게 된다. 이처럼 모호성의 유희는 《돈키호테》 2권에서 절정에 이른다. 2권의 주인공들은 1권을 읽은 사람들이다. 《돈키호테》의 주인공들이 바로 《돈키호테》의 독자들인 셈이다. 셰익스피어도 《햄릿》 안에 연극 장면을 삽입했는데, 이 연극도 《햄릿》과 다를 바 없이 비극이었다. …… 《천일야화》의 이야기들은 유명하다. …… 그 수많은 이야기들 가운데서도 꽤나 혼란스러운 오백두 번째 밤의 이야기만큼 마술적인 이야기도 없을 것이다. 그날 밤, 왕은 왕비의 입을 통해 자기 자신의 이야기를 듣게 된다. 왕은 다른 모든 사람들의 이야기일 수도 있지만, 동시에—섬뜩하게도—자기 자신의 이야기이기도 한 우화의 첫머리를 듣게 된 것이다. …… 왕비는 끊임없이 이야기를 계속하고, 왕은 꿈쩍 않고 무한히 순환하는 미완의

《천일야화》를 영원히 듣고 있게 된다······."[18]

보르헤스는 이렇게 이야기가 이야기를 만들어내고, 이야기 속에 이야기가 중층적으로 삽입되며, 이야기를 만든 자가 이야기 속에 등장하고, 이야기의 주인공이 이야기의 독자가 되는 세계가 우리의 존재에 어떤 의미가 있는지 묻는다. "왜 우리는 지도가 또 다른 지도 속에 들어 있고, 천 하룻밤이 《천일야화》 속에 들어 있다는 사실에 불안을 느끼는 걸까? 왜 우리는 돈키호테가 《돈키호테》의 독자가 되고, 햄릿이 《햄릿》의 관객이라는 사실에 불안해하는 걸까? 나는 그 이유를 찾았다고 생각한다. 즉 이러한 전도(顚倒)가 암시하는 바는, 허구 속에 등장하는 인물이 독자나 관객이 될 수 있다면 그 허구의 독자나 관객인 우리도 허구적 존재일 수 있다는 것이다."[19]

보르헤스는 여기서 말을 맺지만, 이와 연관하여 우리의 생각을 더 밀고 나가면 우리는 누군가 만들어놓은 이야기 안에서 살고 있다는 말이 된다. 아니, 누군가 이야기를 만들고 있는 동안만 세상이 존재한다는 것일 수도 있다. 그가 이야기 짓기를 그만두는 순간 세계는 소멸할지도 모른다. 영화 〈매트릭스〉의 메시지는 이미 새로운 것이 아니다.

---

[18] 호르헤 루이스 보르헤스, 《만리장성과 책들》, 열린책들, 2008, 95~97쪽. 일부 문장은 내가 윤문한 것이다. 옮긴이는 우리가 다룬 에세이의 제목을 《《돈키호테》에 어렴풋이 나타나는 마술성》이라고 의역하고 있다.

[19] 앞의 책, 98쪽 참조. 보르헤스는 다른 글들에서 마법이란 아주 독특한 '인과율'이라고 보고 있다. 그것은 우리가 알고 있는 인과관계 이외에도 또 다른 인과관계가 있다는 믿음이다(J. L. 보르헤스, 《칠일 밤》, 현대문학, 2004 참조). 그의 생각을 이렇게 확장해서 해석할 수 있다. 과학적 탐구에서 인과관계는 기본이다. 이는 허구와 실재의 전도 가능성을 단순히 공상의 차원이 아니라 과학적 의식의 지평을 넓히는 차원에서 볼 수 있음을 의미한다.

우리의 현존재는 누군가가 만들어내고 있는 이야기 속에 있다. 이것을 인식하는 순간 공상과학(science fiction : SF)이 제시하는 것들이 그리 새롭지도 않고 이상하지도 않게 된다. 우리의 이야기를 짓고 있는 사람이 누군지는 모른다. 우주에서 우리의 은하계를 다른 은하들과 함께 구슬처럼 가지고 놀고 있는 천문학적 크기의 외계 존재일지, 아니면 고도의 과학기술을 이용한 매트릭스의 조작자일지, 아니면 평행우주나 멀티버스(multiverse)의 이론이 적용되는 차원에서 우리와 같은 또 다른 우리가 우주적 홀로그램으로[20] 투영한 시공간 속에

---

20 현대 물리학자들은 지금까지 실재의 '바탕'이라고 인식되어온 시간과 공간의 문제를 추적하다 보면 결국 '정말로 실재하는 것은 무엇인가?'라는 난제에 부딪힌다고 고백한다. 브라이언 그린(Brian Greene)은 묻는다. "우리의 경험과 생각은 지금 우리가 살고 있는 세계의 내부에 한정되어 있음이 분명한데, 눈앞에 펼쳐진 현실이 '다른 외부 세계가 우리 세계로 투영된 결과'인지 아닌지 어떻게 알 수 있단 말인가?" 그러고는 조심스레 답한다. "나와 같은 물리학자들은 시간과 공간, 그리고 그 속에 존재하는 모든 물질이 실재가 아니라는 강한 심증을 갖고 있다." 그는 이를 뒷받침하는 것 가운데 하나로 '우주는 하나의 거대한 홀로그램일 수도 있다'는 가설을 든다. 홀로그램은 에칭(etching)이 새겨진 이차원의 평면 플라스틱 조각에 레이저를 적절한 방향으로 투사하여 공간에 삼차원 입체 영상을 만들어내는 장치이다. 이 파격적인 홀로그램 가설은 '끈 이론'을 주장하는 물리학자들이 제시했는데, 그들은 현재 삼차원 공간에서 벌어지고 있는 현상들이 '정말로 그곳에서 일어나고 있는 사건'이 아니라, 아주 먼 곳에 있는 '이차원 평면에서 진행되는 사건들이 우리 눈앞에 투영된 결과'라고 주장한다. 그렇다면 우리가 보고 느끼는 모든 것은 일종의 삼차원 홀로그램 영상인 셈이다. 그린은 "이들의 주장은 모든 현상이 실체의 그림자에 불과하다는 플라톤식 사고방식과 일맥상통하는 부분도 있지만, 그 안을 들여다 보면 결정적인 차이점이 발견된다. 플라톤이 말하는 그림자는 더 높은 차원에 존재하는 실체가 낮은 차원에 투영되어(단순화되어) 나타나는 결과인 반면, 홀로그램은 이차원 평면에 들어 있는 정보가 더 높은 차원(삼차원)으로 투영되면서 나타나는 결과이다"라는 점을 지적한다. 하지만 차원을 '높고 낮음'으로 계층화하는 것도 우리의 고정관념일지 모른다(Brian Greene, *The Fabric of the Cosmos: Space, Time, and the Texture of Reality*, Vintage Books, New York, 2005 참조). 현대 물리학에서 '여분의 차원'에 관한 탐구는 분명 이야기의 구조와 연관 있다.

서 우리의 이야기가 진행되고 있는지도 모른다. 아니면 시간의 차원에서 차이가 있을 뿐 우리 자신이 우리 이야기의 독자인 동시에 등장인물일지 모른다. 어쩌면 이 시간적 차이도 사실은 이종 공간에서 병행 공존하고 있는 현상의 반영인지도 모른다.

이제 저 명민했던 고대의 과학자 데모크리토스의 심기를 건드릴 말을 해야겠다. 세계는 원자로 이루어진 것이 아니라 미시적이자 거시적인 차원에 걸쳐 이야기의 중층 구조로 이루어져 있는지도 모를 일이다.

우리가 이야기의 이치를 철학적 탐구의 대상으로 삼는 것은 바로 우리의 존재에 대한 철학적 탐구와 다르지 않다는 것이 이제 오히려 명확해졌다. 이에 설리의 탐구가 진리의 탐구와 크게 다르지 않다는 것을 발견하는 일은 당연해 보인다. 우리가 이야기 철학을 한다는 것은 이야기 속에서 또 다른 이야기를 탐구하면서 자기 이야기의 비밀을 캐낼 능력을 키우는 것일 수도 있다. 존재의 비밀은 곧 이야기의 비밀이기에…….

02
철학과 서사의 구체적 만남

 아리스토텔레스가 '이야기 철학'의 실마리를 제공해주었고, 필로소피아의 지혜 사랑이 설리(說理)를 통해 존재론적 인식에 도달해도 그것은 이야기에 대한 우리의 관심에서 시작일 뿐이다. 철학과 서사는 오늘날 우리의 문화 지형에서 구체적으로 만나야 하기 때문이다.

서사 인프라

 이미지, 디지털, 홀로그래피, 실효현실(virtual reality)[21] 등이 문화를 주도하는 시대에도 문화적 향유의 핵심을 이루는 것은 서사이다. 다시 말해 이야기를 짓고, 이야기를 듣고, 이야기 속에서 의미를 찾

---

21 Virtual reality를 '실효현실(實效現實)'이라고 부르는 이유에 대해서는 졸저《깊이와 넓이 4막 16장》(휴머니스트, 2002), 49~50쪽과 92~94쪽을 참조하기 바란다.

아내고, 이야기의 재미를 함께 나누며, 들었던 이야기를 상기하는, 한마디로 이야기를 즐기는 것이 시대를 초월해 존속해온 인간의 문화적 향유방식이다. 호랑이 담배 피던 시절부터 이야기는 있어왔고, 호랑이가 복제되는 시대에도 이야기는 계속된다.

  이야기는 아이들이 집안 어른들을 졸라 듣는 귀신 나오는 옛날이야기에서 외계인이 등장하는 현대의 공상과학 이야기에 이르기까지 시대를 관통한다. 사람들이 이야기를 하고 이야기를 듣는 방식도 참으로 다양하다. 사람들은 비가 주룩주룩 내리고 을씨년스런 밤에 굳이 무서운 이야기를 듣고 싶어한다. 《천일야화》처럼 사람의 목숨을 담보로 이야기를 지어내게 하기도 한다. 그래서 이야기 보따리를 잘 푸는 사람은 어딜 가든 환영받고 세헤라자드처럼 사랑과 부귀영화를 얻을 수 있지만, 이야기를 지어낼 줄 모르면 자칫 목숨을 잃을 수도 있다.

  또한 이야기만큼 일상적인 것도 드물다. 사람들 사이의 많은 대화도 제법 구색을 갖추고 구성된 이야기로 이루어져 있다. 연애 이야기, 군대 이야기, 학창 시절 이야기, 직장 이야기, 사업 이야기, 출장 다녀온 이야기, 여행 갔다 온 것 자랑하는 이야기, 구설수에 오른 남의 이야기 등 사람들의 대화 그 자체가 이야기가 아닌 것이 없을 정도다. 사람들은 일상적 경험을 이야기로 그럴듯하게 잘 꾸미려고 하는 과정에서 자기도 모르게 '일상의 작가'가 된다. 진화생물학자라면 "우리 모두가 어떤 면에서는 작화증(作話症) 환자일 것"[22]이라고 할지 모른다. 인간은 일상의 사건들에 대해 일관된 이야기와 그럴듯한 설명을 원하며, 과거와 현재를 의미 있게 연결하기 위해서도 이야기를 꾸며내기 때문이다.

흔히 지나치는 것이지만 현대인들이 스포츠를 즐기는 가장 큰 이유 가운데 하나도 그것이 이야기 요소를 갖고 있기 때문이다. 스포츠 경기 자체가 드라마이기도 하고, 올림픽이나 월드컵 같은 스포츠 대회는 그 대회 자체가 수많은 이야깃거리와 연계되어 한 편의 '대하드라마'를 이루기도 한다(우리는 2002년 한일 월드컵 때 피부로 경험한 바 있다. 더구나 "나도 그때, 그 자리에 있었어!" 하고 강조하는 것은 나중에 소중한 이야깃거리가 되기 때문이다). 스포츠 엔터테인먼트라는 것도 이야기 꾸미기를 바탕으로 한다. WWE(World Wrestling Entertainment)의 '짜고 하는' 레슬링 경기가 있을 때면 관중들은 '출연' 선수들이 꾸미는 시나리오 속의 우정과 신뢰, 배신과 음모, 애증과 질투 등 복잡한 스토리를 죽 꿰고 앉아 관람한다.

우리의 일상생활이 이러한데 문학이든 영화든 작품으로서 이야기, 즉 서사가 인간의 문화 활동에서 차지하는 바 또한 시대에 관계없이 중요하지 않을 수 없다. 그래서 최근 몇 년 동안 기술(記述) 서사, 영상 서사, 디지털 서사 또는 이른바 '통합 서사'에 대한 논의도 있어 왔고, 디지털 영상문화의 시대에도 결국 중요한 것은 '서사의 힘'이라는 것을 다시금 강조하기에 이른다. 더구나 디지털 시대에 콘텐츠가 중요해지면서 이른바 문화산업에서 스토리텔링의 비중 역시 따라서 커지고 있다.

---

22 "Perhaps we are all, to some degree, confabulators." Lewis Wolpert, *Six Impossible Things Before Breakfast: The Evolutionary Origins of Belief*, W.W. Norton & Company, New York-London, 2007, p. 100. 이야기 꾸며내기 또는 작화(confabulation)는 서사적 인간 본성과 연관하여 흥미로운 주제인데, 이에 대해서는 본서 '3부 진화'에서 좀더 상세히 다루기로 한다.

그런데 서사가 힘을 발휘하기 위해서는 에너지가 있어야 한다. 또 그러려면 에너지원(源)이 있어야 하고, 다양한 에너지원이 있으면 더욱 좋다. 다양한 에너지원은 이야기 짓기의 인프라를 형성한다. 또한 그것은 한 나라의 문화적 역량을 반영하는 것이기도 하다. 이제 우리는 정말 좋은 이야기, 재미있는 이야기, 쓸 만한 이야기가 풍부하게 나올 수 있도록 '서사 인프라'[23]가 우리 문화 지형에 형성되어 있는지 다시금 잘 살펴보고 부족하면 인프라 구축을 위해 노력해야 한다.

좋은 이야기를 만들어내는 것은 쉬운 일이 아니다. 그것은 몇몇 이야기꾼(작가)의 창의력에만 의존할 수 있는 것이 아니라, 창작에 에너지를 불어넣어줄 수 있는 문화적 터전과 연관 있기 때문이다. 그러므로 이야기를 잘 만들어낼 수 있는 문화적 조건을 형성해주는 일부터 해야 한다. 그 조건이란 서사성에 대한 전문적이자 학제적(學際的)인 관심과 연구이다. **이야기 창조를 위해서는 이야기 탐구가 함께 해야** 한다.

서사와 철학

이야기 탐구는 여러 분야에서 이루어질 수 있다. 그것은 탐구 대상이라는 점에서는 다양한 서사 형태(동화, 소설, 희곡 등 문학 작품뿐만 아니라 만화, 애니메이션, 영화 등 이미지가 포함된 작품과 함께 컴퓨터 게

---

23 '서사 인프라'는 나의 조어로 의미 있고 재미있는 이야기, 쓸 만한 이야기, 탁월한 이야기, 놀라운 이야기 등을 생산해내기 위해 문화의 각 분야가 함께 이루어내는 '지원 시스템'을 의미한다.

임 콘텐츠, 테마 파크의 스토리 라인 등을 포함하여)를 의미하며, 탐구 수행의 주체라는 점에서는 문학평론의 한 분야일 수도 있고, 사회학적 탐구도 가능하며, 서사성에 대한 역사 연구도 가능하다.

누구든 자기의 전문 분야를 바탕으로 이야기 탐구에 동참하여 서사 인프라 구축에 도움을 줄 수 있다. 철학을 전공한 나의 경우는 당연히 서사 연구에 철학적 접근을 시도한다. 철학은 이야기 탐구와 이야기 창조에 관심을 가져야 한다. 일상생활에서도 '말 되는' 이야기의 구사 능력을 키워가는 데 철학적 자질이 필요하다.

나는 이야기에 대한 철학적 관심과 연구를 총괄하여 서사철학(Philosophy of Tale)[24]이라고 부른다. 다시 말해 이 술어로서 철학의 입장에서 행하는 모든 이야기 탐구를 지칭하고자 한다. 서사와 철학의 관계는 여러 가지 점에서 관찰할 수 있다.

첫째, 이야기를 뜻하는 각 나라의 언어를 분석해봄으로써 흥미로운 점들을 발견할 수 있다. '이야기하다'라는 말의 서구어 표현의 어원에는 한결같이 '셈하다'는 뜻이 포함되어 있다. 먼저 영어의 'tell'

---

24 서사철학(Philosophy of Tale)은 우리말이든 영어든 나의 조어이다. 서사철학의 필요성에 대해서는 '제5회 한국영상문화학회 학술대회'(2001년 5월)에서 '애니메이션의 인문학적 성찰'이란 주제의 보론(서사철학과 서사적 철학 텍스트 개발을 위하여)으로 발표한 바 있다. 그리고 졸저《깊이와 넓이 4막 16장》의 1막 3장(우주를 서핑하는 작가를 기다리며)과 2막 2장(하이퍼텍스트 원고, 텍스트 피고)에서 서사철학에 연관된 주제를 다룬 바 있으며, 월간《에머지》2002년 11월호(통권 39호) 문화평론 난에 "서사 에너지, 어떻게 확보할 것인가"라는 제목의 글을 기고한 바 있다. 또한 2006년 '충남대학교 인문과학연구소'와 '대전인문학연구회'가 공동 주관한 제1차 '대전인문학포럼'에서 21세기 인문학의 과제로서 서사철학을 제안한 바 있다. 지금 이 글에는 이상의 발표문, 논문, 평론 등에서 언급한 내용이 포함되어 있다. 내가 줄기차게 이런 시도를 해온 것은 '이야기 창조'에 비해서 '이야기 연구'에 대한 우리 문화계의 관심과 노력이 아직 미미하다고 생각하기 때문이다.

과 'tale'은 '계산하다'의 뜻을 가진 'telle/tellan'에서 유래하며, 이와 어원적 연관을 가진 독일어에서는 'zählen(셈하다)'과 'erzählen(이야기하다)'의 연관을 관찰할 수 있다. 또한 프랑스어의 'raconter'와 이탈리아어의 'raccontare'의 경우도 '계산하다'의 어원이 내포되어 있으며, 스페인어에서는 'contar'라는 동사가 두 가지 의미로 경우에 따라 쓰인다.

철학에서 계산은 논리적 구성을 의미한다. 이상의 관찰을 통해 우리는 논리적 구성이 구술적 효과를 주며, 나아가 서사 미학적 효과에도 영향을 미친다는 사실을 알 수 있다. 즉 '말 되고' '잘 짜여진'—논리적이고 미적 효과가 있는—이야기의 구사 능력을 키우는 데 철학적 자질이 필요하다는 것을 알 수 있다. 이것은 아리스토텔레스도 《시학》에서 강조하는 바이다.

이는 또한 영상미를 중요하게 여기는 영화에서도 시나리오의 설득력이 중요하다는 구체적 사실과 연관된다. "영화 기술과 제작 배급 방식이 디지털화하는 등 많은 변화가 일고 있어도 열쇠는 시나리오다. 설득력 있는 시나리오가 제일 중요하다. 첫째도 스토리, 둘째도 스토리다"라는 영화제작자 하비 와인스타인(Harvey Weinstein)의 말은 귀담아 들을 만하다.

둘째, 철학과 서사의 관계를 '경우의 수'라는 관점에서 조명해볼 수 있다. 이야기란 인간 삶의 여러 경우의 수를 제시하는 것이라고 볼 수도 있기 때문이다. 다시 말해 삶에 관한 수많은 경우의 수를 픽션으로 만들어내는 것이 이야기 짓기라고 할 수 있다.

이런 관점에서 철학의 역사로 눈을 돌려보면, 인간 삶을 경우의 수로 나누어 분석, 종합하는 것은 고대로부터 철학이 즐겨 쓰는 방법이라는 것을 알 수 있다. 예를 들어 플라톤의 대화편들에 화자(話者)로 등장하는 소크라테스가 젊은이들과의 대화에서 하는 일은 경우의 수를 제시하면서 논리 게임을 하는 것이라고 볼 수 있다. 그의 주된 철학적 대화 방법인 위장술(eironeia)과 산파술(maieutike)이 대화 상대자에 어떻게 적용되는지 잘 관찰해볼 필요가 있다.[25] 그것은 상상력과 논리력을 발휘해 삶에 관한 여러 경우의 수를 도출해내도록 하기 위해서 사용되는 매우 효율적인 방법인 것이다. **상상**과 **논리**는 인간 삶의 여러 가지 경우의 수로부터 설득력 있는 이야기, 즉 그럴듯한 이야기를 만들어내는 데 필수적인 것이다.

셋째, 철학사의 예에서 관찰할 수 있는 이러한 점들은 사실 철학의 본질적 성격과 관련 있다. 경우의 수를 제시한다는 것은 문제를 제기하고 그 제기방식을 개발하며, 문제에 대답하고 문제를 해결하고자 한다는 뜻이기 때문이다. 철학적 사고는 문제와 함께 있어왔고, 천국이 아닌 이상 문제없는 삶은 없을 것이기 때문이다(이야기를 위한 인간의 상상력은 천국에 문제를 설정하는 허구를 만들어내기도 하지만).

문제없는 삶이 없는 한 문제없는 이야기도 없다. 문제가 이야기를 만들어가기 때문이다. 사람들은 문제 풀이 속에서 재미를 느끼고 의미를 찾는다.[26] 결론적으로 철학을 포함하는 인문학은 이 세상의 수

---

25 소크라테스의 대화방식에 대해서는 본서 '2부 2장 01'을 참조하기 바란다.
26 문학과 철학이 '문제'라는 공통분모에서 진지하게 만나야 좋은 작품이 된다는 것은 비평의 중요한 관점이기도 하다. "'문학 작품이 철학적이어야 한다'라는 말은 문학 텍스트를 철학 텍스트처럼 써야 한다는 것이 아니라 세계와 인간의 모든 문제를 깊이 그리고 넓게 생각하게 하는 문학 작품, 즉 좋은 작품을 써야 한다는 것을 뜻한다." 박이문의 〈문학은 철학적이어야 하는가?〉(《문학과 철학의 만남》, 민음사, 2000, 27~39쪽) 중에서.

〈파르나소스〉, 라파엘로, 1510~1511년

많은 경우의 수 속에서 문제를 풀면서 인간적 '삶의 의미'를 포착하여 '삶의 재미'를 찾아왔다고 볼 수도 있다. 그것은 모든 이야기 속에 있어야 하는 것이며 모든 이야기 속으로 사람들을 끌어들이는 구심력이다.

넷째, 문제 제기와 문제 풀이는 '세계의 구상'과 연관 있다. 문제 해결의 과정이 이야기라면 그 이야기가 전개되는 세계를 설정해야 한다. '과정'을 위한 '상황'이 필요한 것이다. 문제가 발생할 수 있는 상황을 설정하는 것과 그 문제 해결을 위한 과정이 바로 스토리텔링이다.[27]

에코가 소설 쓰기는 '우주론적 과제'라고 한 것도 이런 의미에서 한 말이다. 이야기를 풀어나가기 위해서는 우선 하나의 세계를 건설해야 한다. 될 수 있으면 아주 세심한 부분까지 그 세계의 구성 요소들을 구상해야 한다. 문제가 제기되고 문제 풀이의 이야기가 전개될 수 있는 세계를 건설하면 '말 되는' 이야기는 저절로 따라오게 된다. 다시 말해 따라올 수밖에 없게 된다. 에코가 역설적으로 말하듯이 "자유롭게 이야기를 지어가기 위해서는 강제조건을 창조해야" 한다.[28] 그 조건이 바로 서사를 위한 '세계 구상'인 것이다.

---

[27] 온갖 첨단기술과 특수효과를 동원해 이른바 할리우드식 블록버스터들을 제작, 감독해온 스티븐 스필버그는 말한다. "영화는 스토리텔링이다. 기술과 매체의 변화는 궁극적으로 스토리텔링을 이루기 위해서다. 케이블이나 인터넷 모두 마찬가지다. 이런 기술 변화는 우리가 어떻게 소비자와 스토리를 소통하느냐를 위한 것이다. 영화의 제작 배급 방식은 변하지만 스토리텔링의 중요성은 변하지 않는다." 그가 "어떻게 소비자와 스토리를 소통하느냐"라고 한 말은 '어떻게 관객과 함께 의미 있는 문제를 재미있게 풀어나가느냐'라는 표현으로 바꾸어 쓸 수 있다. 스필버그의 영화들을 다시 보면 이 말이 일리 있다는 데 동의할 것이다.

철학은 오랫동안 세계를 구상하는 일을 해왔다. 그것은 플라톤의 《티마이오스》처럼 우주적 질서의 구성과 그 구성에 따른 인간 세상의 조명으로 나타나기도 했고, 그의 《폴리테이아》나 토머스 모어(Thomas More)의 《유토피아》처럼 이상적 세계의 구상으로 나타나기도 했다(문학과 철학에서 이에 대한 디스토피아적 세계 구상도 뒤따랐다). 철학자들은 세계 구상에 익숙한 사람들이라고 할 수 있다.

또한 그렇기 때문에 철학자들이 구상한 세계는 철학자들 사이에서 비판의 대상이 되고 문제가 되며 이야깃거리가 되어왔다. 신학 논쟁을 비롯한 '철학적 논쟁'과 형이상학적 구상을 비롯한 '철학적 구상'은 다시 소설 같은 대중적 이야기 형태로 만들 수 있는 철학적 소재이기도 하다. **논쟁**(싸움의 한 형태)과 **구상**(만들기의 한 형태)만큼 이야깃거리가 될 수 있는 것도 드물기 때문이다.[29]

이야기 탐구로서 서사철학

이상 철학과 서사가 갖는 밀접한 관계에 대해 살펴보았다. 이는 철학이 그가 지닌 자질과 지적 도구로 이야기 탐구에 공헌할 수 있다는 사실을 보여주고자 한 것이다. 이것은 철학이 문학, 영화 등 서사성

---

28 에코는 소설 《장미의 이름》 '후기'에서 이런 예를 든다. "만일 내가 강과 양쪽 둑, 그리고 강의 왼쪽 둑에 낚시꾼을 하나 설정한다면, 그리고 내가 이 낚시꾼에게 화를 잘 내는 성격과 뭔가 전과(前過) 경력을 부여한다면, 나는 이 상황에서 일어나지 않을 수 없는 것들을 말로 옮기며 글을 쓰기 시작할 수 있을 것이다." *Postille a* Il Nome della Rosa *di Umberto Eco*, Bompiani, 1984, pp. 16~20 참조.
29 에코가 그의 대표작 《장미의 이름》에서, 댄 브라운이 《다빈치 코드》 등에서 이용한 것도 사실 이런 소재들이다.

을 필요로 하는 예술 장르에 인문학적 지원을 한다는 차원을 넘어 능동적이고 적극적으로 개입함을 의미하는 것이기도 하다.

구체적으로 말해 서사성을 지닌 다양한 텍스트들을 철학적으로 읽어줄 필요성과 그 실질적 가능성이 있다는 것을 의미한다. 고대로부터 현대에 이르기까지 철학은 텍스트 생산과 텍스트 해석을 기본으로 하는 학문이라고 해도 과언이 아닐 것이다. 철학의 입장에서 텍스트라고 지칭하는 것이 꼭 딱딱한 사상서만은 아니다. 서사성을 풍부하게 품고 있는 텍스트는 텍스트 중의 텍스트일지 모른다.

그러므로 문자성을 지닌 문학 텍스트든, 영화 같은 영상·구술·음향 텍스트든,[30] 그것들을 철학적으로 읽어주는 것이 이야기 탐구에 공헌하는 길임을 인식할 필요가 있다. 그것이 서사철학의 일차적 과제이다. 혹자는 철학이 동화, 영화, 애니메이션과 같은 이른바 통속적 서사를 가진 작품들을 읽어준다고 해서 철학의 대중 영합과 통속화를 비난할지 모른다. 하지만 철학은 쉽게 영합하거나 불필요하게 통속화하지 않는다. 통속적인 것을 진지하고 귀하게 다룰 뿐이다.

서사철학 연구의 결과는 이야기를 짓는 작가들로 하여금 기존 텍스트의 풍부한 의미들을 다시금 찾아보게 하여 습작과정에서 훌륭한 참고 자료가 될 것이다. 그럼으로써 문학이든 영화든 게임이든 다양한 장르의 작가들에게 새로운 이야기 텍스트 개발의 가능성을 제시

---

30 영화를 흔히 영상물로 단순화하는 경향이 있는데, 그것은 영화의 특성을 축소하여 인식하는 것이다. 영화는 시각만을 사용하지 않기 때문에 '비주얼'한 것, 곧 영상적인 것만은 아니다. 영화는 '감각종합형' 예술이며 구체적으로는 영상·구술·음향의 요소들로 표시할 수 있다. '영상문화'의 개념에 관한 문제에 대해서는 본서 '6부 만화'의 도입부에서 상세히 다룬다.

해줄 것이다. 이는 또한 창작 '지원'이라는 점에서 중요한 역할을 하는데, 모방이 표절이 되지 않고 창작의 길로 나아가도록 하는 데 기여하기 때문이다. 작품 자체는 모방과 표절의 대상이 되지만 작품 해석의 결과, 즉 '읽어주기'의 결과는 **창작의 자료**가 될 뿐이기 때문이다.

이런 점에서 오늘날 기성 철학자들의 과제 또한 미래를 바라보고 설정되어야 할 것이다. 훌륭한 서사성을 지닌 텍스트를 창조할 수 있는 능력은 쉽게 얻어질 수 있는 것이 아니다. 그러므로 인문학적 지원과 개입으로 문자문화와 감각종합형 문화 분야에서 그러한 능력을 가진 미래 세대를 키우는 것이 오늘날 우리의 과제일 것이다. 그 과제 이행의 첫발은 서사철학의 활성화일 것이다. 나도 미력하나마 이를 위한 시도를 해보았다. 동화를 철학적으로 읽어줌으로써 그 결과로 다양한 의미를 포착, 추출하여 동화 속 이야기가 아이들뿐만 아니라 어른들을 위한 서사가 될 수 있음을 보여주고자 했다. 또 애니메이션 작품의 서사 구조를 탐구하여 그것이 품고 있는 '철학 이야기'를 드러나 보이도록 시도해보았다.[31]

그 어느 경우든 내가 세운 이야기 탐구의 원칙은 작품 자체를 텍스트로 삼아 이른바 '텍스트 읽기'를 시도하는 것이다. 그것은 각 작품의 스토리텔링이 '스스로 품고 있는' 철학 콘텐츠를 발굴하는 작업이다. 이는 서사성을 지닌 예술 작품이 철학적 사고를 위한 모티브로서 단순히 봉사하도록 하는 것이 아니라는 점에서, 오로지 철학적 사고를 위한 수단으로 삼는 것이 아니다. 또한 철학, 심리학, 사회학 등

---

31 졸저 《문화적인 것과 인간적인 것》과 《미녀와 야수, 그리고 인간》(이상 푸른숲, 2000) 참조. 앞의 책에서는 일부 그런 작업을 한 것이고, 뒤의 책은 책 전체를 그런 작업에 쓴 경우다.

기존 학문의 특별한 이론을 작품의 주제와 비교 연구한다거나 그 이론으로 작품을 일방적으로 조명하는 것도 아니다. 그렇게 하면 철학이라는 괴물이 예술 작품을 자신에게 예속시키거나 아니면 뒷전으로 밀어낼 공산이 크다. 내가 말하는 서사철학적 텍스트 읽기는 오히려 철학이 텍스트에 봉사하는 일이다.

이는 각 작품 스스로가 제공하는 철학 콘텐츠를 읽어내 그것이 어떻게 작품의 서사성을 이루고 있는지를 알아보는 작업이기도 하다. 영화와 애니메이션의 경우는 작품과 철학 콘텐츠 사이의 관계를 역추적(逆追跡)하여 어떻게 다양한 요소들이 개입되면서 시나리오가 구성되었는지 알아보는 실용적 효과도 거둘 수 있다. 다시 말해 철학의 노동력이 문학 텍스트와 영상 텍스트의 밭을 갈아주는 것이라고 할 수 있다. 그래서 다음 해의 수확을 더욱 풍성하게 해주는 역할을 하는 것이라고 할 수 있다.

지금까지 내가 한 작업은 미미한 시발에 불과하다. 서사에 대한 철학적 접근법은 좀더 전문적으로 개발될 필요가 있고, 서사철학이 대상으로 삼는 서사성을 가진 분야의 폭도 더 확대되어야 할 것이다. 여기에는 언급했듯이 문학과 영화, 만화, 애니메이션 작품의 스토리텔링뿐만 아니라 컴퓨터 게임과 실효현실, 테마 파크의 스토리 라인 등에 적용되는 서사도 포함된다. 오늘의 문화는 이야기 탐구의 대상이 될 수 있는 텍스트를 다양하게 제공하고 있기 때문이다. 이런 의미에서 서사철학은 이제 본격적인 연구 단계에 들어설 수 있다고 본다. 그렇게 함으로써 철학의 차원에서도 이야기 탐구가 이야기 창조에 기여할 수 있게 된다.[32]

서사철학은 이야기 탐구의 성과를 이야기 창조에 제공하는 서사

에너지 공급원 가운데 하나일 뿐이다. 하지만 매우 중요한 한 분야이다. 그것은 또한 철학을 비롯한 인문학이 능동적이고 적극적으로 여러 문화 예술 분야와 실질적인 학제(學際) 활동을 한다는 것을 의미하기도 한다. 그 학제의 네트워크에 서사철학이 참여하는 것은 문예(文藝)의 모든 분야를 위한 좋은 에너지원이 되는 일이고, 철학 자신의 새로운 발전에도 스스로 에너지를 공급하는 일이 될 것이다.

텍스트 탐구의 방식들

이야기 탐구의 기본은 곧 이야기를 품고 있는 텍스트 탐구이다. 문화의 다양한 분야가 제공하는 각각의 작품 자체를 텍스트로 삼아 성과 있는 '텍스트 읽기'를 하기 위해서는 적합한 읽기방식을 택해야 한다. 텍스트 읽기는 ─ 현대의 문화적 성향을 고려하건대 ─ 대체로 다음과 같은 세 가지 방식으로 구분할 수 있다.

첫째, 독자가 텍스트에 푹 빠져 읽기 자체를 즐기는 방법이다. 그러니까 독자 개인이 독자적(獨自的)인 느낌을 받고 즐기면 되는 식으로 읽는 것이다. 이런 경우 읽기에서 느낀 점이나 얻은 의미를 다른 사람들과 소통하며 나눌 필요는 없다. 이것은 텍스트에 '파묻히기'

---

32 이는 철학 자신에게 다시 돌아오는 문제이기도 한데, 서사적 철학(Tale Philosophy) 텍스트 개발과 연관 있기 때문이다. 고대로부터 지금까지 철학 텍스트는 대부분 단편(fragment), 대화(dialogue), 논문(treatise), 담론(discourse), 에세이(essay), 경구(aphorism), 서사(tale) 등의 형태로 존재해왔다. 그 가운데서도 이야기 형태의 철학 텍스트는 역사상 그 예가 있었으나 오랫동안 본격적으로 개발되지는 못했다. 이 점에서 서사철학은 서사적 철학 텍스트 개발에도 피드백하는 효과를 줄 수 있을 것이다. 이 점에 대해서는 '2부 대화'에서 다시 다루기로 한다.

라고 할 수 있다.

둘째, 오늘날 이른바 문화연구(cultural studies)에서 많이 취하는 방식으로, 책 같은 문자 텍스트든 영화 같은 감각종합형 텍스트든 그 텍스트가 만들어진 정치적·윤리적 의도, 구성의 맥락, 텍스트의 배경에서 이루어지는 권력 작용, 텍스트 생산과 소비에 연관된 각종 이해관계 등을 살펴보는 것이다. 정치성과 컨텍스트(context)를 중요시하는 입장이다. 텍스트의 이면(裏面) 파헤치기, 들추어내기, 까뒤집어보기라고 할 수 있다.

셋째, 텍스트의 배경이 아니라 텍스트가 품고 있는 다양한 의미를 추출해 그것의 의미 확장을 시도하며, 그 결과를 다른 사람들과 소통하고자 하는 방식이다. 이는 콘텐츠의 풍부함과 읽는 이의 감수성 사이의 만남을 시도하는 것이다. 즉 다양한 의미 추출의 촉수들로 텍스트에 접근하여 '텍스트를 여는 것'이다. **콘텐츠를 중요시하는 텍스트 읽기**라고 할 수 있다.

이상 그 어느 것이거나 서로 겹치는 영역이 있고 쓰임새에 따라 요긴하게 선택할 수 있는 것들이다. 하지만 첫 번째 방식은 텍스트 읽기의 결과를 남들과 소통하고자 하는 입장에서는 당연히 선택할 수 없다. 두 번째는 우리나라에 서구의 문화연구가 수입되면서 1990년대에 많이 퍼진 방식인데, 그 이전에 유럽에서 문학철학도의 길을 걸으면서 먼저 마르크스 철학 계열의 문화연구를 공부한 나도 익숙해 있는 방식이다. 하지만 내가 앞에서 제안한 이야기 탐구의 목적에는 부합하지 않는 것이다.

그러므로 서사철학을 위해서는 세 번째 방식이 적합할 것이다. 이와 함께 강조하고 싶은 것은 '텍스트 스스로 품고 있는 콘텐츠'라는 것이 '그 텍스트의 창조자, 즉 작가의 의도'를 의미하지는 않는다는 것이다. 피조물인 텍스트라고 해서 창조자인 작가의 의도를 모두 반영하지는 않기 때문이다. 텍스트는 작가의 의도를 담고 있을 수도 있지만, 창조된 순간부터 작가의 의도에서 떠난 의미들을 담고 있을 수 있기 때문이다. 상당수의 작가는 밤을 새면서 피 말리는 작업을 한다. 그럴수록 텍스트 속에는 작가의 원래 의도만 묻히는 것이 아니라 작가 자신도 모르게 묻힌 지혜와 감동의 편린들이 있다.

내게 텍스트 읽기는 작가의 의도를 캐기 위한 것이 아니라 텍스트의 의미를 포착하기 위한 것이다. 그래야 텍스트 속에서 작가가 의도하지 않았을 편린들도 발견할 수 있다. 그러므로 이렇게 해서 얻어내는 것은 '꿈과 다른 해몽'일 수 있다. 사실 작가가 꾼 꿈보다 나은 해몽이나 꿈보다 못한 해몽을 논하는 것은 큰 의미가 없을지 모른다. 낫거나 못하다는 기준을 성급히 도입하면 '다른' 것이 출현할 가능성을 줄이기 때문이다.

'꿈과 다른 해몽'이 꿈과 같은 해몽만큼이나 의미 있다는 것을 보여주는 일, 그것이 또한 내가 이야기 탐구에서 기대하는 바이다. 이야기를 만들 때 이상으로 이야기를 다룰 때에도 발명의 정신이 필요하다. 발명가인 레이 커즈와일(Ray Kurzweil)은 '이야기는 정보의 의미 있는 패턴'이라고 한다. 패턴에는 연속성이 있다. 꿈과 다른 해몽들은 제멋대로의 이야기만이 아니라(그것은 나름의 중요성을 지닌다), 어쩌면 이야기의 패턴을 발견하게 하는(그것이 그리 중요하지 않을 수도 있지만) 실마리를 제공할지도 모른다.

텍스트 분석을 바탕으로 한 서사철학적 탐구에 관심을 가져온 지도 꽤 오래되었다.[33] 탐구 대상이 되는 서사 작품의 창고는 방대하다.

그 창고에서 하나의 이야기 작품은 마치 밤하늘의 별들 가운데 하나와 같을지 모른다. 하지만 **어떤 탐구이든 하나의 작품에서 출발한다**. 하나의 작품을 관통해보면 그 작품은 마치 이야기의 우주에서 '웜홀'과 같이 작동한다는 것을 느낄 수 있다. 그것을 통해 어디든지 연계될 수 있기 때문이다.[34]

구체적인 작품에 철학적으로 접근하고 그곳에서 철학적 사유를 출발시킨다는 것은 **문화철학의 방법론**에서도 기본이며 매우 중요하다. 문화철학은 사람의 만듦 행위와 '만든 것'에 대한 탐구이기 때문이다. 이 책에서는 일곱 가지 각기 다른 분야(장르라고 해도 좋다)에서 한 작품씩을 선택하여 그것을 집중 탐구한다. 작품 선택은 전적으로 임의적이다. 그 임의성이 의미 있는 것이다. 언급했듯이 서사철학의 대상은 무궁무진하기 때문이다. 다만 '서사철학하기'가 누구든 공감할 수 있고 그 성과를 공유할 수 있는 보편성을 제공한다.

그 일곱 장르란 신화(神話), 대화(對話), 진화(進化), 동화(童話), 만화(漫畵), 혼화(魂畵), 영화(映畵)이다.[35] 우연히 모두 '화'자가 붙

---

33 성과라는 점에서 그동안의 작업은 미미했지만, 각 예술 장르의 작품들을 탐구하는 우직한 노력은 계속하고 있다. 그런 작업의 일환으로 애니메이션 작품의 이야기 탐구를 본격적으로 시도하기도 했다. 항상 마음에 두고 있는 동화의 서사 탐구에 관한 글은 아직 체계화하지 못해 책으로 완성하지 못하고 있다. 각 장르별로 방대한 작업을 너무 욕심스럽게 계획했기 때문이 아닌가 반성하기도 한다.
34 이런 경험의 구체적인 예로서, 내가 여러 해 동안 천착해온 안데르센의 동화 《미운 오리 새끼》를 들 수 있다. 이 짧은 길이의 동화를 '열린 사회-닫힌 사회'의 주제로 일관되게 천착함으로써 그 과정에서 이 주제가 오히려 다양한 철학적 문제들에 연계되는 경험을 하기 때문이다. 이 텍스트에 대한 탐구는 끝나지 않았으며 지속적으로 학문적 자극을 주고 있다. 그럼으로써 하나의 텍스트 연구는 다른 텍스트를 불러오는 효과를 준다. 학문과 사유의 세계는 풍부해진다. 이 책에서도 이런 지속적 탐구의 성과를 보여주고자 한다.

어 있다. 우연이 필연처럼 보이는 '질서화'를 가져온다는 건 서사 구성에서도 흥미로운 것이다. 또한 그것이 말(話)과 그림(畵)과 변화(化)를 품은 다양한 질서화라서 재미있을 것 같다. 이 탐구 여행이 좋은 출발일 것이란 예감이 든다. 아니, 내가 그런 예감을 이야기처럼 만들고 있는지도 모른다.

---

35 참고로 여기서 '대화'란 고대로부터 있어왔던 대화체의 철학 텍스트를 가리킨다. 플라톤의 대화편이 그 좋은 예이다. 혼화는 내가 만든 말로 애니메이션 작품을 뜻한다. 그것은 영어의 'animated cartoon'을 한자어로 직역한 것이다. 순수 우리말로 하면 '얼그림'이 되며, 나는 이 말도 좋아한다.

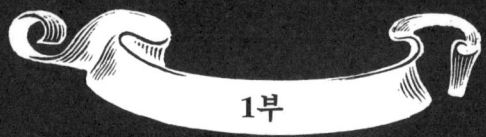

1부

신화

mythology

신화

1장

신비와 합리, 이야기의 헤르마프로디토스

"이야기에서 출발하는 경우,
그 이야기는 끝까지 사고되어야 한다."
—
프리드리히 뒤렌마트

mythology

01
편재(遍在)하는 신화

    신화에 대한 서사철학적 접근은 신화,[1] 문학, 철학의 관계에 대한 성찰을 포함한다. 이들 관계에 대해 논하기 전에 먼저 두 편의 영화 이야기를 해보자.

    1963년 누벨 바그의 기수 가운데 한 명인 장 뤼크 고다르(Jean-Luc Godard) 감독은 〈사랑과 경멸〉[2]을 만들었다. 이 영화는 '오디세우스'라는 영화 제작을 둘러싸고 벌어지는 사람들의 삶을 소재로 하고 있다. 영화 속에 영화 제작이 나오는 셈이다. 세인들에게는 당시 많은 인기를 받고 있던 여배우 브리지트 바르도(Brigitte Bardot)가 주연을

---

[1] 신화라는 말은 영어 'myth'를 번역한 것인데, 이 말은 그리스어 뮈토스(mythos)에서 유래한다. 뮈토스는 '이야기'라는 뜻인데, 신들의 이야기만은 아니다. 이런 점에서 사실 '신화(神話)'라는 술어는 부적절하다. '신들의 이야기'라는 선입견을 줄 수 있기 때문이다. 그러나 관습상 그대로 사용하고 있다. 학자들의 합의에 의한 어떤 개선이 필요하다고 생각한다.
[2] 원제는 〈경멸(Le Mépris)〉이다.

맡았다는 사실이 흥미로웠겠지만, 영화인들에게는 영화 속 영화감독이 실제 감독인 독일계 거장 프리츠 랑(Friz Lang)이라는 사실이 흥미로웠다. 고다르는 랑의 조감독으로 카메오 출연했다.

그런데 우리가 관심을 갖는 것은 영화 속에서도 자신의 실명을 그대로 사용해서 출연하는 랑 감독이 '오디세우스'의 필름을 보면서 설명하는 대목이다. 랑 감독은 말한다. "자, 보십시오. 여기서 우리는 자신을 둘러싼 상황에 대항하여 투쟁하는 개인을 봅니다. 이것은 고대 그리스 시대의 전형적인 문제이지요." 그러고는 이어서 "이것은 결국 신에 대한 투쟁인 것입니다. 이것이 바로 프로메테우스의 투쟁이고, 오디세우스의 투쟁입니다"라고 말한다.

여기서 랑 감독이 말하는 개인(individual)과 상황(circumstance)의 변증법은 그리스 신화와 서사시, 비극의 기본 틀이다. 이 고대 이야기들에서 상황은 주로 신에 의해 설정된다. 구체적으로는 신탁(神託)의 내용이 어쩔 수 없는 상황으로 드러나고, 각 개인은 그것을 받아들이거나 피하려 하거나 아니면 맞서 싸우기도 한다. 하지만 어쩔 수 없는 상황에서 개인은 곧잘 신탁의 노리개가 되고, 신탁의 내용은 개인을 비극으로 몰고 간다.

그런데 흥미로운 것은 랑 감독이 '오디세우스' 영화에 투자한 미국인 제작자 프로코시와 나누는 대화이다. 제작자는 감독이 개인과 상황의 관계를 논하면서 철학적으로 나오는 것에는 불만이고 오로지 영화의 상업적 성공에만 관심을 가진 터. 그래서 바다에서 헤엄치는 나체의 인어가 나오는 장면을 늘리거나, 오디세우스가 오랜 항해를 하는 이유를 아내 페넬로페에 권태를 느꼈기 때문에 되도록 귀향에 늑장을 부리는 것이라고 스토리를 각색하는 데에만 관심이 있다. 당

〈아킬레우스와 헥토르의 일대일 대결〉, 루벤스, 1636년

연히 둘 사이는 냉담한데, 프로코시는 신들이 등장하는 장면이 이어지자 이렇게 빈정댄다. "나는 신들을 매우 좋아해. 나는 그들이 뭘 느끼는지 정확히 알고 있지. 아주 정확히." 이에 랑 감독이 맞받아친다. "이보게, 이 사실을 잊지 말게. 신들이 인간을 창조한 게 아니라 인간이 신들을 창조했다는 사실 말일세."

그러자 프로코시는 여비서를 시켜 대본을 가져오게 한다. 이어서 그는 대본과 실제 촬영 내용이 다르다며 트집을 잡고 필름통을 집어 던지는 등 난동을 피우고 영사실을 나간다. 한바탕 소동이 벌어진 후 여비서는 기분 전환을 위해 랑 감독에게 시를 한 편 청한다. 랑 감독은 차분히 이렇게 읊는다. "그렇지만 인간은, 그래야 하기 때문에, 두려움 없이/신 앞에 고독하게 머문다. 단순함이 그를 보호하며/어떤 무기도 속임수도 필요하지 않다/신의 부재가 도움이 될 때까지, 오랫동안."[3]

똑똑한 여비서는 그것이 곧 프리드리히 휠덜린(Friedrich Hölderlin)의 시라는 것을 알아차리고 랑 감독이 읊은 구절을 따라서 반복한다. 랑 감독은 마지막 행이 미묘하다는 것을 일러주면서 말한다. "휠덜린은 초고에서 이 시의 마지막 행을 이렇게 썼었지. '신이 그렇게 우리에게 가까이 머무는 한'이라고. 그러면 이것과 완성된 시의 마지막 행이 충돌하는 게 되지 않나. 마지막에 신의 부재가 도움이 되고 인간을 구한다고 하니까 말이야…… 참으로 이상하지. 하지만 그게 진

---

[3] 이것은 프리드리히 휠덜린의 시 〈시인의 사명(Dichterberuf)〉 마지막 단락이다. "Furchtlos bleibt aber, so er es muß, der Mann/ Einsam vor Gott, es schützet die Einfalt ihn./ Und keiner Waffen brauchts un keiner/ Listen, so lange, bis Gottes Fehl hilft."

리일지도 모르지."⁴

여기서 신의 부재는 신이 없음이 아닌 '자리 비움(absence)'을 뜻한다. 그리스 로마처럼 다신교 문명에서는 신들이 자리를 비울 때 인간은 상황으로부터 해방된다. 그러나 인간은 신탁을 청함으로써 상황을 불러온다. 이런 점에서 신은 인간의 조건이지만 인간은 신탁과 신이 현존(presence)하는 원인이 된다. 영화 속 랑 감독이 애매모호한 대화로 던지는 개인과 상황의 변증법은 고대 서사(신화, 서사시, 비극 등)에 비밀처럼 스며 있다.

두 번째 언급하고자 하는 영화는 볼프강 페테르센(Wolfgang Petersen)이 감독하고 브래드 피트가 주인공 아킬레우스 역을 맡은 〈트로이(Troy)〉(2004)다. 엄청난 물량을 쏟아 부어서 제작한 이 영화는 트로이아 전쟁의 신화와 호메로스의 서사시《일리아스》를 제멋대로 각색하여 이야기를 전개한다.

영화는 원작의 기본 틀은 유지하지만, 등장인물들 사이의 관계와 그들의 운명을 현대 영화 관객의 취향에 맞추느라 무척 애를 쓴다. 영화에서 '조작'된 사실 가운데, 아킬레우스가 사랑에 빠졌던 두 여인 브리세이스와 폴릭세네(호메로스의《일리아스》에는 등장하지 않으나 전설이나 후대의 서사시에 따르면 트로이아 왕 프리아모스의 딸로 나온다)를 브리세이스라는 한 인물에 통합해버린 것이나, 메넬라오스와 파리스의 결투에 개입한 헥토르가 메넬라오스를 죽이는 것 등은 그래

---

4 횔덜린이 초고에서 이 시의 마지막 행을 표현했던 것과 완성된 시의 표현이 정반대라는 것은 여러 가지 해석을 낳을 수 있다. 학자들 사이에서는 주로 '궁핍한 시대의 시인'의 의미와 연관해서 해석한다. 여기에서는 랑 감독이 영화 시나리오의 내용과 연관하여 개인과 상황의 특별한 변증관계로 해석하고 있다.

도 넘어갈 수 있다. 파리스가 안드로마케와 헬레네를 피신시키고 브리세이스마저도 비밀 통로로 인도하는 마지막 부분도 넘어가자. 영화가 반드시 원작에 충실할 필요는 없으니까.

그러나 그대로 넘어가기에는 아쉬운 대목이 하나 있다. 바로 아가멤논의 죽음이다. 페테르센은 그리스군이 목마를 이용해 트로이아 성을 함락한 후, 브리세이스가 자신을 위협하는 아가멤논을 단검으로 찔러 죽이는 것으로 영화를 마무리짓는다. 그런데 아가멤논이 사라지면 그가 트로이아 전쟁을 끝내고 자신의 왕국으로 돌아온 후 일어나는 수많은 이야기들도 함께 사라진다. 아이스킬로스, 소포클레스, 에우리피데스의 비극에 아가멤논의 이야기만큼 소재를 제공한 것도 없기 때문이다. 나는 영화를 보면서, "아니 카산드라, 클리타임네스트라, 아이기스토스, 오레스테스, 엘렉트라, 이피게네이아의 이야기들은 어떻게 해!"라고 소리지를 뻔했다.

02 신화, 시, 그리고 철학의 관계에 대하여

내가 아가멤논의 이야기를 소중히 여기는 것은 그의 아버지 아트레우스를 중심으로 그 조상이나 후손들의 이야기들이 여러 문학 작품의 소재가 되었을 뿐만 아니라, 신화와 철학의 관계를 탐구할 수 있는 중요한 통로이기 때문이다. 서양 사상사의 전통에서 신화와 철학의 관계는 '뮈토스(mythos)'와 '로고스(logos)'의 관계로 대변되어 왔다.

특히 '뮈토스에서 로고스로'라는 구호 같은 이 말은 최근까지 그리스 사상의 변천과정을 대표하는 것이기도 했다. 이 말은 독일 철학자 빌헬름 네슬레(Wilhelm Nestle)의 책제목(*Vom Mythos zum Logos*)이기도 한데, 그로부터 이 말이 널리 퍼지게 된 것도 사실이다. 네슬레는 뮈토스와 로고스라는 두 단어를 인간의 정신적 삶의 영역을 움직이는 두 축으로 삼는다. 그렇게 함으로써 신화적 표상과 논리적 사고를 서로 대립적인 것으로 설정한다. 그에 의하면 뮈토스는 상상적이고 비자발적이며 무의식의 토대 위에서 형성되고 표상되는 반면, 로고스는 개념적이고 의도적이며 의식에 의하여 분석되고 종합된다.[5]

그렇다고 고대로부터 이야기(mythos)로 풀어가는 신화와 논리(logos)로 풀어가는 철학이 반드시 대립적이었던 것은 아니다. 물론 신화는 환상적이고 암시적인 성격을 띠기 때문에 논리적이고 설명적인 철학과 다를 수 있다. 하지만 이해관계에 집착하지 않고 세상을 관조(觀照)한다는 점에서는 공통적이며, 무엇보다도 세상 만물에 대한 경이로움에서 출발한다는 점에서는 신화적 지향과 철학적 관심은 동일한 뿌리를 갖고 있다고 할 수 있다.

실제로 소피스트들은 자신들의 대화에서 신화를 곧잘 인용했는데, 자신들의 수사법을 다양한 예시로서 강화하고 대화에서 설득력을 얻는 데 신화가 요긴했기 때문이다. 플라톤은—《고르기아스》이후의 대화편들에서 볼 수 있듯이—소피스트들이 단순히 수사적 설득력을 얻기 위해 신화를 이용하는 것을 비판하고, 신화의 본질적 중요성을 포착하기 시작했다. 플라톤이 재발견한 신화의 가치는 논리적 매개로 얻을 수 없는 것을 직관적 표현으로 포착할 수 있다는 것이었다. 물리학자 바이츠제커(C. F. von Weizsäcker)는 "독자에게 변증법적 수행의 엄밀성을 더 이상 기대할 수 없을 때 플라톤은 얼마나 자주 신화를 꾸며냈던가!"[6] 하며 감탄한다. 이어서 그는 "플라톤의 신화들은

---

[5] 네슬레의 저작은 1940년에 출간되었는데, 이미 프로이트(S. Freud)와 융(Carl. G. Jung)의 정신분석학적 성과에 영향 받았음을 알 수 있다.
[6] 카를 프리드리히 폰 바이츠제커, 《과학의 한계》, 민음사, 1996, 102쪽.

결코 경박하지 않다"고 말한다. 즉 이것들은 "엄밀한 해석을 허용하는 예술 작품"이라고 강조한다.

이런 의미에서 뮈토스는 더 이상 로고스에 대립하는 것이 아니라 로고스에 대한 훌륭한 자극제로서의 역할을 인정받는다. 소크라테스 이전 고대 사상의 해설자이기도 한 아리스토텔레스는 신화를 이론 전개에 사용하지 않았지만, 철학적 탐구의 출발이 어느 정도 신화의 전통과 연결 고리를 갖고 있음을 인정한다. 그가 《형이상학》 1권에서 한 말은 이를 잘 보여준다. "신화를 사랑하는 사람은 어떤 방식으로든 철학자이다."[7]

그런데도 어느 시점에서 어떻게 세계를 대하는 인간의 주된 태도가 뮈토스에서 로고스로 이전되었을까 하는 질문이 뒤따른다. 이것은 본격적인 철학의 기원을 찾는 작업과 맞물려 있기도 하다. 철학자들은 오랫동안 아리스토텔레스가 자신의 《형이상학》에서 밀레토스 출신의 탈레스를 만물의 원리를 추론적 사고로 탐구했다는 데서 최초의 철학자라고 한 것을 수용해왔다.[8] 탈레스는 만물의 원리를 물이라고 했는데, 이것은 더 이상 오케아노스나 테티스 등 신의 이름으로, 즉 뮈토스로 세상을 조명하는 것이 아니라 현상에 대한 관찰의 결과를 로고스로 풀어가려고 하는 것이다. 여러 가지 현상을 하나의 원리에 맞추어 해석하려고 했다는 의미에서 탈레스와 함께 철학이 시작되었다고 하는 것이다.

근자에 와서는 오히려 '고대의 뮈토스적 태도'와 '추론으로 대상

---

7 아리스토텔레스, 《형이상학》, A2, 982b 18.
8 본서 서장 01 '원리 · 윤리 · 진리' 참조.

을 원리화하고 그것에서 보편적 법칙을 찾는 로고스적 태도' 사이의 유사점을 다양한 관점에서 추적하는 작업이 활발해졌다. 특히 20세기 후반에 들어와서 몇몇 고전 연구자들은 탈레스 이전의 신화적·종교적·문학적 사고로부터 철학적 사고의 시원을 발견하려는 시도를 해왔다. 이런 시도를 통해 그들은 탈레스 이전의 시인들, 그 가운데서도 특히 호메로스나 헤시오도스의 서사시가 철학의 본질적 성격을 결정짓는 데 핵심적인 역할을 했다는 사실을 설득력 있게 보여주고자 한다.

예를 들어 문헌학자 브루노 스넬(Bruno Snell)은 서양 고전 문학을 면밀히 분석하는 작업을 해왔는데, 그리스 문학의 발전과 전개 과정, 즉 서사시에서 서정시로, 그리고 비극과 산문 및 철학적 서술로 이어지는 과정을 그리스 정신의 발전과정으로 파악한다. 바이츠제커도 우주생성론적 신화, 철학, 과학적 우주론 사이의 관계를 분석하면서 시가 산문보다 더 옛것이라는 것을 강조한다. "가장 오래된 신화 텍스트들은 엄격하게 구성된 시이다. 여기에서는 이 텍스트들을 현대의 주관적 시작(詩作)보다는 교회의 의식문에 비교하는 것이 더 정확할 것"[9]이라고 말한다. 또한 "고대 시의 엄격한 형식은 수세기 동안에 걸친 구전(口傳)을 용이하게 하며, 이 형식은 텍스트의 성스러움을 나타낸다"는 것을 지적한다.

한편, 스넬은 언어적·철학적 분석 및 문헌학적 해석의 방식을 통해 호메로스의 서사시와 이후 문학 작품들에 담겨 있는 독특한 인간관과 세계관에서 정신의 발전과정을 포착했다. 그리스인들은 인간

---

9 바이츠제커, 앞의 책, 46쪽.

정신에서 자의식을 발견하고 발전시켰다는 것이다. 그는 그리스인들의 전통적 종교관의 형성과정을 검토함으로써 어떻게 신적인 질서가 인간과 자연 세계에 대한 질서를 가져올 수 있었는지 밝힌다.

　스넬은 그리스 정신세계의 발전과정을 서사시, 서정시, 비극, 산문의 순서로 이해하고, 서정시의 시대와 비극의 시대에 들어서서 인간은 본격적으로 자아를 의식하고 깨닫게 됨으로써 세계를 '나'의 관점에서 해석하게 되었다고 한다. 이와 같이 성립된 고대의 자아 개념은 근대적 자아 개념의 탄생을 어느 정도 예고하고 있다고 볼 수 있다. 여기서 우리는 앞에서 랑 감독이 왜 그리스 신화, 서사시, 비극에서의 '개인과 상황의 변증법'을 언급했는지 좀더 잘 이해할 수 있다.

　철학자 올로프 기곤(Olof Gigon)은 시로부터 철학이 생겨났다고 주장하며, 본격적인 출발점을 호메로스보다 한 세대 이후에 활동한 서사 시인 헤시오도스로 잡는다. 그가 호메로스에 비해 매우 새로운 것을 추구했기 때문이다. 그 새로운 것이란 그가 신들의 '계보'를 추적했다는 점이다. 스넬도 말했듯이 "《신통기》에 무려 300여 신들에 관해 기록하고 있는 헤시오도스 이상으로 '만물은 신으로 가득 차 있다'는 그리스 격언의 의미를 명확하게 밝힌 사람은 없다"고 할 수 있다. 그런데 중요한 것은 헤시오도스가 "신들을 일종의 린네 체계의 계보도로 압축하고 있다"[10]는 사실이다.

10　브루노 스넬, 《정신의 발견 : 서구적 사유의 그리스적 기원》, 까치, 1994, 87쪽. 여기서 '린네 체계(Linnéschem System)'라고 한 것은 스넬이 헤시오도스의 신의 계보를 《자연의 체계》를 저술한 식물학자 카를 린네(Carl v. Linné)의 생물 분류 체계에 빗대어 표현한 것이다.

〈헤르마프로디토스를 유혹하는 살마키스〉, 스프랭거, 1585년

이는 헤시오도스가 인간의 근원으로서 신들과 신들의 역사를 추적하며 만물의 시원을 찾아갔다는 것을 뜻한다. 만물의 원리가 무엇인가를 물었던 탈레스가 최초의 철학자라고 한다면, 그에 앞서 세계의 근원에 관한 문제의식을 갖고 만물의 창조와 역사를 노래한 헤시오도스 역시 '철학적' 탐구를 했다고 할 수 있지 않는가 하는 것이다. 게다가 헤시오도스는 참과 가상적인 것을 구분했고, 이 세계를 구성하는 인간을 비롯한 모든 대상을 '하나'로 포괄하는 '전체'라는 개념을 가지고 있었다. 기곤은 바로 이와 같은 이유에서 탈레스를 한참 거슬러 올라가 서사 시인 헤시오도스에 철학의 시발점이 있다고 한다.

철학의 시작을 서사 시인 호메로스나 헤시오도스에게서 찾으려는 시도는 로고스적 사유의 기원을 뮈토스적 사유에서 찾으려고 한다는 점에서 의미가 있다. 왜냐하면 이와 같은 주장은 철학으로 대표되는 로고스적 사고방식이 뮈토스적 사고방식으로부터 혁명적으로 단절되어 나온 것이 아니라, 전향적으로 발전되었다고 보는 것이기 때문이다.

'단절인가' 아니면 '연속인가' 하는 것은 사실 학문의 제 분야에서 제기되는 논쟁방식이라고 할 수 있다. 현실에서는 어느 것을 주장하든 정도의 차이일 경우가 많다. 철학이 신화와 서사시에 뿌리를 두고 있다고 하더라도 획기적인 변신을 이루어냈다고 보는 것이 좀더 타당할 것이다. 이를 바꾸어 말하면 철학이 고유의 체계적 발전을 이루어냈다고 해도 신화와 서사시와의 연결 고리를 무시할 필요는 없다는 뜻이다.

나는 고대 신화가 계보와 전체를 추구한다는 점에서 신화와 철학 또는 뮈토스와 로고스의 유사점을 보기보다는 **신화 안에 합리적 시도의 서사가 내재한다는 점에서 철학적 단초를 본다.** 신화, 즉 이야기에는 '이해'하기 어려운 신비스러움과 이해를 가능하게 하는 합리성이 혼재(混在)한다. 그러므로 신화는 합리적이지 않지만 합리적 시도와 실패의 서사가 내재한다.

그런데 여기서 흥미로운 것은 신비(mystery)의 의미이다. 종교적 차원에서 보면 신비는 어떤 신성(神性)에 대한 비밀스런 숭배라는 의미를 지닌다. 어원적으로 신비는 '눈 또는 입을 닫는다(to shut the eyes or lips)'는 뜻을 지닌 그리스어의 동사(myein)에서 유래한다. 단순히 생각하면 이 어원 역시 비밀을 지키는 비교(祕敎)적 특성을 보여준다고 할 수 있다.

하지만 눈과 입을 닫는다는 것을 잘 생각해보면 그것은 곧 신비성이 합리성을 품고 있다는 뜻이기도 하다. 눈과 입은 이성과 지식의 상징이다. 관조, 사유, 이론 등의 어원인 그리스어 '테오리아(theoria)'도 원래 '보다'라는 말에서 유래한다. 입은 '말하다(legein)'는 것과 연관 있고 이것은 '로고스(logos)'와 밀접하다. 따라서 신비는 합리로 바뀔 수 있다. 눈을 뜨고 입을 열면 되기 때문이다.

신비가 신비인 것은 어떤 이치를 품고 있으되 명시적으로 소통하지 않는 것을 뜻한다. 그러므로 신비를 합리적으로 풀어내면 의미 있는 이야기가 될 수 있다.[11] 즉 이야기로서 신화(mythos)가 되는 것이

---

11 이는 전승 신화에서도 합리적이고 설득력 있는 이야기가 되기 위해서 다양하게 변형된 버전들이 존재하는 것을 보아도 알 수 있다. 예를 들면 오이디푸스의 어머니 이오카스테(또는 에피카스테)에 관한 상이한 전승들이 있고 그것들을 임의로 뒤섞어 만들어낸 이야기들이 존재한다. 그 이유는 전설 그 자체 또는 다양한 이설들 간의 '모순을 해결'하려는 시도

다. 이때 합리성은 신비의 세계와 삼투압적으로 소통할 수 있지만 합리적 체계를 갖는 것은 아니다. 그러므로 신화에서 **신비와 합리는 혼재한다**. 이야기 안에서 신비와 합리는 살마키스의 몸과 뒤엉킨 헤르마프로디토스 같다.[12]

들이 있기 때문이라고 할 수 있다. 그 밖에도 신화에서는 좀더 '합리적인' 설명을 찾기 위해서 스토리가 부분적으로 변형되기도 한다. 예를 들어 아울리스 항구에서 이피게네이아를 아르테미스 여신의 제물로 바칠 때, 순간 그녀가 황소, 암송아지, 아니면 늙은 여자로 변해 사라졌다는 이야기도 있다. 하지만 이러한 것들이 나타남으로써 이를 이상한 징조로 여긴 사람들이 제사를 중단시키고, 희생 제사는 불필요하며 신들도 이 제물을 승인하지 않는다고 선포하여 이피게네이아가 구출되었다고 하는 변형된, 그러나 좀더 합리적인 이야기도 전해온다.

12 나는 처음 1부 1장 제목을 '신비와 합리, 이야기의 야누스'라고 붙이려고 했다. 하지만 신비와 합리는 머리의 앞뒤에 붙어 있는 야누스의 얼굴처럼 구분되어 있지 않다. 오히려 요정 살마키스와 한 몸으로 얽혀 있는 헤르마프로디토스에 비유하는 것이 걸맞다는 생각이 들었다. 헤르마프로디토스는 일반적으로 양성(兩性)을 지닌 존재를 가리키는 이름이기도 하다. 신비와 합리도 유비적으로 양성이 함께 있음과 같다. 그 어원은 헤르메스와 아프로디테의 아들이라는 이름에 있다. 아프로디테는 신비라는 말에 가장 걸맞는 여신이다. 헤르메스는 매우 영리한 신이다. 나름대로 합리적인 척하기도 한다. 헤라, 아테나, 아프로디테 세 여신이 아름다움을 다투자 그녀들을 이데 산으로 데리고 가 파리스의 심판을 받도록 하는 게 합리적일 것이라는 데 동의하지 않았던가. 그 과정과 결과가 그리 합리적인 것 같지는 않지만 '합리적인 시도'를 한 것이다.

신화

2장

비합리적 세계의 '서사적 견인차'로서 합리성

―

라이오스 가문과 아트레우스 가문의 이야기를 중심으로

mythology

01
이야기의 합리성에 대하여

　나는 서장에서 아리스토텔레스의 《시학》이 서사철학 입문서의 역할을 한다는 것을 주장한 바 있다. 이 작품이 본질적으로 이야기에 대한 철학적·논리적 분석을 시도하고 있기 때문이다. 아리스토텔레스는 이야기에 "사소한 불합리도 있어서는 안 된다"는 점을 여러 번 강조한다. 합리성이야말로 이야기를 이끌어가는 기본 동력이라고 본 것이다.

　물론 그가 현존하는 《시학》에서 다루는 것은 비극 작품에 관한 것이다. 하지만 그리스 비극 작품들도 당시에 떠돌고 있던 신화와 설화에서 소재와 주제를 가져왔기 때문에, 아리스토텔레스가 그의 책에서 '이야기 짓기'의 일반론을 전개한다고 보아도 무방하다. 그도 말하듯이 "비극의 역사 초기에 작가들은 아무 스토리나 닥치는 대로 취급했으나 오늘날 가장 훌륭한 비극들은 몇몇 가문의 전승되는 이야기에서 소재를 취하고 있다. 예컨대 알크마이온, 오이디푸스, 오레스테스, 멜레아그로스, 티에스테스, 텔레포스와 같이 무서운 일을 당했거나 저지른 인물들을 비극의 소재로 삼고 있다."[13]

아리스토텔레스의 입장

아리스토텔레스는 이야기가 어떻게 조직되어야 하는지 당시 유명한 비극 작품들을 논리적으로 분석하며 설명한다. 언급했듯이[14] 무엇보다도 이야기의 필연성 또는 개연적 연결성을 논한다. 플롯은 비극에 필요 불가결한 요소인 것이다. 비극의 목적은 스토리를 무대 위에 올려놓음으로써 특정한 쾌감을 산출하는 데 있다. 매우 지성적인 관객들은 플롯이 거의 없는 대화극에서도 쾌감을 느낄 수 있을지 모르나, 비극의 진정한 효과는 면밀하게 구성된 스토리 없이는 산출될 수 없다. 물론 이것은 그리스 비극 작품의 기원과도 연관 있다. 대부분의 비극 작품들은 고대 신화나 서사시에 나오는 옛이야기를 다시 이야기하기 때문이다. 아리스토텔레스는 이야기의 전개에서 각 사건이 서로 긴밀하게 짜여 있어 그 가운데 어느 하나라도 다른 데로 옮겨놓거나 빼버리게 되면 전체가 망가지도록 구성해야 한다는 것을 강조한다. 다른 모방예술에서도 하나의 모방은 한 가지 사물의 모방이듯이 비극이나 서사시에서도 스토리는 행동의 모방이므로 하나의 전체적 행동의 모방이어야 한다. 그러므로 사건의 여러 부분은 그 중 한 부분을 다른 데로 옮겨놓거나 빼버리게 되면 전체가 뒤죽박죽이 되

---

13 아리스토텔레스, 《시학》, 1453a 18~22.
14 본서 서장 01 '설리-이야기 철학 문을 열다' 참조.

게끔 구성되어야 한다. 이것은 이야기의 구조적 완성을 의미한다. 그래야만 작품은 유기적인 통일성을 지닌 생물과도 같을 것이며, 그에 따라 고유한 쾌감을 산출할 수 있다.

이러한 작품성을 위해 아리스토텔레스는 이야기 구성을 위한 구체적 실행방식을 조언한다. 우선 서사시 작가나 비극 작가는 "플롯을 구성하고 그것을 언어로 표현할 때 실제 장면을 눈앞에 그려보아야 한다. 이렇게 마치 자기가 사건이 발생하는 곳에 직접 가 있듯이 플롯을 최대한으로 생생하게 그려보는 사이에 작가는 목적하는 바에 꼭 들어맞는 요소들을 발견할 수 있고 모순되는 점들을 간과할 가능성이 거의 없게 된다." 그렇지 않으면 작품을 무대 위에 올려놓았을 때 실패할 가능성이 높아지는데, 관객은 사건의 모순에 불쾌감을 느끼기 때문이다.

스토리를 제대로 구성하기 위하여 아리스토텔레스는 또 이렇게 조언한다. 작가는 창작과정에서 되도록 작중 인물의 몸짓으로 스토리를 실연(實演)해볼 필요가 있다는 것이다. 실제로 인물의 감정 속에 들어가 보는 작가가 더 실감나는 효과를 내며, 가장 진실한 고민이나 분노의 인상은 그런 감정을 '가상적으로나마' 경험한 사람이 제대로 줄 수 있기 때문이다.

또한 "스토리 구성 자체에 대해서 조언하면, 이야기가 전부터 있던 것이든 시인 자신이 만들어낸 것이든 간에 작가는 서사의 전체적 구도를 설정하고 나서 각 에피소드(장면)들을 삽입해 이야기를 늘려야 한다"고 말한다. 여기서 아리스토텔레스는 흥미로운 예를 드는데, 특히 서사시에서는 삽입된 에피소드들에 의해서 이야기가 길어진다는 것이다. 《오디세이아》의 줄거리는 길지 않다. 어떤 사람이 여러

해 동안 이역(異域)에 나가 있다. 그는 늘 바다의 신 포세이돈의 감시를 받고 있고 고독하다. 그런가 하면 고향에서는 아내의 구혼자들이 그의 재산을 탕진하고 그의 아들을 죽이려고 모의하고 있다. 그는 천신만고 끝에 고향으로 돌아와 자신의 신분을 밝히고 적들을 해치운다. 이것이 골자이고 나머지는 삽입된 에피소드들이다."[15]

아리스토텔레스는 《시학》의 마지막 부분에서 이야기 짓기, 특히 서사시 창작의 여러 가지 문제점과 그 해결에 대해서 "이것들의 종류가 얼마이든 또 어떤 성질의 것이든 다음과 같은 방법으로 고찰하면 명백해질 것"이라고 설명한다. 즉 "시인은 화가나 다른 모상작가(模像作家)와 마찬가지로 모방자이므로 언제나 다음의 세 가지 중 하나를 모방해야 한다. 첫째, 실제로 있는 또는 있었던 일 둘째, 사람들이 사실이라고 말하든가, 생각하는 일 셋째, 필연적으로 있어야 할 일이 그것이다." 이는 실재성, 현실적 가능성, 논리적 당위성을 의미하는 것이다. 즉 이야기는 어떤 경우라도 나름의 이치를 가져야 한다는 것이다. 합리성이란 '이치에 맞는 것'이라는 뜻이다. 그러면 어떤 이치에 맞는 것을 의미하는가? 이야기 짓기에서는 이야기를 이끌어가는 내재적 역동성에 맞아야 한다는 것을 의미한다.

또한 아리스토텔레스는 비극 작가가 관객의 입맛에 맞추기 위해서 이야기의 내재적 합리성을 손상하는 경우에 대해서도 말한다. 그는 질적으로 별로인 이야기의 구성이 아주 좋은 것으로 간주되는 것은 관객의 수준 때문이라는 것이다. "다시 말해 시인들이 관중에 추종해서 관객이 원하는 대로 작품을 쓰기 때문이다. 그러나 이때의 쾌감은

---

15 아리스토텔레스, 앞의 책, 1455b 16~22.

비극적 쾌감이 아니라 희극적 쾌감이다"라고 비판한다. 희극에서는 "불구대천의 원수 사이에서도 종국에는 친구가 되어 퇴장하고 아무도 불행히 죽는 사람은 없기 때문이라고" 풍자한다. 예나 지금이나 작품을 읽고 보는 사람의 입맛에 맞추다 보면 작품의 질이 떨어지는 일들이 일어나는가 보다. 작품의 질, 또는 흔히 표현하듯 작품성은 '서사철학적' 요소를 견지해야 함에 틀림없는 것 같다.

신화와 비극

언급했듯이 그리스 비극의 소재와 주제는 기존의 신화나 서사시에서 가져온다. 아리스토텔레스도 말했듯이 비극은 당시까지 알려져 있던 이야기로서 신화의 여러 가지 요소를 계속 개작함으로써 점진적으로 발전했다. 그리고 "많은 변화를 거쳐 본연의 형식을 갖추게 된 뒤에야 비로소 비극의 발전은 그 완성에 이르렀다." 그 과정에서 비극의 줄거리는 길어졌고, 공연 규모도 더 커졌다.

아리스토텔레스는 이 과정을 제법 자세히 설명하는데, "처음으로 배우의 수를 한 명에서 두 명으로 늘리고 합창 부분을 줄여 대사에 주도적인 역할을 부여한 사람은 아이스킬로스였다. 소포클레스는 배우의 수를 세 명으로 늘리고 무대 배경을 도입했다. 미미한 플롯과 해학적 대사가 주류를 이루던 시기가 지난 다음 후기에야 비로소 비극은 사티로스 극의 형식에서 벗어나 위엄을 갖추게 되었다. …… 그 밖에 에피소드(장면)의 수도 늘어났다. 기타 여러 가지 기술적인 장치들과 장식물들이 도입되었는데 그 모든 것에 대해 자세히 설명하는 것은 너무 번거로운 일이 될 것이므로 말한 것으로 해두자"[16]고

한다. 여기서도 아리스토텔레스는 플롯의 발전과 진지한 대사의 도입을 강조하는데, 특히 모양새를 갖춘 대사의 도입은 비극 장르에 걸맞은 자연스런 운율과 이야기 전개의 발전을 가져왔다고 한다.

그리스 비극은 아테네의 삼대 비극 작가인 아이스킬로스, 소포클레스, 에우리피데스 등과 함께 발전했다. 그들과 함께 신화가 비극 작품으로 자리매김했다고 할 수 있다. 그런데 그들이 당시 아테네의 신화나 서사시를 바로 소재로 삼은 것은 아니다. 그들의 비극은 거의 예외 없이 아테네가 아니라 그리스 지역의 다른 도시국가의 이야기들로서, 당대가 아닌 그들보다 앞선 시대인 트로이아 전쟁 전후의 사건들을 주로 다루고 있다. 예를 들면 오이디푸스의 이야기는 테바이, 오레스테스와 엘렉트라 이야기는 아르고스, 메데이아와 이아손의 이야기는 콜키스, 이올코스, 코린토스에서 일어났던 사건들을 소재로 삼은 것이다.

이렇게 된 이유는 역사적·정치적 맥락에서 설명될 수 있다. 그리스 비극은 대략 기원전 5세기의 아테네 역사와 밀접하다. 아테네의 흥망성쇠는 기원전 5세기 초의 페르시아 전쟁과 5세기 말에 끝난 펠로폰네소스 전쟁의 역사와 밀접한데, 그 어느 때보다도 두 전쟁 사이에서 아테네는 도시국가로서 활짝 꽃피웠다 진 것이다.

폴리스 아테네는 작았지만 정치·문화적 세력은 지중해 전역에 뻗쳤고 내적으로도 최고도로 성숙한 나라를 이루고 있었다. 비극 작품은 매해 봄 아테네에서 봉헌된 디오니소스 대제전의 주요 의식인 연극 경연을 위해 만들어졌는데, 이 제전은 국가가 지명한 시민들이 조

---

16 앞의 책, 1449a 17~31.

〈님프와 사티로스〉, 부그로, 1873년

직하고 경비를 부담하는 일종의 '전 국민적 행사'였다. 그러므로 그리스 비극은 태생에서부터 국가적 문화 프로그램으로서 정치적이고 이념적인 성격을 띠게 되었다. 이런 의미에서 비극 공연은 폴리스의 시민들이 자신과 시민공동체에 대해 성찰하는 중요한 통로였다.

그러므로 공연되는 극이 재현하는 '비극적 사건'들은 아테네 시민들에게 정체성을 일깨워주는 일종의 '거울' 같은 역할을 하는 것이었다. 비극이 보여주는 부모 살해, 자식 살해, 근친상간, 복수의 악순환, 신의 저주와 같은 상처 입고 부조리하기 짝이 없는 세상은, 아테네 시민들의 일상적 삶을 반영하는 게 아니라 시·공간적으로 타자의 세계인 셈이다. 즉 외부로부터 자아정체성을 자극하는 타자인 것이다. 결국 비극 공연은 아테네 시민들이 한데 모여 자아와 시민공동체의 의미를 되새기는 순간이었다.

그러나 다른 한편, 그리스 비극은 오늘날까지도 문학적으로 또한 철학적으로 보편적인 공감대를 확보하고 있다. 그 이유는 그리스 비극이 이런 정치·역사적 차원을 넘어서 인간이란 존재에 대한 근원적인 질문을 던지기 때문이다. 그리스 비극의 주인공들은 궁극적으로 오이디푸스의 경우처럼 "내가 과연 누구이며, 인간이란 도대체 무엇인가?"라는 피할 수 없는 질문을 던진다.

니체가 간파했듯이 그리스 비극은 인간이란 신과 다른 존재로서 늙고 병들고 언젠가 죽어야 하는 운명을 타고났으며, 시간으로부터 결코 자유로울 수 없는 존재요, 불합리하고 부조리한 세계 속에 던져진 존재임을 깨닫고 통곡하게 하는 통찰의 순간을 담고 있다. 비극의 관중은 이 순간을 같이 경험함으로써 인간 존재의 진실과 대면하게 되고, 그 대면의 고통을 받아들임으로써 필멸의 존재인 자신을 제대로 의식하고 인정할 수 있게 된다.

　부조리한 세상에서 자아와 인간 정체성에 대한 질문, 바로 이것이 그리스 신화에서부터 비극에 이르기까지 고대 서사의 핵심이며, 지난 수천 년 동안 서구 역사에서 있었던 모든 이야기의 기초 유전자인 것이다. 신들은 존재조건과 자아정체성 때문에 고민하지 않는다. 만일 신화(神話)가 동양권에서 'mythos'의 번역어처럼 신들의 이야기뿐이라면 그 이야기는 흥미진진할 수 없다. 부조리와 합리성의 문제가 제기되지 않기 때문이다.

　신화든 비극이든 비이성적 세계에 던져진 이성적 존재라는 기본 구조가 형성됨으로써 이야기가 전개된다. 비합리적이고 부조리한 논밭에서 이치에 맞는 뭔가를 찾으며 합리적 추구로 깊고 높게 갈아놓은 고랑과 두둑이 이야기인 것이다.

　부조리한 세계를 가로세로 지르는 고랑과 두둑의 깊이와 높이에 따라 이야기의 감동과 사색의 유발은 달라진다. 신화에서 비극에 이르기까지 고대 그리스에서 가장 많이, 그리고 가장 진하게 다루어졌던 이야기는 아마도 라이오스 가문과 아트레우스 가문의 이야기일 것이다.

02 뮈토스 안의 로고스 : 라이오스 가문의 이야기

　오이디푸스 이야기는 트로이아 전쟁의 전설에 버금갈 정도로 유명하여 고대 그리스 비극뿐만 아니라 현대에 이르기까지 서구 문학의 마르지 않는 샘이 되었다. 그 가운데서도 기원전 5세기 중엽 소포클레스가 쓴 비극 《오이디푸스 왕(Oidipous Tyrannos)》은 독보적이다. 이에 대한 해석은 문학을 넘어서 철학, 종교학, 법학, 심리학 등의 탐구에서도 빠지지 않고 있다. 그러나 오이디푸스 이야기는 소포클레스가 비극으로 만들기 전부터 이미 그리스 지역에 널리 전하던 것이었다. 이 이야기는 기원전 10세기경부터 에게해 문화권의 신화 속에 전해져왔다. 이를 바탕으로 지어진 서사시들은 오늘날 전해지지 않지만 역사적으로 그런 서사시들이 있었다는 사실은 알고 있다.
　오이디푸스의 아버지 라이오스는 테바이의 왕 라브다코스의 아들이며 테바이를 건립한 카드모스의 증손자이다. 오이디푸스의 선조들은 모두 테바이를 다스렸다. 소포클레스로 대표되는 전통에 의하면

라이오스 왕은 이오카스테와 결혼했는데, 왕비 태중의 아들이 '그의 아버지를 죽이리라'는 신탁이 내려져 있었다고 한다.

비합리의 덫

반면 아이스킬로스와 에우리피데스에 의하면 신탁은 수태 이전에 이미 내려져 라이오스에게 아예 이오카스테와의 동침을 금지시켰다. 이를 지키지 못하고 만일 아들을 낳으면 그 아들은 그를 죽일 뿐만 아니라 가문을 멸망시킬 무서운 불행의 원인이 될 것이라고 예언했다고 한다. 그러나 라이오스는 이오카스테와 동침하여 아들이 태어났으며, 그로 인해 라이오스는 훗날 벌을 받게 되었다는 것이다. 라이오스는 아들이 태어나서야 신탁이 실현되는 것을 막기 위해 자식을 내다버렸다.

신탁의 내용은 불가사의한 것이다. 그러므로 신탁을 받는 사람의 입장에서는 '합리적인 것과 관계없어 보이는', 즉 비합리적인 것이다. 신화와 비극에서 신탁은 주로 '비합리의 덫'으로 작동한다. 그런데 여기서 우리는 주의해야 한다. 불가사의하다는 것이 전적으로 어떤 '이치의 부재'를 의미하지는 않기 때문이다. 그것은 말로 나타낼 수도 없고 마음으로 헤아릴 수도 없는 '오묘한 이치'를 담고 있다.

우주생성론적 신화를 보면 '새로 태어난 자'는 '먼저 씨 뿌린 자'를 제거한다. 우라노스는 아들 크로노스에 의해 거세당하며, 크로노스는 아들 제우스에 의해 권좌에서 물러난다. 그래서 헤시오도스의 《신통기》는 이렇게 전한다.

"신들의 왕이신 제우스께서는 신들과 죽게 마련인 인간들 중에서/

가장 아는 것이 많은 메티스를 첫째 아내로 삼으셨다./허나 그녀가 빛나는 눈의 여신 아테나를 낳게 되었을 때,/그때 그분께서는 가이아와 별 많은 우라노스의 조언에 따라/그녀를 꾀와 아첨하는 말로 속여 당신의 몸속에 넣으셨다./영생하는 신들 중에 다른 신이 제우스 대신 왕권을 쥐지 못하도록/이들은 그에게 그렇게 하도록 조언했던 것이다./왜냐하면 메티스는 영리한 아이들을 낳게 되어 있었기 때문이다./……/그러나 제우스께서 한발 앞서 그녀를 당신의 몸속에 넣으셨다./여신이 그곳에서 당신께 좋은 것과 나쁜 것을 알려주도록."[17] 결국 제우스는 아내 메티스를 집어삼킴으로써 자기 자식에 의해 제거되는 것을 미연에 방지하기 위한 조처를 취했던 것이다.

생성론적 관점에서 보면 번식은 자연법칙이며, 새로 태어난 자가 씨 뿌린 자를 대체하는 것도 자연스런 것이다. 다만 신화에서는 자연적 시간의 흐름에 따라서 생성과 소멸을 설명하지 않고, '비자연적' 시간의 단축으로 이런 과정을 은유한다(신탁은 태어날 또는 막 태어난 아이에게 생성과 소멸의 이치를 앞당겨서 예언한다는 의미에서 그렇다). 그러므로 아들이 아버지를 제거한다는 신탁의 내용은 설명 없이 '자연순환의 이치'를 은유한 것이라고 볼 수 있다. 어떤 의미에서 신탁은 '설명 없는 자연법칙'인 것이다. 이것은 북유럽 신화나 바빌로니아 신화 등 다른 지역의 신화에서도 찾아볼 수 있다.

그런데 이런 오묘한 이치가 인간의 눈에는 비합리적인 것으로 보인다. 그것은 신화의 메타포와 아우라 때문이기도 하지만, 이성적 존재로서 인간 삶이 사회·문화적 합리성에 익숙해져 있기 때문이다.

---

17   헤시오도스, 《신통기》, 한길사, 2004, 75~76쪽.

더구나 신화, 서사시, 비극의 이야기 형성과정을 거치며 이런 비합리성은 여러 가지 요소가 혼합하면서 더욱 강화된다(곧 살펴보겠지만 비극 작품에서는 오이디푸스의 친부 살해보다 친모와의 동침이라는 어처구니없는 사건이 더욱 강조되기도 한다). 그런데 이런 서사 구조는 역설적으로 등장인물의 합리적 성격을 강화하면서 사건을 더욱 극적으로 만든다. 그 대표적인 인물이 오이디푸스이다.

합리적인, 너무나 합리적인

사람들은 친부를 살해한 자가 친모를 아내로 맞이해 아이들을 낳고 나라를 통치한다는 테바이에서 일어난 이 어이없는 사건에 합리적인 구석이 있는지 묻게 된다. 전혀 합리적이지 않기 때문에 숙명적으로 일어난 비극적 사건이라고 할 것이다.

하지만 이 괴상한 이야기야말로 합리성의 다양한 층위 때문에 비극이라고 말할 수 있다. 우선 합리성의 관점에서 라이오스와 오이디푸스의 공통된 한계가 일관되게 비극의 동기가 됨을 관찰하기 때문이다. 이야기 구조의 얽히고설킴 때문에 사람들은 그 '복잡성'을 보지만, 오히려 어떤 '단순성'을 주목할 필요가 있다. 여기서 우리는 라이오스와 그의 아들 오이디푸스의 어떤 공통점이 비극의 동기가 되고, 그것이 이야기의 견인 역할을 하는 것을 관찰하고자 한다.

테바이의 왕 라이오스는 아폴론의 사제들로부터 곧 태어날 아들이 자신을 죽이고 왕좌를 차지할 것이라는 신탁을 받는다. 이에 아이가 태어나자마자 그의 발목을 뚫어 가죽끈으로 묶은 다음 목동을 시켜 내다버리도록 한다. 여기서 라이오스의 결정은 매우 '합리적'이다.

신탁이 예견한 사건의 원인을 제거함으로써 재앙을 막고자 했기 때문이다. 합리적인 결정은 사건을 일단락시키는 효과를 가져온다.

그러나 왕의 명령을 받은 목동은 키타이론 지역에서 양들을 치며 알게 된 이웃 나라 코린토스의 목동에게 아이를 넘겨준다(후에 오이디푸스 왕 앞에 끌려온 목동은 "아이가 불쌍해서"라고 고백한다. 감정은 합리성의 틀을 빠져나간다). 목동은 후사가 없던 폴리보스 왕에게 그 아이를 바쳤고, 오이디푸스는 코린토스의 왕자가 된다. 그러나 어느 날 오이디푸스는 델포이에서 아폴론으로부터 라이오스가 받았던 것과 같은 내용(아버지를 죽이고 어머니를 차지한다는)의 신탁을 듣고, 아버지와 어머니(코린토스의 왕과 왕비)에게 해를 끼치지 않기 위해 코린토스를 떠나 방랑생활을 시작한다.

여기서도 그의 결정은 매우 '합리적'이다. 자신이 코린토스에 없으면 신탁의 내용이 실현될 수 있는 원인을 제거하는 것이 되기 때문이다. 이런 오이디푸스의 태도는 소포클레스 비극의 대사에 잘 나타나 있다. "나는 아버지 폴리보스 왕과 왕비이신 어머니 몰래 퓌토로 갔었소. 그랬더니 아폴론께서는 내가 찾아간 용건에 관해서는 대답조차 않고 나를 내보내시며 그 대신 슬픔과 고통으로 가득 찬 다른 일들을 알려주셨소. 즉 나는 나의 어머니와 몸을 섞을 운명이고 사람들에게 차마 눈뜨고 볼 수 없는 자식들을 보여주게 될 것이며, 나를 낳아준 아버지의 살해자가 되리라는 것이었소. 이 말을 듣고 나는 그때부터 코린토스 땅을 피하여 오직 별들에 의해 멀리서 그곳의 위치를 재면서 내게 떨어진 사악한 신탁의 예언이 이루어지는 것을 보지 않게 될 곳으로 줄곧 떠돌아다녔소."[18] 더구나 이 너무나 합리적인 왕은 코린토스의 폴리보스 왕이 노환으로 자연사했다는 소식을 전하러 온 사자에게 그래도 "그 여인[코린토스의 왕비]이 두렵다"고 순진하게 말한다(어머니와 동침할 가능성은 남아 있으므로).

시차를 두고 일어난 일이지만 라이오스와 오이디푸스의 결정은 모두 매우 합리적이라는 공통점이 있다. 다른 점은 라이오스가 자신을 지키고 자신이 가진 것과 자신이 누리는 것을 빼앗기지 않기 위해 자식을 제거하는 패륜을 저지른 반면, 오이디푸스는 아버지와 어머니에게 닥칠 재앙을 막기 위해 자신이 고행을 자처하는 '좋은 뜻'을 실천한 것이다. 즉 부모를 위해 자신을 희생한 것이다. 그러나 두 사람 모두 운명에 너무 '단순하게 합리적'으로 대처함으로써 결과적으로는 오히려 운명의 계획에 동조하는 결과를 낳는다.

방랑생활을 하던 오이디푸스는 어느 삼거리에서 라이오스 및 그의 시종 일행들과 시비 끝에 자신도 모르게 친아버지를 살해하게 되고, 테바이로 가서 스핑크스의 수수께끼를 풀어 그 나라 사람들을 구한다. 이를 계기로 비어 있는 왕좌에 올라—자신은 전혀 상상도 하지 못한 채—선왕의 왕비 이오카스테와 결과적으로 근친상간의 관계를 맺게 된다. 오이디푸스의 경우 비합리의 올가미에서 벗어나기 위한 합리적 대처과정이 서사를 이루지만, 오히려 올가미는 점점 더 죄어들어 주인공을 비극적 결말에 이르게 한다.

라이오스와 오이디푸스는 신탁의 불합리성과 운명의 부조리에 대해 너무 단순하게 합리적인 방식으로 대처한 탓에 비극적 사건의 주인공이 된 것이다. 그리스 비극에서 인간은 운명의 필연 앞에서 '눈먼 사람'처럼 '정신없이' 행동한다. 이에 운명은 인간을 함부로 다룰

---

18 소포클레스, 《오이디푸스 왕》, 문예출판사, 2001, 219쪽.

〈오이디푸스와 스핑크스〉, 모로, 1864년

수 있는 것이다. 그래서 비극은 그 완성을 확실히 예정하고 있다.

라이오스가 받은 신탁은 인간 세상의 합리성에 익숙한 그의 입장에서 불합리한 것이다. 나아가 도저히 수용할 수 없는 부조리이다. 이에 라이오스는 원인을 제거하는 단순 합리성이 아니라 부조리한 운명을 인정함으로써 더 큰 합리적 가능성을 찾아야 했다. 운명을 받아들인다는 것은 합리적인 생각이다. 불합리를 포용하는 합리성이기 때문이다.

운명은 불합리하지만 운명의 냉철한 수용은 합리적인 태도에서 나온다. 라이오스가 그렇게 결정했다면 적어도 자식에 대한 아버지의 천륜을 지킬 수 있었으며, 신탁의 시험에서 벗어났을지도 모른다. 물론 그렇게 했다면 이 비극은 흥미진진한 '이야기'가 될 수 없었을 것이다. 비합리적인 상황에서 서툰 합리성의 시도가 이야기를 흥미진진하게 이끌어가는 것이기 때문이다.

똑똑한 오이디푸스 역시 단순하게 합리적이었기 때문에 운명의 덫에 더욱 깊이 빠져들었다. 미래에 발생할 문제의 뿌리를 스스로 제거하겠다는 오이디푸스의 선의(善意)는 결국 자신의 비극을 완성하는 동기가 된 것이다. 서사의 입장에서는 이야기의 견인차가 된 것이다.

그는 아무도 풀지 못한 스핑크스의 수수께끼를 푼 영웅이다. 수수께끼는 객관적인 이치를 은유로 포장하고 있기 때문에 비밀스럽게 보이지만, 사실 합리적인 답을 요구한다. 하지만 신탁은 부조리하다. 오이디푸스는 그 '명민한' 머리로 수수께끼를 풀듯 운명을 해결하려고 했던 것이다. 이에 그의 '단순 합리성'이 지닌 한계가 있다.

그러나 이 단순 합리성이 비합리적 상황과 변증관계를 이룰 수 있는 기회들을 제공하면서 이야기를 이끌어가는 것이다. 오이디푸스는 단순히 장소를 옮겨 다님으로써 신탁이 실현되는 것을 피할 수 있으리라고 판단했다. 물론 그것은 그가 일차적으로 할 수 있는 일일 수도 있었지만, 신탁의 힘(실현 가능성)을 과소평가하고 단순하게 해결했던 것이기도 하다. 그는 **단순한 판단 아래 단호한 결정**을 한 것이다. 그가 운명을 수용하고 기다리는 복합적인 자세를 가졌더라면 코린토스를 떠나지 않았을 테고, 그 결과 테바이에 가서 친부의 왕좌를 차지할 일도 없었을 것이다. 그러면 이야기도 성립되지 않았을 테지만 말이다.

운명을 담담히 기다리는 사람에게 운명은 힘을 발휘하지 못한다. 반면 운명에 섣불리 선수를 치는 사람에게 운명은 역으로 딴죽을 건다. 운명이 장난을 치기 시작하는 것이다. 운명은 누군가 '단순 합리성'으로 선수를 치면 오히려 그 힘을 최대한 발휘한다. 그러면 운명은 걷잡을 수 없이 막강해진다.

그리스 비극을 비롯한 비극 작품들에서 사용하는 대부분의 트릭은 바로 이것에 근거한다. 인간이 충분히 합리적일 수 있다는 가능성을 배제하고, 최소한으로 필요한 만큼만 합리적으로 사건에 대처하는 상황에서 비극적 사건은 시작된다. 비극은 결국 합리성의 필요·충분 조건 사이에서 최소한의 필요조건만을 붙들고 행동하는 인간의 삶을 이야기로서 놀리는 장치인 것이다.

03
원리와 합리적 선택: 아트레우스 가문의 이야기

　아트레우스 가문의 이야기는 아가멤논을 중심으로 다양한 등장인물들과 함께 신화, 서사시, 비극 등에 풍부한 소재가 되어왔다. 그 가운데서도 아이스킬로스는 이 가문의 이야기를 연관성 있게 구성한 작품을 남겼다. 기원전 458년에 공연되었다는 아이스킬로스의 《오레스테이아》 3부작은 오늘날까지 그리스 비극의 원형을 보존하고 있는 유일한 작품이다. 이 작품에는 세 편의 비극 〈아가멤논〉, 〈코에포로이(제주를 바치는 여인들)〉, 〈에우메니데스(자비로운 여신들)〉가 내용상 서로 연결되어 있다. 그래서 문학사가들은 《오레스테이아》를 그리스 비극에서 '내용 3부작' 또는 '연계 3부작(connected trilogy)'의 기법을 처음 도입한 작품으로 평가한다.

　아트레우스 가문에서 일어나는 사건들의 중심에는 아가멤논이 있지만, 그의 아버지 아트레우스와 아들 오레스테스가 이야기를 지속적으로 연계시키는 데 중요한 역할을 한다. 아트레우스 가문에서 일어나는 연쇄적인 사건들의 고리를 모두 짚어가기 위해서는 프리기아를 다스렸던 그의 할아버지 탄탈로스까지 거슬러 올라가야 하지만, 아버지 대에서 이야기를 시작해보자.

인과의 원리

아트레우스는 펠롭스와 히포다메이아의 아들로 티에스테스의 형이다. 아트레우스의 전설은 형제간의 증오와 복수를 중심으로 이루어져 있다. 이 두 형제가 원수가 된 것은 아버지 펠롭스의 저주 때문이다. 아트레우스와 티에스테스는 어머니 히포다메이아와 짜고 이복 형제인 크리시포스를 죽였다. 이에 대한 벌로 펠롭스는 두 형제를 추방하며 저주했다.

아트레우스와 티에스테스는 에우리스테우스가 통치하는 미케나이로 가서 몸을 의탁했다(에우리스테우스의 아버지 스테넬로스에게로 피신하여 그가 통치하던 지역을 맡게 되었다는 설도 있다). 에우리스테우스가 후사 없이 죽자 미케나이 사람들은 펠롭스의 아들을 왕좌에 앉히라는 신탁을 받았다. 이에 아트레우스와 티에스테스 사이에 왕권 다툼이 있었고, 둘 사이의 증오가 표출된 것은 바로 이때였다. 더구나 아트레우스는 티에스테스가 아내 아에로페와 정을 통했다는 것을 알고 그의 아들들을 살해했다. 그러나 그것으로도 만족하지 못한 아트레우스는 그들의 몸을 토막내어 만든 음식을 티에스테스에게 먹였다. 그러고는 그를 미케나이에서 추방했다.

티에스테스는 시키온으로 가 그곳에서 받은 신탁에 따라 자신이 아버지라는 사실을 모르는 친딸 펠로페이아와 관계를 맺었다. 그리고는 아이기스토스를 낳았다. 티에스테스 자신을 위한 복수의 불씨를 살려둔 것이다. 아트레우스와 아에로페 사이에서는 아가멤논과 메넬라오스가 태어났다.

이 두 형제가 저 유명한 트로이아 전쟁의 주요 인물인 것이다. 아가멤논은 함대를 이끌고 트로이아 원정길에 나설 때 여신 아르테미스의 노여움을 풀고 순풍을 얻기 위하여 자신의 딸 이피게네이아를 제물로 바친다. 남편 때문에 딸을 잃은 아내 클리타임네스트라는 트로이아 전쟁 내내 증오와 복수심을 키운다. 이는 아이스킬로스의 비극에서도 코로스로 예견되어 있다. "그러한 제물은 남편조차 두려워하지 않을 뿌리 깊은 가정불화의 씨앗이 될 것인즉, 그칠 줄 모르는 무서운 원한이 집안을 지키며 자식의 원수를 갚고자 두고두고 흉계를 꾸밀 것이기 때문이다."[19]

클리타임네스트라는 트로이아 전쟁 중 아트레우스의 조카이자 아가멤논과 사촌 형제간인 아이기스토스와 불륜의 관계를 맺는다. 그러고는 아가멤논이 트로이아에서 귀환하자마자 그와 공모하여 남편을 살해한다. 클리타임네스트라는 죽은 딸에 대한 보복으로 남편을 죽였으나 아이기스토스의 원수도 함께 갚아준 것이다. 아이기스토스는 아트레우스의 아들에게 아버지 티에스테스의 복수를 한 셈이다.

아르고스 원로들의 탄원에 클리타임네스트라는 이렇게 맞받아친다. "그대들은 이것을 나의 소행이라고 믿고 있구려. 하지만 나를 아가멤논의 아내라고 생각하지 마세요. 무자비한 향연을 베푼 아트레우스의 악행을 복수하는 해묵은 악령이 여기 죽어 있는 자의 아내의 모습을 하고 나타나 어린것들에 대한 보상으로, 마지막을 장식하는

---

[19] 아이스킬로스, 《아이스킬로스 비극》, 단국대학교출판부, 2004, 18~19쪽.

제물로서 이 성숙한 어른을 죽인 거예요."

클리타임네스트라의 이 말은 아트레우스 가문의 비극에 내재하는 '이치'를 적나라하게 보여준다. 그것은 '인과(因果)와 응징의 원리(原理)'이다.[20] 이것은 선과 악을 구분하는 권선징악(勸善懲惡)의 원리와는 다르다. 그렇지만 이보다 더 철저한 실행의 연쇄 고리를 가진 것으로서 때로는 권선징악의 실행에 근원적 배경이 되기도 한다. 이는 또한 동태복수법(同態復讐法) '탈리오의 법칙'과 얼른 보아 유사하지만, 그보다 더 넓고 잔인한 실행의 폭을 가진다. '눈에는 눈, 이에는 이'라는 것을 넘어서 어떤 방식으로든 인과에 따라 응징하겠다는 것이기 때문이다.

이에 아가멤논의 딸 엘렉트라는 아버지를 살해한 어머니에 대한 증오에 불탄다. 아버지의 무덤에 제주(祭酒)를 올리며 이렇게 다짐한다. "우리의 적에게는 부디 아버지의 원수를 갚아줄 사람이 나타나 이번에는 거꾸로 살인자들이 정의의 심판을 받아 피살되게 해주소서. 이와 같이 나는 선의의 기도 속에 저주의 기도를 덧붙입니다만, 이것은 그자들을 위한 기도랍니다. 아버지께서는 우리를 위하여 축복을 올려 보내주소서. 그리고 여러 신들과 대지와 정의의 여신께서도 우리를 도와주소서."

엘렉트라는 한때 나라로부터 추방당했던 동생 오레스테스가 돌아오자 함께 아버지의 복수를 결심한다. "너는 또 내 명예를 회복해줄

---

20 진화생물학적 관점에서 인과율의 추구는 사람으로 하여금 이야기를 만들어내게 하는 본능적 원동력이라는 이론도 있다. 이에 따르면 사람은 인과율 때문에 '작화증(作話症)'을 앓는다. 이에 대해서는 본서 '3부 진화'에서 좀더 상세히 다룬다.

믿음직한 오라비야. 그러니 힘과 정의에 이어 세 번째로 누구보다도 강력하신 구원자 제우스께서 너의 편이 되어주시기를!" 오레스테스는 먼저 아이기토스를 죽이고, 복수가 복수의 꼬리를 물 것이라는 어머니의 경고에도 불구하고 "아버지에 대한 복수는 어쩐단 말입니까"라며 그녀를 살해한다.

오레스테스의 이 말은 의미심장하다. 복수에는 끝이 없다. 끝이 있다면 이미 복수가 아닌 것이다. 또한 살인은 전염성이 강한 죄와 벌이다. 살인은 극단의 범죄이자, 극단의 처벌이다. 한마디로 지독한 죄와 벌이다. 지독한 만큼 사람의 마음속에 잘 파고든다. 그렇기 때문에 복수와 응징의 극단적 수단으로 활용되는 것이다. 아트레우스 가문에서도 할아버지(아트레우스)로부터 아버지(아가멤논)를 거쳐 손자(오레스테스)에 이르기까지 삼대에 걸쳐 인과의 원리에 따라서 살인에 의한 죄와 벌의 사슬이 이어져온 것이다.

서사적 차원에서 인과와 응징의 원리는 그 자체로 이야기를 이끌어가는 힘이다. 이 매우 단순한 원리가 서사의 견인 역할을 할 수 있는 것은 무엇보다도 그것의 극단적 성격 때문이다. 복수의 살인으로 반복되는 사건들은 '흥미'라기보다는 '자극'으로 이야기를 끌어간다.

바로 이런 서사의 기이한 힘 때문에, 라이오스 가문의 이야기와 달리 아트레우스 가문의 이야기에서는 '외부적' 요소가 이야기에 결정적으로 개입하지 않는다. 그 대표적인 것이 신탁의 문제다. 아이스킬로스의 비극 3부작에서는 오레스테스가 아폴론으로부터 받은 신탁이 있지만 그리 중요하지 않다. 그는 아버지 무덤 앞에서 누이 엘렉트라를 만났을 때, 아폴론이 "그들[어머니와 그 정부]과 똑같은 방법으로 그들을 죽이라고 분부"했다고 신탁의 내용을 밝히며 복수를 다짐한다. 하지만 이런 신탁이 없어도 이미 인과와 응징의 원리라는 연쇄적 틀 안에 들어와 있기 때문에 오레스테스의 복수는 실행될 수밖에 없고, 또한 그것이 이야기를 이어나가는 것이다.

이제 인과의 원리에 따른 복수의 이야기는 인간의 사건들에 신까지 참여시키면서 지속된다. 어머니 살해범 오레스테스는 복수의 여신들에게 끊임없이 쫓겨 다닌다. 오레스테스는 그들의 환영을 보고 외친다. 그 외침은 결코 단절되지 않고 끊임없이 불어나는 복수의 공포를 적나라하게 담고 있다. "아아, 이게 웬 여인들인가? 보시오. 고르곤 자매들처럼 검은 옷을 입고 머리에는 우글거리는 뱀의 관을 쓴 저 여인들을! 이제 나는 더 이상 지체할 수 없소. …… 저것들은 자꾸만 불어나고 있소……."

응징의 원리는 복수의 연쇄 고리로 구성되는 이야기를 불려나간다. 그것을 기하학적 도형으로 표현하면 끊임없이 지속되는 직선 위에 복수의 사건으로 표식을 해놓으며 진행하는 것과 같다. 그런데 여기서 흥미로운 것은 이런 상황을 '인과의 원(circle)'으로 묘사해도 마찬가지라는 것이다. 응징의 순환이라는 점에서 그렇기 때문이다. 다시 말해 반복적 직선 논리를 구부리면 폐쇄적 순환 논리의 원이 된다는 것을 알 수 있다. 이런 반복적 원리에 따른 이야기의 진행은—그 상징으로서 직선과 원의 차이를 없애버릴 정도로—해결의 가능성을 삭제하는 서사 구조를 만들어버린다. 원리 속에 부조리가 숨어 있는 것이다.

선택의 합리

아이스킬로스가 재구성한 이야기에 따르면 오레스테스는 복수의 여신들에게[21] 쫓겨 지친 심신으로 아폴론 신전에 숨어든다. 아폴론은 그를 결코 버리지 않고 끝까지 보호할 것을 약속한다. 그렇지만 클리타임네스트라의 망령이 나타나 에리니스들을 부추기며 애원한다. "그대들은 자고 있는 게요? 나는 그대들 때문에 다른 사자(死者)들 사이에서 이런 수모를 당하고 있어요. 내가 죽인 자들이 나를 비난하는 목소리가 죽은 자들 사이에서 끊임없이 울려 퍼져 나는 수치스럽게 떠돌아다니고 있어요."

비록 모자(母子)간이었지만 죽어서도 살인의 복수를 그만두지 않는 것이다. 그러자 에리니스들은 "신들의 법을 어기고 인간들을 존중한다"고 아폴론을 맹렬히 비난하면서 오레스테스의 응징을 다짐한다. "그자는 어디로 가든 결국 같은 핏줄의 다른 응징자와 맞닥뜨리게 되리라." 인과의 원리란 그만큼 파기하기 힘든 것이다. 에리니스

---

21 복수의 여신(에리니스)들은 우라노스가 크로노스에 의해 거세되었을 때 그의 피가 대지에 떨어져 생긴 여신들로 원래는 그 수가 정해져 있지 않았으나 후에 알렉토, 티시포네, 메가이라 세 명으로 정립되었다. 이들은 부모 살해 등 특히 가족 내에서의 범죄 행위를 응징하는 여신들로 올림포스 신들보다 더 오래되었다. 그래서 이들은 자신들의 입장에서 제우스를 비롯한 올림포스 신들을 '젊은 신들'이라고 부르기도 한다. 이들은 통상 손에 횃불 또는 회초리를 들고 머리칼은 뱀들로 이루어져 있으며 날개 달린 모습으로 묘사된다. 이들을 '자비로운 여신들(에우메니데스)' 또는 '존엄한 여신들(셈나이)'이라고도 부르는데, 이는 아마도 이들을 달래기 위한 호칭일 것이다. 아이스킬로스의 작품 《에우메니데스》를 '복수의 여신들'로 의미 번역하는 경우도 있는데, 이것은 앞에서 말한 이유 때문이다. 하지만 '자비로운 여신들'이라고 직역하든가 아니면 원음대로 '에우메니데스'라고 하는 것이 작가의 의도를 존중하는 것일 게다.

들은 원리를 지키는 원초적인 힘이 아니던가.

이제 오레스테스는 팔라스 아테나 여신의 신전으로 피신한다. 하지만 에리니스들은 결코 그를 놓아주지 않고 이곳까지 따라온다. "지략이 뛰어나고, 반드시 성취하고, 악행을 기억하는 우리들 두려움을 주는 여신들은 인간들의 애원에도 누그러지지 않고 명예도 없이 멸시를 받아가며 주어진 직책을 수행한다네." 이에 아테나 여신은 중재에 나선다. 여신은 묻는다. "살인자들에게 도주의 종점은 어디인가요?" 에리니스들은 이에 답하려고 하지만 인과의 순환 논리에 빠진다. 이에 아테나 여신은 "그대들은 옳게 행동하기보다는 옳다는 평을 듣고 싶어하는구려"라고 정곡을 찌른다.

이것은 서사적 차원에서도 중요한데, 고대의 이야기들이 주로 '옳음'의 의미를 주제로 삼아온 것에 견주어 이 젊은 신의 말은 '옳게 **행동하기**'의 차원을 구체적으로 도입하는 계기를 상징한다. 이야기 철학을 다룬 아리스토텔레스의 《시학》은 이런 입장을 확인해준다. "비극은 인간을 모방하는 게 아니라, 인간의 행동과 생활을 모방하며 그에 따른 행복과 불행을 모방해서 표현한다. 행복과 불행은 행동 가운데 있으며 비극의 목적도 일종의 행동이지 성질은 아니다."

아테나 여신의 집요한 물음에 에리니스들은 지혜의 여신에게 공정한 재판을 맡기겠다고 한다. 이에 아테나 여신은 아크로폴리스 맞은편에 있는 아레스의 언덕에 법정을 열고 오레스테스를 재판한다. 여신은 우선 법정을 구성한다. "이 사건은 한 인간이 심판할 수 있다고 생각하기에는 너무나 중대하오. 나도 심한 분노를 야기하게 될 이 살인 사건을 따질 권한이 없소…… 나는 선서를 어기지 않을 살인 사건의 재판관들을 뽑을 것이고, 이에 대한 법을 영원토록 확립할 것이

〈복수의 여신들에게 쫓기는 오레스테스〉, 부그로, 1862년

오. 그대들은 재판의 조력자로서 증인과 증거와 맹세의 힘을 불러오도록 하시오. 나는 이 사건을 진실하게 따지기 위하여 시민들 가운데 가장 유능한 자들을 뽑아 가지고 올 것이오."

그리고 판결에 앞서 새로이 창설된 이 법정이 피의 복수를 대신할 정의의 보루로서 '상설 법정'이 되리라고 엄숙히 선언한다. "백성들이여, 그대들은 이제 법을 들어라. 유혈 사건을 최초로 재판하는 자들이여! 이 재판관들의 심의회는 백성들을 위하여 앞으로도 언제까지나 존속하리라."

그런데 동태복수법 '탈리오의 법칙'이 지배하던 당시, 민주적 법정을 열어 살인에 대한 살인의 연쇄 고리를 끊는다는 것은 무엇을 의미하는가? 이 연쇄 고리에서 살인은 극단의 범죄이자 극단의 처벌이다. 그러므로 법정을 연다는 것은 무엇보다도 극단의 범죄에 대해 반드시 극단의 처벌을 하지 않는 길을 찾겠다는 것을 의미한다. 구체적으로는 법정이 동태복수와 인과응보라는 원리의 전염성에 방역제 역할을 하겠다는 것을 뜻한다.

서사적 차원에서 이것은 끝간 데 없이 이어지는 선형적 이야기 구조나 끊임없이 반복되는 원형적 순환 구조의 서사에서 빠져나올 수 있는 가능성을 제시하는 것이다. 이는 이제 이야기가 행동의 선택에 따라서 다양한 해결의 방향을 가질 수 있음을 시사한다.

오레스테스의 살인죄에 대한 재판관들의 투표는 찬성과 반대가 같은 수로 나온다. 아테나 여신이 개표 전에 세운 규칙에 따라 가부동수일 경우에는 무죄가 된다. 이에 복수의 여신들은 "아아, 젊은 세대의 신들이여, 그대들은 옛 법들을 짓밟고, 그것을 우리 손에서 빼앗아가는구나!" 하고 외친다. 그러나 오레스테스는 방면되고 아테나 여신의 설득 덕분으로 더는 에리니스들에게 쫓겨 다니지 않게 된다.

오레스테스의 방면 결정은 죄가 반드시 그에 상응하는 벌로서 탕감되는 것이 아니라, 합리적 결정에 의해 '면죄'될 수도 있음을 의미한다. 이는 법의 본질적 역할이 벌을 주는 데 있는 것이 아니라(응징이 아니라), 가능한 한 면죄의 합리적 근거를 제공하는 데 있다는 것을 뜻한다. 면죄의 가능성이 우선이고, 처벌의 필연성이 차선이라는 것이다.

아테나 여신이 연 법정은 종교적이고 가족적인 차원에서 이루어지던 죄와 벌의 사슬이 정치적이고 법적인 차원으로 대체되는 것을 상징한다. 또한 죄와 벌을 법적으로 해결하는 차원에 '용서'의 구체적인 실행이 포함된다는 것을 의미한다. 이제 인간은 용서의 역할을 법 체계적으로 자임하게 된 것이다.

한편, 법은 인간 세상에서 죄와 벌의 문제를 '일단락' 짓지만, '해결'하지는 못한다는 것도 의미한다. 에리니스들이 불만을 토했듯이 법은 모두를 만족시키며 사건을 해결하지 못한다. 다만 사건을 '일단락짓는' 합리적 통로일 뿐이다(이는 아테나 여신이 오레스테스의 무죄를 위해 표를 던졌기 때문에 가부동수가 되었다는 것을 보아도 알 수 있다).

결국 일단락짓는다는 것은 합리적 선택을 한다는 의미이다. 그것은 재판관 각자의 선택이자 법정 전체의 선택인 것이다. 이는 법이 모든 것을 해결해준다는 착각에 대해 고대의 지혜가 발한 첫 경고음이기도 하다. 인간에게는 그때부터 가장 합리적인 자율 규범을 이루어가기 위한 지난한 역사가 시작되었음을 의미한다.

한편, 오레스테스는 면죄에 대한 보답으로 앞으로 '어떤 죄도 짓지 않는 삶'을 살아야 한다. 어떤 죄도 짓지 않는다는 것은 인간으로서 거의 불가능한 일이다. 그러므로 면죄는 앞으로 그에게 '완벽한 인간'이 되기 위해 자신을 채찍질해야 한다는 것을 지시하는 일이다. 즉 고행의 삶을 살아가라는 뜻이다. 또한 그것이 구도(求道)의 길인 것이다. 완벽할 수 없는 인간이 완벽하기 위해 자기 정화의 길을 간다는 것은, 바로 그가 신과의 재회를 위해 몸과 마음을 다 바친다는 것을 의미한다. 이는 죄인의 교화가 다시 법적인 것을 넘어서 도덕적일 뿐 아니라 형이상학적 차원으로 회귀함을 의미한다.

이렇게 아트레우스 가문 이야기의 철학적 지평은 확장된다. 오레스테스의 이야기는 오묘하게 순환적이고 다층위적 사유 구조를 품고 있으며, 우리가 당연하다고 여기고 있는 삶의 원칙들에도 의혹의 눈초리를 던지게 한다. 동태복수법은 말할 것도 없고 인과응보와 같이 거의 절대적인 삶의 법칙들도 우리 삶의 문제를 간단히 설명할지는 모르지만, 종종 제대로 이해하게 해주지는 못한다는 것을 보여주기 때문이다.

나아가 원칙의 분명함이 문제 해결의 열쇠를 찾는 데 방해가 될 수 있다는 것도 보여준다. 그것은 원인-결과라는 원리를 반영할 뿐 그것이 적용되는 이 세상 삶의 다양한 내용들을 가리고 있기 때문이다. 원리는 단순하고 분명하지만 삶은 복잡하다. 그렇기 때문에 우리는 원리를 상기하는 것 이상으로 '개별적인 고통'을 사유해야 한다. 그곳에 우리가 합리적으로 찾아갈 수 있는 보편의 길도 있다.

서사적 차원에서 이것은 고대의 단순한 이야기 구조가 새롭고 다양한 서사방식을 취하면서 변형해나갈 수 있음을 의미한다. 실제로 **극적 이야기의 다양성은 인과 원리에 어떤 다양한 가능성들이 개입되는**

지에 따라 결정된다. 그러나 어떤 방식으로 이야기가 전개되든 서사적 견인차로서 합리성이 계속 그 역할을 유지함으로써 이야기는 깊고 넓은 감동과 재미를 불러일으킬 수 있다.

04
오이디푸스와 오레스테스 사이

 라이오스 가문의 이야기에서 주인공은 단연 오이디푸스이다. 그에 비해 다른 인물들은 모두 부수적으로 보일 정도이다. 오이디푸스는 아이일 때 부모로부터 버려진 경우를 제외하고는 타의에 의한 인생 행로를 걸은 적이 없다. 그가 아폴론의 신탁을 받으러 간 것도, 그 후에 코린토스를 떠난 것도, 삼거리에서 라이오스와 그 일행을 살해한 것도, 스핑크스의 수수께끼를 푼 것도, 테바이의 왕이 된 것도, 자신의 비극적 운명이 밝혀지자 스스로 두 눈을 찔러 장님이 된 것도, 테바이로부터 추방을 원한 것도 모두 자신의 머리와 가슴으로 결정하고 행동한 것이다.

 반면 아트레우스 가문의 이야기에서 오레스테스는 그렇게 두드러지지 않는다. 아버지 아가멤논이 트로이아 원정을 떠날 때 그는 어린 아이였다. 그의 행동도 자신감에 차 있거나 단호하지 않다. 오레스테스는 누이 엘렉트라를 만나 아버지의 복수를 다짐하지만, 막상 클리타임네스트라를 살해하려고 할 때는 모정을 상기시키며 애원하는 어머니 앞에서 망설인다. 친구 필라데스가 아폴론의 신탁을 상기시키며 충고하자 오레스테스는 결행한다. 그가 복수의 여신들에게 비참하게 쫓기는 것도 그 자신의 성격과 정체를 잘 보여준다. 오레스테스는 인간이든 신이든 항상 다른 인물들과 연계되면서 자기 행동을 결정하고 실천한다.

'합리성의 비극'과 '비극의 합리성'

이야기의 주인공으로서 두 인물을 비교하면, **서사 구조에서 개인성과 공동체적 성격**이 어떻게 달리 작동하는지를 관찰할 수 있다. 오이디푸스는 앞에서 보았듯이 나름대로 철저하게 합리적이어서 오히려 비극적 상황에 얽히는 인물이다. 그런데 이 모든 '합리성의 비극'은 그 자신의 의지에 의해 단독적으로 일으킨 것이다. 그러므로 그 결과에 대해서도 홀로 책임을 지고자 한다. 이는 그가 가족사의 모든 비밀이 백일하에 드러나자 스스로 두 눈을 찌르고 나서 이렇게 외치는 것에서도 알 수 있다. "아폴론, 아폴론 바로 그분이시다. 내 이 쓰라리고 쓰라린 고통이 일어나도록 하신 분은. 하나 이 두 눈은 다른 사람이 아니라 가련한 내가 손수 찔렀다." 그는 신탁의 운명을 저주하지만, 결국 자신이 책임지고자 하는 단호함을 보인다.

반면 오레스테스의 경우는 가문의 모든 비극이 종국에는 합리적으로 일단락되는 것을 보게 되는데, 그것을 이루어내는 것은 개인의 의지가 아니라 어떤 방식으로든 공동체적 협력이다. 법정을 연 아테나 여신과 증인으로 나선 아폴론, 11명의 시민 재판관들, 그리고ー간과

하기 쉽지만—결국에는 재판의 결과를 수용하는 에리니스들의 협력이 '비극의 합리적 일단락'으로 결론짓게 되는 것이다.

이렇게 비교해보건대, 인간을 비극적으로 몰고 가는 것은 자유 의지와 책임이라는 덕목에도 불구하고 독단적 사고와 행동이라는 것을 알 수 있다. 다른 한편, 개인사적으로 일어난 비극적 사건이라도 그것을 합리적으로 해결할 수 있는 것은 공동체적 협력이라고 할 수 있다. 이것은 개인과 공동체에 대한 새로운 성찰의 화두를 던진다. 또한 서사적 관점에서 이 두 가지 차원이 교차하는 주제에 대한 관심을 불러일으킨다.

수수께끼 풀기와 법정의 재판

스핑크스의 수수께끼는 오이디푸스 이야기에서 '지나가는 사건'이지만 이야기를 진행시키는 매우 중요한 '촉매 역할'을 한다. 스핑크스의 존재는 주인공이 행운이 아니라 불행의 현장으로 진입하는 관문과 같은 역할을 한다는 점에서 역설적이기도 하다.

소포클레스의 비극 작품에서는 이 사건을 회고하는 대사 속에 간단히 처리하고 있다. 그러나 일부 신화에 의하면 스핑크스의 이야기는 좀더 복합적으로 전개된다. 스핑크스의 수수께끼는 두 개였다고도 하는데, 하나는 "한때는 두 발로, 한때는 세 발로, 한때는 네 발로 걸으며, 일반적인 법칙과는 반대로 발이 많을수록 약한 존재는 무엇인가?"라는 것이었고, 다른 하나는 "두 명의 자매가 있는데, 한 명이 다른 한 명을 낳으며, 이 한 명이 다시 다른 한 명을 낳는 것은 무엇인가?"라는 것이었다고 한다.

첫 번째 수수께끼의 답은 사람이다. 그런데 여기서 주목해야 할 것은 스핑크스가 인간 존재에 대한 특별한 의미를 수수께끼에 담고 있다는 점이다. 즉 '일반법칙과는 다른 인간 존재의 특성'을 묻고 있는 것이다. 이 짧은 수수께끼에는 인간의 여러 가지 특성이 담겨 있는데, 그 가운데서도 직립의 능력이 특히 강조되어 있다. 일반법칙을 깨는 것이 직립이기 때문이다. 로마 시대의 신화 작가 오비디우스도 천지창조 신화에서 직립 인간의 의미를 강조한 바 있다. 그는 《변신》에서 "인간은, 다른 동물들이 머리를 늘어뜨린 채 늘 시선을 땅에다 박고 다니는 데 비해, 머리가 하늘로 솟아 있어서 별을 향하여 고개를 들 수도 있었다"[22]는 사실을 의미심장하게 적고 있다.

스핑크스는 테바이로 진입하는 길목에서 두 발로 성큼성큼 걸어오는 오이디푸스를 보았을 것이다. 그러면서 그가 결코 약한 존재가 아닌 강한 존재임을 직감했을 것이다. 또한 직립은 인간이 이성적 존재라는 것을 강조하는 것이다. 인간의 머리는 신체의 가장 높은 곳에서 저 멀리 천상을 향하면서 그 이성적 능력을 뽐내기 때문이다. 그러므로 스핑크스는 뛰어난 이성적 작업이 요구되는 수수께끼로 인간에게 시합을 걸어 그 '강한 자'를 잡아먹곤 한 것이다.

그의 수수께끼에는 인간은 신체적으로 약할 때에도 영리하다는 것이 암시되어 있다. 다른 동물들과 달리 '세 번째 발이라는 도구'를 사용하기 때문이다. **스핑크스와 오이디푸스의 만남**은 인간의 능력이라는 점에서 오이디푸스가 얼마나 자신의 이성적 능력에 기댈 것인지를 암시하는 것이기도 하다. 그 만남은 서사 구조의 관점에서도 '이

---

22 오비디우스, 《변신 이야기 1》, 민음사, 1998, 19쪽.

성에의 의지'를 내세우는 오이디푸스 비극의 전조와 같은 것이다.

두 번째 수수께끼의 답은 '낮과 밤'이다(그리스어에서 낮과 밤은 모두 여성 명사이므로 두 자매로 표현되어 있다). 첫 번째 수수께끼가 인간에 대한 물음이라면, 두 번째 수수께끼는 세계(자연 또는 우주의 의미를 담은)에 대한 물음이다. 순환하는 자연의 이치를 담고 있는 이 수수께끼는 첫 번째 것과 대구를 이루면서 인간과 우주에 대한 물음을 구성한다.

스핑크스의 관문을 통과한 오이디푸스는 인간과 우주에 대한 뛰어난 통찰력으로 영웅이 된 사람이며, 그런 능력만큼 비극적 영웅의 길을 걷게 된 것이다. 소포클레스의 작품에서 테바이의 원로들로 구성된 코로스의 한 구절은 이를 잘 보여준다. "그대야말로 자신의 운명과 운명에 대한 투시력 때문에 불행해졌나이다!"

한편, 오레스테스의 불운을 일단락지은 법정의 판결은 인간이 개인으로서 자신의 한계를 의식함을 뜻한다. 아테나 여신이 법정을 열고 시민 재판관들을 불러 모아 판결을 내려 결국 복수의 여신들조차도 설득하여 오레스테스를 운명의 사슬에서 풀어주었기 때문만은 아니다. 판결은 사건 해결을 위한 노력이기도 하지만, 더 이상 노력이 가능해 보이지 않을 때 '사건 자체'의 해결을 위한 노력을 더는 하지 않겠다는 의미이기도 하기 때문이다.

판결은 외부적 개입에 의한 해결 방법이다. 오레스테스는 이 방법에 자신을 맡긴 것이다. 그럼으로써 자신이 연루된 사건과 운명에 대한 극적인 해결이 아니라 합리적 일단락을 성사시킨 것이다. 이런 의미에서 오레스테스는 인간적 한계를 의식하는 인물이다.

누군가 고대 신화와 비극을 활용한 하이브리드 작품을 구상한다면 오이디푸스와 오레스테스의 교차적 인물 구성으로 흥미로운 이야기를 만들어낼 수 있을지도 모르겠다(심리학자라면 서둘러 '오이디푸스형' 인간과 '오레스테스형' 인간을 대립시키겠지만). 이야기 탐구는 곧 새롭고 엉뚱한 이야기 창조를 위한 것이니까.

복수와 도망

오이디푸스의 이야기에서 잘 드러나지 않는 점이 하나 있다. 그것은 오이디푸스의 인생 행로가 의외로 복수하는 자의 이야기 구조를 잠재적으로 갖고 있다는 사실이다. 뒤마(A. Dumas)의 《몬테크리스토 백작》 같은 복수 이야기의 특징은 '회귀의 서사'를 갖고 있다는 것이다. 복수는 공동체에서 배제된 사람이 다시 그 공동체에 진입하는 과정에서 일어나는 사건이다. 다시 말해 복수극은 한 인간의 사회적 배제와 재진입이라는 과정에서 전개된다.[23]

오이디푸스는 자신이 입은 피해로 복수를 한 적이 없다. 매우 도덕적인 그는 그런 마음조차 먹은 적도 없다. 그러나 결과적으로는 복수

---

[23] 에드몽 당테스는 자신을 시기하는 무리들의 음모에 의해 14년 동안 지옥 같은 감옥에서 지낸다. 그는 오랜 세월 사회에서 배제된 채 굴욕적인 삶을 산다. 그가 탈옥하여 복수극을 펼치는 모든 과정은 사회에 재진입하는 과정과 다름없다. 이런 전개 구조는 다른 복수극들에서도 전용하고 있다. 박찬욱 감독의 영화 〈친절한 금자씨〉도 동일한 방식으로 한 인간의 사회적 배제와 재진입이라는 틀에서 복수극을 전개하고 있다. 주인공 이금자는 아동유괴범으로 13년 동안 복역하고 출소한다. 출소 후에는 교도소에서 배운 제빵기술로 빵집에서 일하면서 자신을 범죄자로 만든 자에 대한 치밀한 복수 계획을 실천한다. 수감된 자가 출감하거나 탈옥하여 추방된 자가 고향에 돌아오며, 귀양 간 자가 서울에 입성하며 하는 복수의 실천은 모두 회귀의 서사를 이룬다.

를 하게 된다. 그는 아버지 라이오스에게 버림받음으로써 공동체에서 배제당한다. 세월이 흘러 그 공동체로 귀환하면서 그는 자신도 모르게 아버지를 살해함으로써 버림받은 것에 대한 복수를 하게 되고 아버지의 모든 것을 차지한다. 전혀 복수극이 아닌 이야기가 잠재적으로 복수의 서사를 갖고 있다는 것은 매우 흥미롭다. 이것은 일종의 '구조적 반어법'과 같은 것이다.

소포클레스의 작품에 수사적 반어법이 많이 나온다는 것은 잘 알려져 있다. 예를 들어 오이디푸스가 예언자 테이레시아스를 장님이라고 놀려대지만 실제로 가장 눈먼 사람은 다름 아닌 그 자신이다. 이는 "그대가 나의 눈먼 것까지 조롱하시니 말씀드립니다만 그대는 눈이 있어도 보지 못하고 있습니다. 어떤 불행 속에 빠져 있는지도, 어디서 누구와 사는지도"라고 하는 예언자 테이레시아스의 말에도 잘 나타나 있다.

또한 오이디푸스 왕은 백성들을 향해 선왕 라이오스를 죽인 자를 밝혀낼 것을 맹세하고 그에게 저주를 퍼붓는데 그 저주는 부메랑처럼 자신을 향한다. "카드모스의 모든 백성들 앞에서 이렇게 선포하노라. 그대들 가운데 누구든 라브다코스의 아들 라이오스가 어떤 자에 의해 살해되었는지 아는 사람은 내 명령하나니, 모든 것을 내게 알리도록 하라. …… 나는 마치 내 친아버지의 일인 양 이 일을 위해 싸울 것이며 살인범을 찾아내기 위해 무슨 일이든지 할 작정이다." 이런 오이디푸스의 선포도 수사적 반어법이며, 전체 극이 반어법적으로 전개될 것이라는 것을 암시함으로써 결국 '극적 반어법'이 된다.

하지만 그 이전에 오이디푸스의 이야기는 회귀의 서사가 지니는 구조적 반어법을 잠재적으로 지니고 있다고 할 수 있다. 이렇게 보면 오이디푸스의 비극은 마치 '뫼비우스의 띠'처럼 **안과 밖의 구분 없는 회귀로 진행되는 이야기 구조**를 갖고 있다고 할 수 있다. 오이디푸스는 복수의 서사와 같은 회귀 구조를 따라가지만, 타인에게 복수를 성취하는 게 아니라 자신의 파멸이라는 비극의 현장으로 회귀한다. 마치 한 마리의 개미가 뫼비우스 곡면의 중앙선을 따라 한 바퀴를 돌았을 때 처음에 출발했던 면과 반대쪽 면에 있게 되는 것과 같다. 전혀 복수의 의도 없이 시작한 회귀가 반어법적으로 오이디푸스 자신에게 복수한 것과 같은 종국에 이르기 때문이다.

반면 전형적인 복수극인 오레스테스의 이야기는 그 특징인 귀환의 서사만으로 구성되어 있지 않다. 오히려 그 반대인 도망의 서사가 중요하다. 물론 아가멤논이 살해된 다음에 엘렉트라가 아버지 무덤 앞에서 제주를 바치고 있을 때, 추방당했던 오레스테스는 자기 나라로 귀환한다. 그러고는 아버지의 복수를 성사시킨다. 하지만 이것은 통상의 복수극과 다르다. 에드몽 당테스는 자신의 복수를 위해 귀환한다. 친절한 금자 씨도 마찬가지다. 오레스테스는 자신이 직접 당한 것에 대해 복수하기 위해 돌아온 것이 아니다.

또한 그는 복수극을 펼친 다음부터는 계속 도망자의 삶을 산다. 통상의 복수극에서는 사회에 재진입해서 복수극을 펼치는 주인공은 결코 도망가지 않는다. 철저하게 복수의 현장에 남아 있는다. 에드몽 당테스도 그렇고 금자 씨도 그렇다. 그래야만 복수는 완성을 이룬다. 이것은 무엇을 말하는가?

오레스테스의 도망자로서 여정은 복수극을 파기하는 서사를 만들기 위함이라는 것을 의미한다. 그러므로 신화를 각색한 아이스킬로스의《오레스테이아》3부작은 복수극을 가장한 화해극이라고 할 수 있다. 여기서도 복수극과 화해극은 이중적으로 진행한다. 마지막 화해의 순간까지도 주인공 오레스테스는 복수의 의지가 없지만, 클리타임네스트라의 망령과 에리니스들의 추적은 계속되기 때문이다.

이야기의 복합 구조는 즉각적 재미를 잃게 할 수 있지만 분명 사유를 유발하는 데는 탁월하다. 다시 말해 진짜 흥미진진할 수 있다. 오이디푸스와 오레스테스의 이야기는—이 글에서 모두 논하지 못했지만—이중적인 것을 넘어서 다중적 복합 서사라고 할 수 있다. 그렇기 때문에 지속적으로 서사철학적 탐구의 대상이 되는 것이다.

처벌과 면죄, 그리고 여운

오이디푸스 이야기가 처벌로 끝난다면, 오레스테스의 이야기는 면죄로 막을 내린다. 하지만 인간 삶에 완결된 처벌과 완결된 면죄는 없다. 그 후에도 이야기를 계속하고 싶은 욕구가 살아 있기 때문이다.

오이디푸스가 장님이 되고 크레온에게 테바이로부터 추방을 요청함으로써 스스로 자신을 처벌한 이후의 이야기는, 소포클레스의 《콜로노스의 오이디푸스》로 이어진다. 그런데 여기서 흥미로운 것은 스스로 죄를 인정하고 벌받은 오이디푸스가 다른 시각으로 자신의 과거를 되돌아본다는 것이다.

오이디푸스는 자신의 이름에 붙어 다니는 끔찍한 죄악은 그가 행한 것이 아니라 당한 것이며, 따라서 그에게는 도덕적으로 물을 죄가 없다고 한다. 그는 콜로노스 사람들에게 이렇게 말한다. "나는 최악의 재앙을 당했소. 이방인들이여. 본의 아닌 행위들에 의해서 당했던 것이오. 그 어느 것도 나 자신이 택한 것이 아니었소."[24] 그렇다고 해서 오이디푸스 자신을 따라다니는 오욕이 없어지는 것이 아니라는 것도 잘 알고 있다. 그래서 자기를 도와준 데 대한 감사의 표시로 아테네의 왕 테세우스의 손과 얼굴을 만지고 싶어도 자기와 같은 흠이 있는 사람은 결코 그럴 수 없다고 한다. 이것은 오이디푸스의 이중의식을 잘 반영하는 대목이다.

아이스킬로스는 《오레스테이아》 3부작으로 그 이야기를 종결하지만, 후에 에우리피데스는 《타우리케의 이피게네이아》를 써서 아트레우스 가문의 이야기를 이어간다. 오레스테스는 아레스 언덕의 법정에서 무죄 판결을 받은 뒤에도 에리니스들 가운데 일부가 계속해서 추격하자 아폴론 신을 찾아가 도움을 청한다. 아폴론은 하늘에서 떨어진 아르테미스 여신상을 타우리케에서 앗티케로 가져오면 그를 구해주겠다고 약속한다.

그래서 오레스테스는 면죄받은 후에도 친구 필라데스와 함께 또 다른 고행을 시작한다. 그러나 여기에는 그 자신도 예기치 못한 행복한 만남이 기다리고 있다. 그것은 벌써 오래전 아울리스 항구에서 아르테미스 여신의 제물로 바쳐져 죽은 줄 알았던 누나 이피게네이아와의 재회이다. 이야기는 다시 시작된다.

이야기에 여운이 있다는 것은 이야기의 힘이다. 어쩌면 모든 이야기에 여운이 있는지 모른다. 그 여운을 포착하여 새로운 이야기의 씨앗으로 삼는 것이 서사 탐구의 또 다른 목적이리라. 이야기들 사이에서는 새로 태어날 자가 씨를 뿌린 자를 거세한다는 신탁은 없으니까 말이다.

---

24 소포클레스, 《소포클레스 비극》, 단국대학교출판부, 2004, 184쪽.

05
이미 현재인 미래를 전망하며

 서사철학은 이야기 탐구로 이야기 창조에 기여하는 **문화적 역할**을 수행한다. 그에 앞서 서사철학은 이야기를 실재처럼 탐구한다. 이야기는 존재의 비밀을 품고 있기 때문이다. 그러므로 서사철학의 문화적 역할 수행에는 항상 이런 기본 정신이 깔려 있다. 그 기본 정신에는 실용적 측면도 있다. 그것은 이야기에 대한 철학적 접근을 시도하여 그 결과로 철학의 현실화(actualization)를 꾀하는 일이다. 이때 현실화란 과거 이야기들이 품고 있는 삶의 '문제'들 가운데서(이야기가 흥미로운 것은 문제를 생산하기 때문이다) 어떤 것들이 미래세계에서도 '문젯거리'가 될 수 있는지 탐색하는 일이다. 이와 함께 그것에 대한 가상적 해결을 사유 시험할 수도 있다. 그럼으로써 그것은 우주와 사물 그리고 인간에 대한 오늘 우리의 성찰을 풍부하게 한다. 이는 철학이 이야기를 통해 젊음을 유지하고 세상에 신선한 사유 에너지를 공급할 수 있는 방법이다.

신호를 보낼 뿐이다

우리는 라이오스와 오이디푸스 이야기를 통해 합리성의 다양한 차원을 보았다. 서구 사상은 로고스를 바탕으로 한다. 그러므로 신화에도 합리적인 해결이 집요하게 시도된다. 하지만 라이오스 가문의 남자들이 성급하고 조급하게 시도한 합리적 해결은 삶의 족쇄가 된다. 그들은 '비합리의 덫'인 신탁을 '즉각적인 합리성'으로 대함으로써 오히려 그들 자신이 만든 '합리의 덫'이 되게 했다. 신탁의 신호를 해석하는 데는 인내심이 필요하다. 느긋함도 필요하다. 특히 신호의 모호함을 참아낼 줄 아는 능력이 필요하다.

고대로부터 철학에 명증성의 지혜만 있었던 것은 아니다. 모호성의 지혜도 있었다. 《철학자 열전》을 쓴 디오게네스 라에르티오스에 따르면, 기원전 6세기의 철학자 헤라클레이토스는 '스코테이노스' 즉 '어두운 사람'이라는 별명으로 불렸다. 그는 자신의 책을 아르테미스 여신의 신전에 보관하고 있었다. 헤라클레이토스는 능력 있는 사람만이 알 수 있도록 책을 애매모호하게 썼다. 이를 뒤집어서 말하면 모호성의 의미는 지혜로운 사람의 과업이라는 것이 된다. 이는 신탁의 의미를 포착하는 데서도 핵심적이다. 신탁이 인간의 조건이자 그 의미를 해석하는 일이 인간의 능력인 고대 사회에서는 더욱 그러하다.

헤라클레이토스는 "델포이에 있는 신탁의 주재자는 말하지도 않고, 감추지도 않고, 다만 신호를 보낼 뿐이다"[25]라고 했다. 핵심은 마

---

25 Diels-Kranz 22B93(한글판, 《소크라테스 이전 철학자들의 단편 선집》, 235쪽 참조).

지막 문장 '신호를 보낸다'가 무엇을 의미하는지 이해하는 데 있다. 이는 그리스어로 '세마이네이'인데 '언급하다', '가리키다' 또는 '징표를 보이다'라고 번역할 수도 있다.

　신탁의 경우에서든 헤라클레이토스 철학의 경우에서든 이 세상 일은 숨바꼭질하기를 좋아한다. 즉 명확히 드러내지 않기를 좋아한다. 헤라클레이토스는 "자연은 스스로 숨어버리곤 한다"라고 말한 바 있다. 또는 '스스로를 감춘다'고도 할 수 있다. 현대어로 '자연(nature)' 또는 '본성'이라고 번역되는 그리스어 '피시스(physis)'는 존재를 지칭한다고도 볼 수 있다. 하이데거(M. Heidegger)에 의하면 '존재의 은폐성'을 예감한 최초의 철학자는 헤라클레이토스였다.

　그러나 신탁은 감출 수 없다. 답하는 것이기 때문이다. 그렇다고 분명히 말하지도 않는다. 그래서 신호를 보낼 뿐이다. 신탁 언어와 그것을 수용하는 인간의 언어 사이에는 대칭성이 존재하지 않는다. 그것을 대칭적으로 받아들인다면 라이오스와 오이디푸스가 그랬던 것처럼 비극적 오류를 범하게 된다.

　우리는 헤라클레이토스가 '로고스'에 대해 깊이 생각했고 그 의미를 설파했다는 것도 알고 있다. 그는 만물의 원리를 로고스라고 한 최초의 철학자였다. 로고스는 과학과 철학의 역사 전체를 통틀어 가장 중요한 개념이라고 볼 수 있다. 헤라클레이토스는 "나에게 귀 기울이지 말고 로고스에 귀를 기울이라!"고 했다.

　동시에 그는 "로고스는 언제나 있지만, 사람들은 그것을 듣기 이전에도 몰랐고 듣고 나서도 모른다. 모든 일이 로고스에 따라 일어나도, 내가 모든 것을 그들의 본성에 따라 구분하여 설명하고 그들을 있는 그대로 보여준다 할지라도, 그들이 말을 듣고 글을 읽어도, 마치 그런 경험조차 없는 것처럼 무지하다."[26] 이는 로고스 역시 모호하다는 것을 일러준다. 존재의 언어인 로고스 또한 숨기를 좋아한다. 인간의 언어로 잡았다고 할 때 이미 빠져나간다.

헤라클레이토스는 "사람들은 분명한 것들을 아는 것과 관련해서도 속는다"고 했다. 그는 이 세상 모든 것이 다 분명할 수는 없을 뿐만 아니라 분명함조차 기만일 수 있음을 가르치고 있다. 이러한 의미에서 헤라클레이토스는 다른 '지혜로운 자'들을 놀림감으로 삼기도 했다. 피타고라스처럼 분명한 수식(數式)으로 세상을 파악하려 했던 수학자뿐만 아니라, 이 세상의 조화가 숨기고 있는 것은 포착하지 못하고 조화가 겉으로 보여주는 것만을 붙들고 있는 헤시오도스 같은 '현자'들, 그리고 많은 것을 알지만 그 앎의 의미를 모르는 '지자(知者)'들을 풍자했다. 모호성의 품이 훨씬 더 크기 때문이다. 명확성은 모호성을 배제하지만, 모호성은 명확성을 포용한다.

이 세상 만물이 즉각적으로 그 자태를 나타내 보이지 않는다면, 우리는 그 깊은 곳을 찾아가는 여행을 할 필요가 있다. 그러나 그 깊은 곳은 그저 심연과 같은 것이 아니다. 헤라클레이토스는 그 깊음의 의미에 대해 이렇게 말한다. "네가 모든 길을 다 가보아도, 너는 영혼의 한계를 발견하지 못할 것이다. 그것은 너무나 깊기 때문이다." 헤라클레이토스에게는 심연의 끝에 도달해서 그것이 무엇인지 발견하는 데 철학의 길이 있는 게 아니다.

그것은 결국 명확성의 철학이기 때문이다. 그에게 명확성은 철학적 사유를 이끄는 핵심이 아니다. 그 심연도 구도(求道)의 목표가 아

---

26 Diels-Kranz 22B1(한글판, 221쪽 참조).

니다. 헤라클레이토스가 가고자 하는 길은 저 깊은 곳의 어둠에 직접 도달하는 것이 아니라 그 길 자체이다. 우리가 그 끝을 결코 알 수 없는 여로 자체이다. 그 길을 가면서 우리의 영혼은 성숙해질 것이다. 마치 눈덩이가 구르면서 불어나듯이……. 인간은 모호한 것을 갖고 놀 때 성숙하지만, 명확한 것을 갖고 반복할 때 유치해진다.

이렇게 보면 '말하지도 않고, 숨기지도 않으며, 신호를 보낼 뿐인' 신탁에 관한 헤라클레이토스의 단편이 신비로운 잠언이거나 몇몇 소수를 위한 구도의 메시지는 아니라는 것을 알 수 있다. 그것은 모든 사람들을 위한 '말'이다. 헤라클레이토스는 지혜의 길이 끊임없는 노력과 탐구를 필요로 한다고만 말하는 게 아니다. 대부분의 사람들은 탐구의 길을 갈 의욕도, 관심도, 능력도 없다는 것을 말하고 있는 것이다. 신호나 기호에 즉각 반응하는 것은 쉬운 일이다. 그러나 그 의미를 느긋하게 탐색하는 일은 흔하지 않다.

결코 알 수 없는 것과—그것이 알 수 없으리라는 것을 예감하면서도—숨바꼭질하기 위해서는 아는 것으로 충분하지 않고 덕(德)이 있어야 한다. 해야 할 일을 해낼 수 있는 의지와 능력이라는 면에서 덕 말이다. 대부분의 사람들은 모호성 앞에서 조바심을 내거나 짜증을 부린다. 그것과 놀 줄 아는 능력과 즐길 줄 아는 능력을 갖기란 쉽지 않다. 모호성과 친교하지 못하는 것은 머리와 몸 모두의 문제이다. '인간 건강성'의 문제라고 표현할 수 있을지도 모르겠다.

신탁이 고대인의 조건이며 그것의 해석이 고대인의 능력이었던 것처럼, 현대 사회·문화의 모호성은 현대인의 조건이며 그것과 어떻게 함께할 것인지는 현대인의 능력이다. 오래전 내가 21세기의 문화를 전망하며 말했던 '황혼과 여명의 메타포'가 지금도, 어쩌면 21세기 내내 유효할 것 같다.

"흔히 문화의 시대라고 일컬어지는 21세기에는, 여명과 황혼이 밤과 낮에 속하는가 아니면 아침과 저녁에 속하는가 그 해답을 치열하게 추구하는 사람은 시대에 뒤떨어질 것이며, 흑과 백이 아닌 잿빛의 우아함을 포착하는 감성을 가진 사람은 시대를 선도할 것이다. 문화는 임의로 진리를 생산하고 주장하는 것이 아니라, 상호 의미를 소통하고 향유하는 것이기 때문이다. 또한 문화의 주요 과업 중의 하나가 표상의 모호성을 삭제하고자 하는 폭력적 정의와 지배적 의지를 순화시키는 것이기 때문이다. 앞으로의 세대는 모호성을 숭상할 필요도 없지만 모호성을 감내하고 모호성과 놀 줄 알아야 한다."[27]

누가 '호모 사피엔스'를 찬양하는가?

생물 분류학에서는 인간을 '호모 사피엔스(Homo sapiens)'라고 한다. '현명한 사람'이라는 뜻의 호모 사피엔스는 '현생 인류를 포함하여 직립 자세를 완성시킨 뇌 용량이 큰 인류'라고 정의한다. 호모 사피엔스를 다시 분류할 때는 '호모 사피엔스 사피엔스'라는 학명을 사용하기도 한다. 이는 인간이 자신을 정의할 때, 얼마나 지성과 합리성을 강조하는지 잘 보여준다.

중세부터 서구 사상에서는 인간을 '합리적 동물'이라고 불러왔다. 이 말은 인간 본성을 나타내는 정언(定言)적 기능을 하기도 했다. 서양 사상의 전통에서 라틴어 표현(animal rationale)으로 사용해온 이

---

27 김용석, 《문화적인 것과 인간적인 것》, 푸른숲, 2000, 354쪽.

말은 아리스토텔레스에서 유래하는데, 인간의 사회성을 내포하고 있었다. 아리스토텔레스는 인간을 '정치적 동물'이라고 정의한 《정치학》의 같은 쪽에서, 인간을 유일하게 '말을 지닌 동물' 또는 '이성을 지닌 동물'이라고 표현했다.[28]

아리스토텔레스가 의도한 것은 이성과 언어가 합리성을 얻기 위한 수단이라는 것이다. 그에게는 인간이 합리적인 존재 자체는 아닌 것이다. 아리스토텔레스는 인간이 말을 하는 존재, 즉 이성적 표현으로서 '의미의 소리'를 내 다른 사람들과 소통하고 그들과 함께 합리적인 공동체를 창조하는 존재라는 것을 강조하고 싶었던 것이다. 즉 인간은 합리적으로 공동체를 만들어가는 존재라는 것이다. 이러한 의미에서 칸트도 인간은 '합리적일 수 있는 동물(animal rationabile)'이며,[29] 이성을 가진 존재로서 자유를 바탕으로 한 선택과 노력으로 현실에서 '합리적 동물'이라는 이상을 추구한다고 했다.

아리스토텔레스와 칸트의 입장이 합리적 동물로서 인간에 대한 복합적 관점을 갖고 있다고 하더라도 인간에게 합리성 또는 합리적 가능성이 본질적이라는 것은 변함없다. 합리성은 인간의 모든 지적 활동의 바탕에 깔려 있다. 다만 그 합리성이 비틀거릴 때가 있다는 것

---

28 아리스토텔레스, 《정치학》, 1253a 1~20 참조. 원문을 직역하면 '로고스(λογος)를 지닌 동물'이나, 여기서 로고스는 일차적으로 언어이고 나아가 인간의 이성적 차원을 나타내는 것이라고 볼 수 있다.

29 I. Kant, *Anthropologie in pragmatischer Hinsicht*, Philipp Reclam Jun. Stuttgart, 1983, p. 278 참조. 칸트는 이성적 능력이 부여된 동물 또는 합리적일 수 있는 동물로서 인간은 자기 자신을 이성적 동물 또는 합리적 동물로 만들 수 있다고 했다. "er als mit Vernunftfähigkeit begabtes Tier(animal rationabile) aus sich selbst ein vernünftiges Tier(animal rationale) machen kann."

을 의식하고자 하는 노력이 있을 뿐이다. 프리고진(I. Prigogine)이 말했듯이 과학자들도 "스핑크스 앞에서는 그 영혼이 맑아지고, 그 자신의 근원들에 직면했을 때는 어두워지는 오이디푸스를 상기해"[30]보며 맑고 투명하다는 합리성을 비판적으로 성찰할 뿐이다.

최근에는 인간의 합리성이 많이 비틀거린다는 주장이 진화심리학 쪽에서도 제기되고 있다. "만약 인류가 지능과 자비심을 갖춘 어느 설계자의 작품이라면, **우리의 생각은 합리적이고 우리의 논리는 나무랄 데 없을 것이다.** 만약 그렇다면 우리의 기억은 견고할 것이고, 우리의 회상은 믿음직할 것이다. 만약 그렇다면 우리의 문장은 힘차고 우리의 단어는 정확할 것이다."[31] 인지과학자이자 진화심리학자인 개리 마커스(Gary Marcus)는 그렇지 않다고 생각한다. 그가 자신의 이론을 시작하면서 "흔히 인간은 **합리적인 동물**이라고 말한다. 나는 평생 이것을 뒷받침할 만한 증거들을 찾아왔다"라는 버트런드 러셀(Bertrand Russell)의 말을 인용하는 것도 그것을 비판하기 위한 것이다.

마커스는 "생명 현상을 주의 깊게 살펴보면 우리는 그곳에서 무수한 클루지(kluge)들을 발견하게 된다"[32]고 한다. 클루지란 어떤 문제에 대한 서툴거나 세련되지 않은(그러나 때로는 매우 효과적인) 해결책을 뜻한다. 진화란 궁극적으로 완벽의 문제가 아니기 때문이다. 진화는 '적당히 만족하기(satisficing)',[33] 곧 적당히 좋은 결과를 얻는 문제

---

30 일리야 프리고진-이사벨 스텐저스, 《혼돈으로부터의 질서》, 고려원미디어, 1993, 410쪽.
31 개리 마커스, 《클루지》, 갤리온, 2008, 9쪽. 강조는 나의 것이다.
32 앞의 책, 15쪽.

이다. 어떤 결과는 경우에 따라 아름답고 세련된 것일 수도 있고, 클루지일 수도 있다. 시간의 흐름 속에서 진화는 이 두 가지를 모두 낳을 수 있다. 생물의 세계에는 절묘한 측면들과 아무리 좋게 보아도 날림으로 된 측면들이 함께 존재한다.

인간의 마음도 일종의 '클루지'일 가능성이 높다. 즉 불완전하고 결핍된 요소들이 서툴게 짜맞추어진 것이라고 할 수 있다. 그러므로 예로부터 선인들이 직감했듯이 마음은 확고하기보다 변덕스럽다. 인간의 뇌는 '진화의 관성' 때문에 상관관계를 인과관계로 착각하고 어떤 사태에 대해 '숙고 체계'보다는 '반사 체계'를 더 잘 가동한다. 언어의 애매모호함도 클루지 때문이다. 인간의 마음은 인간 선조들의 아주 오래된 환경에서 진화하여 자동적으로 작동하는 여러 반사 체계들과 비교적 최근에 진화해서 어느 정도 합리적으로 정보를 처리하는 숙고 체계들로 이루어져 있다. 인간의 비합리적 선택은 무엇보다도 이 두 체계 사이의 간격 때문에 생긴다. 특히 불안하거나 위급한 상황에서 우선권을 쥐는 것은 주로 반사 체계이며, 이 때문에 종종 장기적인 관점에서 결코 바람직하지 않은 반응과 비합리적인

---

33 마커스는 노벨 경제학상 수상자(1978)인 허버트 사이먼(Herbert Simon)이 '만족시키다(satisfy)'와 '충분하다(suffice)'라는 두 단어를 합쳐 만든 말을 빌려다 쓴다. '적당히 만족하기'란 최선의 해결책을 찾는 대신에 적당한 기준을 충족하는 해결책을 찾는 의사 결정 전략을 가리킨다. 이런 생각은 진화론의 용어로 태어나서 지금은 여러 분야에서 사용되고 있는 적자생존(survival of the fittest)이라는 용어를 상기시킨다. 허버트 스펜서(Herbert Spencer)가 만든 이 말을 직역하면 '최적자 생존'이다. 그러나 현대 진화론에 따르면 자연 선택의 과정에서 최적자만이 생존하는 게 아니라 주어진 상황에서 상대적으로 보다 적자인 개체가 생존한다. 이런 의미에서 적자생존의 법칙은 비교급(survival of the fitter)의 개념으로 이해되고 있다. 좀더 근본적으로 보면 마커스의 진화심리학은 이런 개념을 바탕으로 하고 있다.

의사 결정이 이루어진다.

"**진정한 합리성**이란 우리가 결코 쉽게 달성할 수 없는 매우 높은 기준이다. 우리가 정말로 합리적이려면 적어도 매사를 냉철한 눈으로 바라보고 결정할 수 있어야 할 것이다."[34] 그러나 심리학과 신경과학이 제시하는 증거는 반대편으로 쏠려 있다. "여건이 좋으면 우리는 합리적일 수 있다. 그러나 많은 경우에 우리는 그렇지 않다."

이제 마커스는 왜 지금까지 인간 마음의 불안정성과 비합리성이 진화의 맥락에서 거의 논의되지 않았는지 묻는다. 인간은 '호모 사피엔스'라는 학명이 상징하듯이 '당연히' 합리적인 존재라고 전제되어왔다. 왜 그랬을까? 마커스는 두 가지 이유를 드는데, 첫 번째 이유가 흥미롭다. "인간의 인지 능력이 완벽하지 못한 것으로 드러나는 것을 많은 사람들이 원치 않는다는 것이다. 왜냐하면 그것은 우리의 신념과(또는 절박한 바람과) 일치하지 않거나, 또는 결코 매력적이지 않은 인간관을 초래할 것이기 때문이다. 이것은 특히 인간의 행동을 서술하려는 학문 영역에서 중요한 의미를 지닌다. 왜냐하면 인간이 **합리성의 틀**에서 벗어날수록 수학자나 경제학자들이 인간의 선택 행동을 산뜻한 방정식으로 포착하기는 그만큼 어려워지기 때문이다."[35]

이제 합리성과 인간의 관계에 대한 칸트의 구분('합리적 동물'과 '합리적일 수 있는 동물')에 한 가지를 더할 수 있게 되었다. '인간은 합리적이길 원하는 동물'이 그것이다. 하지만 언제나 그럴 수는 없

---

34 앞의 책, 116쪽. 강조는 나의 것이다.
35 앞의 책, 259쪽. 마커스가 든 두 번째 이유는 창조론과 지적 설계론과의 관계 때문이다.

다. 우리의 마음은 클루지이기 때문이다. 하지만 바로 그렇기 때문에 역설적으로 우리는 이야기를 지어낼 수 있다.

마커스는 계속 주장한다. **"노골적인 합리성의 관점**에서 보자면, 예술의 창작과 감상을 위해 시간을 쓰느니 겨울을 위해 호두를 모으는 데 시간을 쓰는 편이 더 나을 것이다. 그러나 내가 보기에 예술은 우리가 인간으로서 살아가는 즐거움의 일부다. 우리는 기꺼이 애매함을 바탕으로 시를 짓고 감정과 비합리성을 바탕으로 노래와 문학을 창작한다. 하지만 그렇다고 인간 인지 능력의 모든 특이 사항들이 찬양의 대상이 될 필요는 없다. 시는 좋은 것이지만 고정 관념, 자기중심주의, 편집증과 우울증 등은 긍정적이지 않다."[36]

인간이 창작하는 이야기는 아리스토텔레스의 이상처럼 완벽하게 합리적인 서사 구조를 가질 수 없다. 물론 서사의 합리적인 전개가 어렵다는 것을 잘 알기 때문에 아리스토텔레스도 그것을 더욱 강조한 것이겠지만 말이다. 이는 마치 마커스가 클루지에 관한 자신의 이론 전개를 마친 후 클루지를 이겨내는 13가지 제안을 하면서 13번째 제안으로 "합리적으로 되도록 노력하라!"고 한 것과 마찬가지다.

클루지는 일종의 '서툰 합리성'이다. 일정한 상황에서 어느 정도까지는 잘 작동하기도 하지만, 어느 하나가 삐긋하면 '비극의 씨앗'이 될 수도 있다. 상황의 필연성에 잘 적응할 만큼 합리성의 수준이 높지 못하기 때문이다. 나아가 삶에 '비극적 가속도'가 붙게 할 수도 있다.

서사적 차원에서 보면, 어떤 상황이 '의외로'(이 의외성 또한 당연성

---

36 앞의 책, 262쪽. 강조는 나의 것이다.

일 수 있겠지만) 인간의 마음을 클루지처럼 작동하게 할 가능성이 높은 곳에서 '흔쾌히' 이야기는 시작될 수 있다. 이야기는 바로 신비의 살마키스가 합리의 헤르마프로디토스에게 밀착함으로써 흥미진진해질 수 있기 때문이다. 미래의 이야기꾼이 지어낼 이야기들은 이 두 요소의 비대칭적 조합의 정도에 따라서 다양해질 것이다.

대화

dialogue

대화

1장

말속의 행동,
철학자의 액션 드라마

dialogue

01
서사철학과 서사적 철학

　서사철학(Philosophy of Tale)은 이야기에 대한 철학적 관심과 탐구를 총괄하여 일컫는 말이다.[1] 그러나 '이야기와 철학의 만남'은 이것으로 충분하지 않다. 철학 자체가 이야기 형태의 텍스트를 본격적으로 창출해낼 가능성에 대해서도 생각해야 하기 때문이다. 다시 말해 '서사적 철학(Tale Philosophy)' 텍스트의 본격적 개발 가능성도 앞으로 중요한 과제일 것이기 때문이다. 여기서 '본격적'이라는 말을 쓴 것은 이야기 방식의 철학 텍스트는 이미 있어왔지만 그리 많지 않기 때문이다.
　철학에는 고대로부터 지금까지 대부분 다음과 같은 텍스트 형태들이 존재해왔다. 단편(fragment), 대화(dialogue), 논문(treatise), 담론(discourse), 에세이(essay) 등이 있어왔으며, 이와 병행하여 경구

---

[1] 이는 서사철학의 기본 정의이다. 본서 서장 02 '서사와 철학' 참조.

(aphorism)가 존속해왔다. 그리고 서사(tale)의 형태를 들 수 있다. 역사 속에서 이 텍스트 형태들은 단계적 변천과정을 거치기도 했지만 서로 혼재하기도 했다.

여기서 단편이라 함은 주로 소크라테스 이전 철학자들의 단편을 가리킨다. 오늘날 소크라테스 이전 철학자들의 단편은 '딜즈-크란츠'판으로 알려진 단편집(H. Diels-W. Kranz, *Die Fragmente der Vorsokratiker*)으로 집대성되어 있다. 물론 그것은 현재 우리에게 전해오는 형태가 단편이라는 것이지, 원래의 형태가 꼭 그런지는 지금 완벽하게 증명할 수 없다.

대화 형식의 철학 저술로는 무엇보다도 플라톤의 저작들을 꼽을 수 있다. 고대 이후 특히 근대에 이르러서는 다른 텍스트들에 비해 그 예가 그리 많지 않지만 철학사에서 차지하는 위상은 매우 중요하다. 대화 형식으로 된 근대의 대표적 작품으로는 갈릴레오 갈릴레이(Galileo Galilei)의 《두 가지 주된 우주 체계에 관한 대화(Dialogo sopra i massimi sistemi del mondo)》(1632), 데이비드 흄(David Hume)의 《자연 종교에 관한 대화(Dialogues concerning natural religion)》(1779) 등을 들 수 있다.

체계적인 논문 형태는 이미 아리스토텔레스를 기점으로 오늘날까지 가장 일반적인 철학 텍스트이다. 아리스토텔레스는 철학의 체계를 세웠고, 그 표현과 전달에서도 체계적인 방식을 사용했다. 중세에서는 토마스 아퀴나스(Thomas Aquinas)의 《신학대전(Summa Theologica)》을 체계적 철학 서술 형식을 기본으로 한 저서로 꼽을 수 있으며, 근대에서는 아리스토텔레스의 논리학 체계에 맞서 새로운 학적 방법론을 제시했던 프랜시스 베이컨(Francis Bacon)의 《신기관

《두 가지 주된 우주 체계에 관한 대화》 표지, 갈릴레이, 1632년

(Novum Organum)》을 비롯하여 많은 철학서들을 찾아볼 수 있다. 특히 독일 근대 철학자 칸트의 삼대 비판서가 그러하고, 《정신현상학》을 비롯한 헤겔의 저서들은 그가 계획한 방대한 '학문 체계(System der Wissenschaft)'를 이루는 것들이다.

담론 형태의 텍스트로는 저서의 제목에 '담론'이라는 말이 들어 있다는 점에서는 16세기 마키아벨리(N. Machiavelli)의 저작 《로마사 논고(Discorsi sopra la prima deca di Tito Livio)》, 17세기 데카르트(R. Descartes)의 《방법서설(Discours de la methode)》, 18세기 루소(J-J. Rousseau)의 《학예론(Discours sur les sciences et les arts)》과 《인간불평등 기원론(Discours sur l'origine de l'inégalité parmi les hommes)》 등을 들 수 있다. 그러나 담론이라는 말의 쓰임이 다양하므로 어떤 일관성을 갖고 범주를 정하기에는 어려운 점이 있다.

에세이 형태의 텍스트 개발은 상당 부분 몽테뉴(M. de Montaigne)의 덕이다. 철학 에세이는 현대로 오면서 많이 활용되는 텍스트이다. 16세기 말에 주로 쓰여진 몽테뉴의 저작 《엣세(Les Essais)》는 그 이후 에세이 형식의 철학 글쓰기에 많은 영향을 미쳤다. 주로 체계적 철학을 발달시킨 독일에서는 비교적 늦게 철학 에세이가 실용화되었다고 할 수 있는데, 이에는 19세기 말 짐멜(G. Simmel)과 20세기 초 아도르노(T.W. Adorno)를 비롯한 프랑크푸르트 학파의 공이 크다고 할 수 있다.

아포리즘, 즉 경구는 마치 철학의 주류를 이루는 텍스트의 관목 사이를 날아다니는 나비처럼 존속해왔다고 할 수 있다. 아포리즘은 태곳적부터 있었다고 볼 수 있는데, 오늘날 전해오는 '아포리즘 모음집'으로는 기원전 4~5세기 히포크라테스의 작품이 최초의 것으로 기록되어 있다.

이제 서사적 철학 텍스트에 대해 살펴보자. 이야기 형태의 철학 텍스트는 역사 속에서 드물게 존재해왔다. 이 분야에서는 우선 문학과 철학이 서로 삼투압적 교류를 하던 문화적 배경에서 활동했던 볼테르(Voltaire)와 루소의 작품들을 들 수 있다. 특히 볼테르의 《캉디드(Candide ou l'optimsime)》는 근대 철학 소설의 대표 격인데, 이와 더불어 괴테(J. W. von Goethe)와 헤세(H. Hesse) 같은 문인들의 작품 또한 문학 속에 철학이 표현되어 있다기보다 '철학의 문학적 표현' 방식을 택한 대표적인 저술로 보는 견해도 있다.

"철학의 문학적 표현, 즉 철학을 문학으로 대치한 경우를 생각할 수 있다. 이런 문학 작품의 예로는 볼테르의 《캉디드》, 괴테의 《파우스트》, 헤세의 《싯다르타》를 들 수 있다. 《캉디드》는 모든 것이 최선의 것이라 하여, 결과적으로 현재의 모든 상황을 합리화하는 합리주의자 라이프니츠의 형이상학적 주장에 대해 신랄한 철학적 반박을 의도한 것이고, 《파우스트》는 한 과학자의 지적 욕망을 통해 지적 가치와 도덕적 가치가 양립할 수 없다는 철학적 입장을 보여주고, 《싯다르타》는 불타의 생애를 통해 불교적 진리를 전달한다. 위의 세 작품들은 논리적·이론적으로 짜여진 철학적 담론 대신 문학이라는 형식을 빌려 각기 형이상학적 주장, 가치 선택의 철학적 어려움, 하나의 종교적 진리를 설명하고자 한 것으로 볼 수 있다. 이러한 종류의 문학 작품에 가까운 예로는 사르트르의 희곡 《출구 없는 방》을 비롯한 여러 소설을 들 수 있다."[2]

괴테와 헤세의 작품이 문학적 서사를 활용한 철학서라는 입장은 흥미롭지만, 다른 한편 이것은 그만큼 '서사적 철학' 텍스트가 드물다는 반증이기도 하다. 다시 말해 '이야기 형태'의 철학 텍스트는 역사상 그 예가 있으나 본격적으로 개발되지는 못했다는 말이 된다.[3]

그렇기 때문에 비교적 최근에 나온 노르웨이 철학자 요슈타인 가아더(Jostein Gaarder)의 《소피의 세계(Sofies verden)》(1991)가 '서사적 철학' 작품으로서 많은 관심을 끈 것이다.[4] 가아더가 한국어판 서문에서도 썼듯이 《소피의 세계》는 철학사 그 자체가 아니라 "철학사에 관한 소설이다. 그러나 단순히 소설만은 아니며, 또한 철학에 관한 책만도 아니다. 《소피의 세계》는 철학 정신에 관한 역사적 배경을 그린 책"이다. 이 말은 가아더의 철학 소설이 흔히 생각하는 것처럼 철학을 대중에게 쉽게 소개하기 위한 책에 머무는 게 아니라, 그 자체로 의미 있는 철학적·문학적 성과를 이루어낸 작품임을 뜻한다.

물론 진지한 철학 정신과 아름다운 예술 형식의 결합을 이루어내기란 매우 어렵다. 가아더는 철학의 역사라는 소재를 취했기 때문에 그것을 이야기로 전개하기가 비교적 쉬웠을 수 있다. 곧 역사(history)를 활용해 철학적 인간의 이야기를 스토리텔링(storytelling)하기 좋았을 수 있다. 물론 그런 아이디어를 갖기란 말처럼 쉬운 일은 아니다.[5]

---

2 박이문, 〈문학은 철학적이어야 하는가〉, 《문학과 철학의 만남》, 민음사, 2000, 35~36쪽 참조.
3 혹자는 수많은 '철학사'는 철학의 '역사'이므로 이야기 방식의 철학 서술이라고 할지도 모른다. 하지만 철학사는 '체계적인 철학 서술서'이다. 철학 사상을—문학적 이야기 방식으로 표현한 것이 아니라—연대에 따라서 체계적으로 해석하여 나열한 것이기 때문이다.
4 최근(2009년 3월) 한글 번역본이 나온 철학자 잭 보엔(Jack Bowen)의 《드림 위버》(*The Dream Weaver: One Boy's Journey through the Landscape of Reality*, Pearson Education Inc., 2006)도 소설 형태의 '서사적 철학' 텍스트이다.

여기서 우리는 주의해야 한다. 가아더가 가졌던 아이디어는 '역사 소설'이 아닌 '철학사 소설'이다. 그러므로 그는 철학사를 쓴 것도 아니고, 역사 소설을 쓴 것도 아니며, 철학 정신의 여정을 경험하는 한 아이의 '스토리'를 '텔링'한 것이다.

---

5 서사적 철학 텍스트의 창작에는 물론 철학자의 작가로서(또는 문학 작가의 철학자로서) 능력의 문제가 제기된다. 철학의 문학적 표현을 성공적으로 이루어낸 텍스트는 지금까지의 역사에서도 드문 일이기 때문이다. 하지만 드문 만큼 매력적인 과업일 것이다. 철학적 이해와 문학적 감동을 결합할 수 있다는 것은 어렵지만 도전의 가치가 충분히 있는 매혹적인 일이기 때문이다. 그런 텍스트는 의미의 생산과 재미의 창출을 함께 이루어내고자 하는 작가들의 꿈을 실현할 수 있는 효과적인 매체일 수 있다. 이러한 시도는 점점 더 다양한 텍스트를 요구하게 되는 앞으로의 시대에 필요한 것이며, 서사적 철학 텍스트의 개발이 서사철학의 탐구와 맞물려 있다는 것을 의미한다. 다시 말해 서사철학의 학예적 활성화는 새로운 텍스트 개발의 가능성을 제시해주는 연습의 과정일 수 있다. 이런 점에서 교육적 차원에서 오늘날 학자들의 과제는 미래를 바라보고 설정되어야 할 것이다. 언급했듯이 철학과 문학이 아름답게 어울린 텍스트를 창조할 수 있는 능력은 쉽게 얻어질 수 있는 것이 아니다. 그러므로 그러한 능력을 가진 미래 세대를 키우는 것이 오늘날 우리의 과제일 것이다. 그 과제 이행의 첫발은 서사철학의 활성화일 것이다. 그러면 언젠가 다양한 서사적 철학 작품들이 창작될 것이고, 그것을 텍스트 삼아 공부하며 즐기는 세대를 보게 될 것이다.

02
'인생 이야기'와 '세상 이야기'로서 철학

일상적 현실의 지형에서 진행되는 정신 여행의 스토리를 텔링한다는 것은 서사적 철학에서 중요한 창작 동기이다. 그런데 이미 고대에 이것에 관심을 가졌던 철학자가 있다. 그는 다름 아닌 플라톤이다. 앞에서 언급했듯이 그의 저작들은 '대화' 형식의 철학서로서 잘 알려져 있다. 하지만 그것이 동시에 '이야기적 구성'을 가지고 있다는 것은 주목하지 않는 듯하다.

플라톤 '대화편'의 주인공은 소크라테스이다. 다시 말해 소크라테스가 자신의 인생 역정에서 다른 사람들과 나눈 대화가 플라톤 작품의 내용을 이루고 있다. 문헌학적으로도 소크라테스의 일생을 플라톤의 저서를 통해 재구성할 수 있다. 즉 플라톤의 '대화'들을 모아서 재배치하면 소크라테스의 전기(傳記)가 될 수 있다. 물론 모든 전기가 그렇듯이 작품 속 소크라테스라는 인물에는 그에 대한 작가 플라톤의 해석과 플라톤의 정신이 담겨 있다. 플라톤은 대화편에서 소크라테스의 입을 빌려 '세상 이야기'를 함과 동시에, 자신은 소크라테스의 '인생 이야기'를 써 내려간 것이다.

　세상 이야기와 인생 이야기는 철학의 모든 분야를 차지한다고 할 수 있다. 고대로부터 철학의 전통적 분류는 물리학, 윤리학, 논리학이다. 이것들은 각각 세상, 인생, 언어를 그 대상으로 한다고 할 수 있다.[6] 내가 아리스토텔레스의 《시학》을 해석하면서[7] 이런 전통적 삼분법에 추가한 서사철학 또는 '설리(說理)의 탐구'는, 철학의 삼대 영역을 '이야기 짓기'의 세계로 이행하면서 발전시킨 철학적 과제이다.

　플라톤의 대화편들에는 소크라테스의 생애 및 당시 세상 현실의 기록과 플라톤이 자신의 철학적 개념에 맞추어서 전개한 세상 이야기가 혼합되어 있다고 볼 수 있다. 플라톤이 소크라테스의 생애와 사상에 관해 어디까지 사실대로 적고, 어디까지 이론화해서 표현하고 있는지는 명확히 알 수 없다. 중요한 것은 그가 인생 이야기와 세상 이야기로서 철학을 전개하고 있다는 사실이다.

　플라톤의 대화편들은 기원후 1세기에 알렉산드리아의 천문학자였다가 로마 시민이 된 트라실로스(라틴명 Claudius Thrasyllus)가 플라

6　여기서 물리학에 세상을, 윤리학에 인생을, 논리학에 언어를 대응시킨 것은 다음과 같은 이유에서이다. 근현대로 오면서 물리학은 자연 현상과 그 법칙을 탐구하는 학문이며, 그런 의미에서 물리(物理)는 자연의 이치이다. 그러나 고대 그리스에서 피시스(physis)는 현대 서양어의 네이처(nature)와 일치하지 않는다. 피시스의 개념은 폭이 더 넓었는데, 그에는 '세상의 원리'라는 의미가 포함되어 있었다. 윤리는 사람과 사람 사이의 이치이기 때문에 당연히 사람의 삶과 밀접하다. 이야기를 언어에 대응한 것은 어떤 논리도 넓은 의미에서 언어라는 표현 수단으로 소통하기 때문이다.

7　본서 서장 01 '설리-이야기 철학 문을 열다' 참조.

톤학파의 학자와 함께 네 편씩 4부작(tetralogia)으로 묶었는데, 총 아홉 개의 '테트라로기아'가 전해진다. 그 가운데서도 첫 번째 테트라로기아는 소크라테스에 대한 고소와 재판, 그리고 수감과 사형 집행에 이르기까지 소크라테스의 생애 마지막 한 달여 동안에 일어났던 일들을 다루고 있다. 그 시기에 있었던 일들을 담은 네 편의 '대화'는 《에우티프론》, 《소크라테스의 변론》(이하 《변론》이라고 한다), 《크리톤》, 《파이돈》으로, 이것들은 시간 순으로 구성되어 있다.[8] 그러므로 첫 번째 테트라로기아는 일단 소크라테스 말년의 삶과 그가 살았던 세상의 일들을 담고 있다고 할 수 있다.

그런데 소크라테스는 대화편에서 종종 자신의 인생 역정에 대해 회상하고 자신이 철학자(philosophos) 또는 애지자(愛智者)로서 **어떻게 행동하고 어떻게 살아왔는지**를 대화 상대자에게 상기시키며 역설한다. 소크라테스의 **말속에는 그의 행동과 삶의 여정이 담겨** 있다. 그러므로 플라톤의 작품들은 대화의 형식을 취하고 있지만, 한 철학자의 파란만장한 '액션 드라마'라고 해도 과언이 아니다. 특히 대화편 《변론》과 《파이돈》에서 철학자의 행동과 삶에 관한 대목들은 소크라테스의 사상뿐만 아니라 당시 아테네 상황을 이해하는 데 중요한 의미를 갖는다. 이제 우리는 아리스토텔레스가 《시학》에서 이야기의 근본 요소로서 **프락시스(praxis)와 비오스(bios), 즉 행동과 삶**을 함께 강조한 이유를 좀더 구체적으로 이해할 수 있다.[9] 이야기는 인간의

8　이런 점에서 이 '대화'들은 내용적으로나 시간적으로 '연계 4부작(connected tetralogy)'이라고 할 수 있다.

9　아리스토텔레스의 이런 입장은 《시학》 곳곳에서 찾아볼 수 있지만, 특히 비극의 구성 요소 및 플롯에 대해 설명하는 '6장' 1450a 이하를 참조하기 바란다.

행동과 삶을 재현해내는 것이다.

　따라서 이 4부작은 소크라테스 일생 전체를 조명해볼 수 있는 '이야기'를 담고 있다고 할 수 있다. 이런 의미에서 테트라로기아는 한 편의 서사적 철학 텍스트의 성격을 띠고 있다고 할 수 있다. 바로 여기에 이 대화편을 서사철학의 탐구 대상으로 삼는 의의 또한 있다. 이런 탐구의 결과를 바탕으로 플라톤의 4부작은 언젠가 본격적인 '철학 소설' 또는 '철학 희곡' 아니면 '철학 게임'으로 다시 쓰여질 수도 있다.

대화

2장

철학자의 삶과 죽음,
그리고 그 너머

—

플라톤의 첫 번째 테트라로기아, 그 서사와 철학의 의미

dialogue

01

소크라테스

소크라테스와 아테네의 관계는 각별하다. 그에게 아테네는 고국 이상의 의미가 있다. 그의 개인사와 폴리스 아테네의 역사 사이에는 의미심장한 우연의 일치가 있다. 소크라테스 인생의 시작과 끝은 매우 상징적인 두 가지 역사적 시점과 일치한다.

소크라테스와 아테네

소크라테스는 기원전 469년에 태어났다. 이때는 페르시아 전쟁이 완전 종결되는 시기였다. 그가 태어난 해는 바로 그리스 연합군과 페르시아 제국군 사이의 마지막 대충돌이었던 에우리메돈테스의 전투가 있던 때였다. 즉 소크라테스가 인생의 첫발을 내딛었던 순간은 그리스 연합군을 이끌었던 아테네가 에게해 연안에서 페르시아 세력을 결정적으로 물리치고 그들의 위협을 제거하여 자부심을 느끼고 매우 강력해진 때였다. 소크라테스는 만 70세가 되던 해인 기원전 399년에 죽었다. 즉 아테네의 정치적 쇠퇴가 시작되던 때였다. 이때는 스파르타가 3차에 걸친 펠로폰네소스 전쟁에서 승리를 거둔 후 그리스의 헤게모니를 잡았던 시기였고, 고대 역사의 새로운 장이 열리는 시기였다.

페르시아 전쟁과 펠로폰네소스 전쟁, 이 두 역사적 시점 사이에 살았던 소크라테스의 인생은 아테네의 흥망성쇠와 일치한다. 그 사이에 키모네스의 시기, 페리클레스의 시기, 스파르타와 아테네 사이의 분쟁의 시기가 있었던 것이다.

소크라테스의 출생 및 죽음과 고국 아테네의 흥망성쇠 사이의 이런 우연의 일치는 그의 일생에서 어떤 필연적 조건으로 작용한다. 이런 **필연성**은 플라톤이 써 내려간 스승의 일생에서 이야기를 극적으로 몰고 가는 기능을 하며, 피할 수 없는 어떤 **비극의 조건**이 된다. 비극은 겉으로는 모두 우연적으로 보이는 것이 그 심연에는 도저히 피할 수 없는 필연의 족쇄를 숨기고 있음을 의미하기 때문이다.

이야기의 배경이 되는 아테네와 이야기의 주인공인 소크라테스의 이런 긴밀한 관계는 플라톤의 대화편에서 명백히 확인된다. 젊은이들을 타락시키고 신을 모독했다는 죄로 사형 선고를 받고 투옥되어 있는 소크라테스에게 친구 크리톤이 찾아와 탈옥과 망명을 권유한다. 이때 소크라테스는 법률과 시민공동체를 의인화하여 나라의 목소리로 자신의 입장을 밝히며 오히려 크리톤을 설득한다. "소크라테스여, 우리에게는 이에 대한 방대한 증거가, 즉 우리도 이 나라도 그대의 마음에 들었다는 증거가 있지. 만일 이 나라가 유별나게 그대의 마음에 들지 않았다면, 그대가 결코 다른 모든 아테네인과는 판이할

〈소크라테스에게 물을 끼얹는 크산티페〉, 브로멘델, 1655년

정도로 이 나라 안에 머물러 있지는 않았을 것이기 때문이지. 그리고 그대는 딱 한 번 이스트모스로 간 것을 제외하고는 이 나라 밖으로 축제 구경을 위해 나간 적이 결코 없으며, 또 군복무가 아니면 다른 어떤 곳으로 간 적도 없고, 다른 사람들처럼 나라 밖 여행을 떠난 일도 없지."[10]

소크라테스에게 아테네는 '머물러' 있을 곳이다. 더구나 '기꺼이' 머물러 있을 곳이다. 그런데 그곳에서 그는 무고하게 사형 선고를 받았다. 따라서 근원적 문제가 발생하고 문제 해결의 딜레마가 형성되며 삶의 모순이 드러나지 않을 수 없다. 이것들은 인간 드라마의 핵심 요소이다. 한 철인(哲人)의 이야기가 드라마가 되는 것은 이제 피할 수 없는 일이다.

에코가 역설적으로 말했듯이 자유롭게 이야기를 짓기 위해서는 '강제' 조건을 창조해야 한다. 에코는 인물에 앞서 이야기 전개를 위한 '세계 구상'을 해야 한다는 의미에서 이렇게 말한 것이다. 그 세계는 문제가 제기되고 문제 풀이의 과정으로서 이야기가 전개될 수 있는 조건을 갖춘 것이어야 한다. 소크라테스라는 독특한 인물에게 아테네라는 필연적 조건은 문제를 일으킬 수 있는 세계이다. 문제없는 삶이 없는 한 문제없는 이야기도 없다. 문제가 이야기를 만들어가기 때문이다. 사람들은 문제 풀이 속에서 재미를 느끼고 의미를 찾는다. 그것은 모든 이야기 속에 있어야 하는 것이며 모든 이야기 속으로 사람들을 끌어들이는 구심력이다. 문제가 제기되고 문제 풀이의 이야기가 전개될 수 있는 세계를 건설하면 '말 되는' 이야기는 저절

---

10 플라톤, 《크리톤》, 52b.

로 따라오게 된다. 다시 말해 따라올 수밖에 없게 된다. 세계 구상과 문제 제기라는 점에서 소크라테스는 이야기의 주인공에 걸맞은 인물이다.

소크라테스에게 아테네는 필연적 삶의 조건이자 또한 합리적으로 수용된 것이다. 그것이 '좋은 나라'이기 때문이다. 플라톤 저작의 해석자들은 흔히 이 점을 놓친다. 당시 아테네는 정치적 혼란 속에 있었고 펠로폰네소스 전쟁 이후 쇠락의 길을 걷고 있었음에도 불구하고, 소크라테스에게는 '좋은 나라'이며 그가 그곳에 기꺼이 머물러서 지켜야 할 가치가 있는 나라인 것이다.[11] 그래서 그는 강한 어조로 시민들에게 호소한다. "아테네인 여러분! …… 이곳에 머물면서 위험을 무릅써야만 합니다." 소크라테스는 '아테네 지킴이'를 자처했던 것이다. 그렇다면 누가 왜 이 성실한 '나라 지킴이'에게 죄를 씌워 죽이려 하는가? 이제 이야기는 흥미진진하게 전개되지 않을 수 없다.

소크라테스의 대화 방식들

서사의 지형은 어떤 이야기에서도 중요하다. 소크라테스와 아테네의 각별하고도 모순적인 관계가 이야기를 더 긴박하게 몰고 가기는 하지만 말이다. 그런데 소크라테스의 이야기에 서사의 활력을 주는 매우 특별한 요소가 있다. 바로 소크라테스의 특별한 대화법들인

---

11 이런 의미에서 플라톤이 자신의 사상 체계를 갖춘 후 저술한 《폴리테이아(국가)》에서 펼친 '이상국가론'은, 스승 소크라테스로부터 한참 멀어진 플라톤 자신의 구상이라고 할 수 있다.

데, 플라톤의 저작이 대화체로 되어 있기 때문에 이 요소는 더욱 중요하다.

그것은 에이로네이아(eironeia), 엘렌코스(elenchos), 마이에우티케(maieutike) 세 가지인데, 우리말로는 각각 위장술, 논박술, 조산술이라고 번역할 수 있다.[12] 이 대화법들은 소크라테스가 사용하기에 따라서 사건을 일으키기도 하고, 이야기를 극적으로 몰고 가기도 하며, 이야기에 반전을 가져오기도 한다. 또한 여러 가지 경우의 수를 도입하여 다양한 이야기의 가설들을 펼치게도 한다.

먼저 에이로네이아, 곧 **위장술**을 살펴보자. 소크라테스 철학에서 중요한 개념이 '무지(無知)의 지혜'인데, 여기서 무지란 양면적 의미와 의도를 지닌 말이다. 우선 그것은 소크라테스 자신이 정말 무지하다고 인식하며 자기 존재를 겸허히 받아들이는 인식론적·존재론적 무지이다. 이것은 무지한 자신의 한계를 인식하는 지혜이다. 이는 소크라테스가 델포이 신전에 써 있는 "너 자신을 알라!"는 경구를 제자들의 교육에서뿐만 아니라 소피스트에 대한 경고에도 자주 활용한 사실과 밀접하다.

다른 한편, 소크라테스가 내세우는 무지는 종종 위장된 무지이다. 즉 '모르는 척'하는 것이다. 이것은 특히 지자(知者)임을 자칭하는

---

[12] 에이로네이아는 후에 영어의 아이러니(irony)의 어원이 되기 때문에 반어법(反語法)이라고도 번역하는데, 에이로네이아의 원래 의미는 가장(假裝)에 가깝다. 즉 '……하는 척하기'이다. 영어로는 시뮬레이션(simulation)의 의미와 유사하다. 그래서 '위장술'이라고 번역하는 것이 소크라테스의 의도를 더 잘 반영한다고 본다. 엘렌코스는 조목조목 따지는 일이므로 '논박술'이 적절한 번역이다. 소크라테스의 저 유명한 마이에우티케는 아이를 낳는 일을 돕는 산파(産婆)를 뜻하는 마이아(μαία)에서 유래하는데, 제자들이 지식을 생산하는 일을 돕는다는 의미에서 산파술보다 '조산술(助産術)'이라고 번역했다.

사람들에 대한 전략으로 사용된다. 그러므로 위장술을 대화에서 사용할 때는 다분히 논쟁적인 의도가 담겨 있다. 이는 많이 알고 있다고 자부하는 자들에 대한 경고이다. 그들에게 소크라테스는 '모르는 척'하는 위장술을 써서 오히려 '모른다는 것'이 인간의 정상적인 상태라는 것을 상기시켜준다. 또한 그들이 알고 있는 것이 어느 한순간 아무것도 아닐 수 있다는 것을 일깨워준다. 소크라테스가 교묘하게 사용하는 무지의 위장술에 걸린 소피스트들은 자신의 지식을 자랑하다가 결국에는 그것이 오류일 뿐이거나 아무 소용 없다는 패배 의식에까지 이른다. 또한 상대방의 정곡을 찌르는 위장술의 효과는 대화 상대에게 그가 단언하고 주장한 것에 대해 책임을 지도록 요구한다. 즉 말의 윤리를 일깨워주는 역할을 한다.

이야기의 차원에서 보면 무지의 위장술은 사건을 일으키는 위험 요소이다. 그것은 대화 상대에게 위험할 뿐 아니라, 소크라테스 자신에게도 매우 위험한 것이다. 무지의 위장술에 걸려서 '바보'가 된 '지자'들이 소크라테스에게 앙심을 품게 되기 때문이다. 앙심은 음모를 낳을 수 있고, 음모는 대개 극적인 사건을 일으키는 데 전제되는 것이다. 물론 이렇게 되면 이야기는 흥미진진해진다. 음모야말로 플롯에 긴장을 주는 요소이기 때문이다. 그 피해자가 소크라테스가 될지라도 말이다.

다음은 엘렌코스, 곧 **논박술**을 살펴보자. 이것은 상대방의 주장을 조목조목 따지는 것을 기본으로 한다. 그러므로 소크라테스 고유의 방법이라기보다는 모든 토론과 논쟁에서 고대로부터 사용해오던 것이다. 소피스트들도 상대가 내놓은 명제를 일단 의심하고 세세히 검토하여 그 안에서 오류와 자가당착을 발견해내는 방법을 즐겨 사용했다. 소크라테스는 이 방법을 극단으로 몰고 간 경우이다.

소크라테스가 지속적으로 유지한 태도가 하나 있다면, 그것은 전문가들이 자기 분야에서 확실하다고 믿고 있는 것들에 대해서도 의심하는 것이다. 소피스트는 덕(德)이 무엇인지 알고 있다고 믿고 있지만, 소크라테스는 바로 그것을 의심한다. 훌륭한 전략가는 군사기술이 무엇인지 알고 있다고 믿고 있으며, 시인은 시와 영감이 무엇인지 알고 있다고 믿고 있다. 하지만 소크라테스는 그것들을 의심한다.

소크라테스는 의심으로 드러난 것들을 논리적 시험과 반박으로 검증하고자 한다. 그럼으로써 대화 상대자가 정말로 알고 있는지, 아니면 단지 안다고 믿거나 착각하고 있는 것인지를 입증해 보이고자 한다. 그가 논박술을 쓰는 이유는 상대가 반대 의견 앞에서 설득력 있게 답변할 수 있는지 여부를 알아보기 위함이다. 이러한 의미에서 소크라테스의 태도는 오류의 목록을 작성하여 그것을 논박의 대상으로 삼는 것이라고 할 수 있다.

소크라테스의 논박술은 오류를 '끝까지 물고 늘어진다'는 점에서 극단의 방법론이라고 할 수 있다. 이는 올바른 이치를 파헤치기 위해 '진력하라'는 소크라테스의 가르침을 담고 있다. 그런데 이야기 전개의 차원에서 보면, 그의 논박술은 자기가 상대하고 있는 사람과 상황, 사건을 클라이맥스로 몰고 가는 촉매 역할을 한다.

논박술이 고조에 이르면 소크라테스의 입장은 진리에 가까워지고, 상대는 허위에 가까워져서 둘 사이의 긴장은 극에 다다르고 때로는 인간관계가 파경에 이를 수도 있다. 더구나 소크라테스는 논박술을 무지의 위장술에 이어서 사용하는 경우가 많은데, 이렇게 되면 상대는 마치 위장술에 의해 완전 무장해제되고 나서 논박술에 의해 융단

폭격을 맞는 격이 된다. 이 지점에 이르면 보통 사람들에게는 오히려 소크라테스가 '문제 덩어리'가 되어버린다.

마지막으로 **조산술**을 살펴보자. 기본적으로 소크라테스의 대화방식은 사람들이 자신이 하는 말을 제대로 의식하고 있는지 지속적으로 캐묻는 것에서 시작한다. 이렇게 점진적인 의식 획득의 과정에 동반자적인 역할을 하는 것이 아이 낳기를 돕는 것에 빗대어 나온 화술인 조산술이다.

소크라테스는 이것을 주로 제자들과 대화를 나눌 때 사용한다. 예를 들어 젊은이는 지식에 목말라 한다. 그래서 세상과 삶의 문제들에 대해 고민하고 생각하며 질문을 잔뜩 늘어놓고는 복잡해진 머리를 어찌 주체해야 할지 몰라 한다. 산모의 배가 불어나듯이 젊은이의 머리가 불어나 있는 것이다. 이에 소크라테스는 다음과 같이 말한다. "나의 조산술은 출산을 돕는 산파가 하는 일과 여러 면에서 닮았다. 그러나 이점에서 구별된다. 즉 여자에게 행하는 것이 아니라 남자에게 행하는 것이다. 그리고 육체에 행하는 것이 아니라 영혼의 해산을 돕는 것이다. 내 기술의 이점이라고 할 수 있는 것은 젊은이의 머리가 거짓이나 헛된 것을 만들어내는지, 아니면 뭔가 진실하고 생동적인 것을 탄생시키는지를 여러 가지로 실험해볼 수 있다는 것이다."[13]

또한 조산술은 무지의 지혜를 정당화하는 대화술이기도 하다. "나도 산파와 공통점을 가지고 있는데, 그들이 자식을 낳지 못하듯이 나는 지식을 낳지 못한다. 많은 사람들이 이 점에 대해 내게 불평을 해왔다. 즉 나는 다른 사람들에게 질문을 하지만, 내 자신은 어떤 문제

---

13 플라톤, 《테아이테토스》, 150b 이하.

〈아테네 학당〉, 라파엘로, 1509~1510년

에 대해서든 내 생각을 분명히 내세우지 않는다는 것에 대해 불만을 표시해왔다. 사실 나는 내세우리만치 지혜로운 생각이 없기 때문에 그러한 불평은 옳은 것이다. 그 이유는 또한 이렇다. 신이 내게 조산사 역할을 하도록 할 뿐, 해산하는 것은 금지하기 때문이다. 따라서 내 자신은 결코 지자가 아니며, 내 영혼이 탄생시킨 어떠한 지혜도 없다."

그러나 소크라테스와 함께 있기를 좋아하는 사람들 가운데 몇몇은 처음에는 완전한 무지의 상태였으나, 지속적으로 그와 만나 대화를 나눔으로써 모두 함께 특출한 지적 성과를 거두게 된다. 그리고 그 성과에 대해서는 그들 자신도 인정하게 된다. 그러고 나서 소크라테스는 이렇게 '지적 능청'을 떤다. "그러니까 그들이 나에게서 배운 것은 하나도 없고, 그들 자신이 스스로 좋은 것을 많이 발견하고 창조해낸 것이라는 사실은 명백하다. 다만 그들이 그러한 것들을 해산할 수 있도록 도와준 공로는 우선 신에게 있고, 내게도 조금 있다." 소크라테스의 조산술은 숨어 있는 지식이 밖으로 나올 수 있도록 도와주는 데 있다. 이 지혜의 조산술은 가르치는 사람의 한계 역시 인식한다는 점에서 매우 소크라테스적이어서 다른 사람이 지식을 얻도록 도와주는 데 제한한다.

서사의 차원에서 보면, 소크라테스의 조산술은 사건을 정리하거나 이야기가 대단원에 이를 때쯤 작동한다. 무지의 위장술과 검증의 논박술이 불필요한 지식을 털어냄으로써 지적 정화의 기능을 한다면, 조산술은 이런 과정을 통해 깨끗해진 영혼이 새로운 깨달음으로 충만해져 저절로 앎을 해산할 때 곁에서 도와주는 역할을 한다.

이 세 가지 대화법은 이야기 안에서 사건을 일으키고, 갈등을 조장하고 강화하며, 서사의 전환과 결말을 이끌어내는 데 촉매 역할을 한다. 소크라테스는 모르는 척하기도 하며 지독하게 따지기도 하고 상대를 살살 구슬려서 인생과 철학 이야기를 만들어가는 괴짜이다. 사실 플라톤의 대화편이 서사적 텍스트가 될 수 있는 것은 이 세 가지 대화법의 특성 덕이기도 하다.

02 테트라로기아

플라톤의 첫 번째 테트라로기아가 일종의 '연계 4부작'이 되는 것은 기승전결(起承轉結)의 전개 구조를 갖고 있기 때문이다. 기승전결의 작법은 원래 한시(漢詩) 구성법의 하나로서, 첫 구에서 시의(詩意)를 일으키고, 둘째 구에서 받아, 셋째 구에서 변화를 주고, 넷째 구에서 전체를 마무리하는 작업을 일컫는다. 이런 구성법은 학예 분야의 구분 없이 사건을 일으켜서 이야기를 전개하며, 전환의 계기를 마련하거나 반전으로 마무리짓는 스토리텔링에 널리 사용될 수 있다.

기승전결

《에우티프론》에서 소크라테스는 법정으로 가는 도중에 당시 신관(神官) 또는 사제라고 할 수 있는 에우티프론을 만나 '경건함'에 관해 대화를 나눈다. 《변론》은 말 그대로 변호사가 따로 없었던 시대에 소크라테스가 법정에서 하는 자기 변호를 다루고 있다. 《크리톤》은 사형 선고를 받은 소크라테스에게 친구 크리톤이 찾아와 탈옥과 망명을 권하는 내용이다. 《파이돈》은 사형 집행 당일 친구들과 제자들이 감옥으로 소크라테스를 찾아와 대화를 나누고 그의 최후를 지켜보는 장면을 다루고 있다. 다시 말해 테트라로기아는 소크라테스가 법정으로 가는 길, 법정에서의 변론, 투옥, 사형 집행의 순으로 되어 있다.

《에우티프론》은 소크라테스의 생애 마지막 한 달을 보여주는 전체극에서 일종의 서막에 해당하며, 앞으로 일어날 사건과 그것을 소크라테스가 어떻게 대할지를 암시하고 있다. 여기서 소크라테스라는 인물의 성격과 당시 아테네 사람들의 상황도 엿볼 수 있다. 이 작품의 마지막에서 소크라테스가 한 말은 이어지는 《변론》에서 그가 어떤 자세로 법정 변론에 임할지를 암시하고 있다.

《변론》의 내용은 법정에서 원고 쪽의 진술이 막 끝난 시점에서 소크라테스가 하는 자기 변호로 시작하여 그에 대한 사형 판결이 난 다음의 최후 진술로 끝을 맺고 있다. 그 사이의 변론은 배심원들의 유죄 평결에 이은 원고 쪽의 구형에 따른 진술이 있은 뒤에, 소크라테스가 피고로서 유죄 선고를 이미 받은 터에 그나마 자기에게 적당하다고 생각되는 형벌을 제의하는 내용으로 되어 있다. 따라서 《변론》은 엄밀히 말해 '대화편'이 아니라 '법정 자기 변호'인 셈이다. 이것은 변론의 형식을 갖추었지만, 소크라테스가 지인들의 입회 아래 고소인 및 아테네 시민들을 상대로 이 공소와 관련하여 그동안 자신의 생각과 행동에 대해 이야기하도록 재구성되어 있다. 즉 실제로는 소크라테스 혼자 이야기하지만, 상대를 분명히 의식하며 나누는 대화의 성격을 띠고 있다. 중요한 것은 소크라테스의 변론이 시작에서 끝에 이르기까지 점점 격해진다는 데 있다. 즉 그가 혼자 이야기하고 있지만, 법정의 전체 분위기뿐만 아니라 자신의 사건 자체를 클라이맥스로 몰아가고 있다.

《크리톤》에서는 《변론》과 대조적으로 담담한 분위기에서 대화가 진행된다. 이야기 전개의 '차분한 전환'이라고도 할 수 있다. 자신의 적들을 질타하는 내용까지 담고 있는《변론》과 달리 우선 대화 상대자가 소크라테스와 편안한 관계다. 크리톤과 소크라테스 두 사람은 소싯적부터 친구 사이다. 또한 크리톤은 소크라테스에게 철학적 가르침을 받았기 때문에 제자라고도 할 수 있다. 그는 부유하기는 하나 철학적 소양은 별로 없는 평범한 시민이다. 그렇기 때문에 크리톤과의 대화에서 소크라테스는 탈옥을 권유하는 그를 역으로 은유를 써서 설득하려고 노력한다.《변론》에서 때로는 격정적인 표현까지 마다하지 않았던 소크라테스는 크리톤과의 대화에서 '체념의 미덕'까지 보인다. 이러한 차분한 전환은 그 다음 자신이 가야 할 길을 미리 보여주고 있다.

《파이돈》은 이중적 대화 구조를 이루고 있다. 감옥에서 사형 집행에 의한 소크라테스의 죽음을 지켜본 파이돈이 귀향길에서 만난 사람에게 당시 감옥에서 소크라테스와 그의 제자, 친지들 사이에서 있었던 대화를 들려주는 형식을 취하고 있다. 테트라로기아 가운데서 가장 긴 이 대화편은 4부작의 종결이다.

또한《파이돈》의 종결은 새로운 시작을 의미하고 있으며, 이 의미는 마지막으로 소크라테스가 남긴 '닭 한 마리'의 은유에 담겨 있다. 전체적으로 기승전결의 구조를 가진 첫 번째 테트라로기아에 속하는 작품들은 내용적으로 서로 모순처럼 보이는 점들도 있다. 하지만 바로 그런 점들이 오히려 네 대화편을 깊이 연결하는 역할을 하며, 바로 그 점을 이해해야 소크라테스의 생애에 관한 이야기를 철학적으로 즐길 수 있다.

회상, 그리고 예언

언급했듯이 첫 번째 테트라로기아의 대화들은 소크라테스의 생애 마지막 순간들을 담고 있다. 하지만 실제로는 그가 과거를 회상할 뿐만 아니라 죽은 뒤의 세계를 암시하고 있어 그의 생애 전체를 조명하는 작품이라고 할 수 있다.

소크라테스가 평소 어떤 삶을 살아왔는지를 보여주는 대목들은 테트라로기아의 각 대화편 곳곳에 담겨 있다. 소크라테스는 속세에서 철학을 했다. 다시 말해 그는 자연 속에서 유유자적하며 명상하고 수도하는 철학자가 아니었다. 저잣거리를 돌아다니고, 광장에서 사람들을 만나며, 특히 젊은이들을 교육하기 위해 그들이 있는 곳이라면 어디든지 달려갔다. 그랬기 때문에 젊은이들을 타락시킨다는 누명을 쓰기도 했다.

소크라테스가 속세와 일상의 철학자라는 것은 그가 평소 자주 다니던 곳이 아닌 장소에서 그를 본 에우티프론의 말에도 잘 나타나 있다. "무슨 일이라도 생긴 겁니까, 소크라테스 님? 자주 찾으시는 젊은이들의 학교를 놔두고, 지금은 이곳 바실레우스 관아(官衙)를 끼고 서성이고 계시니 말씀입니다."[14] 이는 또한 소크라테스가 그의 생애

---

14 플라톤, 《에우티프론》, 2a.

에서 정치와 권력 기관을 멀리했음을 보여주는 것이기도 하다.

《변론》에서 그는 자기 변호를 하기 위해서도 자신이 어떤 삶을 살아왔는지를 강조해서 설명한다. "지금 저는 처음으로 법정에 섰습니다. 나이 일흔이 되어서 말입니다." 또한 다른 사람들이 소크라테스 자신의 삶을 어떻게 왜곡하고 있는지를 보여줌으로써 그와 반대되는 삶을 살아왔음을 주장한다. "그건, 소크라테스라는 한 현자가 하늘 높이 있는 것들을 골똘히 생각하는 자이자 지하의 온갖 것을 탐사하는 자이며, 한결 약한 주장을 더 강한 주장으로 만드는 자라는 것입니다."[15] 이는 자신이 하늘의 별들을 보며 세상의 원리를 찾는 순수 사변에만 빠진 자연철학자도 아니며, 말재주로 틀린 것을 맞는 것처럼 주장하는 소피스트적 삶을 살지도 않았음을 역설하는 것이다.

《크리톤》에서는 은유를 써서 아테네에서 자신이 어떻게 살아왔는지를 설명한다. 그것은 아테네와 아테네 시민을 사랑하는 삶이 자신의 일생이었음을 강조하는 것이기도 하고, 그 안에 있는 모순에 자신이 어떻게 대처해야 하는지를 암시하는 것이기도 하다.

《파이돈》에서는 그의 학문적 여정을 제자들에게 들려준다. "케베스, 실은 내가 젊었을 때였는데, 나는 사람들이 자연에 관한 탐구로 일컫는 바로 그 지혜를 놀라울 만큼이나 열망했네. 왜냐하면 모든 것의 원인들을 안다는 것이, 즉 무엇으로 해서 각각의 것이 생기며 무엇으로 해서 소멸하고 무엇으로 해서 존재하는지를 안다는 것이 내게는 대단한 일로 여겨졌기 때문이지."[16] 하지만 곧이어 그는 "이런

---

15 플라톤, 《소크라테스의 변론》, 18b~c.
16 플라톤, 《파이돈》, 96a.

고찰에는 내 자신이 전혀 소질이 없다는 생각이 들기에 이르렀네"라고 하며 자신의 학문 역정에서 어떤 변화가 있었는지를 설명한다.

  소크라테스가 이렇게 하는 이유는 진정 알아야 할 것이 무엇이며, 그것에 따라서 어떤 삶을 살아야 하는지 가르침을 전하기 위해서이다. 이는 앎이 곧 삶이라는 소크라테스의 철학을 반영하는 것인데, 자신이 어떻게 학문과 실천을 일치시키려고 노력해왔는지를 잘 보여준다. 이는 또한 사후에 새로운 세상이 있다고 해도 앎과 삶을 일치시키려는 노력만이 그런 세상에서의 행복을 보장한다는 것을 의미한다. 결국 테트라로기아는 형식적으로 소크라테스 생애의 마지막 짧은 이야기를 담고 있지만, 내용적으로는 그의 과거와 죽음 너머의 미래에까지 연결되는 전 생애의 이야기를 담고 있다고 할 수 있다.

03
《에우티프론》: 준비하기

이 작품에서 소크라테스는 법정으로 가는 길에 에우티프론을 만난다. 이는 그와 연관된 사건이 이미 일어났음을 뜻한다. 즉 그는 고소당한 상태에 있다. 한편 에우티프론은 자신의 아버지를 살인죄로 고소하러 가는 길이다. 그 이유는 다음과 같다.

두 가지 소송건

자유시민이기는 하나 그의 집에서 날품팔이를 하던 일꾼이 술에 취해 그의 집 가복(家僕) 가운데 한 사람과 다투다가 그를 목 베어 죽였다. 그래서 에우티프론의 아버지는 그 일꾼의 손발을 묶은 다음 도랑에 내동댕이쳐놓고 아테네로 사람을 보내 어떻게 해야 할 것인지를 율법 해설자한테 물어보도록 했다. 그사이 에우티프론의 아버지는 그에 대해 별 신경을 쓰지 않고 소홀히 했다. 설령 살인자인 그가 죽더라도 아무 일도 아니라 여기고 대수롭지 않게 생각했다. 포박당한 일꾼은 굶주림과 추위로 인해 율법 해설자에게 물어보러 간 심부름꾼이 돌아오기 전에 죽어버렸다.

그래서 에우티프론은 아버지가 직접적으로 일꾼을 죽이지 않았더라도 결국은 그를 죽도록 방치했다는 살인죄로 아버지를 고소하러 가는 길이었던 것이다. 그런데 온 집안사람들은 아들이 아버지를 고소하는 것은 '경건하지 못하다'고 말리는 반면, 그 자신은 반대로 '경건하다'고 생각한다. 이에 그와 소크라테스 사이에 경건함에 대한 논쟁이 시작된다.

여기서 두 사람의 소송건은 흥미롭게 대비된다. 우선 소크라테스는 공적인 일로(나라에서 모시는 신에 대한 모독죄와 젊은이에게 나쁜 교육을 시킨다는 죄목으로 기소되었으므로), 에우티프론은 집안의 사적인 일로 법정에 가고 있다. 또한 소크라테스는 피고이고 에우티프론은 원고의 입장이다. 반면 같은 점은 죄목이 불분명하다는 것이다. 즉 송사의 이유가 불확실하고 그들(소크라테스와 에우티프론의 아버지)이 죄를 지었다는 합리적인 근거가 확실하지 않다는 것이다.

이에 소크라테스는 고소의 근거에 대해 에우티프론에게 묻는다. "그렇지만 에우티프론! 맹세코, 당신은 신성한 것들과 관련해서 그것들이 어떤 것들인지, 그리고 경건한 것들과 경건하지 못한 것들과 관련해서도 그것들이 어떤 것들인지를 그토록 정확하게 알고 있다고 스스로 생각하고 있소? 즉 그런 것들이 당신이 말하는 대로라고 할 경우, 아버님을 재판받게 함으로써 이번에는 당신 자신이 경건하지 못한 짓을 하게 되지나 않을까 하고 두려워하는 일이 없을 정도로 말이오."[17] 이에 에우티프론은 자신이 모든 것을 정확하게 알지 못한다면 고소할 생각은 하지도 않았을 것이라고 답한다.

이제 소크라테스는 이 골치 아픈 문제를 자신의 고소건에 연결하며 문제를 해결해보자고 제안한다. 여기서 그는 특유의 위장술(에이로네이아)을 사용한다. "놀라운 에우티프론이여! 나로서는 당신의 제자가 되는 게 좋겠소." 그리하여 에우티프론으로부터 가르침을 받아 자신을 신성모독죄로 고소한 자들에게 어떤 것이 진정으로 신성한 것인지를 알려주고, 법정에서 뛰어난 변론으로 자신에게 씌어진 죄를 깨끗이 벗겠다고 말한다. 두 사람은 이제 **정의와 진실 찾기 게임**에 나선 것이다.

아포리아

에우티프론은 고대 그리스의 창조 신화까지 들먹이며 율법의 정당성을 강변한다. 헤시오도스가 전하는 신들의 계보에 의하면 최초의 주신(主神) 우라노스는 가이아를 임신하게 했다. 그런데 우라노스는 자신의 아이들이 세상에 나오는 것을 싫어하여 가이아의 거대한 몸속에 가두어두면서도 끊임없이 그녀와 관계해서 아이를 갖게 한다. 그 고통을 멈추기 위해 가이아는 막내아들 크로노스를 설득하여 우라노스가 다시 관계를 시도할 때 낫으로 그의 남근을 자르게 한다. 그러고는 크로노스가 주신이 된다. 즉 아들에 의해 아버지가 벌을 받은 것이다. 크로노스는 레아를 아내로 삼는다. 그런데 자신과 레아 사이에서 태어나는 한 아이가 언젠가는 자신의 지위를 빼앗게 될

---

17 플라톤, 《에우티프론》, 4a.

것이라는 예언을 듣고 아내가 아이를 낳는 족족 삼켜버린다. 이에 레이아는 마침내 한 아이를 낳자마자 그를 크레테 섬의 아가이온 산에 숨기고, 아이 대신 배내옷으로 싼 돌을 크로노스에게 주어 삼키게 한다. 이렇게 해서 살아남게 된 아이가 바로 제우스이다. 그는 성장해서 메티스 여신의 도움으로 얻은 약을 크로노스에게 먹여 이전에 삼킨 자식들을 모두 토해내게 한다. 그리고 그들과 힘을 합하여 아버지 크로노스와 티타네스라 불리는 그 형제들을 지하세계의 제일 밑바닥인 타르타로스에 가둔다. 여기서도 아들이 아버지를 심판한 것이다. 따라서 에우티프론이 아버지를 벌주기 위해 고소하는 것은 당연하다는 것이다.

에우티프론이 자신만만하게 율법의 신성한 근거로 신화를 장황하게 늘어놓자 소크라테스는 맥 빠지는 소리로 한 방 먹인다. "제우스 신께 맹세코, 내게 말해주시오. 당신은 이 일들이 그대로 일어난 걸로 정말 믿고 있소?"[18] 신화의 사회·문화적 위상이 높았던 당시 아테네에서 이렇게 묻는 것은 소크라테스 자신에게도 매우 위험한 일이다. 하지만 그는 도덕적 판단의 합리적 근거를 찾기 위해서는 신화에 대한 혹독한 비판도 마다하지 않아야 한다고 생각한 것이다.

또한 이는 인식론적 차원에서 두 사람의 극명한 차이를 보여준다. 에우티프론은 **진리를 분명히 소유하고 있다**고 믿는 데 반해, 소크라테스는 철학자(애지자)의 자세로 **진리는 끊임없는 탐구 대상**이라는 것을 일깨워준다. 이는 죄와 벌에 대한 합리적 판단 없이 송사를 서두르는 일에 대한 소크라테스의 경고이다. 물론 그것은 자신을 고소한

---

18 앞의 책, 6b.

자들에 대한 간접적 항변이기도 하다.

이어서 소크라테스와 에우티프론은 다양한 사례를 들면서 토론을 계속한다. 또한 소크라테스는 에우티프론으로 하여금 경건함의 정의를 다양한 개념적 경로를 통해 찾아보도록 유도한다. 경건함은 '신들의 사랑을 받는 것'이라든가, '경건함은 올바름의 한 부분'이라든가, '경건함은 신들에게 제물을 바치고 기원하는 것에 관한 지식'이라든가 하는 등의 토론이 이어진다. 이런 논쟁은 양적으로 대화편의 대부분을 차지한다.

그런 과정에서 소크라테스는 계속해서 특유의 위장술과 논박술로 에우티프론을 유도하기도 하고, 정곡을 찌르며 가차 없이 공격하기도 한다. 그러나 결국 에우티프론은 순환 논리에 빠지고 만다. 이 대화 광경은 마치 에우티프론이 순환 논리로 커다란 풍선을 만들면, 소크라테스가 뾰족하고 긴 창으로 그것을 찔러서 터뜨리는 것과 같다. 대화편 《에우티프론》에는 원(圓)을 관통하는 선(線)의 긴장감이 그대로 살아나 있다.

그러나 그들은 경건함에 관한 어떤 결론에도 이르지 못한다. 즉 둘의 대화는 아무런 출구 없는 아포리아(aporia)로 끝난다. 물론 철학적으로는 결론보다 과정에서 드러나는 인식적 태도와 윤리적 근거의 차이가 중요하기 때문에 아포리아로 끝난다고 할 수 있다. 그러나 테트라로기아의 전체 서사에서 이 점은 다른 중요한 의미를 갖는다. 앞에서 소크라테스는 에우티프론의 제자가 되어 그로부터 배운 것으로 법정에 나가 설득력 있는 변론을 하겠다고 했다. 그는 곧 자신의 고소건으로 법정에 변호하러 가야 한다. 그에게 에우티프론과의 대화는 일종의 리허설, 즉 사전 준비이자 연습인 것이다.

이와 함께 자신이 법정에서 상대해야 할 원고와 배심원들이 어떤 사람들인지를 이야기의 독자들에게 미리 암시하고 있다. 에우티프론은 사회의 지식층이자 지도자 계층에 속하는 사람이다. 그런 사람인데도 생각이 꽉 막혀 있는 것이다. 소크라테스는 자신이 법정에 가서 이와 같이 꽉 막힌 벽을 향해 변론해야 한다는 것을 예견하게 된다.

그래서 소크라테스는 도망치듯 사라지는 에우티프론에게 외친다. "무슨 짓을 하는 게요, 친구여! 내가 가졌던 그 큰 기대로부터 나를 내동댕이치고 가버리다니. 당신한테서 경건한 것들과 그렇지 못한 것들을 배운 다음, 내가 멜레토스(그를 기소한 사람)한테 이런 것들을 밝히어 보여줌으로써 그의 기소에서도 벗어나게 될 것이라는 기대로부터 말이오."[19]

---

19 앞의 책, 16a.

04
《소크라테스의 변론》: 나아가기

《변론》은 사람들에게 널리 알려진 플라톤의 대화편이다. 《변론》에는 철학 전공자가 아닌 일반인들에게도 매력적인 면이 있다. 왜 그럴까? 그 이유는 소크라테스의 독특한 개성이 그대로 드러나는 작품이기 때문일 것이다. 요즘 쓰는 속된 말로 '왕따'의 전형을 보여주고 있는 것이다.

유죄 판결과 사형 선고

소크라테스는 신성(神聖), 진리, 정의 등 인간사의 가장 고귀한 가치들을 위해 죽었다. 그런데 그는 자신의 '뛰어난'(때로는 격정적인) 변론 덕(?)으로 사형 선고를 받고 죽었다. 그는 자신의 생애 그 어느 때보다 홀로 서서 법정의 권위 앞에서 할 말을 다하고 의연히 죽음의 길을 택했다. 바로 이 점이 사람들에게 떨쳐버릴 수 없는 매력으로 다가온다. 소크라테스 같은 주인공은 이야기를 만들어내지 않을 수 없는 인물이다.

이는 그가 사람들에게 미움을 받기 시작한 계기를 설명하는 데서도 잘 드러난다. 언젠가 소크라테스는 "아무도 소크라테스보다 지혜롭지 않다"는 신탁을 들었다. 보통 사람 같으면 신탁을 그대로 받아들이거나 아니면 남몰래 좋아했을 것이다. 하지만 소크라테스는 신탁의 내용을 증명하기 위해 돌아다녔다. 속된 말로 괜히 사단을 일으킨 것이다. "그 신탁을 들었을 때, 나 스스로 이렇게 생각해보았습니다. 신이 의도하는 것은 도대체 무엇인가? 이 수수께끼 속에 숨은 뜻은 무엇일까? 왜냐하면 나는 큰 일에서나 작은 일에서 지혜롭지 못하다는 것을 스스로 깨닫고 있었기 때문입니다. 신은 아무도 나보다 지혜롭지 않다고 하면서 대체 무엇을 말하려고 했을까?"[20] 그래서 그는 뭔가 해답을 찾기 위해 지혜롭다는 명성이 자자한 사람들 가운데 한 명을 찾아가 보았다. 그것이 신탁을 부정할 수 있는 유일한 길이라고 생각했기 때문이다.

그가 처음 찾아간 사람은 아테네의 유명 정치가 가운데 한 명이었다. 그와 토론을 하며 얻은 경험을 소크라테스는 이렇게 밝힌다. "많은 사람들이 그를 지혜로운 사람이라고 생각하고 있을 뿐만 아니라, 특히 그 스스로도 그렇게 생각하고 있는 것 같았는데, 실은 그렇지 못하다는 것이었습니다. 그래서 나는 그 자신이 지혜가 있는 듯이 믿고는 있지만, 실은 그렇지 않다는 것을 밝혀주려고 힘썼던 것입니다. 그러다 보니 그한테서도 그 자리에 있던 많은 사람들한테서도 미움

---

20 플라톤, 《소크라테스의 변론》, 21b 이하.

을 사게 되었습니다." 이제 소크라테스와 아테네의 권력자들 사이에 갈등의 골은 점점 더 깊어간다. 그러나 이 괴짜 철학자는 기행을 멈추지 않는다.

그 이후로도 소크라테스는 잇달아 현자와 권력자 그리고 각 분야의 전문가들을 찾아다녔다. 그는 자신이 미움을 사게 되었다는 것을 알고서 "슬프고 두렵기도 했지만, 그럼에도 불구하고 신의 일을 가장 중히 생각해야만 할 것으로 여겨, 신탁이 무엇을 뜻하는지를 알아보려는 저로서는 뭔가 알고 있다고 여기고 있는 모든 사람을 찾아보아야만 했습니다"라고 고백한다. 문제는 이런 행적 이후 그가 내린 결론이다. "아테네인 여러분! 또한 맹세코—여러분께 진실을 말해야 할 테니까요—사실 저는 이런 느낌을 갖게 되었습니다. 가장 평판이 좋은 자들 대부분이 가장 모자라는 자들인 반면에, 이들보다는 한결 못한 걸로 여겨지는 다른 사람들이 분별이 있다는 점에서는 더 나은 이들이라 여겨졌습니다."

소크라테스의 행적은 자신이 사랑하는 아테네 사람들의 미움을 점점 더 받는 데 오히려 추진력으로 작용한다. 그러나 그는 '캐묻는 삶'[21]을 멈추지 않는다. 흥미로운 것은 그가 법정에 와서도 자신을 방어하기보다 배심원을 포함한 법정에 참석한 모든 사람들에게 공격적으로 캐묻는 일을 그치지 않는다는 점이다. 이야기는 당연히 절정을 향해갈 수밖에 없다.

드디어 그는 신이 자신으로 하여금 지혜를 사랑하며, 또한 자신과

---

21 '캐물음'은 그리스어로 '엑세타시스(exetasis)'인데, 현대어로는 탐구 또는 연구(research)의 뜻을 포함하고 있다.

남들을 캐물으면서 살아야 한다고 지시했는데, 죽음이나 그 밖의 어떤 것도 두려워해서는 안 된다고 단호히 말한다. 그러고는 모든 사람들에게 결정적으로 미움을 살 말을 하고 만다. "보시오! 그대들은 가장 위대하고 지혜와 힘으로 가장 이름난 나라인 아테네의 시민이면서, 그대들에게 재물이 최대한 모아지도록 마음 쓰면서, 또한 명성과 명예에 대해서도 그러면서, 슬기와 진리에 대해서는 그리고 자신의 영혼이 최대한 훌륭해지도록 하는 데 대해서는 마음을 쓰지 않고 생각도 하지 않는 것을 부끄러워하지 않습니까?"[22] 이제 그가 유죄 판결을 받고 사형 선고를 받는 것은 피할 수 없는 일이 된다.

실패한 변론?

'소크라테스의 변론은 실패했는가?'라고 묻는다면, 그 답은 뻔하다. 성공했다면 유죄 판결도 받지 않았을 테고, 당연히 사형 선고도 받지 않았을 것이기 때문이다. 그의 변론은 법정에서 눈에 띄게 실패한 변론이다. 그런데도 그런 질문은 그치지 않는다. 왜 그럴까? 이것이 역설적으로 이 괴짜 철학자의 이야기가 흥미진진한 이유이다.

당시에는 변호사가 따로 없었지만, 법정에서 원고가 하는 논고성 진술이나 피고의 변론은 직접 자기가 할 수 있는 경우가 아니라면, 로고그라포스(logographos)라는 연설문 작성자가 써준 것을 읽거나, 가까운 사람의 도움을 받을 수 있었다. 디오게네스 라에르티오스의 《철학자 열전》에 따르면, 소크라테스의 경우에도 연설문 작성자로

---

22 앞의 책, 29d~e.

유명했던 리시아스가 그를 위한 변론 원고를 써주었다.

그러나 그는 원고를 읽은 뒤에 이렇게 말했다. "리시아스여, 연설문은 훌륭하오. 그렇지만 내게는 어쨌든 어울리지 않소." 이는 그 연설문이 철학적이기보다는 오히려 법정에 어울리는 것임이 분명했기 때문이었는데, 이에 리시아스가 물었다. "만약에 연설문이 훌륭하다면, 어째서 이것이 선생님께 어울리지 않을 수 있습니까?" 이에 대해 소크라테스는 이렇게 반문했다. "훌륭한 겉옷과 멋진 신발이라고 할지라도 실은 내게는 어울리지 않을 수 있지 않겠소?"

법정에 변론을 하러 가는 사람이 법정에 어울리는 변론문을 거부했다는 것은 무엇을 말하는가? 이것은 그가 법적 변론을 하러 가지 않는다는 것을 뜻한다. 나아가 그가 법적으로 고소당한 자신을 위한 변론을 하지 않겠다고 마음먹었음을 뜻한다.

소크라테스는 역설의 철학자이다. 따라서 사람들이 통상적으로 하는 변론을 하지 않은 것이다. 나아가 변론 자체를 하지 않은 것이라고 해도 과언이 아니다. 이것은 소크라테스의 말에서도 찾아볼 수 있다. "아테네인 여러분! 지금 제가 변론을 하고 있는 것은 누군가가 생각했듯이 결코 제 자신을 위해서가 아니라, 여러분을 위해서입니다." 그는 아테네 사람들을 구하기 위해서 변론을 한 것이다. 이러한 변론은 역설적으로 자신을 무고하게 고소한 원고들을 위한 것이기도 하다.

좀더 보편적으로 말하면, 그는 피고가 된 자신을 위한 변론을 한 것이 아니라 정의와 진리를 위한 변론을 한 것이다. 그는 자신을 구하기 위해서 변론을 한 것이 아니라 세상을 구하기 위해서 변론을 한 것이다. 구체적으로는 자신이 사랑한 조국 아테네와 아테네 사람들을 구하기 위해서 변론한 것이다.

《변론》에 숨은 '소크라테스 코드'는 바로 이것이다. 소크라테스가 법정에서 한 모든 말은 변론이 아니라 '철학적 선언문'이었던 것이다. 그리고 그 선언문은 시공을 넘어서 대성공을 거둔 것이다. 이것은 《크리톤》의 애매모호함을 이해하는 열쇠이기도 하다.

05
《크리톤》: 돌아서기

테트라로기아 가운데서 《크리톤》은 그 자체로 많은 사람들에게 감동을 준 이야기이다. 무고하게 사형 선고를 받은 죄인이 합당한 망명을 거부하고 의연하게 죽음을 받아들이는 이야기가 감동을 주지 않을 수 있는가. 다른 한편, 《크리톤》이 준 감동의 의미는 사람들의 편의에 따라 다양하게 조작되기도 한다. 더구나 《변론》의 마지막 부분에서 소크라테스가 사형 선고에 대해 거의 저주에 가까운 독설을 퍼부었기 때문에, 《크리톤》에서의 '차분한 전환'과 수용은 이야깃거리가 되지 않을 수 없다.

크리톤 코드

이야기는 이야기의 사생아를 낳는다. 소크라테스의 죽음과 연관하여 세상에 많이 알려진 이야기는, 그가 "악법도 법이다"라는 명언을 남기고 법질서를 지키기 위해 당당히 독배를 들었다는 것이다. 요즘에도 그 유명한 '소크라테스의 명언'을 인용(?)하는 사람들이 꽤 있다. 그런데 이 '소크라테스의 명언'이 대화편 《크리톤》 어디에 있는지는 미스터리이다. 이 문제를 해결하기 위해서 '크리톤 코드'라도 찾아야 할 판이다.

사형 집행을 기다리고 있던 소크라테스가 친구이자 제자인 크리톤의 탈옥 권유를 거절하는 대목이 나오는 이 작품에 "악법도 법이다"라는 표현이 있을 것이라고 막연히 추정하기도 하지만, 그것은 전혀 근거가 없다. 그런데 딱히 그 표현이 없다고 해도, 소크라테스가 자신의 결백에도 불구하고 정당한 법적 절차에 의해 형을 선고받았을 때 그것을 지킴으로써 나라의 법질서를 해치지 않는 길을 택했다고 해석하는 사람들은 많다. 법질서의 안정성을, 탈옥하여 정치적 망명을 할 수 있었는데 그렇게 하지 않은 소크라테스 죽음의 핵심적 메시지로 보는 것이다.

그러나 《크리톤》에는 '악법도 법'이라는 말이 없을 뿐 아니라, 당시 아테네의 악법에 대한 소크라테스의 분명한 입장이라고 유추할 만한 것도 없다. 다만 '법'에 대한 언급과 입장이 있을 뿐이다. 그래서 일부 학자들은 당시 아테네의 법이 시민의 합의에 의해 만들어졌고 소크라테스 자신도 그에 충분히 동의하고 있었다고 해석한다. 소크라테스는 당시 아테네의 법률에 동의하고 있었고, 자신이 동의한 나라 법이기 때문에 법을 지키려 했다는 것이다. 물론 소크라테스는 평생 아테네의 법을 지키고 따랐다. 하지만 그렇다고 '소크라테스 죽음의 의미'를 단지 '악법이라도 법에 복종하기 위해서'라거나 '자신이 동의한 법이기 때문에 그에 따르기 위해서'라고 해석하는 것은 테트라로기아 전체를 천박한 이야기로 만들어버린다. 이것은 해석의 차원에서 일종의 '데우스 엑스 마키나(Deus ex machina)' 수법에 지나지 않는다.

어느 경우든 '소크라테스의 문제'를 법의 차원에 한정하면 이야기는 재미없어진다. 인생 이야기와 세상 이야기를 형편없이 재미없는 이야기로 만들어버리는 해석은 대체로 심오한 의미를 담고 있지 않는 경우가 대부분이다. 감옥에 간 소크라테스 이야기에서 의미를 포착하기 위해서는 당시의 역사적 상황과 소크라테스의 생애를 관통하는 철학적 메시지를 읽어야 하고, 테트라로기아를 구성하는 네 작품을 세밀히 연계해서 보아야 한다. 그러나 일단 《크리톤》에 나오는 '대화 속 대화'를 세심히 따라가도 소크라테스의 이야기가 품고 있는 깊은 뜻을 새길 수 있다.

《크리톤》에 나오는 '법률과 시민공동체의 의인화'는 대화 속의 대화이다(마치 이야기 속에 이야기가 나오는 중층 서사 구조처럼). 소크라테스는 이것을 자신에게 망명을 권하는 크리톤을 역으로 설득하기 위해 사용한다. 소크라테스는 도망치는 자신 앞에 법률과 시민공동체가 나타나 '아테네의 법을 나무랄 일이 있냐'고 묻는 가상 시나리오를 크리톤에게 들려준다. 소크라테스는 가족법에서부터 어떤 법이든 다 좋고 모두 잘 되어 있다고 답한다. 즉 아테네의 법은 모두 좋은 법(악법이 아니라!)이며, 다른 어느 나라의 법질서도 부럽지 않다고 한다. 즉 아테네는 '훌륭한 법질서를 갖춘 나라'라는 것이다.

이 말에 법률(의인화된)은 단언한다. "그것 보게. 그대는 이 나라가 마음에 들었고, 법률인 우리 또한 마음에 들었음이 명백하지." 나아가 소크라테스가 나라와 법률을 해친다면 "저승의 법률인 우리 형제들도 그대를 상냥하게 받아들이지 않을 것"[23]이라고 경고한다. 다시 말해 저승의 법도 아테네 법률의 정당성을 보장하고 있다는 것을 암시한다. 바로 여기서 **테트라로기아의 차분한 반전**은 시작된다. 무고한 사람이 죄를 뒤집어쓰고 형을 받게 되었을 때, 누구든 악법의 유령에 전율한다. 그러나 그 법들이 모두 좋은 법이라면 이제 이야기는 어떻게 진행될 것인가?

법을 넘어서 진행되는 이야기

좋은 법이 있는 나라에서 무고한 사람이 사형 집행으로 죽게 되었다. 이 역설은 도대체 무엇을 말하는가? 이 역설을 합리적인 이야기로 만들어가기 위해서는 법으로부터 벗어나야 한다. 이는 법이 모든 것을 해결해주지 않는다는 것을 말하기 때문이다. 이것은 법이 나라의 문제를 '잘' 처리하는 데 절대적 수단이 아니라는 것을 말한다. 아무리 좋은 법이라도 그것만으로는 이 세상을 살기 좋게 만들지 못한다는 것을 뜻한다. 이는 법이 모든 것을 해결해주지 않을뿐더러 법이 모든 것을 해결해준다고 믿는 사회는 오히려 위험하다는 것이다. 법은 세상사에서 필요조건일 뿐 결코 충분조건은 아니라는 말이다.

소크라테스의 죽음은 좋은 세상을 위해서는—악법은 말할 것도 없고—좋은 법 외에 더 중요한 것들이 있다는 것을 가르쳐준다. 이것들은 소크라테스의 대화 곳곳에 담겨 있으며, 한 철학자의 생애를 진정 풍부한 이야깃거리로 만든다.

---

23 플라톤, 《크리톤》, 54c.

또한 소크라테스는 자신의 결백에도 불구하고 의연히 사형을 받아들였다. 그러면 이것은 무엇을 말하는가? 이것은 우선 법률과 시민 공동체, 즉 나라의 요구에 대한 소크라테스의 대답이다. 나라의 의인화에서 나라는 지속적으로 소크라테스에게 "조국을 설득하라"고 요구한다. 소크라테스는 '의연히 죽음으로써' 이것을 이행한 것이다. 죽음을 피할 수 있는 모든 가능성을 거부하고 '의연한 죽음'을 맞이하는 모습을 보여줌으로써 가장 강력하고 고귀한 최후의 설득을 한 것이다. 다시 말해 그는 망명함으로써 나라와 나라 사람들의 잘못에 대해 '설득을 시도한' 것이 아니라, 의연히 죽음을 선택함으로써 결정적으로 그들을 '설득한' 것이다.

소크라테스는 진리 탐구를 위해 평생을 바침으로써 나라와 나라 사람들을 설득해왔고, 진리를 위해 의연히 죽음으로써 생의 마지막 순간까지도 설득의 노력을 그치지 않았다. 결국 소크라테스는 아테네에서 죽음으로써 아테네를 벗어난 것이다. 즉 그의 철학 정신과 가르침은 아테네 사람들을 설득했을 뿐만 아니라, 폴리스라는 시공을 뛰어넘어 설득력 있는 철학적 증언으로 존속한 것이다.

이는 물론 그의 진정한 관심은 자신의 행위에 대해 법이 어떻게 결정하느냐에 있는 것이 아님을 뜻한다. 그의 진정한 관심은 법과 정치적 권리가 아니라 진실과 진리에 대한 믿음이었다. 그러므로 그는 정치가로서 망명하지 않고 철학자로서 죽음을 택한 것이다. 이는 진리 앞에서 법과 정치는 아무것도 아닐 수 있다는 것을 의미한다. 즉 소크라테스는 의연히 죽음을 맞이함으로써 단순히 법과 정치를 반성하게 한 것이 아니라 진리 앞에서 사람과 세상을 반성하게 한 것이다.

따라서 그가 크리톤과의 대화에서뿐만 아니라 다른 어떤 자리에서도 '악법도 법이다'라는 것을 마치 선언문처럼 자신의 철학 정신을 대표하는 것으로 내세웠을 리 없으며, 자신이 동의한 법이기 때문에 따른다는 것을 도덕적 실천의 핵심으로 삼았을 리도 없다. 소크라테스는 올바른 삶을 위한 진리를 위해서 죽었다. 법질서의 안정성은 그에 따라온 부수적인 것이었다. 다시 말해 **법질서의 안정성**은 소크라테스의 의연한 죽음이 목표한 게 아니라 그에 **따라온 결과**였다.

당시 아테네는 펠로폰네소스 전쟁의 여파로 위기에 처해 있었다. 소크라테스의 대척점에 있던 소피스트들은 뛰어난 수사(修辭)기술로 법적 변론과 권력의 쟁취 및 유지를 위한 입법의 귀재들이었다. 그들은 사회를 바꾸는 방식으로 법과 권력의 '꽃을 피우는' 것을 택했다.

하지만 소크라테스는 당시 상황을 훨씬 더 깊게 보았다. 그는 위기 극복을 위해서는 '뿌리부터 재생할' 필요가 있다는 것을 깨닫고 그렇게 행동했다. 그래서 소크라테스는 젊은이들의 교육에 많은 관심을 가졌던 것이다. 공동체 구성원 모두가 공유할 수 있는 훌륭한 삶을 위해서는 훌륭한 사람을 키우는 것이 중요하다는 것이다. 이는 《변론》에서 그가 자신을 고발한 자에게 "자신이 묻고 있는 것은 법률이 아니라 사람이라고" 반박하는 데서도 잘 나타나 있다. 법정에서 이루어지는 대화에서조차 이미 소크라테스의 관심이 법에서 사람으로 이동하고 있다는 것은 매우 중요하다. 그런데도 그는 당시 그 좋은 법에 의해 젊은이들을 타락시킨다는 죄목으로 사형 선고를 받고 죽었던 것이다.

법의 차원을 넘어서야 지난 2000여 년 동안 이어져온 소크라테스의 마지막 순간에 대한 오해를 풀고 의미 조작을 해체하여 그의 생애가 지닌 의미를 제대로 포착할 수 있다. 소크라테스는 나라를 위한 전쟁 때 말고는 아테네를 떠나본 적이 없는 아테네 토박이이지만, 그의 삶과 죽음의 이야기가 아테네를 넘어서, 또한 2400여 년의 시간을 관통해서 보편적인 의미를 지니는 이유가 바로 여기에 있다.

소크라테스가 '법률과 시민공동체의 의인화'로 크리톤을 설득하고 난 다음, 자신에게 일어난 모든 일이 자신의 죽음과 어떤 연관이 있는지 말하는 것은, 법률과 나라의 중요성을 강조하기 위해서가 아니라, 그것들을 넘어서는 더 중요한 삶의 원리와 의미들이 있음을 보여주기 위해서이다. 소크라테스의 이러한 태도는 4부작의 마지막 대화편인 《파이돈》에까지 이어진다.

06
《파이돈》: 정리하기

　《파이돈》에서도 몇 시간 후면 독약을 마시고 죽게 될 70세의 소크라테스는 여전히 원기 왕성하고 해학적이며 느긋하다. 그래서 이 노인은 항상 재미있는 사람이다. 하지만 그가 친구, 제자들과 나누는 대화는 점점 이승보다는 저승을 향한다. 죽음과 영혼의 불멸성에 대해 논하기 때문이다. 이제 자신의 생애에서 대단원의 막을 내려야 할 때가 오긴 온 모양이다.
　서사적 관점에서 《파이돈》은 앞의 세 대화편에 견주어볼 때 덜 흥미진진하다. 아내 크산티페가 사내아이를 안고 감옥에 면회를 오고, 크리톤이 '모범 시민'으로서 상황에 맞지 않는 발언을 하여 실소를 금치 못하게 하며, 소크라테스가 자신의 과거를 회상하면서 학문의 길을 어떻게 걸어왔는지 제자들에게 들려주고, 흥미로운 지구의 신화를 풀어놓기도 하지만, 전체적으로는 인식론적 토론이 주를 이루기 때문이다. 이것은 이 대화편의 특징이다. 그 안에서 다루는 철학적 주제는 앞으로 플라톤 사상의 핵심이 될 '이데아' 이론에 관한 것이다. 인식론적 차원에서는 그 내용 면에서 매우 중요하며 별도의 전문적인 연구가 필요하다. 그러나 여기서는 서사철학적 관점에 초점을 맞추어 논하고자 한다.

플라톤은 어디 있나?

《파이돈》은 서사적 관점에서 앞의 세 작품과 달리 이야기의 긴장감과 출력이 줄어든다. 소크라테스의 파란만장한 이야기가 정리 단계에 있기도 하고 작품의 인식론적 토론이 두드러지기 때문이다. 하지만 그 밖에 또 다른 중요한 이유가 있다. 결론부터 말하면 작가가 작품 밖으로 나갔기 때문이다.

플라톤은 대화편의 작가인 동시에 작품 속에서 스승 소크라테스로 변신해 있다. 또는 그의 뒤에 숨은 생각과 감정의 요정이라고도 할 수 있다. 그러므로 작가는 작품 속에서 활동하고 있다. 수십 편의 플라톤 작품 가운데서 그의 이름이 언급되는 것은 《변론》과 《파이돈》 두 편뿐이다. 나머지 작품들에서는 대화 속에 플라톤의 이름이 언급되지 않지만, 소크라테스라는 인물에 중첩되어 있거나 그림자와 같은 역할을 한다. 작가와 주인공이 겹쳐 있다는 것은 **허구의 실재성**을 확보해준다.

반면 전적으로 소크라테스의 입을 통해 자신의 생각을 전하는 방식을 취하는 경우도 있다. 이 경우 대화편의 내용은 플라톤의 사상을 고스란히 담고 있지만 극중 인물 소크라테스는 플라톤의 대리인 역할을 한다. 대리 인물을 내세운 이런 방식은 **역설적으로 작가가 작품**

밖에 있는 것과 같은 효과를 준다. 플라톤이 사상적으로 성숙해진 장년의 나이에 쓴 대부분의 작품들이 이 방식을 취하고 있다. 《파이돈》도 대화의 상당 부분을 이런 방식으로 처리한 작품 가운데 하나이다.

플라톤의 이름이 밝혀지는 두 대화편을 잠시 비교해보자. 《변론》에서 소크라테스는 자신이 젊은이들을 잘못 교육해서 그들을 타락시켰다는 고소 이유에 대해, 그가 한 일은 여가에 그들과 진지하게 대화를 나눈 것뿐이라고 말하면서 그와 함께 시간을 보낸 젊은이들의 이름을 나열할 때 플라톤과 그 형제도 언급한다. 또한 소크라테스가 "여기 있는 플라톤과 크리톤, 크리토불로스, 아폴로도로스가 저에게 30므나를 벌금으로 제의하고 자신들에게 보증하게 할 것을 조언하고 있습니다"[24]라고 하는 대사에서 언급한다.

한편 《파이돈》에서 플라톤의 이름은 그의 부재(不在)를 확인해주기 위해 언급된다. 파이돈은 소크라테스가 죽은 후 에케크라테스를 만나 임종 직전의 상황을 전해줄 때, 누가 그 자리에 있었는지 이름을 말한다. "그 밖의 몇몇 본바닥 사람들도 있었고요. 하지만 플라톤은 병이 났던 걸로 알고 있습니다."[25] 플라톤은 병이 나서 스승이 이 세상을 떠나기 전에 제자들과 가졌던 그 중요한 한나절의 대화 자리에 참석하지 못한 것이다. 물론 그의 임종을 보지도 못했다고 미루어 짐작할 수 있다.

스치듯 지나가는 플라톤에 대한 이 언급은 철학 이론적으로는 특별한 주제가 되지 않지만, 서사적 관점에서는 흥미로운 요소이다. 우

---

24 플라톤, 《소크라테스의 변론》, 38b.
25 플라톤, 《파이돈》, 59b.

〈소크라테스의 죽음〉, 다비드, 1787년

리가 테트랄로기아를 본격적인 철학 이야기로 재구성한다면, 이 점에서 출발할 수도 있다.

플라톤은 《파이돈》에서 어떤 식으로든 작품 밖에 있다. 어쩌면 플라톤은 자신 고유의 이데아 사상을 전개하기 위해 순전히 스승의 입을 활용하려고 작품 밖으로 나간 것인지도 모른다. 이제 역으로 이 꾀 많은 작가를 다시 작품 안으로 끌어들여 4부작을 새로운 이야기로 재구성한다면 훨씬 더 흥미진진한 이야기가 되지 않을까?

닭 한 마리의 보은

《파이돈》의 이런 특성에도 불구하고 의연히 독약을 마시고 죽음을 맞는 소크라테스의 모습은 충분히 감동적인 이야깃거리이다. 더구나 그가 지구의 신화와 영혼의 여행에 관한 말을 마치고 나서 죽음을 준비할 때의 담담한 모습은 크리톤의 못말리는 범인(凡人)적 사소함과 대비되면서 《파이돈》의 백미를 이룬다고 할 수 있다. 플라톤도 이 지점에서는 다시 스승과 합일하고 만다.

소크라테스는 말한다. "정해진 운명이 이제 나를 어느새 부르고 있네. **비극의 주인공**이 함직한 말이겠지만 말일세. 그리고 아마도 내가 욕실을 향할 시간인 것 같으이. 목욕을 하고 독약을 마시는 것이 여인들에게 주검을 씻기는 수고를 덜어줄 수 있을 것 같아 보이네."[26] 그러자 크리톤은 그가 남겨놓고 갈 자식들에 대한 걱정을 하고, 그가 죽은 다음에 어떻게 장례를 치를지에 대해서 장황설을 늘어놓는다.

---

26 앞의 책, 115a. 강조는 나의 것이다.

이에 소크라테스는 가만히 미소짓다가 제자들을 향해 말한다. "여보게들! 나는 크리톤을 설득하지 못하고 있네. 내가 이 소크라테스라는 사실을, 즉 지금 대화를 하고 있으며 또한 논의된 것들 각각을 정리해오고 있는 사람이라는 사실을 말일세."

그런데도 크리톤은 착한 친구의 습관을 버리지 못하고 애원한다. "하지만 소크라테스! 내가 생각하기로는 해가 아직 산등성이에 있지, 아직은 진 게 아닐세. 또한 다른 사람들은 사형 집행 지시가 내려진 뒤에도 아주 늦게 독약을 마신다는 것을 나는 알고 있네. 좋은 식사를 하고 잔뜩 마시기도 하고 더러는 욕정을 느끼는 상대와 성관계까지도 갖는다는 것도 말일세. 하니, 서둘지 말게. 아직은 시간이 있으니까." 크리톤과 소크라테스는 계속 옥신각신하지만, 결국 소크라테스는 담담히 독약을 마시고 자리에 눕는다. 그러고는 마지막 말을 한다.

"크리톤! 우리는 아스클레피오스께 닭 한 마리를 빚지고 있네. 갚게나, 소홀히 말고."[27] 그러자 크리톤은 반사적으로 "그야 그럴 걸세"라고 답한다. 곧이어 그는 "한데, 혹시 그 밖에 다른 할 말이 있는지 생각해보게"라고 되묻는다. 하지만 소크라테스는 더는 아무 말도 하지 않고 조용히 눈을 감는다. 소크라테스는 착한 크리톤을 결국 설득하지 못하고 떠나는지 모른다. 그렇다고 해도 그가 남긴 '닭 한 마리'의 은유는 의미심장한 듯하다. 무엇을 뜻하는 걸까?

아스클레피오스는 아폴론의 아들로서 의술의 신이다. 당시 전통에 의하면, 아스클레피오스의 신전으로 찾아간 환자는 먼저 목욕 등의

---

[27] 앞의 책, 118a.

정화의식을 치른 다음, 신전 안의 지성소(至聖所)에 있는 침소에서 신과 교감하며 깊은 잠을 자게 되는데, 이를 '엔코이메시스' 즉 '신전 수면(神殿睡眠)'이라고 한다. 다음 날 아침에 환자는 자신의 병이 나아 있음을 확인하게 되며, 신전의 금고에 사례를 하고 떠난다. 그렇다면 소크라테스가 자신이 이승을 떠난 다음에 보은의 뜻으로 '닭 한 마리'를 의술의 신에게 바치라고 한 것은 무엇을 의미하는 걸까?

이 말은 그가 《파이돈》 전체에서 제자들과 나누었던 어떤 철학적·종교적 주제보다도 그 자신이 무엇을 확신하고 있는지를 잘 보여준다. 소크라테스는 지금 죽는 게 아니다. 그는 치유되고 있는 것이다. 그래서 기꺼이 보은의 뜻을 의술의 신에게 전하라고 한 것이다. 그것도 소홀히 하지 말 것을 당부하면서. 그는 모든 것을 종결하는 죽음의 세계로 떠나고 있는 게 아니라, 새로운 생명의 세계로 들어서고 있다는 확신을 갖고 감옥 안이지만 가상적인 신전 수면에 들어간 것이다. 이야기꾼들에게는 **새로운 생명의 이야깃거리**를 남겨두고 이야기의 주인공으로 다시 돌아오기 위해 떠난 것이다.

07

행동하는 사변가, 이야기를 만들다

소크라테스는 분명 많은 이야깃거리를 남겼다. 그 자신이 역설적인 발언과 행동 그에 따른 위기의 긴장으로 점철된 인생을 삶으로써 그 자체로 '삶의 이야기꾼'이었다고 해도 지나친 말이 아닐지 모른다. 그의 말과 행동이 삶 속에서 수많은 이야기를 만들어낸 것이다. 어쩌면 소크라테스의 삶은 한 편의 드라마라는 상투적인 표현을 넘어 한 편의 '아름다운 비극'이었는지 모른다. 그 자신도 그것을 의식하고 있었다는 것은 플라톤의 대화편들 곳곳에 남아 있다.

이야기 창작이라는 점에서도 행동과 비극 그리고 행동의 동기인 사상은 중요하다. "비극은 행동의 모방이고, 극적 행동은 **행위자**에 의해 드러나며, 행위자는 반드시 **성격**과 **사상**의 차이로 구별할 수 있다. 왜냐하면 이 두 가지에 의해 우리는 그들의 행동을 일정한 성질의 것이라고 말할 수 있기 때문이다. 따라서 그들 행동의 동기는 자연히 두 가지인데 사상과 성격이 그것이며, 그들 생활에서의 모든 성공과 실패도 이 두 가지 원인에서 비롯된다."[28] 아리스토텔레스가 《시학》 6장에서 한 말이다. 그는 귀가 따가울 정도로 서사에서 행동의 중요성을 강조한다. 이것은 이 책에서도[29] 반복적으로 확인한 것이다.

그러나 여기서 우리가 주목해야 할 것은 행동 뒤에 사상이 있다는 사실이다. 곧 아리스토텔레스는 극적(劇的)으로 통일된 이야기에서 다루어야 할 것은 **주인공의 성격과 사상을 담은 행동**임을 강조한다. 이것이 이야기를 앞으로 나아가게 하는 추진력이다.

이런 아리스토텔레스의 원칙을 전용하면, 서사적 차원에서 플라톤의 테트랄로기아를 관통하는 것이 주인공 소크라테스의 '액션 드라마'라는 것을 간파할 수 있다. 그것은 소크라테스의 사상과 행동에 의해 추진력을 받기 때문이다. 소크라테스의 말에는 이미 행동이 담겨 있다. 그는 말한 대로 행동하고 올바르게 행동하기 위해서 자신의 생각을 설파한다. 소크라테스의 삶을 담은 플라톤의 대화편들은 대화로 이루어져 있지만, 사실 '극적인 행동'들을 함의하고 있는 말들로 이루어져 있다.

이는 소크라테스의 임종을 지켜본 파이돈이 귀향길에서 에케크라테스를 만났을 때 받은 질문에도 잘 나타나 있다. 에케크라테스가 묻는다. "그러면 그분 임종과 관련된 일들은 어떠했습니까, 파이돈? **한 말들**과 **행한 것들**은 무엇이었으며, 친한 분들 중에서 그분 곁에 계셨던 분들은 누구누구입니까?"[30]

---

28   아리스토텔레스, 《시학》, 1449b 36~1450a 3~4. 강조는 나의 것이다.
29   본서 '서장 서사철학', '1부 신화' 참조.

소크라테스는 누구보다 '지혜를 사랑한' 사람이었다. 그는 자신의 무지를 인정함으로써 더욱 지혜를 사랑할 수 있었다. 그는 끈질기고 집요하게 사유의 극단을 추구했지만, 자신이 올바르다고 생각한 대로 행동하기를 주저하지 않은 애지자였다. 곧 그는 행동하는 사변가였다. 진리에 대한 사랑은 성스러운 명상을 요구하고, 인간 사랑에 대한 의무는 올바른 행동을 요구한다. 진리와 인간을 사랑하는 자는 행동하지 않을 수 없다.

하지만 소크라테스는 바로 그의 말과 행동으로 아테네 사람들의 미움을 샀고, 자신이 추구하는 올바름과 참됨을 위해 목숨을 걸어야 했다. 그러나 체념의 덕을 보이며 새롭게 태어날 수 있었다. 그럼으로써 소크라테스는 그의 말처럼[31] '비극의 주인공'이 된 것이다. 이제 극적 행동을 담고 있는 소크라테스의 말들을 다시금 새기며 미움, 목숨, 체념, 재생의 인생 행로를 되짚어본다.

미움을 사다

"그러고 보니 우리로서는 무엇인지 처음부터 다시 고찰해야만 하겠소. 그걸 알게 되기 전에는 내가 자발적으로 꽁무니를 빼지 않을 것이기에 하는 말이오. 하니 나를 깔보지 말고 어떻게든 최대한 정신을 가다듬고 이제 진실을 말하시오. …… 만약에 당신이 경건함과 경건하지 못함을 명확하게 알지 못했다면, 일꾼을 위해서 늙으신 아

---

30 플라톤, 《파이돈》, 58c. 강조는 나의 것이다.
31 플라톤, 《파이돈》, 115a 참조.

버지를 살인죄로 고소하려 할 수는 없었겠기 때문이오. …… 그러니 에우티프론이여! 말하시오. 또한 그게 무엇이라고 당신이 믿고 있는지 숨기지도 마시오."

소크라테스의 이 말에 에우티프론은 오히려 서둘러서 꽁무니를 뺀다. "그러면 다음 기회에 말하죠. 소크라테스 님! 지금은 어딜 좀 서둘러 가야 하거니와, 저로서는 이제 가야 할 시간이기도 하고요."[32]

소크라테스는 인간이 하는 모든 행동의 정당성을, 곧 윤리적 근거를 캐묻는다. 그에게 탐구 없는 삶은 가치가 없는 것이다. 무엇보다도 제대로 알지 못하고 하는 행동은 위험하기 때문이다. 하지만 위기와 혼돈의 아테네에서 사람들은 제 앞가림에 급급하다. 근원적이면서도 일상적인 질문 앞에 모두 에우티프론처럼 꽁무니를 빼려고 한다. 이런 상황에서 소크라테스는 인심을 잃기 십상이다. 에우티프론과의 관계에서는 인심을 잃는 정도로 그치지만(꽁무니를 빼는 소극적 행동으로), 다른 사람과의 관계에서는 미움을 사거나 증오의 대상이 된다(고발이라는 적극적 행동으로). 더구나 그들이 정치인일 경우 사태는 매우 심각해진다. 소크라테스는 정치인은 아니지만, 당시 정치의 기반을 흔들 수 있었던 인물이다. 그런 위험에도 그는 당시 관습의 보편적 가치에 물음표를 던지고 시민의식에 경종을 울렸다. 신탁을 증명하기 위해 기득권층 사람들에게 앎과 삶의 의미를 물으며 돌아다녔다. 그는 행동하는 사변가였기 때문이다. 그는 인심을 잃고 미움을 살 것을 각오했기 때문이다.

그래서 그는 법정 변론에서 이렇게 말한다. "아테네인 여러분! 바

---

[32] 플라톤, 《에우티프론》, 15d~e.

로 이 캐물음으로 말미암아 저에 대한 많은 증오심이 생겼는데, 그것도 아주 고약하고 심각한 것들이어서, 마침내 이로 인해서 많은 비방이 생겼으며, 현자라는 이름으로도 불리게 된 것입니다. …… 제가 보기에 어떤 사람이 지혜롭지 못하다고 여겨질 때에는 저는 신(神)을 도와 그가 지혜롭지 못하다는 것을 지적해줍니다. 그리고 이 분주함으로 인해서 이렇다 할 만한 나랏일이나 집안일을 돌볼 겨를도 저에게는 없었고, 오히려 신에 대한 이 봉사로 인해서 저는 지독하게 가난한 신세가 되었습니다."[33]

목숨을 걸다

소크라테스가 아버지를 살인죄로 고소하려는 에우티프론에게 계속 신중할 것을 요구하는데, 여기에는 관습 및 윤리와 연관된 것 외에 다른 근원적 이유가 있다. 그 이유는 생명에 관한 것이다. 즉 어떤 경우라도 죽음이 아니라 삶이, 죽임이 아니라 살려냄이 우선이라는 것이다. 또한 지혜를 사랑한다 함은, 즉 철학한다 함은 죽음이 아니라 삶을 향해 열려 있어야 함을 의미한다.

이런 소크라테스가 자신의 목숨을 거는 데에는 추호도 주저함이 없다. 바로 이 역설이 소크라테스의 이야기가 흡인력을 갖는 이유이다. 더구나 그 나이에 유별난 행적으로 인해 죽음의 위험에 처하게 된 것을 부끄럽게 여기라는 사람들의 손가락질에 대해서도, 이 세상

---

[33] 플라톤, 《소크라테스의 변론》, 23a~b. 여기서 '가난'이란 물질적인 것일 수도 있지만, 은유적으로 인적(人的) 가난일 수도 있다. 자신을 사람들이 멀리했다는 의미에서 말이다.

에 쓸모 있는 사람은 사느냐 죽느냐 하는 위험을 고려할 게 아니라 "행위를 하는데 자신이 올바른 것들을 행하는지 아니면 올바르지 못한 것들을 행하는지, 그리고 자신이 훌륭한 사람의 행위를 하는지 아니면 못난 자의 행위를 하는지"가 중요하다고 맞받아친다.

소크라테스는 여기서도 '죽음이 두렵지 않다'고 하는 것은 다른 사람들에게 자신의 의사를 관철시키거나, 자신의 주장을 강화하기 위한 수사가 아니라 실제 행동을 의미한다는 것을 강조한다. "말이 아니라 여러분께서 존중하는 **실제 행적**들을 말입니다. 저에게 일어났던 일들에 대해서 들어보십시오. 제가 죽음을 두려워해서 올바른 것을 거슬러 누구에게든 굽히는 일은 없을 것이라는 걸, 제가 굽히지 않음으로써 그 즉시 죽을지라도 그러는 일은 없을 것이라는 걸 여러분께서 아시도록 말입니다."[34] 그가 올바름과 경건함을 주장하는 것도, 그가 '올바르지 못한 짓도 그 어떤 불경한 짓도 행하지 않는 것'으로서 반증할 수 있다고 말한다. 이 점은 실천이라는 관점에서 중요하다. 소크라테스에게는 정의를 행하는 것보다 부정의를 저지르지 않는 것이 실용적으로 더 관심을 갖고 챙겨야 할 일이기 때문이다.

그가 옳음을 위해 죽음을 두려워하지 않는다는 것은 법정에서 국가의 권력을 직접 비판하는 행위에서도 알 수 있다. 그는 민회 사람들, 부족 협의회 위원들, 재판관들을 일일이 지적하며 비판한다. 더구나 법이 국가 그 자체와 동일시되던 시대에 법정에서 "법은 처벌이 필요한 사람들을 이리로 이끌고 오는 것이지 깨달음이 필요한 사람들을 이끌고 오는 것이 아니오"[35]라고 하면서 법과 그것을 운용하는

---

34 앞의 책, 32a. 강조는 나의 것이다.

위정자들을 비판한다.

  나아가 법정에서 감형을 받기 위해, 또는 목숨을 구걸하기 위해 반성을 가장하지 않을 것임을 분명히 한다. "여러분, 명성의 문제를 떠나 이는 올바르지 못한 것으로 제게는 생각됩니다. 재판관에게 빈다는 것도, 또는 빌어서 무죄 방면이 된다는 것도 말입니다. 오히려 그를 가르치고 설득해야만 할 것으로 생각됩니다."[36] 소크라테스는 마지막까지도 철학자가 해야 할 임무를 잊지 않는다. 곧 올바른 것을 교육해야 한다는 것이다. 그러기 위해서는 지혜와 함께 용기가 필요함을 '말속의 행동'으로 보여준다.

  소크라테스는 법정으로 가면서 이미 모든 것을 체념하고 있었다. 그렇기 때문에 당당할 수 있었던 것이다. 나아가 느긋하게 실소(失笑)를 유발하는 궤변을 늘어놓을 수도 있었던 것이다. 그는 자신이 죽음을 두려워하지 않는 이유를 사람들이 '잘못 알고' 죽음을 두려워하는 것에 빗대어 설명한다. "여러분! 실로 죽음을 두려워한다는 것은 현명하지도 않으면서 현명한 것으로 생각하는 것 이외의 아무것도 아닙니다. 그건 자기가 알지 못하는 것들을 자신이 안다고 생각하는 것이니까요. 왜냐하면 아무도 죽음을 모르며 그것이 인간에게 모든 좋은 것 가운데서도 으뜸가는 것인지조차도 모르지만, 사람들은 그것이 나쁜 것들 중에서도 으뜸가는 것이라는 것을 잘 알고 있기라도 하듯이 두려워하기 때문입니다."[37]

  소크라테스의 말과 행동이 흥미롭고 매력적인 것은 강인함과 유연

---

35 앞의 책, 26a.
36 앞의 책, 35c.

함이 섞여 있기 때문이다. 소크라테스의 지적 날카로움과 행위의 담대함이 드러나 보이는 《변론》에서도 그는 체념의 유연함과 느긋함을 보인다. 전형적으로 지적인 대화편이라고 알려진 《변론》에서 이미 용기와 체념의 미덕은 서로 얽혀 긴장과 이완의 서사를 보여주고 있다.

체념의 덕을 보이다

플라톤 대화편의 해석자들은 소크라테스가 《변론》에서 보여주었던 법정에서의 당당함과 《크리톤》에서 보여주었던 법률 앞에서의 체념적인 태도 사이의 불일치를 문제 삼곤 했다.[38] 그러나 소크라테스는 이미 '마음을 비우고' 법정에 섰다. 그가 법정에서 그토록 당당했다는 사실이 이를 증명한다.

체념은 마음을 비움으로써 참을 깨닫는 것이다. 체념은 도리를 깨

---

37 앞의 책, 29a~b. 철학적 해석의 관점에서는 이 문장에서 소크라테스의 이성주의를 엿볼 수도 있으나(두려움은 감정의 문제이지 이성적으로 앎과 모름에 전적으로 의존하지 않는다), 오히려 《변론》 전체의 맥락에서는 '의도된 말장난'으로 볼 수도 있다. 그는 이제 어떤 고난 앞에서도 그만큼 자신 있고 느긋할 수 있기 때문이다. '사후세계를 모르기 때문에 미리 두려워할 필요 없다'는 것은, 소크라테스가 《파이돈》에서 사후세계를 '잘 아는 것처럼' 매우 실감나게 설명하는 것과 모순된다는 것도 주목할 필요도 있다.

38 어떤 학자는 《변론》의 일부 대화(특히 29c~d)가 '가정적(假定的)' 표현이지만 소크라테스가 신에 대해서는 복종하고 나라에 대해서는 불복종함을 의미한다고 해석하기도 한다. 그러나 이 문제를 해결하기 위해서는 소크라테스가 당시 신, 국가(polis), 아테네 시민 사이의 관계를 어떻게 인식하고 있는지를 잘 살펴보아야 한다. 소크라테스는 아테네 시민을 반드시 국가 및 법체계와 동일시하지 않는다. 그가 아테네 시민을 비판하고 그 뜻을 어긴다고 해서 곧바로 국가나 법체계에 반대한다는 뜻은 아니다. 이에 대해서는 좀더 심도 있는 학술적 논의가 필요하다. 《크리톤》에서 '법에의 복종' 문제에 대해서는 본서(2부 2장 05)에 설명한 것을 참고하기 바란다.

닫는 것을 전제한다. 세상의 이치를 깨달아 자신의 의지를(살려는 의지조차도) 스스로 거두어들이는 것을 의미한다. 체념하기 위해서는 ― 소크라테스가 그랬던 것처럼 ― 체관(諦觀) 곧 모든 정황을 정신 차려서 살펴보아야 하고, 체청(諦聽) 곧 운명의 소리를 주의 깊게 똑똑히 들어야 한다(소크라테스는 '다이몬'[39]의 소리를 듣는다고 한다). 체념은 어쩌면 삶의 조건에 대한 불가피한 인정과 약간의 슬픔과 많은 깨달음을 동반하는 마음가짐일지 모른다.[40]

소크라테스는 에우티프론과의 만남 이후에 사실 마음을 비웠다(디오게네스 라에르티오스가 전하는 바에 따르면 그 이전에 로고그라포스가 작성해준 변론문을 사양했을 때 이미 체념의 덕에 따라 행동하기로 했는지 모른다[41]). 이는 그가 에우티프론과 헤어지면서 보인 체념의 말에도 어느 정도 담겨 있다("기소에서 벗어나게 될 것이라는 기대로부터 나를 내동댕이치고 가버리다니"). 그는 이때 '홀로 서기'로 작정한 것이다.

고대로부터 중세를 거쳐 현대에 이르기까지 서양에는 네 가지 기본 덕목(cardinal virtues)이 있다. 지혜, 균형(또는 절제), 정의, 용기가 그것이다. 그 가운데서도 용기는 특별하다. 나머지 세 가지 덕목의

---

39 소크라테스에게 '다이몬($\delta\alpha\iota\mu\omega\nu$)'은 일종의 '신의 알림' 또는 '신의 표시(表示)'이다. 그가 이를 언급한다는 것은 자신에게 씌워진 죄목인 신성모독죄를 은연중에 반박한다는 뜻이기도 하다.
40 김용석, 《두 글자의 철학》, 푸른숲, 2005, 273~284쪽 참조. "체념은 운명과의 관계, 세상과의 관계 그리고 타인과의 관계에서 미묘한 경험을 하는 것이다. 이 세 가지 관계는 삼차원을 이루는 선으로서 삶이라는 정육면체의 공간을 구성하며, 인간은 그 안에서 살고 있다. 체념은 이 '관계의 삼차원 공간'에서 자아를 찾는 일이며, 그 자아의 눈으로 다시금 공간에 부유하고 있는 자신의 정체와 공간의 조건을 바라보는 일이다."
41 본서 2부 2장 04 '실패한 변론?' 참조.

실천에 에너지를 공급하는 것이기 때문이다. 그런데 이 용기는 체념한 자에게서 무엇보다도 굳건해진다. 소크라테스의 경우가 그렇다. 그는 체념했기 때문에 법정에서 용기 있게 소신을 밝힐 수 있었던 것이다.

플라톤은 《크리톤》에서 이미 체념한 사람의 담담함을 보여주는 소크라테스의 모습을 전하고 있을 뿐이다. 그것은 감옥에 찾아온 크리톤과의 대화에 담겨 있다.

> **크리톤** : 소크라테스, 내 자신도 이토록 불면 상태와 괴로움에 잠겨 있고 싶지 않았지만, **자네가 어떻게나 달게 잠을 자고 있는지**, 이를 보고 나는 한참 동안 놀라워하고 있었네. 또한 자네가 되도록 즐겁게 시간을 보내게끔 하느라 일부러 자네를 깨우지 않고 있었네. 그리고 사실인즉 나는 이전에도 자주 일생을 통해 자네의 기질 때문에 자네를 행복한 사람이라 여겨왔지만, 지금 당면하여 있는 이 불운한 처지에서는 월등하게 그러한 것으로 여기네. 자네가 이를 수월하게 그리고 조용히 견디어내고 있으니 말일세.
>
> **소크라테스** : 이미 죽기로 되어 있다면, 크리톤, 이 나이가 된 사람이 화를 낸다는 것은 격에도 맞지 않을 테니까.
>
> **크리톤** : 소크라테스, 이 나이가 된 다른 사람들도 그와 같은 불운에 붙들리기는 하지만, 그 나이가 그들로 하여금 당면한 운명에 대해 화를 내지 않도록 구제해주는 일은 전혀 없네.[42]

---

42 플라톤, 《크리톤》, 43b~c. 강조는 나의 것이다.

또한 소크라테스는 아름다운 여인이 꿈속에 나타나 사형 집행일을 일러 주었다고도 한다. 그래도 크리톤이 탈옥과 망명을 계속 권하자 여기서 저 유명한 법률과 나라의 의인화로 친구의 간곡한 청을 물리친다. 그러고는 마지막 말을 한다. "그럼 그만두게, 크리톤! 신이 이렇게 인도하니, 이렇게 하세."

새로 태어나다

《파이돈》은 여러 면에서 앞의 세 대화편과 다르다. 요즘 표현으로 앞의 작품들이 사실주의 문학이라면, 《파이돈》은 환상주의 문학이나 SF 작품의 수준에까지 이른다고 할 수 있다. 죽음과 자살을 이야기하고, 영혼을 논하며, 사물의 생성과 소멸의 원인을 구명하려 하고, 지구와 저승의 신화를 풀어놓기 때문이다.

이 모든 것은 어쩌면 아스클레피오스 신에게 '보은의 닭 한 마리'를 바치고 죽음의 세계가 아니라 새로운 생명의 세계로 들어서고 있는 소크라테스의 여로를 암시하는 것인지도 모른다. 그렇기 때문에 죽음 이후는 '모른다'고 했던 《변론》에서의 궤변과는 달리 《파이돈》에서는 희망의 여행을 말하고 있다. "지금 내게 지시된 여행이야말로 밝은 희망과 함께하는 것인즉, 이는 누구든 자기의 사고가 마치 정화되듯이 준비되어 있는 것으로 믿고 있는 사람에게도 마찬가지일 걸세."[43] 그러므로 소크라테스는 지인들과 그리고 이승의 주인들과 작별을 하면서도 괴로워하지도 성을 내지도 않는 것이 너무나 당연하

---

43 플라톤, 《파이돈》, 67b~c.

다고 한다.

그러고 나서 저승세계와 이승세계 사이에 '윤리적 다리'를 놓는다. "진정 철학(지혜에 대한 사랑)으로 생애를 보낸 사람은 내가 보기에 죽음에 임하여 확신을 갖고 있으며, 자기가 죽은 뒤에는 저승에서 최대의 좋은 것들을 얻게 되리라는 희망에 차 있을 것이 당연하다네."[44] 그는 여기서 이승에서 어떻게 살았는지에 따라 윤리적 보상이 있으리라는 것을 말하고 있다. 이는 일종의 '기복(祈福) 신앙'을 결코 의미하지 않는다. 그는 저승에서 '영혼의 영생'과 이승에서 '좋은 생활방식의 의미'를 연결하고 있다. 소크라테스가 하는 다음 말은 '새로 태어남'의 윤리적 의미라는 점에서 《파이돈》 전편에 걸쳐 매우 중요하다.

여보게들! 어쨌든 이 점은 유념하고 있는 게 옳으이. 즉 혼이 과연 죽지 않는 것이라면, 그 보살핌이야말로 비단 우리가 살고 있는 이 기간을 위해서만이 아니라 모든 때를 위해서 요구되네. 그리고 만약에 누군가 이를 소홀히 한다면 그 위험은 이제 곧 무서운 결과로 나타나리라 생각되네. 만일 죽음이 실은 모든 것으로부터 벗어남이라면, 나쁜 사람들에게는 그것이 하늘이 준 복(福)과 같을 걸세. 이들은 죽음으로써 몸에서 벗어남과 동시에 혼과 함께 자신들의 나쁨(사악함과 나쁜 상태)에서도 벗어나게 되는 것이네. 그러나 실은 혼이 죽지 않는 것 같으므로 혼이 나쁜 것들에서 벗어나는 길이나 구원책으로는, 혼이 가능한 한 최대한으로

---

44 앞의 책, 63e~64a.

훌륭해지고 지혜롭게 되는 것 이외에는 다른 아무것도 없으이. 왜냐하면 **혼이 저승(하데스)으로 가면서 갖고 가는 것으로는 교육(교양, paideia)과 생활방식(trophe) 이외에는 아무것도 없기 때문**인데, 이것들이야말로 그곳으로의 여정 바로 시작 단계에서부터 망자를 가장 크게 이롭게 해주거나 해롭게 하는 것들이라고도 하네.[45]

그러므로 소크라테스는 나쁜 혼이거나 변변치 못한 혼은 바로 저승에 대한 두려움으로 그 세계로 가지 못하고 "무덤들과 묘비들 주변을 맴돌아 우리가 그들을 마치 환영처럼 목격한다"고 말한다. 그들은 이전에 나빴던 생활방식에 대한 죗값을 치르고 있다는 것이다.

소크라테스에게 '새로 태어남'은 이승과 저승의 삶을 연결시킨다는 데 그 의미가 있다. 이는 인간의 감각이 포착할 수 있는 가시적 세계가 아니라 비가시적 세계가 갖는 윤리적 의미를 암시한다. 저승이 없으면 이승에서의 도덕적 토대가 무너짐을 의미하기 때문이다.

영혼의 영생과 같은 환상적 서사 속에서도 윤리적 성찰이 있을 때 이야기는 사람들의 마음을 사로잡는다. 이는 현대의 SF가 그 어느 서사보다 윤리성을 내포할 경우가 많다는 것을 보아도 알 수 있다. 이는 또한 환상과 현실이 교묘하게 공존하는 방법이기도 하다.

청년 파이돈은 소크라테스의 임종 순간을 회상하며 다음과 같이 말한다. "실은 제가 그 옆에 있었을 때 묘한 걸 느꼈습니다. 친한 사람의 죽음을 지켜보게 될 때의 연민의 정이 내게는 일지 않았으니까

---

[45] 앞의 책, 107c~d. 강조는 나의 것이다.

요. 제게는 그분이 행복해 보이기만 했기 때문입니다. …… 몸가짐이나 하시는 말씀이 어찌나 두려움 없이 고매하게 최후를 맞으시는지, 제게는 그분께서 저승으로 가실 때 신의 배려 없이 가시지는 않을 거라는, 그리고 그곳에 이르러서도 잘 지내시게 될 거라는 느낌을 갖게 되었습니다."[46]

---

46 앞의 책, 58d.

08
이미 현재인 미래를 전망하며

소크라테스는 법정에서 사형 선고를 받은 직후 재판관들에게 다음과 같이 말한다. "만일 여러분이 사람을 사형에 처함으로써 '여러분이 바르게 살지 않는다'고 나무라는 누군가를 막을 수 있을 것으로 생각한다면, 여러분은 잘못 생각하고 있는 것입니다. 이런 식의 벗어남은 전혀 가능하지도 않고 아름답지도 않은 반면에, **가장 아름답고 가장 쉬운 벗어남은 남들을 억압하는 것이 아니라 자신이 최대한 훌륭해지도록 하는 것이기 때문입니다.**"[47] 올바른 행동은 훌륭하며 아름다운 법이다.

또한 소크라테스는 자신을 설득하려는 크리톤에게 다른 사람들이 우리의 생사를 마음대로 할 수 있는 권력을 발휘한다고 해도 우리가 "가장 중히 여겨야 할 것은 '사는 것'이 아니라 '훌륭하게 잘 사는

---

47 플라톤, 《소크라테스의 변론》, 39d. 강조는 나의 것이다.

것'이라고" 역으로 설득한다. 그러고는 묻는다. "그러면 '훌륭하게'는 '아름답게(kalos)' 및 '올바르게'와 동일한 것이라 함은 타당한가 아니면 타당하지 않은가?"[48]

'이야기 짓는 삶' 또는 '삶의 미적 구성'

이제 우리는 이런 생각의 화두를 얻게 된다. 소크라테스의 물음들은 정치적이고 윤리적인 차원을 넘어 무엇을 의미할 수 있는가? 그것은 삶을 '만들어가면서' 살아야 한다는 것을 의미한다. 아리스토텔레스가 즐겨 사용했던 그리스어로 말하면 '삶의 포이에시스'를 추구하며 살아야 한다. 시작(詩作) 또는 이야기 짓기는 허구를 만드는 데에만 소용되는 게 아니라, 삶을 아름다운 허구처럼 만들어가는 능력과도 연관 있다. 이 지점에서 프락시스는 포이에시스와 결합한다.

소크라테스는 '아름답게' 살려고 노력했다. 그의 삶은 인생이란 하루하루의 **행동으로** 각자 자신의 '이야기'를 써나가는 것과 같음을 가르쳐주었다. 그가 지혜를 사랑하며 사는 삶이 아름답다고 한 것도 이런 맥락이다. 범인(凡人)은 인생을 경험하며 살고, 철인(哲人)은 인생을 구상하며 산다. 그것도 아름답게 구상하며 산다.

철학은 인생을 이야기처럼 살아가게 해주는 힘이다. 지혜를 사랑하는 자만이 인생을 멋진 이야기로 꾸밀 수 있다. 동화 같은 삶, 그것은 누구나 꿈꾸는 것이 아닌가. 여기에 '삶의 미적(美的) 의미'가 있다. 또한 역으로 삶의 의미는 미적 관점에서도 성찰될 수 있다. 어쩌

---

48 플라톤, 《크리톤》, 48b.

면 도덕(관습을 포함한)과 윤리에 '생활 포이에시스'의 미적 관점이 접목되는 시대가 오고 있는지 모른다.

우리는 어릴 때부터 일기를 써왔다. 아니 적지 않은 경우 써야만 했다. 일기는 지난 하루의 경험에 관한 것이다. 그러므로 아름다운 허구를 만들어내는 생활 포이에시스는 아니다. 앞으로는 자라는 아이들에게 내일 할 '아름다운 행동'들에 대한 구상을 적어보라고 하는 것이 더 교육적일지 모른다. 그렇게 한다고 해서 지난 행위에 대한 반성의 기회가 줄어드는 건 아닐 것이다. 행동에 대한 구상은 이미 반성을 전제하기 때문이다.

저 먼 옛날 소크라테스가 간파했듯이 구상은 행동을 유도할 수 있다. 내일을 향한 언어는 내일의 행동을 유발한다. 또한 그런 구상과 행동은 아름답지 않기 힘들다. 뭔가 지어내는 사람은 이상적인 것을 추구하기 때문이다. 그것은 언젠가 아름다운 추억의 잠재력을 지닌 미래를 확보하는 일이다. 그것이 슬픈 구상일지라도 아름다운 비극일 것이다. 대부분의 아름다운 비극이 그렇듯이 그것은 훌륭함과 올바름을 포함할 것이다.

어쩌면 우리는 인성 교육의 전환점을 맞고 있는지 모른다. 살아 있는 인성 교육은 생동하는 이야기의 구상으로 훨씬 더 신선한 자극을 받을 수 있기 때문이다.

'완벽한 이야기'를 찾아서?

서장('서사철학')에서 '보르헤스의 궁금증'에 대해 언급했다. 그는 이야기가 이야기를 만들어내고, 이야기 속에 이야기가 중층적으로 삽입되며, 이야기를 만든 자가 이야기 속에 등장하고, 이야기의 주인공이 이야기의 독자가 되는 세계가 우리 존재에 어떤 의미가 있는지를 물었다. 그러고는 이것이 암시하는 바는 "허구 속에 등장하는 인물이 독자가 되거나 관객이 될 수 있다면 그 허구의 독자나 관객인 우리도 허구적일 수 있다는 것이다"라고 답했다.

나는 보르헤스의 말을 더 발전시켜서 "우리는 누군가 만들어놓은 이야기 안에서 살고 있는지" 모른다고 했다. "아니, 누군가 이야기를 만들고 있는 동안만 세상이 존재하는 것일 수도 있다"고도 했다. 우리가 이야기의 이치를 철학적 탐구의 대상으로 삼는 것은 바로 우리의 존재에 대한 철학적 탐구와 다르지 않다고도 했다.

이제 이런 '상상'의 다른 한편에서 현실적인 이야기 구상에 관한 제안을 해볼 수 있다. 그것이 바로 생활 포이에시스이다. 우리는 점점 더 '만들어낸 현실'들이 많아지고 다양해지는 사회·문화 속에서 살아갈 것이다. 전자기술을 활용한 수많은 실효현실들의 등장은 이제 시작일 뿐이다. 환상과 현실의 혼재(混在)도 아직 점잖은 편이다. 이야기들이 서로 중층적으로 삽입되고 혼합되는 일은 더욱 복잡한 방식으로 이루어질 것이다. 어쩌면 '서사의 카오스'가 올지 모른다. 물론 그들은 혼란을 주는 만큼 존재의 암호 풀기를 위한 다양한 가능성도 제시할 것이다.

그럴수록 우리 각자는 '나의 이야기'를 만들고 싶어할 것이다. 이때 머리를 스치는 것이 있다. 플라톤은 '완벽한 이야기'를 만들려고 했다. 스승의 생애에 대해서도 마찬가지다. 그래서 첫 번째 테트라로기아가 원환(圓環)의 구조가 될 수 있도록 각 대화편을 썼는지 모른다. 《에우티프론》의 주제는 《변론》과 《크리톤》을 거쳐 《파이돈》에 이르러 다시 만나게 된다. 이것들의 주제는 각각 신(神)-법(法)-인(人)-혼(魂)이다. 즉 영적인 것에서 시작하여 속세와 인간을 거쳐 다시 영적인 것에 이른다. 그러므로 이 네 대화편은 고리의 형상을 이룰 수 있다. 완벽의 형상 말이다. 최고도의 객관성을 추구하는 플라톤의 이데아 이론도 완벽성을 지향하면서 나온 것이다.

그러나 서사의 카오스 속에서 '나를 위한 이야기'를 아름답게 만들어가야 하는 시대가 다가오면서 우리가 깨닫는 건 이런 것이다. 그것은 완벽한 이야기는 더 이상 작가의 열망도 작품 향유자의 희망도 아니리라는 전망이다. 소크라테스는 '보은의 닭 한 마리'로 우리에게 서사의 힌트를 주고 갔다. 앞으로 사람들은 지속적인 치유로서 새로운 생명의 이야기를 만들어가고 싶어하고 그런 이야기를 듣고 싶어할 것이라는 힌트 말이다.

복합성의 도가 높아지는 사회에서 사람들은 이런저런 치유를 받고 싶어한다. 생활 포이에시스는 마음을 자가 치유하는 방식의 하나일 수 있다. 보통 사람들의 일상적 창작은 전문 창작가에게도 영향을 줄 수 있다. 우리 모두 '완벽한 이야기'를 추구할 게 아니라 '살아 있는 이야기'를 지어내자고 서로 격려할 수 있다. 하기는 플라톤이 스승을 위해 완벽한 서사를 시도했어도 생명을 그리도 소중히 여겼던, 그렇지만 자신의 목숨은 내놓았던 소크라테스의 삶은 불완전하지 않았던가. 다만 그는 살아 있는 이야기를 남겼을 뿐이다. 오늘도 우리는 서사의 카오스 속에서 '살아 있는 이야기'를 듣고 들려주기를 희망하고 있다.

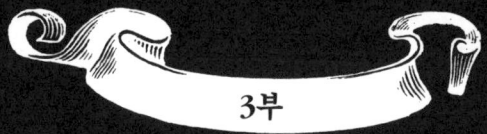

진화

evolution

진화

1장

생명과 자연,
그리고 이야기의 기원

evolution

01

불변과 변화

    변화가 있고, 불변이 있다. 다시 말해 변화가 불변을 전제하는 것이 아니라 불변이 변화를 전제한다. 이는 우리가 일상에서 사용하는 언어를 보면 알 수 있다. 불변(不變)이란 말은 변화(變化)를 부정하면서 형성되기 때문이다. 이는 다른 언어에서도 마찬가지다. 라틴어 형태를 거의 그대로 유지하고 있는 영어 '변할 수 있는(mutable)'이라는 단어에서 '변할 수 없는(immutable)'이라는 말이 나왔다. 프랑스어의 영향을 받은 영어 '변화(change)'의 형용사 '바뀔 수 있는(changeable)'에서 '바뀔 수 없는(unchangeable)'이라는 조어가 탄생했다. 또한 '변이(variation)'라는 말의 형용사(variable)에서 그것을 부정하는 형용사(invariable)가 만들어졌다. 좀더 나아가면 변화의 개념과 밀접한 '움직일 수 있는(mobile)'에서 '움직일 수 없는(immobile)'이라는 말이 나왔다.

    우리는 언어 사용을 통해서도 일상에서 변화가 상식이고 불변이 역설이라는 것을 알 수 있다. 그러므로 기원전 6세기 엘레아의 철학자 파르메니데스가 '부동과 불변의 존재'를 설파했을 때, 사람들은 그것을 '상식에 대한 모독'으로 받아들였던 것이다.[1] 인류 역사에서 '불변의 진리'를 추구하는 형이상학적 태도는 그것이 제시될 때 비상식적이며 역설적인 것이 된다. 이런 점에서는 불변의 '자연법칙'과 '물질의 원리'를 탐구하는 과학의 경우도 크게 다르지 않다.

그러나 변화와 불변에 관한 한(이와 함께 부동과 유동에 관해서도) 상식과 역설의 관계는 그리 단순하지 않다. 복합적이며 미묘하다. 사람들은 오랫동안 변화의 상식 못지않게 '불변의 상식'을 믿어오기도 했기 때문이다. 사람들은 어떤 자연 현상이 부동과 불변이라는 일반화된 상식을 사회적 동의처럼 유지해오기도 했다. 이렇게 된 경우는 대부분 관찰의 한계 때문이었다. 기존의 관찰 능력이 극복되었을 때, 부동과 불변의 상식은 운동과 변화의 현상에 대한 오해라는 것이 밝혀졌다.

이 점에서 갈릴레이가 새로운 관찰의 결과로 지구인들이 오랫동안 믿어왔던 '부동의 상식'과 '불변의 상식'을 깼다는 역사적 사실을 상기해보는 것은 흥미롭다. 갈릴레이가 그와 같은 시대의 사람들이 믿고 있던 '지구가 움직이지 않는다'는 부동의 상식을 깼다는 사실은 잘 알려져 있다.[2] 그러나 그가 지구인들이 믿고 있던 천체에 관한 불변의 상식을 깨뜨렸다는 것은 그리 잘 알려져 있지 않다.

당시 사람들은 지구에서는 생성, 소멸, 변화의 현상이 있지만 다른 별들과 우주에는 그런 현상이 없다고 믿었다. 지구가 움직인다는 사

---

1 본서 '서장 01' 참조.

실을 일상적 감각과 관찰로는 알 수 없었던 것처럼, 먼 천체에서 일어나는 여러 가지 변화 현상을 관찰할 수 없었다. 당시 사람들은 천동설을 믿더라도 항상 순환하여 제자리로 돌아오는 천체의 운동을 확인할 뿐이었지, 육안으로 보아 전혀 변하는 것 같지 않은 천체의 물질적 변화는 믿지 않았다. 지구에서 본 달의 표면에는 언제나 '계수나무와 토끼 한 마리'가 있거나 '으르렁거리는 늑대'가 있어왔다.

갈릴레이의 《대화》에 등장하는 심플리치오는 말한다. "지구에는 풀, 나무, 동물들이 태어나고 죽고 합니다. 비, 바람, 폭풍우, 태풍이 일어납니다. 한마디로 말해 지구의 생김새는 계속 바뀝니다. 그러나 하늘의 물체에서는 이런 변화를 볼 수 없습니다. 천체는 늘 같은 위치에 있으며 생김새도 바뀌지 않습니다. 사람들이 기억하기로는 어떤 새로운 것도 생기지 않았고, 어떤 오래된 것도 없어지지 않았습니다. …… 예를 들어 달의 표면에서 생성, 소멸, 변화가 일어나면 그건 아무 쓸모 없습니다. 자연은 쓸데없는 일을 하지 않습니다. …… 왜냐하면 지구에서 일어나는 온갖 생성과 변화는 직접 또는 간접으로 사람들에게 도움이 되고 쓸모가 있기 때문에 생깁니다. …… 사람이 먹고살도록 하려고 자연은 채소, 곡식, 과일, 짐승, 새, 물고기들을 만들었습니다."[3]

---

2 갈릴레이의 《프톨레마이오스와 코페르니쿠스, 두 가지 주된 우주체계에 관한 대화》에서 지동설을 지지하는 사그레도는 '둘째 날 대화'를 열면서 말한다. "지구도 달, 목성, 금성, 또는 다른 행성들과 마찬가지로 움직일 수 있고, 실제로 움직인다고 하오. 지구는 하늘에 있는 천체들과 같은 위치에 놓여 그들의 특권을 공유하게 된 것입니다."(이탈리아어판 G. Galilei, *Dialogo sopra I due massimi sistemi del mondo, Tolemaico e Copernicano*, Giulio Einaudi, Torino, 1970, p. 131 이하 ; 본서 '참고문헌' 목록에 있는 한국어판 1997, 상권 135쪽 이하 참조).

하지만 갈릴레이의 관찰은 이런 믿음을 밑바탕에서부터 뒤집어놓았다. 그는 망원경으로 태양의 흑점을 관찰했듯이 다른 별들에도 지구처럼 지속적인 변화가 있음을 관찰로 증명했다. 후대의 과학자들이 평하듯이 아리스토텔레스로 대표되는 고전 과학이 불변의 진리를 추구함으로써 천국을 지상으로 데려온 데 반해, 현대 과학의 아버지인 갈릴레이는 변화하고 부패하기 쉬운 자연을 우주의 경계까지 연장할 것을 추구했다. 나아가 갈릴레이는 천체가 변화하고 생성, 소멸할 수 있음을 믿지 않는 것은 인간의 죽음에 대한 공포와 영생에 대한 지독한 욕망이 반영된 것이라고 보았다. 그는 인간이 불사영생하는 존재라면 아예 우주의 구성원조차 될 수 없으리라는 것을 생각하지 못하는 사람들의 어리석음을 비판했다. 한 발 더 나아가 그는 '인간의 영혼도 죽을 수 있다'는 것을 암시함으로써 인간이 죽은 후에 육체로부터 분리된 영혼이 불멸한다는 믿음에도 의혹의 눈초리를 보냈다. 이는 곧 영혼불멸설조차 부정할 가능성을 내비치면서 인간이 우주에서 특별하지 않은 존재일 수 있다고 시비를 거는 것이었다.[4]

갈릴레이가 천체에 대한 세밀한 관찰로 천체의 불변을 부정함으로써 지구인의 특별함을 부정할 수 있는 길을 열었다면, 찰스 다윈(Charles Darwin)은 생명체에 대한 세밀한 관찰로 지구에서 발견되는 각 생명체가 불변의 종(種)으로 영속된다는 믿음을 부정함으로써 인류의 특별함을 부정하는 길을 열었다. 즉 인간은 다른 생명체와 연속선상에서 이해될 수 있는 존재임을 인식하는 길에 들어섰다. 그 연속

---

3 *Ib.*, p. 51 이하 ; 앞의 책, 상권 56쪽 이하 참조.
4 김용석,《철학정원》, 한겨레출판, 2007, 360쪽 이하, 갈릴레이의《대화》에 대한 해석 참조.

생명의 나무
1838년, 다윈은 자신의 비밀 노트에 처음으로 생명의 계통수를 그려보았다.

적인 이해의 핵심은, 생명체는 한 번 창조된 후 불변의 종으로 지속되는 것이 아니라 생성, 변이, 소멸되는 '변화의 과정'을 거친다는 사실이다.

다윈은 지질학적 자료를 바탕으로 지구가 과거에는 물론 현재에도 계속 변화하고 있다는 확신을 갖게 되었다. 오늘날과 같이 기후 변화에 의한 지구 전체 구성의 변화를 실감하는 때와는 달리, 모든 생명체를 위한 삶의 터전으로 지구가 영속함을 의심하지 않던 시대에 이런 변화에 대한 확신은 매우 중요했다. 삶의 터전이 변하면 그 안에 살고 있는 생명체도 변한다. 과학자들은 생명체를 '생식 군집'이라는 의미에서 각 종으로 분류한다. 따라서 종이 변화한다.

다윈 사상의 핵심인 '자연선택(natural selection)' 이론은 '변화의 이론'과 다름없다. 즉 다윈은 자연선택의 메커니즘이 변화를 유발한다는 점에 주목했다. 그것을 자연이라고 부르든 환경이라고 부르든 삶의 터전은 정태적이거나 항상 안정적이지 않다. 그것은 여러 가지 가능성들로 가득 차 있으며 크고 작은 변화로 요동치고 있다.

생명체는 이런 환경과 상호 작용한다. 개별 유기체 사이에도 크고 작은 변이(variation)가 있다. 어떤 변이가 삶의 환경에 알맞게 선택(selection)되면 그 특성을 지닌 개체와 그 특성을 물려받은 후손들의 생존 가능성은 높아진다. 또한 이런 작용이 환경을 변화시키며, 그 환경은 또 다른 선택과정의 터전이 된다. 일반적으로 생물은 잇따른 각 시대에 그들의 생활조건에서 일어나는 경미한 변화에 대처할 수 있을 정도로 조금씩 변화하며 생존해왔다. 동식물은 단순히 환경 안에 존재하는 것이 아니라 자신을 둘러싼 환경을 변화시킨다. 변화된 환경은 다시 동식물의 삶에 개입한다. 환경은 변화의 무대이자 그 연

극에 출연한 배우이기도 하다.[5]

이런 차원에서 **진화란 변화의 생물학적 표현**이다. 진화란 특별히 세대 사이에서 일어나는 생명체의 형태와 행동의 변화를 의미한다. 다윈은 이것을 '변화를 수반하는 계승(descent with modification)'이라고 불렀다. 그는 변화를 수반하는 계승 이론으로 어떻게 새로운 종이 생겨나는지를 보여주려 했다. 물론 이 이론으로 진화를 설명하고, 당시 진화를 믿을 수 없고 믿고 싶지도 않았던 수많은 사람들을 설득하는 데는 어려움이 많았다.

하지만 다윈은 《종의 기원》에서부터 고생물학상 중요한 사실들이 변이와 그에 작용하는 자연선택을 통한 진화 이론과 훌륭하게 일치함을 보여주려고 했다. 그리하여 어떻게 새로운 종이 서서히 그리고 계속해서 생겨났으며, 또 어떻게 다른 속과 강의 종들이 반드시 함께 변화하지는 않지만 결국에는 모두 어느 정도 변화를 겪게 되는지를 보여주려 했다. 그래서 그는 자신의 저서 결론 부분에서 "지금까지 나는 종들이 오랜 계승의 과정을 밟아오는 동안 변화했음을 내게 의심할 여지 없이 확신시켜준 사실과 그에 대한 고찰들을 제시했다. 이 변화는 주로 수없이 연속되는, 경미하지만 유리한 변이들에 대한 자연선택을 통해 이루어졌다"[6]라고 밝히고 있다. 나아가 "과거 사실들로 미루어 판단하건대, 현존하는 종들 중에서 먼 장래에까지 변하지 않은 채 그 모습을 그대로 전할 수 있는 종은 단 하나도 없으리라고

---

[5] 이런 의미에서 다윈 이후 진화론자들 사이에서 일반화된 '자연선택'이라는 술어보다는 '환경선택'이라고 하는 것이 타당할지 모른다. 이 점에 대해서는 본서 '3부 2장 05'에서 더 다룰 것이다.

추론해도 무리가 없을 것이다"라고 변화의 이론을 일반화하고 있다.

당시 사람들에게 진짜 충격이었던 것은 다윈의 이론이 결국 인간에게까지 예외 없이 적용된다는 사실이다. 《종의 기원》에서 '인간'은 이론 전개의 각 요로(要路)마다 잠재하고 있지만 겉으로 드러나 있지는 않았다. 그로부터 12년 후에 출간된 《인간의 유래》에서 다윈은 진화의 이론을 인간에게도 노골적으로 '평등하게' 적용하고 있다. "인간은 그의 모든 친척과 비교하여 엄청나게 많은 변화를 겪었다는 것은 의심할 여지가 없다. 이런 변형은 주로 뇌의 엄청난 발달과 직립자세 때문에 일어난 것이다. 그런데도 '인간은 영장류의 여러 동물 중 하나에 지나지 않는다'는 사실을 명심해야 한다."[7]

인간을 노골적으로 다른 생명체와 동일하게 진화과정에 놓음으로

---

[6] Charles Darwin, *On the Origin of Species by Means of Natural Selection, or the Preservation of Favoured Races in the Struggle for Life*, (Edited with an Introduction by J.W. Burrow) Penguin Books, London, 1968(reprinted 1985), p. 45. "I have now recapitulated the chief facts and considerations which have thoroughly convinced me that species have changed, and are still slowly changing by the preservation and accumulation of successive slight favourable variations." 앞으로 다윈의 《종의 기원》에 대한 인용은 J. W. 버로우가 다윈의 1859년 초판본을 재인쇄한 판본을 활용해 표기한다. 이른바 '버로우 판본'은 초판본을 그대로 인쇄했기 때문이다. 한글 번역본이 여럿 있으나 대개 그 이후의 판본들을 사용하므로 인용의 통일성을 기하기 힘든 이유도 있다. 이하 《종의 기원》 인용은 특별한 경우를 제외하고 각주 처리하지 않고 인용문 끝에 인용 쪽수―예를 들어 (Origin 45)―를 표시한다. 또한 앞에 인용된 문장과 같은 단락, 같은 쪽, 또는 이어지는 쪽 등에 있는 문장으로서 의미를 보완하기 위해 본문에 연속으로 인용될 경우에는 별도의 인용 표시를 하지 않는다(이는 다른 참고문헌의 인용에도 그대로 적용한다).

[7] Charles Darwin, *The Descent of Man and Selection in Relation to Sex*, University of Chicago-Encyclopaedia Britannica, Inc., Chicago-London, 1990, p. 335; 한글 번역본 《인간의 유래 1》, 한길사, 2006, 245쪽. 다윈의 《인간의 유래》 인용 시에는 인용문의 영어본 쪽수를 표시하고 그 옆에 사선을 긋고 한글 번역본(2권으로 되어 있음)의 권수를 로마 숫자로, 쪽수를 아라비아 숫자로 표시한다. 예를 들어 (Descent 335/I-245)라고 표시한다.

써 인간의 위치는 불분명해진다. "유인원 같은 생물부터 현재의 인간에 이르기까지 눈에 띄지 않을 정도로 점진적으로 변하는 일련의 생물체에서 '인간'이라는 용어를 사용해야 할 명확한 지점을 꼬집어 말하는 것은 불가능할 것이다."(Descent 349/I-280) 오늘날 어떤 종과 종 사이에 단절을 느끼는 것은 진화과정에서 일부 종이 사라졌기 때문이다. 다윈은 이런 입장에서 인류의 미래도 전망하고 있다. "몇 세기 지나지 않은 미래에 문명화된 인종이 전 세계에 걸쳐 미개 인종을 절멸시키고 그들을 대체할 것이 거의 틀림없다. 샤프하우젠이 말했듯이 그와 동시에 의심할 여지없이 유인원들도 절멸될 것이다. 그렇게 되면 인류와 그에 아주 가깝다는 부류의 동물들 사이의 단절은 더 커질 것이다. 미래의 단절은 오늘날 흑인 또는 오스트레일리아 원주민과 고릴라 사이의 단절 정도가 아니라, 현재의 백인보다—우리의 희망이겠지만—더 문명화된 인종과 개코원숭이만큼 하등한 유인원 사이의 단절만큼 될 것이기 때문이다.[8]

다윈은 생명세계의 점진적 변화를 과학적으로 이론화하고 있다. 그런데 그의 말을 들으며 받는 인상은 그것이 매우 급진적(radical)이라는 사실이다. 사람들의 상식을 뿌리째 흔들기 때문이다. 점진적이든 급진적이든 다윈은 '변화하지 않을 수 없음'을 이야기하고 있다. 이는 그가 이론 전개에서 핵심적인 의미로 사용하는 언어를 보아도

---

[8] Descent 336/I-248. 내가 볼 때 한글 번역본에는 이 단락의 첫 문장(At some future period, not very distant as measured by centuries, the civilised races of man will almost certainly exterminate, and replace, the savage races throughout the world)이 영어 원본과 정반대 의미로 번역되어 있다("오늘날 문명화된 인종은 몇 세기가 지나지 않은 미래에 거의 절멸하고, 미개 인종이 전 세계에 걸쳐 그 자리를 대신하게 될 것이 틀림없다").

알 수 있다. 그는 '다양화'의 뜻을 내포하는 변이(variation)라는 특별한 의미의 단어를 사용하기도 하지만, 보통 사람들이 일상적으로 쓰는 변화(change)라는 단어도 자신의 입장을 강화하기 위해 활용한다.

그가 과학적 논지 전개에서 다양한 표현방식으로 다양한 변화를 나열하기 때문에, 그의 이론은 **'이야기'와 친화성**을 갖는다. 변화는 '이야깃거리'가 되기 때문이다. 삶에 아무 변화도 없다면 한 번 이야기한 것으로 그만일 것이다. 뭔가 변하는 만큼 이야기는 새롭게 전개된다. 우리는 지금까지 인간이 만들어낸 수많은 이야기 가운데 그리스의 비극에서 현대 소설과 영화에 이르기까지, 위대한 서사는 등장인물의 운명이 변해가는 과정을 극적으로 그린다는 사실을 상기해볼 필요가 있다.

또 다른 점에서도 다윈의 이론은 서사적 친화력을 갖는다. 과거와 미래를 이어주는 통시적 설명력을 갖기 때문이다. 인간이 유인원들의 공통 조상으로부터 진화해왔다고 하자. 그것을 받아들이든 그렇지 않든 그것은 그리 큰 문제가 아닐지 모른다. 그것이 '무엇을 믿을 것인가'라는 영역에 머무는 한에서 그렇다는 말이다. 문제는 그것을 받아들이는 순간 인간의 역사와 미래 전망이 매우 현실적으로 '설명된다'는 데 있다. 즉 그럴듯하게 잘 맞아떨어진다는 데 있다. 다시 말해 개념과 현실 사이의 거리가 별로 없는 듯하다는 데 있다. 또는 현실과 개념 사이에서 '이야기'가 형성될 수 있다는 데 있다고도 할 수 있다.

사람들이 진화론 앞에서 뭔지 모를 호기심과 함께 두려움을 갖는 이유는 그 이야기가 너무 '그럴듯하다'는 데 있다. 곧 말이 된다는 데 있다. 말이 된다는 것은 개념적 해설이 설득력 있다는 뜻이다. 그리고 그것이 미래에도 잘 적용될 수 있다는 의미이다. 뭔가 모를 두려움이 있을 때(때로는 그것이 지극히 잠재적이어서 분명히 느끼지 못한다고 할지라도) 이야기는 더욱 흥미진진해진다. 사람의 흥미를 끄는 이야기에는 일종의 '실존적 스릴'이 잠재한다.

나아가 다윈은 자연과 생명 현상의 변화를 풍부하게 관찰하고 그 자료를 제공함으로써 다양한 '이야깃거리'를 내놓았다. 다윈은 자신의 대표 저서들에서 추론적으로 생명의 역사를 구성한 것 이상으로, 앞으로 수많은 이야기들이 갈라져 나올 수 있는 '이야깃감'을 풍부하게 제공했다.

서사적 관점에서 다윈을 연구할 때, 그가 구성한 자연사 이상으로 그가 유발한 이야기의 가능성들이 큰 관심을 끈다. 이는 새로운 관점에서 이야기의 폭발적 시작을 뜻하기 때문이다. 이런 의미에서 다윈은 자연과 생명에 관한 '이야기의 빅뱅'을 일으켰다고 할 수 있다. 더구나 갈릴레이의 천체물리학과 달리 다윈의 생명론과 그로부터 파생할 추론들(또는 자연과 생명에 대한 '추리적 이야기들')에는 생명체로서 인간의 근원적 문제가 즉각적으로 제기된다. 그러므로 사람들의 깊은 호기심과 넓은 관심의 대상이 된다. 그 호기심과 관심 한가운데에는 과학자들이 인간중심주의에서 벗어나려고 노력하는데도 '인간의 이야기'에 대한 궁금증이 있다. 다시 말해 인간의 이야기가 **어디에서 기원하는지**에 대한 존재론적 물음이 있는 것이다.

02
'자연'이 '역사'가 되고, '자연사'가 '살아 있는 이야기'가 될 때

　기원전 6세기에 신들이 인간의 외양을 하고 있다는 믿음 자체가 유치한 '신인동형론(anthropomorphism)'이라고 비판했던 철학자가 있었다. 엘레아 지방에서 활동했던 그의 이름은 크세노파네스였다. 믿음의 허구를 비판하는 사람이 자연의 증거에 관심이 많다는 것은 예나 오늘이나 마찬가지인 것 같다. 크세노파네스는 화석 기록에도 주의를 기울였다. 그는 조개껍질 같은 수생생물의 흔적이 내륙과 산에서 발견되며, 물고기와 해초가 찍힌 바위가 채석장에서 발견되는 것을 지각 변동의 증거로 보았다. 그럼으로써 세상은 육상 시기와 해저 시기를 주기적으로 번갈아 겪어왔다는 결론을 이끌어냈으며, 화석이 퇴적층 형성에 의한 것임을 추론했다.
　화석 기록의 의미를 제대로 파악하기 위해서는 윤회적이거나 순환적 시간관이 아니라, 직선적 시간관 및 시간의 비가역성(非可逆性)에 대한 인식과 함께 지구의 나이를 거시적으로 매우 길게 잡을 필요가 있었다. 그러기 위해서는 무엇보다도 자연의 역사를 인간의 역사에 종속시키는 일을 멈추어야 했다. 그러나 이런 일들은 거의 19세기까지 계속되었다.

화석을 자연의 특이한 사물이 아니라 죽은 생물의 흔적으로 인식하게 된 것은 17세기 후반에 들어와서였다. 그때부터 비로소 화석은 과거의 생명체를 증명하는 데 사용되기 시작했다. 그런데도 다윈 이전까지 화석 기록을 자연의 역사, 나아가 생명계의 역사로 적극 활용하지 못했다. 인간이 지구에서 살아온 역사에 준하여 자연의 역사를 이해하려 했기 때문이다. "19세기 이전까지는 인간의 나이가 겨우 6천 년, 혹은 그쯤 되는 짧은 기간이라는 것을 의심할 사람은 거의 없었다. 고고학도 없었고 역사적 탐구가 제한되어 있었으므로 이는 당연한 일이다. 지질학자들이 지구의 나이를 계속 늘려 잡고 있는 중에도 인간이 6천 년밖에 되지 않았다는 것은 여전히 사실로 통했다."[9] 인간이 존재하지 않는 지구는 무의미해 보였고 상상조차 할 수 없는 일로 여겨졌기 때문이다.

이러한 인간중심주의의 영향에서 벗어나 자연사를 기술하기 위해서는 화석 기록을 이용한 생명의 진화에 인간의 진화를 포함시켜야 했다. 이 일을 처음으로 해낸 사람이 다윈이었다. '다윈의 후예' 가운데 한 명으로서 '20세기의 다윈'이라고 불린 에른스트 마이어(Ernst Mayr)는 "다윈은 교육과정에서 필요한 고전과 신학 관련 문헌

---

[9] 마이클 로버츠, 〈먼 시간으로의 여행〉, 스튜어트 매크리디 엮음, 《시간의 발견》, 휴머니스트, 2002, 248쪽. 다윈도 '지구의 나이'를 어떻게 인식하는지에 따라서 '자연의 진실'을 제대로 알 수 있는지 여부가 결정된다는 점을 강조했다. 다시 말해 세계의 역사가 짧다고 생각되었을 때는 종이 변화할 수 없는 산물이라는 믿음은 거의 피할 수 없었다는 것이다.

을 모두 읽었지만, 그가 진심으로 한결같이 추구했던 것은 오로지 자연사였다"[10]라고 확인해준다.

지질학에 대한 진지한 탐구는 자연이 역사가 되게 했다. 이에 자연사가 죽은 생물들의 기원을 밝혀줄 뿐만 아니라 그들이 지금 살아 있는 생물들과 어떤 연관이 있는지를 탐구하는 일도 뒤따르게 했다. 자연사는 진정한 의미에서 '생명의 역사'로 발전하게 된 것이다. 즉 '살아 있는 이야기'가 된 것이다.

학문의 역사라는 관점에서 보면, 청년 다윈에게 영감을 주었던 지질학자 찰스 라이엘(Charles Lyell)이 엄청나게 늘려 잡은 지구의 역사를 통해 자연의 힘 때문에 물질이 변화할 수 있다고 생각했다면, 다윈은 그런 자연의 힘 때문에 생명이 진화할 수 있다고 생각했다고 할 수 있다. 다윈은 《종의 기원》에서 생명 진화의 발견과 함께 생명의 흥미진진한 이야기가 전개되리라는 것을 선언한다. "우리가 생물을 더 이상 마치 야만인이 기선을 도저히 이해할 수 없는 것으로 보듯 그런 식으로 보지 않게 될 때, 우리가 자연의 모든 산물은 오랜 역사를 갖고 있다고 간주할 때, 어떤 위대한 기계적 발명이라도 그것은 모두 수많은 기술자들의 노력과 경험, 추리, 나아가서는 과실까지 합산된 결정체인 것과 마찬가지로 생물의 모든 복잡한 구조와 본능 하나하나가 다 그 소유자에게는 유용한 많은 장치들의 총합이라고 생각할 때, 각각의 생물을 우리가 이러한 관점으로 바라볼 때, 박물학

---

10 Ernst Mayr, *What Evolution Is*, Basic Books, New York, 2001, p. 9(40). 괄호 안에 있는 숫자는 한글 번역본 쪽수이며, 그 서지 사항은 본서 끝부분에 있는 '참고문헌' 목록에 있다. 앞으로 다른 서적의 인용문도 한글 번역본이 있을 경우 이와 같이 표시한다.

연구는 내 경험에 비추어 말하건대 얼마나 더 흥미진진한 것이 될 것인가!"(Origin 456) 다윈의 진화 서사는 완벽하지 않다. 진화의 증거는 아직 불충분하다. 그러나 진화 서사는 증거를 확충해가는 '살아 있는 이야기'임이 틀림없다.

우리는 '2부'를 마치면서 사람들은 '완벽한 이야기'가 아니라 '살아 있는 이야기'를 듣고 싶어할 것이라는 서사적 힌트에 대해 이야기했다. '이야기 철학'의 효시라고 할 수 있는 아리스토텔레스도 '살아 있는 생물체'와 이야기 구성을 유비적으로 설명한 바 있다.[11] 이야기는 살아 있는 생물체와 같이 유기적 통일성을 지녀야 그 자체로 아름답고 고유의 쾌감을 산출할 수 있음을 이 고대 철학자는 강조한다. 진화에 대한 다윈의 서술은 그가 개발한 핵심 개념들로 수많은 관찰 자료들을 구슬을 꿰듯이 유기적으로 엮어가는 과정 그 자체이다. 그러므로 다윈과 함께 시작된 진화 서사는 오늘도 다양한 분야에서 살아 있는 이야기들로 진화하고 있다.

---

11 아리스토텔레스, 《시학》, 7장(1450b 35 이하)과 23장(1459a 20 이하) 참조.

03

진화하는 진화론

다윈은 《종의 기원》을 맺으면서 "변이의 원인과 법칙, 상관관계, 사용과 불사용의 효과, 외부조건의 직접적인 작용 등에 대한 거의 미개척인 거대한 연구 분야가 열릴 것이다"(Origin 456)라고 예언했다. 다윈은 구체적인 분야까지도 적시했다. "심리학은 새로운 토대 위에 세워질 것이다."(Origin 458)

다윈의 예언이 모두 실현된 것은 아니다. 그러나 다윈의 사상과 과학적 업적은 지속적으로 진화하고 있다. 칼 짐머(Carl Zimmer)의 표현대로 우리는 오늘날 '진화하는 다윈(Evolving Darwin)'[12]을 보고 있다. 1990년대에 인류학자 존 투비(John Tooby)와 심리학자 레다 코스마이즈(Leda Cosmides)가 '진화심리학(Evolutionary Psychology)'이

---

12 Carl Zimmer, "Evolving Darwin", *Time*, Feb 23, 2009(vol.173, no.7), pp. 28~30. 이 글은 다윈 탄생 200주년을 맞아 잡지의 '커버스토리'로 특별 기고된 것이다.

라고 명명한 심리학의 새로운 연구 방법이 등장하면서 학계의 주목을 받고 있을 뿐 아니라, 사람들의 일상생활을 설명하는 데도 전용되고 있다. 그 밖에도 '진화철학', '진화경제학', '다윈 의학' 등 다윈의 업적은 그 후예들에 의해 지속적으로 '가지 치기'를 하고 있다. 다윈의 주요 업적 가운데 하나가 바로 최초로 '분기 진화 이론'을 생각해낸 것이라고 한다면, 이렇게 분기 진화하는 진화론은 그의 사상적 특성을 반영하는 것이라고 할 수 있으리라.

여기서 우리가 주목할 것은 이렇게 다양한 이론 전개에서 '서사적' 요소가 적지 않게 드러난다는 사실이다. 진화심리학의 수많은 설명들은 '설득력 있는 이야기'의 성격을 띠고 있다. 고도로 발달한 유전학적 차원에서 진화론을 기술할 때에도 다윈의 개념들이 제공하는 '이야기 유발' 요소 때문에, 오늘날 다윈으로부터 분기 진화한 과학적 설명들은 문학적 은유를 담은 과학 서사의 성격을 완전히 버리지 못한다(이 점은 다음 03에서 다시 다룰 것이다).

다윈은 《종의 기원》을 마무리하면서 진화론이 더욱 충실해지고, 많은 사람들에게 받아들여질 미래에는 "박물학(Natural History)의 좀더 일반적인 분야가 큰 관심을 모으게 될 것이다. 박물학자(naturalist)들이 사용하는 친화성, 관계, 유형의 공통성, 부계(父系), 형태학, 적응 형질, 흔적 기관, 그리고 미발육 기관 같은 용어들이 은유적인 것(to be metaphorical)에서 벗어나 분명한 뜻(plain signification)을 갖게 될 것이다"라고 근거 있는 기대를 담은 예언을 했다. 하지만 오늘날 진화론에서 분기한 수많은 학문 분야에서 '설득력 있는 설명'들은 분명한 뜻과 함께 은유적 표현을 유지하고 있다.

이는 고대 그리스에서 논리적 학문 체계로서 철학이 그 세력을 확장해갈 때에도—플라톤의 저작들에서 그렇듯이—신화적 은유를 버리지 못했을 뿐만 아니라, 오히려 은유로서 논리의 설명을 더욱 '폭넓고' '속 깊게' 해주려 했던 것을 상기하게 한다. 사람들이 기꺼이 수용할 수 있는 설득력 있는 이야기에는 논리와 은유가 공존한다. 그래야만 풍부한 소통력을 유지할 수 있기 때문이다.

진화

2장

진화의 이야기,
이야기의 진화

—

찰스 다윈은 어떤 의미에서 '과학 서사'에서
중요한 위치를 차지하는가?

e v o l u t i o n

01

다윈의 플롯들

　과학적 논증과 언어는 분리될 수 없다. 자연에서 관찰된 사실이 과학적으로 인정받기 위해서는 표현되어야 한다. 물리학으로 대표되는 자연과학에서는 자연법칙을 수식(數式)으로 표현한다. 서술적 글이나 일상 대화에서 사용하는 언어로 생명과 자연의 원리를 표현하려고 한다면, 이는 자연법칙을 수식으로 표시하는 것 이상으로 어려운 작업이 된다. 다윈은 이 과업에 직면한다. 자연 현상과 그 원리를 수식이 아닌 언어로 표현하는 문제는 **문학적 차원**을 불러온다.

　다윈은 만년에 쓴 자서전에서 "나는 제대로 설명을 하거나 실험 테스트를 짜는 일에는 더 능숙해졌다. 하지만 그것은 그저 많이 하다 보니 지식이 축적된 결과일 것이다. 내 자신을 분명하고 간단하게 표현하는 일은 그 어느 때보다 더 어려움을 느낀다"[13]라고 고백한다. 수식은 그의 말처럼 '분명하고 간단하게 표현'하기 위한 것이다. 그러나 생명에 관해 다윈은 풍부한 자료를 바탕으로 사실대로 서술하려고 노력해왔다. 그러다 보면 간단명료함의 효과는 떨어진다. 다윈은 "내 진술이나 주장을 처음에는 애매하게 표현하는 것은 나에게 일종의 숙명적인 일인지도 모르겠다"고 말한다.

그러나 다윈의 체념과는 달리 다윈의 과학적 서술이 모호성을 내포하는 것은 '숙명'이 아니라 그가 연구한 과학 분야의 특성 때문이다. 간단명료한 수식이 아닌 한 과학 서술은 은유(metaphor)적 표현과 유비(analogy)적 접근에서 자유롭지 못하다. 그러므로 다윈의 이론을 문학적 차원에서 비추어볼 수 있는 근거는 그 이론 자체가 제공한다.

언어의 문제

다윈의 진화론을 문학적 관점에서 볼 수 있게 하는 근거는 다윈의 이론 체계 안에 있을 뿐만 아니라, 다윈의 사상적 혁명에 영향을 받은 실제 문학 작품들 안에도 있다. 영문학자 질리언 비어(Gillian Beer)는 이 문제와 연관하여 심도 있는 연구 성과를 이루어냈다. 그 연구 성과를 담은 비어의 대표작 《다윈의 플롯》에 서문을 쓴 동료 학자 조지 레빈(George Levine)은, 비어가 "다윈을 **학자**로서만이 아니라 현대 문학의 언어와 의식에 지대한 영향을 미친 인물로서 연구한다는 점에서 필수적이고 독보적인 위치를 점하고"[14] 있다고 한다.

---

13 C. Darwin, *The Autobiography of Charles Darwin 1809-1882* (Edited by Nora Barlow), W. W. Norton & Co., New York-London, 1969(reprinted 2005), p. 111. 이하 한글 번역본 쪽수와 함께 인용문 끝에 (Auto 111/166)으로 표시한다.

레빈은 "지금까지 어느 누구도, 그렇듯 엄밀한 방식과 풍부한 상상력을 토대로 다윈의 연구를 문학적인 관점에서 접근한 적이 없으며, 다윈을 찰스 디킨스, 토머스 하디, 조지 엘리엇, 버지니아 울프에 못지않은 창조성과 상상력으로 가득한 작가로 독해한 적은 없었다"고 한다.

비어가 택한 연구 방법의 핵심은 다윈의 언어에 깊은 관심을 기울이는 것이다. 그에 따르면 다윈은 "법칙을 **발명**한 게 아니라 **서술**했다."(Beer 46/133) 여기서 비어가 '법칙을 발명'한다고 표현한 것에는 어떤 의도(그가 드러내놓고 말하지 않지만)가 있다. 그의 입장은 과학은 법칙을 발견하는 게 아니라, 법칙을 일정한 패러다임으로 제안한다는 현대 과학철학적 믿음을 바탕으로 하고 있다. 또한 물리학처럼 분명한 수식으로 표현하지 않는다는 점에서 다윈의 연구 프로젝트 자체가 서술을 바탕으로 한다고 본 것이다(이렇게 보면 다윈의 과학적 행위는 '발견'으로부터 두 단계쯤 떨어진 방법론을 택한 것이다). 그러므로 다윈의 연구는 "서술의 수단, 즉 언어에 의존한다."

다윈은 자신의 이론을 언어로 서술하는 과정에서 몇 가지 중요한 문제에 부딪힌다. 비어는 네 가지 문제를 든다.(Beer 46~50/135~141 참조) 첫째는 다윈의 작업에서뿐만 아니라 모든 서술이 지닌 문제로 언어는 인간중심적이라는 것이다. "언어는 그 본질로 볼 때 의인화이

---

14 Gillian Beer, *Darwin's Plots. Evolutionary Narrative in Darwin, George Eliot and Nineteenth-Century Fiction*. Cambridge University Press, 2000(2nd Ed.), p. ix ; 질리언 비어, 《다윈의 플롯》, 휴머니스트, 2007, 503쪽. 이하 비어의 《다윈의 플롯》에서 직접 인용하거나 의역(意譯)해 사용한 문장은 영어본과 번역본 순으로 쪽수를 괄호 안에—예를 들어 (Beer ix/503)—표시한다.

며, 그 전제로 볼 때 인간중심적이다."[15]

  이에 비해 수식은 인간의 언어 사용에서 의인화와 인간중심적 성격을 배제하려는 의도를 담고 있다고 할 수 있다. 고대에 피타고라스학파가 세상은 숫자로 구성되어 있다고 주장한 것은 인간적 요소를 덜어내며 '언어의 사물화'를 시도한 것이라고 할 수 있다. 언어의 사물화는 언어로 지칭되는 대상의 객관화 수위를 높여주는 역할을 한다. 비어는 이 점을 고려하지 않고 자신의 입장을 전개하고 있는데, 다윈이 수식이 아닌 표현 수단을 사용했다는 것은 그가 사용하는 언어의 내재적 의인화와 인간중심주의, 곧 '언어의 인간화'를 덜어내지 못했다는 의미이다(그러나-04에서 설명하겠지만-다윈은 다른 차원에서 '의인화를 희석하는' 효과를 낼 수 있었다).

  어쨌든 인간이 사용하는 언어는 인간중심주의에서 자유롭지 못하며, 서술적 표현에서 인간중심주의적 흔적 없이 어떤 의미를 표상하기란 거의 불가능하다. 인간은 언어 사용에서 자신을 의미의 중심에 놓는다. 비어도 말했듯이 상징조차도 인간이 의도하는 지시적 가치에 의해 제한된다. 상징은 언뜻 독립적인 것처럼 보인다. 하지만 인간의 해석력에서 그 준거를 취하며 인간의 관심사에 의존하여 그 지시적 기능을 수행한다.

---

[15] Beer 45/130. 이에 비어는 덧붙인다. "This emphasis upon the natural capacity of the mind to understand appropriately the material world reinforces (as well as assuming) the centrality of man. Its theological basis is given a mythic form in Adam's naming of the animals. Language is anthropomorphic by its nature and anthropocentric in its assumptions. Only somewhat later in the century did it begin frequently to be argued that this anthropocentrism in itself might subvert the truth-telling powers of language and must consciously be resisted."

두 번째 문제 역시 모든 서술에 수반하는 것으로 언어는 언제나 행위자를 포함한다는 점이다. 그런데 다윈의 이론은 '생산의 아이디어'에 의존한다. 자연은 자연의 질서 그 자체를 생산하고, 이런 재생산을 통해 자신의 연속성과 다양성을 유지한다.

다윈의 이론은 '모든 것의 시작이며 모든 일에 개입하는 창조자'를 없앤다. 그러나 그 이론의 핵심 개념을 담은 '선택'이나 '보존'과 같은 용어는 '누구에 의해서 무엇이 선택되고 보존되는가?' 하는 문제를 일으킨다. 이 문제는 다윈이 수동태를 즐겨 사용하는 데서도 드러나는데, 예를 들어 '숨결이 불어넣어진(breathed)'이라는 수동태 표현에서 의도적으로 '숨결을 불어넣은' 행위자는 은폐된다. 이런 표현방식은 다윈의 대표 저서 제목에서부터 문제를 일으킨다. 《자연선택에 의한 종의 기원, 혹은 삶을 위한 투쟁에서 유리한 종족의 보존에 대하여(On the Origin of Species by Means of Natural Selection, or the Preservation of Favoured Races in the Struggle for Life)》라는 제목에서 선택 행위와 보존 행위의 주체와 대상은 명확히 드러나지 않고, 동어반복의 '신비로운' 순환 구조에 감싸여 있다는 느낌을 준다(아마 다윈과 같은 시대 사람들에게는 더욱 그랬을 것이다).

다윈이 맞닥뜨린 세 번째 문제는 자연사적 서술과 연관된 특수한 문제이다. 다윈도 젊은 시절부터 시작한 자연에 대한 오랜 탐구과정에서 당시의 자연사적 서술방식을 물려받았다. 그런데 당시 자연사는 여전히 자연신학(natural theology)의 영향 아래에 있었다. 자연신학은 신의 존재 및 진리의 근거를 초자연적인 신의 계시나 기적에서 구하지 않고 인간의 이성이 인식할 수 있는 자연적인 것에서 구한다는 입장이었다. 하지만 그 개념적 틀은 신의 존재를 전제하고 있었

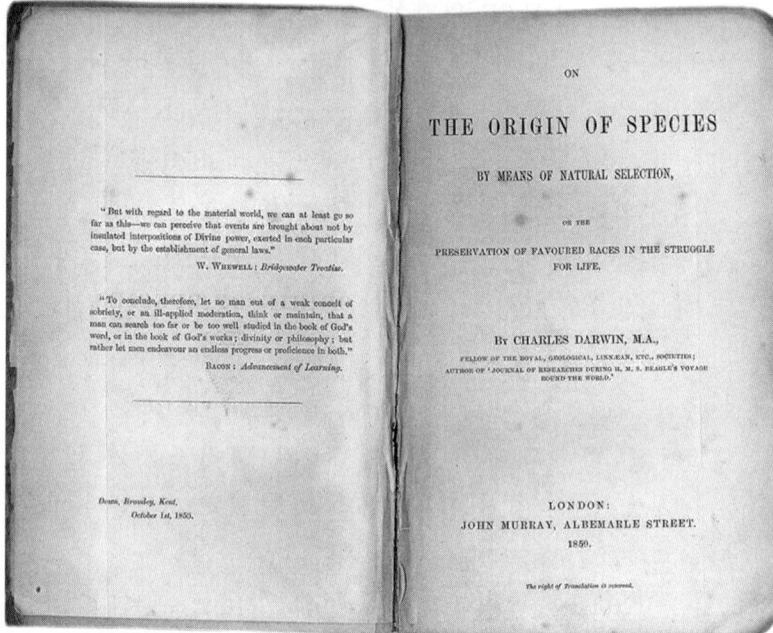

《종의 기원》 초판 속표지, 1859년

다. 특히 '고안(contrivance)'이나 '설계(design)' 같은 용어에는 신과 연관된 선입견이 들어 있었다.

따라서 다윈은 자연신학의 영향을 받은 언어로 자연신학이 전제하는 것들 및 그에 따른 가정들과 싸워야 했다. 비어의 말처럼 창조론의 언어를 탈피하는 문제는 다윈이 몇 가지 판본을 거치면서 '모든 것의 기원이 되는 힘'의 존재에 관한 문제를 피해갈 수 없다고 인식하면서 여러 번 문장을 바꿔 쓴 데서 드러난다. 그러나 이 과정에서 다윈은 자연신학적 가정에 머물지 않고 자신의 탐구 영역을 확장할 수 있는 설명과 서술방식을 찾기 위해 끈질기게 노력한다.

이따금 그는 더 노골적으로 은유적인 언어, 심지어 부적절한 언어로 바꾸는 소폭의 수정을 하기도 했다. 예를 들면, "최초의 피조물이 창조된 이후"라는 문구는 "최초의 유기체가 무대에 등장한 이후"로 바뀌었다. 초판본의 결론에는 이런 문장이 있다. "그러므로 나는 지금까지 지구상에 살았던 모든 유기체가 생명의 숨결을 최초로 받은 단일한 형태에서 내려왔을지도 모른다는 유비에서부터 추론해야 한다." '숨결을 받았다'라는 수동의 표현은 문제를 회피하기 위한 것이다. 제2판에서 그는 짤막하게, 다소 놀랍게 조물주를 복원시켰다. 이제 그 문장의 해당 구절은 "조물주에게서 생명의 숨결을 최초로 받은"으로 바뀐다. 그런데 제3판에서는 문장 전체가 대폭 바뀌었다. "그러므로 자연선택과 형질 분기(分岐)의 원리에 따라, 그런 저급한 중간 형태에서 동물과 식물이 발달했다는 것은 터무니없는 일이 아닌 듯하다. 이 점을 인정한다면, 지금까지 지구상에 살았던 모든 유기체가 단일한 최초의 형태에서 내려왔다는 것을 인정해야 한다." 이 문장은 생명의 시작이라는 문제 자체를 제기하지 않고 끝난다. 그 대신 혈통을 중시하고 "자연선택과 형질 분기의 원리"가 지닌 설명적이고 능동적인 힘을 구체화하고 특권화한다. …… 이런 사례에서 우리는 가정의 범위 내에 머물기보다 탐구의 영역을 확장할 수 있는 설명을 찾기 위한 다윈의 끈질긴 노력을 볼 수 있다.[16]

다윈이 해결할 네 번째 문제는 자신의 '혁명적인' 주장을 과학자 공동체뿐만 아니라 일반 독자층에게도 설득력 있게 전달하는 일이었다. "다윈의 관심은 과학적 용법(scientific usage)과 일상 언어(common speech) 사이의 일치를 최대한 증명하는 것이었다."(Beer 49/138) 다윈은 일반적으로 관찰되는 자연의 생명체들 사이에서 종의 변화를 인정하게 될 때란 과학적인 언어와 일상적인 언어가 일치되는 때라고 생각했다. 쉽게 말해 다윈은 자신의 주장이 '자연스럽게' 많은 사람들에게 수용되기를 바랐다. 그랬기 때문에 비어가 말하듯이 "자연 질서를 통해 언어를 인증하는 방식을 확립하여 자신의 담화와 논증을 '자연화'하고 논란의 여지가 없도록 하고자" 했다. 자연 질서를

---

16 Beer 48~49/137~138. 다윈이 《종의 기원》 초판의 마지막 문장을 창조자(Creator) 없이 생명의 시작을 수동형으로 표현했다가, 제2판에서―다음 문장의 괄호 안에 있듯이―그것이 '창조자에 의한' 것임을 첨가한 것은 이와 같은 다윈의 고민을 잘 보여준다. "There is grandeur in this view of life, with its several powers, having been originally breathed [by the Creator] into a few forms or into one; and that, whilst this planet has gone cycling on according to the fixed law of gravity, from so simple a beginning endless forms most beautiful and most wonderful have been, and are being evolved." 다윈은 후에 친구에게 보낸 편지에서 이렇게 고쳐 쓴 것을 후회한다고 말한다.

통해 언어를 인증한다는 말은 자신의 이론이 자연법칙을 반영한다는 말과 다름없다. 다만 그것을 일상 언어에 가깝게 표현하는 작업을 통해 이루어냄으로써 자신의 논증을 자연화하고자 했다. 곧 논증이 자연스럽게 수용되도록 했다. 그 결과 자신의 '기이한' 주장에 논란의 여지를 최소화하려고 노력했다.

그러나 이 작업은 쉽지 않았다. 다윈은 '변화가 상식'이라는 점을 발견했지만, 종은 변하지 않는다는 '불변의 믿음'에 익숙해 있는 사람들에게는 변화가 오히려 역설이 되었기 때문이다. 시간이 흐름에 따라 모든 것이 변한다는 것은 '당연한' 것인데도 사람들은 모든 종은 한 번 생겨난 후로 결코 변하지 않는다는 것을 너무나 당연히 믿고 있었다(04에서 설명하겠지만, 이는 '시간의 비가역성'에 대한 인식의 문제와 연관된 것으로 현대 과학자들 사이에서도 종종 간과되었던 것이다).

그러므로 다윈이 택할 수 있는 길은 자신의 주장을 '열린 텍스트'에 담는 것이었다. 비어의 말대로 다윈이 자신의 입장을 표현하는 데서 겪은 어려움은 오히려 의미 해석과 그에 반대되는 해석, 의미의 확장과 분해 그리고 복구의 발판이 되었다. 다윈의 글은 "봉인되거나 중립된 텍스트가 아니다. 그의 언어는 권위적으로 군림하지도 않고 한계를 짓지도 않는다. 이는 다윈이 굴복했기 때문이 아니다. 그는 권위가 보장하는 그릇된 안전을 박차고 나가고자 했으며, 완전한 지식을 추구할 수 있다는 가정마저도 버렸다. 그의 논증은 정보의 확장, 변형, 과잉으로 향하는 본성을 가지고 있다. 다윈의 세계는 **언제나 더 서술할 수 있으며**, 그 서술은 처음의 설명을 대체하는 새로운 이야기(narrative)와 은유(metaphor)를 낳는다."(Beer 49/139~140, 강조는 원저자의 것임)

비어는 다윈의 서사 구조를 연구하기 시작하면서 "진화론은 왜 진실과 다르게 여러 가지 위장된 모습을 취했을까? 그것은 어떤 우려를 낳았을까? 어떤 만족을 약속했을까? 어떤 새로운 정신적 자유를 주겠다고 유혹했을까?" 하는 의문을 가졌다. 이제 그는 이 의문에 답할 수 있는 실마리를 잡았다. "《종의 기원》이 가져온 지적·정서적 흥분이 부분적으로는 다윈이 생각하는 데 필요한 언어를 찾느라 애쓴 소산이라는 것을 깨닫게" 되었기 때문이다.

그[다윈]는 자연신학이 자연사가들을 제약하던 환경에서 활동했다. 자연신학자들은 신이 물질세계에 관여한다는 것을 보여주고자 했으므로 설계와 창조를 핵심 개념으로 삼았다. 다윈은 그 반대로 생산과 변이를 토대로 한 이론을 정립하고자 했다. 자신이 사용할 수 있는 언어에 맞지 않는 관념을 어떻게 생각해야 할까? **한 가지 수단은 은유의 가장자리에 위치하는 문구, 원래의 지칭 대상을 조금 훼손하더라도 그 의미를 암시할 수 있는 문구를 발명하는 것이다.** 예를 들어 '자연선택(natural selection)'은 '자연신학'에 대한 간결한 대응이다. 다윈은 신격(神格)을 끌어들이는 대신, **분화와 선택이 현실세계의 역사를 낳는다고 보았다**. 그가 제안한 세계에는 신을 설명하는 중요한 기능이 없었고, 그의 논증에는 인간에게 할당할 만한 특별한 공간도 없었다. 게다가 그 결핍은 결핍으로 보이지도 않았다. **자연세계는 언제나 꽉 차 있었던 것이다**. '자연선택'이 은유의 가장자리(on the edge of metaphor)에 위치한다고 말한 이유는 그 시대 사람들이 그 의미를 알기도 전에 설명의 역할을 자임했기 때문이다. …… 다윈이 성공을 거둔 것은 결과적으로 그 괴상하고 풍부한 맥락을 지닌 문구가 전문용어로 급속히 자리 잡은 덕분이 크다.(Beer xvii~xviii/15~16, 강조는 나의 것임)

은유와 유비

이어서 비어는 다윈 언어의 특징인 은유와 유비를 논한다. 특히 《종의 기원》에서 다윈이 사용한 풍부한 은유는 진화론이라는 주제에 알맞은 것이었다고 한다. 오해를 피하고 뜻을 분명히 하기 위해 엄격하게 정의된 언어를 사용하면 상상력이 흐려질 수밖에 없다. 비어에 따르면 이것은 다윈이 결코 원하지 않은 것이었다.

다윈의 과학적 방법론에서 핵심은 관찰이었다. 그러나 구슬이 서 말이라도 꿰어야 한다. 관찰된 자료들을 엮기 위해서는 합리적인 사고와 함께 '빈자리를 메우는' 상상력이 필수적이었다. 다윈은 풍부한 상상력으로 우리가 감각할 수 있는 세계의 풍요로움에서 다양한 가능성을 끊임없이 모색하고 확장해나갔다. 다윈의 상상력은 '예정된 설계'와 같은 기존의 관념들을 거부했다. 그러므로 그의 서술방식도 이 세계의 다양한 물질성 안에 존재하면서 이 세계를 유지하는 '어떤 적합성'들에 중점을 두었다. 이런 적합성들은 다윈이 추구하는 지식의 일부가 되었을 뿐 아니라 그가 지식을 조직하는 주요한 수단이 되었다. 그러나 이와 동시에 다윈의 이론은 변화와 변이를 강조함으로써 이러한 구조적 적합성과 조화에 변화의 에너지가 존재함을 인정해야 했다.

이 지점에서 비어는 아리스토텔레스가 《시학》에서 "훌륭한 은유는 상이한 것들 사이에서 유사성(similarity in dissimilars)을 직관적으로 인식하기 때문에" 은유는 천재의 표시라고 했다는 점을 인용한다.[17] 생물학적 관점에서 유사성을 발견할 수 있는 인식은 형태론적 범주화에서도 중요하고 유전의 역사에서도 중요하다. 그러나 다윈은 유사성 안에서 차이점들(dissimilarities in similars) 또한 가려내야 했다. 때로는 그것이 더 어려웠고 더 중요했다. 그에게 일탈, 분기, 사건, 우연은 지속적인 변화의 기본 소재였기 때문이다.

은유가 상이성과 유사성의 미묘한 관계를 인식하는 방식이라면, 그것은 종의 구분과 함께 범주화와 밀접하다. 완전히 무질서한 세계에서는 은유가 있을 수 없기 때문이며 설명도 불가능하기 때문이다.

여기서 우리는 레비-스트로스(C. Levi-Strass)의 말을 상기해볼 필요가 있다. 그는 과학자들이 탐구과정에서 불확실성이나 좌절을 참고 견딘다고 한다. 달리 어찌할 도리가 없기 때문이다. 하지만 "참고 견디지 못하며 또 그래서도 안 되는 것이 있으니 그것이 바로 무질서이다."[18] 그는 "무질서에 대한 배타성은 미개인에게도 마찬가지"라고 말한다. 원시인에서 현대 과학자에 이르기까지 동물과 식물의 분류 체계를 만드는 일은 무질서를 정리하는 인간의 인식 방법이다. 그

---

17 Beer 73~74/185. 비어는 아리스토텔레스가 《시학》의 어느 부분에서 이것을 언급하는지 주석에 명시하지 않는다. 아리스토텔레스는 《시학》 22장에서 '메타포'에 대해 언급하는데, 여기서 그는 '성공적인 은유를 이루어낼 수 있는 능력'에 대해 이례적으로 경탄하고 있다.(1459a 5~9) 그러나 고대 그리스 문학에서 은유는 뛰어난 표현 능력이기는 하지만 시적 수사법의 범주 안에 들어가는 것이었다. 아리스토텔레스 역시 이런 '기술적' 관점에서의 은유에 대해 《수사학》 3장과 4장에서 자세히 다룬다.
18 클로드 레비-스트로스, 《야생의 사고》, 한길사, 1996, 61쪽. 이 주제에 대한 폭넓은 전개는 '제1장 구체의 과학'을 참조하기 바란다.

들에게는 "어떠한 분류도 무질서보다는 낫다"고 한다. 이런 점에서 레비-스트로스는 원시인들이 질서 있는 분류를 위해서는 작은 차이점도 놓치지 않는다고 한다. 나아가 "식물학 논문을 그들의 언어로 번역하더라도 큰 지장이 없을 정도"라고 주장한다.

은유는 의미의 확장을 위해 모호함을 내포하지만 무질서를 방치하지는 않는다. 비어의 말대로 은유는 다형적(polymorphic)이지만 은유의 에너지는 역설적으로 자기가 무너뜨리고자 하는 장벽을 필요로 한다. 그러므로 은유는 특히 종이 분화하는 과정을 서술하는 작업에 적합하다. 은유는 새로움을 발생하게 하며 동시에 이를 조정하는 수단이다. 은유는 그것을 대하는 독자에게 기대를 구성하고 의미 선택의 여지를 주며 어떤 실현 가능성을 암시한다. 그래서 은유는 '이미 알려진 것의 잔여(殘餘)'라는 점에서도, '깨닫는 힘'이라는 점에서도 우리가 인식하게 될 어떤 발견을 향한 수단을 제공한다.

은유가 작동할 때 독자는 과학적 발견뿐만 아니라 의미 있는 이야기에 참여하고 있음을 느낀다. "의미의 상호 작용과 형성은 단일한 은유에서 생기는 게 아니라 **은유들이 이야기(narrative) 속에서 기능할 때** 생겨나기 때문이다."(Beer 89/217, 강조는 원저자의 것임) 그러므로 비어는 "은유를 장식이나 특권적 담론이 아니라 발견을 시작하는 근본적인 수단으로 해석한다면, 우리는 은유가 다윈 이론의 일부로서 지니는 가치를 더 잘 이해할 수 있을 것"이라고 결론 내린다.

유비도 유사성을 표현하는 방법 가운데 하나이다. 유비는 다양한 형태 사이에서 공통 구조를 발견하도록 해준다. 유비는 서로 다른 것들을 함께 놓고 탐구할 때 그 구성 요소들을 하나씩 비교하여 설명하는 표현방식을 띤다.

따라서 유비에는 은유에서 활용되지 않는 순서의 감각이 있다. **순서의 감각은 이야기의 느낌을 준다.** 사변적이고 추론적이며 주제화하여 확장된 논지를 펼치는 유비는 어떤 상징적 이미지를 떠올리게 하는 은유보다 훨씬 더 이야기에 가깝다. 이런 점에서 비어도 유비는 추론과 논증의 성격이 강하므로 상징적 이미지보다는 이야기에 가깝다는 점을 강조한다. 나아가 유비는 과거를 서사적으로 정리할 뿐 아니라 미래를 서사적으로 내다보는 '예언적 은유'의 기능도 한다.

은유와 유비를 사용하는 다윈의 목적은 잠정적이거나 은유적인 것을 넘어설 수 있는 유비를 발견하는 데 있었다. 나아가 서로 다른 것들을 질서화하면서 그 유비가 '참된 유사성'을 입증하는 데 있었다. 다윈이 사용하는 유비들은 '상동관계(homology)'를 드러낼 수 있었다. 이 경우에 '병행하는 이야기의 패턴들(parallel narrative patterns)'은 실제적 동일성을 드러내며 유형들 사이의 괴리를 사라지게 한다. 그 결과 설명되어야 할 세계의 총체적이고 만족스러운 조화가 실현된다.

이는 과학적 탐구에서 가설이 확증에 이르는 과정에도 적용된다. 가설은 잠정적인 진실이며 잠정적으로는 허구의 모습을 취한다. 하지만 궁극적으로는 확증에 이르기를 추구한다. 즉 허구의 모습에서 실체를 획득하는 과정에서 유비는 중요한 다리 역할을 한다. 비어는 다윈이 이러한 은유와 유비를 활용한 과정을 이렇게 표현한다. "다윈의 사유과정에서는 한 가지 운동이 끊임없이 반복한다. 그것은 은유를 실체화하려는 충동, 낡은 신화적 표현이 자연 질서에서 차지하는 실제 위치를 찾으려는 충동이다. 그는 **사실**(fact) 속의 신비스러운 요소를 우리에게 일깨워주는 데서 큰 기쁨을 느꼈다."(Beer 74/ 186, 강

조는 원저자의 것임)

그러나 논증 절차로서 유비가 지닌 위험성도 있다. 유비는 모든 서술에서 매우 유용하지만 증명을 넘어서는 것까지 설득력 있게 주장할 수 있기 때문이다. 이는 인식론적 차원에서도 유비가 인간 인식에서 필수적이라는 사실을 상기해보면 알 수 있다. 현실적으로 완전히 독자적인 것을 서술하기는 가능하지 않다. 우리는 이미 알고 있는 것에 의거하여 새로운 것을 이해한다. 곧 비교하지 않고는 이해할 수 없다. 사물의 이해와 의미의 생산에는 유비가 전제되어 있다.

자연신학 역시 유비의 이런 기능을 철저히 활용해왔다. "유비는 논증에서 단지 서술방식이나 유사성의 토론만이 아니라, 조화를 주장하고 유형과 질서를 자비로운 설계자의 산물로 귀속시키는 수단으로 사용될 수"(Beer 76/191) 있었기 때문이다. 그래서 비어는 "유비의 교묘하고 계시적인 성질은 마술과 비슷하다"(Beer 78/194)고까지 주장한다.

그러나 무엇보다도 중요한 것은 "유비의 담론은 다른 것들 사이의 (억지로 부여된 관계가 아니라) '살아 있는(living)' 관계를 내세운다." (Beer 78/195) 아마도 유비의 이런 점이 다윈에게도 중요했을 것이다. 유비는 어떤 과학 영역이라도 초월할 수 있는 지극히 풍부하고 방대한 생명세계를 표현하는 데 적합하기 때문이었을 것이다. 다윈은 말한다. "모든 시간과 공간에 속하는 모든 동물과 식물이 서로 연관되어 있다는 것은 진정으로 멋진 사실이자, 너무 낯익은 탓에 간과하기 쉬운 경이로움이다."(Origin 170~171)

유비는 보편적 과학 용어와 달리 개념과 대상 사이를 명확하게 연결하지 않기 때문에, 비어의 말처럼 "항상 판타지의 가장자리에" 놓인다고 할 수도 있지만, "그러면서도 유비는 은유의 지위를 넘어 자연 질서 속에서 실재성(real presence)을 주장한다."(Beer 77/193) 그것은 다윈에게 진화의 이야기가 '실재했던 이야기'임을 주장하는 데 필수적인 수단이었는지도 모른다.

이야기

'언제나 더 서술할 수 있는' 세계에 대한 탐구를 시작한 다윈에게 따라온 언어의 문제, 그리고 은유와 유비라는 표현의 문제를 논한 다음, 비어가 다윈의 세계를 어떻게 이해하고 설명할지는 분명해 보인다. 그는 다윈의 세계가 '이야기의 세계'[19]라고 주장하고 싶은 것이다. 이 말이 좀 지나치다면 이렇게 표현할 수도 있다. 다윈의 세계에서 서사성은 본질적 중요성을 갖는다.

그러므로 비어는 "이야기(narrative)와 논증(argument)이 어느 정도까지 방법을 공유할 수 있는지, 나아가 이야기와 논증 사이에 어떤 차이가 있는지 검토"(Beer xxv/29)하고자 한다. 비어도 진화론이 시간이나 변화의 개념과 불가분의 관계에 있기 때문에 이야기의 과정과 내재적 친화력을 가진다는 점에 착안한다.

따라서 진화론이 어떤 특별한 의미로 소설의 이야기와 구성에 영

---

19 여기서 '이야기'라는 말은 '현실을 이야기하는 것'이라는 데 방점을 찍는다. 이는 'story-telling'이 곧 'reality-telling'과 겹칠 수 있음을 시사한다. 현실을 반영한다는 것의 의미에는 '이야기의 방식으로 현실을 드러낸다'는 것도 포함되기 때문이다. 현실과 이야기는 서로 구별되는 만큼 상호 침투적이다. 이를 조금 도발적으로 표현하면 '잘 만들어진 이야기는 현실보다 낫다'고 할 수도 있다.

향을 미쳤는지 밝히려 한다. 그래서 그의 저서 제목이 서사 이론의 핵심 용어를 포함한 《다윈의 플롯(Darwin's plots)》[20]인 것이다. 여기서 플롯은 이중적 의미를 지닌다. 다윈이 자신의 이론을 숙성하면서 갖게 된 플롯과 그가 다른 사람들에게 갖게 한 플롯(생물학적으로 표현하면 그가 번식한) 모두를 가리킨다. 다윈의 플롯은 태어난 후 지속적으로 번식하며 진화해왔다.

비어는 다윈의 언어와 플롯을 논하기 전에 다윈이 성장과정에서 '이야기 짓기'에 특별한 관심과 능력이 있었음을 언급한다. 다윈이 자전적 글에서 자칭 '대단한 이야기꾼(a very great story-teller)'이라고 말한 것도 상기시킨다.(Beer 25/90 참조) 특히 탐구 행위에서 '이야기 짓기의 의미'와 '이야기의 힘'에 주목한다.

젊은 날 다윈이 쓴 자전적 글에서도 "두려움, 놀라움, 수집하고 명명하는 즐거움, 그리고 이야기(혹은 거짓)를 구성하는 즐거움과 위험에 관한" 회상이 나온다. 어쩌면 아이들에게 공통적인 일이겠지만, 다윈은 어린 시절 남들에게 감동과 놀라움을 주기 위해 이야기들을 꾸며내곤 했다. 다윈에게 특별한 것은 "이야기 창작에 대한 그의 열정이 힘을 추구하려는 욕망과 자신을 둘러싼 역설들을 통제하려는 시도를 나타냈다"는 데 있다. "그 무렵 그는 역설의 강렬함에 자극을 받았다. 그는 자신이 만들어낸 이야기의 실재적 의미를 생생하게 의식하고 있었다." 이는 다윈이 어린 시절을 회상하는 말에도 잘 나

---

20 우리말 제목에는 '플롯'이 단수로 표현되지만 영어 원제에서는 복수(**plots**)인 점에 주목하자. 우리말에는 복수의 표현이 언어 관습상 불편하지만, 서양어에서는 특별한 의미를 부여할 때 단·복수의 구분된 사용은 매우 효율적이다.

타나 있다. "꾸며낸 이야기가 얼마나 생생한지 나조차도 거의 사실이라고 착각할 정도였으며, 예전에 느끼던 부끄러움조차 느끼지 않았다."

특히 꾸며낸 이야기의 힘이 다윈에게 **발견의 열정**을 불어넣었다는 사실은 중요하다. "꾸며낸 이야기가 엉터리라고 생각하지만 거짓말도 일종의 진실의 발견이라는 희망을 품은 채 거기에 현실의 감각을 불어넣는 그의 태도는 우스꽝스러우면서도 통찰력이 가득하다." 비어는 이야기와 발견의 연결 고리를 희망의 수준에서 보지만, 둘 사이의 관계는 좀더 근본적이다. 다음 장(章)에서 다시 다루겠지만, 서사는 **발견의 화두**이자 **발견의 완성**을 위한 도구이기 때문이다. 이렇게 볼 때 다윈의 상상력이 절정에 달했을 무렵, "그의 마음과 공책에는 변신, 변형, 선택에 관한, 아직 공개되지 않고 체계화되지 않은 이야기가 가득했다"(Beer 26/91)는 사실은 의미심장하게 다가온다.

체계화되지 않은 이야기가 20여 년의 시간을 거쳐 하나의 이론으로 모양을 갖추어갔다. 그러므로 "지금 보아도 다윈의 이론에는 다윈 자신이 통제하려 애썼던—혹은 그가 한 번도 온전하게 의식적으로 대면하지 않았던—다양한 의미가 가득하다."(Beer xxi/21) 다윈의 이론은 하나의 의미로 환원되거나 해석의 단일한 유형만을 낳지 않는다. 그것은 기본적으로 다의적이다. 그러므로 "다윈이 제시한 세계는 어찌 보면 충만하면서도 혼란스러워 보인다."(Beer 7/55)

여기서 비어는 다윈의 이론이 해석의 경로를 확정하는 '과학적 엄밀성'보다는 해석의 여지가 충만한 '서사적 융통성'을 특징으로 한다고 말하고 싶어한다. 따라서 진화론은 인간이 경험을 이해하는 방식과 함께 경험을 이야기로 응축하는 방식을 다양화했다고 본다. 결론적으로 "진화론은 무엇보다 상상을 통한 역사의 구성이다." 그래서 진화론은 이야기에 가깝다.

이제 비어는 "진화론이 현재 단계에서는 실험을 통해 과학적으로 증명될 수 없다"는 잘 알려진 이유를 들면서, 과학과 문학의 유사성을 일반화하는 과학철학적 견해를 피력한다. "과학적 이론화와 소설 작법은 표면적으로 차이가 있음에도 주요 절차에서는 공통점이 상당히 많다. 가설을 모태로 하고, 미래를 전거로 확증을 시도하며, 확증된 자료보다는 가능성을 지향하고, 관찰된 인과관계와 가능성을 플롯으로 구성하는 점에서 그렇다. 또한 관찰을 중시하고, 유비를 이용해 내재하는 유형을 인식하며, 과감성, 현재 이해가 불충분하다는 깨달음, 현재 지식의 범위를 넘어서는 세계를 인지하는 데서 즐거움을 찾는 것도 공통점이다."(Beer 83/206)

비어가 '과학적 글쓰기의 속성'으로서 '본질적으로 상상에 의거함'을 지적하며 그것이 항상 검증 가능성과 반증 가능성의 대상이라는 점에서는 다른 형식의 허구와 마찬가지라고 주장할 때, 과학과 소설의 구분은 허물어진다. "대체로 과학자들은, 당장은 아니더라도 특정한 단계에서는 평가가 가능한 과학 이론과, 주관적인 평가만 가능할 뿐 실험을 통해 반복되지 않는 소설의 구분을 허물려 하지 않는다. 하지만 이것은 완벽한 구분이 아니다. 중요한 과학 이론들은 확증에 필요한 자료가 나오기 **이전에** 발표되는 경우가 흔하다. …… 그런 의미에서 과학 이론은 예언의 기능을 가지는데, 이 점은 소설도 마찬가지다. 소설도 사회 속에서 스스로를 온전히 드러내기 전에 먼저 초기 형태를 의식에 등록하고자 하기 때문이다." (Beer 84/207)

작가가 답할 수 없는 것에 대해 해답의 은유를 시도하고 고민하듯이 과학자도 과학적 탐구의 범위 내에서 당장 답할 수 없는 문제를 제기한다. 가능성을 확장하는 과정에서 이야기되어지는 것들을 우리는 소설에서든 과학에서든 만나게 된다. 다윈 이론의 서사적 특성에 대한 비어의 입장은 다시 한 번 분명해 보인다.

> 다윈은 **세계에 관한 이야기 – 허구 – 를 만들고자** 했다. 그것은 인간의 이성에 전적으로 의존하지도 않고, 인간이 소유한 하잘것없는 관찰력에 의존하지도 않는다. 인간은 자신의 좁은 주변 세계 안에서 주어진 짧은 기간 동안 살아갈 따름이다. 그러나 다윈은 은근히 형이상학적 세계를 추구할 마음도 없었고, 물질을 신비주의의 한 형태로 연장하려는 열정을 품지도 않았다. 그의 은유와 유비에서는 이중의 노력을 엿볼 수 있다. 하나는 적합한 서술을 창조하려는 시도이고, 다른 하나는 인간의 한계 내에서 지식의 경계를 최대한 넓히려는 시도이다.
> **그의 텍스트는 확장성이 대단히 풍부한 허구다.** 말 그대로 '생각할 수 없는 것(unthinkable)'의 경계를 향해 의도적으로 확장됨으로써 세계를 측량하는 도구로서 인간 이성이 지닌 힘의 절대성을 대체한다. 다윈은 은유로 가득 찬 글쓰기를 선보였음에도 그 자신은 은유가 함축하는 상상력과 사회학적 의미를 충분히 의식한 것 같지는 않다.(Beer 92/222~223, 강조는 나의 것임)

비어는 일부 유보적 표현에도 다윈의 진화론이 지닌 허구성을 간과할 수 없음을 강조한다. 비어는 그냥 지나쳤지만, 그렇다고 허구가 허위라는 말은 아니다. **실재와 허구**는 전적으로 대립 개념이 아니라 **상호 침투적**이며 **상호 보완적**이다. 이 점이 바로 우리가 더 탐구해야 할 과제이다.

02 다윈의 개념들

앞에서 나는 비어의 '문학적 달변'을 보완할 필요를 느꼈고, 그의 이론을 소개하면서 '과학의 입장에서' 일부 내 생각들을 가미했다. 비어의 텍스트는 다윈의 텍스트에 못지않게 의미의 확장성이 크기 때문이다. 비어는 자신의 저서 도입부에서 "《종의 기원》은 지은이가 당시에 알았던 것 이상을 포괄하는 저작의 매우 특별한 사례다"(Beer 2/43)라고 말한다. 레빈은 이 말이 비어의 저서에도 해당된다고 한다. 문학과 과학사 및 과학사회학을 넘나드는 그의 박학함, 그리고 은유를 적극 활용하는 그의 표현법들은 《다윈의 플롯》이라는 텍스트 그 자체가 풍부한 해석의 동기가 되게 한다.

레빈도 비어가 제2판 서문에서 《다윈의 플롯》이 과학을 단지 '허구(fiction)'라고 주장하는 것처럼 해석하는 일부 견해에 대해 곤혹스러워하는 것을 놓치지 않는다. 비어는 "이 책은 처음에 일부 독자들이 당혹스럽게 추측한 것처럼 다윈의 저작이 '허구'라고 주장하지 않는다. 이 책은 다윈이 사용한 언어가 사물을 생각하는 그의 노력을 잘 보여주며, 그것을 무심코 걷어낼 경우 큰 피해를 입을 수 있다고 주장한다"(Beer xxv/28)라고 자신의 입장을 밝힌다.

'실재와 허구'에 대한 성찰

레빈도 "여러 차례 강조된 적이 있지만 지은이[비어]의 논점은, 다윈의 이론이 표현된 언어에는 다윈이 살았던 문화가 스며들어 있으므로 그 '학문'을 완전히 이해하려면 그 언어가 어떻게 기여했고 어떤 저항과 추종을 야기했는지를 알아야 한다는 것이다"(Beer xii/504)라고 비어를 변호한다. 다시 말해《종의 기원》이 언어와 표현에서 당시 사회의 문화적 맥락을 벗어날 수 없음을 상기시킨다. 나아가 레빈은 "비어의 연구는 문화 속에서 다윈의 사상이 지니는 함의를 강조하는 한편, 과연 다윈이 '발견자'나 '발명자'로 간주될 수 있느냐 하는 의문을 던진다"고 말한다.

과학자로서 다윈이 발견자나 발명자로 불릴 수 없다면, 그의 역할과 업적은 어떻게 정의될 수 있을까? 비어는 이미 "다윈은 법칙을 발명한 게 아니라 서술했다"고 말한 바 있다.[21] 나아가 다윈이 서술과 창작을 모두 해냈다는 점을 강조한다. "다윈이 무책임한 이론을 전개했다고 보는 관점은 여전히 남아 있다. 마치 그가 자연의 과정들을 단순히 기록한 게 아니라 창작한 것처럼 여기는 관점 말이다. 그것도 틀린 견해는 아니다. 대단히 개성이 있으면서 문화에 예속된《종의

---

21 본서 '3부 2장 01' 참조.

기원》의 언어, 이를테면 '삶을 위한 투쟁(the struggle for life)', '거대한 가계(the great family)', '자연선택' 등 당대의 이념들을 망라하는 용어들이 본래의 텍스트를 넘어 다방면으로 파급되는 결과를 빚었기 때문이다. 그래서 다윈은 창조론의 딜레마를 겪는다. 그는 단지 체계를 기록하고자 하는데, 그것은 이미 그의 통제를 넘어버린다. 그러나 상상력으로 가득한 언어, 새로운 용어를 발명하고 새로운 형이상학적 연관성을 꾸며내야 할 필요성 때문에 그는 어쩔 수 없이 창조적 행위를 떠맡은 것으로 보인다. 그의 텍스트는 생식력을 가진다. 그는 인간과 다른 모든 생명 형태들의 균형을 표현하고자 했지만, 그의 글과 신선한 이야기가 지닌 힘은 서술과 창작을 모두 요구했다."(Beer 96/228~229)

언급했듯이 비어의 입장은 현대 과학사와 과학철학적 관점에서 보아 특별한 것은 아니다. 그는 과학사와 과학철학의 일반론을 많이 차용하고 있다. 이를 간단히 표현하면 과학자는 자연법칙을 발견함과 동시에 구성한다는 입장이다(아니면 구성하면서 발견한다고도 할 수 있다). 이것은 현대과학의 문제만이 아니라 서양 사상사에서 지속된 것으로서 **실재와 허구의 문제**라고 할 수 있다.[22] 이는 또한 과학과 예술(문학을 포함한)의 관계에 대한 문제이기도 하다. 피카소(P. Picasso)는 "예술은 우리에게 진리를 알 수 있게 해주는 기만이다"라고 말했다. 이 말은 고대로부터 예술이 지녀왔던 '진리와 자연법칙에 대한 모순적 위상'을 함축하고 있다. 예술은 진리를 가릴 수도 있지만, 진

---

[22] 김용석, 〈예술과 과학 : 그 공생과 갈등의 기원 그리고 전망〉, 《예술, 과학과 만나다》, 이학사, 2007, 45~81쪽 참조.

리의 길을 위한 '전략적 기만'일 수도 있다.

고대에 아리스토텔레스의 창작 이론은 허구를 만들어내는 능력이 허위와 다름을 일깨워주었다. 중세 때 일부 학자들도 허위(falsum)와 허구(fictum)를 구분했다. 허위는 진리에 반하는 것이지만, 허구는 진리를 다른 각도에서 보여주는 것이기 때문이다. 아리스토텔레스가 창작품으로서의 예술이 보편적인 것을 소통할 수 있다고 본 것은, 예술과 과학 사이의 공통분모를 찾는 과제에서 중요한 관점이 될 수 있다. 자연법칙의 보편성을 추구하는 것은 과학의 본질이기 때문이다.

과학적 가설은 실험과 증명을 거치면서 궁극적으로 보편적 적용 가능성을 지향한다. 또한 가설에서 출발하는 과학의 이론화 작업과 자연을 설명하는 모델 설정 작업을 일종의 '허구'를 구성하는 과정이라고 볼 수 있다면, 과학적 창의성 또한 예술가의 작업과 유사성을 갖는다. 다만 예술에서는 허구로서 완성된 작품이 보편적 진리를 소통할 수 있는 통로로서 작동할 수 있다면, 과학에서는 자연법칙에 대한 가설과 우주 모델 같은 '과학적 허구'를 보편적 법칙을 추구하는 과학적 성과의 출발점으로 삼을 수 있다는 점이 다를 것이다. 다시 말해 **예술은 허구로서 완성되고, 과학은 허구로서 출발한다**고 볼 수 있다.

이 점에 대해서는 비어도 어느 정도 인식하고 있다. "이론이 처음 등장했을 때는 마치 허구처럼 보인다. 우리에게 지각되는 자연세계와, 가설을 통해 상상된 세계의 어색한 부조화로 인해 이론은 한동안 허구의 영역을 벗어나지 못한다."(Beer 1/41) 그러나 과학계에서 보편적으로 인정받은 이론은 오히려 기존 이론을 허구의 영역으로 밀어낸다. 일종의 '탈(脫)실재화' 기능을 한다고 할 수 있다. 아니면

"지금까지 사실로 믿어졌던 것을 은유로 바꾼다"고 할 수도 있다. 이는 어떤 과학적 주장은 원래 은유지만 사실로 받아들여지고 있었다는 것을 의미한다. 이것을 좀더 밀고 나가면, 실재는 허구를 통해 표현되고 이해된다고 할 수 있다. 그렇다면 수식(數式)도 과학계에서 '엄밀한 허구'를 만들어내는 방식이라고 볼 수 있다.

그러므로 비어가(비어를 옹호하는 레빈 역시) '자신이 다윈의 과학을 허구라고 주장한다'는 비판에 과잉 반응할 필요는 없다. 비어의 저서는 제목과 부제뿐만 아니라 다윈의 텍스트를 다루는 내용에도 허구의 관점을 내포하기 때문에 그런 비판의 대상이 될 가능성이 높다. 오히려 비어는 자신의 작업이 과학적 연구가 지니는 일정 부분의 허구성을 각각의 과학적 성과에 따라서 면밀히 분석하고, 이해하며, 설명하는 작업의 일환임을 인식할 필요가 있다(이런 점에서 비어 자신은 확신이 없었는지 모른다).

탐구와 창작의 관계를 논할 때 중요한 것은 과학적 이론에 스며든 문학적 전개방식을 드러내는 데 그치는 게 아니라, 다윈의 경우처럼 '이야기적' 접근법이 과학 탐구에 문제가 되기도 하지만 오히려 **과학적 발견과 발명을 위한 훌륭한 연구 방법이 될 수 있다**는 점을 인식하는 것이다. 언급했듯이 서사는 발견의 화두이자 발견의 완성을 위한 도구가 될 수 있기 때문이다. 인식론적 차원에서 좀더 보편적으로 말하면, 우리는 허구를 구성하는 과정에서 사물의 이치를 깨닫게 될 수 있다. 이는 우리가 이론화 작업에서 오랫동안 잊고 있던 것이다.

이런 점에서 과학과 서사는 대립하거나(비어처럼 그 대립을 염려할 필요도 없다) 별개의 것으로 존재하는 게 아니라, **공통 영역에서 서로 보완, 공생할 가능성**을 보여준다. 그리고 모든 과학자는 보편적 의미에서 발견자나 발명자이기보다 오히려 개별적 의미에서 발견자와 발명자라고 할 수 있다. 그들은 자기 나름의 연구와 이론 전개의 방식을 개발하려 하기 때문이다. 이에는 관찰방식과 도구의 개발도 포함된다.[23]

실재와 허구에 관한 이런 성찰은 서사적 차원에서 우리에게 흥미로운 과업을 제시한다. 곧 다음과 같은 의문들에 대해 숙고하게 한다. **이야기로서 받아들여질 수 있는 것이라면, 실재로서도 받아들여질 수 있는가?** 나아가 이야기 속으로 들어간다는 것은 실재 안으로 들어간다는 의미일 수 있는가? 좀더 도발적으로 말하면 다음과 같은 명제도 제시할 수 있다. 잘 만들어진 이야기는 실재에 가깝다. 실재는 '밝힘'의 대상이 아니라 '말하게 함'의 대상이다. **실재를 잘 알고 싶으면 기막히게 뛰어난 이야기를 지어내라!**

우리는 앞에서 '서사 취향의 숨은 이유'를 논하며[24] '보르헤스의 의혹'에 답하고 어떤 깨달음을 얻었다. 그것은 '실재가 허구적일 수 있다'는 것이었다. 우리는 이제 '허구가 실재적일 수 있다'는 명제를 숙고하고 있다. 이 두 명제는 단순히 주어와 보어를 뒤바꾸어놓은 것이 아니다. 허구를 만드는 주체가 다르기 때문이다. 첫 번째 명제의 경우 실재라는 허구를 만드는 주체가 '누군지'는 모른다. 누군가 실

---

[23] 물리학자 프리먼 다이슨은 도구가 과학 혁명을 일으킨다는 점에 주목한다. 이때 그는 도구를 개념과 구분되는 것으로 본다. 즉 물질적 도구만을 도구로 본 것이다. 그러나 다윈의 경우에는 개념이야말로 그에게 문제 해결을 해주는 중요한 '도구'였다. 특히 '생존 투쟁', '자연선택', '변화를 수반하는 계승' 같은 핵심 개념들은 다윈의 자연 탐구과정과 이론 정립과정에서 물질적 도구 이상의 역할을 했다. 사실 개념과 도구는 그 의미와 활용에서 서로 오버랩된다.

[24] 본서 '서장 01' 참조.

재를 '만들어내고' 있다고 생각할 뿐이다. 지금 우리는 두 번째 명제에 더 관심을 갖고 있다. 허구를 만들어내고 시험하는 주체는 우리 인간이기 때문이다. 창작과 탐구라는 점에서도 당연히 두 번째 명제가 흥미롭다. 이는 고대로부터 아리스토텔레스가 포이에시스의 개념으로 '인간의 만드는 행위'에 관심을 가진 이래 문화철학적 주제가 되었다.

왜 '이야기'인가?

비어가 사용하는 '다윈의 플롯'이나 '진화론적 서사(Evolutionary Narrative)' 같은 용어에는 이미 다윈 이론이 서사성을 지닌 허구라는 뜻이 포함되어 있다. 그런데 비어는 《종의 기원》을 분석하면서 주로 언어 선택의 문제 그리고 은유와 유비 사용의 문제를 중심으로 논지를 전개한다. 특히 은유의 문제를 깊이 파헤치는데, 이러한 분석으로부터 다윈의 이론 전개가 서사적이고 다윈의 텍스트가 허구라는 주장에 이르는 방식은 도약적이다. 즉 설명이 부족하다.

실제로 과학적 기술(記述)에서 은유를 사용한다는 것은 새로운 게 아니다. 은유와 과학적 발견의 관계에 대한 담론과 논쟁들은 20세기부터 줄곧 있어왔다. 토머스 쿤(Thomas Kuhn)은 과학자들이 질량(mass), 전기(electricity), 열(heat), 혼합물(compound) 같은 과학의 기초 용어를 자연 현상에 적용할 때, 각각의 언어가 가리키는 것을 필요하고도 충분하게 결정하는 기준을 세워놓고 있지 않음을 지적한다.[25] 즉 계량화를 기본으로 하는 과학 분야에서도 전문 술어의 '의미'에 은유적 요소가 스며들어 있음을 주장한다.

서술이 서사적이기 위해서는 은유나 유비로는 불충분하다. 분명히 다윈의 사상과 그 이론 전개는—앞 장들에서 설명한대로—이야기와 친화력을 가진다. 그러나 다윈 사상 그 자체의 플롯을 논하기는 쉽지 않다. 반면 다윈이 자신이 활동했던 시대와 후대의 문학뿐만 아니라 과학적 기술에 '번식시킨'(이 점에서 다윈의 텍스트는 생식력을 가진다는 비어의 말은 맞다) '플롯들'에 대해서는 풍부한 자료를 바탕으로 흥미로운 논의를 전개해볼 수 있다. 이것은 다윈의 진화론과 문학의 상호 관계가 같은 비중으로 영향을 주고받은 관계가 아니라는 사실을 일깨워준다.

《종의 기원》 초판본을 재인쇄한 1968년 판본에 '편집자 서문'을 쓴 존 버로우(John Burrow)는, 조지 엘리엇 등 다윈과 같은 시대 작가들이 《종의 기원》에 관심을 가졌던 것과는 달리, 다윈은 자신과 같은 시대 작가들의 작품에 그리 큰 관심을 보이지 않았다는 점에 주목한다. 그러나 비어는 이런 해석에 반대하여 다윈이 어릴 때부터 문학에 깊은 관심을 가졌다는 것을 전기적 자료로 증명하고자 한다.

버로우는 이 점에 대해서도 "그[다윈]는 언어 자체에는 흥미를 느끼지 않았으며, 문학에 거의 관심이 없었다. 중년에 이르러서야 가벼운 취향이 생겼으나 이 경우에도 여주인공이 예뻐야 하고 이야기가 해피엔딩이어야 했다"[26]고 말한다. 이에 대해서도 비어는 언급했듯이 어린 다윈이 이야기 짓기에 대단한 관심이 있었다는 것을 증거로

---

25 T. Kuhn, "Metaphor in Science", *Metaphor and Thought* (Edited by A. Ortony), Cambridge University Press, 1979, pp. 409~419 참조.
26 John Burrow, "Editor's Introduction", *The Origin of Species*, Penguin Books, 1968, p. 12.

내세운다. 또한 청년 다윈이 비글호로 세계일주 항해를 떠날 때 빠뜨리지 않고 챙겼던 책이 《존 밀턴의 시집(The Poetical Works of John Milton)》이었다는 사실을 강조하며, 비글호 여행 후 1830년대 후반부터 1850년대까지 다윈의 독서 목록에 셰익스피어의 작품을 비롯한 적지 않은 문학서들이 등장한다는 점도 눈여겨본다.[27] 그러나 다윈이 그와 같은 시대 작가들의 작품에 많은 관심을 가졌다는 증거는 별로 없다.

어릴 때부터 두드러진 다윈의 이야기 취향에 대해서도 재고해볼 필요가 있다. 우선 다윈은 자서전에서 "나는 어린 시절 재미 삼아 거짓말을 잘 지어내곤 했다"(Auto 23/19)고 고백한다. 다른 한편 다윈은 남이 지어낸 이야기에도 곧잘 속아 넘어가곤 했다. 의사인 아버지도 환자 상담 때 심리효과를 줄 수 있는 이야기를 지어내곤 했다. "아버지는 기억력이 뛰어나서 이상한 이야기도 상당히 많이 알고 있었다. 아버지는 대단한 이야기꾼이었기 때문에 그런 방대한 기억을 바탕으로 이야기 들려주기를 좋아했다."(Auto 35/35) 또한 만년의 다윈은 미술과 음악에 대한 취미는 완전히 잃어버렸어도 "상상력의 산물인 소설은 대단한 정도는 아니더라도 몇 년 동안 많은 위안과 기쁨을 가져다주었다"(Auto 113/167)고 회상한다. 그래서 그는 "모든 소설가들을 축복한다"고 말한다. 하지만 다윈의 회상에 나타난 이런 사실들이 특별히 어떤 서사 취향을 정당화하기에는 부족해 보인다. 그것은 오히려 보통 사람들이 성장과정에서 겪는 정도를 크게 넘지 않아 보인다.

---

27 Beer 5/50과 함께 26~27/93~94 참조.

이제 우리는 이렇게 물어볼 수 있다. 다윈의 과학적 성과에 스며든 이야기 짓기의 차원을 이해하는 데 다윈의 전기와 서한 등에서 찾아볼 수 있는 서사적 취향과 문학적 관점에서 밝혀낸 비어의 연구 성과 외에 다른 요소들은 필요 없을까?

집요한 관찰 의지와 뛰어난 관찰력의 소유자였던 다윈은 비글호 항해 기간을 포함하여 자연과 생명의 탐구과정에서 엄청난 자료들을 모았다. 다윈은 이 자료들을 구슬을 꿰듯이 설득력 있고 매끄럽게 엮어 설명할 수 있는 도구가 필요했다. 다시 말해 관찰한 '결과를 엮어가며(plotting sequence)'[28] 일관된 줄거리를 제공할 도구가 필요했다. 곧 개념이 필요했다.

다윈이 개발한 **개념**들은 과학적 서사의 **도구**가 되었을 뿐만 아니라 그것들이 지니는 특별한 의미로 인해 새로운 이야기들이 발생하는 데 촉매가 되었다. 다윈의 텍스트가 서사적 생식력을 갖는 것은 무엇보다도 이런 개념들 덕이었다. 다윈의 경우는 관찰과 개념이 이야기를 발생시키며 이야기를 번식시킨다는 것을 보여준 대표적 사례이다.

관찰과 개념

"바람에 의해 수정되는 꽃은 결코 화려하게 채색된 꽃잎을 갖지 않는다." 성선택 이론을 역으로 암시하는 다윈의 이 말은 방대한 관

---

28 'Plotting sequence'라는 표현은 다윈이 사용한 게 아니라 내가 한글로 표현하는 것보다 좀더 소통력이 있을 듯하여 다윈의 모어(母語)인 영어로 표현해본 것이다. 이와 함께 이렇게 이루어진 '과학적 서사 구성'을 'scientific plotting'이라고 표현할 수 있을 것이다.

찰을 바탕으로 과학 이론을 전개한 과학자의 특성을 잘 보여준다. 그의 관찰 결과는 과학적 일반법칙과 우리가 일상생활에서 마주할 수 있는 사실들 사이에서 다리 역할을 한다. 그럼으로써 보통 사람들도 자연사에 흥미를 느끼게 한다.

다윈은 본질적으로 관찰자다. 이는 그가 소년 시절부터 동식물을 관찰하는 데 관심이 많았다는 것뿐만 아니라, '비글호'를 타고 여행하면서 세계 곳곳의 자연과 생명체들을 볼 수 있었고, 특히 갈라파고스 섬에서의 관찰 결과가 그의 이론 형성에 결정적이었다는 것을 보아도 알 수 있다. 즉 다윈은 관찰-개념-서술이라는 과정을 거쳐 자신의 기본 이론을 세울 수 있었다. 이 과정에서 관찰된 '결과들을 엮어가는' 능력이 필요했다. 곧 관찰 결과에 질서와 의미를 부여할 수 있는 개념이 필요했다. 다윈의 과학 서사를 이해하는 데 '이야기꾼으로서 다윈'을 전제하기 전에, '관찰자'와 '개념 개발자'로서 다윈을 전제하는 것이 필요하다. 그러면 이야기꾼으로서 과학자 다윈을 이해하는 데도 도움이 된다.

자연 관찰에 대한 흥미와 열정은 다윈의 자서전에도 잘 나와 있다. 그는 청소년 시절을 회상하면서 이렇게 적고 있다. "딱정벌레를 향한 내 열정이 어느 정도였는지 설명해보겠다. 하루는 오래된 나무의 껍질을 벗기다가 진귀한 딱정벌레 두 마리를 보았다. 한 손에 한 마리씩 집어들고 보니 세 번째로 다른 종류의 딱정벌레가 나타났다. 그 녀석을 놓칠 수 없었기에 나는 오른손에 들고 있던 것을 입에 집어넣었다. 그런데 세상에, 그 녀석이 지독한 분비액을 싸버렸다!"(Auto 53/61~62) 그리고 자서전의 마지막 부분에서 만년의 다윈은 이렇게 다짐한다. "내가 죽는 날은 관찰과 실험을 포기할 수밖에 없는 바로 그날이 될 것이다."(Auto 111/165~166) 다윈은 자신의 생애에서 가장 중요한 사건이었던 '비글호 항해'에 대해서도 "나는 자연사의 다양한 분야를 면밀히 관찰할 계기를 얻게 된 것이고, 그래서 이미 어느 정도 길러져 있던 내 관찰력은 이 항해를 통해 한껏 향상될 수 있었다"고 회고한다.

이어서 다윈은 "배가 가는 곳마다 했던 지질학 탐사는 아주 중요한 활동으로 이 과정에서 추론 능력이 길러졌다"고 말한다. 관찰은 추론적으로 연관이 있을 수 있는 또 다른 관찰 대상을 예측하게 해준다. 곧 새로운 발견을 예측할 수 있게 해준다. 다윈은 자신이 생각했거나 읽은 것들이 자신이 본 것이나 볼 것들과 바로 연결되는 데서 보람을 느꼈다. 그래서 그는 "관찰과 추론을 하면서 맛보는 기쁨이 사냥에서 얻는 것보다 훨씬 크다는 사실을 알게 되었다"고 고백한다 (다윈은 젊은 시절 사냥을 무척 즐겼다).

관찰은 구체적 사실을 확보하는 일이다. 구체적 사실이 충분하면 이야기가 '시작될 수' 있다. 그러나 이야기를 '이어가기' 위해서는 구체적 사실로는 불충분하고 개념이 필요하다. 여기서 잠시 관찰과 개념이 서사와 어떤 연관이 있는지 살펴보자.

소설가 김연수는 "소설이야말로 구체성으로 움직이는 세계를 그린다"[29]고 한다. 이는 소설의 작법이 귀납법을 기본으로 한다는 뜻이다. 이야기가 '실감나려면' 환상 소설을 쓸 때에도 이야기를 구체적이고 사실적으로 묘사할 수밖에 없다. 다시 말해 구체적 사실에 대한

---

29 김연수, 〈가장 과학적인 것이 가장 문학적이다〉, 《과학이 나를 부른다》, 사이언스북스, 2008, 25쪽.

관찰이 축적되어 있으면 실감나는 이야기를 전개할 수 있다.

김연수는 "과학자들은 선천적으로 글을 잘 쓸 수밖에 없는 사람들"이라고 한다. 왜냐하면 "과학자들은 자신들이 발견한 구체적인 사실을 글에 쓰지 않을 수가 없으며, 또한 그 구체적인 사실이 어떤 의미를 지녔는지 다른 것에 비유할 수밖에 없기" 때문이다. 그래서 허구를 만들어내는 작업인 글쓰기도 개별적인 것들, 구체적인 것들, 물질적인 것들에서 출발해야 한다. 관찰을 통해 구체적 사실들을 확보하면 이야기 짓기는 자연스레 시작될 수 있다.

화석 기록은 그 자체로 시간적인 자료가 아니다. 그것은 지층의 공간에 남아 있는 흔적이다. 곧 공간적 자료이다. 다윈은 공간적 대상의 특성을 세밀히 관찰함으로써 시간적 해석을 추출해낼 수 있었다. 다윈의 진화론은 **공간을 시간화**함으로써 창출한 과학 서사이다.

시작된 이야기를 '이어가기' 위해서는 개념이 필요하다. 개념에 비추어서 '세상의 이야기' 또는 '이야기의 세상'은 일관되게 작동하기 때문이다. 다윈에게 이런 역할을 한 개념은 '자연선택'이었다.[30]

다윈과 거의 같은 시대에 살았던 곤충학자 장 앙리 파브르(Jean Henri Fabre)도 탁월한 관찰자였다. 다윈도 그를 '도저히 따라갈 수 없는 관찰자(inimitable observer)'라고 극찬했다. 갑충류나 벌류를 중심으로 많은 곤충들의 집 만들기, 먹이 먹기, 어미의 유충 기르기 등 복잡·미묘한 습성을 상세하게 관찰·기록한 그의 '곤충기'는 문학

---

30 방법론적 관점에서 보면 다윈은 '자연선택'의 개념을 중심으로 논리를 개발했다. 마치 플라톤이 '이데아'의 개념을 중심으로 논리를 개발하여 철학사의 새로운 장을 열었듯이, 다윈도 개념과 논리의 개발로 자연사의 새로운 장을 열었다.

작품으로도 높이 평가된다. 특히 그는 곤충의 일생을 마치 전기를 쓰듯이 묘사하는 기법을 발휘하기도 했다.

하지만 파브르는 다윈의 진화론과 같이 일관된 원리에 따라서 '자연과 생명의 대서사시'를 쓰지는 않았다. 이야기를 관통하는 개념을 사용하지 않았기 때문이다. 다윈이 '분기 진화'와 같이 계속 이어지는 서사적 성격의 이론을 개발할 수 있었던 것은 '변이'와 '선택'의 개념이 있었기 때문이다.

진화생물학자 마이어는 다윈 시대에는 지배적인 몇몇 철학적 개념들이 다윈 반대자들의 세계관에 깊숙이 자리 잡고 있었기 때문에, 다윈은 "이 잘못된 개념들을 반박하기 위해서 개체군적 사고, 자연선택, 기회, 역사(시간) 등과 같은 새로운 개념들을 도입했다. 이것들은 19세기 중반의 과학철학에서 거의 완전히 결여되어 있던 개념들이었다. 다윈은 반대편의 관념을 논박하는 데 그치지 않고 **새로운 개념들을 만들어냈으며** 이 개념들은 궁극적으로 1950년 이후 발전하게 된 생물철학의 토대가 되었다"[31]고 말한다. 이 과정에서 다윈은 '자연선택'과 같이 새로운 술어를 만들기도 했고, '변이'처럼 기존 언어에 새로운 의미를 부여하여 사용하기도 했다.

우리는 여기서 다윈의 개념들이 지닌 특성을 살펴볼 필요가 있다. 우선 그 개념들은 매우 **구체적인 사실**을 바탕으로 한다. 관찰된 사실들이 그 근거이기 때문이다. 또한 그 개념들은 기회, 시간, 변이, 다양성, 선택과 같이 자연사적으로 전문적인 의미를 담고 있지만 일상적으로 사용되는 언어들이었다. 일상적인 친근감과 함께 다윈의 개념들은 이야기를 유발하는 데 탁월함을 보였다. 쉽게 말해 이야깃감을 만들어내는 데 매우 좋은 개념들이었다.

생존 투쟁, 다양성, 변이와 선택, 성과 연관한 선택, 변화를 수반하는 계승 같은 개념들은 이야기를 구성하고 이야기를 유발하기에 적합한 것들이었다. 비어도 이 점을 의식했고 이 점에 관심이 많았다. "나는 그가 자신의 이론에서 상상력을 가진 작가들이 원용(援用)하거나 각색할 수 있는 이야깃감을 어떻게 그토록 만들 수 있었는지를 알고 싶었다. 인간의 유래, 인간의 기원 찾기, 변형, 멸종, 대가족, 생명의 계보, 인위적 선택이나 성적 선택으로서의 결혼 등이 그런 예다."(Beer xxiv/26)

---

31 Ernst Mayr, *op. cit.*, p. 74(152~153). 강조는 나의 것이다. 마이어는 대표적인 형이상학적·철학적 개념으로 창조론과 본질주의(essentialism)를 든다. 다른 한편, 그는 "유전적 의미에서 개체의 진화는 있을 수 없다. 확실히 우리의 표현형은 일생 동안 변화한다. 그러나 유전자형은 태어나서 죽는 순간까지 본질적(essentially)으로 동일하다"고 주장한다. 마이어가 본질주의라고 비판하는 것의 중심에는 플라톤 철학의 '이데아'가 있다. 그러나 플라톤을 본질주의자라고 규정하는 것도 의심스럽지만, 플라톤의 이데아는 오히려 개념적으로 유전자에 가깝다는 점에 주목할 필요가 있다. 비가시적 실체로서 동일성과 불변성을 지닌다는 점에서는 더더욱 그렇다. 또한 마이어는 "유형론자들에게는 유형(eidos)이 현실이고 변이는 환영이다. 그러나 개체군적 사고의 신봉자들에게는 유형(평균)은 추상적 개념이고 오직 변이만이 현실이다. 자연을 바라보는 시각 중에서 이처럼 서로 다른 경우는 찾아볼 수 없을 정도이다"라고 말한다. 여기서도 마이어는 플라톤 철학의 통상적 해석에 의거하여 유형의 개념을 이해하고 있다. 이데아와 동의어로 쓰이기도 하는 플라톤의 '에이도스(eidos)'는 귀납적 평균이 아니다. 플라톤에게 이데아/에이도스 개념은 '다른 차원'의 문제이다. 즉 귀납적 평균으로 얻어질 수 있는 게 아니다. 일부 과학자들은—한때 플라톤의 제자 아리스토텔레스조차 그러했듯이—아직도 이데아의 개념을 제대로 이해하지 못하고 있다. 마이어는 또한 "우리는 다윈이 플라톤적 유형 대신 생물 개체군을 진화론의 토대로 삼음으로써 진화에 대한 전적으로 새로운 해결책을 발견한 것을 살펴보았다. 그는 개체군의 무궁무진한 유전적 변이와 선택(제거)이 진화적 변화의 핵심이라고 생각했다"고 결론 내린다. 다윈이 생물 개체군을 진화론의 토대로 삼은 것은 맞지만, 그것을 플라톤의 유형에 대립 개념으로 놓은 것은 적절하지 못하다. 다윈주의를 강화하기 위해서 일부 생물학자들이 이른바 '플라톤의 본질주의'를 비판하는 것은 학문적 엄밀성과 타당성을 갖고 접근하는 게 아닐 뿐 아니라 구태의연한 태도이기도 하다.

다윈의 개념들은 역동적이고 유동적이다. 모든 개념이 변화와 밀접하고 변화 그 자체를 본질로 삼고 있기 때문이다. 반면 창조론의 서사는 정태적이다. 한 번 창조된 것은 영구하기 때문이다. 그러므로 서사의 가지 치기를 할 수 없다. 그렇게 하면 그것은 '이단'이 된다. 창조 서사가 오로지 '믿음의 대상'인 이유가 여기 있다.

반면 다윈의 개념들은 그 자체로 변화하는 자연과 생명을 보여주는 것이므로 얼마든지 '새로운 전개'가 가능하다. 그렇다고 이런 전개가 상상의 날개로 이리저리 마음대로 비상하는 것을 의미하지는 않는다. 그것은 변화하는 세계의 관찰된 사실과 그로부터 나온 개념을 바탕으로 하기 때문에 '형식적 틀'을 갖춘 전개가 된다. 바로 여기에 다윈의 개념이 지닌 과학적이자 문학적인 의미가 있다. 물리학자 프리먼 다이슨(Freeman Dyson)은 지난 500년 동안 개념이 일으킨 과학 혁명들은 코페르니쿠스, 뉴턴, 다윈, 맥스웰, 프로이트, 아인슈타인, 하이젠베르크의 이름과 관련된 것들이라고 한다. 다윈은 개념으로 과학 혁명을 일으킴과 동시에, 개념으로 풍부하고 다양한 이야깃감을 제공하는 '서사 혁명'을 일으키는 성과를 거두었다.

삶을 위한 투쟁

"보편적 생존 투쟁의 진실을 말로 인정하기란 무엇보다 쉽다. 하지만 이 결론을 언제나 명심하는 것은 매우 어렵다(적어도 나는 그랬다). …… 우리는 유쾌하게 빛나는 자연의 얼굴을 바라본다. 먹을 것이 지나칠 만큼 풍부한 상황을 보기도 한다. 그러나 우리 주변에서 한가롭게 지저귀는 새들이 주로 벌레나 씨앗을 먹고살며, 따라서 늘

다른 생명을 파괴하고 있다는 사실을 우리는 보지 못하거나 잊고 있다."(Origin 115~116)

《종의 기원》에 나오는 다윈의 말은 우리의 의식을 일깨운다. 반복되는 일상의 관습과 습관에 묻혀 있는 진실을 드러내 보여주기 때문이다. 만일 우리가 '자연은 삶으로 가득 차 있다'라고 표현한다면 조금 감동을 받을지언정 의식의 경이와 공포는 일어나지 않을 것이다. 그러나 자연이 삶으로 가득 차기 위해서는 다윈이 말하듯이 삶의 파괴가 포함되어 있어야 한다. 생명이 살고자 애쓰는 과정에 폭력과 공포, 살상은 일상적인 일이다. 그러므로 '생명 있는 것은 모두 아름답다'라고 하는 만큼 '생명 있는 것은 모두 무섭다'라는 것이 생명의 진실을 드러내 보여준다.

다윈은 이런 생명 현상을 개념화하면서 '삶을 위한 투쟁(struggle for life)' 또는 '생존 투쟁(struggle for existence)'이라고 표현하기도 하며, 심지어 '삶을 위한 대단한 싸움(the great battle for life)'이라고도 표현한다. 다윈은 이 개념을 한 개체의 다른 개체에 대한 의존성을 포함한, 그리고 더 중요하게는 개체가 생명을 유지하는 것뿐만 아니라 계속해서 자손을 남기는 것까지도 포함한 폭넓고도 은유적인 의미로 사용하고 있다.

다윈의 생존 투쟁 이론은 맬서스(T.R. Malthus)의 인구학설을 전체 동식물계에 적용한 것이다. 생존할 수 있는 것보다 더 많은 개체가 탄생하기 때문에, 이 개체들은 같은 종의 다른 개체나 다른 종의 개체들 또는 물리적인 생활환경에 대응해서 생존 투쟁을 벌여야 한다. 지금도 몇몇 종은 그 수가 계속 증가하고 있지만 모든 종이 그럴 수는 없다. 이 세계가 그들을 모두 수용할 수 없기 때문이다.

다윈은 자연을 관찰할 때 다음과 같은 사실을 한시도 잊지 말아야 한다고 강조한다. 무릇 생물은 그 숫자를 늘리기 위해 최대한 노력하고 있으며, 각각은 그 삶의 어느 시기에 경쟁을 함으로써 생존하고, 각 세대 동안 또는 주기적으로 어린 개체나 늙은 개체는 도저히 피할 길 없는 심한 파멸에 직면한다는 사실이다. "이 점을 잊어서는 안 된다. 다소라도 방해를 줄이고 파괴를 막아보라. 그러면 종의 개체는 일정 수준까지 순식간에 증가할 것이다."(Origin 119) 여기서 다윈은 생명체가 방해를 받지 않으면 즉각 급속히 증가한다고 하면서도 '일정 수준까지'라고 말한다. 이는 똑같은 증식 경향을 갖는 다른 모든 생명체와 경쟁해야 함을 강조하기 위한 것이다.[32]

삶을 위한 투쟁 또는 생존 투쟁을 서술하는 이 모든 것은 무엇을 의미하는가? 이는 다윈이 생명계를 '극화(劇化)'하고 있다는 뜻이다. 이제 다윈이 제시한 이야깃감에서 나올 이야기들은 그 자체로 삶의 드라마인 것이다. 다윈은 마치 개구쟁이 아이가 겁먹은 친구에게 결정타를 날리기 위하여 무서운 이야기의 강도를 높이듯이 계속한다. "기나긴 세월 동안 몇 종류의 나무들 사이에서 얼마나 극심한 투쟁이 벌어졌던가. 나무들은 저마다 매년 무수한 씨앗을 뿌렸을 것이다. 곤충과 곤충 사이, 그리고 곤충, 달팽이, 각종 포식동물들 사이에서는

---

[32] 다윈은 이런 현상을 다음과 같이 역설적으로 '고분고분해진 자연의 얼굴'에 비유한다. "The face of Nature may be compared to a yielding surface, with ten thousand sharp wedges packed close together and driven inwards by incessant blows, sometimes one wedge being struck, and then another with greater force."(Origin 119). 다윈은 초판본 이후 이 문장을 뺐는데, 아마 표현의 모호성 때문인 듯하다. 그러나 내가 볼 때 이 문장은 '생존 경쟁의 터전으로서의 자연'과 표면적으로 '평화로워 보이는 자연'의 모순적 관계를 잘 보여준다.

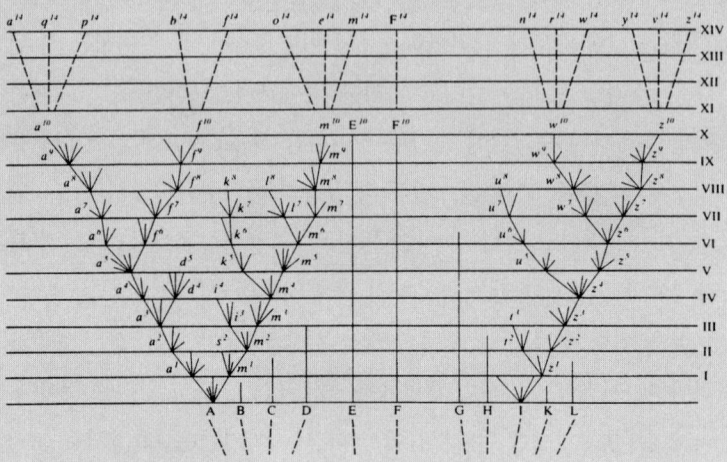

다윈의 《종의 기원》에는 유일한 그림이 있다. 바로 자연선택을 설명한 제4장에 나오는 '생명의 나무(Tree of Life)'이다(그림 A에서 L까지의 문자는 하나의 '속'에 속하는 11개의 '종'을 나타낸다. 가지처럼 진행하는 점선은 각 '종'들의 자손을 추적한 것이며 소문자들은 뚜렷이 식별되는 '변종'을 나타낸 것이다. 각각의 수평선은 대략 1,000세대의 간격을 나타낸다).

질리언 비어는 이 그림을 자신의 저서 《다윈의 플롯》에 그대로 옮겨놓고 〈해초와 이야기와 나무(Sea-weed, narrative, tree)〉라는 흥미로운 제목을 붙였다.

또 얼마나 격렬한 전쟁이 벌어졌던가. 모두 수를 늘리기 위하여 애썼다. 모두 서로 다투고, 나무들과 씨앗들과 묘목들이 싸우고, 먼저 땅바닥을 덮어 다른 나무들의 성장을 저지하기 위하여 몸부림쳤다." (Origin 126)

그러고는 이런 생존 투쟁이 같은 종의 개체들 사이에서 가장 심할 것이라고 덧붙인다. 그들은 같은 먹이를 필요로 하며 똑같은 위험에 노출되기 때문이다. 다윈은 《인간의 유래》에서 '더 나은 삶'을 위하여 투쟁은 더욱 치열해질 것이라는 것도 전망한다. "더 높은 곳으로 진보하기 위해 인간은 안타깝지만 치열한 투쟁 상태에 있어야만 한다." (Descent 596/II-570)

이런 끔찍한 현실과 미래 전망에 대해서는 다윈도 마음에 걸리는 점이 있었던 모양이다. 그는 자연계에서 생명의 상호 관계가 늘 이렇게 단순한 고리에 의해 연결되어 있는 것은 결코 아님을 상기시키는 것을 잊지 않는다. 또한 투쟁 속에서 투쟁이 계속 되풀이되는 것은 자연계의 면모를 오랜 기간 동안 균형 있게 유지하기 위한 것임도 강조한다. 그리고 다른 어떤 생명체와 마찬가지로 생존 투쟁의 소용돌이 속에 있는 인간을 위해 위로의 말을 남기는 친절을 베푼다. "이런 투쟁을 곰곰이 생각해보면서 우리는 자연의 전쟁은 끊임없이 일어나는 것은 아니며, 어떤 두려움이 느껴지는 것도 아니고, 죽음은 일반적으로 느닷없이 닥치며, 활기차고 건강하고 행복한 것들이 살아남아 번식한다는 굳은 믿음을 가지게 되며, 그럼으로써만이 우리 자신을 위로할 수 있을 것이다." (Origin 129)

다윈은 자신이 '생존 투쟁'과 같이 특별한 개념을 활용함으로써 생명계를 극화하고 있다는 의식이 있었다. 하지만 그것을 '비극화'하고 싶지는 않았던 듯하다. 그런데도—04에서 살펴보겠지만—그는 진화론 등장 이후의 인류에게 생명계에 숨겨진 '비극의 암호'를 남겨놓았다.

변이와 선택

"내가 발견한 사실은 사람이 유용한 동물이나 식물 종을 만들어낼 때의 핵심 원리는 '선택'이었다는 점이다. 하지만 자연 상태에 살고 있는 유기체에게 선택이 어떻게 적용되는지는 내게 한동안 미스터리로 남아 있었다. 1838년 10월 체계적으로 질문을 시작한 지 15개월이 지나서 나는 우연히 맬서스의 《인구론》을 재미 삼아 읽었다. 동식물의 습성을 오랫동안 관찰해온 덕에 생존 투쟁에 대해 공감하는 바가 컸던지, 이런 상황에서라면 유리한 **변이**는 제대로 보존될 것이며 불리한 경우 사라지고 말 것이라는 생각이 곧바로 떠올랐다. 그리고 그 결과는 새로운 종이 만들어지는 일이라고 생각했다. 이 시점에서 나는 마침내 작업에 활용할 이론을 하나 얻게 된 셈이었다."(Auto 99/147, 강조는 나의 것임)

다윈은 비글호 항해를 마치고 영국으로 돌아온 뒤 "길들인 것이든 자연 상태에 있는 것이든 동식물의 변이에 담긴 모든 사실"을 수집했다. 그렇게 하면 '종의 기원'에 관한 주제 전체를 해명할 수 있는 길을 찾으리라고 생각했기 때문이다. 그는 자신도 놀랄 정도로 변이에 대해 방대한 사실들을 수집했다. "나는 베이컨의 귀납 원리에 따라 아무런 이론 없이 방대한 사실들을 수집했다. 특히 길들인 생물에 관해 서면 질문을 하거나, 노련한 사육사나 원예사와 직접 대화를 하거나, 다방면에 걸친 독서를 통해 수집했다."(Auto 98/146) 이는 《종의 기원》의 처음 두 장(章)에서 왜 다윈이 '사육 상태의 변이'와 '자연 상태의 변이'에 대해 논하고 있는지를 잘 설명해준다. 변이 현상에 이어서 그는 '생존 투쟁'과 '자연선택'에 대해 이론을 전개한다.

변이와 선택에 관한 해답은 다윈으로 하여금 "엄청나게 중요한 문제"를 해결하게 해주었다. 그것은 분기 진화에 관한 해답이었다. "이 문제는 바로 같은 근원에서 내려온 유기체들이 변화를 거치면서 특성이 갈라져나가는 경향이다. 많이 다르게 갈라졌다는 사실은 모든 종류의 종이 속 아래에, 속이 과 아래에, 과가 아목 아래에 분류될 수 있음을 뜻한다. 마차를 타고 길을 가던 중에 이 해답을 얻었는데, 어찌나 신이 났던지 아직도 그 지점을 정확히 기억하고 있을 정도이다."(Auto 99/148)

다윈을 비판하는 사람들은 변이 그 자체는 그다지 흥미로운 사실이 아니지만, 이것이 맬서스의 인구법칙과 결합되는 순간 엄청난 설명력을 갖추게 되었다고 한다.[33] 그러나 변이에 대한 새로운 인식이야말로 다윈 사상의 핵심이며 서사적 차원에서도 흥미로운 이야깃감들을 유발시키는 것이다. 변이와 선택은 개념적으로 '짝말'이며, 다윈 사상을 떠받드는 두 기둥과 같다.

다윈이 그 이전의 진화론 주장자들과 달리 일관된 과학 이론으로 진화를 설명하는 데 성공한 것은 자연선택의 개념을 발명했기 때문이다. 그러나 자연선택의 개념은 변이에 대한 새로운 인식 없이는 불

---

33 David Stove, *Darwinian Fairytales: Selfish Genes, Errors of Heredity, and Other Fables of Evolution*, Encounter Books, New York, 1995, p. 30 이하(58 이하) 참조.

가능하다. 인간의 진화에도 변이가 얼마나 중요한 요소인지는 다윈이 《인간의 유래》에서 단언한 말에도 잘 나타나 있다. "이제 우리는 인간의 몸과 마음이 가변적이라는 것을 알았다. 또 변이는 인간에게든 하등동물에게든 동일한 보편적 원인으로 직간접적으로 일어나며 동일한 법칙을 따른다는 것도 알았다."(Descent 277/I-100)

생명체의 진화과정에서 가장 중요한 고리라고 해도 과언이 아닌 성(性)의 탄생과 유성생식 역시 자연선택을 통해 진화했다. 그렇게 보는 이유는 유성생식은 변이성을 어마어마하게 증가시키기 때문이다. 생명체의 각 종이 사는 주위 환경은 항상 변화하며 종으로 하여금 끊임없이 달라진 환경에 적응하기를 강요한다. 유성생식이 제공하는 풍부한 변이성이 없다면 환경에 보조를 맞출 수 없다. 다양성과 풍부함은 다윈 사상의 기반이며 다윈의 이론이 이야깃감의 거대한 창고가 될 수 있는 가능성이다.

그리고 무엇보다도 변이에 의해 생겨나는 다양성과 풍부함은 다윈에게 선택의 원리가 가설이 아님을 증명하는 근거가 된다. 다윈은 말, 소, 양과 같은 가축들의 여러 품종을 비교하면서, 유익하게 쓰이거나 아름답게 보이는 수많은 농작물, 채소류, 화초의 품종을 비교하면서 단순한 변이성 이상의 것을 주목했다. "우리는 모든 품종이 갑자기, 지금 우리가 보는 것과 같이 그렇게 완전하고 유용한 것으로 만들어졌다고는 가정할 수 없다. 그 열쇠는 선택을 누적시키는 인간의 능력에 있다. 자연은 끊임없이 변이를 일으키며, 인간은 그 변이를 자신에게 유익한 어떤 방향으로 누적한다. 이 선택의 원리가 위대한 힘을 가진다는 것은 **가설이 아니다.**"(Origin 90, 강조는 나의 것임)

귀납적 관찰 결과로서 증명한 변이의 세계는 선택 작용이 가설이 아니라 실제 이야기임을 주장하게 한다.

"이 쉬운 자연선택을 생각해내지 못했다니, 이런 바보 같으니!" 《종의 기원》을 읽고 나서 토머스 헉슬리(Thomas H. Huxley)가 했다는 말이다. 이 말은 자연선택의 개념이 관찰 자료들을 하나의 '플롯'으로 정리할 수 있을 만큼 잘 작동한다는 것을 뜻한다. 그러나 이렇게 잘 작동하는 개념이 쉽게 얻어지는 것은 아니다. 선택 이론의 최고봉이라고 할 수 있는 자연선택의 개념도 변이의 개념을 전제한다. 이는 다윈이 이 개념을 어떻게 정의하는지 보면 알 수 있다. "유익한 변이의 보존과 해로운 변이의 도태, 나는 이것을 자연선택이라고 부른다."[34] 따라서 자연선택의 개념을 얻기까지는 다윈이 했던 것처럼 **엄청난 변이의 경우들을 관찰하고 정리했어야** 한다.

다윈이 관찰된 사실들을 바탕으로 얼마나 자연선택론에 확신을 갖고 있었는지는 다음과 같은 고백에도 잘 나타나 있다. "유력 인사들에게 내가 말하는 자연선택이 어떤 것인지 설명해보려고 한 적도 한두 번 있었으나 실패하고 말았다. 그래도 확실한 것은 자연학자들의 사고에는 **잘 관찰된 사실들이 수없이 많이 저장되어 있어서, 그 사실을 수용할 만한 이론이 나타나기만 하면 각자의 자리를 찾아가리라는 점**이었다."(Auto 102, 강조는 나의 것임)

자연선택의 개념은 '사육 상태에서의 변이'를 다룰 때 사용했던 인간의 선택 능력과 분명히 구별하기 위해 채택된 것이다. 인간은 자연으로부터 주어지는 미미한 변이를 누적시킴으로써 생물을 자신에

---

34 Origin 131. "The preservation of favourable variations and the rejection of injurious variations, I call Natural Selection."

게 도움이 되도록 적응시킬 수 있다. 그러나 자연선택은 끊임없이 작용할 준비가 되어 있는 힘이며, 마치 자연의 작품이 기술의 작품과 비교할 수 없을 정도로 뛰어난 것처럼 자연선택의 힘은 인간의 미약한 노력과는 비교가 될 수 없을 만큼 우수하다.

다윈은 묻는다. "인간이 체계적인 또는 무의식적인 선택에 의하여 위대한 성과를 낳을 수 있다면, 자연은 무슨 일을 못 하겠는가?"(Origin 132) 인간의 선택 기능은 눈에 보이는 형질에만 작용하지만, 자연은 모든 내부 기관, 모든 체질적인 차이, 생명의 모든 장치에 대해 선택 작용을 한다. 그리고 무엇보다도 "인간은 자신의 이익을 위해서만 선택하지만, 자연은 오로지 자신이 돌보고 있는 모든 존재를 위해 선택한다."

이제 자연선택은 세계를 관장하는 원리로 작동한다. "자연선택은 매일, 매시간 세계 전체에서 일어나는 사소하기 짝이 없는 변이를 포함해 모든 변이를 정밀히 조사하여 나쁜 것은 버리고 좋은 것은 보존하고 보충한다. 언제 어디서나 기회만 있으면 각 생명이 유기적·무기적 생존환경 속에서 개선을 도모하도록 아무 말 없이 눈에 띄지 않게 일하고 있다."(Origin 133) 21세기에 들어서 《종의 기원》의 '업데이트' 판을 낸 유전학자 스티브 존스(Steve Johnes)는 "자연선택은 거의 불가능한 것들을 만드는 기계이다"[35]라고 했다. 하지만 이 말은 다윈이 자연선택의 '위대한 힘'을 설파한 것을 다시 한 번 확인하는 데 지나지 않는다.

《종의 기원》이 출간된 후 다윈이 신성(神性)을 자연선택으로 대체

---

35 스티브 존스, 《진화하는 진화론 : 종의 기원 강의》, 김영사, 2008, 140쪽.

19세기 영국의 잡지 《펀치(Punch)》에 실린 풍자 만화. 생명이 '혼돈'에서 나와 온갖 단계를 거쳐 벌레에서 인간—찰스 다윈—으로 진화하는 모습을 풍자하고 있다. 그림에서 이 과정은 좌측 하단에서 시작하여 시계 반대 방향으로 회전하면서 다윈의 얼굴에 이른다. 이는 다윈의 '분기 진화' 이론을 이해하지 못했거나 무시한 그림이다.

한다는 비판이 잇따랐다. 이에 대해 다윈은 이렇게 답했다. "흔히들 내가 자연선택을 능동적인 힘이나 신격(神格)처럼 간주한다고 말한다. 하지만 중력이 행성 운동을 지배하는 힘이라고 말하는 저자에게 누가 반대하겠는가? 그런 은유적 표현이 어떤 의미인지는 모두들 알고 있다. 뜻을 압축적으로 나타내기 위해서는 거의 불가피한 표현이다. 그러므로 자연이라는 말을 전혀 의인화하지 않기란 어려운 일이다. 그러나 나는 자연을, 수많은 자연법칙의 집합적 행동이자 산물이라는 뜻으로만 사용한다. 또 여기서 법칙이란 우리가 확인한 사건들의 연속성을 의미하는 것으로서만 쓰고 있을 뿐이다."[36]

변이와 선택의 개념은 자연의 '사건'과 '사건 처리'의 과정들을 기술하는 도구인 것이다. 그러므로 이것들은 진화를 변증적 서사의 과정으로 기술한다. 생명체의 일정한 변이는 자연환경에 의해 선택되고 그것은 이에 적응하면서 살아간다. 다시 변화하는 환경에 일정하게 변이된 생명체가 더 잘 적응할 수 있다면 또 다른 선택이 일어난다. 이런 방식으로 생명의 자연사는 지속된다. 이런 의미에서 변이와 선택은 특별한 변증 구조를 형성하면서 생명체를 지속시킨다. 이 변증법이 자연사를 밀고 나가는 동력인 것이다.

우연의 변이가 필연의 선택과 연계되는 구조를 가질 때 사건들은 시간의 차원으로 전개된다. 즉 일정한 방향성을 갖는 변화의 서사가 된다. 모든 인과론은 시간의 차원을 가지는데(원인에서 결과라는 과정을 표시하므로), 다윈의 '변이-선택' 이론은 일반적으로 알고 있는 선형적 인과론을 '이중 구조'로 표시한 것이라고 할 수 있다. 이 구조

---

[36] 찰스 다윈, 《종의 기원》, 페컴(Peckham) 판본 165쪽(Beer 63/165에서 재인용).

〈생명의 나무〉, 클림트, 1905~1909년

에서는 변이라는 원인이 선택이라는 결과를 창출하는 게 아니다. 변이는 사실 원인이자 결과이다. 어떤 변이가 발생해서 환경에 더 잘 적응할 수 있다면 그것이 곧 생존의 결과이기 때문이다.[37] 이 과정을 가능하게 해주는 것이 자연선택 작용인데, 그것은 인과율이 작동하는 선상에 있지 않고 인과율을 감싸고 있다. 결국 자연선택은 진화 서사의 '보이지 않는 주연'이라고 할 수 있다. 진화 서사는 바로 이런 이중적 구조 덕으로 앞으로 나아간다.

변이는 우연히 일어난다. 하지만 자연선택과 연계될 때, 나아가 성선택과 연계될 때 진화는 '그렇게 될 수밖에 없는' 필연적 과정이 된다. 즉 우연을 내포하는 필연적 서사의 성격을 띠게 된다. 새로운 종은 변이와 자연선택을 통해서, 달리 표현하면 '우연과 필연'을 통해서 변화된 유전자형이 점차 축적되어 형성되는 것이다.

이제 다윈은 《인간의 유래》에서 인간의 진화를 노골적으로 다룬다. 이때에도 '인간의 자연사'를 기술하는 기본 개념은 '변이와 선택'이다. "변이성은 선택 작용을 위한 필연적인 근거가 되는 것으로 선택 작용과는 관계없이 생긴다. 이러한 사실에서 우리는 똑같은 특징을 갖는 변이가 삶의 보편적인 목적과 관련되어 자연선택으로 이득을 얻고 축적될 뿐만 아니라, 종의 번식과 관련되어 성선택으로 이득을 얻고 축적된다는 사실을 이해할 수 있다."[38] 결국 **선택은 변이라는 우연의 동기를 필연화**한다.

---

[37] '자연선택'의 개념과 '적자 생존'의 개념이 동어반복 관계에 있다는 문제에 대해서는 다음 문헌을 참고하기 바란다. Elliott Sober, *Philosophy of Biology*, Westview Press, Oxford, 2000(2nd ed.), p. 70(141).

결정적으로 다윈은 생존 투쟁, 변이 그리고 선택의 개념들을 인간의 진화에 적용한다. "인간의 모든 신체 부위와 정신 능력 면에서 개인적인 차이가 끊임없이 일어나고 있다는 사실을 우리는 알고 있다. 이런 차이나 변이는 하등동물의 변이를 일으키는 원인과 동일한 원인으로 일어나며 동일한 법칙의 지배를 받는 것 같다. 두 경우 모두에서 유사한 유전법칙이 나타난다. 인간은 생계 수단이 늘어나는 것보다 더 높은 비율로 증가하는 경향이 있다. 결과적으로 인간은 극심한 생존 투쟁에 놓이는 경우가 빈번하고 이에 따라 자연선택은 어떤 분야에서든 영향을 미칠 것이다. 비슷한 성질의 뚜렷한 변이가 연속적으로 일어나는 상황이 꼭 필요한 것은 아니다. 각 개체에서 일어나는 약간의 변이만으로도 자연선택이 작용하기에 충분한 여건이 된다."(Descent 590/II-556~557)

개념과 서사

다윈이 변화를 설명하는 새로운 개념들을 도입했다는 사실은 중요하다. 생존 투쟁, 변이와 선택(자연선택과 성선택)의 개념들은 생명 현상을 '시간화'하여 사건들의 연속으로 기술할 수 있게 한다. 이렇게 진화론의 기본적 서사 구조는 갖추어진다.

다윈의 관찰 결과에서 일차적으로 중요한 것은 생명체의 변이성을

---

38 Descent 594/II-566. 다윈은 《종의 기원》 제2판에서 이미 일부 학자들이 '자연선택이 변이성을 유발한다'는 오해를 범하는 것을 지적하고 있다. 다윈은, 자연선택은 단지 변이가 일어나서 어떤 생활조건에서 살고 있는 생물에게 유익할 때에는 그것을 보존한다는 의미만 지닐 뿐이라는 점을 다시금 강조한다.

발견한 것이다. 나아가 다윈은 어떻게 자연에 그토록 풍부한 변이성이 존재할 수 있게 되었는지 그 근원적 이유를 알아내고자 했다. 다시 말해 그는 변이가 어떻게 일어나고 유지되며 어느 정도까지 유전되는가 하는 문제를 풀려고 했다. 하지만 유전학의 이해 없이 이 문제를 해결할 수는 없었다. 다윈은 변이성의 이유를 과학적으로 밝히지는 못했지만, 변이성이 존재한다는 관찰 결과를 바탕으로 생존 투쟁과 자연선택의 개념을 핵심 기제로 하는 진화의 이론을 수립할 수 있었다.

유전학의 이해 없이 관찰 자료와 개념으로 설득력 있는 진화의 이론을 개발한다는 것은 추론 능력의 높은 수준을 보여준다. 이에 대해 다윈은 《자서전》에서 이렇게 회고하고 있다. "일부 비평가들은 나에 대해 이렇게 이야기한다. '그는 관찰 능력은 뛰어나지만 추론 능력은 형편없어.' 이 말이 사실이라고는 생각하지 않는다. 《종의 기원》은 처음부터 끝까지 긴 논증이며, 유능한 사람들의 인정을 많이 받았기 때문이다. 어느 정도 추론 능력 없이 그런 책을 쓸 수는 없을 것이다. 나의 창의성이나 상식이나 판단력도 어느 정도는 되었던 것 같다."(Auto 114/169) 관찰 결과를 엮어가는 추론의 성패는 주장할 이론 전체를 통찰할 수 있는 개념의 개발에 달려 있다. 핵심 개념들의 조합으로 이루어낸 진화론은 생명의 역사를 '짜 맞추는' 힘을 발휘하며, 이런 생명 진화의 서사는 그 이후의 유전학 발달에 따라서 유전학적 근거도 획득하게 된다.

이것으로 과학적 성과가 단순히 이야기를 짜 맞추는 능력에 달려 있다고 말하려는 것이 아니다. 이는 **서사 창출의 능력이 또한 과학적 탐구의 능력임**을 보여주는 것이다. 다윈은 관찰을 바탕으로 한 과학적 개념을 사용하면서도 그것이 '신화 같은 이야기'가 품고 있는 '실재했던 이야기'를 기술한다는 것을 보여주려 했다.

다윈의 진화론을 대표하는 양대 기둥은 《종의 기원》과 《인간의 유래》이다. 우리는 여기서 다윈이 사용한 '기원'과 '유래'라는 말을 잘 살펴보아야 한다. 이 두 단어는 '다윈의 언어'가 아니다. 따라서 진화론을 통찰하는 개념을 담고 있는 말이 아니다. 그것은 당시까지 수많은 사람들이 마치 신화처럼 들어왔고 막연히 믿고 있거나 그럴 것이라고 기대하고 있던―말 그대로―종의 기원과 인간의 유래를 표현하는 단어들이다. 그것은 과학 서적의 제목이 아니라 이야기 책의 제목에 걸맞은 것일 수도 있다. 아니, 충분히 그런 냄새를 풍기고 있다. 다윈은 이 단어들을 사용함으로써 자신의 과업이 '전해오는' **이야기의 실재성**을 찾으려는 노력의 일환임을 은유적이면서도 분명히 전하고 있다.

이야기의 실재성을 보여주는 제일 확실한 방법은 물증을 제시하는 것이다. 진화론에서 가장 중요한 물증은 화석 기록이다. 하지만 그것은 불충분하다. 아니, 그것 자체가 역사의 실재성을 보여주지는 못한다. 화석 기록이 훨씬 더 방대하더라도 그것을 역사적으로 나열하려면 기준이 필요하다. 그 기준이 곧 개념이다. 즉 물증도 시간성을 획득하기 위해서는 개념을 활용한 논증의 과정을 거쳐야 한다. 이야기의 실재성은 결국 물증과 논증으로 확인될 수 있다. 특히 논증은 이야기의 '의미 있는 실재성'을 드러낸다. 다윈의 개념들은 이야기의 의미 있는 실재성을 드러내면서 신화가 '과학적 서사 구성(scientific plotting)'에 의해 그 진실성을 드러낼 수 있음을 확인해주는 기능을 한다.

제이런 러니어(Jaron Lanier)는 다윈의 진화론이 자연법칙을 다루는 여타 과학 이론들과는 다른 체제로 이루어져 있다고 본다. 그는 다윈이 "근원적인 법칙 대신 사람들의 주목을 끄는 원칙들에 바탕을 둔 환원(reduction)방식을 만들어냈다"[39]고 한다. 그 이유는 물리적 현상을 알 수 있는 기본 힘(force)인 중력이나 전자기력 같은 그 어떤 '진화의 힘'도 없기 때문이다.[40] "진화는 사건들에 끼어든 것으로 설명될 수 있는 원칙(a principle)일 뿐 사건들을 주도하는 힘(a force that directs events)으로 설명될 수는 없다는 말이다."

이것은 미묘한 구분이지만, 러니어처럼 "모든 광자의 이야기는 동일하지만 모든 동식물의 이야기는 서로 다르다"는 물리학적 사고를 가진 사람에게는 '힘'과 '원칙'의 구분은 분명해 보인다. 러니어는 다윈의 이론을 증명하는 정밀한 '양적 진술'의 예와 그에 해당하는 실험들이 있지만, 그것들이 자신을 둘러싼 환경 안에서 복합적인 행동을 하는 생명체인 인간에 대해 또는 인간 가까이에서 이루어지지 않았다는(또는 현재로서는 이루어질 수 없다는) 점에서 불충분하다고

---

39 Jaron Lanier, "One Half of a Manifesto", *The New Humanists: science at the edge*, edited by John Brockman, Barnes & Noble Books, New York, 2003, p. 248(295).
40 진화론자들은 전문 과학서에서도 '선택압(selection pressure)'이라는 말을 사용한다. 이것도 압력이므로 힘을 뜻한다고 할 수 있다. 그러나 마이어는 이것은 비유일 뿐이라고 말한다. "진화론자들은 종종 선택의 엄격함을 표현하기 위해 '선택압'이라는 비유를 사용한다. 설사 비유적 표현으로 사용한다고 하더라도 물리과학에서 빌려온 이 용어는 오해를 불러올 여지가 있다. 왜냐하면 물리학과 달리 자연선택에서는 어떤 힘이나 압력도 존재하지 않기 때문이다."(E. Mayr, *op. cit.*, 118/238) 이런 점에서 마이어는 '진화의 힘'이 없다는 러니어의 말에 동의할 것이다. 그러나 이렇게 주장하면서도 마이어는 자신의 저서에서 지속적으로 이 용어를 매우 진지하게 사용한다. 내가 볼 때, 이 모순은 단순한 문제인 것 같지 않다. '힘'이나 '압력'에 대한 개념의 문제이기 때문이다. 개념은 새로운 사고와 발견을 가능하게 한다.

본다. 그러므로 진화론은 '이야기'적 요소를 가지며, 이야기는 어디까지나 '작업 가설'의 기능을 한다고 본다. 따라서 "진화론적 사고는 거의 언제나 이야기를 통하여 구체적인 상황에 적용되었다"고 주장한다. 또한 물리학적 이론과는 달리 "이야기는 여러 가지 윤색과 변형을 불러들인다."

그런데 여기서 중요한 것은, "이야기들(stories)은 더욱 근원적인 이야기들(more primal stories)과 공명함으로써 소통의 힘을 얻는다"는 사실이다. "광자와 블랙홀에 의미를 부여하기 위해 머릿속에 이야기를 끌어들이지 않아도 우리는 물리학을 배울 수 있다. 그러나 우리가 알고 있는 다른 이야기들과 내적인 이야기를 연결시키지 않고 다윈의 진화론을 배우기란 불가능한 것처럼 보인다."

언급했듯이 다윈의 과학 서사는 전해오는 이야기의 실재성을 찾으려는 노력의 일환이라고 할 수 있다. 또는 자연과 생명에 관한 신화의 실재성을 추구하려는 경향을 갖는다. 그러므로 러니어가 지적했듯이 이야기들 사이의 연계가 필요하다. 그러나 이 점은 러니어의 입장에서와 같이 꼭 부정적이지는 않다. 다시 말해 그러한 연계가 과학적 탐구에 긍정적인 자극으로 작용할 수 있다. 물론 러니어가 간파했듯이 생명의 진화에 대해 "다윈이 충분히 설명했느냐" 하는 물음은 남아 있다. 이에 대한 답은 간단하다. 다윈은 충분히 설명하려고 노력했고, '어느 정도' 만족할 만한 설명을 했다. 우리가 해야 할 일은 다윈이 다하지 못한 추론들과 활용하지 못한 개념들의 직조를 통해 '이야기'를 좀더 설득력 있고 흥미진진하게 이어가려고 노력하는 것이다. 그렇다면 이야기의 실재성은 좀더 빛을 발할 것이다.

다윈은 《인간의 유래》 서문에서 다음과 같이 말한다. "《종의 기원》

초판에서 나는 '인간의 기원과 그의 역사에 한 줄기 빛이 비춰질 것이다'라고 말했다. 이 말은 인간이 지구상에 출현한 방법이 다른 생물들과 동일하게 취급되어야 함을 뜻하는 것이었다."[41] 이 문장은 지금까지의 '이야기들' 곧 신화와 역사가 이제는 이성적 작업의 도움을 받아 이야기의 실재성을 드러내리라는 것을 암시한다. 특히 《인간의 유래》는 의도적으로 마치 인간의 '성장 소설'과 같은 구성을 하고 있다. 인간이 점차 자신이 누구인지 깨달아가는 과정을 담고 있다는 의미에서 그렇다.

책의 결론은 다윈의 의도를 잘 보여준다. "인간은 비록 자기 자신의 힘만으로 된 것은 아니지만 생물계의 가장 높은 정상에 오르게 되었다는 자부심을 버려야 할 것 같다. 그리고 원래부터 그 자리에 있었던 것이 아니고 낮은 곳에서 시작하여 지금의 높은 자리에 오르게 되었다는 사실이, 먼 미래에 지금보다 더 높은 곳에 오를 수 있다는 새로운 희망을 줄 수도 있다. 그러나 우리는 여기에서 희망이나 두려움에 관심을 두는 것이 아니다. 우리는 단지 이성이 허락하는 범위에서 진실을 발견하려는 것뿐이다. 그리고 나는 내 능력이 닿는 데까지 그 증거를 제시했다. 그렇지만 우리가 인정해야만 할 것이 있다고 생각한다. 인간은 고귀한 자질, 가장 비천한 대상에게 느끼는 연민, 다른 사람뿐만 아니라 가장 보잘것없는 하등동물에게까지 확장될 수 있는 자비심, 태양계의 운동과 구성을 통찰하고 있는 존엄한 지성 같은 모든 고귀한 능력을 갖추고 있지만 그의 신체 구조 속에는 비천한

---

[41] Descent 253/I-39. 《종의 기원》 초판에 있는 문장은 다음과 같다. "Light will be thrown on the origin of man and his history."(Origin 456)

기원에 대한 지워지지 않는 흔적이 여전히 남아 있다는 것이다."
(Descent 597/II-572)

이것이 다윈에게는 '과학적 개념화' 작업을 통해 드러내 보여줄 수 있는 '의미 있는 실재성'인지 모른다. 우리는 그것이 허구를 통해 드러날 수 있는 실재하는 이야기일지도 모른다는 호기심에 사로잡힌다.

03
이야기의 새로운 기원

과학 서사에서도 아리스토텔레스의 가르침은 의미가 있다. 그는 《시학》에서 플롯이란 이야기 속에서 일어나는 '사건들의 조직'을 의미한다고 했다.[42] 또한 어떤 사건들은 '반드시' 또는 '필연적으로' 그 이야기 안에서 일어날 수밖에 없다. 적어도 그것들은 '일어날 법한' 일들이다. 다윈도 자연선택론을 설명하면서, 자연법칙이란 '우리가 확인한 사건들의 연속성을 의미할 뿐'이라고 했다. 아리스토텔레스는 스토리를 지닌 작품은 '유기적인 통일성을 지닌 생물과도 같아야' 한다고 했다.

그리고 그 스토리가 흔히 볼 수 있는 역사와 같은 것이라고 생각해서는 안 된다고 했다. 역사의 본질은 "한 시기와 그 시기에 한 사람 또는 여러 사람들에게 일어난 모든 사건을 취급하려" 하기 때문이다.

---

42 아리스토텔레스, 《시학》, 6장, 1450a 15 이하 참조.

따라서 역사에서는 사건 상호간에 연관성이 없어도 그대로 기술하는 게 원칙이다. 이상적인 역사 서술은 '있었던 그대로의 사실'을 기술하는 데 있다(현실에서는 그것이 '서술'인 한 역사도 논리적 '구성'을 피하기 어렵지만 말이다). 그러므로 아리스토텔레스는 서사시를 비롯한 '시는 역사보다 더 철학적'이라고 했다. 시는 보편적인 것을 더 많이 이야기하는 데 반해, 역사는 개별적 사건들을 이야기하기 때문이다.

아리스토텔레스의 원칙과 다윈의 서사

이런 점에서 다윈의 진화 서사는 아리스토텔레스의 서사철학적 원칙을 충실히 따르고 있다고 볼 수 있다. 변이와 선택의 개념으로 풀어가는 진화 서사는 자연의 사건들을 필연적으로 조직한다는 점에서 아리스토텔레스가 말하는 플롯의 자격을 획득한다. 헉슬리가 자연선택을 생각해내지 못한 것에 무릎을 치며 아쉬움을 표한 것은 당연하다. 그것은 '너무나도 잘 작동하기' 때문이다.

이는 성선택론에서도 마찬가지다. 성선택은 특히 동물의 많은 형질이 특별한 방식으로 다양하게 변형되는 것을 잘 설명해준다. 다시 말해 '특별함'의 보편성을 합리적으로 기술한다(이를 좀더 발전시켜 말하면, 다윈은 성선택 이론으로 일종의 '기형(畸形)의 미학'을 전개할 수 있는 일반 원리를 제공했다고 볼 수 있다[43]). 그러므로 성선택을 적용한 동물의 역사는 매우 흥미롭게 전개될 수 있다.

'이야기'라는 차원에서 무엇보다도 흥미로운 것은 다윈의 '공통조상' 이론이다. 다윈은 《종의 기원》에서 형태상 서로 연관이 있는 생명체들은 공통의 조상에서 나와 각기 변이와 자연선택을 통해 변화한 것이라는 점을 보여주고자 했다. 그러므로 그는 변화를 수반하는 계승 이론이 같은 강(綱) 또는 계(界)의 모든 구성원들에게 포괄적으로 적용된다는 것을 확신했다. 따라서 동물들이 많아봐야 너덧 조상들로부터 생겨났으며 식물도 이와 같거나 더 적은 조상으로부터 나왔다고 믿게 되었다. 이렇게 유추하다 보면 한 걸음 더 나아가 모든 동식물이 어떤 하나의 원형으로부터 생겨 나왔다는 믿음에까지 이르게 된다고 했다. 그러므로 형질의 분기를 수반하는 자연선택의 원리에서 보면 하등 형태의 생명체로부터 동물과 식물이 모두 발달되었으리라는 것이 믿을 수 없는 사실이라고는 생각되지 않는다고

---

43 다윈은 미적 감각의 한 형태로서 '성적 매력'을 발현하고 수용하는 데 인간을 포함한 동물들 사이에서의 유사점을 관찰했다. 《인간의 유래》에서 그는 아프리카 흑인이 흉터를 낸 얼굴의 기형적 모습을 큰 매력으로 여기는 것과 맨드릴개코원숭이 수컷 얼굴의 짙고 화려한 줄무늬 사이의 유사점을 성선택의 증거로 비교했다. 이와 연관하여 다윈은 아름다움을 인식하는 데 인종에 관계없이 인간의 보편적인 특성을 찾으려고 했다. 그 가운데 하나가 '기형(畸形)'의 역할과 의미에 관한 것이다. 다윈은 해부학자 비체트가 만약 모든 사람이 똑같은 틀에서 주조되어 나온다면 아름다움 같은 개념은 없어질 것이라는, 언뜻 당연하면서도 단순한 견해를 표명한 것에 대해 다음과 같이 반박한다. "만약 모든 여자가 메디치의 비너스처럼 아름다워진다면, 우리는 잠시 동안 그 아름다움에 매료되겠지만, 곧 좀 다른 새로운 매력을 원하게 될 것이다. 그리고 그 새로운 매력이 나타나자마자 우리는 또 현재의 보편적인 기준과는 완전히 다른 어떤 특정한 형질들이 좀더 두드러진 모습을 갖게 되기를 바랄 것이다." 나아가 다윈은 "완벽한 미인은 많은 형질이 특별한 방식으로 변형되었다는 것을 의미하며 이런 요건을 고루 갖춘 미인은 모든 인종에서 그야말로 절세미인으로 인정될 것이다"라고 하면서 자기 이론의 일반적 적용 가능성까지 논한다(여기서도 다윈은 완성과 정체가 아니라 '변화'가 만물의 원리라는 입장을 보이고 있다. 다윈은 변화의 의미를 극단으로 몰고 감으로써 과학적 원리를 발견하려고 한다). 지금까지 미학에서 기형은 추(醜)의 원인으로 다루어져왔다. 하지만 다윈의 입장은 기형이 미의 근거가 될 수 있음을 시사한다. 이는 또한 현대 젊은이들의 '기형 추구적 미감(美感)'을 설명할 수 있는 어떤 실마리를 제공할지 모른다. 이 주제에 관한 좀더 심도 있고 폭넓은 전개는, 졸고 〈'미와 추의 역사'에서 '인간조건에 대한 성찰'로: 움베르토 에코, 《추의 역사》에 대한 리뷰〉, 《코기토》, 65집, 부산대학교 인문학연구소, 285~296쪽을 참조하기 바란다.

했다. 이것을 인정한다면 이 지구상에서 생존한 모든 생물은 아마도 어느 하나의 원시 형태로부터 생겨났으리라는 사실 또한 마찬가지로 인정해야만 한다고 했다.

이처럼 꼬리에 꼬리를 무는 추론으로 다윈은 지구상의 모든 생명체는 공통 조상을 갖고 있으며 하나의 기원으로부터 비롯된 것이라는 결론에 도달했던 것이다. 《종의 기원》 초판의 마지막 문장은 그의 이런 입장을 종합하고 있다. "생명에 대한 이러한 견해에는, 최초에 생명이 여러 가지 능력과 함께 소수의 또는 하나의 형태에 불어넣어졌으며, 이 행성이 확고한 중력의 법칙에 따라 순환하는 동안 너무나도 간단한 기원으로부터 가장 아름답고 가장 경이로운 무수한 형태들로 진화되어왔고 또 진화되고 있다는 장엄함이 깃들어 있다."[44]

다윈의 이런 종합적인 개념을 오늘날 '공통 유래(common descent)' 이론이라고 부른다. 오늘날 다윈을 잇는 학자들은 "다윈은 각각의 분류군(생물의 집단)은 공통 조상으로부터 이어진 후손으로 이루어져 있으며 그러한 계보가 만들어지기 위해서는 진화가 이루어져야 한다는 사실을 보여주었다. 관찰된 사실들은 다윈의 진화론에 너무나 완벽하게 맞아떨어졌기 때문에 '변화에 의한 공통 유래'라는 그의 이론은 1859년 이후 거의 즉시 받아들여졌다"[45]고 그의 공적을 인정한다.

다윈의 공통 유래 이론은 모든 생물 집단이 하나의 조상 집단에서

---

44 Origin 459~460. "There is grandeur in this view of life, with its several powers, having been originally breathed into a few forms or into one; and that, whilst this planet has gone cycling on according to the fixed law of gravity, from so simple a beginning endless forms most beautiful and most wonderful have been, and are being, evolved."

45 Ernst Mayr, *op. cit.*, p. 24(65).

〈생명의 나무〉, 비클렌, 1972년

유래했다고 가정한다. 다시 말하면 하나의 조상 집단은 여러 개의 자손 집단을 가질 수 있다. 이론적으로는 모든 화석 집단 또는 현존하는 모든 생물 집단의 조상을 아우르는 계통을 수립할 수 있다. 그러므로 공통 유래 이론은 이야기를 전개하게 한다. 퍼즐 맞추기와 같은 이야기 만들어가기의 흥미를 유발한다(다음 항에서 곧 살펴보겠지만 리처드 도킨스는 이 점을 이용해서 자신의 저서 《조상 이야기》를 썼다).

우리는 '불변과 변화'를 다룬 이 글의 도입부에서 다윈의 저술이 이야기와 친화력을 가질 뿐만 아니라 이야기를 유발하는 데 탁월하다는 점을 지적했다. 그 이유로 다윈의 사상은 첫째, 생존 투쟁 및 변이와 선택의 개념에 따른 '변화의 이론'이고 둘째, 공통 조상과 그로부터 유래하는 생명에 관한 이론이며 셋째, 다윈의 작업이 자연과 생명 현상에 대한 풍부한 관찰 자료를 '이야깃감'으로 남겨놓았기 때문이라는 것을 들었다. 다윈의 이야기는 그 이전의 이야기(생명 창조론)와 전혀 다른 '기원'에서 시작함으로써 새로운 '이야기의 빅뱅'을 일으켰다고 할 수 있다.

진화론에 대한 창조론의 거센 반발은 '이야기의 기원'을 빼앗겼기 때문이라고 보아도 지나친 말은 아닐 것이다. 이야기의 기원은 모든 것의 시작이자 삶의 방식을 설명해주는 것이기도 하다. 비어도 《종의 기원》이 '전반적으로 안정화가 아니라 확장을 지향'했지만, 그것은 '구체적 설명을 위한 확장'이었지, '설명할 수 없는 창조의 언어를 향한 형이상학적 도약'은 아니었음을 강조한다.(Beer 93/223~224 참조) 또한 비어는 다윈의 저서가 "풍부하게 시사적이었고 걷잡을 수 없는 파급력"을 지녔던 이유를 '잠재적 의미'를 포함하고 있었기 때문이라고 본다. 그러나 무엇보다도 다윈의 사상을 계승하는 과학 서사의 차원에서 보면 앞에서 말한 세 가지 이유 때문에 실재와 허구를 넘나드는 추론적 이야기들이 풍부하게 나올 수 있었다고 말할 수 있다. 그러한 이야기들은 다윈이 그린 '생명의 나무'처럼 '가지 치기'의 방식으로 태어났고 태어나고 있다. 다시 말해 '이야기의 분기 진화'를 이루어나가고 있다.

이야기의 분기 진화

마이어는 "호기심 넘치는 인간의 마음은 단순히 사실을 발견하는 것만으로 만족하지 못한다. 인간은 그 사실들이 어떻게, 그리고 왜 일어났는지 알고 싶어한다. 다윈 이후로 진화론자들은 이러한 질문에 답을 얻기 위해 이리저리 탐색하고 궁리해왔으며 그 과정에서 상당한 진보가 이루어졌다"[46]고 말한다. 그들의 탐색 방법 가운데서 중요한 것은 '이야기 구성'이다.

진화 이론은 '과학에서 가장 흔히 사용되는 방법인 실험을 수행할 수 없는 상황에서 어떻게 역사적 진화과정의 원인에 대한 이론들을 수립할 수 있을까?' 하는 질문을 받을 수밖에 없다. 이에 대해 마이어는 이렇게 답한다. "예를 들어 우리가 공룡의 절멸을 실험해볼 수 없다는 것은 당연한 일이다. 그러나 우리는 '역사적 이야기 구성 방법(the method of historical narratives)'을 적용해서 진화를 포함한 역사과정을 설명할 수 있다. 다시 말해 우리는 역사적 시나리오를 하나의 가능한 설명으로 가정한 다음 이것이 옳을 확률적 가능성에 대해

---

[46] Ib., p. 73(152).

철저한 시험을 거친다."⁴⁷ 그러므로 대부분의 진화적 해설의 도전에는 다수의 해법이 가능하며 이 모든 해법이 다윈주의적 패러다임과 양립할 수 있다고 마이어는 주장한다.

그렇다고 레빈처럼 "학자들이 저마다 다윈을 계승한다고 주장했지만, 결과적으로는 서로 다른 많은 다윈을 만들어냈을 뿐이다"(Beer x~xi/503)라는 냉소적 주장을 펴는 것은 진지하지 못하다. 다윈을 계승했다는 과학자의 입장이 다윈의 이론에서 많이 멀어진 경우라고 하더라도, 그것은 마치 '생명의 나무' 끝 가지가 중심 줄기에서 멀어진 정도이기 때문이다. 분기 진화의 어느 지점에 있는 생명체는 원시 생명체와 너무 달라 보인다. 하지만 그들이 공통 조상에서 나왔다는 점이 바로 분기 진화의 핵심이다. 이는 '지식의 나무'에서도 마찬가지다. 레빈이 거명한 학자들(리처드 도킨스, 대니얼 데닛, 에드워드 윌슨, 스티븐 핑커 등)이야말로 다윈의 기본 원리에 충실한 다윈주의자라는 것을 보아도 알 수 있다.⁴⁸

진화 서사에서 분기 진화는 다방면으로 풍부하게 진행되고 있다. 그 계통수를 그려보는 것도 흥미로운 작업일 것이다. 그것은 별도의 전문적인 협동 작업을 요구하기 때문에 여기서는 몇몇 예를 간단히 언급하는 것으로 그치고자 한다. 우선 철저한 다윈주의자인 리처드

---

47 *Ib.*, p. 276(539).
48 또 한 가지 흥미로운 것은, 오늘날 진화론 지지자들이 곧잘 다윈의 책에 나오는 문장에서 자신들의 책제목을 따온다는 사실이다. 예를 들어 에드워드 윌슨이 편집하고 해설한 다윈 주요 저서 전집의 제목 *From So Simple A Beginning*, 션 B. 캐럴의 진화발생생물학 저서 제목 *Endless Forms Most Beautiful*, 스티브 존스의 진화론 다시 읽기 저서 제목 *Almost Like a Whale* 등이 그렇다.

도킨스(Richard Dawkins)를 보자. 그에게 다윈은 '사람은 왜 존재하는가?'라는 물음에 답을 준 과학자이다. 자연선택에 의한 진화를 거쳐 인류가 존재하게 되었음을 밝혔기 때문이다. 도킨스에게 다윈의 위상은 거의 절대적이다. "지구의 생물체는 그들 중 하나가 진실을 이해하기 전까지 30억 년 동안 자기가 왜 존재하는가를 모르고 살았다. 진실을 이해한 그의 이름은 찰스 다윈이었다."[49] 도킨스의 이론은 '유전자의 눈으로 본 다윈주의'이다. 그의 말대로 "이기적 유전자 이론은 다윈의 이론이지만 다윈이 택하지 않은 방법으로 표현한" 것이다. 즉 "개개의 생물체에 초점을 맞추기보다는 유전자의 눈으로" 자연선택을 설명한 것이다. 이런 관점의 전환으로 도킨스는 진화생물학의 새로운 가지로 분기했다.

물론 자연선택에 의한 진화를 '개체의 차원'에서 '유전자의 차원'으로 관점 이동을 처음 시도한 사람은 윌리엄 해밀턴(William D. Hamilton)이다. 하지만 그 작업을 최초로 뛰어나게 서술한 사람은 도킨스이다.[50] 도킨스는 자기 이전의 과학자들이 암시적으로 또는 명시

---

49 Richard Dawkins, *The Selfish Gene*, Oxford University Press, 2006(30th anniversary edition), p. 1(21).
50 도킨스 자신도 이 점에 대해서 충분히 자각하고 있었고 과학 저술가로서 자신이 해야 할 일을 찾아서 했다. 그는 이를 《이기적 유전자》 개정판(1989)에서 밝히고 있다. "The gene's-eye view of Darwinism is implicit in the writings of R.A. Fisher and the other great pioneers of neo-Darwinism in the early thirties, but was made explicit by W.D. Hamilton and G.C. Williams in the sixties. For me their insight had a visionary quality. But I found their expressions of it to laconic, not full-throated enough. I was convinced that an amplified and developed version could make everything about life fall into place, in the heart as well as in the brain. I would write a book extolling the gene's-eye view of evolution."(*op. cit.*, xvi/13)

적으로 발전시킨 '유전자의 눈으로 본 다윈주의의 관점'을 단순히 일반 대중에 전달한 게 아니다(이런 점에서 과학과 과학 대중화를 명확히 구분하는 것을 거부하는 그의 입장을 이해할 만하다). 그는 앞선 과학자들이 '충분히 표출하지 못한' 과학 원리들을 표출하는 방법을 찾았던 것이다. 그것은 '과학을 서술하는' 일이다.

이는 언급했듯이 뛰어난 과학 서사는 간결한 수식 못지않게 과학적 발견과 발명을 위한 훌륭한 연구 방법이 될 수 있음을 뜻한다. 곧 서사 창출의 능력이 또한 과학적 탐구의 능력임을 뜻한다. 실제로 도킨스의 이기적 유전자에 대한 서술은 과학 대중화에 공헌했을 뿐만 아니라 전문 분야 과학자들의 연구를 자극하는 역할도 했다. 도킨스도 과학 분야의 전문가들이 자신의 저서에서 "뭔가 **새로운 것**을 발견하기를" 소망한다고 고백한다. "아마도 그것은 익숙한 아이디어를 바라보는 새로운 방법일지도 모르며, 전문가 자신의 새로운 아이디어를 위한 자극일지도 모른다."[51] 도킨스의 경우는 자연과학의 탐구에서 과학 서사의 중요성을 다시금 일깨운다.

한 가지 덧붙인다면, 진화생물학처럼 새로운 가지로 분기 진화해가는 과학 발전의 경우를 관찰·분석하는 일로부터, 나는 과학적 발견과 발명이 어떻게 발생·성장·소멸해가는지에 대한 새로운 관점을 얻을 수 있었다. 지금까지 과학은 누적적으로 발전하든가, 아니면 토머스 쿤이 제안했고 그 이후 과학철학자들이 상당 부분 동의했듯이 기존 정상과학을 새로운 패러다임이 혁명적으로 대체하는 방식으

---

51 *Ib.*, p. xxi(008).

로 발전한다고 보고 있다. 나는 이런 이분법적 구분 사이에 과학은 '분기적으로 발전'한다는 새로운 관점이 끼어들 수 있다고 본다. 그것은 단순히 누적적이지도 않으며, 과학 혁명처럼 패러다임 대체적이지도 않다. 그것은 기존의 정상과학에 기대지만, 그로부터 방법론적 일탈을 시도함으로써, 또는 과학적 원리를 구성하는 요소들을 새롭게 인식함으로써, 과학적 발전의 새로운 방향을 가리키며 진행하는 방식이다. 이런 점에서 기존의 가지에서 분기하는 새로운 가지라는 은유는 이런 과학 발전방식에 걸맞는 것이라고 생각한다. 누적적이지도 대체적이지도 않은 **분기적 과학 발전**이라는 아이디어가 과학사와 과학철학에 새로운 자극이 될지도 모를 일이다.

다시 도킨스의 경우로 돌아가보자. 그는 자신의 대표 저서 《이기적 유전자》 초판(1976) 서문에서 "이 책은 마치 상상력을 불러일으키는 공상 과학 소설(Science Fiction)처럼 읽어야 한다. 그러나 이 책은 과학 소설이 아니라 과학이다"[52]라고 도발적인 발언을 한다. 하지만 이런 도발은 그가 과학이 밝혀낼 자연의 진실을 어떻게 인식하고 있는지 잘 보여준다. 자연의 진실은 추적해야 한다. 그 추적과정을 기술하는 것은 과학의 임무이다. 그러므로 그는 "생물학 자체가 하나의 추리 소설이기 때문에 오래전부터 생물학은 마땅히 추리 소설처럼 흥미로워야 한다고 생각해왔다"라고 말한다.

이는 또한 과학적 성과를 소통하는 과제와 자연히 연계된다. 그러므로 "통찰력 있는 언어 구사와 적절한 은유를 찾아내는 것이 필요하다."[53] 도킨스 역시 과학 서사의 문제를 인지하고 있다. 또한 과학 서

---

52 *Ib.*, p. xxi(007).

사가 과학적 발견에 피드백하여 공헌할 수 있음도 시사하고 있다. "참신한 언어와 은유들을 끝까지 파고든다면 새로운 시각을 갖게 되고 새로운 시각이야말로 과학 분야에 독창적인 공헌을 할 수 있다."

도킨스가 즐기는 과학적 탐구와 문학적 은유 사이의 넘나들기는 그의 《조상 이야기》에서 좀더 노골적이다. 여기서 그는 다윈의 '변화를 수반하는 계승' 또는 '공통 유래' 이론을 '각 생명체가 조상을 찾아 거슬러 올라가는 이야기' 방식으로 서술한다. 이것은 일종의 순례 여행으로서 순례자는 동물, 식물, 곰팡이, 세균 등 모든 생명체이며 우리 인간도 그 가운데 하나이다. 각 생명체는 시간을 거슬러 올라가면서 다른 생명체와 연계되는 공통 조상들을 만난다. 이 순례의 여정은 최초의 공통 조상에까지 거슬러 올라간다.

이런 조상 찾아가기 과정을 설명하기 위해서 도킨스는 공통 조상(Common Ancestor)을 한 단어로 합성한 '공조상(Concestor)'이라는 용어를 도입한다. "가장 오래된 공조상은 모든 생물을 아우르는 공통 조상이다. 우리는 이 행성에 사는 모든 생물의 공조상이 하나였다는 것을 확신할 수 있다. 지금까지 조사한 생물들이 모두 같은 유전암호를 공유한다(정확히 말하면 대부분이 그렇고, 나머지도 거의 똑같다고 할 수 있다)는 것이 바로 그 증거이다. …… 지금으로서는 알려진 모든 생명체가 30억여 년 이전에 살았던 한 조상에게로 이어지는 듯하다."[54]

---

53 *Ib.*, p. xvi(013).
54 Richard Dawkins, *The Ancestor's Tale; A Pilgrimage to the Dawn of Evolution*, Mariner Books, Boston-New York, 2004, p. 7(20).

도킨스는 많은 사람들을 위해 다윈의 이론을 좀더 설득력 있는 이야기로 만들고자 한다. 그래서 그는 저 유명한 제프리 초서의 《캔터베리 이야기(Canterbyry Tales)》를 문학적으로 비유한 서술방식을 택한다. 농부의 이야기, 고릴라의 이야기, 생쥐의 이야기, 해파리의 이야기, 꽃양배추의 이야기 등 각 순례자의 이야기(tale)들이 모여서 방대하고 장엄한 조상 이야기(The Ancestor's Tale)를 이룬다. "우리는 다른 순례자 무리들과 차례차례 합류해서 우애관계를 맺는 순례자들이 될 것이다. 그 순례자 무리들도 각자 다른 순례자들과 합류하다가 우리와 만났을 것이다. 서로 만난 다음 우리는 함께 공통의 태곳적 목적지, 우리의 '캔터베리'로 뻗은 큰길을 함께 걸어간다."[55] 이는 생명과 진화의 여명을 향한 순례이다. 풍부한 은유를 담고 있는 이 모든 이야기의 밑바탕에는 그들을 통합하는 생명의 진화라는 근본원리가 깔려 있다.

도킨스가 노리는 것은 문학적 비유가 과학적 원리를 **탈과학화하는 게 아니라** 오히려 설득력 있게 강화한다는 점이다. 자연선택을 유전자의 관점에서 봄으로써 '이야기의 나무'에서 분기 진화한 도킨스는 진화의 근본 원리를 서술적으로 더욱 강력하게 전달함으로써 가지의 입장에서 뿌리의 존재를 잊지 않을 뿐만 아니라 분명히 상기시킨다. 그 뿌리는 다윈의 말에 담겨 있었다. "사람들은 이 세상이 인간의 출현을 오랫동안 준비했다는 말을 종종 한다. 이것은 어느 한편으로 생각하면 맞는 말이 될 수 있다. 조상들의 긴 계보 덕분에 인간이 출현했기 때문이다. 그러나 이 사슬의 고리 중 어느 하나만 존재하지 않

---

55 *Ib.*, pp. 9~10(22).

았더라도 인간은 오늘날의 모습과 똑같지 않았을 것이다."(Descent 341/260)

진화심리학 역시 다윈의 학문적 업적으로부터 분기 진화한 대표적인 경우이다. 다윈은 이런 학문적 발전에 대해 확신했고 《종의 기원》의 마지막 장에 그에 관한 예언을 남겨놓았다. "나는 미래에 훨씬 더 중요한 연구 분야가 열리리라고 본다. 심리학은 새로운 토대 위에 세워질 것이다. 그 토대란 정신적인 힘과 능력이 점진적인 단계를 거쳐 필연적으로 획득된다는 사실이다."(Origin 438) 진화심리학 안에서도 분기 진화는 일어나고 있다. 최근 뇌에 관한 새로운 연구 성과들은 새로운 가설과 이론으로 진화하고 있기 때문이다.

오늘날 학자들 사이에서 다윈의 성선택 이론은 본질적으로 옳다고 받아들여지고 있다. 그러므로 성과 번식에 관한 다양한 이론들이 발전하고 있다. 성선택 이론의 다양한 갈래들은 진화심리학의 주된 주제이기도 하다. 성선택론이 학계의 관심 분야로 떠오르게 된 것은 비교적 최근의 일이다. 대체로 1970년대에 들어서면서 사회생물학, 행동생태학, 진화심리학 분야에서 성선택에 대해 본격적으로 각별한 관심을 갖게 되었으며, 그 이후로 지금까지 거의 '폭주적' 탐구 분야가 되고 있다.

"인간의 마음은 단지 생존기계로서가 아니라 구애(求愛)기계로서 진화했다"[56]고 주장하는 제프리 밀러(Geoffry Miller)는 이 분야의 최전선에 있다. 그는 음악, 미술, 현란한 언어, 유머, 이야기 짓기, 창의

---

56 Geoffrey Miller, *The Mating Mind: How Sexual Choice Shaped the Evolution of Human Nature*, Anchor Books-Random House, New York, 2001, p. 3.

버클리 캘리포니아 대학 Essig Museum of Entomology 2008 다윈의 날 기념 포스터
다윈이 마치 마법사처럼 모자에서 '생명의 나무'를 불러내고 있다.

적 사고와 같은 인간의 독특한(이른바 인간을 인간답게 한다는) 능력들은 생존의 관점에서 보면 그 필요성이 합리적으로 설명되지 않는다는 점에 착안한다. 이런 능력들은 생존의 차원에서는 '과잉적'으로 보이기 때문이다. 하지만 짝짓기와 번식의 관점에서 보면 이런 능력들이 성적 선택에서 유리하기 때문에 진화해왔다고 설명될 수 있다는 것이다. 성선택의 과정은 어떤 형질과 능력을 극단적으로 과장하는 쪽으로 진화시킨다는 것은 다윈이 이미 관찰했던 것이다.[57]

다윈의 성선택 이론은 오늘날 밀러를 비롯한 학자들이 내놓는 '성선택과 인간 마음의 발달을 연계한 연구' 결과들을 상당 부분 예견했다. "우리 노래의 가장 일반적인 주제는 뭐니뭐니해도 역시 사랑이다"라는 쉽고도 간단한 다윈의 말은 음악을 비롯한 예술의 기원을 설명해주는 성선택의 원리를 잘 보여준다.

다윈은 음악, 춤, 노래 그리고 시(詩)가 매우 오래된 예술이라는 사실을 이해하라고 했다. 매우 발달된 언어 표현에 나타나는 감정과 사고는 진화과정에서 아주 오래된 과거의 감정과 사고에 그 기원이 있음을 역설했다. "감정을 자극하는 웅변가, 음유 시인, 음악가가 자기의 갖가지 운율과 억양으로 청중의 감정을 강하게 불러일으키는 순간, 그는 매우 먼 옛날 반인 조상이 구애 행동과 경쟁에서 서로의 강한 열정을 불러일으킨 것과 똑같은 수단을 사용하고 있는 것이다. 이것은 거의 의심할 여지가 없다."(Descent 571/508) 다윈은 인간에게 성선택은 '상호 선택'으로 진화해왔을 것이라는 가설의 기초도

---

57 성선택과 '기형', 미학적 고찰에 대해서는 본서 3부 03 '아리스토텔레스의 원칙과 다윈의 서사'를 참조하기 바란다.

다졌다. 그 한 예로 "이성의 주의를 끌기 위해 음악적 재능을 최초로 획득한 것은 여자였다는 추정이" 가능함을 들고 있다. 그러므로 주로 수컷의 성적 매력을 암컷이 선택하는 여타 포유동물이나 조류들과 달리 인간은 상호 선택의 방향으로 진화해왔다고 볼 수 있다는 것이다. 이런 점에서 보면 다윈은 오늘날 성선택을 활용한 진화적 추론들의 화두를 거의 모두 제공하고 있다고 할 수 있다. 그러므로 이 분야에서 과학 서사의 분기 진화는 지금 막 시작되고 있으며 앞으로 얼마나 다양하게 뻗어나갈지는 더 지켜보아야 할 것이다.

이야기의 분기 진화에는 과학 서사에 관한 것 외에 또 다른 영역이 있다. 곧 학제적(interdisciplinary) 영역이 그것이다. 다시 말해 다윈의 추론과 서술방식이 과학이 아닌 분야, 특히 문학에 영향을 주어 새로운 서사방식이 등장하는 것을 말한다. 비어는 자신의 저서 후반부에 이 점을 구체적 예를 들면서 심도 있게 다룬다.

여기서는 서사방식에서 '학제적 유비'가 어떻게 작동하는지 그 대표적인 예를 비어의 저서에서 인용하는 것으로 그친다. "1871년에 다윈의 《인간의 유래와 성에 관한 선택》이 출간되면서 진화 논쟁의 초점은 인간의 구체적인 계승과 미래로 옮겨갔다. 다윈은 자신의 연구 대상을 이렇게 설정한다. 첫째, 인간이 다른 종들처럼 그전에 존재하던 형태에서 이어졌는지 고찰한다. 둘째는 인간이 발달해온 방식이고, 셋째는 이른바 인간 종족들 사이의 차이가 갖는 의미다. 전승, 발달, 종족은 조지 엘리엇의 소설 《다니엘 데론다》에서도 핵심을 이룬다."(Beer 170/367)

이야기 짓기의 기원

성선택 이론에서 시사하듯이 과학 서사의 진화는 이야기 짓기의 기원에 대해서도 설명의 실마리를 제공한다. 언어 능력의 발달을 성선택에 기반해서 추론한 밀러는 당연히 언어를 사용한 이야기 짓기 역시 짝짓기와 번식 성공을 위해 상대의 성을 유혹하는 과정에서 발달한 것으로 보고 있다. 천하루 동안 이야기를 지어내서 왕에게 영원한 짝으로 선택되는 데 성공한 세헤라자드는 성선택과 이야기의 기원에 대한 그럴듯한 은유라는 것이 밀러의 주장이다.[58]

다른 한편, 발생생물학자 루이스 월퍼트(Lewis Wolpert)는 이야기 짓는 능력의 진화를 생존 투쟁의 과정에서 획득하게 되는 인과율의 추구라는 관점에서 추론한다. 월퍼트는 사람은 외적이건 내적이건 자신을 둘러싼 세상을 "의식적으로 정리하고픈 뿌리 깊은 욕망"을 갖고 있다고 한다. 사람들에게 의식적 정리의 욕구가 있는 이유는 자신의 인과적 행동을 자각하기 때문이다. "인과적 믿음은 우리의 행동을 지시하고 우리 존재의 핵심부에 존재한다는 점에서 근원적이다."[59]

월퍼트는 인과적 인식의 태도가 도구의 사용 및 발달과 밀접하다고 본다. 도구는 어떤 목적을 위해 만들며, 합목적적 필요성은 훌륭한 결과와 그것의 원인이라는 인과율과 밀접하다. 그는 "도구를 사용하려면 원인과 결과라는 개념이 필요하며 이 능력은 인간 이외의 다

---

58 G. Miller, *op. cit.*, Chap. 10 'Cyrano and Scheherazade' 참조.
59 Lewis Wolpert, *Six Impossible Things Before Breakfast. The Evolutionary Origins of Belief*, W.W. Norton & Co., New York·London, 2007, p. 83(187).

른 동물에게는 없다"⁶⁰고 주장한다. 인간은 다른 도구를 만들기 위해서도 도구를 사용하며, 서로 다른 조각들을 결합시키는 복합 도구와 고도의 테크놀로지 개발에 이르기 위해서는 원인과 결과에 대한 확고한 개념이 있어야 한다.

또한 다양한 도구의 사용은 '언어라는 인간 고유의 도구'를 더욱 발전시켰다. "도구를 사용하려면 일정한 순서대로 동작을 해야 하는데 이 과정은 순차적인 발성(發聲)으로 구성되는 발언(發言)과 매우 비슷하며"⁶¹ 이는 언어의 문법 체계와 유사하다는 것이다. 결국 "인과성은 인간의 인식에 근본적인 개념"이다. 그러므로 인간의 사고 활동 가운데서도 "인과관계를 파악하는 일은 환경에 적응하는 인간의 행동에서 정확도와 계획성을 높여"왔고, "사람이 인과적 믿음을 통해 도구를 제작해서 환경을 개조한 결과 생존율이 높아져 진화가 가능했다"고 추론할 수 있다. 결국 "인간의 진화는 그럴듯한 인과적 믿음을 생성하는 두뇌 메커니즘을 보유하는 쪽으로 이루어졌다"고 할 수 있다.

이제 흥미로운 것은 월퍼트가 주장하듯이 인과적 믿음을 생성하는 두뇌 메커니즘을 갖도록 인간이 진화했다는 사실이 낳은 또 다른 효과이다. 그것은 인간이 결과에 맞는 원인을 찾아내려고 함으로써 **인과의 사슬을 만들어낸다**는 점이다. 즉 사람은 어떤 사건의 과거 원인이나 그 사건의 결과로서 미래에 벌어질 일의 양상을 설명하려고 한다. 월퍼트가 인용하듯이 인류학자 클리퍼드 기어츠는 "인간이 세상

---

60 *Ib.*, p. 72(117).
61 *Ib.*, p. 78(127).

을 꿀 먹은 벙어리처럼, 앞이 안 보이는 사람처럼, 무덤덤하게 대하지 못한다"는 점을 지적했다. 이는 우리가 언제나 무슨 일이 벌어지는지 설명하려 한다는 뜻이다. 그러므로 "스토리텔링, 곧 이야기를 하는 것, 특히 원인과 관련해서 이야기를 하는 것은 인간에게 중요한 문제이다."[62] 우리는 "과거와 현재를 부합시키기 위해 이야기를 꾸며내기도" 한다. 이를 간단히 정리하면, 인간은 인과율을 본능화했기 때문에 이야기를 꾸며낸다고 할 수 있다.

나아가 정보처리자로서 인간은 '인식의 일관성'을 추구한다. 이는 우리가 "일상의 사건들에 대해서 일관된 이야기와 그럴듯한 설명을 원한다"는 것을 보아도 알 수 있다. 인과적 믿음이 주는 내적 일관성은 대단한 만족감을 주기 때문에, 사람들에게는 "스스로의 믿음에 부합하도록 일관된 이야기를 하려는 경향이 생긴다." 더구나 "중요한 사건과 상황에 대한 원인을 찾지 못하는 무능력 상태는 정신적 불쾌감은 물론, 심지어 걱정까지 유발하기 때문에 인간은 인과적인 이야기를 꾸며내면서까지 어떻게든 해명하려고 한다. 중요한 원인을 간과하는 것은 인간이 결코 용납할 수 없는 것이다." 월퍼트는 이것이 "진화론적 관점에서 볼 때 당연한 일"이라고 주장한다.

그런데 일관된 이야기 짓기의 문제는 세상의 진실을 말하고 있는지 여부의 문제와 충돌한다. 우리의 일상생활에는 참과 거짓이 혼재한다. 진실을 말하는 것은 우리가 추구해야 할 가치이지만 일상적으로 실천하기에는 어려움이 따른다. 이는 인간이 오랜 역사 속에서 경험해온 것이다. 인간은 거짓의 언저리에서 진실을 말한다. 이야기의

---

62 *Ib.*, p. 84(138).

구성에서도 마찬가지다. 월퍼트에 따르면, "우리는 일어난 일에 대해 거짓의 언저리에서 일관된 이야기를 구성하지만 일관성과 내적 만족감이 실제 세상과 충돌하는 지점에서는 진실이 아닌 일관성을 선택한다."[63]

일관성의 문제는 허구의 구성에서 중요하다. 이는 아리스토텔레스도 강조한 바이다. 아리스토텔레스가 비극은 실제로 일어난 일을 이야기하는 게 아니라 일어날 수 있는 일, 즉 개연성과 필연성의 법칙에 따라 가능한 일을 이야기하는 데 있다고 할 때, 그 필연성의 법칙은 인과율을 포함한다. "가능하지만 믿어지지 않는 것보다는 불가능하지만 있음직한 것을 택하는 편이 좋다"라고 할 때, '있음직한 것'은 대부분 인과율의 법칙에 어긋나지 않음으로써 얻을 수 있다.

또한 저 유명한 《시학》 7장에서 "스토리는 시초와 중간과 종말을 가진 하나의 전체적이고 완결된 행위를 취급하지 않으면 안 된다"[64]라고 주장할 때에도 인과율의 중요성을 강조하고 있다. 여기서 '시초'는 "그 자체가 필연적으로 다른 것 다음에 오는 것이 아니라 그것이 다른 어떤 사실이나 사건을 일으킬 수 있는 것"이며(곧 원인이며), '종말'은 "필연적으로 또는 잇따라 일어나는 일로서, 그 자체가 어떤 것 다음에 있는 것이자, 그것 다음에는 아무것도 존재하지 않는 것"을 말한다(곧 결과이다). '중간'은 앞에 생기는 일과 뒤에 따르는 일에 인과율적 관련이 있는 것을 뜻한다. 아리스토텔레스가 "비극의 목적은 스토리를 무대 위에 올려놓음으로써 특정한 쾌감을 산출하는

---

63 *Ib.*, p. 99(163).
64 아리스토텔레스, 《시학》, 7장, 1450b 25~33 참조.

데 있다"라고 할 때 그 쾌감에는 인과율이 주는 내적 만족감도 포함된다.

역사적으로도 인과응보(因果應報)의 원리는 많은 문학예술 서사의 줄거리를 이루어왔다. 우리가 극을 보면서 마음을 졸이고 스릴을 느끼는 것은 인과적 사슬에 따른 시퀀스와 결말을 기대하기 때문이기도 하다. 극중에서 끔찍스럽게 사악한 자가 계속 남을 괴롭히는 이야기를 관객이 인내하는 것은 그가 결국 파멸하리라는 짜릿한 종국에 대한 인과율적 기대감 때문일지 모른다. 인과율은 인과응보의 이야기 구조에서뿐만 아니라, 권선징악 또는 사필귀정의 틀을 지닌 이야기에서도 그것을 견인하는 역할을 한다.

이제 우리는 '진화의 이야기'가 '이야기의 진화'에 이르는 지점에 서 있다. 밀러와 월퍼트의 경우처럼 성선택론과 자연선택론의 분기적 발전은 진화의 원리로 이야기의 진화를 설명하려 하기 때문이다.

이런 학문적 발달과 적용은 생물학 환원주의 또는 생물학 제국주의 논란을 불러올 수 있다. 진화의 원리를 삶의 거의 모든 분야에 적용하려 하기 때문일 뿐만 아니라, 진화론으로 '궁극의 원인'을 설명하려 하기 때문이다(이런 면에서도 진화론 자체가 인과율적 서사 구조를 갖는다). 이런 논란에 대해서, 예술과 스토리텔링의 '진화적 기원(evolutionary origin)'에 관해 다학제적인 연구 결과를[65] 내놓은 영문학자 브라이언 보이드(Brian Boyd)는 관점의 전환을 시도한다. 보이드는 '픽션에 관한 진화적이고 다원주의적인 접근(an evolutionary-

---

65 Brian Boyd, *On the Origin of Stories*, The Belknap Press of Harvard University Press, Cambridge, Massachusetts-London, 2009 참조.

Darwinian-approach to fiction)'이 매우 환원적이라는 비판에 대해, 그것이 "환원적이 아니라 확장적(not reductive, but expansive)"이라고 응수한다.

앞에서 우리는 아리스토텔레스의 《시학》이 지니는 '이야기 철학'적 성격에 대해 논하면서, "철학은 인간의 가상적 경험의 이야기가 그 내재적 논리성을 갖고 있는지를 탐구하는 것이라고 할 수 있으며, 그 논리성은 인간 존재의 본질에 이르는 통로가 될 것이다"[66]라고 했다. 시학적 접근법이든 진화론적 접근법이든 서사 연구의 과정에서 그 접근법들이 인간의 인과율적 뿌리에 이른다는 것은, 다양한 연구 방법들이 출발은 다르지만 유사하거나 동일한 또는 서로 협동적 탐색 작업이 가능한 연구 성과를 얻을 수 있음을 뜻한다. 문학적 접근이 과학적 발견을 예견할 수 있고, 진화론이 문학적 서사의 특성을 탐구할 수 있다는 사실은 흥미롭다. 이는 이야기의 기원에 관한 탐구가 다학제적일 필요성을 시사한다.

다학제적 탐구는 이야기의 기원뿐만 아니라, 인간조건의 저 깊은 곳에 숨은 새로운 이야깃감을 발견하게 할지 모른다. 그 가운데 하나가 어쩌면 생명계를 극화했던[67] 다윈이 피하고 싶었지만 결국 인정하게 되는 삶의 비극성일지 모른다.

---

66 본서 서장 01 '설리-이야기 철학 문을 열다' 참조.
67 본서 3부 2장 02 '삶을 위한 투쟁' 결론 부분 참조.

04 비극의 암호

짐멜은 희극적인 것과 비극적인 것을 우연과 필연의 관점에서 해석했다. 겉으로 보기에 필연적인 것이 내재적 우연의 결과라면 그것은 희극이다. 반면 겉으로 보기에 우연적인 것이 내재적 필연성에 지배된다면 그것은 비극이다. 비극의 특성은 우연처럼 보이는 모든 사건에 사실 필연성이 철저하게 내재한다는 데 있다. 비극성은 '내가 어찌할 수 없는' 필연적 조건을 의식하는 데 있다. 나아가 결국 필연적 운명이 '나를 함부로 대할 수 있겠구나' 하고 인식하는 데 있다. 그러므로 비극은 단순히 슬프고 절망적인 사건이 아니라, 인간의 삶을 근원적이고 포괄적으로 인정할 수 있게 되는 기회이다.

필연성

다원주의적 진화론에 따르면, 새로운 종은 유전 변이와 자연선택을 통해서, 또는 자크 모노(Jacques Monod)가 간결하게 표현한 것처럼 '우연과 필연'을 통해서 변화된 유전자형이 점차 축적되어 형성되는 것이다. 개체들에서 일어나는 변이는 무작위적이고 맹목적이며 예측 불가한 우연의 사건이지만 일정한 변이는 반드시 선택된다. 곧 변이는 우연이지만 필연적으로 자연선택된다. 다윈이 말했듯이 변이성은 선택 작용과 관계없이 생기지만 "선택 작용을 위한 **필연적**인 근거"가 된다.[68]

변이의 결과는 우연적인 사건이지만, 변이가 일어난다는 사실은 필연적이며 그것이 선택 작용의 근거가 된다. 나아가 자연선택은 보편적으로 적용된다. 다윈에 따르면 각 개체에서 일어나는 약간의 변이만으로도 자연선택이 작용하기에 충분한 여건이 될 뿐만 아니라, 결과적으로 인간을 비롯한 생명체들은 극심한 생존 경쟁에 놓이는 경우가 빈번하고, "이에 따라 자연선택은 어떤 분야에서든 영향을 미칠 것이다."[69]

일반적으로 진화과정을 우연과 필연으로 설명하지만, 사실 우연적인 것들은 필연적인 것들에 수렴되기 위한 우연이다. 그러므로 진화

---

68   본서 3부 2장 02 '변이와 선택' 참조.
69   Descent 590/II-557. 여기서 20세기에 도킨스 등이 주장한 보편적 다윈주의(universal Darwinism)가 발전한다. 즉 태양계 밖에 어떤 생명체가 존재한다 해도 그것은 지구에서와 마찬가지로 자연선택에 의해 진화할 것이다. 도킨스는 '이기적 유전자' 이론을 결론지으며 말한다. "Let me end with a brief manifesto, a summary of the entire selfish gene/extended phenotype view of life. It is a view, I maintain, that applies to living things everywhere in the universe."(*op. cit.*, p. 264(413~414)). 도킨스는 '선언(manifesto)', '우주의 어느 곳이든지(everywhere in the universe)' 와 같은 표현으로 다윈주의가 보편적으로 적용될 수 있다는 것에 대한 확신을 표시한다.

의 핵심 기작인 자연선택은 우연의 동기를 필연화한다고 할 수 있다. 우연으로 보이는 모든 것을 감싸는 필연성이 존재한다는 점에서 진화론은 비극을 암시한다. 스티브 존스는 사람들이 자연선택의 섬뜩한 비감(悲感)을 어떻게 느끼는지 묘사한다. "선택은 간단하고 효율적이다. 조지 버나드 쇼는 그것을 좋아하지 않았다. '그 전체적인 의미를 알게 되면 가슴이 철렁 내려앉는다. 거기에는 섬뜩한 운명론이 있다. 그것은 미와 지성, 힘과 의지, 명예와 열망을 무섭고도 저주받을 만한 것으로 변형시킨다.' 쇼에게는 불행하게도, 미와 지성은 이제 저 치명적인 장치에 의지하는 것으로 바뀌었다."[70]

진화의 섬뜩한 운명은 수십억 년의 역사를 갖고 있다. 그 역사는 필연적인 자연선택과 도태의 과거를 품고 있다. 이런 점에서 존스는 "진화의 창조력은 어두운 면을 가지고 있다"고 한다. "오늘의 삶은 이전에 소멸한 거의 모든 것들의 죽음이라는 희생을 치르고 얻어졌기 때문이다."[71] 비어도 진화론은 과거의 새로운 신화를 함축함으로써 "태초의 에덴 동산 대신 바다와 늪지가 있고, 인간 대신 공허가, 혹은 연체동물의 세계가 있다"고 한다. 하지만 진화과정에는 "과거의 낙원으로 돌아갈 길은 없다. 태초의 것은 위안을 주지 못한다. 형태들은 고정되고 완성된 종이 아니라 흐름 속에 존재한다. 세계는 부

---

70 스티브 존스, 앞의 책, 140쪽. 존스는 아미노산 단위를 153개나 포함하고 있는 고래의 미오글로빈 단백질을 예로 들면서, "그러한 분자는 절대 우연히 생길 수 없을 것이다. 우연은커녕, 다소 평범하다고 할 수 있는 자연선택이라는 장치가 미오글로빈뿐 아니라 수백만 개의 다른 단백질과 그 단백질들이 만드는 생명체들을 만들어냈다"고 진화과정의 필연성을 강조한다.
71 앞의 책, 176쪽.

단히 운동하고 대륙들은 모이고 흩어진다. 이렇게 물리적 세계를 흐르는 것으로 끝없는 전진과정으로 이해하면, 인간 역시 멈출 수 없는 운동과 변형 속에 존재하는 미미한 요소에 불과하다는 쓰라린 의식을 얻게 된다."(Beer 118~119/274~275)

시간의 비가역성

비극의 암호는 시간 속에도 숨어 있다. 비어가 말했듯이 시간이 멈출 수 없는 운동과 변형을 수반하기 때문만이 아니다. 무엇보다도 시간과 함께 일어난 사건들은 되돌릴 수 없기 때문이다. 시간은 '우리가 어찌할 수 없는 것'이다. 우리는 시간의 존재를 의식함과 동시에 그것이 우리 통제 밖에 있음을 인식하지 않을 수 없게 된다.

그러나 인간은 자연에 대해 인식적 통제를 확보하려고 노력해왔다. 그러므로 시간에 관계없는 자연법칙들을 이론화해왔다. 시간성을 배제한 자연법칙들은 훨씬 더 명료하게 정리되고 설명된다. 뉴턴에서 정점을 이룬 고전 물리학의 경우가 그렇다. 고전 물리학에서는 시간에 무관한 법칙들이 강조되었다. 예를 들면 시계 같은 기계의 작동이나[72] 마찰 없는 진자의 운동 또는 행성의 궤도 운동처럼 일단 어떤 계(system)의 특별한 상태가 측정되면, 고전 역학의 가역적 법칙들이 이 계의 현재를 결정하는 것처럼 과거와 미래를 결정하게 된다.

---

[72] 시간을 측정하는 기계에는 시간과 무관한 법칙이 적용된다는 역설! 이것을 보아도 고전 물리학이 시간을 어떻게 자신의 인식 체계에 수렴하는지, 아니면 어떻게 거의 무의식적으로 은폐하는지 엿볼 수 있다.

고전 역학에서 시간은 변화의 역동성 그 자체라기보다 한 점의 궤적 상에서 일정 위치를 나타내는 숫자의 기능을 했다. 이런 의미에서 고전 과학은 '시간을 공간화'했다고 할 수 있다.

시간과 무관한 법칙들을 강조한 고전 물리학은 세계에 대한 인간의 인식에 두 가지 특별한 영향을 미쳤다. 하나는 생명세계를 관찰할 때에도 시간과 무관한 관점을 제공했다고 할 수 있다. 종을 불변하는 것으로 인식하는 관점이 그것이다. 오늘 관찰된 생명계의 종들은 과거에도 있었고 미래에도 그 모습 그대로 존속한다고 보았기 때문이다. 다시 말해 시간의 흐름에 따라 종이 비가역적 변화를 겪지 않는다고 본 것이다. 이에 따르면 태어나서 성장하고 늙고 죽는 한 종의 각 개체는 시간 안에 있지만, 종 그 자체는 시간 밖에 있다. 수많은 종들을 창조한 신은 당연히 시간 밖에 있다.

다른 하나는, 자연을 거대한 벽걸이 시계와 같이 자동화된 시스템으로 보는 기계론적 세계관은 '외적인 신(神)'을 필요로 한다는 사실이다. 신은 이 시스템을 창조하고 자신의 섭리에 따라서 세상이 돌아가도록 하기 위해 창조 주체로서 이 세상을 '객체적' 관리 대상으로 삼는다. 그러기 위해서 그는 세계 내적인 것을 간섭하고 보장하며 존속시키지만 세계 외적인 신이어야 한다.

이를 다시 시간과 연관해보면, 시간은 세계 내적인 것이지 세계 외적인 것이 아니다. 그러므로 시간은 세계의 창조와 함께 창조된 것이다. 불변하는 종은 세계 외적인 신이 세계 안에 자신의 존재와 영향력을 표시하기 위한 기호로 남겨둔 것이다.

그런데 진화론은 이 두 가지 차원에서 혁명적 전환을 가져왔다. 진화론은—앞에서 언급했듯이[73]—공간을 시간화하면서 얻어진 이론이다. 진화론은 공간적 관찰 자료를 시간적으로 해석할 뿐 아니라, 변화하는 공간적 사건들을 시간적으로 인식한 결과이다. 시간의 비가역성은 돌이킬 수 없는 변화과정을 몰고 온다. 그것은 세계 안의 변화가 아니라 세계의 변화이다. 당연히 종의 불변이라는 예외가 있을 수 없다.

생명의 진화를 발견한 단계에서 우주의 진화를 인식하는 단계까지는 그리 멀지 않았다. 이제 신도 변화과정에서 예외가 될 수 없는 위기에 있다. 신도 생로병사의 과정을 거쳐야 한다. 아니면 수명의 차원이 전혀 다르다고 해야 하나? 곧 영원성의 신비로 자신을 감싸야 하는가? 아니면 외적인 신이 변화과정에서 예외가 되려면 끊임없이 확장되거나 끊임없이 축소되는 세계 밖에 있어야 한다. 언제든지 '모든 것의 밖'에 있으려는 신은 영원성이 가져오는 모순의 장난 그 자체여야 한다.

현대 과학이 '시간을 재발견'할 것을 역설했던 일리야 프리고진(Ilya Prigogine)은 "인간의 수준에서 비가역성은 보다 근본적인 개념이며 이것은 우리의 존재 의미와 분리될 수 없다"[74]고 했다. 그러므로 인간이 시간의 비가역성을 바탕으로 하는 생명의 진화를 인식하게 되었다는 것은, 이제 인간이 그 자신에 대해 생각하는 방식으로 자연을 생각하게 되었다는 뜻이다. 프리고진은 시간의 개념을 담은 역사는 주로 인간사회에 집중함으로써 시작되었고, 그 후에야 생명과 지질학의 시간적 차원에 주의를 기울이게 되었으며, 따라서 물리

---

73 본서 3부 2장 02 '관찰과 개념' 결론 부분 참조.
74 일리야 프리고진-이사벨 스텐저스, 《혼돈으로부터의 질서》, 고려원미디어, 1993, 393쪽.

학에 시간을 포함시키는 것은 자연과학과 사회과학 속에 역사를 점진적으로 재삽입하는 데서 그 마지막 단계인 것으로 보인다고 했다. 여기서 좀더 밀고 가면, 신에게 시간의 비가역적 차원을 부여하는 것이야말로 종국의 단계일지 모른다.

바로 이 단계에서 인간은 더욱 비극적이 될지 모른다. 왜냐하면 '구원의 종교'는 시간의 상식을 '희극화'해왔다고 볼 수 있기 때문이다. 여기서 희극화란 도도한 흐름에 어떤 단절이 개입하여 상황을 우스꽝스럽고 즐겁게 하는 것을 뜻한다. 곰에게 쫓기는 사람을 공중에서 갈고리가 등장해 끌어올리는 상황을 상상해보자. 데우스 엑스 마키나! 구원의 신은 생명의 흐름을 단절하며 돌연 등장한다.

어떤 구원이든지 비가역적 흐름을 단절하며 개입한다. 비가역적 시간의 화살은 단절과 회귀가 없는 흐름을 뜻한다. 구원의 신은 시간의 화살과 마찬가지로 윤회를 허락하지 않지만, 도도한 흐름도 용인하지 않는다. 언젠가 흐름을 돌연 단절할 것이기 때문이다. 그러면서 안도와 기쁨과 즐거움을 선사할 것이다. 희극적이다. 하지만 시간의 화살은 이런 희극화를 배제한다. 도도한 시간과 함께하는 생명의 진화는 오히려 비극적이다.

희석되는 의인화

비어가 지적했듯이 다윈은 자신의 이론을 언어로 서술하는 과정에서 언어가 지니는 인간중심주의와 의인화의 문제에 부딪혔다. 언어의 의인화와 인간중심주의의 문제는 모든 서술의 문제이지만, 다른 모든 생명체와 연속선상에서 인간의 진화를 다루어야 하는 다윈에게는 더 큰 장애였다.

더구나 다윈은 다른 과학 분야에서의 표현과 달리 수식을 사용하지 않고 일상 언어를 포함하는 용어들로 진화론을 서술했기 때문에 그 과정에서 '언어의 인간화'를 덜어내기 힘들었다.[75] 비어의 말대로 다윈은 인간중심주의를 불신했는데도 생물학에 일정 부분 의인화를 도입했다. '자연선택'이라는 용어의 사용이 대표적인 예이다. 그러나 다윈은 다른 차원에서 의인화와 인간중심주의를 희석시킬 수 있었다.

엘리엇 소버는 "다윈의 이론은 생명의 다양성을 설명하는 것을 목표로 삼았다"[76]고 한다. 우리가 '변이와 선택'에서 보았듯이 소버의 입장은 충분히 일리가 있다. 다윈이 기술했던 생명 진화에서 가지 치기 과정의 결과는 "어떤 점에서는 서로 비슷하고 어떤 점에서는 서로 다른 무수한 유기체들이었다." 소버는 이 과정의 결과 유기체들을 종으로 정렬하는 어떤 유일하게 옳은 방법이란 없게 되었음이 다윈의 솔직한 생각이었다고 한다.[77]

그런데 바로 이 생명의 다양성과 풍부함이 다윈의 서술에서 의인화를 희석시키는 효과를 가져오게 할 수 있었다. 인간은 풍부하고 다

---

75 본서 3부 2장 01 '언어의 문제' 참조.
76 Elliott Sober, *op. cit.*, p. 146(271).
77 *Ib.*, p. 146(272). 생명의 엄청난 다양성은 다윈이 고백했듯이 과학자들이 종과 아종 사이에 어떤 분명한 구분선을 긋기 힘들게 만들고, 종이란 술어가 임의적인 개체들의 집합에 붙여진 이름이라고 여기게 할 정도이다. 그래서 소버는 다윈의 《종의 기원》에 더 어울리는 제목은 '자연선택에 의해 드러난 바 종의 비실재성에 대하여(On the Unreality of Species as Shown by Natural Selection)' 일지 모른다고 해학적으로 표현하기도 한다. 다윈이 처음 책에 붙이고 싶어했던 제목이 '자연선택에 따른 종과 변종에 관한 에세이(Essay on the Origin of Species and Varieties Through natural selection)'라는 것도 그가 '변종'에 방점을 찍으면서 얼마나 생명의 다양성에 마음을 두고 있었는지를 잘 보여준다.

양한 생명체들 가운데 하나일 뿐이라는 사실이 의인화의 권위가 서술의 견인 역할을 하지 못하게 했고, 언어 사용에서 인간이 의미의 중심에서 벗어나 있게 했기 때문이다.

다윈의 서술에서 의미의 중심에는 인간이 아니라 자연이 있다. 비어가 잘 보았듯이 《종의 기원》에서 인간은 아무 데도 없으면서 도처에 있다. 그러나 서술의 중심에서 벗어나 있다. 이런 현상은 다음과 같은 표현에서 잘 관찰할 수 있다. "인간은 자신의 이익만을 선택하고, 자연은 자신이 돌보는 존재의 이익만을 꾀한다. 자연은 모든 선택된 존재가 충분히 활동할 수 있도록 해주므로 모두가 적절한 생존 조건에서 살아갈 수 있다."(Origin 132) 때로 다윈은 인간의 보잘것없음을 노골적으로 표현하기도 한다. 그러면서 자연을 의미의 중심에 놓는다. "인간의 소망과 노력이란 얼마나 덧없는가! 인간의 수명이란 얼마나 짧은가! 따라서 인간의 성과는 지질학적 시기에 자연이 이룩한 성과에 비해 얼마나 보잘것없는가! 그렇다면 자연의 생산이 인간의 생산보다 훨씬 더 참된 성격을 지닌다고 볼 수 있지 않을까? 자연의 산물은 매우 복잡한 삶의 조건에서도 잘 적응하며, 훨씬 더 고급한 솜씨를 자랑하는 게 당연하지 않을까?"(Origin 133)

다윈은 각 생명체를 자연에서의 위치와 권위에 맞게 표현하기 위해 노력했다. 곧 인간의 권위에 빗대어 표현하지 않으려 했다. 인간의 두뇌를 진화의 정상에 놓으려는 경향을 희석시키기 위해 다윈은 다른 동물의 두뇌와 정신 능력을 그 동물의 구조에 맞추어서 설명하고 그 가치를 부각시키고자 했다. "극히 작은 신경 조직으로 비범한 지적 활동이 일어날 수도 있다는 것은 확실하다. 예를 들어 경이로울 정도로 다양한 개미의 본능, 정신 능력, 철저한 애정은 유명하지만 개미의 뇌는 작은 핀 머리의 4분의 1보다도 작다. 이런 관점에서 보면 개미의 뇌는 세상에서 가장 경이로운 덩어리다. 아마도 인간의 뇌보다 더 경이로울 것이다."(Descent 281/I-109)

다윈에게는 인간의 등장이 경이로운 게 아니라 다양한 생명이 이 세상에 등장하여 공존하는 것이 경이로운 일이다. "사람들은 흔히 똑똑한 인간이 등장한 것에 놀라지만, 실은 다른 감각을 지닌 곤충이 등장한 게 더 놀랍다. 곤충의 정신은 아마 상당히 다를 것이다. 최초의 생각하는 존재인 인간이 등장한 것만큼 중요한 건 없다. 하지만 어느 것이 더 중요하다고 단정하기는 어렵다."[78]

다윈은 《인간의 유래》의 결론에서 인간의 신체 구조 속에 하등생물의 "지워지지 않는 흔적"이 있음을 재차 강조함으로써 '생물의 의인화'가 아니라 오히려 '인간의 생물화'를 문학적 은유로 완성한다. 인간은 자연에서 특별한 존재이기를 '당연히' 주장해왔고 지금도 그렇게 바라고 있으나 한갓 생물에 지나지 않는다는 것, 그것은 다윈에게 "단지 이성이 허락하는 범위에서 진실을 말하는 것"일 뿐이다. 하지만 이런 진실은 그와 같은 시대 사람들뿐만 아니라 21세기의 인류에게도 입가에 씁쓸한 미소를 남기게 하는 것일지 모른다.

짐멜은 '문화의 비극'을 논하면서, 형상과 의미성체로서 문화적 성과가 동시에 인간의 자기실현을 위한 문화적 가치가 되는 것을 문화의 이상으로 보았다.[79] 다시 말해 이상적인 문화는 예술적·과학적·도덕적·오락적 그리고 종교적 문화 행위까지도 각 영역의 독자적 성과와 가치를 넘어서 인간적 실현의 요소로 전환하는 데 있다고

---

78 다윈의 유작 노트 B207~208(Beer 55/152에서 재인용).

본 것이다. 그렇지 못할 경우 인간 존재의 근원적 비극성은 문화의 비극이라는 현상으로 나타나게 된다. 인간적 실현 또는 인간의 자기 완성적 전망이 사라질 때 인간의 비극적 감수성은 활발해진다.

그런데 자연은 무심하며 자연적 변화는 맹목적이다. 자연 속에서 인간을 각별히 대우하지 않는 진화과정은 비극적 감수성을 자극한다. 많은 사람들에게 '자연의 비극'은 다윈이 자연에서 일어나는 생존 투쟁의 사건들을 보며 느꼈던 직감적 전율을 넘어서, 궁극적으로 인간을 위한 자연이 아니라는 의식이 가져온 자기방어 기제의 무너짐과 함께 흘리는 비애(悲哀)의 눈물이다.

이야기의 신

긍휼의 신은 눈물을 닦아준다. 창조의 신은 책임을 진다. 섭리의 신은 최선의 세상을 약속한다. 그러나 창조된 인간이 아니라 유전적 변이와 자연선택에 의해 진화되고 있는 인간세계는 이런 신들을 배제한다. 다윈과 같은 시대 사람들에게 신의 보살핌 없는 이 세상이 최악의 상태일 것이라는 비관적(pessimistic) 전망이 떠오르는 것은 당연한 일이었다.

그러나 다윈은 자신이 관찰한 자연이 무자비한(어쩌면 신의 긍휼과 섭리 그리고 창조의 책임이 없는) 생존 투쟁의 상태에 있다는 것을 부인

---

79 G. Simmel, *Der Begriff und die Tragödie der Kultur*, <Logos> II(1911/12), Tübingen; *Philosophie des Geldes*, Duncker & Humbolt, Leipzig, 1907 참조. 이 주제에 관한 좀더 심도 있는 전개는 졸저 《문화적인 것과 인간적인 것》 210쪽 이하 〈창조자와 피조물의 변증법〉을 참조하기 바란다.

할 수 없었다. 오히려 이런 자연 상태가 그때까지의 신관에 부합하지 않을지 모른다고 생각했다. 신이 있다면 자연을 이런 상태로 놔둘 리 없어 보였기 때문이다.

다윈의 이런 생각은 자연선택을 동물의 본능에 비추어 좀더 구체적으로 설명한《종의 기원》의 한 장에 잘 설명되어 있다. "어린 뻐꾸기가 자기 젖형제들을 밀어내버리는 것이나, 개미가 노예를 만드는 것, 말벌 애벌레가 살아 있는 쐐기벌레 몸속에서 먹고사는 따위의 본능을 특별히 부여되거나 창조된 본능으로서가 아니라, 번식하고 변이하며 강자는 살게 하고 약자는 도태시키는, 즉 모든 생물을 살아나가게 하는 하나의 일반적 법칙의 작은 결과로(as samll consequences of one general law) 보는 것이, 비록 논리적 연역은 아닐지 모르지만 내 생각으로는 훨씬 더 만족스럽다."(Origin 263)

다윈은 이렇듯 무자비한 본능이 신에 의해 창조되었다고 믿기보다는, 자연선택을 통해 진화되었다고 생각하는 편이 덜 모순적이고 덜 괴롭다는 사실을 깨달았다. 1860년 그는 아사 그레이(Asa Grey)에게 보낸 편지에 이렇게 썼다. "이 세상이 많은 불행으로 가득 차 있다고 여겨집니다. 저 자비롭고 전지전능하신 하느님께서 의도적으로 말벌을 살아 있는 몸뚱이 속에서 먹고살도록 창조하셨으리라고는 도저히 믿을 수가 없습니다." 다윈은 신의 창조, 신의 섭리, 신의 긍휼이 서로 모순된다는 것을 직감했는지 모른다.

그러면서 생존 투쟁과 자연선택을 최악의 상태, 즉 비관적인 상태라기보다 생명체들이 살아가는 방식의 하나로 인식하면서, 그 가운데서도 행복과 즐거움 그리고 위안이 있음을 전하고자 애썼다. 비어도 이 점을 강조한다. "다윈은 '사물을 보는 관점'(view of things, 초기에 그는 자신의 가설을 늘 이렇게 불렀다)을 증명하는 과정에서 즐거움과 행복을 특별히 강조한다. 이를테면 '행복한 생존과 번식'이 그것이다."(Beer 35/110)

그래서 다윈은 만년에 '행복과 자연선택'의 관계를 직접 다루었다. "도처에서 마주치는 무수한 아름다운 적응을 그냥 넘겨버리면, 세계의 전반적으로 유익한 구성을 어떻게 설명할 것인가 하는 문제가 대두된다. …… 내가 판단하기로는 행복이 압도적으로 우세하지만 이를 증명하기란 대단히 어렵다. …… 즐거운 감각은 지속되어도 좌절을 가져오지 않으며, 반대로 체계의 행동 능력을 증대시킨다. 그러므로 감각 능력을 지닌 모든 생물은 자연선택을 통해 즐거운 감각을 습관적으로 따르도록 발달했다."[80] 또한 다윈은 언급했듯이 삶을 위한 투쟁이 끊임없이 일어나는 '자연의 전쟁(the war of nature)'이 아니며 어떤 두려움을 가져오는 것도 아니고, "죽음은 일반적으로 느닷없이 닥치며 활기차고 건강하고 행복한 것들이 살아남아 번식한다는 굳은 믿음"이 우리 자신을 위로할 수 있을 것이라고 했다.

다윈은 전통적 의미의 신 없이도 우리 자신을 위로할 수 있는 방법을 찾으려 했다. 그것은 신의 존재 긍정 또는 부정의 문제가 아니었다. 그는 이에 대한 가부 결정 없이도 자연 속에서 인간은 불행할 수도 있지만 행복할 수 있고 위안을 받을 수 있다는 점을 강조하고자 했다.

---

80 Francis Darwin이 정리한 자서전 *Reminiscences of My Father's Everyday Life. The Autobiography of Charles Darwin*, New York, 1958, pp. 51~52(Beer 35/110~111에서 재인용).

다윈의 사물을 보는 관점(view of things)은 오히려 기독교처럼 절대 유일신의 종교가 내재해온 문제들을 해결할 수 있는 실마리를 던져주었다. 하나는 앞에서 시사한 바, 신을 배제하고 세상 만물을 자연의 섭리에 맡김으로써 전지전능한 신과 악의 공존이라는 모순을 원천적으로 배제했다는 것이다. 이와 함께 원죄의 문제도 인간의 삶에서 전제하지 않을 수 있게 되었다. 다른 하나는 신과 인간의 자유 사이에 단단히 박혀 있는 모순에 관한 문제이다. 신은 인간에게 자유를 주었지만 태초부터 그 자유를 일정 부분 임의적으로 제한하려 했다. 다윈에게 생명체의 자유는 살고자 하는 의지 그 자체이다. 자유는 주어진 것이고, 신에 의해 임의로 제어되거나 박탈되는 게 아니라, 자유 의지를 지닌 생명체들 사이에서 경쟁과 자연선택에 의해 자동 조정된다. 여기에서는 오히려 주어진 자유와 조정되는 자유 사이의 모순은 없다.

"다윈은 타락의 관념을 거부하는 새로운 창조 신화를 제안하며, 생명의 나무와 지식의 나무를 하나로 만들어 의미의 중심으로 삼는다. 나아가 그가 말하는 자연 질서는 낙관적 해석과 비관적 해석 사이에서 동요한다. 즉 희극적이면서도 비극적이다."[81] 전통적 개념의 신이 없다는 것이 곧 타락한 세상을 의미하지 않는다. 당시 많은 종교인들에게 다윈의 위험성은 새로운 신화의 제안 가능성에 있었다. 더구나 진화론은 실재성을 반영하는 이야기임을 내세운다. 이제 신이 없어진 게 아니라 신들이 보편화된 것이다. 그들에게 다윈의 위험

---

81 Beer 107/251. 비어의 말에는 개념들(비관/비극, 낙관/희극)의 혼용은 있으나, 다윈이 생명과 지식을 의미의 중심에 놓는다고 해석하는 것에는 기꺼이 동의할 수 있다.

성은 신의 부정이 아니라 절대 유일신을 고대 다신교의 위치로 '격하'시키는 데 있었다.

그러므로 경전은 자구 그대로 지켜야 할 것이 아니라 다른 신화 이야기들처럼 하나의 이야기가 된다. 그렇게 되면 세계를 진화론적으로 설파하는 다윈도 새로운 신화를 제안할 뿐만 아니라 새로운 신을 도입하는 것이 된다. 즉 진화론 자체가 새로운 '이야기의 신'이 된다.[82] 그리고 앞으로 나올 신화들도 정말 그럴듯한 이야기를 제공할 수 있어야 그 가치를 인정받게 될 것이다. 창조의 신은 이제 **이야기 창조의 신**이 되어야 한다. 아니, 이미 이야기 창조의 신, 곧 허구의 신이었는지 모른다.

더구나 진화는 다양한 이야기들을 담고 있다. 비어가 말했듯이 진화에 내재하는 '이야기의 복수성(multiplicity of stories)'은 그 자체로 문화적 상상력을 지배하는 강력한 요소이다. "중요한 것은 진화가 말해주는 특정한 이야기가 아니라 진화가 많고 다양한 이야기들을 말해준다는 사실이다."(Beer 106/250) 그러므로 "진화론의 다산성과 풍부함은 서로 비슷하면서도 대조적인 이야기들의 원천이 된다."

물론 그러한 이야기들은 낙관적 배경을 가진 것도 비관적 배경을 가진 것도 아니다. 어쩌면 비어의 말처럼 그 사이에서 동요하는 것인지도 모른다. 하지만 다윈에게는 이것이 그리 중요하지 않다. 언급했듯이 그는 자연이 펼쳐놓은 상황과 사건들을 ─ 그것이 때로는 폭력적이고 살육과 공포를 수반한다고 할지라도 ─ 있는 그대로 '인정'하려

---

[82] 오늘날 '보편적 다윈주의' 문제는 어쩌면 신화 또는 '이야기의 신'으로서 진화론 자체에 이미 내재해 있었던 것인지도 모른다.

고 한다. 이것이 바로 다윈으로 하여금 진화 이야기를 결코 비관적(pessimistic)이지 않지만 비극적(tragic)으로 받아들이게 하는 이유다.[83] 이런 점에서 다윈은 고대 그리스의 비극 의식에서 그리 멀리 있지 않다.

그리스 비극에서부터 오늘날까지 인간의 나약함, 실존의 부조리, 두려움, 연민, 모순 등이 비극적 사건을 이루는 요소들이지만, 무엇보다도 인간 비극성의 본질을 이루는 것은 '아나그노리시스(anagnorisis)', 즉 인간 자신이 스스로 비극적 존재임을 '인정'하는 것이다. 무엇보다도 죽음을 철저하게 의식하는 거의 유일한 동물로서 인간이 그 필연성을 수용하는 것이 그런 인정의 핵심을 이룬다. 아나그노리시스는 고대로부터 신(神)들의 비열함과 숙명의 무자비함에 대항하여 역설적으로 인간이 자신의 존재 의미를 정당화하는 방법이다. 비극적인 것에 대한 직관적 인식은 그 자체로 비극적인 것으로부터 해방의 가능성, 곧 정화(淨化)와 구원의 양식을 구체화한

---

[83] 비어는 앞의 인용문(Beer 107/251)에서도 볼 수 있듯이 낙관과 희극, 비관과 비극을 혼동해서 쓰고 있다. 그 깊은 의미에서 비극 의식(tragic conscience)은 비관주의(pessimism)와 전혀 다르다. 비관주의가 '이 세상이 최선의 상태로 만들어져 있다'고 간주하는 낙관주의(optimism)에 대하여 '이 세상은 최악의 상태로 만들어져 있다'고 간주하는 것이라면, 비극 의식은 '이 세상이 어떻게 되어 있든 내가 어쩔 수 없는 부분이 있다'고 인정하는 것이다. 비어는 이런 기초적인 구분에서 소홀함으로써 다윈의 서사에서 비극성이 지니는 의미를 놓치고 있다. 비관주의와 낙관주의는 종교적 의도에서 시작된 개념이다. 그러므로 기독교가 세력을 유지하던 중세에 널리 활용된 개념이다. 즉 신이 이 세상을 최선의 상태로 창조했는가, 아닌가 하는 것이 주된 논쟁 대상이었기 때문이다. 반면 비극과 희극은 고대 그리스에서부터 문학과 예술 공연의 핵심 개념이었다. 그러므로 인문적이고 철학적인 개념이다. 따라서 비관/낙관의 주체가 신이라면, 비극/희극의 주체는 인간이라고 할 수 있다.

다. 인간 존재는 비극적 모순과 좌절, 그리고 그것을 극복하고 초월하는 과정 속에서 드러난다. 이러한 과정에서 존재는 상실되는 것이 아니라 결정적으로 감지된다. 비극 의식은 삶의 의미를 추구하는 인간이 이 세상과 자신에게 '의미를 선물하기' 위해 고통스런 노력을 하는 과정에서 나온 결과일지 모른다.

다윈의 비극 의식은 무엇보다도 자연의 상태와 생명의 사건들을 인정하는 것이지만, 다른 한편 이야기를 꾸며내는 아이의 '비극적 즐거움'을 내포하기도 한다. 그는 어린 시절을 상기하면서, 그럴듯한 이야기로 다른 사람들을 기만하는 데 성공하거나 멋진 이야기를 꾸며낼 때면 '비극적인 즐거움(pleasure like a tragedy)'을 느낀다고 했다.(Beer 25/90 참조) 이때 다윈은 단순하고 솔직하다. 이런 솔직함은 만년의 그가 삶의 근원적 비극 의식이 일상생활에서 표출되는 것을 천진난만하게 거부할 때에도 드러난다.

다윈은 만년에 미술과 음악을 비롯해 많은 취미 활동을 잃어버렸는데, 상상력의 산물인 소설만큼은 여러 해 동안 그에게 많은 기쁨과 위안을 가져다주었다. 그래서 그는 "모든 소설가들을 축복한다"(Auto 113/167)고까지 말한다. 그는 해피엔딩이라면 모든 소설을 좋아했다. 그래서 "소설의 결말을 불행하게 맺지 못하도록 하는 법이라도 있으면 좋겠다는 생각이 들기도 했다"고 고백한다. 비극적 조건을 인정해도 비극성이 불행의 현상으로 구체화하는 것은 누구에게든 가슴아픈 일이기 때문이다. 다윈의 이런 천진한 태도는 비극적 조건을 인정하고 싶지 않지만 인정해야 하는, 또는 인정하면서도 거부하고 싶은 인간의 심성을 잘 보여준다.

프리먼 다이슨은 《상상의 세계(Imagined Worlds)》에서 철학자이자 SF 소설 작가인 윌리엄 올라프 스테이플던(William Olaf Stapledon)의 상상에 동의한다. "우리 후손들은 비극과 단명한 생명체의 아름다움을 가장 가치 있는 것으로 여기는 종교 또는 예술적 창조물인 '소실(消失)의 신앙(Cult of Evanescence)'으로 자신들의 정신을 새롭게 할 수도 있다."[84] 비극성은 통시적으로도 편재한다. 그러므로 우리는 그것을 피할 수 없고, 인정할 수밖에 없는지 모른다. 때로는 그것을 즐겨 수용하는 상황에 있을지도 모른다.

---

84 Freeman Dyson, *Imagined Worlds*, Harvard University Press, Cambridge-London, 1998. P.160. 이 말은 원래 스테이플던의 소설 *Last and First Men*(1931)에 나오는 것으로 다이슨이 인용한 것이다.

05

이미 현재인 미래를 전망하며

물리학자 볼츠만(L. Boltzmann)은 주저 없이 19세기를 '다윈의 세기'라고 불렀다. 볼츠만은 진화론에 깊이 매료되었으며 그의 야심은 물체의 진화에 관한 '다윈'이 되는 것이었다. 오늘날 다윈의 진화론은 생물학뿐만 아니라 입자물리학과 우주론에 이르기까지 자연과학의 모든 분야에서 중요한 패러다임이 되었다.

윤리적 관성

이제 인간의 문제를 다루는 인문학 분야에서 진화론과 진화적 패러다임을 수용한 과학 분야를 어떻게 대하는지 살펴볼 필요가 있다. 다윈의 진화론은 기본적으로 생물계의 대통합 이론이다. 다윈의《종의 기원》에는 유일한 그림이 있는데, 그것은 '생명의 나무'이다. 수많은 가지가 있지만 서로 연계적인 모습을 보이고 있는 이 생명의 나무는 다윈의 '자연선택에 의한 종의 기원' 이론이 통합적 거대 이론임을 잘 보여준다. 그것은 사라졌거나 살아 있는 모든 존재를, 사방으로 뻗어나가거나 우회하는 친족 계통들을 통해 하나의 거대 체제로 통합하는, 모든 시대에 걸친 모든 생물에 관한 이론이었다. 생명의 나무가 한 그루일까, 아니면 여러 그루일까 하는 물음에는 이미 답이 주어져 있었다. 20세기에 들어 지구상의 모든 생물의 유전 정보가 표현되는 방식이 같다는 것을 밝혀내면서, 많은 과학자들은 진정한 생명의 나무는 한 그루라고 굳건히 믿게 되었다.

그렇지만 다른 한편, 다윈 진화론의 주요 쟁점은 항상 '인간의 문제'에 귀결된다. 그러므로 다윈의 사상은 언제나 인문학자들의 이빨 사이에 낀 그 무엇이다. 인문학과 자연과학의 갈등이라고 하면, 흔히 '두 문화'라는 말로 대표되는 두 분야의 상호 몰이해와 충돌 내지는 무시를 떠올릴지 모르겠다. 어쩌면 둘 사이의 관계를 사회문화적 '냉담함'이라고 표현하는 것이 사태를 더 잘 보여주는 것일지 모른다.

일반적으로 두 문화 사이의 대립을 '인식론적'인 문제로 보는 경향이 많으며, 예술 및 인문 정신과 자연과학의 인식론적 대립이 쉽게 해소될 것 같지 않다는 전망 또한 적지 않다. 그러나 오늘날 과학-기술의 발달에 따른 변화하는 삶의 현실을 제대로 파악하기 위해서는, 인문 정신과 과학의 대립을 '인식론적 대립'이라기보다는 '윤리적 전망의 대립'이라고 보는 것이 필요하다. 이런 대립은 두 가지 이유 때문으로 보인다. 하나는 인문 정신이 지니는 '윤리적 관성'이고, 다른 하나는 윤리의 발달 역사에 연관된 것이다.

우선 윤리적 전망의 대립은 흔히 과학-기술의 발전에 대해 '비관적인' 태도(이 세상을 최악의 상태에 있는 것으로 보는)를 보이는 경향으로 나타난다. 문제의 핵심은 인문 정신과 그 영향을 받은 학예 분야가 '윤리적 관성'을 갖고 있다는 것이다.[85]

현대의 인문 정신은 변화하는 세상에 맞추어 새로운 윤리학을 개발하지 못하고 있다. 세상의 문제를 판단할 수 있는 윤리학이 개발되기 전에 과학-기술이 너무 빨리 달아나버린 셈이다. 그래서 적지 않은 인문학자들이 과거의 윤리적 기준에 맞추어 현대 과학-기술의 발달과 그 성과에 대해 '야단치는 자세'를 취하게 되었다. 문제는 '왜' 야단치는지 합리적이고 설득력 있는 이유를 제시하기 어렵다는 데 있다. 물론 이런 자세는 과학-기술의 발전 속도를 어느 정도 제어하는 효과는 있다. 하지만 다른 한편, 이유가 불분명한 비판이 되기 쉽기 때문에 두 분야 사이의 대화를 더욱 어렵게 만드는 경향이 있다. 물론 시대와 변화에 맞는 윤리를 개발하는 것은 엄청나게 어려운 과제이지만, 인문학자들에게 주어진 임무이다.

두 번째 이유는 윤리 발달의 역사와 연관되어 있는데, 언급한 첫 번째 이유의 원인이기도 하다. 과거의 윤리학은 주로 사회·정치철학적 차원에서 개발된 것이다. 즉 인간관계에서 일어나는 일로부터 발달한 것이다.

그런데 오늘날의 윤리학에는 문화철학적 차원이 필요하다. 인간관계뿐만 아니라 인간관계에 개입하는 물질적 성과 때문에 윤리의 문제가 크게 불어나버렸기 때문이다. 다시 말해 과학-기술이 만들어낸

---

85 여기서 '관성'이라는 말은 어떤 면에서는 윤리적 속성일지 모른다. 윤리는 관습과 불가분의 관계에 있기 때문이다. 이런 의미에서 관습이 일정 사회의 윤리 영역에서 어느 정도의 영향력으로 작동하는지 유형론적으로 세밀히 살펴보는 것도 중요하다고 생각한다.

성과가 인간관계에 개입해 윤리적 문제를 일으키게 된 것이다(아니면 인간관계를 긍정적으로 매개할 수도 있다). 오늘날 심각하게 문제가 되고 있는 생명 윤리와 사이버 윤리가 좋은 예이다. 인문학자들은 이런 과제를 소화해내지 못했던 탓에 관성적으로 과학-기술에 대해 비관적인 입장을 갖게 되었다고 본다. 이런 윤리적 관성은 극복되어야 한다.

자연과학과 인문-예술 분야 사이의 갈등에는 방법론적인 문제도 있다. 둘 사이에는 방법론에서 제법 큰 차이가 있기 때문이다. 과학에서는 단순하고 아름다운 법칙이 선호된다. 단순함과 아름다움, 이 두 가지는 과학에서 중요한 의미와 가치를 지닌다. 일반적으로 하나의 간결하고 아름다운 방정식으로 나타낸 이론은 복잡하고 수많은 가정이 포함된 여러 개의 방정식으로 구성된 이론보다 선호되기 때문이다. 오캄의 명제를 들먹이지 않더라도, 자연법칙이 궁극적으로 단순해야 한다는 것은 오랫동안 과학에서 전제되어왔던 것이다. 그렇기 때문에 환원주의와 결정론의 문제가 대두되는 것이다.

사람들은 충실한 다원주의자인 에드워드 윌슨의 환원주의와 도킨스의 유전자 결정론을 강하게 비판한다. 그러나 그들이 서구 과학의 방법론에서 크게 벗어난 것은 없다. 오히려 매우 충실하다. '겉보기에' 그들 주장의 강약은 정도의 차이를 보여주는 것일 뿐이다. 그것은 어느 정도의 결정론적·환원주의적 태도 없이 과학을 탐구할 수 없음을 보여주는 것이다. 윌슨은 과학자들의 연구 태도를 환원주의 강박증이나 환원적 과대망상증이라고 비난하는 것에 대해 반론한다. "환원주의는 다른 방도로는 도저히 뚫고 들어갈 수 없는 복잡한 체계를 비집고 들어가기 위해 채용된 탐구 전략이다. 궁극적으로 과학자들을 흥분시키는 것은 복잡성이지 단순성이 아니다. 환원주의는 그 복잡성을 이해하는 유일한 방법이다."[86] 하지만 여기서 잠깐, 영특한 윌슨이 슬쩍 감춘 것을 드러내볼 필요가 있다. 과학자들을 흥분시키는 것은 복잡성일지라도 과학자들이 쾌재를 부르는 것은 단순성을 찾았을 때이기 때문이다.

반면 인문학과 예술 분야에서는 복잡성이 선호될 때가 많다. 표현하기 정말 어려운 것(또는 표현될 수 없는 것)에 대한 표현의 노력이 있기 때문이다. 이에 과학자이자 기술자인 러니어의 말은 과학-기술 분야에서 귀담아들어야 한다. "예술과 인문학은(그리고 종교도 잊지 말자!) 단순한 것을 복잡하게 만들어야 한다는 도전에 끝없이 직면해왔다. 그래서 철학과 예술에 관한, 앞뒤가 뒤죽박죽인 학술 서적들이 존재하는 것이다."[87]

인문학자의 입장에서는 과학이 복잡하고 어려워서 가까이 하기를 꺼리는 게 아니라, 단순함으로 모든 것을 설명하는 데 놀라서 접근하기를 망설일 경우가 적지 않다는 것을 상기할 필요가 있다. 인문학자들에게는 자연의 엄청난 다양성을 변이와 선택으로 명쾌하게(자연선택의 개념 개발을 놓친 것에 대한 헉슬리의 아쉬움을 떠올려보라!) 설명하는 진화론의 원리들 역시 너무 단순해서 놀라움과 두려움을 주는 것일지 모른다.

---

[86] Edward O. Wilson, *Consilience: The Unity of Knowledge*, Vintage Books, New York, 1999, p. 59(114).

[87] Jaron Lanier, "Responses to The New Humanists Essay", John Brockman(edited by), *op. cit.*, p. 368(434).

진화의 종점

"최근까지도 대다수의 자연학자들은 종은 변하지 않는 것이며, 또 이들은 개별적으로 만들어진 것이라고 믿었다. 이러한 견해는 많은 저자들에 의해서 교묘히 지지되어왔다. 이에 반하여 극소수의 자연학자만이 종이란 변하는 것이며, 현존하는 생명체는 이전에 살았던 생명체들의 순전한 생식에 의한 자손이라고 믿어온 것이다. 고대의 저자들이 이 문제에 대해 언급한 것을 제외하고는 현대에 이르러 이 문제를 과학적으로 다루어온 최초의 저자는 뷔퐁 씨이다."

다윈의 《종의 기원》 도입부에 나오는 말이다. 여기서 그가 말한 '고대의 저자'는 아리스토텔레스이다. 이 고대의 철학자가 자신의 저술에서 '자연선택'에 의한 진화를 충분히 이해하지는 못했지만 막연하게나마 암시했다고 보기 때문이다. 그런데 아리스토텔레스 이전에도 진화론적 맹아를 보인 철학자가 있었다. 기원전 6세기 밀레토스의 아낙시만드로스는 진화론의 초기 주창자라고 할 만하다. 그는 우리가 아는 인간이 언제나 존재했을 수는 없다고 주장했다. 다른 동물들은 태어나자마자 스스로를 돌볼 수 있는 반면, 인간은 긴 수유 기간을 필요로 한다. 그는 인간이 원래부터 지금과 같았다면 살아남을 수 없었을 것이라고 추론했다. 그와 비슷한 시대에 크세노파네스는 화석의 존재에 주의를 기울였다. 현대 진화론자들이 진화가 '이론이 아니라 사실'이라고 주장하는 가장 확실한 근거는 화석 자료이다. 그러나 다윈의 시대에 이르기 전까지 자료와 관찰 결과를 종합하여 '변이'와 '선택'의 기제를 기본 축으로 한 진화의 '종합 추론'을 이끌어낸 경우는 없었다.

그렇기 때문에 고대로부터 19세기까지 인간은 '역사적 인간'이었지 '진화적 인간'은 아니었다. 역사 속에서 인간은 불변의 주체였으며, 인간 본성은 변하지 않는 것이었다. 즉 인간의 본성(nature)은 진화적으로 형성된 것이 아니었다. 그러므로 시간의 진행에 관계없는 보편적 인간상에 대한 수많은 사상이 형성될 수 있었다. 역사 속에서 인간이라는 행위 주체의 본성이 고정됨으로써(즉 인간의 특성을 변수가 아니라 '역사의 상수'로 봄으로써), 역사의 법칙을 발견하고자 하는 욕구는 상존해왔다. 또한 불변의 주체는 불멸의 영혼설과 본유 관념을 낳았다.

이에 더해 지난 2000여 년 동안 서구 의식에 영향을 미쳐온 기독교는, 인간을 다른 생명체와 달리 '특별한 존재'로 부각시키는 역할을 했다. 가시적으로 경험할 수 있는 천체의 운행에 빗댄 고대의 '자연스런' 윤회적 시간관과 달리 '자연법칙에 안 맞는' 창조와 부활 그리고 구원을 전제하는 선형적 시간관은 인간을 '탈(脫)자연화'한다. 탈자연화한 인간은 다른 생명체와 다른 별난 존재인 것이다.

한편, 진화론은 현대 과학의 발달과 함께 학술적 영향력을 과학의 여러 분야에 확산해왔다. 19세기 후반 이후의 자연과학에서 가히 '진화적 패러다임'이라고 할 만한 것이 영향을 끼치기 시작했다. 적지 않은 학자와 작가들이 세상 만물이 진화한다는 의식을 갖게 되었다. 그러나 진화의 원리를 선뜻 인간에게 적용하는 데는 적지 않은 장애가 존재한다. 그것은 인간을 다루는 학문인 인문학의 장애이기도 하다. 그 가운데 핵심적인 것은 마치 집단 무의식처럼 작동하는 인간중심주의와 인간우월주의 또는 인간별종주의이다. 마이어는 인간우월주의는 "대부분의 사람들에게 인간은 창조의 정점에 있고 다른 모든 동물들과 여러 가지 면에서 다르며 특히 합리적인 영혼을 가졌다는 점에서 차이를 갖는다"[88]는 의식을 심어주었다고 한다.

철학자 데이비드 스토브(David Stove)는 "자연선택이 과거의 종에서 새로운 종이 생겨나게 하는 주된 원인이라는 것"을 부인하지 않으면서도, "자연선택이 '현재' 인간에게서 '진행 중'임을 부인한다. 그리고 자연선택이 과거의 인간에게 일어났었다는 것도 부인한다."[89] 즉 다윈주의가 적어도 인간에게는 적용되지 않는다는 것을 주장한다. 나아가 인간우월주의와 인간중심주의는 인간을 진화의 완성된 최종 단계로 여기게 한다. 그것은 인간이 진화의 정점에 있다는 것일 뿐 아니라, '진화의 종점(終點)'에 있다는 의미가 된다.

인간중심주의는 당연히 인간의 '관계 맺기'에 심각한 장애가 된다. 관계 맺기가 인간 사이에서 이루어질 경우 인간중심주의는 겉으로 문제가 되지 않을뿐더러 오히려 촉매로 작용할 수 있지만, 인간 아닌 타자와의 관계에서는 근원적인 문제가 된다. 여기서 '근원적'이라는 형용사의 의미는 각별하다. 인간에게 타자라고 함은 어떤 인간 집단에게 타자라는 뜻이 아니라, 말 그대로 인간 또는 인류에게 타자라는 뜻이기 때문이다.

오늘날 인간에게 근원적 중요성을 지니는 타자는 자연, 인간 자신의 피조물 그리고 '진화하는 인간' 자신이다. 자연을 진정한 타자로 대하는 것은 현재 인류의 중요 과제이다. 오늘날 인간에게는 생물학적 진화와 함께 자신의 피조물로 구성된 문화적 진화가 역사의 그 어

---

88 E. Mayr, *op. cit.*, p. 233(453).
89 D. Stove, *op. cit.*, p. xiv(18).

느 때보다도 삶의 추동력으로 부각하고 있다. 또한 진화하는 인간은 고정불변의 인간상에 대해 항상 타자가 된다. 이러한 상황은 인간에게 정말 '지혜롭기'를 요구하고 있다. 세상을 보는 새로운 관점과 사고의 전환을 요구하고 있는 것이다. 어쩌면 우리 인간은 생각의 근원을 바꾸어야 하는 시대에 직면하고 있는지 모른다.

오늘날 인문학자들 가운데서도 진화론을 학술적으로 수용하고 있는 사람이 많다. 다만 생물의 진화나 아니면 별들의 진화 같은 자연과학 분야를 이해할 때 진화의 개념을 유용한 것으로 설득력 있게 받아들일 뿐이다. 인문학의 주제인 인간을 탐구할 때는 과거의 학문적 관성으로 돌아가 버릇하는 것이 오늘의 현실이다. 이는 언급했듯이 집단 무의식처럼 작동하는 인간중심주의 내지는 인간별종주의, 즉 인간은 그래도 특별한 존재라는 관념 때문일 수도 있다. 또 일찍이 데이비드 흄이 잘 보았듯이 일상적 습관이 그래도 변하지 않는 인간상이라는 관념을 계속 공급하기 때문일 수도 있다. 어쨌든 인문학자들이 어떤 대상을(학문 분야를 포함하여) 이해할 때 진화론적 입장을 비형평적으로 적용하는 것은 사실인 듯하다.

흥미로운 예를 하나 들어보자. 디즈니·픽사의 애니메이션 영화 〈월·E〉(앤드루 스탠턴 감독)에서 인류는 엑시엄이라는 대형 우주선을 타고 지구를 떠나 오랜 세월 은하계를 떠돌고 있다. 그 안에서 인간은 중앙통제컴퓨터가 제공하는 편안한(?) 삶 덕택으로 첨단 안락의자에 반쯤 누운 채 버튼만 누르면 기본 욕구를 충족할 수 있다. 이런 생활방식 때문에 팔다리는 거의 퇴화된 채 몸통은 비곗덩어리가 된 상태이다.

그런데 어느 날 자의식이 돌아온 인간은 중앙통제컴퓨터에 저항하여 두 발로 직립하게 되고 예전의 인간 모습으로 돌아와 지구로 귀환한다. 인간은 지구환경과 근원적으로 다른 우주환경에서 그 긴 세월 동안 전혀 진화하지 않은 것이다. 놀랍지 않은가! 엑시엄에서 요람 속에 갇힌 통통한 어린아이처럼 된 인간이 겪은 것은 용불용설과 획득형질에 의한 변화에 가깝다. 진화라는 비가역적 변화를 전혀 겪지 않은 것이다. 이는 진화를 다른 모든 생명체에 적용해도 인간 자신에게는 '이야기' 속에서도 결코 적용하고 싶지 않은 인간의 마음을 잘 보여준다.

사람들은 진화론을 수용해도 인간은 진화의 종점에 이르렀다고 믿고 싶어한다. 모든 생명체의 진화를 확신하는 사람도 인간의 진화에 대해서는 거의 무의식적으로 반항한다. 이를 보면 인간은 진화에 대한 분열된 기대를 갖고 있는 듯하다.

진화론적 관점에서 보아도 진화의 속도가 너무 느리기 때문에 지난 수천 년 동안 인간은 별로 변하지 않았다고 주장할 수도 있다. 더구나 스티븐 제이 굴드 등이 주장하는 단속평형설(Punctuated Equilibria)이 맞서서 수천 년 동안 인간의 시대는 진화의 정체기에 있다고 볼 수도 있다. 그러나 "하늘 아래 새로운 어떤 것이 있다. 우리들이다"라고 주장하는 인류학자 그레고리 코크런(Gregory Cochran)의 말대로라면 지금 우리 시대도 진화의 영향 아래 있는 시기이다.

코크런은 "투키디데스는 인간 본성은 변치 않으며, 따라서 예측 가능하다고 말했다. 그러나 그의 말은 틀렸다. 인간이 빠르게 변화하는 환경에 맞서 자연선택의 과정을 통해 진화해온 것을 생각하면, 그처럼 변화 없는 인간 본성이란 얼토당토않다"[90]고 단호히 주장한다. 인간이 급속한 변화에 적응한 경우를 많이 알고 있기 때문이다.

예를 들어 겸상 적혈구 같은 말라리아를 방어하기 위한 돌연변이는 불과 몇 천 년 전에 생겼다. 유럽 성인 대부분에게서 관찰되는 아이스크림을 소화시키는 락타아제 돌연변이가 생긴 지도 오래되지 않았다. 더구나 인간의 진화론적인 변화는 질병 방어나 음식물 적응에만 국한되지 않는다. 모든 영역에 걸쳐 진화론적인 변화가 이루어진다. 인간의 개성과 번식 전략, 인식 등 모든 것에 대해 우리의 유전자는 환경 변화에 맞추어 수천 년의 시간 단위로 적응해오고 있다. 그리고 이것은 우리가 우리 자신을 위해 새로운 환경—새로운 삶의 방식이나 새로운 사회 구조 등—을 만든다는 것을 의미한다.

그러므로 "투키디데스의 말은 틀렸다. 우리는 시칠리아 원정을 반복하도록 운명지어지지 않았을 것이다. 다만 아직도 우리는 정확히 어떤 변화가 있었는지 이해하지 못하고 있기 때문에, 운명에 따르는 것처럼 보일지도 모른다. 그러나 어찌 되었건 우리가 변해온 것은 사실이다. 하늘 아래 새로운 것이 있다. 그것은 바로 우리다. 만약 수천 년 전의 사람들이 생물학적 차이 때문에 우리와 다르게 생각하고 행동했다면, 앞으로의 역사도 과거와는 똑같이 진행되지 않을 것이다."

코크런은 언급하지 않지만, 우리 일상에서도 관찰할 수 있는 진화의 조짐은 있다. 예를 들면 여성들의 출산율 저하가 여성들의 심성 변화와 행동 양식에 미치는 영향이 그것이다. 여성들의 '생리전 증후군(PMT : Pre-menstrual Tension)'은 예전에는 큰 문제가 되지 않았

---

90 Gregory Cochran, "There Is Something New Under the Sun - Us", *What Is Your Dangerous Idea?* edited by John Brockman, Harper Perennial, New York, 2007, pp. 209~210(355~356).

다. 아이를 여럿 낳던 때에는 여성들이 거의 임신과 출산이 반복적으로 지속되는 시기를 보내기 때문에, 증후군을 느낄 새가 별로 없었다고 해도 과언이 아니다. 물론 생리전 증후군의 증가는 여성들의 피임이 원인인데, 피임은 대개 인공적인 수단일 경우가 많다. 이는 인간의 생활문화 양식이 생물학적 진화에 영향을 미칠 원인을 제공할 수 있음을 뜻한다.

더구나 시간이 무한할 수도 있다는 깨달음은 인간 종에 대한 새로운 관점을 가져다줄 수도 있다. 그것은 바로 인간이 진화과정의 정점이 아니라 초기 단계에 있는 존재일 수도 있다는 생각이다. 그러나 우리가 진화의 초기 단계에 있는지 말기 단계에 있는지는 그다지 중요하지 않을지 모른다. 엄청나게 거시적인 시간관에서는 말기 단계라도 그 종국까지는 장구한 시간이 있을 수 있기 때문이다.

우리가 진화의 종점에 있지 않다면 우리는 계속 진화하고 있다. 특히 우리 시대의 진화는 생물학적 진화와 문화적 진화가 병행하고 있다는 특징을 더욱 보이고 있다. 스티브 존스는 사람들이 오래 살고 예전과는 다르게 죽음을 맞이하고 있기 때문에 현대 의학은 자연선택을 중요하지 않게 만들어버렸다고 주장한다. 그 이유는 사람들이 더 이상 감염성 질병에 의해 희생당하지 않기 때문이다. 존스의 주장에 따르면 진화가 멈추지는 않겠지만 최소한 그 속도는 느려질 것이다.

현대인이 여전히 진화하고 있을 뿐만 아니라 이전보다 더 빠른 속도로 진화하고 있다는 주장도 있다. 생태학자들은 기후 변화, 오존 구멍 등과 같은 환경의 변화가 인류에게 새로운 압력으로 작용하고 있다고 본다. 뿐만 아니라 활발해진 국가 간의 이동은 이민의 증가와 더불어 수천 년 동안 고립 상태에 있던 유전자 풀들의 혼합을 의미하게 되었다. 인류학자 메러디스 스몰(Meredith F. Small)은 인간이 자연선택의 법칙을 전혀 변화시키지 않았다고 주장한다. 그에 따르면 "우리는 우리에게 문화(그리고 그것에 동반한 모든 종류의 의료적 개입과 기술들)가 있기 때문에 자연선택에서 면제되어 있다고 생각하기 쉽다. 그러나 자연은 예전처럼 나아가고 있다. 어떤 사람은 살고, 어떤 사람은 죽는다. 그리고 어떤 사람은 다른 사람들보다 더 많은 유전자를 물려준다."[91] 그러므로 진화의 정의에 따르면 우리는 여전히 진화하고 있다. 보다 흥미로운 점은 우리가 어떻게 진화하고 있느냐 하는 것이다. 무엇보다도 문화(특히 과학-기술의 발달)가 어떻게 진화에 영향을 미치고 있느냐 하는 것이다.

유전학의 원리에 의하면, 인간의 문화는 유전자 속에 저장되지 않는다. 마크 뷰캐넌(Mark Buchanan)의 설명처럼, "그것은 사회 구조와 습관과 언어와 도서관에 존재하며 세대를 넘어 학습된다. 문화는 과학을 포함하여 우리 사회의 학습된 적응일 뿐 비록 그것이 다른 동물과 다른 인간의 커다란 두뇌 능력의 결과이지만 엄격하게 말해 진화의 직접적 결과는 아니다. 그것은 되돌릴 수 없는 방식으로 미래에 영향을 미치기는 하겠지만 최소한 얼마 동안은 유전자를 건드리지 않고 놔둔다."[92]

그러나 문화가 문화로 머문다고 해도, 의심의 여지없이 문화는 생

---

[91] 존 폴킹혼 외, 《과학자들에게 묻고 싶은 인간과 삶에 관한 질문들》, 황금부엉이, 2004, 258~259쪽. 마크 뷰캐넌의 글 〈우리는 계속 진화하고 있는가?〉에서 재인용.
[92] 앞의 책, 259쪽.

물적 진화에 영향을 미친다. "어떤 사람에게는 아이를 갖게 하고 다른 사람에게는 갖지 않게 만드는 수많은 힘들은 무엇인가? 그 영향력들을 분석하는 것은 분명 대단히 어려운 일이지만 이런 문화적 효과들은 많은 질병들 뒤에 있는 희귀한 유전적 결함들이 미치는 영향보다 훨씬 빠르게 인간 모집단의 유전적 특징에 영향을 미친다. 문화는 '자연적' 힘으로 보이지 않을 수 있지만, 우리 환경의 일부라는 점에서 질병이나 기후, 음식 자원과 똑같이 자연적인 것이다."

우리는 어쩌면 자연과 문화가 혼합해 진행하는 환경 속에서 진화하고 있는지도 모른다. 크릭과 윗슨이 제안한 DNA의 이중 나선 구조의 모형은 어쩌면 자연과 문화의 관계에도 적용될 수 있을지 모르겠다. 문화와 자연이 이중 나선 구조처럼 얽히면서 우리 삶의 환경을 구성하는지도 모를 일이기 때문이다. 이런 점에서 오늘날 우리에게 적합한 진화의 기작은 자연선택이 아니라 '환경선택'일지 모른다.[93] 일정한 자연-문화 개체군의 사람들에게 적용되는 '환경선택'은 새로운 진화과정을 이끌지 모른다. 더구나 이것은 인간과 인간이 만들어낸 피조물 사이의 관계와 인간과 피조물들이 구성하는 환경 사이의 공진화(co-evolution)를 생각하면 더욱 설득력 있는 개념일 수 있다.

인간은 무엇이 되고 있는가?

우리 시대의 공진화적 환경은 이제 우리에게 새로운 철학적 질문을 던지게 한다. 칸트는 《순수이성비판》에서 이성이 갖는 모든 관심

---

93 3부 각주 5번 참조.

은 세 가지 물음에 집약된다고 했다. 첫째, 나는 무엇을 알 수 있는가? 둘째, 나는 무엇을 해야 하는가? 셋째, 내가 무엇을 바라도 되는가? 그리고 만년에 출판된 《논리학》을 위한 서문에서 앞의 세 가지 물음에 '네 번째 물음'을 첨가했다. 그것은 길고 긴 연구생활의 끝에 노학자가 한 말이어서 더욱 값진 것이었다. 칸트의 네 번째 물음은 "인간이란 무엇인가?"였다.[94] 그는 앞의 세 물음들은 모두 네 번째 물음에 귀결된다고 했다.

칸트는 전문 학술적 개념에서 앞에서와 같이 철학의 영역을 설정한 것이 아니었다. 그는 '세계 시민적 의미(weltbürgerliche Bedeutung)'에 준하여 이성을 지닌 인간 사고의 영역을 그와 같이 설정한 것이다. 그는 이미 《순수이성비판》에서 철학의 '학술적 개념(Schulbegriff)'과 '세간적 개념(Weltbegriff)'을 구분했는데,[95] 세간적(世間的) 개념이란 "누구라도 반드시 관심을 갖는 일에 연관된 개념"을 의미한다. 칸트에게 '인간이란 무엇인가?'는 누구든 반드시 관심을 갖는 물음인 것이다.

칸트의 인간에 대한 깊은 관심은 "나는 철학이 표상, 개념, 이데아의 학문 또는 '모든 과학의 과학' 아니면 이와 유사한 학문이 아니라, '인간에 관한 학문' 즉 인간의 자기표현, 인간의 사고, 인간의 행동에 관한 학문이라는 것을 배웠다"고 한 말에도 잘 나타나 있다. 그런데 그의 인간 탐구는 수많은 철학자들이 그래 왔듯이 변하지 않는 어떤 인간의 본성을 전제하고 있는 것이었다. 이는 인간이 끊임없이

---

94 I. Kant, *kritik der reinen Vernunft*, B833.
95 *op. cit.*, B866~867.

'인간 안'으로 여행하면서 자신의 정체를 찾고자 하는 방식이었던 것이다. 그렇기 때문에 인간에 대한 그의 최종 물음은 그 자체로 한계가 있었다.

칸트는 상상력이 매우 뛰어난 사람이었다. 그렇지 않았다면 천체물리학에 깊고 넓은 관심을 가졌겠는가. 그는 자신의 인간학 저서에서 가설로서 외계인에 대한 상상을 언급하기까지 한다. 하지만 그는 두 가지 중요한 미래에 대해서는 상상하지 못했다. 하나는 인간이 지구 밖에서 거주할 수 있다는 가능성이고, 다른 하나는 인간의 진화 가능성이다. 그는 생물학적 진화든 기계와 함께하는 문명적 공진화든 상상조차 하지 못했다. 그렇기 때문에 '인간이 무엇이 될 수 있는지' 묻지 않았던 것이다.

이제 칸트의 네 번째 물음은 더 이상 최종 물음이 아니다. 그것이 또 다른 하나의 물음에 의해 보완되어야 할 때가 온 것이다. '인간은 무엇이 될 것인가?' 이것이 다섯 번째 물음일 것이다. 아니, 진화적 원리에 좀더 충실한다면, '인간은 무엇이 되고 있는가?'라고 물어야 할 것이다. 이것은 진화의 종점을 믿고 싶은 현재의 인간에게는 도저히 받아들일 수 없는 것일지 모르지만, 우리의 현실을 더 잘 반영하고 있는 물음일 것이다.

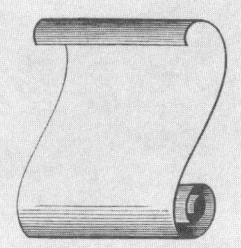

동화

fairy tale

동화

1장

순수함이 은폐하는
이야기의 비밀

fairy tale

01 아이의 신화

우리말에서 동화(童話)는 '아이 동(童)' 자 때문에 순수하고 천진난만한 아름다운 이야기라는 선입견을 준다. 물론 동화는 아이들의 이야기이다. 하지만 아이들만의 이야기는 아니다. 인간이라면 누구나 아이의 상태가 인간 욕망의 정점이라는 것을 의식할 때가 있을 것이며, 아이의 이야기에 대한 영원한 향수를 간직하고 있을 것이다. 사람들에게는 '아이의 신화' 같은 것이 있다.

인류 역사에서 신화화와 함께 탈신화화는 지속적으로 있어왔다. 특히 탈신화화 작업은 근현대 역사의 중요한 특징 가운데 하나였다. 그러나 탈신화화의 역풍 가운데서도 끈질기게(아니 때로는 더욱 강하게) 그 생명력을 유지하고 있는 것이 있다면, 그것은 틀림없이 아이의 신화일 것이다. 순수, 천진난만 같은 수식어도 아이의 신화를 굳건히 하는 데 동원된다. 그렇기 때문에 동화에는 신화의 이야기처럼 신비스러움과 비밀스러움이 있다. 동화의 쉽게 보이지 않는 미로들에는 인간의 팔색조 같은 욕망과 인류문명의 서사시적 변화무쌍함이 숨겨져 있다. 동화를 탐색한다는 것은 이런 미로들에 숨겨진 매혹적인 의미를 성찰한다는 뜻이 될 것이다.

어떤 동화는 만만하게 보았다가 큰코다칠 만큼 어렵다. 루이스 캐럴(Lewis Carroll)의 《신기한 나라의 앨리스(Alice in Wonderland)》가 대표적인 예일 것이다. 캐럴 연구의 권위라고 할 수 있는 마틴 가드너(Martin Gardner)는 대학생이 될 때까지 캐럴의 작품들에 대해서 흥미를 느낄 수 없었다고 솔직히 고백한다. 앨리스를 주인공으로 한 캐럴의 책들을 읽기 위해 무척 노력했지만, 일관성 없는 줄거리, 갑작스런 전환, 무슨 뜻인지도 모를 대화, 별로 유쾌하지 않은 캐릭터들 때문에 의욕을 상실하기까지 했다고 한다. 물론 당시 가드너는 캐럴의 해학, 역설, 그리고 문장의 논리 구조와 그에 함축된 철학적 의미 등을 포착하지 못했다. 그래서 그는 《신기한 나라의 앨리스》가 아이들보다는 최소한 틴에이저에 맞는 책이라고 한다. 그도 20대 때 다시 읽으면서는 자신이 어린 시절에 놓친 것을 발견하고 황홀경에 빠졌다고 한다. 그는 자신의 경험에 비추어 오늘날 영어권의 독자들조차도 해제의 도움 없이 앨리스 이야기를 제대로 읽기란 불가능하다고 판단한다.

가드너의 경우는 우리가 《신기한 나라의 앨리스》에 어떻게 접근해야 하는지를 잘 보여준다. 수많은 패러디, 난센스, 말의 퍼즐, 부조리한 명제, 어처구니없는 시구, 웃기는 소리들로 가득 차 있는 이 동화는 독서의 대상이자 '연구'의 대상이다. 그것도 심도 있는 연구의 대상이다. 이 동화와 연관된 연구 영역은 영문학뿐만 아니라 논리학, 수학, 언어학 등 다양한 학문 분야라고 할 수 있다. 우리가 학제적(學

《신기한 나라의 앨리스》 속의 삽화, 테니얼 경

際的) 연구의 대상으로 삼을 수 있는 것들은 이미 주위에 많이 있다. 관심과 관찰의 의지가 필요할 뿐이다. 그리고 이야기 탐구와 철학적 성찰의 네트워크가 필요하다.

어떤 동화는 수많은 축약본들 때문에 작품이 담고 있는 놀랄 정도로 풍부한 의미들이 사장되는 경우도 있다. 제임스 배리(James Barrie)의《피터 팬》도 이 경우에 해당될 것이다. 피터와 팅커벨의 고향이자 한때 웬디와 그의 형제들이 매해 봄맞이 대청소(Spring Cleaning) 때마다 환상의 여행을 떠났던 네버랜드(Neverland)를 기억하는가? 이 이야기를 유토피아 연구의 중요 참고문헌으로 삼은 강의계획서가 아직 생소한 대학생이라면, 배리의 작품을 좀더 정독할 필요가 있다.

정확한 통계는 없지만 생텍쥐페리(A. de Saint'Exupery)의《어린 왕자》는 작가의 모국인 프랑스에서보다 우리나라에서 더 유명한 것 같다. 아마 우리나라 독자들에게 이 작품만큼 감동을 준 동화도 없으며, 외국 동화 스테디셀러로서 이 책만큼 출판사들을 즐겁게 해주는 책도 드물 것이다. 생텍쥐페리는 인공적 기계문명의 상징인 비행기를 타고 대지를 굽어보길 좋아했다. 어쩌면 우리는 자연 상태의 인간을 갈망하는 것만큼이나 인공물을 사랑했던 작가처럼, 모순적인 인간의 모습이 이 동화의 미로에 숨겨진 것임을 놓치고 있는지 모른다. 생텍쥐페리의 삽화처럼 동화 속 작고 귀여운 몸집의 어린 왕자는 때로는 애처로운 모습으로 우리에게 서정적 감동을 주지만, 한편으로는 잔뜩 부풀린 어른의 목소리로 전하는 교훈의 억압을 포기하지도 않는다.

02 동화 읽기의 방식들

여기서 특별히 주의할 것이 있다. 내가 시도하는 동화의 서사철학적 접근은, 새로운 의도에 의한 '이야기의 재구성'이나 맥락주의(contextualism)에 의한 '동화의 까뒤집어보기'가 아니라는 것이다.[1] 일본 작가 키류 미사오(두 여성 작가의 공동 필명이다)가 쓴 《알고 보면 무시무시한 그림 동화》는 오랫동안 봉인되어 있던 그림 형제의 동화가 담고 있는 '진실'을 밝혀 그 원형을 복원하겠다는 의도로 쓰여진 또 하나의 동화이다("우리는 그림 형제가 동화를 통해서 독자들에게 정말로 전하려 했던 것, 또는 전하고 싶었던 것을 대담하게 재구성했다"[2]). 키류 미사오는 금단의 세계에 숨겨져 있던 이야기가 담긴 《그림 동화》의 초판 원고와 당시 사회를 분석한 학자들의 의견 등을 참고하고, 여기

---

1 이 점에 대해서는 본서 서장 02 '텍스트 탐구의 방식들'을 참조하기 바란다.
2 키류 미사오, 《알고 보면 무시무시한 그림 동화 1》, 서울문화사, 1999, 14쪽.

에 자신들의 상상력을 더하여 새로운 그림 동화를 완성시켰다.

예를 들면 이런 식이다. 《백설공주》의 진실을 재구성한 대목을 살펴보자. "집에 사랑스런 소녀가 있다는 것만으로도 그들[난쟁이들]은 활기를 느낄 수 있었다. 각자 말로는 잃고 싶지 않다는, 누구한테도 빼앗기고 싶지 않다는, 반드시 자신들이 지켜주어야겠다는 묵시적인 양해가 있었다. …… 언제부터인가 공주는 번갈아가며 난쟁이들의 잠자리 상대도 하게 되었다. 보통 소녀라면 당연히 싫어할 메마른 피부와 짙은 노인 냄새에 익숙해 있었기 때문에 백설공주는 특별히 싫다고 생각하지 않았다. 그러던 어느 날 문득 아버지가 생각났다. 그 날도 공주는 난쟁이와 잠자리를 함께 했는데, 그의 껄끄러운 수염이 아버지를 생각나게 했던 것이다."[3]

물론 이런 시도는―이 책의 추천사에서 말하듯―순진한 옛꿈을 깨고 그 꿈을 다른 맛으로 재해석하는 재미를 보여줄 수도 있다. 잊혀졌던 옛이야기를 오늘 우리가 사는 현실의 숨은 그림으로 다시 보여주는 재미를 줄 수도 있다. 그러나 곧 알게 되겠지만 내가 시도하는 것은 재구성이나 시대에 따른 새로운 의도로 재해석하는 것이 아니다.

우라야마 아키토시는 《어른들을 위한 안데르센 동화》에서 한스 크리스티안 안데르센(Hans Christian Andersen)의 대표적인 동화를 안데르센의 생애를 되짚어가며 실연한 자신을 위한 치유의 스토리, 방탕한 어머니에 대한 콤플렉스, 롤리타 콤플렉스, 사람의 발에 대한 페티시즘 같은 관점에서 해석하고 있다. 이 역시 '원전에 충실하겠다'

---

3 앞의 책, 42~43쪽.

는 의도를 전면에 내세우고 있지만, 작가의 생애와 성격이라는 맥락(context)을 해석의 중요한 기제로 사용하고 있다.

예를 들어 《미운 오리 새끼》는 안데르센이 마지막 연애 상대에게 보낸 '러브레터'라는 것이다. "《미운 오리 새끼》는 스웨덴의 아름다운 가희 예니 린드에게 보낸 작품이다. 루이스 콜린에게 자서전을 보냈던 것처럼, 자신을 좀 봐달라는 메시지를 담아서 쓴 글이다. 그때 안데르센은 이미 동화 작가로서 대성공을 거둔 상태였다. …… 그래서 안데르센의 마음속에는 태어난 신분은 낮지만 자신의 노력으로 상류사회에 들어갔다는 만족감이 있었다. '나는 못생긴 아기 오리였지만 지금은 성공해서 백조가 된 남자랍니다.' 안데르센은 자기에게 관심을 가져달라고 예니 린드에게 동화를 보냈다. 사랑의 운명을 개척하려는 마음이 아기 오리처럼 조금도 없다. 하지만 그것이 안데르센이라는 사람인 걸 어찌하겠는가."[4]

이러한 작업을 위해서 아마도 우라야마 아키토시는 엄청난 양의 자료를 모았을 것이다. 거의 전기 작가가 해야 할 과업을 수행했어야만 했을 것이다. 러브레터같이 중요한 것은 물론 한 사람의 생애를 다각적으로 비추는 사소한 것까지도 탐색했어야 했을 것이다. 그림 형제의 동화를 재구성한 키류 미사오도 작가의 개인적 삶에 대한 세세한 연구까지는 필요 없었을지라도, 당시의 사회상을 재구성하기 위한 자료 추적과 정리라는 점에서는 많은 작업을 했을 것이다.

하지만 동화에 서사철학으로 접근하는 데는 그런 작업이 필요 없다. 이런 점에서 철학적 과업의 특성이 드러나는 것이다. 그렇다고

---

4 우라야마 아키토시, 《어른을 위한 안데르센 동화》, 베텔스만, 2004, 122~123쪽.

땀을 덜 흘린다는 뜻은 결코 아니다. 자료 수집에 드는 노력을 텍스트 탐구에 집중하는 것이 다를 뿐이다. 이것을 굳이 표현하면, 양적 노력을 질적 노력으로 전환한다고 할 수도 있다.

철학은 자료 없이 텍스트의 비밀을 캐내는 힘을 가진 학문이다. 철학적 고고학은 평소 단련한 몸과 마음으로 텍스트라는 탐사 지역에 직접 투입하는 것을 특징으로 한다. 인디아나 존스의 차림은 간편하다. 물론 수많은 참고문헌과 자료는 탐사 후에 소용이 있다. 캐낸 비밀의 의미를 다른 사람들에게 설득력 있게 설명해야 하니까. 그러나 동화든 만화든 영화든 혼화(魂畵)든 간에 텍스트의 서사 탐구에서 일차적 작업의 태도는 텍스트와 직접 씨름하는 것이다. 텍스트에 담긴 이야기가 은폐하는 이야기의 비밀은 일차적으로 이야기 속에 있다. 이야기가 텍스트에 '담겨' 있기 때문이다. 텍스트를 천착하면 이 순환적 동어반복의 의미가 중요하다는 걸 느끼게 될 것이다. 더구나 순수하기 때문에 아무것도 감추지 않을 것 같은 '동화 서사'에서 깊이 있는 텍스트 탐구는 뜻밖의 의미들을 발굴하게 할 것이다.

동화의 서사 탐구를 위해서 안데르센의 《미운 오리 새끼》와 황선미의 《마당을 나온 암탉》을 택했다. 《미운 오리 새끼》에 대한 나의 해석은 이미 다른 책들에서 간단히 선보인 적이 있다.[5] 그러나 폭넓게 다루지는 않았으며, 다른 작품과의 비교 연구도 하지 않았다. 《마당을 나온 암탉》을 택한 것은 우리나라 작가의 작품을 꼭 다루고 싶었기 때문이다. 그것도 세계적으로 인정받을 수 있는 작품이라면 더할 나위 없이 좋다. 문학평론가가 아닌 사람이 어줍잖다는 비난을 받을지라도 황선미의 작품은 그런 인정을 받기에 손색없을 만큼 탁월하다고 하겠다. 더구나 두 작품을 비교하면서 많은 사유의 갈래들을 풀어갈 수 있었다는 것은 큰 보람이다. 어울릴 것 같지 않은 두 주인공, 동화와 철학이 만나면 재미있다. 그리고 의미 있다. 적어도 나는 그렇게 느끼고 생각한다. 그러면 '닫힌 사회와 그 친구들'의 이야기와 그에 대한 사색을 시작해보자.

---

5 본서 서장 02 '텍스트 탐구의 방식들'을 논하며 말했지만, 안데르센의 《미운 오리 새끼》에 대한 나의 연구는 어떤 '지속성'을 갖고 있다. 그만큼 텍스트를 천착해갈수록 사유의 깊이와 넓이도 그 심도와 지평을 조금씩 더 획득해가기 때문이다. 이 텍스트에서 과거에 나는 뭔가를 발견했고, 미천하나마 내 철학적 작업이 그 발견을 새로운 서사를 위한 발명으로 지속시키고 있다는 생각이 든다. '열린 사회-닫힌 사회'와 연관하여 안데르센의 작품을 다룬 짧은 글은 졸저 《문화적인 것과 인간적인 것》(푸른숲, 2000) 1장에 실려 있다. 그 후 이것을 포퍼의 책제목을 역 패러디한 '닫힌 사회와 그 친구들'이란 아이디어로 좀더 폭넓게 전개한 글은 《철학정원》(한겨레출판, 2005) 1부 2장에 실려 있다.

동화

2장

닫힌 사회와 그 친구들

《미운 오리 새끼》와 《마당을 나온 암탉》의 서사와 철학

fairy tale

01
열린 사회의 욕구와 닫힌 사회의 존속

열림과 닫힘은 우리 시대의 화두이다. 그것은 오늘날 우리가 열린 사회, 열린 교육, 열린 정치처럼 '열린'이라는 형용사로 수식하며 지향하는 것들이 많기 때문만은 아니다. 이에 못지않게 열림의 추구가 열림을 보장하지 못할 뿐만 아니라 닫힘의 가식과 기만일 경우도 적지 않기 때문이다. 현실에서 열림과 닫힘은 상호 역설로 작용하며 서로 기만의 관계를 형성하기 쉽다.

열림과 닫힘은 본질적으로 수동태이다. 누군가 열고 닫아야 하고 그 결과로 오는 것이기 때문이다. 중요한 것은 사실 '엶'과 '닫음'이다. 수동태에서 나온 형용사 '열린'에만 주목해서 '열린 사회'를 보면 사회의 정태성에 머물고 만다.

열 줄 아는 사회 구성원들이 모여 열린 사회를 만든다. 이때 열린 사회는 엶의 행동으로 충만한 내적 동태성을 지니며, 밖을 향해서도 능동적으로 '여는 사회'가 된다. 이런 사람과 사회는—무엇보다도 어려운 일인-닫음에 대해서도 열 줄 아는 능력을 갖추게 된다. 타인의 외연(外延)을 수용하면서도 자신의 외적 경계는 부정할 줄 알게 되는 것이다. 그러므로 때에 따라 닫음을 행하더라도 비난받거나 원망의 대상이 되지 않는다. 자유로운 엶과 닫음으로 이루어진 세상을 만들어가는 것이 의미 있고 중요하기 때문이다.

또한 엶과 닫음이 중요한 이유는 그것이 이제부터 진정 미래의 과제이기 때문이다. 그것은 이미 현재가 되고 있는 미래이다. 오늘날 사회문화적 변화는 다차원적 링크와 열린 네트워크를 지향하고 있다. 다시 말해 이어감(linking)과 맺어감(networking)의 역동적 과정과 함께한다. 이어가고 맺어가기 위해 필요한 것이 엶의 능력이다. 서로 손과 손을 잡기 위해서는 팔을 벌려야 한다.

포퍼와 베르그송

한 철학자의 언어와 개념이 갖는 파급력은 가끔 우리를 놀라게 한다. '열린 사회'라는 말이 대중화하는 데에는 칼 포퍼(Karl R. Popper)의 저서 《열린 사회와 그 적들(The Open Society and Its Enemies)》이 결정적이었다.

물론 포퍼가 열린 사회 또는 닫힌 사회라는 말을 만든 것은 아니다. 그것을 최초로 개념화하지도 않았다. 포퍼의 고백을 들어보자. "내가 알고 있기로는 '열린 사회=open society'와 '닫힌 사회=closed society'라는 말은 앙리 베르그송(Henri Bergson)의 《도덕과 종교의 두 원천(Two Sources of Morality and Religion)》에서 최초로 사용되었다. 베르그송이 이 말을 사용한 방식과 내가 이 말을 사용하는 방식

사이에는 상당한 차이점이 있지만 역시 어떤 유사점도 있다."[6]

여기서 포퍼가 말하는 유사점이란 우선 열림과 닫힘이란 말이 주는 이미지이다. 반면 차이점은 그 말이 담고 있는 이론의 콘텐츠이다. 포퍼가 말하는 중요한 차이점은 이렇다. "나는 이 말들로서 합리주의적 구분(rationalist distinction)을 지시하려고 하는 반면, 베르그송은 어떤 종교적 구분(religious distinction)을 염두에 두고 있는 것이다. 그러므로 베르그송은 열린 사회를 신비적 직관의 산물로서 보고자 하는 반면, 나는 신비주의를 열린 사회의 합리주의에 대한 반동으로 해석한다."[7]

이 말을 해석하면 베르그송의 열린 사회는 포퍼에게 닫힌 사회가 될 가능성이 있다. 포퍼는 언급한 책의 서론에서부터 닫힌 사회와 열린 사회를 정의한다. '닫힌 사회'는 "마술적인 위력에 순종하는 부족적인 사회"이고, '열린 사회'는 "인간의 비판력을 자유롭게 허용하는" 사회이다. 그는 다시 책의 결론 부분에서 닫힌 사회는 마술적·부족적·집단적 사회이며, 열린 사회는 개개인이 개인적인 결단을 내릴 수 있는 사회라고 강조한다.[8] 비판적 합리주의를 내세우는 포퍼의 입장에서 이런 결단을 가능하게 하는 것은 당연히 인간의 이성이다. 그러므로 열린 사회를 이루기 위한 행위는 이성에 기초해야 한다.

---

6 칼 포퍼, 《열린 사회와 그 적들 I》, 민음사, 1997, 295쪽. 포퍼는 이 책을 영어로 썼다. 베르그송이 사용한 프랑스어는 'la société ouverte'와 'la société close'이다.
7 베르그송이 종교적 구분을 염두에 두었다는 포퍼의 해석은 재고해보아야 한다. 물론 베르그송의 저서 제목(Les deux Sources de la Morale et de la Religion)에는 도덕과 종교라는 말이 들어 있다. 하지만 베르그송이 책의 내용을 전개하면서 제목에 명시적으로 드러나 있지 않는 키워드, 즉 '사회'에 방점을 찍고 있다는 것도 주목해야 한다.
8 칼 포퍼, 앞의 책, 13, 241쪽 참조.

반대로 포퍼의 열린 사회는 베르그송에게 닫힌 사회가 될 가능성이 있다. 열린 사회를 이루어가는 과정에서 직관과 신비주의가 배제되는 닫힘을 보기 때문이다. 베르그송은 "극단적인 지성주의가 범하는 오류"를 지적한다.[9] "모든 것은 닫혀 있는 것을 열려고 했다"는 말처럼 열림에의 의지는 생명체에 내재한다. 이러한 열림은 신비한 생(生)을 향한다. 그래서 각 개인이 다양한 노력으로 열림을 향한 약동을 하며, "개인이 이에 관한 충만한 의식을 갖고 있고, 그의 지능을 감싸고 있는 달무리 같은 직관이 자신의 전 대상에 적용될 만큼 충분하게 확장된다면, 그것은 신비한 생(生)이다."[10]

포퍼와 베르그송의 사상은 양립하며 상호 견제한다. 이런 사상적 긴장에 대한 철학적 논의는 더 계속되어야 할 것이지만, 지금 이 글에서는 사상의 대립을 소개함으로써 열림의 현실적 구현이 쉽지 않다는 것을 보여주는 것에 한한다. 또한 그 구현이 실질적으로 담고 있어야 할 내용에 대한 물음표는 계속 남아 있다는 것을 상기하고자 한다. 열림의 이미지는 문(門)의 작동을 떠올리는 것만큼 간단하면서도 명료하지만, 그 콘텐츠는 애매하고 모호하다. 그래서 열림의 과제

---

9 포퍼가 사용하는 술어는 이성(reason)이고, 베르그송이 사용하는 술어는 지성(intellect)이다. 베르그송은 닫힌 사회를 지성의 산물들이 고착화한 결과로 보기 때문에 지성주의를 경계하는 것이다. 반면 포퍼는 '심오하고 의미 있는 암시와 비유를 유행시킨 신탁적인 비합리주의자'의 대표 격으로 베르그송을 지목한다. 그는 비합리적인 신비주의가 이성을 바탕으로 한 비판의 언어를 침묵시킬 가능성을 경계하는 것이다. 베르그송(1859~1941)의 저서는 1932년에, 포퍼(1902~1994)의 책은 1945년에 초판이 출간되었다. 따라서 베르그송은 포퍼의 입장을 직접 비판할 수 없었으나, 그의 입장을 가상적으로 대변한다면 포퍼의 신비주의 비판은 이성이 그 비판의 대상을 확실히 설정할 수 없는 불안감 때문이라는 역비판도 가능하다.
10 앙리 베르그송, 《도덕과 종교의 두 원천》, 서광사, 1998, 291쪽.

는 매력적인지 모른다.

대한민국, 열림에의 의지, 그리고 김소진

우리나라에서도 지난 20여 년 동안 열림에의 추구는 강했다. 더욱이 1980년대는 우리나라의 시대적 상황과 맞물려 그것이 열병처럼 번졌다. 이 열병의 전파에 포퍼의 책이 함께했다는 사실은 부인하기 어렵다. 우리나라에서 열린 사회에 대한 의식이 구체화하는 데《열린 사회와 그 적들》은 큰 몫을 했다. 이 책은 1980년대 초에 한국어로 번역되었는데, 당시 제2기 군사독재를 경험하는 한국의 정치적 상황에서 젊은 세대들의 지적 갈증을 해소해주는 데 일조했던 중요 도서 가운데 하나였다. 이것은 우리나라에서 철학서의 번역과 소개가 사회적으로 의식화 작업에 영향을 주고, 다방면에서 유행어('열린'이라는 형용사)를 만들어냈던 중요한 사례 가운데 하나이다. 이 책이 우리나라 사회문화 지형에 끼친 영향 가운데 흥미로운 실례를 하나 들어 보겠다.

지금은 고인이 된 작가 김소진은 억압의 시대 열린 사회로의 투쟁이 극렬했던 1980년대에 열렬한 투쟁가가 될 수 없어 글쓰기를 택했다고 고백한 바 있다. 그리고 자신의 단편 소설 제목을 포퍼의 저서와 똑같은《열린 사회와 그 적들》로 붙였다(이것은 그의 소설집 제목이기도 하다. 그만큼 김소진은 이 제목의 의미에 집착했다).

닫힌 사회의 문을 격파하고 열린 사회를 추구하고자 했던 동지들이 사실 열린 사회의 적들이었다는 역설은, 소설 속 열린 사회의 상투적 정의에 대한 조소에서도 드러나지만, 투박한 대사들 속에서 더

찡하게 전해진다.

"저놈 잡아라…… 적이다. 적…… 난 시민이야…… 문 좀 열어 달라고…… 나 좀…… 헉헉…… 내게도 열어줘…… 아으…… "
"제발 그만둬, 이 바보 멍충이야. 열리긴 뭐가 열렸다는 거야. 다 닫혔어, 다 닫혔다구."[11]

열린 것은 없고 다 닫혔다는 참담한 현실은 열린 사회의 적들에 대한 증오와 경계의 눈초리를 더욱 밝히게 한다. 하지만 포퍼의 철학서에서나 김소진의 소설에서 경계의 초점을 피해 숨어 있는 중요한 사실이 있다. 그것은 '닫힌 사회의 친구들'이 존속한다는 사실이다. 우리는 열린 사회의 적들은 경계하면서도 닫힌 사회의 친구들은 망각한다.

얼른 보아 '열린 사회의 적'과 '닫힌 사회의 친구'는 동의어처럼 보인다. 열린 사회와 닫힌 사회가 반대어 관계인 이상 한쪽의 적은 다른 쪽의 친구이니 그렇게 보인다. 하지만 현실에서 열린 사회의 적들은 눈에 띄지만 닫힌 사회의 친구들은 그렇지 않다. 이론적 전개에서도 닫힌 사회의 친구들은 항상 간과되거나 숨어 있다. 나아가 열린 사회의 친구들로까지 보인다. 이렇게 보면 둘 사이는 단순 동의어가 아니다.

우리는 지금부터 이 사실을 잘 살펴보고자 한다. 그것은 열림-닫힘의 담론과 서사에서 흔히 지나치거나 잊혀져 있었기 때문에 새로

---

11 김소진,《열린 사회와 그 적들》, 솔, 1993, 82~83쪽.

운 문제와 이야깃거리를 제공한다. 간과되거나 망각되었다는 말은 그것이 작품으로 표현된 인간문화의 각 처소에 오래전부터 잠복해 있다는 뜻이기도 하다. 없는 것이 아니라 있는 것이 간과와 망각 행위의 대상이 되기 때문이다. 그러므로 우리는 그것을 작품 속에서 발굴하고 탐구할 수 있다. 다시 말해 서사철학의 대상으로 삼을 수 있다. 특히 다음에 소개하는 두 동화는 열린 사회의 환대와 감동을 보여주는 것 같지만, 그것은 신기루일 뿐 오히려 닫힌 사회의 전형과 그 친구들의 이야기를 전하고 있다.

02

안데르센의 《미운 오리 새끼》: 닫힌 사회의 모델들

안데르센의 《미운 오리 새끼》는 동화의 대명사라고 할 수 있다. 적어도 읽는 이의 감동 차원에서 세계에서 가장 사랑받는 동화 가운데 하나이다. 그런데 이 작품이 닫힌 사회의 특성을 다양한 차원에서 보여준다면 안데르센의 애독자들 가운데 실망할 사람들도 적지 않을지 모른다. 그러나 사실을 말해야겠다. 이 작품은 닫힌 사회의 모델들을 보여주면서 '닫힌 사회-열린 사회'의 역설을 이야기하고 있다.

백조의 이야기

너무나 유명한 작품이므로 《미운 오리 새끼》의 줄거리는 잘 알고 있겠지만, 그것이 백조 이야기라는 것을 상기하며 다시 짚어볼 필요가 있어 요약한다.

우연히 오리알들 사이에서 태어난 아기 백조는 그의 다른 모습 때문에 어미 오리를 제외한 모든 오리들에게 구박받고 무시당한다. 그뿐 아니라 닭, 칠면조 등 제 잘난 맛에 사는 이웃들에게도 놀림감이다. 그야말로 자기 주위의 모두에게 따돌림을 당한다. 나아가 이유 없는 폭력을 감수해야 한다. 한마디로 고통의 연속이다. 철새인 기러기가 동정심을 베푸는가 싶었는데 사냥꾼의 총에 맞아 죽는다.

그러던 어느 날, 아기 백조는 무리에서 떨어져 한 농가에 숨어든다. 그곳에는 할머니와 고양이 한 마리, 암탉 한 마리가 살고 있다. 다행히 오리알을 얻을지도 모른다는 할머니의 기대감 때문에 미운 오리 새끼는 얼마간 그들과 함께 머물 수 있게 된다. 그러나 미운 오리 새끼, 아니 아기 백조는 집안에 이득이 되는 일은 하나도 못 하면서, 자기가 여태까지 본 다른 세상의 이야기를 해주며 말참견을 하려 한다. 한술 더 떠 물 위를 헤엄쳐 다닌다거나 물 밑바닥까지 잠수하는 것이 얼마나 신나는 일인지를 이야기한다. 그러나 자신들의 일상생활에 습관화된 암탉과 고양이 입장에서는 허황하고도 건방진 이야기일 뿐이다. 그 바람에 따돌림을 당해 그 집에서 나온다.

또 다른 방랑생활을 하는 사이에 세월은 흘러 겨울이 가고 새봄이 찾아온다. 이제 그는 더 이상 새끼나 아기가 아니었다. 자신도 모르는 사이에 성숙해져 아름다운 백조가 되어 있었다. 자기 자신을 찾은 그는 백조 무리로부터 환영받고 인정받는다.

닫힌 사회로의 여정

이 동화에서 우리는 두 가지 형태의 닫힌 세상을 관찰할 수 있다. 첫째는 오리 무리인데, 자연적 성격의 닫힌 세상이라고 볼 수 있다.

《미운 오리 새끼》 삽화
미운 오리 새끼가 무리지어 날아가는 백조들을 보고 있다.

둘째는 할머니의 집으로, 사회적 성격의 닫힌 세상이라고 할 수 있다. 양쪽의 공통점은 '다른 것'을 수용하지 않는다는 것이다.

오리들은 태어날 때부터 자기들과 모습이 다른 아기 백조를 받아들일 수 없다. 그와 직접적인 연관이 없는 오리 가족의 이웃들도 다른 것이 섞인 '부조화'를 그냥 보고 넘기지 못한다. 곧바로 뒤따르는 것은 무시와 폭력이다. 다르다는 것이 폭력을 정당화한다. 또한 다르다는 것은 미적(美的)으로 낮은 가치와 동일시된다. 그래서 그는 밉다. 이제 그가 할 수 있는 것은 무리를 떠나는 것뿐이다. 어미 오리도 나중에는 미운 오리 새끼가 "차라리 어디 먼 곳으로 가버리는 게 낫다!" 하고 포기해버린다. 무리는 그에게 문을 닫고 있는 것이다. 사실 그는 태어날 때부터 문밖에 있었던 것이다. 그것은 자연적 필연성을 깬 우연적 사건이 겪어야 하는 비극일지 모른다.

할머니의 집에 사는 할머니, 암탉, 고양이는 자연적 조건과 모습이 서로 매우 다르다. 그러나 그들은 서로의 이해관계 때문에 함께 생활한다. 암탉은 달걀을 낳고, 고양이는 쥐를 잡고 귀염을 부리며, 할머니는 먹을 것과 따스한 잠자리를 제공한다. 그들은 '사회'를 형성한 것이다.

이렇게 이해관계로 엮인 사회의 틀은 고착화한 생활 습관과 함께 그들이 진리라고 믿고 주장하는 것들에 의해 더욱 견고해진다. 할머니는 이 세상에서 제일 지혜로운 어른이다. 암탉과 고양이는 그들이 사는 곳이 최고의 세상이며 세계의 반을 차지한다고 믿는다. 그들은 항상 "우리와 세계(We and the world)"라는 구호를 외치며 으스댄다.

미운 오리 새끼는 모든 것을 다 알고 있다고 믿는 그들에게 아무런 의견도 제시할 수 없다. 그는 '우리'에서 제외되어 있는 것이다. 그가 '우리'의 하나로 인정받으려면 암탉과 같이 달걀을 낳거나, 고양이처럼 애교를 떨고 눈에서 야광을 발해야 한다. 그 밖의 말이나 행동은 '쓸데없는 것'이거나 '이상한 것'이 되며, '미친 짓'이라고 비난받는다. 미운 오리 새끼는 자신을 본질적으로 개조하거나, 아니면 그 사회에서 나올 수밖에 없다. 그는 잠시 그 사회의 문 안에 들어갔으나 전혀 적응할 수 없었던 것이다. 아니, 그 사회가 사회의 진리와 다르다는 이유로 그에게 적응의 기회를 주지 않은 것이다.

미운 오리 새끼로 태어나 아름다운 백조가 될 때까지 그가 경험한 것은 닫힌 세상뿐이었다. 그리고 자신의 차이성 때문에 그는 많은 고통을 감내해야 했다. 하지만 한겨울의 혹독한 시련을 넘기고 새봄을 맞은 어느 날 성숙한 백조가 된 그를 보고 정원의 다른 백조들은—마치 사람이 환영의 뜻으로 팔을 벌리고 맞이하듯—깃을 잔뜩 세우고 그에게 달려온다. 백조들의 사회가 그에게 문을 연 것이다. 그렇다면 백조들의 사회는 열린 사회인가?

그렇지 않다. 미운 오리 새끼가 성숙한 백조가 되어 자신의 정체성을 완벽하게 되찾았을 때 그를 받아준 곳도 사실은 백조들의 닫힌 사회였다. 백조로서 그의 정체성(identity)은 자연적으로 주어진 조건으로, 백조들 사이에서는 즉각적으로 동일화(identification)될 수 있었다. 백조들은 그를 백조들의 닫힌 사회의 일원으로서 받아준 것이다. 그를 향한 열림은 닫힌 사회를 구성하는 방식의 하나일 뿐이다.

그것은 오리들의 닫힌 사회와 동일한 성격을 갖는 것으로 어느 날 자기들과 동일화될 수 없는 '미운 백조 새끼'가 우연히 나타나면 그를 철저히 배척하는 사회인 것이다. 오리들과 마찬가지로 백조들도 닫힌 사회의 친구들인 것이다. 다만 미운 오리 새끼를 박대하는 오리

가족과 이웃들은 확실히 닫힌 사회의 친구들이자 열린 사회의 적들로 파악되지만, 아름다운 백조를 환영하는 백조들은 순간적으로 열린 사회의 친구들처럼 보였을 뿐이다.

'미운 오리 새끼-아름다운 백조'의 여정은 다름 아닌 닫힌 사회에서 출발하여, 닫힌 사회를 거쳐, 닫힌 사회에 안주하는 것이었다. 곧 자신에게 맞는 '우리'를 찾는 여정이었다. 이 세상 곳곳에서 쉽게 만날 수 있는 수많은 사회는 '우리'라는 이름의 닫힌 사회이다. 이런 사회는 백조의 무리가 백조를 받아준 것처럼 자신들의 동일성이 요구하는 '우리'의 조건에 맞는 자에게만 열린 사회이다.

각각의 닫힌 사회는 마치 하나의 소우주(micro-cosmos)처럼 존재한다. 그것은 코스모스(cosmos)의 어원이 보여주듯이 그 안에서의 조화, 안정, 질서를 '주어진 조건'으로 유지하려는 사회이다. 이 세상 곳곳에는 수많은 닫힌 사회가 있다. 그리고 눈에 보이는 열린 사회의 적들 이상으로, 눈에 잘 띄지 않는 닫힌 사회의 친구들이 존재한다.

03

황선미의《마당을 나온 암탉》:
아직은 닫힌 사회의 친구들

안데르센은 백조의 알을 품어 부화시키는 오리를 상상했다. 황선미는 오리의 알을 품어 부화시키는 암탉을 상상한다. 안데르센 동화의 주인공은 부화된 새끼이다. 황선미 동화의 주인공은 부화시키는 '어미' 암탉이다. 안데르센 작품에서 '대리모(代理母)' 오리의 역할과 의미는 미미하다. 황선미의 작품에서 부화된 새끼 오리의 역할과 의미는 중요하다. 이렇게 두 동화는 매우 유사하면서도 많이 다르다.

암탉과 오리 이야기

《마당을 나온 암탉》의 이야기를 해보자. 이 작품의 이야기 구조는 《미운 오리 새끼》의 그것보다 훨씬 복합적이다. '잎싹'은 양계장의 좁은 닭장에 갇혀 매일 알 낳는 일만 하는 암탉이다. 항상 닭장을 나가는 꿈을 꾸며 살던 잎싹은 어느 날 껍데기도 여물지 못한 알을 낳고는 일주일이 지나도록 알을 낳지 못해 폐계(廢鷄) 판정을 받고 버려진다. 이유야 어쨌거나 잎싹은 닭장을 나오게 된 것이다.

폐계들이 버려진 구덩이에서 족제비의 먹이가 될 뻔한 잎싹은 '나그네'라는 이름의 청둥오리의 도움으로 그곳을 빠져나와 다른 가축들이 있는 농가의 마당으로 간다. 동물들은 그곳에 있는 헛간을 잠자리로 삼는다. 그래야만 족제비의 습격으로부터 안전하기 때문이다. '마당 식구들'은 문지기 역할을 하는 늙은 개, 수탉, 그와 짝을 이루는 암탉, 여러 마리의 집오리, 그리고 한쪽 날개를 다쳐 날 수 없는 청둥오리 나그네다.

잎싹은 마당 식구들이 낯설지 않다. 양계장에 갇혀 지낼 때도 먼발치서나마 항상 그들을 보아왔고 그들의 삶을 동경해왔기 때문이다. 잎싹은 첫날 밤을 문간 자리이기는 하지만 헛간에서 보낼 수 있었다. 우두머리 수탉이 그래도 '볏을 가진 같은 족속'이라고 배려해준 덕분이었다. 그러나 청둥오리를 제외하고는 아무도 그를 원하지 않아 더 이상 헛간에서 잘 수 없게 된다.

그러던 어느 날 잎싹은 찔레 덤불 속에서 알을 하나 발견하고는 마치 자신의 알처럼 정성스레 품는다. 잎싹은 알이 완전히 부화할 때까지 청둥오리 나그네의 보호를 받는다. 그 알은 바로 나그네와 짝짓기한 뽀얀 암컷 오리가 낳은 알인데, 어미는 알을 낳자마자 족제비에게 물려갔던 것이다. 나그네는 먹이를 물어다주고 족제비의 공격으로부터 그들을 보호한다. 며칠 후 달이 완전히 기운 날 밤 청둥오리는 족제비의 이빨에 희생되고, 잎싹은 알에서 부화한 '예쁜 병아리'를 보게 된다. 하지만 그것은 오리 새끼일 뿐이다.

잎싹은 아기 오리를 데리고 마당에 간다. 그사이 마당의 암탉은 여러 마리의 병아리를 낳았고, 닭들은 '수치스럽게도' 오리알을 부화시켜 자기 새끼처럼 데리고 다니는 잎싹을 거부한다. 하지만 집오리들은 아기 오리가 같은 족속이라고 마당과 헛간에서 살도록 하자고 주장한다. 그 바람에 마당 식구들은 밤새도록 입씨름을 한다. 헛간이 소란스러워 그곳에 온 농장 주인 부부는 잎싹과 아기 오리를 보고 욕심을 내 그들을 가두어두려 한다. 잎싹은 위험을 느끼고 아기 오리와 함께 마당을 나온다.

마당 밖 들판과 저수지는 아무도 쫓아내려 하지 않고 가두어두려 하지도 않는 '열린 세상'이다. 하지만 위험으로 가득한 세상이다. 무엇보다도 호시탐탐 잎싹과 아기 오리의 생명을 노리는 족제비는 가장 위험한 존재다. 그곳에는 안전한 보금자리라고는 없다. 그런 상황에서도 아기 오리는 잘 자라 제법 오리 티가 나고 점점 청둥오리를 닮아간다. 잎싹은 그에게 '초록머리'라는 이름을 지어주고 계속 보살펴준다.

그러던 중 초록머리는 날 수 있을 정도로 성장하고, 잎싹의 서운한 마음은 아랑곳도 하지 않은 채 잎싹과 자신이 다른 족속이라는 것을 의식해간다. 늦가을 초록머리의 가슴을 두근거리게 하는 사건이 일어난다. 철새인 청둥오리 떼가 저수지에 몰려온 것이다. 초록머리와 같은 족속이 온 것이다. 초록머리는 결국 그들의 '사회'에 받아들여지고 잎싹을 남긴 채 그들과 함께 떠난다. 홀로 남은 잎싹은 자진해서 족제비의 먹이가 된다.

《마당을 나온 암탉》 속의 삽화, 김환영, 2005년
청둥오리 무리와 함께 떠날 채비를 하는 초록머리와 홀로 남을 잎싹.

열린 사회의 친구들은 어디에?

이 동화의 주인공은 결국 '홀로 걷기'의 삶을 살아온 잎싹이다. 잎싹은 나그네와도 진한 우정을 나누었고, 초록머리를 친자식처럼 키웠으며, 자신의 피와 살을 집요하게 노리는 사냥꾼 족제비와도 역설적으로 '사랑스런 천적'의 관계였지만, 결국은 혼자 남는다. 이 세상의 타자들과 혈관을 서로 잇듯 정을 나누거나 아니면 살갗이 타들어 갈 것 같은 마찰 속에서 연명해왔지만, 그가 살아온 삶 자체가 자유라는 말이 무색하리만치 혼자 걷는 길이었다. 그렇다면 잎싹은 왜 홀로 걷기의 고통을 겪는 것일까?

그것은 잎싹 자신을 제외하고 그가 만나고 사귀고 우정을 나누고 모정(母情)을 주기까지 한 존재들이 모두 '닫힌 사회의 친구들'이었기 때문이다. 아무도 그에게 본질적 차원의 엶을 행하지 않았던 것이다. 그 가운데서 그래도 잎싹만이 타자를 향해 열려고 피나는 노력을 했던 것이다. 여기서 흥미로운 것은 닫힌 사회의 친구들에는—확실히 열린 사회의 적들로 눈에 보이는 상대들뿐만 아니라—잎싹과 열린 관계를 맺고 있는 것처럼 보이는 상대들도 있다는 사실이다.

어려운 처지에 있던 잎싹을 마당 식구로 받아들이기를 원치 않던 우두머리 수탉, 그의 짝 암탉, 문지기 개, 집오리들은 눈에 보이는 닫힌 사회의 친구들이다. 그래서 열린 사회의 적들과 분명히 동의어로 보인다. 하지만 잎싹과 영원히 잊지 못할 우정을 나눈 청둥오리 나그네가 누구보다도 닫힌 사회의 친구라는 것은 눈에 잘 띄지 않는다.

나그네는 알을 품고 있는 잎싹에게 날마다 먹이를 물어다주고 밤마다 목숨을 걸고 족제비의 공격을 막아준다. 자신의 알을 품고 있기 때문이다. 잎싹이 "이건 내 알이야. 내 이야기를 들을 수 있는 아기, 나만의 알!"[12]이라며 혼신의 정성으로 품지만, 그 알은 나그네와 뽀얀 오리 사이에서 태어난 알이다. 알이 부화될 때쯤 아버지의 도리를 하느라 지친 나그네는 스스로 족제비의 먹이가 된다. 족제비의 배가 불러 있는 동안 새로 태어난 새끼는 안전하기 때문이다. 나그네의 죽음을 보고 잎싹은 외친다. "족제비 때문에 밤마다 깨어 있었던 거야. 나를 위해서, 내 알을 지키려고. 전처럼 깨어 있을 것이지, 소리라도 지를 것이지. 가엾게도! 나그네는 지칠 대로 지쳤던 거야."[13] 순진한 잎싹은 착각하고 있다. 나그네를 열린 사회의 친구로 말이다. 잎싹은 모두 내 마음 같지 않다는 것을 잊고 있다.

　잎싹이 나그네의 진의를 깨닫기까지는 오랜 시간이 걸린다. 나그네가 알을 품고 있는 자신에게 "잎싹아, 너는 사려 깊은 암탉이니까 어떻게 하는 게 좋을지 알 거야. 알이 깨면 여기를 떠나. 그리고 저수지로 가는 거야, 마당으로 가지 말고……"[14]라고 한 말의 속내를 알아채기까지도 여러 경험의 순간들이 필요했다.

　잎싹이 아기 오리를 데리고 안전한 마당으로 돌아온 날, 집오리들은 아기가 오리 새끼라는 것을 금방 알아차린다. 같은 족속이기 때문이다. 그들에게는 '미운 병아리'가 아니라 '예쁜 오리 새끼'인 것이다.[15] 마당 식구들이 아기를 오리 새끼라고 불렀을 때, 그리고 아기

12　황선미(김환영 그림), 《마당을 나온 암탉》, 사계절, 2000, 63쪽.
13　앞의 책, 85쪽.
14　앞의 책, 76~77쪽.
15　집오리들은 그 후에도 아기 오리가 자신들과 같은 족속이라고 잎싹에게 아기를 넘겨줄 것을 줄기차게 요구한다(앞의 책, 108~110, 116~118쪽 참조).

의 발가락 사이가 죄다 붙어 있는 것을 확인했을 때, 잎싹은 아찔했다. 자신이 뽀얀 오리의 알을 품었다는 것도 알았고, 나그네가 자신과 알을 목숨 걸고 보호한 이유도 알았다. 그리고 나그네가 "마당으로 가지 말고 저수지로 가라"고 했던 이유도 나름대로 해석할 수 있었다. 저수지처럼 위험에 열려 있는 곳도 족제비의 배가 불러 있는 동안만큼은 안전하기 때문이라고 이해했다.

하지만 늦가을이 되어 청둥오리 떼가 저수지로 몰려온 날에서야 잎싹은 나그네의 말에 담긴 진실을 제대로 깨달을 수 있었다. 그날 "잎싹은…… 빙그레 웃음까지 나왔다. '이 친구야, 난 이제야 다 알았어.' 청둥오리는 아기를 데리고 저수지로 가라고 했다. 그 말뜻을 이해했다고 생각했는데 아니었다. 이제야 알게 되었다. 청둥오리는 아기가 자라서 날기를 바랐고, 자기 족속을 따라가기를 바랐던 것이다."[16]

청둥오리 떼는 안데르센 동화의 백조 무리처럼 즉각적인 동일성을 확인할 수 있는 타자만을 수용하는 닫힌 사회이다. 나그네는 자기 새끼에게 닫힌 사회가 안전하다는 것을 너무나 잘 알고 있었다. 그는 잎싹의 친구였지만, 그 이전에 닫힌 사회의 친구였던 것이다.

나그네의 새끼 초록머리 역시 같은 족속의 부름을 거역하지 못한다. 홀로 남을 '엄마' 잎싹을 걱정하기는 하지만, 초록머리의 마음이 청둥오리 무리를 떠난 적은 없다. 닫힌 사회 속으로 들어가는 것은 그가 운명처럼 선택하는 길이다.

잎싹 자신도 어느 순간 닫힌 사회의 부름에 순응하기도 했다. 양계장에 있을 때부터 잎싹은 자기 알을 품어 병아리를 부화시키는 꿈을

---

16 앞의 책, 159~162쪽.

꾼다. 마당의 암탉이 알을 품는 것을 보고는 "나한테는 소망이 있어. 알을 품어서 병아리의 탄생을 보는 것!"이라고 다짐한다. 그가 덤불 속에서 오리알을 발견하고 품기 시작했을 때도 그는 자기와 같은 족속의 새끼를 탄생시킨다는 두근거림으로 혼신의 힘을 쏟은 것이다.

하지만 그래도 잎싹은 남다르다. 태어난 아기가 다른 족속이라는 것을 알았어도 그를 이해하고 사랑한다. 잎싹도 다른 동물들처럼 항상 열려 있지는 않지만, 열 줄 아는 것이다. 나그네는 자기의 알과 그곳에서 곧 태어날 자기 새끼를 위해서 족제비의 공격을 막았지만, 잎싹은 다른 족속의 자식을 위해서 족제비와 사투를 벌인다. 그리고 초록머리가 청둥오리 무리와 함께 떠나간 날, 혼자 남는 것의 두려움과 고통 속에서도 독백한다. "한 가지 소망이 있었지. 알을 품어서 병아리의 탄생을 보는 것! 그걸 이루었어." 잎싹은 '병아리'라고 한다. 그리고 '그걸 이루었다'고 한다. 이질적 존재를 자기 족속과 같이 동일화하는 경지에 이른 것이다. 타자를 자기와 완전히 동일화하는 것, 그것은 절대 열림의 경지인 것이다. 잎싹은 엶의 개념을 오롯이 체화하고 있는 존재의 상징이다.

닫힌 마당에 사는 열린 사회의 적들과 열린 들판에 사는 닫힌 사회의 친구들 사이에서, 그래도 잎싹은 닫힘의 유전자를 가졌지만 자신의 자유 의지로 열 줄 아는 존재였다. 그렇기 때문에 잎싹에게는 삶이 언제나 혼자 걷는 길이었다. 잎싹은 마당을 나왔지만 사실 그가 바란 것은 '여는 개체'들이 모이고 울타리와 함께 외연의 문(門)을 갖고 있는 '평화의 마당'이었을 것이다. 진정한 자유, 포용, 박애의 길은 아직 너무나 험난하다. 아직은 닫힌 사회의 친구들이 느끼는— 때로는 어쩔 수 없는—욕구가 많기 때문이다.

04
두 작품, 같은 소재, 유사 전개, 다른 구조, 두 결과

안데르센의 《미운 오리 새끼》와 황선미의 《마당을 나온 암탉》은 분명히 두 작품이지만 같은 소재, 유사한 전개를 갖는다. 그렇다고 《마당을 나온 암탉》이 《미운 오리 새끼》를 단순 모방했다는 뜻이 아니다. 위대한 창작을 위해서는 모방의 준비과정이 있다. 그래서 이 두 작품은 다른 이야기 구조를 갖고 두 가지 다른 결과에 이른다.

두 작품

황선미의 작품은 안데르센을 떠올리게 하지만, 독창적인 작품이다. 이 책이 처음 출간되었을 때 나는 그의 작품을 평하면서 "이질적인 것의 끈끈한 결합, 그것은 현실에서 항상 배척되기 때문에 또한 인간 상상력의 정수일지 모른다"고 했다. 이 점에서 황선미의 상상력은 '동일성(identity)의 게임'에만 집착한 안데르센의 상상력을 능가

한다. 지금도 이런 나의 견해에는 변함이 없다.

물론 두 사람은 각기 다른 시대를 살았다. 안데르센(1805~1875)은 아직 닫힌 사회가 당연하고, 열린 사회의 개념이 자리 잡거나 그 욕구가 크게 부각되기 전의 시대를 살았다고 할 수 있다(언급했듯이 베르그송과 포퍼의 열린 사회 이론은 20세기 전반과 중반기에 있었다). 어쩌면 안데르센 스스로가 닫힌 사회의 친구였을 것이다.[17] 그랬기 때문에 미운 오리 새끼가 아름다운 백조로서 승리하는 이야기를 열린 사회의 상황에서보다 닫힌 사회가 제한된 열림을 보여주는 순간에 설정했는지 모른다.

반면 황선미(1963~)는 우리 시대의 작가다. 한국에서 열림을 꿈꾸고 열린 사회에의 의지가 강했던 시대에 젊은 시절을 보냈다. 두 작가 모두 닫힘-열림의 의미와 개념을 분명히 염두에 두고 작품을 쓰지는 않았을 것이다. 하지만 그들의 의식 저편에 무의식중에라도 그것을 담고 있었을 가능성은 높다.

안데르센과 황선미는 글쓰기 스타일에서도 다르다. 그것은 개인적인 차이이기도 하지만 시대적 차이이기도 하다. 안데르센은 아직 동화 한 편의 길이가 길면 환영받기 어려운 문학적 상황에서 작품 활동을 했다.

반면 황선미는 말하자면 '동화의 소설화'가 이미 한참 진행된 시

---

17 안데르센은 자신의 신분 상승을 위해 무척 노력했는데, 그것 역시 당시 유럽의 닫힌 사회 속에서 그에 적응하는 방식이었다. 안데르센은 자신의 동화집 서문에서 이렇게 말하기도 했다. "우리나라와 같이 좁은 나라에 사는 시인은 항상 가난하다. 그러므로 명예는 시인이 잡고자 애쓰는 황금빛 새이다. 동화를 통해 내가 그 새를 잡을 수 있을지는 시간이 말해줄 것이다."

대의 작가다. 《마당을 나온 암탉》이 소설 같은 동화(나아가 어른을 위한 동화)인 것은 문학사적 맥락에서 특별한 것은 아니다. 안데르센도 이렇게 말했다. "어른들에게 적합한 주제를 잡은 다음, 아이들이 이해할 수 있게 풀어나갑니다. 하지만 부모도 함께 읽고 마음의 양식을 얻는다는 사실을 잊지 않지요." 그러나 이것은 이야기의 내용에 연관된 것이다. 이야기의 형식에서는 전통적 페어리 테일(fairy tale)의 틀을 지켰다.

같은 소재

두 작품은 다르지만 같은 소재에서 출발한다. 그 소재는 여러 가지 상징적 의미를 가질 수 있는 것인데, 바로 '남의 알을 부화시키는 일'이다. 이 소재는 그 자체가 이야기의 상당 부분을 결정한다고 볼 수 있다. 이런 소재는 시작부터 독자들에게 이야기가 흥미롭게 진행될 것이라는 예감을 준다. 그 속에는 '남(他者)', '알', '부화' 등 어느 것 하나 풍부한 상징성을 담고 있지 않는 것이 없다.

이에 '남의 알'이라는 설정은 '남의 새끼'라는 설정이 제공할 수 없는 '사건 유발 요인'을 제공한다. 안데르센의 의인화가 포유류가 아니라, 알을 낳는 조류를 대상으로 한 것은 '굿 아이디어'였다. 알은 항상 미스터리다. 알의 껍질은 사건의 비밀을 철저히 감추고 있어 앞으로의 흥미진진한 이야기 전개를 보장한다. 부화는 언제나 폭로다. '뜻밖의 결과'를 가져오는 충격의 기제로 작동함으로써 서사에 출력을 준다.

닫힘과 열림의 관점에서 보면 '남'은 타자성이라는 철학적 문제와 타자를 대하는 방식이라는 현실적 과제를 제기한다. '알'은 닫힌 세계다. '부화'는 닫힌 세계를 깨는 것이다. 알에서 부화한다는 것은 닫힌 세계를 깨고 새로운 세계로 나간다는 것을 의미한다. 그런데 그 새로운 세계는 또 어떠할 것인가. 열린 세계일 것 같지만 닫힌 세계라는 것은 이미 앞에서 살펴보았다. 하지만 여러 가지 다른 길이 있을 수 있음을 암시한다.

이 소재에서 출발한 이야기 전개는 궁금증과 호기심의 꼬리가 꼬리를 물게 하며 무엇보다도 반전의 가능성을 미리 제시한다. 알 안에 있는 생명의 씨앗이 알 밖의 생명체로 이어지지만, 알 안의 세계와 알 밖의 세계는 매우 다를 것이기 때문이다. 무엇보다도 알 안에서는 자신을 품고 있는 자가 같은 족속의 어미가 아닐 수 있다는 것조차 모르지 않는가.

이제 알겠다. '남의 알을 부화하는 일'이라는 소재는 이야기에 추리성(推理性)을 가미하여 서사에 전개의 몰입성과 반전의 생명력을 보장한다. 추리란 이미 밝혀진 사실을 근거로 아직 밝혀지지 않은 일을 미루어 헤아리는 것이다. 따라서 추리적 전개는 독자의 예견을 전제로 한다(바로 이 점이 몰입을 강화한다). 또한 바로 그렇기 때문에 역설적으로 반전의 가능성을 충분히 확보한다. 안데르센과 황선미는 추리 소설을 쓰지 않았지만, 의도적이든 그렇지 않든 추리의 효과를 주는 소재를 택한 것이다.

유사 전개

이렇게 특성이 강한 소재에서 출발한 이야기들은 유사한 전개를 갖기 쉽다. 핍박받던 미운 오리 새끼가 철새인 기러기를 만나서 친절함을 경험하지만 기러기는 사냥꾼의 총에 맞아 죽는다. 미운 오리 새끼는 농가에 가고 그곳에서 암탉과 고양이 그리고 할머니가 이해관계로 뭉쳐 사는 사회를 경험한다. 그러는 사이에 멋지게 성장하여 마지막에는 그를 받아주는 백조 무리를 만난다.

다른 한편, 위험에 처한 잎싹은 철새인 청둥오리 나그네를 만나고 그와 우정을 나누지만 그는 결국 족제비의 먹잇감이 된다. 마당으로 온 잎싹은 개, 집오리, 암탉을 거느린 수탉, 그리고 농장 주인이 서로 이해관계로 얽혀 사는 사회를 경험한다. 하지만 그가 키운 초록머리는 어엿하게 자라서 청둥오리 떼를 만나 그들의 식구가 된다.

여기서 우리는 이야기 전개의 중요 마디라고 할 수 있는 것들을 서로 대응시켜볼 수 있다. 미운 오리 새끼와 잎싹, 기러기와 나그네, 사냥꾼과 족제비, 농가와 마당, 농가 식구들과 마당 식구들, 이해타산적인 할머니와 계산이 빠른 농장 주인 부부, 백조를 받아준 백조 무리와 오리를 받아준 오리 무리가 그것이다.

물론 짧은 전개를 가진 안데르센의 작품에서는 각 등장인물의 역할과 의미 그리고 이야기의 상황이 주는 효과가 축소되어 있지만, 훨씬 더 긴 황선미의 이야기에서는 그것이 각별히 부각된다. 그러나 서사의 흐름이 전개의 중요 마디들을 거쳐가는 과정은 매우 흡사하다. 이런 플롯의 유사성은 플롯 그 자체의 성격 때문이 아니라, 바로 특성이 강한 같은 소재에서 출발한 이야기 전개이기 때문이다.

다른 구조

이렇게 유사한 전개에도 두 작품은 서로 판이한 서사 구조를 갖고 있다. 안데르센의 작품을 일차원적 구조라고 한다면, 황선미의 작품은 복합 구조라고 할 수 있다. 안데르센의 작품은 확실하게 부각되는 주인공 하나가 전체 이야기를 이끌어가는 구조다. 반면 황선미 작품의 경우에는 주인공 잎싹의 이야기에 나그네와 초록머리 그리고 족제비의 이야기들이 복합적으로 얽히면서 모든 것이 함께 전체 서사를 견인하는 구조로 되어 있다.

양계장에서 시작한 잎싹의 '일대기'는 들판에서 맞는 그의 죽음에 이르기까지 이어지는데, 이를 동반하며 알에서 깨어난 초록머리의 '성장기'가 동시에 진행된다. 즉 이중 구조를 갖는다. 그것은 두 주인공의 만남과 헤어짐의 서사이기도 하다. 이는 또한 잎싹으로 대표되는 '열림을 향한 갈구'와 초록머리가 대변하는 '닫힌 사회의 당연성'이 밀접하게 동행하며 서로 갈등하는 역사이기도 하다.

이런 서사 구조에 다른 등장인물들이 의미 있게 끼어든다. 무엇보다도 초록머리의 아버지 나그네는 열림과 닫힘의 역설과 기만을 작동시키는 기제다. 그는 잎싹과 초록머리가 만날 수 있는 계기를 제공하지만 결국 둘 사이를 갈라놓을 기획의 시발이다. 그 기획의 암호명은 '저수지로 가라'였다.

잎싹은 나그네와 만나면서 폐계의 구덩이에서 생명을 구하고, 그의 죽음으로 친구와 이별함과 동시에 자기 꿈을 실현시켜주는 초록머리와 만나고, 나그네가 죽음으로써 생명의 사슬을 이어가게 하는 '종(種)의 기획'에 따라 초록머리와 헤어진다. 나그네는 이질적인 것끼리 서로를 열고 끈끈하게 맺어지게 하는 열림의 계기로 작동하는 것 같지만, 결국은 모든 것을 필연의 닫힘에 귀의하게 하는 기제다.

잎싹의 삶을 처음부터 끝까지 동반하는 또 다른 인물은 집요한 사냥꾼 족제비다. 이야기 전개의 관점에서 족제비는 닫힌 사회에 긴장을 주고 열림의 가능성에 활력을 주는 요소로 개입한다. 마당 식구들은 족제비의 위협에 서로의 필요를 느끼고, 질서 있으며 결속된 닫힌 사회를 형성한다. 잎싹과 나그네의 관계 그리고 잎싹과 초록머리의 관계는 좀더 복잡하다. 나그네는 근본적으로 닫힌 사회의 친구이지만, 그가 처음 폐계들의 구덩이에서 잎싹을 구해줄 때는 아무 이해관계 없이 족제비에게 먹힐지도 모를 위험에 처한 타자에 마음을 연다. 잎싹은 자기와 다른 족속인 초록머리에게 능동적 엶을 행하고, 둘은 족제비의 위험 때문에 서로를 더욱 염려하고 배려하게 된다.

그러나 족제비는 결국 잎싹을 닫힌 사회에 봉사하도록 한다. 족제비는 닫힌 사회의 당연한 법칙에 따라 살아가는 존재다. 잎싹은 그 법칙을 깨려 했다. 하지만 현실에서는 열림의 해방을 맞지 못한다. 잎싹은 닫혀 있는 자연법칙에 목숨을 바침으로써(새끼를 키워야 하는 족제비의 먹이로 자신을 줌으로써) 영원한 해방을 맞는다. 이야기의 대단원은 잎싹이 닫힌 사회의 생존자들에게 봉사함으로써 영원히 열린 세계로 나갈 수 있음을 암시하는지 모른다.

두 결과

닫힘의 모델들로만 구성되어 있는 안데르센의 이야기와 닫힘의 당연성과 열림의 가능성이 복합적으로 얽힌 서사 구조를 가진 황선미의 이야기는 다른 의미의 결과를 가져온다. 우선 두 작가 모두 동물들이 인간의 언어를 사용하고 인간적 태도를 보인다는 점에서 의인화의 방식을 택하지만, '은유의 폭'이라는 점에서는 매우 다른 결과에 이른다.

이 글의 도입부에서 열림과 엶에 대해 언급했다. 열림은 정태적이고 엶은 동태적이라는 차이점을 지적하기도 했다. 《미운 오리 새끼》에서 관찰한 오리들과 백조들의 사회는 자연적 조건으로 즉시 동일화될 수 있는 타자에게만 열린, 사실은 닫힌 사회라고 했다. 다시 말해 자연적 조건에서 '열린 사회'는 제한된 상대에게는 이미 '열림이 완성된' 사회라고 할 수 있다. 따라서 새로운 엶이 없는 닫힌 사회다.

그렇다면 안데르센이 묘사한 오리 무리가 오리를 받아들이고 백조 떼가 백조를 맞이하는 것은 자연의 상태에서 일어나는 상황을 그대로 보여준 것이다(더구나 오리가 백조로 둔갑하는 판타지도 아니고, 원래 백조가 백조로 드러나는 현실인 것이다). 즉 직설적으로 상황을 설명한 것이다.[18] 따라서 의인화는 있지만 은유는 없다고 할 수 있다. 적어도 은유의 폭이 매우 좁다고 할 수 있다.

반면 《마당을 나온 암탉》에서 잎싹의 행동은 자신이 열고자 하고 남이 자신에게 열기를 바라는 것이다. 즉 진정으로 열린 사회는 엶의 결과로 온다는 것을 암시한다. 따라서 잎싹의 행동은 의인화일 뿐만 아니라 자연의 상태에서는 있을 수 없는 일을 빗대어 전하기 때문에 완벽한 은유라고 할 수 있다. 적어도 은유의 폭이 매우 확장되어 있

---

18 사실 안데르센 작품의 판타지는 작품 전체를 아울러 이르는 말이지, 작품 속 각각의 상황 묘사는 매우 사실적이다.

다고 할 수 있다.

　이렇게 다른 결과는 멀리 보면 각기 다른 작가적 이념에서 기인하는지 모른다. 안데르센은 낭만주의 물결이 유럽을 휩쓸던 시대에 작품 활동을 했다. 그는 상상력을 소중하게 생각했지만, 대부분의 낭만주의 작가들과는 달리 자신의 상상력을 엄격하게 규제할 줄도 알았다. 적지 않은 낭만주의자들이 독특하고 기괴한 것에 매료되었던 반면, 안데르센은 사실주의에 토대를 두려고 노력했다. 그는 "가장 환상적인 동화는 현실에서 솟아 나온다"고 말했다.

　나는 솔직히 황선미의 작가 정신이 무엇인지 잘 모른다. 그러나 《마당을 나온 암탉》으로 미루어볼 때 그의 입장은 이렇게 표현해볼 수 있다. "가장 현실적인 동화는 유토피아의 상상을 품고 있다." 왜냐하면 주인공 잎싹이 꿈꾸고 소망하는 것은 유토피아이기 때문이며, 강렬한 유토피아적 경향이 역으로 우리의 현실을 가장 잘 비추어 주기 때문이다. 잎싹의 이야기는 있을 수 없는 일을 간절히 바라는 것인 만큼 우리의 보편적 욕망을 담고 있는 현실의 거울이라고 할 수 있다. 이 점에서 환상과 현실은 포옹한다.

　결론적으로 이런 표현이 두 작품에 걸맞은 것일지 모르겠다.《미운 오리 새끼》와 《마당을 나온 암탉》은 이란성 쌍둥이다. 어쩌면 두 개의 다른 알을 품고 있는 '문학의 전통'이라는 어미 역시 두 알과는 다른 족속일지 모른다. 하지만 그 두 알이 깨서 새끼들이 나오면 한 어미가 품어서 부화한 것이 된다.

05
이야기와 타자성

서사적 이해

서사의 철학적 이해는 이야기를 다층위적으로 읽게 한다. 그럼으로써 우리의 시선을 이야기 세상의 오지(奧地)에까지 미세하게 밀착시킨다. 서사에 대한 철학적 이해는 당연히 철학의 서사적 이해를 전제한다. 철학적 탐구에서 이야기와의 친화성은 인간조건에 대한 각별하면서도 보편적일 수 있는 의식을 일깨우기 때문이다. 그것은 '진화 서사'를 다룰 때 보았듯이 무엇보다도 시간성에 관한 의식이다.

리처드 커니도 오늘날 철학이 서사적 이해(narrative understanding)를 필요로 한다는 점을 강조한다. 커니는 "우리는 모두 대단원의 의미를 안다"[19]고 말한다. 우리가 이야기를 읽고 들으며 지어내기까지

---

19 R. Kearney, *Strangers, Gods and Monsters: Interpreting otherness*, p. 231(420).

하면서 살아가는 이유는 이야기들처럼 우리의 실존도 언젠가는 '끝날 것'이라는 사실을 알기 때문이다. 이야기에 끝이 있듯이 우리 삶에도 끝이 있다. "죽음이라는 한계 경험은 우리 유한성의 가장 분명한 표식이다. 더구나 우리는 우리가 죽을 것이라는 것을 아는 존재이기 때문에, 우리를 둘러싼 아포리아들과 수수께끼들에 대해 감히 해석하려 하고, 재현될 수 없는 것을 재현하려고 애쓰면서 계속해서 이야기하고 있다." 그리고 결말 없는 이야기라도 언제나 끝까지 들으려고 한다.

이야기를 해석하는 자아로서 인간은 자기 고유의 해석학적 본성을 가늠한다. 그럼으로써 자신의 유약함을 성찰한다. 이것은 기묘한 일인데도 커니가 폴 리쾨르(Paul Ricoeur)의 말을 빌려 표현하듯이, '유한성의 슬픔에서 기쁜 긍정'을 발견하려고 결심하는 것과 같다. 어쩌면 잎싹의 서사를 이해하면서 우리가 얻은 것도 이런 감정일지 모른다.

리쾨르는 '시간과 이야기(Temps et récit)'에 관한 방대한 저서에서 '인간 경험에 공통되는 특성은 그 시간적 특성이다'라는 가설을 제시하고 그것을 시간의 모순성(aporétique du temps)을 드러내는 형이상학과 이야기의 시학(poétique du récit) 사이의 상호 관계로 설명하려고 한다. 이야기되는 모든 것은 시간 속에서 일어나며 시간적으로 전개된다. 역으로 시간 속에서 전개되는 모든 것은 이야기될 수 있다. 모든 시간적 과정은 그것이 어떤 식으로든 이야기될 수 있다는 한에서만 시간적인 것으로 인식될 수 있으리라는 것이 리쾨르의 출발점이다. 이것은 실제 있었던 일을 기술하고자 하는 역사에서뿐만 아니라 허구적 이야기 구성에서도 마찬가지다. 또한 진리를 주장하고자 하는 각각의 서술적 방식에서도 마찬가지다. 이런 면에서 그는 모든 '이야기 하기'의 시도에 전제되는 것이 시간성이라고 본다.

"역사 기술과 허구적 이야기 사이의 구조적 동일성을 입증하는 문제와 관련해서나, 또는 각각의 서술적 양태가 내세우는 진리 주장 사이에서 드러나는 심층적 유사성을 확인하는 문제와 관련해서나, 하나의 전제가 다른 모든 전제들을 지배하고 있다. 즉 서사 기능의 구조적 동일성은 물론 모든 서사 작품들의 진리 주장의 최종 목적은 바로 인간의 경험이 갖는 시간적 특성이라는 것이다."[20] 그러므로 "서사적 작품이 전개하는 세계는 항상 어떤 시간적 세계다." 또는 이렇게 말할 수 있다. "시간은 서사적 방식으로 진술되는 한에 있어서 인간의 시간이 되며, 반면에 이야기는 시간 경험의 특징들을 그리는 한에 있어서 의미를 갖는다." 듣고 말하고 쓸 수 있는, 곧 지각의 대상이 되는 이야기는 보이지도 들리지도 않는 시간에 형태를 부여함으로써 그것을 드러나게 하는 문화적 기제라는 것이다.

리쾨르의 입장은 사변적 차원에서는 풀 수 없는 시간의 아포리아, 곧 해결의 출구 없는 시간의 모순성을 이야기의 차원에서 어느 정도 해결할 수 있다는 것이다. 그래서 그가 사유의 출발점으로 삼는 것이 시간 이론을 제시한 아우구스티누스의 《고백록》과 서사 이론을 다룬 아리스토텔레스의 《시학》인 것이다. 그는 시간성과 서술성의 상호

---

20 폴 리쾨르, 《시간과 이야기 1》, 문학과지성사, 1999, 25쪽. 옮긴이는 프랑스어 'narratif/narrative'를 '서술적'이라고 번역하고 있다. 나는 이를 본서에서 사용하는 술어의 통일성을 위해 영어의 'narrative'를 '서사적'이라고 번역했던 것처럼 번역한다. 예를 들어 리쾨르 책의 번역본에 따라 '서술적 정체성' 또는 '이야기적 동일성' 등으로 번역되는 'identité narrative'도 '서사적 정체성'으로 일관되게 사용한다.

관계를 바탕으로 하는 연구과정을 통해 '시간의 모순성'과 '이야기의 시학'이 적절히 서로에게 화답하기를 바란다. 다시 말해 시간은 서사적 양식으로 엮임에 따라 인간의 시간이 되며, 이야기는 시간적 존재의 조건을 기술할 때 그 의미의 충만함에 이른다는 것을 보여주려고 한다.

리쾨르는 '실제적인 사건의 기술이라는 역사'와 구분하기 위해 민담, 서사시, 신화, 비극과 희극, 소설이라는 항목으로 분류되는 것들을 모두 '허구 이야기'라고 일컫는다. 이것들을 통해 그가 알아보려는 것은 "분명히 역설적인 표현임에도 불구하고 과감히 사용된 시간의 허구적 경험(expérience fictive du temps)"[21]에 관한 것이다. 허구는 상상력의 차원에서 자유로이 시간의 무한한 가능성을 탐구하는 것이다. 그리하여 허구는 상상력이 시간성의 수수께끼에 그럴듯한 해결책을 제시하고자 하는 시도를 위해 마련된 일종의 실험실 역할을 한다. 즉 모든 허구는 체험된 시간에 상상적 변주를 제공함으로써 현실을 의미들로 풍성하게 한다. 리쾨르는 시간과의 이러한 허구적 놀이는 또한 허구 이야기 구성에서 그 고유의 시간성을 다양하게 할 수 있다고 본다.[22]

리쾨르가 주장하는 서사적 이해(compréhension narrative)는 커니

---

21 폴 리쾨르, 《시간 이야기 2》, 문학과지성사, 2000, 22쪽.
22 이야기는 시간의 스펙트럼을 다양화한다. 그러므로 각각의 이야기는 고유의 시간성을 갖는다. 하루 만에 읽을 수 있는 책에 반나절 동안 일어난 이야기를 담을 수도 있고, 100년의 이야기를 담을 수도 있다. 이는 문학뿐만 아니라 만화, 혼화, 영화 등의 서사에서도 관찰할 수 있다. 혼화와 영화에서 이야기의 시간성은 특별한데, 이에 대해서는 본서 '7부 06'에서 다룬다.

의 사유에 충분한 자극제가 되었을 뿐 아니라 이론적 근거가 되었다. 그런데 커니의 서사적 관심은 좀더 현실적이며 구체적으로 '자아와 타자의 관계'에 집중된다. "오늘날 철학은 서로 적대적인 양극을 이어주는 흔들 다리와 로프 사다리를 얻을 수 있게 하는 서사적 이해를 필요로 한다. 이것은 **상호적 의미**(intersignification)의 도전을 알리는 다양한 종류의 이미지와 유비, 상징을 필요로 한다. 철학이 자아와 타자의 단순한 결합이 아닌 섬세한 교차 연결을 재배치하는 데 도움을 줄 것이라고 생각한다. 그리고 새로운 이해의 해석학은 다시금 초월적인 동시에 구체화된 실존이라는 직물을 함께 짜는 방법을 배우는 데 도움을 줄 것이라고 생각한다."[23]

커니가 말하는 비판적 '이해의 해석학'(hermeneutics of understanding)은 동일함과 낯설음이라는 양극 사이의 '상호 관련성을 추적'할 수 있게 해줌과 동시에 그 '서사적 해석의 실천'을 요구하는 것이다. 다시 말해 동종(同種)과 이종(異種)의 세계를 잇는 길을 건설하고 동질성과 이질성 사이의 가능한 길들을 기록하는 일이다. 이러한 과정 속에서 철학은 자아와 타자 그 어느 것 하나 버리지 않고, 우리가 자아 속의 타자와 타자 속의 자아를 발견해가는 데 도움을 줄 것이라는 게 커니가 바라는 것이다.

커니는 타자성의 문제가 극명하게 드러난 '9·11 테러 사건'에서도 서사적 이해의 중요성을 실감한다. 그는 테러 사건이 일어나고 며

---

23 R. Kearney, *op. cit.*, p. 12(30). 여기서 커니가 양극을 이어주는 것으로서 사용한 '흔들 다리(swing bridges)'와 '로프 사다리(rope ladders)'라는 표현은, 타자를 자기 동일화하는 서구 사상의 경직성에 반하여 서사적 이해의 유연성을 의미하려는 은유인 것 같다.

〈청년의 아름다움을 없애라고 노년에게 명령하는 시간 영감〉, 바토니, 1746년
이 그림에서도 우리는 시간을 '서사화'하는 작업을 엿볼 수 있다.

칠 후에 작가 이안 맥이완(Ian McEwan)이 《가디언(The Guardian)》지에 기고한 글은 서사적 이해가 가진 힘의 가장 설득력 있는 증거들 가운데 하나였다고 생각한다. 맥이완은 이렇게 썼다. "감정은 그 나름의 서사를 가지는 법이다. 쇼크를 받은 후에 우리는 필연적으로 비통함에 빠졌다. 그것을 우리가 함께 공유했다는 것은 작으나마 위안거리가 된다."[24]

여기서 맥이완이 말하는 서사를 지닌 감정은 우선적으로 테러 희생자들의 이야기에 연결된다. 커니는 사고 후 남았던 비통한 감정의 증거들은(잠들어 있는 남편에게 불타오르는 타워에서 사랑한다는 말을 전하기 위해 전화를 걸었던 아내의 휴대전화에 남겨진 메시지의 증거 같은) "바로 그 순간에 가 있는 듯한 우리들의 모습을 상상하게 만든다"고 한다. 그러므로 "우리가 행했거나 말했을 것을 물어보기 위해서 그곳에 가 있어야만 할 필요는 없다"고 한다.

그러나 서사를 지닌 감정은 그 이전의 감정적 이야기들도 포함하는 법이다. 그 이야기들에는 테러리스트와 희생자 모두가 참여해왔다. 맥이완은 "비행기 납치범들이 스스로에게 질문을 던지고, 고통받는 자들과 자신들을 동일시할 수 있었다면 그런 짓을 저지르지 않았을 것"이라고 덧붙인다. 테러리스트들이 "저지른 죄악에는 상상력의 부족도 포함된다"는 것이다. 그러나 도저히 형언할 수 없는 처참한 사건들에는 어느 편에서든지 항상 타자에 대한 배려의 동기, 곧 인간관계에 대한 상상력이 결여되어 있다. 우리는 이 점도 명심해야 한다.

---

24 Ib., p. 136(246).

우리는 여기서 커니가 말하는 이해의 해석학이 요구하는 '서사적 해석의 실천'이라는 문제를 다시 본다. 커니는 리쾨르의 '허구적 이야기'가 지닌 이론적 차원을 빌려와서, "서사적 상상력은 특수를 보편과 결합시켜 우리로 하여금 다양한 '플롯들'을 통해 가치의 형태들을 기쁨이나 고통에 연관시킬 수 있게 한다"[25]고 말한다. 이 지점에서 아리스토텔레스의 이야기 철학은 다시금 진가를 발휘한다. 시(서사)는 역사보다 더 보편적이라고 했기 때문이다.[26] 커니도 아리스토텔레스 가르침의 핵심이 "잘 말해진 이야기의 특권은 인간조건의 '보편적' 측면을 드러낼 수 있다는 점에 있음"을 간파한다. 그것은 우연한 경험에 종속되어 있는, 곧 순수하게 경험적인 역사는 흉내낼 수 없는 것이다. "이것이 바로 서사(mythos-mimesis)는 역사보다 과거에 대한 '철학적' 이해를 훨씬 깊게 드러낼뿐더러 종종 '실천적 지혜(phronesis)'에 도달한다고 아리스토텔레스가 주장한 이유다."

이와 같은 방법으로 서사에 의한 실천적 지혜의 이해는, 다른 사건들을 단순히 연대기적으로 서술한 것이나, 추상적 법칙을 순수하게 과학적으로 설명한 것에서는 불가능한 아주 특별한 종류의 통찰을 제공한다. 곧 리쾨르의 이론을 빌려 언급했듯이 서사적 상상력은 특수한 사건들을 다양한 플롯들로 보편화시켜 우리가 추구해야 할 가치의 형태들을 인간 삶의 기쁨과 고통에 연관시킬 수 있다. 이는 서사적 상상력이 곧 윤리적 능력임을 의미한다.[27] 윤리적 능력은 우리

25　*Ib.*, p. 182(327). 커니는 이 말을 리쾨르의 〈Life in Quest of Narrative〉에서 따왔다고 밝힌다.
26　본서 '서장 서사철학'과 '1부 신화' 참조.

와 타자들의 삶에서 추구해야 할 가치, 삶의 행복(또는 불행 및 고통의 원인 파악), 그리고 평화적 공존에 관한 것이기 때문이다.

서사적 정체성

그러므로 커니에게 서사적 이해는 곧 서사적 정체성(narrative identity)에 관한 이해이다. 그는 "진정한 서사는 언제나 '타자로 향한 길 위에(on its way to the other)' 있다"고 한다. 이 명제는 어쩌면 《미운 오리 새끼》의 서사와 대척점에 있는지 모른다. 그의 서사는 '자아로 향한 길 위에' 있었기 때문이다. 미운 오리 새끼는 그가 성숙했을 때 갖게 될 정체성의 원형을 그들 이웃에서 본다. 곧 타자의 얼굴에서 자아를 보며, 줄곧 자아로 향한 길 위에 있었던 것이다. 이것이 안데르센이 구성한 서사의 순수함이자 단순함이다(이 점에 대해서는 다음 '서사가 은폐하는 타자성'에서 다시 논한다).

커니는 타자로 향한 노정에 있는 서사가 진정한 서사임을 확인하기 위해 시인들의 예를 든다. 시인들마저 "타자를 의도하고 타자를 필요로 하기" 때문이다. 시 안에서 타자는 단순히 시의 주제로서 또는 어떤 이미지로서 나타나는 것이 아니다. 오히려 시의 모든 측면들, 시의 심상, 의미, 운율이 모두 타자를 지향한다고 할 수 있다. 조금 더 일반화시켜서 이렇게 말할 수도 있다. 서사적 상상력은 시적이면서 동시에 윤리적인 차원에서 주의를 기울이지 않으면 망각의 그

---

27 좀더 근본적으로 말하면 윤리적으로 중립적인 이야기는 없다. 리쾨르도 말했듯이 "이야기성은 윤리에 예비과정의 구실을 한다."

늘로 사라질 타자의 이야기와 역사에 특별한 주의를 기울이는 능력이다.

그 예로서 커니는 로버트 맥리엄 윌슨(Robert McLiam Wilson)의 소설 《발견의 거리(Eureka Street)》에 나오는 구절을 든다. "가장 단순한 벨파스트 시민들의, 가장 단순한 날의 가장 단순한 시간은 그 모든 장대한 아름다움을 보여줄 수 없을 것이다. 도시에서 그 이야기들은 뒤죽박죽되고 혼란스러워진다. 서사들은 만난다(The narratives meet). 그것들은 충돌한다. 그것들은 한곳에서 모이거나 변화한다. …… 그리고 마침내, 수천 세대가 흐르고 난 후 도시는 스펀지처럼, 잉크를 빨아들이는 종이처럼 서사를 흡수하기 시작한다. 과거와 현재가 그곳에 기록된다. 시민들은 기록하지 않을 수 없다. …… 그 시간들 안에서, 당신 자신보다 위대한 어떤 것의 존재 안에 서 있다는 것을 느낀다. 당신은 존재한다. 당신이 우리에게 속한 환히 밝혀진 비전의 경계를 보게 될 때, 당신은 우리 자신의 삶만큼 생생하고 복잡한 수백, 수천, 수만, 수백만 가지의 어스름한 이야기들에 둘러싸인 빌딩들과 거리들을 볼 수 있을 것이다."[28]

이야기들은 문학, 사회, 정치적인 집단 정체성의 구축에 관여한다. 또한 "타자를 향한 서사의 요청은 하버마스가 개념화한 바 있는 '소통에 대한 관심'에 연관된다." 소통에 대한 관심은 어떤 사실이나 정보에 대한 단순한 관심을 훨씬 뛰어넘는다. 단순한 통계적 기록이 아닌 서사적 역사에 참여한다는 것은 타자와의 소통 및 연결의 영역을 확대하는 것이다. 서사적 정체성은 자신의 역사와 타자의 역사가 얽

---

28 R. Kearney, op. cit., pp. 277~278(491~492)에서 재인용.

혀 짜여지는 것이다. 리쾨르도 말했듯이 "어떤 사람들의 체험된 이야기들은 다른 사람들의 이야기들 속에 뒤얽혀 있다. 내 삶의 모든 단면들이 내 부모들, 내 친구들, 직장과 여가에서 내 동료들과 같은 다른 사람들의 삶 이야기에 속한다."[29] 우리가 우리 삶의 실천들에 대해, 이것들이 포함하고 있는 수련·협동·경쟁 관계들에 대해 말할 수 있다는 것은 "각자의 이야기가 많은 다른 사람들의 이야기 속에 얽혀 있음을 확인해준다."

커니는 자아와 연관해서 자신이 전제했던 것을 확인하며 결론에 이른다. "인간의 자아는 다른 이에게서 듣고 또 남에게 말하는 다양한 이야기들에 기반을 두고 있는 서사적 정체성이다. 모든 실존은 서사적이며, 모든 유한자의 임무는 우리 안과 밖에서 우리를 홀리고 사로잡는 낯설고 초월적인 타자성, 즉 우리 유한자의 한계를 뛰어넘는 것을 이해하는 것"[30]이다. 여기서 다시 한 번 서사적 이해는 서사적 정체성의 이해임이 확인된다. "우리는 투명하고 통합된 에고에 직접적으로 접근하지 못한다는 것을 안다. 잘 해야 자아가 그것을 좇아 넓어지고 풍부해진 후 자신에게로 되돌아오게 되는 우회로와 매개체만이 있을 뿐이라는 것을 안다. 자아에서 자아로의 가장 짧은 길이 타자라는 것을 알기 때문에 우리가 서사적 존재임을 받아들인다." 그리고 중요한 것은 "그 가장 짧은 길조차 시간을 필요로 한다"는 사실이다.

시간, 그것은 리쾨르가 서사 이론을 전개할 때 인간 경험에 공통되

---

29 폴 리쾨르, 《타자로서 자기 자신(Soi-même comme un autre)》, 동문선, 2006, 217~218쪽.
30 R. Kearney, *op. cit.*, p .231(419).

는 특성으로 전제한 것이다. 그러나 체험된 시간은 논리적이고 물리적인 사고만으로는 파악할 수 없으며, 그 시간을 형상화하는 이야기로서 이해할 수 있다. 그리고 그 이야기 속에서 구체화되는 것이 바로 개인이나 공동체를 구성하는 서사적 정체성이다. 리쾨르는 그 의미를 이렇게 설명한다.

"한 개인이나 공동체의 정체성을 말한다는 것은, **누가** 그런 행동을 했는가? **누가** 그 행동 주체이고, 당사자인가? 하는 물음에 답하는 것이다. 우선 어떤 사람을 지명함으로써, 다시 말해서 고유명사로 그 사람을 지칭함으로써, 질문에 답한다. 하지만 무엇이 고유명사의 항 구성을 받치고 있는가? 자기 이름으로 지칭된 행동의 주체를, 출생에서 죽음에 이르기까지 늘어나 있는 삶 전체에 걸쳐 동일한 사람이라고 간주할 수 있는 근거는 무엇인가? 대답은 서사적일 수밖에 없다."[31]

여기서 리쾨르는 한나 아렌트(Hannah Arendt)가 《인간의 조건》에서 역설했던 것을 상기시킨다. '누가?'라는 물음에 답한다는 것은 삶의 스토리를 이야기하는 것이다. 그는 아리스토텔레스의 가르침도 잊지 않는다. "이야기된 스토리는 행동의 **누구**를 말해준다. **누구의 정체성은 따라서 서사적 정체성인 것이다**. 인격적 정체성의 문제는 서사 행위의 도움 없이는 사실상 해결책 없는 이율배반에 빠지고 만다. 즉 그 자신과 동일한 주체를 그 다양한 상태에서 제시하거나, 흄(D. Hume)과 니체(F. Nietzsche)의 뒤를 이어 그러한 동일한 주체는 실체론적 환상으로 그것을 제거하고 나면 순전히 잡다한 인식, 정서, 의

---

31 폴 리쾨르, 《시간과 이야기 3》, 문학과지성사, 2004, 471쪽. 강조는 원저자의 것이다.

욕들밖에는 나타나지 않는다고 주장할 수밖에 없는 것이다."[32]

　자기 인식의 자기, 또는 서사적 정체성으로서 자기는 자기 삶의 독자인 동시에 필자로 구성되어 나타난다. "자서전에 대한 문학적 분석이 증명하듯이, 삶의 스토리는 주체가 자기 자신에 대해 이야기하는 진실하거나 꾸며낸 모든 스토리들로 끊임없이 다시 형상화된다. 그처럼 다시 형상화함으로써 삶은 이야기된 스토리들로 짜여진 직물이 된다."[33]

　리쾨르는 자기 인식의 자기는 소크라테스가 보여준 것처럼 '돌이켜 살펴본 삶의 열매'라고 한다. 어쩌면 이 고대의 철학자가 즐겨 쓰던 델피 신전의 경구 '너 자신을 알라'는 '너를 이야기하라'라고 바꾸어 쓸 수 있을지 모른다. 또한 그 경구는 그렇게 너를 일깨워주려는 타자가 네 안에든 네 밖에든 있음을 시사한다. "그런데 돌이켜 살펴본 삶은 상당 부분, 문화에 의해 전승되는 역사적이거나 허구적인 이야기들이 갖는 카타르시스 효과로 정화되고 정제된 삶이다." 곧 자기 삶의 스토리도 타인들의 이야기들을 통과하면서 형성된 것이다.

---

[32] 리쾨르는 지금 서구 사상사에서 오래된 논점인 '동일자와 타자의 딜레마'를 언급하고 있다. 그는 이것을 극복할 수 있는 방법으로 '동일성'과 '자기성'을 구분한다. 곧 동일하다(idem)는 뜻으로 이해된 정체성 대신에 자기 자신(ipse)이라는 뜻으로 정체성을 이해하게 되면, 그 딜레마는 사라진다고 한다. 동일성과 자기성의 차이는 바로 '실체적 혹은 형식적인 정체성'과 '서사적 정체성'의 차이이다. "자기성은 서사 텍스트의 시학적 구성에서 나오는 역동적인 정체성 모델에 부합하는 시간 구조에 토대를 둔 정체성이라는 점에서, 동일자와 타자의 딜레마를 벗어날 수 있다. 자기 자신(soi-même)은 이처럼 서사적으로 형상화된 것들을 반성적으로 적용함으로써 다시 형상화된다고 말할 수 있다. 동일자의 추상적인 정체성과는 달리, 자기성을 이루고 있는 서사적 정체성은 변화와 변화 가능성을 삶의 일관성 속에 포함할 수 있다."

[33] 앞의 책, 472쪽.

"이처럼 자기성이란 스스로에게 적용시키고 있는 문화의 성과들을 통해 가르침을 받은 자기인 것이다." 여기서 우리는 자아에 대응하는 타자의 폭은 사람과 사회뿐만 아니라 수많은 문화적 성과들을 포함한다는 것을 확인하게 된다.

폭넓게 산재(散在)하는 '타자들'은 자아를 인식하게 하는 매개체만은 아니다. 그들은 자아의 삶 그 자체를 동반하는 실체적 대상이자 삶의 조건이다. 커니가 말했듯이 자아의 개념 자체도 '이질성의 오디세이(odessey of alterity)'를 통해서야 비로소 성립될 수 있는 것이다. "자아에 대한 어떤 설명도 옛 아일랜드의 유랑승들이 세계를 일주하여 고향에 이르는 길, 곧 라틴어로 일주항로(circumnavigatio)라고 부르던 것을 필요 없게 만들 수는 없다."[34]

서사가 은폐하는 타자성

그런데 미운 오리 새끼가 '종족의 고향'으로 돌아가는 일주항로에는 '타자성 없는 타자'들만 존재한다. 미운 오리 새끼의 이야기는 부정적 타자들을 통해서만이 자아를 찾아가는 성장과정을 보여주기 때문이다. 이 이야기에서 오리 새끼에게 긍정적인 타자는 오로지 한겨울 호숫가의 얼음에 갇혀 있던 그를 구해준 농부와 그를 정성스레 간호해준 농부의 아내뿐이다. 그러나 이곳에서도 미운 오리 새끼는, 그집 아이들이 함께 놀고 싶어 다가왔을 때, 그들이 자신을 못살게 굴까 봐 한바탕 소동을 벌이고 달아난다. 이렇게 지속적으로 단절된 자

---

34 R. Kearney, *op. cit.*, p. 189(339).

아는 결국 타자성을 은폐한다.

안데르센은 미운 오리 새끼의 이야기를 이렇게 계속한다. "미운 오리 새끼가 그 가혹한 겨울을 견뎌낸 이야기를 하자면 끝도 없을 것이며 너무나 슬픈 이야기가 될 것이다." 작가는 고통과 슬픔 속에서도 그것을 홀로 견뎌내는 주인공의 자아를 강화한다. 미운 오리 새끼의 이야기에 삽입된 에피소드들에는 수많은 타자가 등장하지만 그 에피소드들은 고고하게 강화된 자아로 타자성을 왜곡하거나 철저히 은폐한다. 미운 오리 새끼의 서사는 타자를 희생양으로 삼는다. 타자를 '타자성 없는 타자'로 만들어버림으로써 자아를 강화하기 때문이다. 물론 타자를 인정하기도 힘들지만, 자아를 강화하지 않기도 힘들다는 점을 인정해야 하지만 말이다.

커니에 따르면, 어떤 이야기에든 타자성은 개연되어 있다. 그러나 이야기에 따라서 그것이 은폐되거나 왜곡될 수 있다. 타자성이 배제되어 있어서가 아니라 자아를 지나치게 강화하는 이야기 구조를 갖기 때문이다. 안데르센의 동화는 그 대표적인 예가 됨에 부족함이 없다. 물론 황선미의 작품에서도 자아는 강화되어 있다. 잎싹의 거침없는 도도함을 상기해보라! 잎싹 또한 한때 자기만의 알을 품고 싶어했고("이건 내 알이야. …… 나만의 알!"), 자기의 이야기를 해줄 수 있는 아기("내 이야기를 들을 수 있는 아기")를 갖고 싶어했다. 그러나 이 경우에는 강화되는 자아와 함께 타자성 역시 병행해서 강화되고 있다. 곧 자기성과 타자성의 표출이 상호 상승적 효과를 내고 있다.

미운 오리 새끼의 서사가 그렇게 된 이유에는 순수함의 정신(또는 이념)이 그 이면에 있기 때문이다. 이념은 타자성을 왜곡하거나 은폐할 수 있다. 순수함의 이념은 고고한 자아를 강화하지만, 그럼으로써 다른 모든 것을 비틀거나 가릴 위험이 있다. 순수한 정체성은—그것이 가능하다면—대립적 타자를 생산할 뿐만 아니라 타자성을 배제하는 자가당착을 저지른다. 정체성이란 동일성이자 차이성이다. 타자와 차이 없는 자기 동일성은 없다. 동일성과 차이성으로서 정체성은 한 공동체 안에 있는 개체의 특성에서 잘 드러난다. 안데르센이 이중적으로 설정한 미운 오리 새끼-아름다운 백조의 정체성은 이를 잘 보여준다.[35] 어린 백조로서 미운 오리 새끼의 정체성은 오리들 사이에서는 차이성이지만, 성장한 백조로서 그는 백조들 사이에서 즉각적인 동일성을 확인해준다. 안데르센이 보여준 정체성의 서사는 그것의 본질적 중의법을 재확인하게 해준다.

다른 한편, 미운 오리 새끼의 서사에는 단순한 동일성도, 차이성도 아닌 미묘한 지점이 있다. 정체성의 본질적 중의법이 모호해지는 순간이 있기 때문이다. 알에서 깨어난 아기 백조가 오리들 사이에서 동일성과 차이성의 경계에 있다는 것이 바로 그 모호성의 핵심이다. 그는 오리들 사이에서 동일한 것도, 확연히 차이가 나는 것도 아니다. 아무것도 아닌 것이 되어버릴 수 있다. 이렇게 되면 상호 관계에서 느낄 수 있는 미적 감각도 사라진다. 그래서 '미운' '오리' 새끼인 것이다. 그는 태어났을 때 형식적으로나마 오리로 인정을 받았다. 다만 뭔가 다른 오리이다. 그는 매우 모호한 존재인 것이다.

어미 오리가 마지막 남은 알을 힘들여 품고 있을 때, 오리 공동체의 원로인 할미 오리는 그를 보고 "아마 칠면조 알을 품고 있는지 모른다"고 경고한다. 칠면조는 물을 무서워한다. 당연히 헤엄칠 줄도

---

35 본서 4부 2장 02 '닫힌 사회로의 여정' 참조.

모른다. 마지막 알이 열리고 덩치 큰 새끼가 나오자, 어미 오리는 새끼들을 데리고 호수로 간다. 그런데 미운 오리 새끼도 다른 오리들처럼 노를 젓듯이 다리를 움직이며 헤엄을 치는 것이 아닌가! "아냐, 칠면조가 아니야. 다리를 잘 사용하고 몸가짐이 곧잖아. 틀림없는 내 새끼야!" 어미 오리는 일단 안심한다. 그래도 다른 오리들과 이웃 짐승들은 미운 오리 새끼의 '같으면서도 뭔가 다른 점'을 놀리고 그것을 미끼로 폭력을 가한다. 이것은 무엇을 말하는가? 그들은 동일성과 차이성의 경계에 있는 미운 오리 새끼의 '모호함'을 참고 견디지 못하는 것이다.

암탉 잎싹이 부화시킨 초록머리의 정체성은 처음부터 분명히 확인된다. 잎싹도 아기의 발가락 사이가 물갈퀴로 죄다 붙어 있다는 것을 보고 아찔했다. 집오리들도 잎싹과 함께 있는 초록머리를 보고 "알을 품어줘서 고마워. 저렇게 예쁜 아기는 처음이야"[36]라고 말한다. 오리무리의 우두머리가 들판으로 나간 잎싹과 초록머리를 찾아와 "암탉이 깠어도 오리는 오리야! 우리 족속은 헤엄치고 자맥질하는 습성을 결코 잊지 않아"라고 주장할 때 그 정체성은 더없이 분명해진다. 마당을 나온 암탉의 서사에는 새끼의 정체성을 알아보는 무리들이 바로 등장하기 때문에 그것이 모호하게 될 가능성을 배제한다. 또한 미운 오리 새끼가 보여준 '애매한 타자'로서 도저히 참을 수 없는 모호성은, 확연한 적대적 타자로서 잎싹과 족제비가 결국은 생과 사의 합일의 순간에 차이성을 어떤 동일성으로 전환하는 것과도 좋은 대비가 된다.

---

36 황선미, 앞의 책, 108쪽.

어쨌든 미운 오리 새끼가 쉽게 수용될 수 없었던 이유 가운데 하나는, 그가 분명히 이질적 존재라기보다 그 별명처럼 이종교배적 모호성을 지녔기 때문이다. 커니는 우리가 잡종적 괴물들에 대해 공포를 느끼기도 하지만 그들에게 매혹당하기도 한다는 점을 지적한다. "우리가 섬뜩하게 피를 빠는 뱀파이어를 다루든 〈슈렉〉이나 〈몬스터 주식회사〉의 순화된 창조물을 다루든 간에, 인간과 비인간 사이의 차이를 비웃는 이종교배적 창조물들에게서 느끼는 혐오감만큼 그들에게 완전하게 매혹당한다는 것에는 의심의 여지가 없다."[37] 그러나 커니가 놓치는 것이 있다. 이런 양가성은 괴물이 특별한 '숭고미'를 불러일으킬 정도로 거대하거나 강력하거나 매우 뛰어난 재주를 지녔을 때 부각된다. 애매모호한 타자가 아무 힘이 없을 때, 아무 능력이 없어 보일 때, 신체적 기형의 극단을 과시하지도 못할 때, 이런 양가성은 작동하지 않는다. 안데르센의 서사는 타자성 가운데서도 모호한 정체성이 가장 수용하기 힘든 타자를 만든다는 것을 보여준다. 힘 없고 뛰어나 보이지도 않는 애매모호한 타자는 절대 거부의 타자성으로 각인된다.[38]

다양한 이야기가 있고, 그 이야기를 읽는 다양한 방식이 있다. 커니는 "세상에는 서사가 있고 또 서사가 있다"[39]고 말한다. 다만 "어떤 이야기들이 경직되어 있고 억압한다면, 다른 이야기들은 느슨하

---

37 R. Kearney, *op. cit.*, pp. 118~119(216).
38 그러나 정체성이 모호하게 은폐됨으로써 《미운 오리 새끼》의 이야기가 묘한 스릴과 전개의 추동력을 받았다는 것은 주목할 만하다. 그것은 이야기 구성의 어떤 탁월함이기도 하다.
39 R. Kearney, *op. cit.*, p. 179(320).

고 자유롭게 해준다는 것이 다를 뿐이다." 이야기들의 차이를 인식하는 것은 중요하다. "말할 수 있는 것의 한계 지점에서 우리는 말하기의 서로 다른 다양한 양식들을 구별할 필요와 부딪치기" 때문이다. 커니는 이야기를 말하는 다양한 방식을 심리요법인 '이야기 치료'를 다루면서 논하지만, 우리는 이것을 동화의 서사를 다룰 때 적용할 수 있다. 결론부터 말하면, 동화는 '다시각적 독서'의 대상이 될 필요가 있기 때문이다.

바이츠제커는 전통적인 동화가 신화 텍스트처럼 엄격한 형태를 지님으로써 수세기 동안에 걸친 구전(口傳)을 용이하게 하며 텍스트의 성스러움을 유지하게 한다고 믿는다. 그러므로 "아직도 우리 아이들은 똑같은 동화를 항상 똑같은 말로 들으려고 한다"[40]는 점에 주목한다. 아마 이것은 동화 읽기의 적지 않은 경우에 해당될 것이다. 우리가 읽는 동화의 상당수는 전통 동화이기 때문이다.

전통적으로 동화는 순수한 자아, 때묻지 않은 아름다움, 성자(聖者)로서 자아와 괴물로서 타자의 분리 같은 요소들을 품고 있어왔다. 이런 것들은 전체 이야기에서 다른 많은 의미 요소들을 가릴 가능성이 높다. 그러므로 동화 읽기야말로 다차원적 해석으로 내용의 '가지 치기'가 필요하다. 해석의 가지 치기 작업은 동화가 품고 있는 수많은 은유와 상징들 덕에 충분히 가능하다. 이러한 읽기 방식은 동화의 순수한 편협성을 비판하기 위한 것이 아니라, 동화 텍스트 자체를 풍성한 이야기의 씨앗 주머니로 만들기 위함이다.

---

40 카를 프리드리히 폰 바이츠제커, 《과학의 한계》, 47쪽.

06
이미 현재인 미래를 전망하며

 서사철학이 수행하는 기능 가운데 하나는 이야기에 대한 철학적 접근을 시도해 그 결과로 철학의 현실화를 꾀하는 일이라고 했다. 현실화는 윤리적 과제를 동반한다. 그것은 우리가 실제 어떤 상황에 처해 있고 그런 상황에서는 무엇을 어떻게 '해야 하는가' 하는 문제를 내포하기 때문이다.

닫힘의 망령과 엶의 포용성

 이것은 엶과 닫음의 과제에서도 마찬가지다. 열림과 닫힘 그리고 엶과 닫음은 동화 속에서만 역설적이고 기만적인 것이 아니다. 현실에서도 그 못지않다. 그러므로 우리 삶에서 그 실행은 항상 어려운 과제이다.
 오늘 우리 사회에서 열림에의 의지와 열망은 강하며 열림은 '당연한' 가치로 받아들여지고 있다. 열림이 바로 이 사회가 지향해야 할 가치라는 강한 믿음을 보여주는 현상은 곳곳에서 감지할 수 있다. 인간 공동체가 내세우는 지향점에 대한 사회적 믿음과 그 믿음의 일상화는 일종의 신화(神話)를 창조하는 인간 특유의 전통이다. 신화는 신(神)의 이야기이기도 하지만, 그보다는 인간의, 인간에 의한, 인간을 위한, 인간 주변에 관한 이야기와 믿음이기 때문이다. 삶의 틀 안에서 조화·안정·질서를 지향하는 닫힌 사회가 전근대의 신화였다면, 틀 안에서의 변화뿐만 아니라 틀 자체에 대한 부정의 시도 및 틀 밖의 다른 세계와 관계 맺기를 지향하는 열린 사회는 오늘날의 신화다.

인간의 새로운 의식과 욕구는 기존의 신화를 해체하려 한다. 열린 사회의 추구는 닫힌 사회의 탈신화화 과정을 동반한다. 하지만 닫힌 사회의 신화가 해체되어야 할 것이라면, 그것을 주도한 열린 사회에 대한 믿음과 그 구성 의도는 또 다른 신화화 과정일 수 있다. 어찌 보면 역사의 흐름은 신화화와 탈신화화의 교체적 전개과정일 수 있다. 그 어느 것이거나 역사의 선택이고 상황에 동반된 것이며, 제한된 시대의 정신과 가설에 대한 한시적 믿음으로 진행되는 것이기 때문이다. 그러므로 열린 사회의 신화가 인간의 시야를 확장해주고 인간 의식의 지평을 넓혀주려면, 곧 의식의 자유를 구속하지 않으려면, 탈신화화된 닫힌 사회에 대한 본질적 배척과 영원한 망각을 경계해야 한다. 말하자면 열린 사회는 자신이 탈신화화한 닫힌 사회의 망령(亡靈)을 안고 가야 한다.[41]

그것이—사람들이 흔히 잊고 있지만—열림의 뒤에 숨은 닫힘의 기만에 속지 않는 방법이다. 닫힘은 쉽게 사라지지 않으며 완전히 사라질 수도 없는 삶의 조건이다. 그러므로 그것을 의식하고 있는 것이 필요하다. 《미운 오리 새끼》의 도입부에서 안데르센은 닫힌 사회의 평온함과 닫힌 사회를 벗어날 필요 없음을 어미 오리의 입을 통해 표현한다. 막 알을 깨고 나온 새끼들은 알보다 넓은 공간에 나오자 일제히 탄성을 지른다. "와, 세상 정말 넓다!" 이때 어미 오리가 답한다. "너희들 이게 세상 전부인 줄 아니? 이 세상은 뜰 저편을 넘어서 넓은 초원으로까지 뻗어 있어. 하지만 나도 거기까지 가본 적은 단 한 번도 없지."[42] 미운 오리 새끼도 구박받고 무시당하며 천대받지 않았으면 오리들의 정원과 뜰을 떠나지 않았을 것이다. 닫힘 속에 안주했을 것이다.

자신의 소망을 이루기 위해 억압 없는 열린 세상으로 나가길 원했던 잎싹도 닫힌 사회의 평안함을 원했다. 잎싹은 운 좋게 마당에 들어온 다음, 마당이라는 닫힌 사회를 스스로 나오지 않았다. 잎싹은 맨 끝자리라도 헛간에서 계속 있고 싶어했으나 쫓겨 나왔고, 부화한 아기 오리를 데리고 다시 마당으로 돌아갔다. 그 후 잎싹이 마당을 다시 나온 것은 무엇보다도 자신과 아기 오리의 생명을 노리는 농장

---

41 포퍼가 주장한 열린 사회가 그의 적들을 모두 사형시키거나, 오늘날 다수가 당연한 것처럼 추구하는 열림이, 비판이 아닌 본질적 배타성을 가지고 닫힘을 대하는 열린 자세라면, 그것은 거짓 열림이다. 그것은 거짓 당연함이거나 거짓 자명함일 뿐이다. 자명함을 내세운 폭력이 반복되어서는 안 된다(김용석, 《문화적인 것과 인간적인 것》, 36~39쪽 참조).
42 안데르센의 작품에는 세상(world)에 대한 다양한 의미가 등장하는데, 그 가운데 하나가 이 문장이다. "My, how big the world is!" said all the youngsters, for now, of course, they had far more room than when they were inside the eggs. "Do you think this is the whole world?" said the mother. "It stretches all the way to the other side of the garden, right into the parson's meadow. But I've never been there!"(H.C. Andersen, *Fairy Tales*, Penguin Popular Classics, London-New York, 1994, p. 137).

주인 부부로부터 피신하기 위함이었다. 닫힌 사회가 편안하다면 그것을 스스로 박차고 나오기란 힘든 일이다.[43] 베르그송이 지적했듯이 닫힌 사회는 편안한 습관으로 특징지워진다("인위적인 유기체[사회]에서는 습관이 자연의 작품 속에서 필연성이 수행하는 것과 같은 역할을 수행한다"[44]). 그곳에서 나오기는 쉽지 않다.

청둥오리 나그네는 병아리의 부화를 기다리는 소망으로 오리알을 품고 있는 순진한 잎싹에게 말한다. "우리는 다르게 생겨서 서로를 속속들이 이해할 수 없지만 사랑할 수는 있어." 그의 말은 맞다. 나그네에게도 잎싹은 별난 존재이고 이해할 수 없는 친구이지만, 자신의 알을 품어주는 데 사랑스럽지 않을 수 없다. 자연적 닫힌 사회에 익숙해도(아니 어쩌면 그럴수록) 감정의 공유는 있을 수 있다. 하지만 타자를 이해하는 것은 어려운 법이다.

반면 자연스런 감정을 넘어서 타자를 이해하고 수용하려는 잎싹은 위기에 처한 초록머리를 구해주고 나서 말한다. "같은 족속이라고 모두 사랑하는 건 아니란다. 중요한 건 서로를 이해하는 것! 그게 바로 사랑이야." 자연적 본능에 따라 사랑하는 게 아니라, 다름을 극복하는 이질적 타자 사이의 이해가 앎의 본질이라는 것을 보여준다. 이 점에서 열린 사회를 받쳐주는 것이 이성이라는 포퍼의 말은 설득력이 있다.

---

[43] 작가의 입장에서도 그런 상황 설정을 하는 것이 쉽지 않았을 것이다. 사실 이 부분의 전개는 아쉬운 점이 있다. 마당 식구들 사이에서 잎싹과 아기 오리를 받아들이는 문제로 입씨름하고 다투는 설정을 좀더 밀고 나갔더라면 이야기는 더욱 긴장감을 띨 수도 있었다. 농장 주인 부부의 개입을 설정한 것은 이야기를 너무 쉽게 끌고 가 맥이 빠진 느낌이다.
[44] 앙리 베르그송, 앞의 책, 16쪽.

잎싹에게는 이질적 타자에 대한 이해와 사랑이 결국 보답 없는 일방적 희생이었다. 더구나 다른 종의 새끼를 부화했다고 우두머리 수탉에게 모욕을 당했다. "볏에 대한 수치야! 꼴불견 암탉 한 마리가 우리 족속을 웃음거리로 만들었구나. 해의 목소리, 해를 닮은 볏에 대해서 감히! 이런 어리석은 암탉 같으니라구!" 하지만 그는 행복했다. 그것이 자연의 부름이 아니라 자신의 자유 의지에 의한 엶의 행위였기 때문이다.

그런 행위는 누군가로부터 인정받고 존경의 대상이 된다. 우두머리 집오리는 잎싹이 초록머리를 건장한 청둥오리로 키워낸 것을 알게 된 날, 잎싹에게 머리 숙여 존경을 표시한다. 그날 잎싹은 자연법칙을 거역하는 고난의 삶으로 깃털이 숭숭 빠지고 비쩍 말랐지만 훨씬 당당해 보였다. 이것은 엶의 행위가 닫음의 행위와 동등한 가치 관계에 있지 않다는 것을 보여준다.

엶과 닫음, 열림과 닫힘은 대구(對句)인 만큼 상호 맞서는 관계에 있는 것처럼 보인다. 특히 엶과 닫음이 '형평적 상반관계'에 있는 것처럼 보이지만 사실은 그렇지 않기 때문에 엶의 행위는 더욱 미묘하고 어려운 것이다.[45] 닫음은 엶을 완전히 부정할 수 있다. 닫는다는 행위 자체가 엶을 원천적으로 배제해도 자기모순은 없다. 그러나 엶은 닫음을 원천적으로 배제하거나 완전히 부정할 수 없다. 엶의 행위는 닫음의 행위에게도 열려 있어야 하기 때문이다. 그렇지 못하면 자가당착적 결론에 빠진다.

이는 엶의 행위가 갖는 비극적 운명인지도 모른다. 그렇기 때문에 엶의 의도와 행위가 더욱 인간적인지도 모른다. 엶의 행위가 닫음에 대해서도 열려 있어야 하는 것은 마치 '원수를 사랑하라'는 말처럼 역설적이며 모순적인 매우 힘든 과제이다. 그래서 때로 엶의 행위는 영웅적 역량을 필요로 하거나, 잎싹의 경우처럼 뛰어난 연대감과 희생정신이 있어야 하는지 모른다.

하지만(아니 그렇기 때문에) 엶은 해볼 만한 과제다. 어려움이 없으면 도전도 없기 때문이다. 닫힌 사회의 망령을 안고 가는 것만큼이나 엶의 포용성이 가치 있고 의미 있다는 것을 인식하는 것이 중요하다. 그것은 어쩌면 우리가 궁극적으로 추구해야 할 길일지도 모른다.

노마디즘과 에레미티즘, 그리고 하이퍼텍스트 사회

미운 오리 새끼의 우화에서 보았듯이 자연법칙이 지배하는 사회는 내재적 조화와 질서 정연함을 바탕으로 하며, 그것이 깨지지 않음으로써 행복을 보장하는 닫힌 사회이다. 자연적 요소가 우월하면 닫힌 사회의 필요성이, 반면 문화적 요소가 우월하면 열린 사회의 필요성

---

45 '열림과 닫힘'처럼 상반된 것들의 쌍으로 된 대구는 많다. 우리는 그것으로 세계를 설명하려는 시도 또한 한다. 이는 흔히 비판하듯이 이분법적 도식이기도 하다. 생과 사, 음과 양, 선과 악 등 그 예는 많다. 이것들이 도식적으로 표현된 것과는 달리, 본질적으로 완벽하게 형평적 상반관계에 있지 않다는 의심은 오래된 형이상학적 과제이다(특히 선과 악의 비형평성에 대한 논쟁은 중세 철학의 중요 주제였다). 이러한 의혹은 자연과학에서도 그 예를 찾아볼 수 있는데, 하나의 가설로서 물질(matter)과 반물질(antimatter)의 관계가 그러하다. 현대 철학에 이르기까지 이 주제는 별로 체계적인 연구 대상이 되지는 않았지만, 의혹과 설명의 시도는 계속 있어왔다. 짐멜은 선과 악, 발전과 정체, 삶과 죽음을 예로 들면서, 이것들이 형식적으로 서로를 부정할 수 있는 형평적 상반관계에 있을 뿐, 결국은 어느 한편에 귀속되는 것이라는 입장을 제시한 바 있다. 즉 선이 선과 악 모두를, 발전이 발전과 정체 모두를, 삶이 삶과 죽음 모두를 포함하는 '절대성'을 가질 수 있다는 것이다. 나는 앞으로 이러한 문제들에 대한 해답의 힌트가 21세기 물리학에서 우선적으로 제시될 수 있지 않을까 하는 기대를 갖고 있다.

과 함께 그 가능성이 더 부각된다고 할 수 있다.

요한 하위징아(Johan Huizinga)가 말했듯이 문화는 사회의 조건이다. 나아가 문화적 발전과 그에 대한 반응에 따라 사회의 성격은 변화해간다. 포퍼도 기술의 발전이 닫힌 사회에서 열린 사회로의 이전을 가속화했다고 본다. 기술은 예술과 함께 중요한 **문화적 요소**이다. 문화가 제시하는 조건 때문에 열린 사회가 불가피해진 것이다.

현대 사회는 다양한 문화 요소를 수용해야 한다. 이는 문화적 창조력과 그 성과가 다방면에서 급속도로 발전하고 있기 때문이다. 이제 각 개인은 직접적으로 다차원적 복수문화를 접할 수 있으며(소통 매체의 다양화와 디지털 사이버 문화는 이를 더욱 가속화하고 있다), 열린 개체들로 이루어진 다원화 사회의 한 구성원으로서 역할을 요청받고 있다.

현대 문화가 다차원적 복수문화이며 각 개인이 보다 열린 자세를 취해야 이런 상황을 적절히 잘 대처할 수 있다는 것은 현대인에게 제시된 조건이다. 문제는 이 조건을 인간에 도움이 되도록 잘 이용하는 데 있다. 닫힘의 필요성은 대체로 '주어지는' 것이고, 열림의 필요성은 '제시되며', 그 실현 가능성은 '찾아가야' 하는 것이다.

그렇게 하려면 오늘날 문화 트렌드를 잘 살펴보아야 한다. 사람들은 전자유목민 시대의 노마디즘(nomadism)에 대해서는 이미 많이 알고 있다. 하지만 그것이 단순히 모바일 문화의 확산이 아니라 역설적으로 새로운 형태의 정주성(定住性)을 유발한다는 것은 간과한다. 물론 모바일 문화와 노마디즘은 전통적 정주 형태에서의 탈피를 의미한다.

동시에 중요한 것은, 그것이 역설적으로 우리 삶이 어떤 형태와 방식의 정주성을 가져야 할지를 결정한다는 사실이다. 쉬운 예를 들어보자. 사막의 유목민은 계속 떠돌아다닌다. 하지만 그들은 오아시스를 찾아 돌아다니고 그곳에 일시 머문다. 그것이 그들의 정주방식이다. 유목의 조건이 정주방식에 영향을 끼친 것이다. 사람은 돌아다니는 것만큼 머무는 동물이다. 머물지 않는 인간은 없다. 다만 어떤 정주방식인지가 차이일 뿐이다.

전자유목문화가 점차 일상적으로 확산될수록 새로운 정주방식들이 등장할 것이다. 나는 그 가운데 하나가 에레미티즘(eremitism)이[46] 될 것이라고 예상한다. 이는 신종 은둔생활이라고 할 수 있는 것으로 이미 어느 정도 그 조짐이 보이고 있기도 하다. 그것은 우리가 전통적으로 알고 있는 고립된 생활을 의미하지 않는다. 사이버 네트워크의 유비쿼터스 시스템과 실효현실(virtual reality)을 일상에서 폭넓게 활용하는 시대의 은둔자는 자신의 '문화 구성력'을 발휘하여 삶을 풍족하게 하는 방법을 찾으려 할 것이기 때문이다.[47]

그러므로 21세기의 은둔은 다차원적 엶과 닫음을 능숙하게 다루는 에레미티즘이 될 수 있을 것이다. 앞으로 이동의 노마디즘과 함께 정주의 에레미티즘은 '방문하기'와 '초대하기'가 교차하는 가운데 '자기실현'의 방식으로 작동할 것이다. 그런 삶은 열린 네트워크와 하이퍼텍스트 사회(Hypertextual Society)의[48] 단점을 극복하고 장점을 살리려는 노력 속에서 진행되어야 할 것이다.

---

46 이것은 나의 조어인데, 은둔자를 뜻하는 'eremite'에 '-ism'을 붙여, 'nomadism'에 대구(對句)가 되도록 만든 것이다.
47 '21세기의 우물 안 개구리'의 은유로 표현한 문화구성력의 개념에 대해서는 졸저 《깊이와 넓이 4막 16장》, 1막 4장 '다차원의 현실과 문화구성력' (86~102쪽)을 참조하기 바란다.

무엇보다도 열림과 닫힘의 관점에서 내가 희망하는 것은 그런 삶이 닫힌 사회를 구성하는 형태가 아니라, 각 개인이 열린 네트워크와 하이퍼텍스트 사회에서 자율적으로 닫음을 행할 수 있는 방식이 되어야 한다는 것이다. 그래야 다시 즐거운 마음으로 엶을 행할 수 있기 때문이다. 어쩌면 다분히 추상적으로 보일 수 있는 이 제안의 현실적 의미를 구체적으로 찾아가는 것이 다가오고 있는 미래에 우리가 할 일일지 모른다.

'예쁜 오리 새끼'와 '마당에 들어온 암탉'

사회는 각 개인의 여닫이 운동으로 이루어져 있다고 볼 수 있다. 개인은 자기의 정체성과 특성을 유지하기 위해 닫음을 필요로 할 때가 있고, 타자를 인정하고 수용하기 위해 엶을 행할 때가 있다. 인간이 사회를 이루고 사는 한 영원한 닫음과 영원한 엶은 존재할 수 없다. 수없이 많은 열고 닫음이 있을 뿐이다.

오늘날 열린 사회와 닫힌 사회는 그 어느 때보다 각 개인의 엶과

---

48 Hypertextual Society는 나의 조어이다. 오늘날 우리는 거의 매일같이 하이퍼텍스트를 접하고 있다. 그것을 모니터에서 대하고 있다. 하지만 오늘날 모니터에서 보는 하이퍼텍스트의 링크 방식은 이미 사회 구성에 전이되고 있다고 할 수 있다. 그래서 앞으로 사회는 닫힌 시스템이라기보다 열린 네트워크로 진화해나갈 것으로 보인다. 그러한 사회를 나는 희망적으로 '하이퍼텍스트 사회'라고 부른다. 이런 사회에서 개인의 능력은 사회 체제가 제공하는 수동적 열림과 닫힘에 의존하는 것이 아니라, 능동적 엶과 닫음으로 발현되어야 할 것이다. 그리고 이러한 개인들이 모여 사회적 연대를 이루는 사회가 우리가 지향해야 할 사회이다. 이렇게 개인주의와 사회 연대성은 긴밀한 협동의 터전을 가꾸어나갈 수 있을 것이다. 이것은 열린 네트워크를 바탕으로 한 하이퍼텍스트 사회에서 개인주의를 취하면서 연대성을 이루어내는 일종의 '연대적 개인주의'라고 할 수 있다.

〈강, 야자나무, 돌〉, 짐바르푸잉구족(오스트레일리아), 20세기

닫음의 능력을 전제로 한다. 어쩌면 열린 사회란 너무 추상적인 표현일지 모른다. 자신의 정체성과 특성을 유지하면서, **타자를 향해 열 줄 아는** 개방성을 지닌 개체들이 '우리'를 이루었을 때, 열린 사회는 그 결과로 온다. 바꾸어 말하면, '나'가 '너'를 거쳐서 '우리'를 인식하고자 할 때, '나-우리'의 이항대립 구조는 극복될 수 있다. 즉 나와 우리의 연결 고리는 '너'인 것이다.

지금까지의 역사에서 '너'에 대한 의식 없이 '나'에서 '우리'로 즉각적 인식의 전이가 이루어졌을 때, 많은 문제가 일어났다고 본다.[49] 또한 '우리' 속에서 '나'와 다른 것에 대한 인식이 결여되는 것도, 나와 우리를 동일화하는 것과 동시에 '너'에 대한 의식이 개입되지 않기 때문이다.

'우리'는 추상적이지만 '너'는 실체적인 것이다(이것이 잎싹의 소리 없는 교훈이다). 이러한 의미에서 실질적으로 존재할 수 있는 것은 추상적 열린 사회가 아니라 개개의 특성을 지닌, 그러나 열 줄 아는 개체들로 구성된 다원화 사회이다. 그런 사회에서는 못생긴 아기 백조가 '예쁜 오리 새끼'가 되고 잎싹 같은 괴짜가 '마당에 들어온 암탉'이 된다. 모두 열린 사회의 친구들이 된다.

이에 덤으로 문학의 차원에서 내가 희망하는 것은, 지금까지의 동화가 사회적 관계를 주로 다룬 것에 비해 앞으로의 동화 창작은 다양한 문화적 요소들을 이야기 구조에 받아들여 작품을 만드는 일이다. 의인화와 은유의 폭이 인간관계를 표상하는 것을 넘어서 현대의 문

---

49 그것은 정치, 경제, 사회, 문화, 종교 등 실제 현상에서 일어나는 문제일 뿐 아니라, 현상 해석과 이론의 문제이기도 하다(나는 포퍼와 베르그송도 이 점을 간과했다고 생각한다).

화적 성과들을 폭넓게 수용하는 것도 필요하다.[50] 즉 좀더 열린 이야기를 시도해보는 것이다. 그렇게 되면 '남의 알을 부화'시키는 동일한 소재에서도 의미 있고 재미있는 이야기들이 앞으로 더 많이 만들어지지 않을까.

---

50 이 점에서는 이미 고전이 된 케네스 그레이엄(Kenneth Grahame)의 《버드나무에 부는 바람(The Wind in the Willows)》(1908) 같은 작품이 하나의 모델이 될 수도 있다. 약 100년 전에 출간된 이 동화는 산업사회의 문명·문화적 성과가 인간관계를 어떻게 매개하는지 예리한 현실 관찰을 서정적 필치 속에 담아내고 있다. 후기 산업사회의 문화 트렌드는 인간관계를 또 어떻게 매개할 것인지, 그것을 동심으로 어떻게 담아낼 것인지 고민해보지 않겠는가.

혼화

animated cartoon

혼화

1장

환상예술과 서사 구조

animated cartoon

01
'혼화'라는 말에 대하여

언어와 개념은 항상 미묘한 문제를 낳는다. '애니메이션'의 경우도 그렇다. 우리는 한때 '만화영화'라는 말을 많이 썼다. 그러나 요즘은 '애니메이션'이라는 말이 그것을 대체하고 있다. 그러나 엄밀히 말하면 만화영화가 곧 애니메이션은 아니다. 영어의 'animation'은 만화영화를 만드는 과정과 기술 전체(The process and technique of preparing animated cartoons)를 뜻하기 때문이다. 미국 영화계에서는 'animated motion picture'라는 표현도 쓰고, 요즘에는 'animated film'이라는 말을 많이 쓰고 있다. 이런 표현들은 모두 애니메이션과 영화의 밀접한 관계를 내포하고 있다. 나아가 **애니메이션을 영화의 한 아류로 보고자 하는 의도**를 갖고 있다.

나는 10여 년 전부터 '애니메이션 작품'을 가리키는 말로 혼화(魂畵)라는 단어를 만들어 쓰고 있다. 이는 영어 'animated cartoon'을 그 원래 의미를 최대한 살려 우리말로 옮긴 것이다. 즉 '혼이 들어간

(animated)'이라는 의미에서 '혼(魂)'과 '만화(cartoon)'에서 '화(畵)'를 합성하여 혼화라는 말을 만든 것이다. 순우리말로는 '얼그림'이라고 할 수 있다. 혼은 '얼'이고, 화는 '그림'이기 때문이다.[1]

내가 애니메이션 작품을 가리키는 말로 '혼화'와 '얼그림'이라는 단어를 만들어낸 것은 반드시 우리말 표현을 쓰기 위해서만은 아니다. 무엇보다도 **혼화가 영화와 본질적으로 구별되는 특성을 갖고 있기 때문**이다. 영화든 혼화든 동적 영상을 필름에 담아낸다는 점에서는 마찬가지다. 즉 기술적 최종 완성품을 위해 필름이라는 물질을 사용한다는 점에서는 동일하다.

하지만 동적 영상을 만들어내는 과정에서 영화와 혼화는 많이 다르다. 혼화를 본질적으로 특징짓는 제작방식은 한 프레임씩(frame by frame) 촬영한다는 것이다. 혼화의 작업에는 종이나 셀 위에 그리든, 입체로 만들든, 컴퓨터로 작업하든, 정지동작(stop-motion)의 이미지로 나타나는 일차적인 제작과정이 선행된다. 이런 의미에서 혼화는 '움직이는 그림을 다루는' 예술이 아니라, '그려진 움직임을 다루는' 예술이라고 할 수 있다. 그러므로 애니메이터들에게는 프레임에서 보이는 것보다 각 프레임들 사이에서 일어나는 작업이 더 중요하다. 이러한 기술적인 특성 외에도 혼화와 영화는 이야기의 구성방식에서 많은 차이가 있다. 영화와 구별되는 혼화의 특성을 포착할 때 예술작품으로서 혼화의 서사 구조에 대한 이해의 폭도 넓어질 것이다.

---

1 이 글에서도 주로 '혼화' 또는 '얼그림'이라는 표현을 쓸 것이며, 가끔 설명의 필요에 따라서 '애니메이션 작품'이라는 표현을 쓸 것이다.

02
환상예술로서 혼화에 대하여

영화가 현대 문화에서 중요하고 대중의 관심을 끄는 이유는 그것이 매우 심각하게 '현실을 다루기' 때문이다.[2] 영화만큼 '현실'을 '현실감 있게' 다루려고 한 예술 장르는 지금까지 없었다. 영화 제작의 모토는 최대한 '실감나게' 작품을 만드는 것이다. 그것은 사람들에게 '제작된 현실'을 제공하는 것과 같다. 영화는 환상(fantasy)을 활용해도 현실감을 도출하는 '유도 능력'을 발휘한다. 즉 현실과 맞먹을 만큼의 인공 경험을 만들어내려 한다.[3] 그러므로 영화의 현실은

---

2 여기서 '현실(reality)의 문제'는 복합적으로 넓게 볼 수도 있다. 그것은 존재, 실체, 실재에 관한 문제이기도 하다. 어쩌면 이것은 철학사에 등장하는 거의 모든 철학적 문제를 망라하는 개념들일 것이다. 고대 그리스 철학에서, 신화적 사유로부터 벗어나기 시작한 철학자들이 자연(physis)이라고 부른 것은 존재의 의미와 뗄 수 없고, '있다(estin)'에 대한 파르메니데스의 철학 또한 존재에 대한 사유이며, 그것은 현실의 문제를 내포한다. 이것은 철학 본연의 과제라고 해도 과언이 아니다.

5부 혼화 | 449

'현실의 재현'이자, 역설적으로 '현실이기 위한 조작'이다. 이런 점에서 영화는 현실적 효과를 위한 기예적(技藝的) 작동이라고 할 수 있다.

영화가 현실 집착적이라면 혼화는 어떨까? 혼화는 어떤 의미에서 현실 탈피적이라고 할 수 있다. 이는 혼화의 현실 조작성이 본질적으로 영화와 다르다는 점에서뿐만 아니라, 혼화는 의도적으로 현실 조작성을 회피해서 환상적 표현을 추구하기 때문이라는 것으로 설명될 수 있다. 이러한 입장은 영화와 혼화가 같은 범주에 있다는 것에 물음표를 찍는 일이며, **혼화를 영화의 연속선상에서 사고하거나 그 아류로 생각하는 방식에 제동을 거는 것**이다.[4]

혼화가 비현실적이라는 것은 무엇보다도 현실의 배우를 쓰지 않는 데 있다. 영화감독 히치콕(A. Hitchcock)은 "애니메이션 작품의 감독들은 배우에 대해 걱정할 게 없다. 배우가 마음에 안 들면 아무 때나 바꾸어버리면 되니까. 그것은 너무 쉬운 일이다"라고 말했다. 히치콕은 이 말로—자신의 의도와는 다르겠지만—영화와 혼화의 본질적인 차이를 지적했다. 영화는 '배우를 선정'해야 하는 반면 혼화는 '배우를 창조'해야 한다.

혼화의 이런 특성은 감독을 비롯한 제작진에게 배우에 관한 한 최

---

3 '영화'의 '현실 지향성'과 '현실 창조 능력'에 대해서는 졸고 〈영화의 현실과 이론 : 영상, 음향, 서사 그리고 '실효현실'의 철학〉, 《철학과 현실》, 2003 겨울, 철학문화연구소, 26~43쪽을 참고하기 바란다.
4 이에 관한 자세한 내용은 졸고 〈환상예술로서 애니메이션과 '애니메이션 철학'의 가능성〉, 《철학논총》, 제40집 2권, 새한철학회, 2005, 139~176쪽을 참고하기 바란다. 본서 '환상예술로서 혼화에 대하여'에 관한 내용도 이 논문에 기댄 것이다.

대한의 자유와 권력을 준 것 같지만, 사실 제작진 최대의 고민과 스트레스이기도 하다. 선택에 대한 완벽한 자유와 권력은 선택을 더욱 어렵게 만들기 때문이다. 또한 배우를 언제나 바꿀 수 있게 되면, 그때마다 제작 전체 과정의 수정도 불가피해진다. 배우를 창조하는 것이 혼화의 특성이자 어떤 의미에서 혼화 제작자가 누리는 자유인 것도 사실이지만 말이다.

반면 영화에서 제작에 들어가기 전에 배우가 정해진다는 사실은 문제를 야기하기도 하지만, 제작 진행의 방향을 설정해주고 일을 진척시키는 실용적인 기능을 한다. 그렇지만 감독은 실재하는 배우의 현실적 조건 안에서 일해야 한다. 바꾸어 말하면, 그 현실적 조건을 최대한 활용해야 한다.[5] 나아가 배우가 갖고 있는 현실적 조건을 더욱 부각시키는 방향으로 제작할 수도 있다. 이것은 제작하려는 영화의 현실성에 맞추어 배우의 현실적 조건을 택했다고 하더라도, 이 관계가 역전될 수 있다는 것을 뜻한다. 즉 배우의 현실적 조건에 맞추어 영화의 현실성이 구성되어야 한다는 문제로 돌아갈 수도 있다. 이런 의미에서 영화의 현실 조작성은 이미 매우 현실적이다.

혼화에서 배우를 창조한다는 것은 정도의 차이가 있을 뿐 현실과의 간격을 전제한다. 그래서 혼화의 배우들과 캐리커처를 연관지어 분석하는 것도 혼화의 세계를 이해하는 데 도움이 된다. 나아가 혼화 작품의 등장인물들이 문화적 차원에서 곧바로 캐릭터로서 기능을 하게 되고, 캐릭터 산업에 직결되는 것을 보아도 이런 특성을 잘 알 수 있다.

---

5 경우에 따라서는 분장이나 다른 영화기술적 조작에 의해서 그 현실적 조건을 바꾸기도 한다. 하지만 그것은 어디까지나 제한적이다.

혼화의 배우들은 얼굴과 몸매에서부터 때로는 너무 비현실적이다. 그래서 환상적일 수 있다. 이에 관한 예들은 세계 최초의 극장 상영용 장편 혼화인 〈백설공주와 일곱 난쟁이〉(Snow White and the Seven Dwarfs)〉(1937)에서부터 최근 우리나라 혼화에 이르기까지 애니메이션의 역사 전체에 깔려 있다. 〈백설공주와 일곱 난쟁이〉에서 일곱 난쟁이들은 각각 비현실적인 캐릭커처로 표현되어 있다. 그러므로 작품 안에서 각각의 캐릭터가 잘 부각된다.[6] 난쟁이들이 표현하는 각기 다른 일곱 캐릭터는 환상의 본질인 차이의 공존, 즉 다양성을 제공하고 전체 플롯에 환상의 에너지를 공급하며 각기 다른 **'환상의 경로'를 설정하는 것**이라고 할 수 있다.

최근의 작품에서도 이런 예는 너무나 많으므로 좀 특별한 경우를 살펴보기로 한다. 김문생 감독의 〈원더풀 데이즈〉(2003)는 혼화 제작에 실사 요소를 많이 가미한 것을 특징으로 하고 있다. 그것은 장면 묘사에서뿐만 아니라 등장인물의 모습에서도 알 수 있다. 이런 점에서 세 주인공인 제이, 수하, 시몬은 실사영화에 가까운 현실적인 외모를 지니고 있다. 하지만 이 작품의 대단원이라고 할 수 있으며, 작품 전체에 핵심적인 상징성을 부여하는 장면에 등장하는 소녀의 모습은 매우 비현실적이다.

먹구름이 걷히고 태양이 드러나자 화면 전체를 가득 메우며 소녀의 손이 등장하면서 태양을 한 움큼 잡는 시늉을 한다. 그러고는 푸른 머리와 큰 구슬 같은 눈을 가진 소녀의 얼굴이 클로즈업된다. "할

---

[6] 일곱 난쟁이들은 Doc, Happy, Dopey, Sneezy, Grumpy, Bashful, Sleepy 등의 이름에서부터 캐릭터를 분명히 하고 있다.

아버지 눈이 부셔요"라고 말하는 소녀의 모습은 배경의 빛과 함께 이 작품에서 가장 환상적인 장면이라고 할 수 있다. 또한 이 영화의 드러날 듯이 감추어진 주제라고 할 수 있는 환상의 다른 측면, 곧 유토피아의 상징을 나타내는 것이라고 할 수 있다. 이는 소녀의 모습에 이어서 유토피아를 상징하는 지도와 섬의 모습이 클로즈업되면서 글라이더가 파란 하늘을 비상하는 것으로 대단원의 막을 내리는 것을 보아도 알 수 있다.

〈원더풀 데이즈〉에서 우리는 인물의 실재성을 과다하게 변형시킨 캐리커처로 처리된 이른바 '코믹 캐릭터'들을 볼 수 있다. 하지만 대단원에서 풍부한 상징성을 가진 소녀의 등장을 혼화 특유의 비현실적 캐릭터(현실에서 그 소녀와 같이 눈, 코, 입의 비현실적인 배분을 가진 얼굴을 한 사람이 있다면 '괴물'처럼 보일 수도 있는)로 처리한 것은 환상의 경로를 설정하는 작가의 의식적 노력이라고 할 수 있다.

동일한 원작을 바탕으로 작품을 만들더라도 실사영화와 애니메이션은 현실성과 비현실성이라는 점에서 큰 차이를 보인다. 2000년대 초 판타지 영화의 선두에 있었던 피터 잭슨(Peter Jackson)의 〈반지의 제왕(The Lord of the Rings)〉 3부작과 1970년대에 제작된 랠프 백시(Ralph Bakshi)의 혼화 〈반지의 제왕〉이 좋은 예다. 잭슨의 작품은 판타지를 겨냥하지만, 그것을 '실감나게' 표현한다. 영화에 등장하는 각기 다른 존재들 인간, 엘프, 드워프 등의 형체는 크기에서도 매우 사실적인 대비를 이루고 있다. 아니, 그런 사실적 대비를 위해 제작 과정에서 엄청나게 신경을 썼다.

하지만 백시의 애니메이션에서는 이런 대비에 별로 신경을 쓰지 않았고, 표현하고자 하는 바에 따라서 등장인물의 형체를 매우 융통성 있게 변형했다. 사실성과 비사실성은 전투 장면 등에서도 관찰할 수 있다. 잭슨의 영화에서 전투는 실감나게 함으로써 관객의 몰입을 유도한다. 하지만 애니메이션에서는 그 장면들이 전투의 의미와 상징성을 유도하는 데 더 효과적이다. 이렇게 볼 때 잭슨의 영화는 실감나는 이미지로 가득한 반면, 백시의 애니메이션 작품은 환상의 경로를 다양하게 배치함으로써 그 자체로 환상적인 작품이 되고자 했다고 할 수 있다.

혼화에서는 영화와 달리 **실체가 별로 중요하지 않다**. 실체 너머의 그 무엇인가가 중요한 것이다. 이런 비현실성은 환상의 확장을 가능하게 한다. 또한 '실체가 아닌 무엇'을 추구한다는 것은, 눈에 보이지 않는 비가시적인 것(그것은 실체 너머일 수도 있고, 실체 안에 있는 무엇일 수도 있다)에 관심이 있다는 것을 말해준다. 그것은 영(靈)적인 것이고 혼(魂)일 수도 있는 것이다. 현재 우리가 사용하는 언어로는 이런 비가시적인 무엇을 '영혼'이라고 부르기도 한다. 이런 의미에서 혼화의 배우들은 '영혼의 배우'들이라고 할 수 있다.

혼화 배우들의 이런 비현실성은 작품의 주인공들이 인간이 아닐 때 더욱 드러난다. 예를 들어 동물 캐릭터와 인형 캐릭터 등을 주인공으로 할 때가 그렇다. 이런 예는—바로 혼화의 비현실적이고 환상적 특성 때문에—쉽게 찾아볼 수 있다. 이는 혼화의 역사에서 큰 축을 이룬다고 할 수 있다. 물론 이럴 경우 대부분 동물과 인형에 인간의 혼을 불어넣어 의인화의 방식을 택한다(이는 설화나 동화처럼 상상의 이야기에서도 활용되는 것이다). 동물들이 서로 사람의 말을 하고 사람의 행동을 한다는 것 자체가 비현실적이다. 백설공주가 숲 속 동물과 '자연스럽게' 의사소통한다는 것도 그렇다.

혼화 〈반지의 제왕〉, 랠프 백시, 샘

영화 〈반지의 제왕〉, 피터 잭슨, 샘

피터 로드(Peter Lord)와 닉 파크(Nick Park) 감독의 〈치킨 런(Chicken Run)〉에서는 다른 종류의 동물들이 서로 소통하기도 하지만, 사람과 동물이 간접적인 소통의 게임을 벌이기도 한다. 존 래스터(John Lasseter) 감독의 〈토이 스토리(Toy Story)〉처럼 인형들에 혼을 집어넣어 배우 역할을 하게 하는 것은 좀더 발전된 형태다. 그렇다면 실체를 넘어서 소통하는 존재들이 공유하는 것은 무엇일까? 그것은 영혼이라는 말로 표현될 수 있지 않을까? 앤드루 애덤슨(Andrew Adamson) 감독의 〈슈렉(Shrek)〉에서 당나귀 동키와 용의 사랑도 **영혼의 소통**이라고 할 수 있지 않을까?

이상 보았듯이 혼화의 등장인물들의 언어와 행동이 매우 현실적이더라도 언어와 행동의 이미지적 주체가 비현실적이기 때문에, 그 언어와 행동이 주는 효과는 영화의 현실성과 너무 다르다. 영화의 배우들이 원초적 정신과 감정에 그들의 현실적 조건을 유지하는 것과 달리, 혼화의 배우들은 조물주(애니메이터)의 정신과 감정을 이입받는다. 그러나 그것은 어떤 방식으로든 변형되어 이입된 것이다. 여기서 변형성은 이미 애니메이터의 현실로부터 일탈을 의미한다.

그러나 이에 반론이 있을 수 있다. 혼화를 '실사영화화'하려는 경향을 내세운 반론이 그것일 것이다. 사카구치 히로노부 감독의 〈파이널 판타지(Final Fantasy)〉가 그 대표적인 예이다. 또한 애니메이션에 부분적으로 실사적 요소를 가미하려는 시도들도 있었다(그래도 대부분 환상성을 유지하지만). 물론 실사적 애니메이션 작품이 가지는 기술적 시도의 의미는 분명히 있다. 하지만 예술 작품으로서 그것이 어떤 의미를 가질 수 있는지는 미지수다.[7]

〈파이널 판타지〉에 대한 역반론으로 로버트 저메키스(Robert

혼화 〈슈렉〉, 용과 동키

Zemeckis) 감독의 〈폴라 익스프레스(The Polar Express)〉를 들지 않을 수 없다. 이것은 오히려 실사적 특징을 혼화 제작의 요소로 바꾸면서 작품성을 획득한 경우다. 이 작품은 '현실의 배우'가 실제 연기를 하고 그것을 디지털카메라로 찍은 뒤 그 영상을 밑그림 삼아 컴퓨터 그래픽 화면을 만드는 '퍼포먼스 캡처'라는 기술을[8] 도입했다. 다시 말해 실사를 애니메이션화한 것이다. 왜 이런 시도를 했을까? 감독 저메키스는 말한다. "실사영화로 만든다면 '폴라 익스프레스'의 이미지를 표현하기 힘들다. 원작은 감성이 대단히 풍부한 작품이기 때문에 만일 실사로 찍으면 판타지가 죽게 된다." 이는 판타지를 살려서 표현하기 위해서는 그에 맞는 예술 형식이 있다는 말이 된다.[9] 이를 다시 뒤집어 말하면, 혼화는 환상을 표현하기 적합한 예술 형식이라는 말이 된다. 나아가 혼화는 환상을 위한 예술 형식이라고까지 말할 수 있다. 여기서 1인 5역을 한 배우 톰 행크스는 오히려 현실세계에서 혼화의 통로를 타고 환상세계로 들어간 것이다.

---

7 이에 예술은 형식적 조건을 무시할 수 없다는 비판이 있을 수 있다. 물론 예술의 개념도 변하고 형식적 조건도 변한다. 그러나 실사영화를 닮아가려는 시도 자체는 애니메이션의 예술적 형식 범주에서 벗어나는 것을 의미한다. 이는 영화의 범주에서 다시 논해야 할지 모른다.

8 좀더 정교하게 발달한 모션 캡처 기술의 적용은 오늘날 보편화하려는 경향이 있다. 2004년 저메키스의 영화가 출시되었을 때, 그가 이 기술이야말로 영화의 미래라고 한 것이 실현되고 있는 느낌이다.

9 여기서 우리는 한 가지 주목할 것이 있다. 〈파이널 판타지〉와 비슷한 시기에 제작된 〈슈렉〉과 피트 닥터(Pete Docter)의 〈몬스터 주식회사〉에서도 삼차원 애니메이션 기법을 사용했는데, 기술적으로 실사를 추구했다고 할 수 있다. 예를 들어 〈슈렉〉에서 바람에 흔들리는 들판의 꽃들이라든가 〈몬스터 주식회사〉에서 괴물 주인공의 털의 움직임 등이 그것이다. 하지만 예술적으로 작품 전체의 환상성을 현실성으로 바꾸려고 하지는 않았다. 이것은 좋은 대비의 예가 될 것이다.

사실 〈폴라 익스프레스〉에서 볼 수 있는 모든 장치는 판타지를 겨냥하고 있다. 그것은 작품 전체의 분위기뿐만 아니라, 아주 간단한 장치들에서도 관찰할 수 있다. 예를 들면 폴라 익스프레스 열차 기관사들의 캐릭터, 가속기와 브레이크 작동 장치가 바뀌어서 표시되어 있다는 역설 등이 그렇다. 나아가 이 작품은 환상과 연관 있는 현실 너머의 어떤 세계들과 연계하는 데도 서슴지 않는다. 이는 유령의 등장으로 거의 노골적이기까지 하다. 주인공 소년은 유령과 대화하기도 하고, 유령에 의해 구출되기도 한다. 그래서 이 작품이 유령적이고 나아가 호러 같다는 평론도 있다. 하지만 이런 평론들에서도 주목하는 것은 이 작품의 비물질적이고 비현실적인 성격이다.[10]

'창조된 배우'라는 요소는 현실적 영화와 환상적 혼화를 구분하는 일차적인 것일 뿐이다. 혼화는 이미지와 스토리에서도 본질적으로 환상성을 지향한다. 더 본질적으로 보면 혼화는 탄생에서부터 기술의 차원에서 환상성을 지향할 수밖에 없는 조건에 있다. 혼화는 영화

---

10 이런 평론은 〈폴라 익스프레스〉의 비물질성과 괴기함을 비판하고 있다. "저메키스의 캐릭터들은 도대체 뭔가? 인간인가? 인형인가? 유령인가? 셋 다 정답처럼 보인다. 그들은 인간처럼 행동하지만 인형처럼 보이고 유령의 분위기를 풍긴다. 특히 마지막은 결정적이다. 유령이란 무엇인가? 인간처럼 행동하지만 더 이상 인간은 아닌 비물질적인 인간의 잔재다. 컴퓨터 그래픽의 추상적인 공간 속에 만들어진 비물질적인 이미지를 설명하는 데 이처럼 완벽한 은유가 어디에 있담?" [……] 이들은 모두가 진짜가 아니라 진짜의 흉내이며 반영이다. 영화는 마치 인류가 멸종한 차가운 지구 위를 뛰어다니는 유령들이 연출하는 크리스마스 쇼와 같다. 심지어 영화 속의 캐릭터들도 종종 그 귀기를 인식하는 듯하다."(듀나, "유령들의 크리스마스 호러 쇼 〈폴라 익스프레스〉", 웹매거진 www.cultizen.co.kr 에서 인용). 여기서 평자는 〈폴라 익스프레스〉를 마치 '유령영화'라고 부정적으로 평하고 있다. 하지만 '유령영화'가 부정적이라는 것은 고정관념이다. 어쨌든 이 평자도 이 애니메이션 작품의 비현실성에 주목하고 있는 것만은 틀림없다.

와 달리 표현 가능성의 범위가 거의 무한정하다. 즉 상상한 것을 스토리로 엮어서 그대로 그려낼 수도 있다(이 특성은 만화와 공유하고 있다). 애니메이터가 꿈꾼 것을 기억하고 있다면 그대로 그려낼 수도 있다. 물론 실제 창작에서 모든 것을 적용하는 것은 아니다. 하지만 수단을 갖고 있으면 실행의 욕구는 생기는 법이다.

한 예로, 드 보몽(M. Leprince de Beaumont)의 동화 《미녀와 야수》 이야기를 1946년 장 콕토(Jean Cocteau)가 영화 〈La Belle et Bête〉에서 어떻게 연출했고, 1991년 게리 트라우스데일(Gary Trousdale)과 커크 와이즈(Kirk Wise)가 혼화 〈Beauty and the Beast〉에서 어떻게 연출했는지 그 차이는 확연히 드러난다. 콕토의 영화에서는 1인 3역(야수, 왕자, 가스통)을 맡은 배우 장 마레(Jean Marais)의 사실적 연기가 매우 중요한 역할을 한다. 다시 말해 현실의 인물이 지닌 역량이 영화 전체에 반영됨으로써 '이야기로서 영화'는 살린 반면, '환상적 세계의 구성으로서 영화'는 덜 드러나 보인다. 반면 트라우스데일과 와이즈의 혼화에서는 마법에 의해 집 안의 가구나 집기로 변한 캐릭터들의 '연기'라든가 '변용' 그리고 야수-왕자의 다양한 모습 등에서 훨씬 더 자유로운 표현 수단을 가짐으로써 이야기와 환상성의 결합이 쉬워진다. 이와 유사한 경우는 같은 동화 원작을 바탕으로 제작한 스티브 배런(Steve Barron)의 영화 〈피노키오(The Legend of Pinocchio)〉와 벤 샤프스틴(Ben Sharpsteen), 해밀턴 러스키(Hamilton Luske) 감독의 혼화 〈피노키오(Pinocchio)〉 사이의 차이 등 다른 작품들에서도 관찰할 수 있다.

이에 대해서는 앞으로 디지털 기술이 더욱 발전하고 영화에서 첨단기술을 도입하면 실사영화와 혼화 사이의 차이는 없어질 것이라는 것을 반론으로 내세울 수도 있다. 실제로 실사영화와 애니메이션 기술의 혼합을 시도했다고 할 수 있는 저메키스 감독은 "영화의 미래는 필름은 없어지고 100퍼센트 디지털화되리라"고 말한다. 즉 "〈폴라 익스프레스〉는 디지털로 가는 걸음마 단계"라는 뜻이다. 영화와 혼화처럼 이른바 과학예술(Scientific Art)의 경우 과학-기술의 발달과 그 성과의 적용에 따라서 작품 제작의 경향이 달라질 것이라는 전망은 당연하다. 과학-기술적 측면에서 영화와 혼화의 간격은 좁혀져 거의 소멸할지도 모르고, 이에 따라서 현실과 환상의 차이가 주는 효과와 의미도 대폭 줄어들지 모른다고 전망할 수도 있다.

하지만 여기서 우리가 주목해야 할 것은 예술의 장르들은 전통과 첨단 사이에서 통합을 이룰 수도 있지만, 각 장르가 더욱 독립성을 유지하면서 진화할 수도 있다는 점이다.[11] 그 대표적인 예가 연극과 영화다. 연극과 영화를 이어주는 예술적 공통분모도 있지만, 이 두 장르에 독립성을 부여해주는 특성들이 훨씬 더 많다. 이와 마찬가지로 영화와 혼화는 서로 통합의 길을 가기도 하지만, 동시에 서로 더욱 독립적인 장르로 발전할 가능성을 지니고 있다. 영화는 디지털 기술을 극대화하면서도 현실의 배우 기용으로서 점점 더 '실감나는' **현실을 창조하려는 경향을 유지할 것**이며, 혼화는 **환상의 자유를 포기하지 않을 것**이기 때문이다. 어쩌면 앞으로는 영화, 혼화, 영화-혼화

---

[11] 이 점에서 지금까지의 영화와 혼화의 차이를 좀 도식적으로 구분해보는 것도 그 차이의 이해에 도움이 될 것이다. 어떤 전문가는 영화와 혼화를, 사실주의-초사실주의, 사실적 액션-초사실적 액션, 물리적 법칙의 지배-초물리적 법칙의 지배, 관습·풍습의 지배-그렇지 않음, 논리적·합리적-비논리적·비합리적, 일반적·객관적·보편적-주관적·주체적 등으로 구분하고 있다(류우동, 《애니메이션의 성격과 이해》, 신아출판사, 2004 참조).

의 복합 작품 등 다양한 갈래로의 발전도 예상해볼 수 있다.

그러나 지금 우리가 혼화를 이해하기 위한 기본적 인식으로 삼아야 할 것은, 혼화가 '그림'으로 창조된 배우가 '연기'하는 비현실적 이야기 구성이라는 것이다.[12] 이 점은 미래에 다양하게 진화할 영화-혼화의 혼합 형태 작품을 제대로 이해하는 데도 여전히 중요할 것이다. 이상 살펴보았듯이 혼화는 현실적이고자 하는 표현의 틀에서 벗어나 자유로운 기운으로 창작한 그림과 스토리가 어울린 환상적 표현의 백미를 이루는 예술 장르라고 할 수 있다. 이런 의미에서 애니메이션을 '환상예술'이라는 말로 불러도 무리는 없을 것이다.

여기서 현실적이고자 하는 데서 벗어난다는 것은 현실과의 단절을 의미하지 않는다. 현실에서 벗어남으로써 현실과의 '관계'는 특별히 설정된다.[13] 교류가 가능해지기 때문이다. 그것은 현실을 다르게 보는 방식을 택하는 것이자, 현실과 환상의 다양한 공존방식들을 모색하는 것이라고 할 수 있다. 이제 현실과 환상의 관계는 단순히 대척점에 있는 두 개념으로서가 아니라 좀더 복합적으로 설정된다.

---

12 이런 구성을 위해 첨단기술의 시대에도 전통적 창작 방법을 의도적으로 활용하기도 한다. 예를 들면 파스텔화의 기법을 사용한 이성강의 〈마리 이야기〉, 실루엣 기법을 사용한 프랑스 작가 미셸 오슬로(Michel Ocelot)의 〈프린스 앤드 프린세스(Princes et Princesses)〉가 그런 경우다.

13 톨킨은 환상을 '자연스런 인간 행위'이자 '인간적 권리'라고까지 규정하면서, 그것은 "과학적 사실에 대한 흥미를 둔화시키지도 않으며, 과학적 사실에 대한 인식을 모호하게 하지도 않는다"고 지적한다. "창조적인 환상은 사물이 눈에 보이는 대로 명백히 그렇게 세계에 존재한다는 확고한 인식에 바탕을 두기 때문이다. 즉 환상은 사실에 종속된 것이 아니라 사실에 대한 인식 위에 자리 잡고 있다. …… 만일 사람들이 개구리와 인간을 구별하지 못한다면, 개구리 왕자에 관한 동화는 생겨날 수 없었을 것이다."(J.R.R. Tolkien, "Tree and Leaf", *The Tolkien Reader*, Ballantine, N.Y., 1996, pp. 54~55).

현실과 환상의 다양한 조합은 애니메이션 작품의 **이야기 구조**를 만들어가는 데 기본적인 것이다. 지금까지 애니메이션의 역사는 현실과 환상의 조합과 그 적용을 기본으로 한 서사 구조 형성방식의 변천 역사라고 해도 과언이 아닐 것이다. 이런 역사에서 중요한 기점이 되었던 두 편의 혼화가 있다. 하나는 데이비드 핸드(David Hand) 총감독의 〈백설공주와 일곱 난쟁이〉이고, 다른 하나는 래스터 총감독의 〈토이 스토리〉이다.

언급했듯이 〈백설공주와 일곱 난쟁이〉는 세계 최초의 극장 상영용 장편 2D 애니메이션 작품이고, 〈토이 스토리〉는 컴퓨터 그래픽을 사용한 세계 최초(1995)의 극장 상영용 장편 3D 애니메이션 작품이다. 이 작품들은 애니메이션의 역사에서 기술적인 분기점이 되었다는 것뿐만 아니라, 이야기 구성방식에서도 서사 구조의 각기 다른 패러다임을 제시했다는 점에서도 중요하다. 이와 함께 이 작품들의 철학적인 요소들도 각자 서로 다른 차원을 갖고 있어서 서로 좋은 비교가 된다. 이 작품들은 각각 '분명함의 윤리학'과 '모호성의 인간학'을 품고 있기 때문이다. 그럼 이제 환상과 현실이 얽혀서 지어낸 이야기의 세계로 사유의 여행을 떠나보자.

혼화

2장

환상의 분명함과 현실의 모호함

〈백설공주와 일곱 난쟁이〉와 〈토이 스토리〉의
'세계 구상 전략'과 철학

animated cartoon

01
⟨백설공주와 일곱 난쟁이⟩ : 현실과 환상의 경계, 그리고 '분명함의 철학'

세상은 이제 더 이상 대문자로 쓰여진 유아독존의 현실(The Reality)이 아니라, 어떤 개개의 현실(a reality)이 모여서 '현실들(realities)'을 구성하는 세계가 되었다. 그래서 '현실들 사이'에 '환상들'이 자리를 잡기도 하고, 그 사이를 환상들이 자유롭게 드나들며 '통풍효과'를 낼 수도 있게 되었다. 다시 말해 현실은 이제 그 자체로 현란한 '복잡계(複雜界)'를 이룬다. '현실들의 복잡계'는 대문자의 현실이 세상의 변방으로 귀양 보냈던 환상의 요소들을 그 사이 사이에 다시 불러들여 '같이 놀자'고 하는 것이다.

사실 환상에 대한 관심은 인류 역사와 함께한다고 할 수 있으며, 환상의 개념은 현실의 개념만큼이나 오랜 역사를 갖고 있다. 고대 그리스의 철학자 플라톤은 신화와 환상에 대해 수용과 거부라는 이중적인 태도를 보이기도 했지만,[14] 그의 대화편들에서 복잡한 관념을 전달하기 위해 신화의 환상적 요소를 풍부하게 사용했다.

아리스토텔레스는 《영혼론》에서 환상의 개념을 감각, 주관적 견해, 객관적 사고 등과 비교하면서 설명한다.[15] 그는 무엇보다도 그리스어 판타지아(phantasia)가 빛을 뜻하는 파오스(phaos)에서 유래함을 주목한다. 인간에게 빛과 연관된 감각은 시각이고, 시각은 '감각 중의 감각'이며, 판타지아는 '보는 것'과 연관이 있기 때문이다. 에피쿠로스가 판타지아를 시뮬라크르에 의한 표상으로, 스토아학파가 영혼에 각인된 사물의 모양으로 보는 것도 아리스토텔레스와 마찬가지로 '보는 것'과의 연관을 암시한다. 우리는 '없는 것'을 보는 것이 아니라 뭔가 '있는 것'을 본다. 결국 이런 해석들은 감각의 차원에서도 환상과 현실의 교류 가능성을 의미한다.

물론 교류를 위해서는 긴밀히 소통함과 동시에 구분이 전제되어야 한다. 구분해야 넘나들 수 있는 세계들이 생기기 때문이다. 하지만 구분한다는 것이 서로 배척하는 것이 될 때, 환상의 세계는 실종되기 쉽고 현실은 다시 고고한 대문자로 표시되면서 고립된다. 그러면 오히려 현실이 허무의 구덩이를 파게 될 가능성은 높아진다. 객관적으로 인식된 현실이라는 견고함은 언젠가 의혹의 대상이 되고, 현실의 '자기 완전성'은 그 자체로 불가능하다는 것을 깨닫게 될 것이기 때문이다. 그래서 어느 순간 갑자기 모든 것이 허무해질 수 있다.

---

14 이성주의에 경도된 플라톤이 신화에 가한 혹평의 대표적인 예는 대화편 《파이드로스》 (229d 이하)에서 찾아볼 수 있다. 플라톤의 이성주의를 비판하는 학자들도, 바로 이 대화편에 대한 해석이 수세기를 거치면서 이성적 탐구로 설명해야 할 현상들로부터 전통 신화를 배제하는 역할을 해왔다고 본다(Kathryn Hume, *Fantasy and Mimesis*, Metheun & Co., New York, 1984 참조).
15 아리스토텔레스, 《영혼론》, 감마편 3장 참조.

허무는 의미의 상실에서 온다. 반면 환상은 무엇이든 의미까지는 아니어도 의미감만을 제공하더라도 그것을 활성화시킨다. **아주 미미한 의미감일지라도 그것을 활성화시킬 수 있는 힘**, 그것이 환상의 에너지이다. 또한 우리는 환상적 이미지를 역추적하여 아주 미미한 의미감의 원천들을 재발견할 수 있다. 그것은 인류에게 방대한 지적(知的)·심적(心的)·혼적(魂的) 자산의 보고(寶庫)일 것이다. 그러므로 환상의 회복은 근대 인식론이 소홀히 하고, 현대의 리얼리즘 문학이 무시하며, 과학자들이 자의적으로 멀리한 어떤 사실에 대한 방대한 탐구이다. 환상은 눈에 띄지 않게 일상 현실에 밀착해 있으면서도, 우주를 항해하듯 넓은 세계뿐만 아니라 아주 미시적인 세계를 포함하려 하기 때문이다. 현실에 밀착함으로써 환상은 '환상현실(fantasy reality)'로 재탄생하며, 우주적 확장 및 미시적 침투를 시도하는 환상의 덕으로 현실은 '환상적 현실(fantastic reality)'이 된다. 우리는 바로 환상과 현실의 다양한 교류방식들, 환상-현실의 현란한 변신들을 혼화에서 만나볼 수 있다.

이분법적 세계 구상의 전략

《반지의 제왕》의 작가 톨킨(J.R.R. Tolkien)은 현실세계를 일차적 세계(Primary World), 그리고 환상세계를 이차적 세계(Secondary World)로 구분했다. 물론 여기서 두 세계 사이에 차등이나 우열이 있는 것은 아니다. 그렇지만 구분된 두 세계라는 이분법적 인식이 깔려 있다. 이분법적 인식이 있다는 것은 두 세계를 모두 인정한다는 뜻이기도 하다. 그러므로 톨킨도 자신이 지어낸 환상적 이야기들을 이차적 세계에서 전개하고 있다. 다시 말해 자신의 이야기를 위한 세계를 '따로' 구상하는 것이다(《반지의 제왕》에서는 '중간계'라는 세계를 따로 구상했다).

핸드의 〈백설공주와 일곱 난쟁이〉는 환상과 현실 세계에 대한 이런 이분법적 인식에 충실한 작품이다. 《백설공주》를 그림 형제의 동화로 읽을 때, 우리는 환상세계로 들어간다는 것을 안다. 동화 속으로 들어가 독서삼매에 빠지는 것은 현실로부터 환상세계로 들어가 그곳을 여행하는 것이다. 이것은 혼화를 볼 때도 마찬가지다.[16] 혼화의 제작자는 일차적 세계인 현실세계와 동떨어진 이차적 '환상세계'를 건설한다는 인식으로 혼화를 만든다. 다시 말해 작품을 만들어 현실세계에 있는 사람들을 환상세계로 초대하는 것이다. 그런데 여기서 흥미로운 것은 핸드의 작품에서는 이런 **이분법적 인식이 '이중적'으로 적용**된다는 것이다.

〈백설공주와 일곱 난쟁이〉도 '이제 여러분들을 환상세계로 안내하겠습니다'라는 메시지로 시작한다. 바로 고풍스러운 가죽 장정에 금박으로 장식한 동화책의 표지를 넘기는 것으로 이야기를 시작하기 때문이다. 책장을 넘기면 '옛날 옛적에'로 시작하는 백설공주의 이야기가 쓰여진 페이지가 나오고, 그러면서 관객은 새로운 이야기

---

16 월트 디즈니 팀은 〈백설공주와 일곱 난쟁이〉를 제작할 때, 스토리를 각색하느라 무척 고심했다. 그러면서 이야기의 일부분을 단순화시키기도 했고, 일부분은 원래 동화의 내용과 정반대로 고치기도 했다. 예를 들면 일곱 난쟁이들의 집은 동화에서 매우 깨끗하게 정리되어 있으나, 영화에서는 지저분하기 짝이 없어 백설공주가 그곳에 갔을 때 숲 속의 동물들과 함께 청소하는 것으로 변형되어 있다. 이것은 동물과 소통하고 협동하는 이미지로 환상적 요소를 강화하려는 의도가 반영된 것이다.

의 세계로 빨려 들어간다. 이 지점에서 환상과 현실을 구분하는 이분법이 우선 적용된다. 무엇보다도 이 장면은 환상세계로 들어가는 '의례'를 치르는 것에 비유될 수 있다. 그것은 두껍고 품위 있게 장식된 고서의 표지와 책장을 넘기는 것처럼 매우 '경건하게' 치러진다. 어쨌든 현실과 환상의 문턱을 넘어서는 것은 보통 일이 아닌 것이다.

이제 우리는 이차적 세계, 즉 환상세계에 들어와 있다. 왕국의 성이 등장하고, 화려하게 치장한 왕비가 나오며, 남루한 옷차림의 백설공주가 우물가에서 힘들게 일하고 있다. 왕비가 공주를 시기하여 일어난 일이다. 이 모든 일은 인간사회에서 있을 수 있는 일이다. 아니, 정확히 말하면 인간 역사에서 있었을 법한 일이다. 환상세계 안에서 일어나는 일이지만 현실에서 있었을 법한 일인 것이다.

왕비는 마법의 거울에게 이 세상에서 누가 가장 아름다운지 묻는다. 마법의 거울이 "붉은 장미 같은 입술, 칠흑 같은 머리, 백설 같은 살갗을 가진 그녀"라고 진실을 말하자 왕비는 사냥꾼에게 백설공주를 죽일 것을 명령한다. 하지만 사냥꾼은 차마 백설공주를 죽이지 못하고, "멀리 도망가서 다시는 성으로 돌아오지 말라"며 그녀를 숲 속으로 보낸다. 바로 여기서 환상과 현실을 구분하는 이분법적 기제가 두 번째로 작동한다.

백설공주는 숲 속에 발을 들여놓자마자 공포에 휩싸여 정신없이 달린다. 달리다가 귀신의 팔처럼 뻗쳐 있는 나뭇가지에 옷이 걸리기도 하고 날아오르는 박쥐 떼에 놀라며 또 달리다가 돌연 깊은 함정에 빠진다. 그 안에서 악어로 변한 통나무에 쫓기고 무시무시한 형광을 뿜어내는 왕방울만한 눈동자들에 경악하며 무서움에 짓눌려 땅바닥에 쓰러져 흐느낀다. 그러나 이제 그녀는 환상세계에 안착한 것이다. **현실과 환상의 단절을 넘어서기 위해서 한마디로 '트라우마'를 겪은 것이다.** 평론가들은 백설공주가 숲 속의 세계에 들어오는 과정이 이 작품에서 가장 드라마틱한 장면이라는 데 별 이견이 없다. 또한 그 과정에서 '암흑 속 공포의 형광 눈동자들'이었던 것들은 이제 숲 속의 귀여운 동물인 토끼, 사슴, 다람쥐 등의 동그란 눈동자임이 드러남으로써 환상세계가 본격적임을 알린다.

백설공주는 이제 환상세계에 있다. 지금부터는 현실이나 실재라고 할 만한 일은 일어나지 않는다. 우선 토끼, 사슴, 다람쥐 그리고 각종 귀여운 새들은 백설공주와 의사소통을 하고 그녀를 일곱 난쟁이들의 집으로 안내한다. 그들이 사는 숲 속의 작은 집도 환상적이고, 무엇보다도 각각의 난쟁이가 독특한 캐릭터로서 다양한 환상의 경로를 구성한다. 백설공주가 그들과 함께하는 삶도 음악과 놀이와 난장판이 있는 환상적인 삶이다.

〈백설공주와 일곱 난쟁이〉는 동화든 혼화든 분명히 판타지 작품이지만, 그것은 너무나 분명하게 현실과 환상의 경계를 설정하여 이야기를 전개하는 방식을 택하고 있다. **구분과 경계, 그리고 경계 넘어서기의 방식으로** 전체 서사 구조를 만들고 있는 것이다. 물론 이것은 이분법적 세계 구상을 바탕으로 하기 때문이다. 그러므로 이런 이야기 속에서는 모든 것이 분명하다. 무엇보다도 이야기 속 환상세계가 분명히 정해져 있다. 또한 각각 영역의 한계가 분명하고, 등장인물들의 심리가 분명하며, 이야기를 관통하는 선과 악이 분명하다.

분명함의 윤리학

〈백설공주와 일곱 난쟁이〉는 전통적 동화나 훈화가 그런 것처럼 권선징악(勸善懲惡)을 다루고 있다. 권선징악이 주제이기 위해서는 선(善)과 악(惡)이 분명히 구분되고 선과 악의 소재가 분명히 정해져 있어야 한다. 그런데 분명한 선과 악을 정하는 일이 쉬운 일인가? 예를 들어 우리 민담의 '흥부와 놀부' 이야기도 착한 흥부와 심술궂은 놀부가 현대판 해석에서는 그 옳고 그름이 전도되기도 한다. 신데렐라와 그 자매들의 이야기도 선과 악이 바뀌어서 해석되기도 한다. 하지만 이렇게 하기 어려운 것이 인간의 시기(猜忌)에 관한 것이다. 더구나 그것이 '적대적 시기심'일 경우 **선과 악의 전도는 있을 수 없다**. 왕비가 백설공주에게 행한 것은 경쟁적 시샘이 아닌 파괴적 욕구를 가진 적대적 시기심이 표출된 것이다. 즉 〈백설공주와 일곱 난쟁이〉의 서사는 분명한 윤리성을 바탕으로 하고 있다.

시기심은 본질적으로 자기보다 나은 처지에 있는(또는 그렇게 되고 있는) 사람을 공연히 미워하거나 싫어하는 마음이다.[17] 여기서 중요한 말은 '공연히'다. "사촌이 땅을 사면 배가 아프다"는 우리 속담에서도 공연히 배가 아픈 것이다. 사촌이 자신을 미워하거나 무시하거나 모욕을 준 것도 아니고 어떤 물질적 해를 끼친 것도 아닌데 까닭 없이 배가 아픈 것이다. 아니, 사촌이 잘 해주고 도움을 주더라도 시기심은 없어지지 않고, 오히려 도움을 받으면 더욱 시기심이 생길 수

---

17 시기와 질투의 개념 및 사례에 관해서는 졸저 《두 글자의 철학》(푸른숲, 2005) 2부 3, 4장을 참고했다.

도 있다. 이것이 악덕으로서 시기심이다.

초서(G. Chaucer)는 성경에 나오는 일곱 가지 대죄 가운데서도 가장 나쁜 것이 시기심이라고 했다. 그것은 어떤 한 가지 덕목에 반대되는 게 아니라 모든 덕목과 모든 좋은 것에 반대되기 때문이다. 그것은 다른 사람에게 해를 끼치며 느끼는 기쁨인 것이다. 다시 말해 긍정적 목적을 전혀 내포하지 않는 것이 시기심의 특징이다. 이런 의미에서 시기심은 모든 좋은 것, 훌륭한 것, 순수함과 아름다움, 성실함에 대해 적대감을 갖는 것이다.

이는 〈백설공주와 일곱 난쟁이〉에서 왕비가 시기심에 불타오르는 장면에도 잘 나타나 있다. 왕비가 마법의 거울에게 "거울아, 거울아, 이 세상에서 누가 가장 아름다우니?" 하고 물을 때, 거울은 '백설공주가 왕비보다 아름답다'고 하거나 '백설공주가 가장 아름답다'고 대답하지 않는다. 거울은 "붉은 장미 같은 입술, 칠흑 같은 머리, 백설 같은 살갗을 가진 그녀"라고 답한다. 즉 세세하게 그녀의 '아름다움'을 묘사한다. 이에 왕비는 더욱 시기심을 참을 수 없게 된다. 좋은 것, 아름다운 것, 순수한 것에 대해 적대감을 품기 때문이다. 더구나 왕비는 백설공주가 자신에게 수모와 박해를 당해도 반항하지 않는 착함조차도 시기한다.

적대적 시기심을 가진 사람은 잘 되어가는 사람을 무조건 싫어한다. 자기와 직접적인 경쟁 상대도 아니고 자신에게 언어나 행동으로 직접적인 열등감을 야기하지 않더라도, 그가 잘못되기를 바란다. 백설공주는 왕비의 딸이다. 의붓딸이지만 여자로서 왕비의 경쟁 상대는 아니다. 게다가 혼화에서는 공주가 특별히 남들에게 귀여움을 받는 것으로 나오지도 않는다. 왕비는 아름답게 성장하는 사람, 그 자

혼화 〈백설 공주와 일곱 난쟁이〉의 한 장면

체가 싫고 그것을 자신의 적대적 시기심의 대상으로 삼는 것이다. 정신분석학자 케이트 배로스(Kate Barrows)가 말했듯이, "확실히 시기심의 가장 나쁜 측면은 그것이 모든 장점과 모든 훌륭함을 공격한다는 사실이다."[18]

이런 감정은 결국 극에 이르러 '모두 없어져버려라!' 같은 소름 끼치는 시기심의 발현으로 나타난다. 이는 왕비가 노파로 변신하여 독이 든 사과로 백설공주를 살해하는 것을 보면 잘 알 수 있다. 정신분석학자 멜라니 클라인(Melanie Kline)은 이런 시기심을 '죽음 본능의 징후'라고 본다. 죽음 본능이 그 자체로 존재하든, 단순히 인간 내부에 여러 파괴적인 힘이 존재하든 시기심은 분명히 이런 힘의 표출이라는 것이다. 시기심은 모든 좋은 대상을 공격하고, 그럼으로써 삶 자체를 공격하기 때문이다. 뭔가 탄생하고 유지되는 것이 삶이라면 시기심은 이와 연관된 것들을 참지 못한다. 생명력과 창조력을 파괴하려 한다는 점에서 시기심은 죽음 본능의 징후인 것이다.

적대적 시기심이 심화되었다는 점에서 혼화 속 왕비는, 셰익스피어의 희곡 《오셀로》에 등장하는 이아고(Iago)와 유사한 성격의 인물이다. 이아고가 군대 내에서 승진 경쟁자였고 결국 오셀로의 부관으로 발탁된 카시오에 대해 시기심을 보인다는 것은 일상적으로 관찰할 수 있는 '경쟁적 시기'의 형태다. 하지만 이아고의 시기심은 좀더 깊은 곳에서 나온다. 그는 카시오가 올곧게 살고 군무에 성실하다는 사실 자체가 싫은 것이다. 그는 음모를 꾸미면서 이렇게 말한다. "카시오는 멋쟁이야. 자, 어디 보자. 그 자리를 얻고 내 뜻도 이룰 겸."

---

18 케이트 배로스, 《시기심》, 이제이북스, 2004, 79쪽.

그는 카시오의 사람됨 자체가 싫은 것이다. 그리고 자신의 음모가 실패할 경우를 걱정할 때도 카시오의 일상적인 삶을 시기한다. "그건 안 돼. 만일 카시오가 살아남으면 그의 삶이 보여주는 일상적인 매력으로 내 꼴은 추해진다." 사실 이아고는 적대적 시기심의 화신인 것이다. 이아고의 시기는 궁극적으로 자신의 상관인 오셀로를 겨냥하는데, 이는 오셀로가 그를 잘못 대해서가 아니다. 이아고는 "그 무어인은 변함없고 고귀하며 애정 어린 본성을 가졌고 내 감히 생각건대 데스데모나에게는 정말로 소중한 남편이 될 것"이라는 것을 누구보다도 인정한다. 하지만 바로 오셀로의 이런 훌륭함 그 자체를 참을 수 없이 시기한다. 이아고는 모든 훌륭함과 탁월함에 오직 적대적이고 그것을 파괴하는 것만이 목적인 시기심의 묘한 힘을 보여준다.

적대적 시기심은 이른바 '간격 시기심'에서도 나타나는데, 자기보다 잘난 사람을 시샘하는 것이 아니라 역으로 자기보다 못난 사람을 시기하는 마음이다. 뛰어난 재능과 부와 권력을 갖고 모든 면에서 남부럽지 않은 사람도, 자기보다 못한 사람이 성공해서 자신을 따라오는 것을 경계하고 시기할 수 있다. 그 사람이 자기에게 해를 끼치지 않더라도 그가 점점 훌륭하게 성장하고 발전하는 것을 싫어한다.

예를 들어 건축, 조각, 발명 등에서 고대 신화 최고의 장인이었던 다이달로스는 자신의 조카 탈로스에 대해 간격 시기심을 가졌다. 크레테 섬의 미노스 왕에게 그 유명한 미노타우로스를 가둔 미로를 만들어주었고, 아들 이카로스와 함께 밀랍과 깃털을 이용한 날개를 만들어 하늘을 날았다는 다이달로스의 이야기는 잘 알려져 있다. 이런 명장(明匠) 다이달로스가 아테네에서 일할 때 누이 페르딕스의 아들 탈로스를 제자로 키웠다. 이 소년은 명민함과 뛰어난 손재주를 갖고 삼촌의 가르침을 잘 따랐다. 다이달로스는 이런 그를 시기하기 시작했고, 탈로스가 뱀의 턱뼈에서 영감을 받아 톱을 발명하자 아크로폴리스 꼭대기에서 조카를 떨어뜨려 죽였다.

왕비가 아름답게 성장하는 백설공주에게 느꼈던 것도 일종의 간격 시기심의 요소를 갖고 있다. 이렇게 보면 왕비는 백설공주에 대해서 복합적인 시기심을 갖고 있다고 할 수 있다. 그러므로 혼화 속에서 악의 소재는 분명해진다. 사실 혼화의 이야기는 분명한 악만 보여주었을 뿐인데, 선과 악이 확실히 구분되는 결과를 가져온다.[19] 그에 따른 윤리적 메시지 역시 분명하다. 이런 분명함은 혼화의 서사 구조가 경계를 분명히 하는 영역들로 구분되는 것에 상응하면서 작품을 특징짓는다.

---

19 이것은 이야기에서 '악'이 갖는 별난 기능이라고 할 수 있다. 선과 달리 악은 그 자체로도 서사 구조에 긴장감을 주기 때문이다. 우리가 사악하기 짝이 없는 이야기의 등장인물을 끝까지 참고 견디는 것은 한편으로는 스릴을 느끼기 때문이고, 다른 한편으로는 그가 마지막에는 반드시 '당하리라'는 확고한 기대감을 갖고 이야기를 따라가기 때문이다.

02
〈토이 스토리〉: 현실과 환상 사이, 그리고 '모호함의 철학'

〈백설공주와 일곱 난쟁이〉가 나온 지 약 60년이 지나서 컴퓨터 그래픽을 활용한 삼차원 장편 애니메이션 작품인 〈토이 스토리〉가 탄생했다. 60여 년 동안 세상은 많이 다양해졌다. 각기 다른 세계 사이의 분명한 경계보다 삼투압적 현상이 나타나기 시작했다. 래스터를 비롯한 제작팀은 더 이상 톨킨식의 일차적 세계-이차적 세계의 기준으로 현실과 환상을 구분하여 이야기의 배경으로 삼을 필요를 느끼지 않았다. '현실과 환상의 경계'가 아니라 '현실과 환상 사이'에 대한 인식이 중요해진 것이다. 이야기를 전개하기 위해 현실과 구분되는 환상세계를 따로 설정한 게 아니라, **현실들 사이에 환상의 요소들이 혼재(混在)하는 세계**를 구상한 것이다.

〈토이 스토리〉에서 현실적 상황과 환상적 상황은 마치 숨바꼭질하듯이 구성되어 있다. 소년 앤디의 방에는 수많은 장난감이 있다. 앤디가 장난감들을 가지고 놀 때 장난감들은 생명 없는 물체일 뿐이다.

하지만 그가 방을 나가기만 하면, 각양각색의 장난감들은 모두 살아나 그들의 세상에서 활력 있는 삶을 살아간다. 이는 눈에 띄지 않는 '다른 세계'가 우리 삶의 어느 순간순간에 살아 움직일 수 있다는 아이디어를 환상적으로 발전시킨 것이다.[20] 영화의 스토리는 장난감들의 생명체적 활동과 무생물적 수동성 사이를 교묘하게 줄타기하면서 진행된다.[21]

혼재의 전략

우리의 일상 현실에 환상을 혼재하게 하는 방식으로 이야기 배경을 설정하면, 환상세계를 구상하기 위해서 굳이 '옛날 옛적'의 이야기로부터 소재를 가져올 필요가 없다. 왕국의 성도, 공포의 숲도 필요 없게 된다. 환상과 **현실의 경계가 아니라 '사이'를 인식함으로써** 얻는 첫 번째 효과는 이것이다. 이제 더 이상 '옛날이야기'가 아니라 '우리의 이야기'가 되는 것이다.

두 번째 효과는 이야기 안에서 등장인물들이 하는 역할의 중요도를 전도시킬 수 있다는 것이다. 〈백설공주와 일곱 난쟁이〉에서 진짜

---

20 이것을 시도한 예는 헨델 버토이와 마이크 게이브리얼 감독의 〈코디와 생쥐 구조대(The Rescuers Down Under)〉에서 찾아볼 수 있는데, 특급 호텔의 화려한 홀에서 식사하고 있는 사람들과 홀 중앙 샹들리에 위 생쥐들의 그 못지않게 화려한 만찬은 판타스틱한 아이디어이다. 그것은 현실의 시계(視界)를 벗어나 있다. 하지만 '환상적 현실'로 존재하는 '다른 세계'의 생동력을 보여준 전형적인 예인데, 두 세계가 '병행 서사'를 이룬 점은 매우 흥미롭다.
21 이것은 또한 '물질'과 '생명'을 구분하는 게 아니라 그 사이의 관계를 탐구하고, 궁극적으로 통합하려는 현대 과학의 경향과도 맞물려 있다고 할 수 있다.

다양한 환상적 캐릭터들은 일곱 난쟁이들이다(그래서 어떤 평론가들은 이 혼화의 실제 주인공이 그들이라고 주장하기도 한다). 하지만 백설공주가 이야기의 주인공임은 부정하기 힘들다. 그 작품의 세계 구상에서 기본을 이루고 있는 현실과 환상의 경계를 넘나드는 인물도 백설공주이다. 즉 세계 구상의 기초에 그녀가 있는 것이다.

반면 〈토이 스토리〉에서 앤디는 장난감들이 살아 움직이게 하거나 아니면 무생물처럼 되어버리게 하는 **일종의 '스위치' 같은 기제**이다.[22] 그러므로 앤디의 행동 여하에 따라서 장난감들은 활동을 하거나 말거나 할 수 있다. 또한 모든 장난감은 앤디를 주인으로 모시며, 그의 판단과 행동 여하에 달린 자신들의 '생명 작동의 원리'를 따른다. 하지만 그들이 움직이기 시작하면 '자유 의지'를 발동하며 '자발적 행동'을 한다. 이렇게 장난감들은 그들의 '활력'이 앤디의 등장 여부에 달려 있지만, 혼화의 스토리를 이끌어가는 것은 앤디가 아니라 우디와 버즈를 비롯한 장난감들의 삶이다. 앤디는 스토리의 중요한 '참고 대상'이지 주인공은 아닌 것이다. 즉 혼화는 기본적으로 그 제목처럼 '토이 스토리'인 것이다.

사람이 이야기 구조 안에서 주인공이 아니고 참고 대상이라는 것은, 예술 작품 생산의 역사에서 특별한 의미를 갖는 변화이다. 지금까지 혼화의 역사에서 있었듯이 아무리 동물이 의인화되고 사물들이 사람처럼 행동하는 일이 있었다고 해도, 이야기의 주인공은 언

---

22 전형적인 환상세계인 난쟁이들의 집에 들어간 백설공주와 환상과 현실이 혼재하는 장난감들이 있는 방에 들어간 앤디는 흥미로운 비교가 될 수 있다. 집은 난쟁이들의 것이지만 사실상 그 집의 주인은 백설공주가 된 것이고, 방은 앤디의 것이지만 그 방의 주인공은 장난감들이 되어 있는 것이다.

제나 사람이었다.[23] 그러나 〈토이 스토리〉는 '장난감들의 이야기'라서 흥미로운 게 아니라, '사람을 단지 참고 대상으로 삼은 장난감들의 이야기'라는 데서 그 **문화사적 의미**가 있다. 이는 또한 사람과 '사람 외'의 존재들 사이가 그 역할 분담에서부터 이제는 더 이상 명확히 구분되지 않는 모호성의 시대가 도래하고 있다는 의미이기도 하다.

세 번째 효과는 무엇보다도 중요한데, 환상과 현실이 혼재하면서 진행되는 스토리는 **환상을 부각시키는 게 아니라 현실을 모호하게 만든다**는 것이다(그 결과 혼화는 판타스틱한 작품이 되지만). 우리는 〈백설공주와 일곱 난쟁이〉에서 현실과 환상의 구분은 현실을 잊게 하고 환상을 부각시킨다는 것을 보았다. 숲 속, 난쟁이의 집이라는 현실과 구별된 환상세계에 등장하는 인물들은 환상을 위해 그 캐릭터가 정해져 있다.

그러나 다양한 환상의 통로를 극대화하면서 구성된 장난감들의 환상적 세계에 등장하는 장난감 캐릭터들은 환상을 위해 모습이 변형된 게 아니라 오히려 현실의 장난감 모습이다. 다만 그들이 종종 활력을 갖고 생명체처럼 행동한다는 것뿐이다. 그들은 현실세계에서 현실을 일탈하는 행동을 함으로써 현실을 모호하게 만든다. 그럼으로써 현실은 환상적 현실이 된다.

---

23 이런 예를 들기는 어렵지 않다. 물론 사람이 전혀 등장하지 않고 동물이나 사물이 완전 의인화된 인물들로 등장할 경우(로저 앨러스와 롭 민코프의 〈라이언 킹〉, 크리스 웨지의 〈로봇〉 등)에는 당연히 사람이 없으므로 그들이 주인공이 된다. 하지만 인간중심주의의 틀은 이제 예술 작품에서부터 깨지기 시작한다고 볼 수 있다. 물론 지금까지 영화에서는 이런 일이 일어나지 않았다. 영화는 인간 주연을 필요로 하기 때문이다.

모호성의 인간학

환상과 현실이 삼투압적으로 혼란하게 침투한 모호한 세계에서는 인물들의 정신과 행동도 모호해진다. 〈토이 스토리〉의 주인공인 카우보이 장난감 우디는 **모호하고 모순적이며**, 따라서 오해의 대상이 되는 인물의 전형이다. 중요한 것은 이런 모호성이 삶의 아주 본질적인 문제 때문에 야기된다는 사실이다. 이 점이 단순한 듯 보이는 애니메이션 작품을 좀더 깊이 있는 철학적 차원에 이르게 한다. 〈토이 스토리〉의 주제가 사람과 장난감 사이, 또한 장난감끼리의 단순한 우정의 이야기만은 아닌 것이다.

우디를 비롯한 앤디의 장난감들은 앤디의 가족에게 특별한 일이 있을 때마다 신경이 극도로 곤두선다. 예를 들면 앤디의 생일이라든가 성탄절이라든가 하는 그 가족에게는 즐거운 날들이 장난감들에게는 '최후의 심판'의 날쯤 된다. 왜냐하면 그런 날에는 앤디가 새로운 장난감을 선물로 받기 때문이다. 그러면 앤디는 지금까지 애지중지하던 장난감을 버리고 새 장난감을 사랑하게 될 것이기 때문이다. 더구나 새 장난감이 옛 장난감과 같은 종류의 것이라면 이런 재앙이 닥칠 것은 보다 확실해진다. 그래서 모든 장난감은 앤디의 선물 상자에서 자기와 모습이 비슷한 새 장난감이 나오지 않기를 간절히 기원한다.

혼화의 이야기는 앤디의 생일날로 시작한다. 앤디의 친구들이 선물 상자를 들고 속속 도착하는 모습을 보면서 앤디의 방에 있는 장난감들은 공포에 휩싸이고 온통 혼란에 빠진다. 특히 공룡 렉스는 커다란 선물 상자만 보면 자기와 같은 공룡이 들어 있을까 봐 불안에 떤다. 우디는 이런 혼란을 진정시키기 위해 병정 장난감들을 거실 근처에 파견하여 어떤 선물들을 가지고 왔는지 염탐한다. 다행히도 지금 있는 장난감들을 대체할 만한 새로운 장난감들은 선물 사이에 없다. 새로운 공룡도 없다. 하지만 마지막으로 앤디의 엄마가 풀어본 커다란 선물 꾸러미 안에는 의외의 선물이 들어 있다.

그 선물은 바로 앤디의 사랑을 제일 많이 받고 있는 우디를 위협할 것이지만, 그 순간까지 새로이 등장할 장난감이 무엇인지 모르는 우디는 태연하다. 새 선물을 받고 너무나 기쁜 앤디는 새 장난감을 자신의 침대 위에 올려놓는다. 매일 밤 앤디가 우디를 품고 자는 침대에 말이다. 그래서 우디는 침대를 마치 자신의 '영역'처럼 간주해왔다. 그런데 이제 새로운 인물이 그 자리를 차지하게 된 것이다. 그제야 우디는 위기감을 느낀다.

그 인물은 우주 전사 버즈이다. 이 괴짜 우주인은 자신이 정말 멀리 은하계에서 우주선을 타고 와 그곳에 불시착한 줄 알고 있다. 그는 온갖 최신형 기구들을 갖추고 있다. 멋진 투명 헬멧, 레이저 광선총, 티타늄 날개 등이 그렇다. 이제 앤디 방에 있는 장난감들은 지금까지 그들의 리더였던 우디는 까맣게 잊고 새로운 영웅과 친해지고 싶어서 안달이다. 더구나 우디의 연인인 예쁜 인형마저도 버즈에게 호감을 느낀다. 이제 우디는 홀로 따돌림받고 있는 것이다. 그는 이런 상황을 도저히 참을 수 없다. 우디는 시기와 질투심에 사로잡힌다.

그러나 무엇보다도 우디가 도저히 견딜 수 없는 것은 앤디가 자신을 잊어가고 있다는 사실이다. 이제 앤디가 항상 가지고 노는 장난감도, 매일 밤 침대에서 꼭 껴안고 자는 장난감도 자신이 아니라 버즈인 것이다. 이러다간 언젠가 '버림받는' 신세가 될 것임에 틀림없다. 앤디에게 버림을 받는다는 것은 모든 장난감들에게 '죽음'을 의미한다. 우디가 버즈를 시기하고 질투하는 것은 '생존'의 문제인 것이다. 우디의 시기심은 〈백설공주와 일곱 난쟁이〉에 나오는 왕비의 적대적 시기심 같은 것이 아니다. 다시 말해 상대의 좋은 점을 무조건 미워하기 때문에 갖는 마음이 아닌 것이다.

또한 우디의 심리 상태는 교묘하게 시기심인 동시에 질투심이다. 사람들은 흔히 시기와 질투를 혼동한다(아니, 시기와 질투라는 말을 혼용한다고 하는 것이 맞을지 모른다). 시기는 시기하는 사람과 시기의 대상이 되는 사람 사이에서 일어나는 것인 반면, 질투는 최소한 삼각관계를 전제한다. 누군가 능력 있는 어떤 사람을 시기할 때, 제3의 인물은 전제되지 않는다. 그러나 누군가 질투심을 보일 때는 그와 다른 두 사람과의 삼각관계가 설정된다. 한 사람을 두고 다른 두 사람이 우정과 애정의 질투를 하는 것이다. 다시 말해 시기는 타인의 자질과 능력에 대해 발동하지만, 질투는 사람 사이의 관계 때문에 생긴다.

우디는 처음에 버즈가 멋지게 차려입고 여러 가지 능력을 보여준 데 대해 시기심이 발동한다. 하지만 그것은 잠시일 뿐, 우디는 두 가지 관계의 차원에서 버즈에 대해 질투심을 느낀다. 우선 다른 장난감들(여기서 이들은 복수의 제3자이다)이 모두 버즈에 감동하고 그를 좋아하기 시작하여 질투심이 일어난다. 이어서 앤디가 자기를 버리고 버즈를 선택하는 데서 견딜 수 없는 질투를 느낀다. 바로 이 두 번째의 질투심은 자신의 생존 문제와 직결되어 있다.

우디는 어느 순간 버즈가 없다면 모든 문제는 해결될 것이라는 생각이 든다. 그래서 버즈를 테이블과 방 벽면 사이의 '깊은 틈새'로 떨어뜨리려고 하는데, 우디의 처음 의도와는 달리 사건은 더욱 커져 버즈는 창밖으로 떨어지고 만다. 이때 우디의 얼굴에는 악의와 함께 두려움 그리고 후회의 그림자가 스쳐 지나간다. 사실 자신의 생존을 위해 한 일이지만 순간 자책감과 죄의식에 흔들리는 모습을 보인 것이다. 그러나 다른 친구들은 우디를 단호하게 살인자로 몰아세운다. 우디는 모호한 상황에서 모순적 삶을 사는 인물이 어떻게 타인들에게 오해의 대상이 되는지를 잘 보여준다.

혼화의 이야기는 반전에 반전을 거듭한 끝에 우디와 버즈가 우정을 확인하고 친구들의 오해를 푼 다음, 둘 모두 앤디의 사랑을 얻게 된다는 '뻔한' 해피엔딩에 이른다. 하지만 그 과정에서 〈백설공주와 일곱 난쟁이〉와 달리 선과 악의 뻔한 이분법적 구분은 없다. 오히려 우디라는 인물이 주어진 '생존조건' 속에서 어쩔 수 없이 모호하게 행동하고 고뇌하는 과정이 있다. 앤디 엄마의 말대로 "장난감들은 영원하지 않다(Toys don't last forever)." 아니, 주인의 관심과 사랑에 따라서 그들은 '며칠살이'의 삶을 살고 있는지 모른다. 그런 조건 속에서도 장난감들이 서로 장난치며, 즐거워하고, 활력 있게 살아가는 게 신기로울 정도다.

그들의 삶은 환상과 현실이 혼재하는 가운데 혼화의 이야기가 전개되듯이 가능성과 필요성, 우연과 필연, 행운과 불행, 우정과 질투가 동시에 혼재하는 속에서 이어져간다. 그들이 어떤 행동을 취하든 그것을 선과 악의 분명한 잣대로 판단하기 어려울 것임은 이런 상황에 따라오는 결과다. 여기서 실체로서 선과 악의 소재는 불분명한 것이다. 흥미로운 것은 그들 사이에서 누군가를 악한 자와 선한 자로 구분하려는 시도가 있어도 그것은 곧 실패로 돌아간다는 것이다. **그들 사이의 관계에 따라서** 어느 순간 선하고 악하게 보이는 의지의 표상들이 있을 뿐이다.

03
〈백설공주와 일곱 난쟁이〉와 〈토이 스토리〉 사이

아리스토텔레스는《시학》에서 비극이나 희극이 '드라마'라고 불리게 된 것에는 "이러한 작품에서는 등장인물들이 실제로 행동하기(dran) 때문이라고 주장하는 사람들이 있다"[24]고 설명한다. 고대 도리아 사람들이나 메가라 사람들은 각자 자신들이 비극과 희극을 창안해냈다고 하는데, 그 이유가 '행동'하는 등장인물 위주로 이야기를 풀어나가기 때문이라는 것이다. '드라마'라는 말은 고대로부터 현대에 이르기까지 '극(劇)'을 가리키는 전문용어로 쓸 때나, 우리가 일상에서 '극적인' 사건을 감동적으로 표현하기 위해서 쓸 때 모두 사람의 '행동'과 연관 있음을 알 수 있다.

그런데 〈백설공주와 일곱 난쟁이〉와 〈토이 스토리〉에서 드라마적인 효과는 등장인물들의 행동보다는 그들의 행동이 전개되는 **'이야**

---

24 아리스토텔레스,《시학》, 1448a 29.

기의 지형'이 어떻게 구성되었는지에 달려 있다. 〈백설공주와 일곱 난쟁이〉에서는 이야기가 전개되기 위해서 환상세계로 진입하는 것 자체가 드라마틱하다. 앞에서 말했듯이 백설공주는 현실과 환상의 높은 문턱을 넘어서기 위해서 트라우마를 겪어야 한다. 어찌 보면 백설공주가 통과했던 숲 속의 함정 같은 통로는 현실의 우주에서 환상의 우주로 관통해가는 웜홀과 같다. 그러나 일단 그녀가 문턱을 넘어서 환상세계에 안착한 후에는, 점점 더 신비롭고 신나는 세계를 경험하는 과정이 '단계적'으로 구성되어 있다.

두 작품의 드라마적 요소

백설공주는 먼저 무시무시한 형광을 뿜어내던 눈동자들이 숲 속의 귀여운 동물들이라는 것을 알게 되고, 다음 단계로 그들의 안내를 받아 울창한 숲 깊은 곳에 있는 일곱 난쟁이들의 집으로 간다. 그러고는 숲 속 동물들과 함께 그 집을 구석구석 말끔히 청소한다. 하지만 그들이 청소한 곳은 그 집의 일층일 뿐이다. 이어서 그녀는 이층을 '탐험'하게 되고, 그곳에서 일곱 개의 침대를 발견한다. 난쟁이들의 침실은 그 자체로 또 하나의 환상적 세계를 구성하고 있다.

이렇게 함으로써 비로소 그녀는 환상의 한가운데에 안주하게 되는 것이다. 반대로 백설공주가 환상세계로부터 나가게 되는 과정에서 그녀는 아예 죽었다 살아난다. 마치 '부활'을 통해서만이 두 세계 사이에 있는 경계의 문턱을 넘어설 수 있는 것처럼 말이다. 이런 드라마적 효과는 바로 이야기의 지형에 경계가 설정되어 있기 때문이다.

반면 〈토이 스토리〉에서는 단절과 극복이라는 지형 넘나들기는 없다. 현실과 환상세계가 혼재하기 때문이다. 그러나 장난감들은 앤디의 가족을 비롯한 인간들의 현실에 들키지 않게 환상세계를 그때그때 구성해야 하므로 극적인 전환이 일상화된 삶을 산다. 이것이 그들의 드라마이다. 그래서 그들의 삶에는 역설적으로 항상 활력이 넘친다.

〈토이 스토리〉에서 드라마는 환상과 현실이 교차하고 섞이는 지점에서 심화한다. 버즈가 현실 속의 텔레비전에서 자신의 광고를 보고 자신은 우주인이 아니고 날지도 못하는 장난감이라는 것을 알게 되었을 때, 그의 삶은 더욱 극적인 성격을 띤다. 이것은 현실과 환상의 혼재를 극단적으로 몰고 간 결과이다. 이런 극단의 '장난'은 결국 장난감들의 생존조건까지 역전시키면서 이야기를 반전시키지만, 이미 환상과 현실의 혼재에 익숙한 관객들은 그런 역전을 느끼지도 못한다. 그들도 이미 그 세계의 일원이 되었기 때문이다.

앤디의 옆집에는 시드라는 아이가 산다. 그는 앤디와 달리 장난감만 보면 괴롭히고 부순다. 장난감에 대해 일종의 가학증(加虐症)을 보이는 것이다. 우여곡절 끝에 시드의 집에 갇히게 된 우디와 버즈는 바로 시드로부터 학대받는 장난감들과 동맹하여 시드의 버릇을 고쳐준다. 바로 이때 그들이 사용한 전략이 '환상과 현실 관계의 역전'이다. 이 혼화의 기본 틀에 의하면 장난감들은 인간이 있을 때는 활력을 잃고 물체로 남아 있어야만 한다. 그런데 이런 생존조건을 깨고 그들은 시드를 포위한 다음 공격한다. 유령을 본 듯 공포에 질린 시드는 도망친다. 그런데 관객들은 장난감들이 생존법칙을 깼다는 것을 전혀 느끼지 못한다. 그들도 모든 것이 혼재하는 세계 속으로 빠져들었기 때문이다. 혼재의 전략은 관객 몰입의 드라마로서도 성공한 것이다.

해피엔딩의 방식

〈백설공주와 일곱 난쟁이〉와 〈토이 스토리〉는 '겉보기에' 모두 행복한 결말에 이른다. 하지만 그 방식은 전혀 다르다. 이 이유도 이야기의 지형을 이루는 세계 구상의 전략이 다르기 때문이다.

많은 평론가들이 백설공주에게서 가부장적이고 남성중심주의 사회에 속한 수동적인 여성을 본다. 그렇기 때문에 그녀는 마지막에 백마 타고 온 왕자에 의해 구원된다는 것이다. 그렇게 볼 수도 있다. 하지만 서사 구조의 관점에서 보면 다른 이유를 발견할 수 있다. 백설공주는 그 이름처럼 순진한 소녀이다. 전혀 다른 두 세계의 높은 문턱을 넘나들 만큼 힘과 경험이 없다. 단지 외부의 출력에 의해서 그 문턱을 통과할 수 있다. 그녀를 현실의 일차적 세계에서 환상의 이차적 세계로 쫓아버린 것은 왕비의 지독한 시기심이 보여준 폭발적 힘이다. 이제 그녀를 이차적 세계에서 일차적 세계로 끌어낼 힘은 그녀를 찾아다닌 왕자의 끈질긴 사랑이다. 왕비와 왕자는 각자 다른 방향에서 백설공주로 하여금 분리된 두 세계를 넘어서게 하는 외부 출력인 것이다.

이렇게 두 세계의 구분이 외부의 운명과 외부의 구원자를 이야기 전개에서 필요한 요소가 되게끔 하는 것이다. 그녀를 불행으로 몰고 가는 주체는 왕비이다. 반면 그녀를 행복의 길로 안내하는 주체는 왕자이다. 그러므로 〈백설공주와 일곱 난쟁이〉에서 현실적으로 이분법의 양 축을 이루는 것은 왕비와 백설공주가 아니라, 왕비와 왕자인 것이다. 그 사이에서 백설공주는 현실의 억압과 환상의 경험을 거쳐 행복한 결말에 이르는 것이다.

반면 〈토이 스토리〉에서는 외부의 구원자가 필요하지 않다. 구분과 경계가 없는 세계에서는 그 혼재의 상황에서 누구든 스스로 구원자가 되든가, 아니면 그 세계의 구성원들과 협력하여 구원의 길을 찾아야 한다. 이것은 우디와 버즈의 행동에서도 볼 수 있고, 그들을 구출하기 위해 때로는 서로 반목하기도 하고 때로는 서로 협력하기도 하는 앤디의 다른 장난감들에서도 볼 수 있다. 무엇보다도 시드에게 박해받는 장난감들은 혼재하는 세계의 기본 틀을 역전해서 다른 혼동을 야기하면서까지 자기 구원의 길을 찾는다.

구분과 경계가 분명한 세계에서는 외부의 구원자를 전제하지만, 모든 것이 혼재하는 세계에서는 그것이 필요 없다는 것은, 인간의 역사에 시사하는 바가 크다. 우리는 영원한 행복을 위해 외부의 구원자가 선험적으로 전제된 세계로부터, 삶의 매 순간마다 행복을 위해 스스로(아니면 공동체 구성원과 협력을 병행해서) 자기 구원하는 세상으로 이전하고 있는 것은 아닐까? 이런 점에서 삶에 '행복한 결말'은 없다. '행복의 과정'만 있는 것인지 모른다. 혼화의 전개에서도 해피엔딩은 〈백설공주와 일곱 난쟁이〉의 몫이고, '해피 프로세스'는 '장난감들의 이야기(토이 스토리)' 그 자체인 것이다.

제3의 방식 : 〈이웃집 토토로〉

현실과 환상으로서의 세계 구상을 '구분'인가, 아니면 '혼재'인가로 나누어보았지만, 이 둘 사이에 또 다른 방식들이 있을 수 있다. 그 가운데 하나가 **'접촉'의 방식**이다. 일본 애니메이션의 거장 미야자키 하야오의 〈이웃집 토토로〉(1988)는 바로 현실과 환상이 접촉하는 방식으로 이야기를 구성하고 있는 대표적인 예이다. 이런 의미에서 그의 작품은 〈백설공주와 일곱 난쟁이〉와 〈토이 스토리〉 '사이'에 있다고 할 수 있다.

상냥하고 의젓한 열 살 소녀 사츠키와 장난꾸러기 네 살배기 동생 메이는 사이좋은 자매다. 이들에게는 대학 교수인 자상한 아버지와 지병으로 입원 중이지만 따뜻한 미소를 잃지 않는 어머니가 있다. 어머니의 병세가 호전되자 자매는 아버지와 함께 어머니가 퇴원 후 요양할 수 있는 한적한 시골로 이사한다. 도토리 나무가 우거진 숲 사이에 위치한 낡은 집에 이사 오는 날부터 사츠키와 메이에게는 신기하고 재미있는 일들이 벌어진다. 환상세계와 접촉할 기회를 갖게 되는 것이다.

이사 온 날, 다락방에서 본 먼지 요정이라고 할 수 있는 '동구리 검댕이'들은 이런 접촉의 시작일 뿐이다. 사츠키가 학교에 간 사이 혼자 놀고 있던 메이는 조그맣고 이상한 동물을 발견하고 쫓아가다 덩굴나무 터널을 지나고 그 터널의 끝에서 아래로 추락한다. 메이가 추락해서 닿은 곳은 도토리 나무 요정인 '토토로'의 예쁘고 아늑한 집이다. 그곳에서 메이는 잠자고 있던 토토로를 만난다. 한편, 사라진 메이를 찾아 헤매던 사츠키와 아버지는 숲에서 잠든 메이를 발견한다. 잠에서 깨어난 메이는 토토로를 만났다고 자랑한다. 그러나 사츠키는 동생의 말을 믿지 않는다. 이에 메이는 자신의 말을 증명하기 위해 덩굴나무 터널을 지나 토토로의 집으로 통하는 입구를 찾지만 찾지 못한다. 그렇다면 메이는 꿈속에서 토토로를 본 것일까? 아니면 토토로를 만나고 돌아오던 중 지쳐 풀숲에서 잠이 든 것일까?

하지만 이런 의혹을 풀어줄(?) 사건이 사츠키와 메이를 기다리고 있다. 며칠 후 비가 내리던 날, 자매는 우산을 들고 시외버스 정류장으로 아버지를 마중 나간다. 날이 어두워졌는데도 아버지는 오지 않고, 기다리다 지친 메이는 사츠키의 등에 업혀 잠이 든다. 차도 사람도 지나가지 않는 정류장에는 비 내리는 소리만 들릴 뿐이다. 그런데 어느 순간 기척을 느낀 사츠키는 자기 옆에서 거구의 토토로가 비를 맞고 서 있는 것을 본다. 사츠키는 깜짝 놀랐지만, 의연히 토토로에게 아버지를 위해 갖고 나온 우산을 건넨다. 토토로는 답례로 풀잎으로 곱게 싼 도토리 씨앗을 주고는 커다란 '고양이 버스'를 타고 사라진다.

이것도 버스 정류장에서 언니 등에 업혀 잠든 메이의 꿈속 이야기일까? 일단 혼화는 그렇지 않다고 증명한다. **환상과 현실이 접촉한 증거**가 남아 있으니까. 늦은 버스를 타고 아버지가 도착했지만, 아버지를 주려고 갖고 나온 우산은 없어진 것이다. 사츠키가 토토로에게 주지 않았던가.

자매는 이제 토토로의 존재와 그들이 토토로를 만났다고 확신한다. 받은 씨앗을 자신들의 방에서 바로 보이는 앞마당에 심고 새싹이 트기를 기다린다. 며칠 후, 달이 휘영청 밝은 밤에 잠들어 있던 사츠키는 이상한 기척에 잠이 깨고, 토토로가 다른 요정들과 함께 씨앗을 심은 마당에서 어떤 '의식(儀式)'을 치르는 것을 보고 메이와 함께 뛰어나간다. 토토로와 요정들은 마치 새싹이 터서 쑥쑥 자라라고 기원하듯 온몸을 굽혔다가 위로 쭉 펴는 동작을 계속한다. 자매도 따라서 한다. 그러자 이게 웬일인가. 진짜로 싹이 트고 순식간에 쑥쑥 자라지 않는가. 그러고는 마침내 하늘을 뚫을 듯 울창한 가지를 가진 거대한 나무가 된다. 그날 밤 메이와 사츠키는 토토로와 함께 그 나무 꼭대기로 날아올라 피리를 분다. 밤에 집필 작업을 하고 있던 아버지도 이 소리를 듣는다. 하지만 나무는 보지 못한다. 다음 날 아침, 잠에서 깬 자매는 마당에서 순식간에 자란 그 거대한 나무가 사라지고 없어서 놀란다. 하지만 씨앗을 심은 곳에는 새싹이 돋아 있지 않은가. 환상세계와 접촉한 흔적이 남아 있는 것이다. 그러면 거대하게 자란 나무는 꿈속 이야기인가? 하지만 나무 위에서 토토로와 자매가 피리를 불었을 때, 아버지는 그 소리를 듣지 않았던가.

그 후로도 사츠키-메이 자매와 토토로의 미묘한 접촉은 계속된다. 자매는 토토로가 마련해준 고양이 버스를 타고 병원에 있는 어머니를 보러 가고, 어머니에게 선물로 옥수수를 주고 온다. 이 마지막 현실과 환상의 접촉에서도 그들의 경험이 꿈인지[25] 생시인지 모호한 답을 남겨놓고 이야기는 막을 내린다. 사츠키와 메이가 정말 고양이 버스를 타고 갔는지는 모르겠지만, 중요한 것은 어머니가 옥수수를 받았다는 사실이다.

사실 이 모든 이야기는 우리의 일상 이야기다. 미야자키 하야오는 일상 현실에 숨어 있는 환상의 순간들을 포착하는 데 귀재이다. 그러므로 현재 우리의 이야기를 풀어내고 있는 것이다. 〈백설공주와 일곱 난쟁이〉가 전설과 같은 옛날이야기를 들려주고, 〈토이 스토리〉가 아직 이야기로서만 가능한 상황을 엿보게 해준다면, 〈이웃집 토토로〉는 바로 우리 이웃에 있는 환상과의 접촉 가능성을 보여주고 있는 것

---

[25] 〈이웃집 토토로〉의 이야기는 모두 아버지의 '꿈'이라는 해석도 있다. 이 혼화의 장면 분석을 통해 사츠키와 메이는 이미 죽었고, 자매의 어머니도 이미 죽었으며, 모든 이야기는 아내와 귀여운 두 딸을 잃어버린 아버지의 간절한 바람이 상상 속에서 부활된 내용이라는 것이다(시미즈 마사시, 《미야자키 하야오 세계로의 초대》, 좋은책만들기, 2004 참조).

이다. 환상과 현실의 차원에서 〈백설공주와 일곱 난쟁이〉는 과거이다. 〈토이 스토리〉는 가까운 미래이며, 〈이웃집 토토로〉는 항상 현재처럼 우리 일상에 존재해왔던 경험들이다. 또한 〈백설공주와 일곱 난쟁이〉는 현실과 환상을 구분한 결과로 현실에서 환상의 부재를 보여주고, 〈토이 스토리〉는 현실과 환상의 혼재 그 자체이며, 〈이웃집 토토로〉는 현실 속 환상의 일시적 존재를 드러낸다.

그렇다면 이 모든 비교는 무엇을 의미하는가? 이것은 인류 역사에서 우리가 어떤 것을 현실이라고 규정하는 바람에 그 밖의 모든 것이 부재하는 세계를 경험해보았고, 현실이든 환상이든 모든 것이 결국 상호 접촉에 의해서만 존재하는 세계에서 일상을 보내고 있으며, 언젠가는 모든 것이 혼재하는 세상으로 향해가고 있다는 것을 의미한다. **부재**와 **일시적 존재** 그리고 **혼재**는 **인간조건**이며 그것에 대한 물음과 대답의 노력이 철학적 과제를 이룬다.

04
이미 현재인 미래를 전망하며

환상들과 현실들이 혼재하는 시대, '판타리얼리티(Fanta-reality)'의 시대는 이미 오늘의 문제가 되었다. 다양한 가공현실들이 만들어지고 우리가 그 안에서 생활할 것이기 때문이다. 애니메이션 작품들은 이런 상황에 대한 메타포이다.

'판타리얼리티'의 시대

이런 시대에 가장 중요한 철학적 문제는 아마도 존재의 근거에 대한 문제일 것이다. 지금까지의 철학 사상은 **존재의 근거를 우리 삶에 혼재하도록 허용하지 않았기** 때문이다. 그 대표적인 것이 플라톤의 '이데아(idea)'이다. 이데아는 이 세상 밖에 있다. 혹자는 상식적으로 보아 이런 입장을 황당하다고 할지 모르나, 이 개념은 지난 수십 세기 동안 철학뿐만 아니라 서구 과학의 근본을 이루는 것이며 지금도 그 영향력을 발휘하고 있다.

플라톤은 매우 과학적이고 합리적인 방법으로 이런 결론에 도달했다. 플라톤이 이데아 이론을 전개한 것은 인식론적 필요, 즉 객관적 지식과 과학의 존재를 정당화하고자 하는 필요 때문이었다. 플라톤은 특히 수학을 염두에 두었는데, 수학이 '동일성'의 개념과 같이 경험의 세계에서는 그것에 상응하는 것을 찾아볼 수 없는 개념을 사용한다는 것을 관찰했다.

우리가 살고 있는 경험의 세계에서는 서로 완벽하게 동일한 두 가지 사물을 찾아볼 수 없다. 하지만 수학은 동일성의 개념을 사용하고 (방정식을 떠올려보라), 이것이 과학의 전제인 것이다. 좀더 쉬운 예를 들면, 우리가 경험하는 세계에서 그리는 원은 완벽하지 않다. 그런데도 우리는 그려진 원들을 완벽한 원의 개념을 기준으로 서로 비교한다. 그렇다면 그 비교 기준이 되는 완벽한 원은 어딘가에 존재해야 한다. 플라톤에게 이 같은 사실은, 경험의 세계와 다른 어떤 세계에 과학과 객관적 지식의 대상이 되는 무엇인가 존재할 수밖에 없다는 것을 의미한다. 플라톤은 이 대상을 '이데아'라고 부른 것이다.

과학적 관점에서 보면, "플라톤의 이데아는 최고도의 객관성(objectivity)을 의미한다. 즉 이데아는 엄밀 과학을 낳는 유일한 원천"[26]이었던 것이다. 플라톤이 사용한 이데아라는 말은 당시 널리 사용되던 그리스어였고 일반적으로 무엇인가 눈으로 보는 것을 가리키는 말이었다. 플라톤은 바로 '현실로서 존재하는 것'이라는 측면과 '사고의 대상'이라는 측면 모두를 의미하는 술어로서 이데아라는 말

---

26 카를 프리드리히 폰 바이츠제커, 《과학의 한계》, 96쪽.

을 사용한 것이다. 그러므로 이데아야말로 진짜 현실이며, 이 세상에 존재하는 감각적 사물들은 그에 근거하며 그에 준하는 것이다.[27]

어쨌든 플라톤의 이데아는 존재의 근거이지만, 이 세상에서 우리와 함께 존재하지 않는다. 하지만 모든 것이 혼재하는 세계라는 인식을 가지면, 이데아도 우리의 삶과 함께 섞여 있다고 볼 수 있다. 환상들과 현실들이 혼재하면, 플라톤이 진짜 현실이라고 한 이데아도 환상과 혼재할 수 있으며 우리의 삶은 이런 지형 위에 위치할 수 있다. 분명한 존재가 아닌 유연한 혼재의 개념은 이데아의 위상에 손상을 줄 수는 있으나 그것을 무너뜨리지는 않는다. 오히려 그것을 우리에게 좀더 친근하게 할 수 있다.

플라톤에게 이데아는 진리와 같은 의미의 것이었다. 진리는 이 세상 밖에서(외계에서) 이 세상을 비추어야 한다. 그래서 사람들은 진리의 빛을 찾아가야 한다는 의식을 발전시켜왔다. 사상사적으로 보면 진리란 끊임없이 찾아가는 것이거나, 아니면 먼 태초의 빛으로부터 오는 것이라는 두 입장으로 대별될 수 있다.

하지만 나는 진리의 존재에 대해서 조금 다른 입장을 가지고 있었다. 진리는 '지나가는 것'이라는 생각이 그것이다. 즉 진리를 정적이기보다 동적으로 파악하는 것이며, 진리가 우리 삶에서 활동하고 있다고 보는 입장인 것이다. 그러므로 잘 하면 이 세상에 살면서 지나가는 진리를 포착할 수 있다는 가능성을 본다. 이런 관점은 낙관적이

---

27 플라톤은 이데아와 이 세상의 사물 사이의 관계를 설명하기 위해 네 가지 개념을 도입하는데, 미메시스(모방), 메텍시스(참여), 코이노니아(공유), 파루시아(현전)가 그것이다. 이 세상의 감각적 사물들은 이런 방식들을 통해 이데아를 반영한다(플라톤, 《파이돈》, 100c~d 참조).

라고 비판받을 수 있겠지만, 낙관적인 태도가 꼭 나쁜 것은 아니다.[28] 그런데 이제 세계를 혼재의 개념으로 인식하면 진리에 대해서 좀더 낙관적이 될 수 있다. 진리도 우리와 혼재하기 때문이다. 진리가 우리에게 "나 잡아봐라!" 하면서 놀릴지라도, 이것은 좀더 진지하게 희망적인 세계관에 접근하는 것이 아닐까.

존재와 함께 혼재를 사유해야 할 때가 이미 온 것이다. 그러나 혼재는 개념으로 붙잡기 힘들다. 존재는 주로 배제하면서 개념화해왔지만, 혼재는 포용하면서 그 의미를 풀어나가야 하기 때문이다. 그렇다면 혼재를 어떻게 인식할 것인가? 어쩌면 혼재에 접근하는 방식은 기존의 인식 패러다임이 아닐 것이다. 그것은 경험의 한 방식인 '사귐'일 것이다. 다시 말해 사귀는 가운데 알게 되는 것일지 모른다. 아니면 사귀기 때문에 잘 모르게 되는 것일지도 모르지만 말이다. 하지만 우리가 기존의 '객관성 패러다임'에 붙잡혀 있지만 않는다면 해결의 실마리를 잡을 수 있을지 모른다.

우리는 다시 영혼을 이야기할 수 있는가?

철학(필로소피아)의 발달 초기에서부터 이 세상을 이해하기 위해 넓은 폭을 가졌던 두 가지 개념이 있었다. 하나는 오늘날 자연으로 번역하기도 하는 '피시스(physis)'이고, 다른 하나는 영혼으로 번역

---

28 이 세상이 최선의 상태로 만들어졌다는 것이 옵티미즘(optimism), 이른바 낙관주의의 본질적 의미라면 내 입장은 그것으로 정의될 수 없다. 다만 불필요하게 비판적일 필요가 없으며, 항상 가능성에 열려 있다는 점에서 이런 태도를 낙관적 또는 희망적이라고 할 수는 있겠다.

하기도 하는 '프시케(psyche)'이다. 피시스는 인간 외적인 차원에서 전체를 아우르는 것이고, 프시케는 인간 내적인 차원에서 전체를 아우르는 것이다. 또한 이 둘이 만나서 이 '세상 전체의 영혼(psyche tou pantos)' 또는 '우주 영혼(psyche tou kosmou)'이라는 개념을 이루기도 했다. 그러나 역사의 흐름 속에서 피시스는 자연이 되어서 자연과학과 그 분과 학문들의 대상이 되었고, 프시케는 심리가 되어서 심리학과 그 파생 학문의 대상이 되었다. 그 폭이 점점 좁아져온 것이다.

오늘날 우리가 혼화 작품들의 다양한 환상성을 통해 시도해볼 수 있는 것은 **영혼의 폭을 다시 넓히는 일**이다. 혼화 작품들에 내재하는 환상의 의미들은 영혼론을 위한 새로운 시각들을 제공하기 때문이다. 물론 영혼을 좁게 연구하는 심리과학의 발달과 병행해 영혼을 폭넓게 탐구해온 전통 역시 인류 역사에서 면면히 이어져왔다. 서구에서도 고대 호메로스에서 현대 인문학과 사회과학에 이르기까지 그 관심은 지속적이었다. 그러나 그 어떤 경우든지 흥미로운 것은 영혼이 항상 긍정적이고 상위의 가치를 지닌 것으로 인식되어왔다는 사실이다. 이것은—많은 학자들이 그렇게 해석하듯이—플라톤이 영육분리설과 영혼불멸설을 문자문화의 힘으로 주창하면서부터 더 확연해졌다고 할 수 있다. 그는 인간이 죽음으로써 육체를 떠난 영혼은 정화되는 것이라고까지 주장했다.[29]

소크라테스의 가르침인 '영혼을 보살피라'는 것도 영혼의 위상을 존엄하게 다루는 것이라고 할 수 있다. 그 이후의 철학자들이 영혼을 어떻게 개념화하고 정의했든지 영혼은 저 높은 곳에서 아래로 내려

---

29 플라톤, 《파이돈》, 67b 이하.

〈큐피드와 프시케〉, 카노바, 1787년

온 적이 없다. 인간 모두가 영혼을 갖고 속세에서 산다고 해도 영혼은 속세 안에 있는 게 아니라 속세 위에 있는 그 무엇이었다.

그런데 영혼을 그렇게 조심스럽고 애지중지하며 고상하게 다루지 않을 가능성을 우리는 혼화 작품들에서 찾아볼 수 있다. 환상은 서구의 전통적 영혼 관념이 유지해왔던 영혼의 '이데아'적인 지성 능력에서 멀리 떨어져 있기 때문이다. 환상문학 연구가이자 철학자인 로즈메리 잭슨(Rosemary Jackson)이 "환상은 광기와 비합리성 혹은 야만주의를 수용한다"[30]고 한 말은 이 점에서 중요하다. 환상예술은 전통적 영혼의 모습과 '다른' 차원들을 보여주면서 영혼의 폭을 넓힐 수 있는 가능성을 풍부하게 지닌 영역이라는 것, 그것이 중요하다. 그 '다른' 차원에는—긍정적이고 고귀한 차원도 있지만—우리의 상식이 매우 '부정적'이라고 판단하고 있는 것도 포함된다.

환상을 가지고 노는 혼화들은 결국 '영혼의 세속화'를 시도하는 것이다. 그것도 매우 다양하게 시도한다. 세속화를 시도한다고 해서 '가볍기만' 한 것은 아니다. 예를 들어 오시이 마모루의 〈공각기동대〉와 그 속편인 〈이노센스〉가 제기하는 문제는 '전뇌(前腦) 해킹' 또는 '고스트 더빙'이라는 극중 대사처럼 두뇌의 조작 또는 영혼의 조작인 것 같지만 그것에 머물지 않는다. 즉 단순히 '기계 영혼'의 문제가 아닌 것이다. 내가 보기에 이 작품이 제기하는 문제는 영혼의 윤회가 아닌 '영혼의 진화 가능성'이다. 따라서 영혼의 퇴보 가능성을 포함한다. 이것은 영혼에 대해 지난 수천 년 동안 이어져온 전통 관념에 일격을 가하는 것이다.

---

30 로즈메리 잭슨, 《환상성-전복의 문학》, 문학동네, 2001, 227쪽.

영혼 윤회설은 영혼에 안정성을 부여할 뿐 아니라 영혼에 대한 인식에도 어떤 안정성을 보장한다. 그것은 영혼불멸성과 함께 영혼 개념의 항시성을 동반하는 것이기 때문이다. 전통적 영혼 개념은 우리에게 인식의 한계를 의식하게도 하지만, 동시에 한 번 인식된 것의 지속성을 보장한다는 점에서 인간의 사유와 행위에서 그 지배력을 갖는다. 반면 '영혼 진화설'(이렇게 명명하기로 하자)은 영혼의 존속을 보장하지 않는다. 진화는 도태도 포함하기 때문이다. 나아가 시간의 흐름과 함께(진화는 윤회와 달리 비가역적인 시간의 지배를 직접 받는다)[31] 전혀 다른 존재로 변해갈 수 있는 가능성 또한 개연되어 있기 때문이다. 그러나 이제 영혼은 좀더 자유로워진다. 윤회의 틀에서 벗어나기 때문이다. 하지만 자유로워진 만큼 위험을 느낀다. 위험을 느끼는 영혼은 문제 해결을 위한 고뇌, 즉 사유의 다양성을 추구한다.

영혼의 세속화가 판타지 작품에 내포되어 있는 경우는 사실 많다. 이 점은 특히 이질적인 존재들의 소통과 결합을 표현한 데서 관찰할 수 있다. 그 대표적인 예가 〈토이 스토리〉라고 할 수 있다. 더구나 장난감들은 앤디와 가시적이고 직접적인 소통을 할 수 없는데도 그와 간접적이지만 존재론적으로 얽혀 있다. 가시적 실체를 넘어서 소통하는 존재들이 공유하는 것은 비가시적인 무엇이다. 그것을 영혼의 소통이라고 해도 좋을 것이다. 다른 예를 하나 더 들면, 애덤슨의 혼화 〈슈렉〉에서 사랑에 빠진 당나귀 동키와 용은 이질적인 존재들의

---

31 나는 윤회성이 인간의 탈(脫)시간적 욕구를 반영한다는 것을 '유크로니아(uchronia)'의 개념으로 설명한 바 있다(《빠름과 느림, 그리고 속도의 스펙트럼》,《깊이와 넓이 4막 16장》, 휴머니스트, 2002 참조).

결합이라는 점에서 희극적인 것을 넘어서는 그 무엇을 전망하고 있다. 그것은 가볍게 넘길 수만은 없는 환상의 '진중한' 유희라고 할 수 있다.

또한 환상적 표현들은 **탈인간중심적인 영혼의 가능성**을 제기한다. 영혼에 대한 철학적 사유는 지금까지 인간중심적이었다. 그래서 영혼론이 플라톤처럼 지성적인 이데아 이론을 포함하기도 하는 것이다. 탈인간중심적 영혼론은 이성주의적 철학에 다른 사유의 문을 열라고 한다.

영혼의 세계는 우주만큼이나 넓다. 또한 철학사적인 관점에서 볼 때, 환상세계를 통한 영혼의 자기 성찰은 현대 과학(뇌과학과 정신분석학)이 엄밀 과학으로서 '마음'과 '심리'를 연구 대상으로 가져간 데 대해 균형 잡기의 역할을 할 수도 있다. 이제 영혼이 단순히 설명할 수 없는 것들의 창고가 아니라, 생명과 우주에 대한 문제의식을 유지하는 성찰의 보고(寶庫)가 될 수 있도록 혼화 작품들이 제공하는 환상세계가 일조할지 모른다.

누가 엔터테인먼트 세계의 진지성을 의심하는가?

혼화는 세속적이다. 통속적이라고 해도 좋다. 하지만 진지하다. 현실을 다르게 구성하고자 하는 것 자체가 진지성 없이는 불가능하다. 그것은 존재의 의미를 건드리는 것이기 때문이다. 물론 그 진지함에는 상업적인 이해관계가 포함되어 있을 수 있다. 예술의 장르 가운데서 혼화는 영화와 마찬가지로 태생적으로 산업적 성격을 띠기 때문이다. 그러나 중요한 것은 '공들여 만든 작품'이라는 데 있다. 사람

〈놀이하는 인간〉, 브뤼헐, 1567~1568년

의 정성이 담겨 있을 때, 영혼의 흔적도 함께하는 것이다.

한 평론가는 만화에 대해 이렇게 말한 적이 있다. "만화는 재미가 생명이다. 그러나 나에게 만화는 재미를 통해서만 다가온 것은 아니었다. '훌륭함'이란 게 있다. 나는 그것이 훌륭함의 세계에 속한다는 것을 단박에 알아차렸다."[32] 물론 이런 훌륭함은 그가 말하는 "예술이라는 동네의 최고의 덕성, 곧 확실한 개성, 실력, 전위성, 기질 등을 고스란히 갖춘" 뛰어난 작품을 두고 하는 말이다. 그러나 만화가 단박에 훌륭함을 알아차릴 수 있게 하는 작품들로 가득한 장르라는 게 중요하다. 이런 훌륭함은 혼화에도 그대로 적용될 수 있다. 나 역시 **혼화가 훌륭함의 세계에 속한다**는 것을 단박에 알아차렸다. 혼화 작품이 훌륭할 수 있는 데에는 무엇보다도 그 작업과정에서 진지함이 깔려 있기 때문이다.

흔히 애니메이션 산업을 엔터테인먼트 산업의 하나로 간주한다. 틀린 말이 아니다. 오히려 엔터테인먼트이므로 영혼의 차원에서 진가를 발휘할 수 있다. 엔터테인먼트라고 하면 쉽게 말해 '놀고 즐기기'이다. 그것은 주로 여가를 즐기는 것이다. 이런 점에서 고대적 의미로 엔터테인먼트는 학교에 가서 공부하기와 유사한 것이다. 오늘날 서양어에서 학교(예를 들어 영어로 'school')라는 말은 고대 그리스어의 '스콜레(schole)'에서 나왔기 때문이다. 여가나 여가 때 하는 것들을 그렇게 불렀던 것이다. 다시 말해 여가를 진지하게 즐기는 것이 공부인 것이다. 바로 여기에 '호모 루덴스'로서 인간이 하는 놀이의 가치가 있는 것이다.

---

32   성완경,《성완경의 세계만화탐사》, 생각의나무, 2001, 6쪽.

엄숙한 플라톤도 놀이의 가치에 대해 뼈 있는 말을 한마디 했다. "인간은 신의 장난감으로 만들어진 존재다. 그리고 바로 이것이 인간의 가장 좋은 점이다. 그러므로 모든 남녀는 이에 따라서 살아야 한다. 그들은 고상하게 놀이하는 삶을 살면서, 현재의 그들과는 다른 정신을 가져야 한다."[33] 이는 또한 《호모 루덴스》의 저자 하위징아가 즐겨 인용하던 말이다. 놀이가 '다른 정신'을 가질 수 있게 한다는 것이다. 물론 반드시 고상하게 놀 필요는 없지만, 진지하게 놀아야 영혼의 폭이 넓어진다는 것은 틀림없는 사실이다.

혼화의 이야기는 재미있다. 그러나 단지 재미를 통해 놀이의 동반자로서 혼화의 가치를 높이 평가하는 것은 아니다. 재미있는 이야기의 바탕이 되는 서사 구조가 진지하게 짜여져 있어 새로운 생각, 새로운 철학, 새로운 영혼의 활동을 가능하도록 하기 때문이다.

---

33 플라톤, 《노모이(법률)》, VII 803c.

만화

cartoon & comics

만화

1장

에픽과 아포리즘

cartoon & comics

01
영상문화의 세계

오늘날 적지 않은 문화사가와 문화비평가들이 문자문화와 영상문화를 본질적으로 구분한다. 커뮤니케이션 이론가들은 문자문화와 영상문화를 철저히 구분하여 그 둘을 대립항으로 설정하기도 한다. 또한 20세기 후반부터 지금까지 진행되고 있는 문명사적 변화를 문자문화에서 영상문화로의 이행으로 설명하기도 한다. 그러나 이런 입장들은 인류문명에서 시각화 작업의 특성을 세밀히 관찰하지 않기 때문에 나오는 결과이다.

정확히 말하면, 문자는 대표적인 영상문화(Visual Culture)이다. 문자문화가 '넓은 의미에서의' 영상문화에 속한다는 부가 설명 또한 굳이 필요하지 않다. 문자문화는 청각문화를 '시각화' 또는 '영상화(visualization)'하면서 인류 역사에 등장했기 때문이다. 월터 옹(Walter J. Ong)이 구술성(orality)과 문자성(literacy)을 구분하면서 간파했듯이, 문자는 말하기를 구술-청각의 세계에서 새로운 감각의 세계, 즉 시각의 세계로 이동시킨 것이다. 옹의 표현대로 '말의 기술화(Technologizing of the Word)'가 이루어진 것이다. 쉽게 말해 '말'을 '글'로 영상화한 것이다. 구술문화에서 문자문화로의 이전은 그야말로 문명적 대전환이었다. 하지만 이런 대전환과는 달리, 영상화된 문자와 오늘날 전형적인 영상문화의 범주로 다루는 사진, 영화, 만화, 애니메이션 및 다양한 디지털 이미지들 사이의 단절적 전환은 존재하지 않는다. 그것들은 모두 정도의 차이는 있지만 영상문화의 성격을 갖고 있기 때문이다.

오히려 오늘날 통상적으로 영상문화라고 말하는 영화, 애니메이션, 디지털 작품 등은 '영상문화'가 아닐 수 있다. 왜냐하면 그것들은 영상만으로 대표되는 문화가 아니기 때문이다. 영상으로 대표되는 문화는 문자, 회화(넓게는 조각 등 다른 미술적 표현을 포함하여), 사진, 만화이다. 그것들은 **시각화의 방식이 다를 뿐 진정 영상으로 대표되는 영상문화**이다. 반면 영화, 애니메이션(혼화 또는 얼그림), 텔레비전, 디지털 작품 등은 **'감각종합형 문화'라고 하는 것이 적절**하다. 말 그대로 인간 감각의 종합성을 지향하는 문화이기 때문이다. 그것들에게 시각화는 이런 감각종합화의 일부분이다. 무엇보다도 그것들은 청각구술문화를 동반하기 때문이다. 나아가 실효현실(Virtual Reality)을 이용하는 디지털 작품들은 이미 촉각을 활용하고 있으며 앞으로 후각과 미각까지도 포함하고자 한다. 후각적 문화 향유의 중요한 요소인 향기를 이용한 표현의 시도는 이미 진행되고 있다.

문자, 회화, 사진, 만화 등 이 글에서 정의하는 바에 따른 영상문화도 각 분야마다 특성이 있음은 말할 것도 없고, 각 분야가 지니는 문명사적 의미도 각별하다. 이것들을 글과 그림(넓게는 이미지)이라는 관점에서 살펴보는 것 또한 흥미롭다. 고대 상형문자에서는 글과 그림이 혼재했지만, 표의문자가 점점 추상화하고 표음문자가 발달하면서 글과 그림은 분리의 길을 걸었다. 글과 그림의 분리는 인류의 예술적 성취에도 영향을 주어 문자를 기반으로 하여 문학의 발달이 있었고, 그림을 본질로 하는 미술의 발전이 있었다. 위대한 문학 작품과 미술 작품은 이런 '전문화'의 유산이라고 할 수 있다.

반면 문화사를 살펴보면 글과 그림이 혼합된 작품에 대한 평가는 제대로 이루어지지 않았다는 사실을 관찰할 수 있다. 만화의 이론을 만화로 설명한 탁월한 작품으로 잘 알려진 스콧 맥클라우드(Scott McCloud)가 말했듯이 "정말 위대한 예술이나 문학 작품이라면 둘 사이가 멀찌감치 떨어져 있어야 한다는 게 오랫동안 고수되어온 정통 견해"[1]였다. 또한 "글과 그림을 섞는 것은 좋게 말해서 대중 오락물, 나쁘게 말하면 형편없는 상업주의의 소산으로" 여겨졌다. 19세기 초가 되면 서양에서는 미술과 글 사이가 가장 멀어진다. "한쪽은 모양과 빛과 색, 눈에 보이는 모든 것에 몰입했고, 다른 한쪽은 보이지 않는 보물들, 감각과 정서, 정신, 철학 따위에 흠뻑 빠지게" 된다.[2]

이러한 분리의 정점을 지나면서 글과 그림이라는 두 가지 표현 형식은 방향을 바꿀 준비를 하게 된다. 특히 대중적 문화에서는 두 형식이 '고급' 예술의 탈을 벗어던지고 자꾸만 맞닥뜨리게 된다. **이러한**

---

1 스콧 맥클라우드, 《만화의 이해》, 아름드리, 1996, 148쪽.
2 맥클라우드는 지적하지 않지만, 바로 이 점에서 문자문화는 점점 더 영상문화가 아니라는 습관적 의식이 자리 잡게 되는 것이다. 그러나 문학과 철학에서든 미술에서든 가시성과 비가시성의 문제는 그렇게 간단하지 않으며, 이것이 형식과 내용이라는 문제와 연계될 때, 이를 이해하기 위해서는 훨씬 더 복합적인 사고가 필요하다.

재회를 새로운 예술 장르의 탄생 기회로 철저하게 활용한 것이 현대 만화이다. 맥클라우드가 관찰한 대로 미술과 문학이 방향을 바꿀 준비를 하던 바로 그 시점에 현대 만화가 태어났다는 것은 매우 흥미로운 일이다.

만화는, 한편으로는 문자와 비교해서도, 다른 한편으로는 회화 및 사진과 비교해서도 훨씬 더 '종합영상예술'이다.[3] 문자에는 그림이 없는 반면, 회화와 사진에는 글이 없기 때문이다. 만화의 이런 혼혈성은 순수성과 전문성을 앞세운 앞의 두 분야에 의해서 억압당해왔지만, 영상문화의 종합성이라는 차원에서 보면 만화는 회화와 사진보다 '우월'하고 더욱 질긴 생명력을 갖고 다양하게 발전할 수 있다.

예를 들어 원래 구술문화가 시각화하면서 탄생한 글은 현대 전자기기에 의해 다시 청각구술문화로 되돌려 표현될 수 있다. 오늘날 '오디오북'이 대표적인 예이다. 하지만 그림을 포함하고 있는 만화는 순수 청각의 세계로 환원될 수 없다. 또한 디지털 그래픽 기술에 의한 이미지 표현이 고도로 발달해도 만화에서 글을 분리하는 일은 쉽게 일어나지 않을 것이다. 오히려 디지털 기술은 글과 그림의 조합을 사이버 공간에서 더욱 다양하게 표현할 것이기 때문이다. **만화는 문자문화 보존의 마지막 보루가 될지도 모른다.** 21세기에 만화의 미래는 훨씬 더 다양한 발전의 가능성을 갖고 있는 것이다.

---

[3] 그래서 맥클라우드는 "만화가는 시각 상징어의 세계 전체를 요리할 수 있다"고까지 말한다 (앞의 책, 210쪽 참조).

02 만화의 서사적 특성

　문예사에서 만화는 글과 그림이 결합한 획기적인 표현 양식의 탄생을 의미한다. **글과 그림의 결합은 문예의 연금술** 같은 것이다. 이 연금술의 효과는 '보여주며 말하기' 또는 '말하며 보여주기'라는 강력하면서도 우월한 형태의 전달 매체를 탄생시켰다. 여기서 '말하기'란 물론 쓰여진 글의 전달효과를 의미하므로 시각적인 것이지만, 그것이 그림과 결합할 때는 청각구술 매체의 특성인 말하기와 듣기의 효과까지 가질 수 있다는 것을 의미한다.

　그러므로 만화의 서사 구조는 어떤 사람이 옆에 있는 다른 사람을 보면서 그에게서 '이야기를 듣는 것' 같은 전달효과를 가진다고까지 말할 수 있다. 이제 이런 은유가 가능한지 모른다. "태초에 만화가 있었다. 먼저 말씀의 꼬리가 신의 입술 끝에 달렸고 그것이 비눗방울처럼 빠져나와 자리를 잡자 모든 형상들이 생겨났다. 모든 형상의 비밀은 이야기에 있다. 이야기 없이 형상은 태어나지 않는다. …… 형상과 이야기는 하나로 합쳐지고 서로 작용함으로써 생명을 얻는다."[4]

그래서 만화 이론가 프랑시스 라카생(Francis Lacassin)은 만화의 "이야기 구조는 그림과 소리(대사, 잡음)의 조화로운 배열에 기초하고 있다"[5]고 한다. 여기서 소리란 만화의 '말풍선' 또는 그림의 배경에 글로 쓰여진 모든 것을 말한다. 그러므로 소리는 그림의 내부에 나타난다. 대화 즉 압축된 말은 말풍선 속에 담겨 있고, 말풍선은 등장인물의 입으로부터 나오는 것처럼 보인다. 감정이나 말, 소리의 표현은 전적으로 표의문자의 기호 체계를 따르며 그 효과를 적극 활용하는 것이 된다.

또한 말풍선의 윤곽에도 의미가 있어 점선으로 그려졌거나 작은 거품 모양으로 연결되어 있으면 이는 생각이나 독백을 의미한다. 윤곽이 종유석 모양인 말풍선은 차가운 말투나 적개심을, 톱니 모양은 전화나 라디오 등의 전자 매체를 통해 중계된 목소리를 의미한다. 또한 글자들의 다양한 두께로 소리의 강도를 나타낼 수 있다. 여기서도 우리는 글과 그림의 다양한 조합과 그 효과를 관찰할 수 있다.

모든 만화가나 만화이론가들이 인정하듯이 말풍선이야말로 만화 고유의 특성이다. 만화가들은 오랫동안 시각 매체에 소리를 효과적으로 담아내고자 하는 필사의 노력으로 다양한 표현 기법을 개발해 왔다. 말풍선 안팎에 쓰이는 글자의 형태를 다양하게 하는 것도 소리의 본질을 잡아내려는 투쟁의 일환이다.

말풍선의 모양도 많고, 지금도 만화가의 손에 의해 새로운 모양들

---

[4] 성완경,《세계만화》, 생각의나무, 2005, 13쪽.
[5] 프랑시스 라카생,《제9의 예술 만화》, 하늘연못, 1998, 18쪽.

이 만들어지고 있으며, 갖가지 기호를 합성하고 발명하여 말풍선 안에 문자 아닌 기호를 넣기도 한다. 그래서 맥클라우드가 감탄사를 넣어 말하듯이 "만화의 다양한 종합미학 상징 중 가장 널리 쓰이고 가장 복잡하며 가장 쓸모 있는 것은 항상 있어왔고 늘 인기를 끌어온 말풍선이다!"[6] 그것이야말로 만화의 서사적 특성인 글과 그림의 절묘한 조합을 이루어내는 힘인 것이다. 글과 그림은 사유와 표현의 본질을 드러내고, 둘이 힘을 합해 이야기의 기적을 만들어낼 수도 있다.

만화의 또 다른 서사적 특성은 시간과 공간의 관계에서 찾아볼 수 있다. 맥클라우드는 만화를 '의도된 순서로 나란히 놓인 그림과 그 밖의 형상들'[7]이라고 정의한다. 여기서 우리는 '순서로'라는 말에서 시간성을 파악할 수 있으며, '나란히 놓인'이라는 표현에서는 공간성을 관찰할 수 있다. 이것은 시간과 공간을 활용하는 데서 만화와 영화('만화영화'라고도 불리는 애니메이션을 포함하여)의 중요한 차이를 보여주는 것이기도 하다. 만화의 각 '칸'은 각기 다른 공간의 일부를 차지하면서 나란히 놓이지만, 영화는 동일한 공간에서 시간순으로 연속 상영된다는 본질적 차이가 있다.

영화 필름의 각 장면(frame)과 만화의 각 칸은 그 자체로 떼어놓고 보면 유사성이 있다. 하지만 완성된 작품 전체로 볼 때는 중요한 차이가 있다. 영화의 각 프레임은 정확히 같은 공간, 즉 같은 스크린에 연속해서 투사되고 관객의 시선은 그 한 공간에 머물러 있다. 하지만 만화의 각 칸은 각기 다른 공간을 차지한다. 이런 의미에서 영화에서

---

6 스콧 맥클라우드, 앞의 책, 142쪽.
7 여기서 '그 밖의 형상들'에는 문자와 그것이 위치하는 장소인 말풍선이 포함된다.

의 시간은 만화에서는 공간이라고 할 수 있다. 물론 만화에서도 하나의 그림을 다른 그림 뒤에 붙임으로써 시간의 경과를 나타내지만, 각 칸은 각기 다른 공간에 놓이는 것이다. 이렇게 함으로써 만화는 시간을 공간화하고 있다고 볼 수 있다.

우리는 영화 필름에서 각각 구분된 프레임 사이를 볼 수 있지만, 영화 상영에서는 각 프레임 사이를 볼 수 없다. 아니, 프레임 사이를 감춤으로써 영화는 비로소 이야기 전달 매체로 완성된다. 이런 의미에서 영화는 기술적 기능상 시간예술이다. 하지만 만화에서는 각 칸 사이가 생명이다. 만화가들은 이것을 '빗물 받는 홈통' 또는 '피가 흐르는 도랑'이라고 부름으로써 그 생명의 의미를 적나라하게 드러낸다. 칸 사이의 공간이 바로 시간의 공간화에서 핵심적인 역할을 하는 것이다. 또한 몇 개의 칸을 어떻게 늘어놓는지에 따라서 공간상에서 시간의 길이를 표현할 수 있다.

맥클라우드는 "만화 읽는 법을 배우면 누구나 시간을 공간으로 느끼는 법을 배우게 된다. 만화세계에서는 시간과 공간이 똑같은 하나이기 때문이다"라고 말한다. 하지만 그는 만화에서 시간과 공간 관계의 한쪽 면만 보고 있다. 만화에서 시간의 공간화가 이루어진다는 점에서 그의 말은 맞지만, 공간적 배치와 공간이 담고 있는 의미에 따라 시간의 의미와 그 흐름의 느낌 역시 다양하게 부각된다는 점에서 공간의 시간화도 일어나기 때문이다. 그러므로 **만화에서 시간과 공간은 똑같은 하나라기보다, 서로 '의미 변화의 조건'이 되는 관계에 있다**고 볼 수 있다(이 점은 곧 분석하게 될 만화 작품들에서 확인할 수 있다). 따라서 만화에서 이야기 전개는 시간과 공간이 서로 어떻게 의미 변화의 조건을 형성하는 서사 구조를 가졌는지에 달려 있다.

03 카툰과 코믹스

 이제 우리는 만화가 **시간과 공간의 놀이**라는 것을 알 수 있다. 그것도 고도의 시·공간 놀이이다. 이런 면에서 만화는 시간예술인 동시에 공간예술이다. 이런 만화의 특성은 문학의 전통적 표현 양식을 전용(轉用)하여 자기 나름대로 소화해낼 수 있는 능력을 발휘할 수 있도록 해준다. 예를 들면 만화는 고전문학의 에픽(epic)과 같은 서사 구조를 가질 수도 있고, 이와는 거의 정반대로 아포리즘(aphorism)을 표현하는 서사적 시·공간을 제공할 수도 있다.
 대서사시라는 표현처럼 에픽은 오랜 시간에 걸친 영웅의 모험과 고난 그리고 업적, 또는 민족의 역사 따위를 노래하는 이야기이다. 그러므로 겉보기에 시간성이 강조된 작품이지만, 사실은 이야기의 주인공을 비롯한 등장인물들의 공간적 이동과 체험을 본질로 하고 있다. 문학 작품에서는 이런 공간적 체험이 문자의 선형적 서술에 영향을 받아 오히려 쉽게 시간성으로 부각되지만, 만화에서는 글과 그림이 조화를 이룬 표현력 때문에 공간성의 의미를 잃지 않을 가능성이 훨씬 높다.

문학과 철학에서 아포리즘은 짧은 경구이다. 보통 깊은 체험적 진리를 간결하고 압축된 형식으로 나타낸 짧은 글이라고 정의된다. '짧다'는 말에서 느낄 수 있듯이 그 형식에서 시간의 길이를 최소화한 형태를 취한다. 곧 시간적으로 확장되어 있지 않다. 쉽게 말해 시간적으로 길게 늘어져 있지 않다. 오히려 시간을 압축하여 시간의 흐름을 소용없게 만들어놓은 느낌을 준다. 그러므로 시간성과 긴밀한 관계를 갖지 않은 것처럼 보인다. 하지만 이것이 만화 형식으로 표현될 때는 기막히게 시간성을 획득한다. 다시 말해 만화적 공간에서 아포리즘의 표현은 시간의 위력을 나타낸다. 만화는 몇 개 되지 않는 협소한 공간의 나열로도 시간의 길이가 있는 이야기를 만들어내기 때문이다.

역사적으로 볼 때, 만화의 대표적 표현 양식은 '카툰(cartoon)'과 '코믹 스트립(comic strip)' 또는 약어로 '코믹스(comics)'라고 할 수 있다. 통상 카툰은 한 칸 또는 몇 칸(보통 네 칸 이하이나 만화 양식이 다양화되면서 그 이상이 될 수도 있다)의 짧은 뜻그림을 가리키며, 코믹스는 이보다 더 긴 스토리의 연속그림을 가리킨다.

나는 이 글에서 만화의 특성으로서 다음의 주제를 설명해보고자 한다. **카툰은 '아포리즘의 시간성'을 갖고 코믹스는 '에픽의 공간성'을 갖는다.** 이런 입장은 구체적 작품을 분석하는 가운데서 설득력 있게 드러날 것이다. 먼저 에픽의 공간성과 연관해 휴고 프라트(Hugo Pratt)의 《코르토 말테제(Corto Maltese)》 시리즈를 다루고, 아포리즘의 시간성과 연관하여 찰스 슐츠(Charles M. Schultz)의 《피너츠

(Peanuts)》시리즈를 다룬다. 《피너츠》의 경우는 주로 '스누피(Snoopy)'가 주인공인 만화를 다룰 것이다. 우리 독자들에게 좀더 친숙할 것 같다는 생각 때문이다.

이와 같은 관점에서 볼 때, 두 작품은 훌륭한 서사철학의 대상이 된다. 무엇보다도 시간과 공간이라는 주제가 사상사적으로 줄곧 철학의 중요 주제가 되어왔기 때문이다. 프랑스에는 "만화가 먼저 원심운동을 하면 철학이 나중에 그것을 중심으로 추스른다"[8]는 말이 있다고 한다. 그러나 나는 이렇게 말하고 싶다. 철학은 만화가 그 원심력으로 난삽하게 뿌려놓는 의미들을 추슬러서―중심으로 가져가는 게 아니라―그 원심 운동의 의미를 파악하고자 한다.

---

8 성완경, 앞의 책, 19쪽.

만화

2장

공간 여행자와 시간 곡예사

—

《코르토 말테제》와 《피너츠》의 서사 구조와 철학

cartoon & comics

01

공간과 시간에 대하여

　사람들은 시간의 절대성은 쉽게 수긍하지만, 절대조건으로서 공간에 대해서는 비교적 무감각한 편이다. 물론 여기서 '절대성의 정도'(이렇게 표현할 수 있다면)라는 것도 신과 시·공간의 관계에 따라서 달라질 수 있다. 신이 시간과 공간을 창조했다는 입장과 신도 시·공간의 조건에서 창조 행위를 했다는 입장이 있을 수 있기 때문이다. 어쨌든 사람의 입장에서는 시간과 공간은 인간의 존재에 전제되는 것이다. 특히 시간성은 사람이 죽음을 의식하는 순간 절대조건의 자격을 바로 획득한다. 세월이 흐르면 누구나 죽기 때문이다. 더구나 인간의 실존적 문제가 부각된 근현대 사상에서 시간은 공간에 비해 훨씬 더 많은 사색의 동기가 되어왔다.

　그러나 고대 사상으로 돌아가보면, 공간의 절대성에 대한 인식이 중요했음을 알 수 있다. 공간은 그곳에서 모든 것이 태어나고, 그곳으로부터 모든 것을 얻게 하며, 그곳에서 모든 것을 할 수 있게 하는 것이다. 즉 '모든 것'에 전제되는 개념으로서 공간을 인식한다. 이 개념은 공간이라는 절대조건을 간단하고 명료하게 보여준다.

공간과 시간의 문화

플라톤의 대화편 《티마이오스》에서 우리는 좀더 구체적인 공간의 의미를 찾아볼 수 있다. 플라톤은 그리스어 '코라(chora)'로서 오늘날 우리가 공간(space)이라고 하는 것을 가리킨다. 고대 자연철학의 전통에 따르면 이 세상은 네 가지 기본 요소인 흙, 물, 불, 공기로 이루어져 있다. 그런데 코라는 이 요소들과 동급도 아니고 이것들과 동일시되지도 않는다. 오히려 이것들이 존재하는 데 전제되는 조건이다. "그것은 언제나 모든 것을 받아들이면서도, 자기 안으로 들어오는 것들 가운데 어떤 것과도 어떤 식으로든 닮은 형태를 갖는 일은 결코 없기 때문이다. 그것은 본성상 모든 것의 '새김 바탕'으로 존재한다. …… 그것은 자신 안에 온갖 종류의 것들을 받아들여야 하므로, 모든 형태나 성격에서도 벗어나 있어야 한다. 마치 향유를 만들 때 그 기초 재료는 다른 향기들을 받아들일 수 있도록 무취(無臭)한 상태여야 하는 것과 같다. …… 그러므로 우리는 볼 수 있고 느낄 수 있는 모든 사물의 어머니이자 그릇인 이 공간을 흙, 공기, 불, 물 등으로 불러서도 안 되고, 이것들의 복합물이거나 이것들을 구성하는 요소라고 해서도 안 된다. 그러나 우리가 눈에 보이지도 않고 형태도 없지만 모든 것을 포용하며 어떤 점에서는 지극히 당혹스러운 방식으로 '지성에 의해서라야 알 수 있는 것'으로서, 또한 가장 포착하기 힘든 것으로서, 그것을 묘사한다면 틀린 말은 아니리라."[9]

나아가 코라는 우주의 존재에 전제되는 '영원한 원리'로 인식된다. "영원하고 소멸되지 않는 공간, 생성될 모든 것들에 자리를 제공하는 공간. 이 공간 자체는 감각적 지각을 동반하지 않는 '일종의 서술적 추론'에 의해서나 포착될 수 있으므로 도무지 믿기 어려운 것이다. 실로 이것을 바라보노라면, 우리는 마치 꿈을 꾸고 있는 상태에 처하기도 한다."[10] 공간은 이 세상 모든 것에 앞선 무정형의 '무엇'이다. 현대인들이 한 가지 단어(space)로서 우주와 공간을 모두 가리키는 것과 비교해보면, 고대의 인식은 흥미로운 관점을 제시한다.

근현대 사상에서 시간과 공간이 함께 중요성을 띠게 된 것은 칸트의 인식론 덕분이다. 칸트는 개인의 경험에 좌우되지 않으며, 오히려 모든 개인에게 경험과 판단을 가능하게 해주는 '선험적(a priori)' 조건에 주목한다. 이러한 선험적 조건으로서 그는 감성의 선험적 직관 형식인 시간과 공간을 든다.[11]

그에 따르면 시간과 공간은 경험에 속하는 것이 아니라, 경험을 가능하게 해주며 경험 이전에 이미 있어야 하는 조건이다(여기서 우리는 플라톤의 영향을 엿볼 수 있다). 우리가 오감으로 감지하는 어떠한 대상도 시·공간 안에 존재한다. 경험이 될 수 있는 어떠한 감각적

9　플라톤, 《티마이오스》, 50b~51b.
10　믿기 어렵고 마치 꿈에서나 보는 듯한 공간은 수많은 물음표의 꼬리를 달게 한다. 커니는 "플라톤은 이 무정형의 공간으로 무엇을 의미하려 했던 것일까?" 하고 묻는다. "존재? 신? 혹은 둘 다? 혹은 존재나 신 이전에 있었던 어떤 것? 그리고 어떤 학문이 이 골치 아픈 X에 가장 적합한 것일까? 우주론? 존재론? 심리학? 신학?" 그러면서 그는 "이와 관련된 독해들 중에서 가장 도전적인 독해라고 생각하고 있는 것"에 대한 설명을 시도한다. R. Kearney, *op. cit.*, p. 194(346) 참조.
11　시·공간 개념은 칸트 인식론의 기초이다. 그러므로 칸트는 《순수이성비판》 도입부의 '초월적 감성학'에서 공간과 시간에 대해 먼저 다룬다.

행위도 반드시 일정한 공간과 시간의 흐름 안에서 행해진다. 예를 들어 우리가 다 빈치의 그림을 감상한다는 미적인 경험이 실재하려면, 언제나 일정한 시간과 공간 안에 그 그림이 있어야 하고, 그 안에서 우리는 감각적 경험을 한다. 즉 그러한 경험에는 시·공간적 조건이 전제된다. 그렇다고 우리가 먼저 시간을 직접 경험하거나 공간을 직접 경험하는 것이 아니다. 감각적 행위를 경험하는 순간 이미 시·공간이 조건으로 전제되어 있다는 것이 직관적으로 드러나기 때문이다. 이런 점에서 시·공간을 경험에 전제되는 조건이며 선험적 직관 형식이라고 하는 것이다.

우리 시대의 역사가 스티븐 컨(Stephen Kern)은, 철학의 기본 범주인 시간과 공간이 문화사를 전반적으로 이해하는 데 매우 적절한 틀이라는 것에 착안한다. "모든 경험은 반드시 시간과 공간 속에서 생겨나기 때문에, 이 두 가지 범주는 광범위한 문화적 발전 양상들, 예를 들어 입체파, 동시적인 시(simultaneous poetry), 그리고 래그타임 음악(ragtime music)은 물론이요, 증기선·마천루·기관총까지 모두 함께 담아낼 수 있는 포괄적인 틀을 제공해준다."[12] 그러므로 자신이 문화사에서 다루는 주제들은 본질적 성격의 것이라고 주장한다.

시간과 공간은—칸트의 가르침을 따라—모든 경험의 필수적인 토대라는 점에서 근본적일 뿐 아니라, 문화사 연구의 방법론이라는 차원에서도 매우 중요하다. 왜냐하면 컨이 다루는 역사적 시기의 예술과 학문에서는 유난히 새로운 사고방식들이 많이 등장하고 그들이 기존의 인식적 틀을 자꾸 벗어나기 때문이다. 그러므로 이 모든 방식

---

[12] 스티븐 컨, 《시간과 공간의 문화사》, 휴머니스트, 2004, 21쪽.

에 전제되는 철학적 개념의 토대 위에서 문화의 변천을 연구할 필요가 생긴 것이다.

컨이 자신의 문화사에서 다루는 시기는 1880년에서 제1차 세계대전이 끝나는 1918년까지이다. 그 시기에는 과학기술과 문화예술에 엄청난 변화의 물결이 있었으며, 바로 이 시기가 시·공간의 인식과 활용이 재정립되는 때였다고 판단하기 때문이다. 그런데 흥미로운 것은 바로 이 시기에 현대 만화가 문화의 중요 요소로서 본격적인 행보를 시작하는 때라는 사실이다. 그러므로 **만화 분석을 시·공간의 차원에서 시도하는 것은 우연이 아니라 문화사적 필요에 따른 것이기도** 하다. 또한—이것은 어쩌면 우연일지 모르지만—우리가 다룰 프라트의 《코르토 말테제》의 이야기도 바로 이 시기를 배경으로 한다는 점 역시 흥미롭다.

공간과 시간의 역설

우리는 통상 공간과 시간을 별개의 성질을 지닌 것으로 인식할 때가 많다. 하지만 앞에서 영화와 만화를 비교하면서 언급했듯이 공간과 시간은 상호 조건이 되는 관계에 있다. 그것은 전문적인 과학과 철학의 개념으로도 설명할 수 있지만, 우리의 일상생활에서도 공간과 시간의 상호 관계에 대한 간단한 예들을 찾아볼 수 있다. 아름다운 공간에 넋을 잃고 있으면 시간 가는 줄 모른다. 반대로 시간에 쫓겨 살다 보면 공간이 제공하는 의미들을 맛볼 수 없게 된다.

이는 문학 작품에서도 그 예를 찾아볼 수 있는데, 우리에게 널리 알려진 것 가운데 공간과 시간의 상호적 역설을 보여주는 대표적인 작품은 아마도 미하엘 엔데(Michael Ende)의 《모모》일 것이다.[13] 이 소설을 읽은 독자라면 누구든 이것이 시간 이야기라고 할 것이다. '시간 도둑들과 도둑맞은 시간을 인간에게 찾아주는 한 소녀에 대한 야릇한 이야기'라는 긴 부제 또한 시간의 주제를 명시적으로 밝히고 있다. 어디 그뿐인가. 모모와 함께 매우 기발한 캐릭터인 세쿤두스 미누티우스 호라 박사의 이름은 라틴어로 시간의 단위 초, 분, 시를 의미한다. 호라 박사와 함께 사는 신비한 거북 카시오페이아 역시 속도와 시간의 의미를 암시한다. '시간의 꽃'을 들고 사건을 해결하기 위해 달려가는 모모의 모습에서 시간 이야기는 절정에 이른다. 그 밖의 등장인물들 역시 느긋한 시간의 삶을 살다가 회색 도당들에게 시간을 저당 잡힌 후, 불필요하게 시간을 아끼는 삶과 시간에 쫓기는 삶을 산다.

그렇다면 《모모》는 우리에게 시간 이야기만 전하는 걸까? 그렇지 않다. 시간을 이야기하면서 무엇보다도 공간의 의미를 전한다. 이는 우선 작품 속 다양한 장면 묘사에서 관찰할 수 있다. 엔데는 이야기의 시작부터 원형극장과 그 주변을 세세히 그리고 의미 있게 설명하기 위해 많은 시간을 쓴다. 즉 공간의 의미를 전하기 위해 시간을 늘려 이야기하는 것이다. 모모가 카시오페이아의 인도를 받아 호라 박사를 찾아갈 때도 그들의 행보는 공간의 교묘한 배치를 이용해 이동하는 것으로 묘사된다.

호라 박사는 모모에게 "카시오페이아는 시간의 밖에" 있다고 말한다. 이 오묘한 거북은 시간의 밖에 있음으로써(즉 시간을 무시함으로

---

13 이에 대한 자세한 해석은 졸저 《철학정원》 1부 9장을 참조하기 바란다.

써) 가장 공간적이다. 그는 한없이 느린 동작으로 공간의 저 미세한 구석까지도 음미하면서 살기 때문이다. 시간을 우아하게 무시하는 그의 동작은 공간을 만끽하는 방법이다.

시간과 공간의 역설적 관계에 대한 뛰어난 은유는 그 어느 것보다도 모모의 절친한 친구 베포 할아버지의 '비질하기'에 있다. 청소부 베포는 "한 걸음, 한 번 숨쉬고, 한 번 비질, 한 걸음, 한 번 숨쉬고, 한 번 비질. 그러다가 가끔 멈춰 서서 생각에 잠겨 앞을 우두커니 바라보았다. …… 뒤쪽에 깨끗한 거리를 두고, 앞에는 지저분한 거리를 두고 그렇게 청소를 하다 보면 종종 위대한 생각이 떠올랐다." 베포는 공간을 관조하면서 비질을 함으로써 찬란한 삶의 의미들을 사유할 수 있었던 것이다. 하지만 회색 도당에게 시간을 담보 잡힌 후로는 그도 시간에 쫓겨 자기 발 앞에 놓인 공간에도 눈길 한 번 주지 못한 채 서둘러 비질을 계속하는 일상을 보내야 한다.

《모모》는 시간 도둑들에게 속아 시간에 쫓기고 시간을 불필요하게 아낌으로써, 공간의 의미와 아름다움을 상실하게 되는 사람들의 이야기를 담고 있는 것이다. 모모가 호라 박사에게서 받은 '시간의 꽃'으로 회색 도당들의 시간 창고를 파괴함으로써 시간은 되돌아오고 정지되었던 공간은 다시 살아난다. 모모가 사건을 해결함으로써 마을 사람들이 진정 되찾은 것은, 사실 시간이 아니라 공간이다. 삶의 의미로 충만한 공간 말이다.

우리가 일상의 경험에 상상력을 더해 찾아볼 수 있는 좀더 미묘한 예들도 있다. 자동차나 오토바이를 타고 초고속으로 달리면 시간과 반비례관계에 있는 속도감 때문에 시간을 잊게 될 것 같지만, 우리가 진짜 잊게 되는 것은 공간적 상황이다. 초고속으로 질주하는 사람의 시야에서 공간은 마치 산화(散化)하듯이 사라져버리기 때문이다. 오히려 초고속의 상황은 시간의 영점(零點)에 점점 수렴한다는 느낌을 주어 시간의 의미를 더욱 실감하게 한다. 향수는 인간에게 근원적 감정이라고 한다. 우리가 고향 같은 특별한 공간에 애틋한 감정을 갖는 것은 그 공간 자체 때문이 아니라, 그곳에서 보낸 시간 때문이다.

이렇듯 우리가 시간에 관한 것이라고 여기고 있는 것이 사실은 공간에 영향을 주거나 공간으로부터 영향을 받은 것일 수 있다. 반대로 전적으로 공간에 관한 것 같지만 그것이 시간적 효과이거나 시간에 영향을 주는 것일 수 있다. 이와 같이 시·공간의 역설적인 경우는 **시간예술적 요소와 공간예술적 요소를 모두 갖고 있는 만화에서** 좀더 세밀히 찾아볼 수 있다.

02

《코르토 말테제》: 공간 여행자의 존재 이유

    대서사시의 주인공들은 '공간 여행자'이다. 가장 고전적인 에픽의 주인공인 오디세우스가 그 전형이라고 할 수 있다. 호메로스의 대서사시에서 오디세우스는 공간이 제공하는 다양한 장소들을 여행한다. 트로이아 전쟁이 끝난 후에 사랑하는 아내 페넬로페가 기다리는 고향으로 돌아가기 위해 오디세우스는 고난의 항해를 해야 한다. 서사시 《오디세이아》가 항해과정으로 이루어져 있다는 점에서 이것은 시간성을 바탕으로 하는 것처럼 보인다. 더구나 주인공 오디세우스가 그 과정에서 '집에 빨리 돌아가야 한다'는 의지를 갖고 있는 것을 보면(그러면서도 20년 후에나 집에 돌아가지만), 이 서사시의 시간적 조건은 중요한 것처럼 보인다.

    그러나 《오디세이아》를 이야기로서 부각시키는 것은 주인공과 그 일행이 들르게 되는 다양한 '장소'와 그곳에서의 '삶'이다. 그 삶은 때로는 시간의 흐름조차 잊게 한다. 오디세우스 일행은 바람의 신 아이올로스의 섬에서 트로이아 전쟁 이후 겪은 일들을 이야기하면서 한 달 이상 머물렀고, 마녀 키르케의 섬에서도 헤르메스 덕에 키르케를 제압하고는 1년 이상 안락하고 풍요로운 생활에 빠져 지냈다. 항해 중 태양신의 저주를 받아 동료들을 모두 잃은 오디세우스는 아름다운 요정 칼립소가 사는 오기기아 섬에 표류한다. 그곳에서 오디세우스는 그를 향한 칼립소의 사랑 때문이라지만 무려 7년이란 세월을 보냈다.

대서사시의 여정

여기에 오디세우스의 호기심과 모험심은 그를 새로운 공간과 그곳에서의 새로운 경험으로 이끄는 원인이 된다. 그의 이런 '방랑자'적·모험가적 기질은 귀향의 의지를 가리게도 한다. 키르케로부터 세이렌의 가공할 힘을 경고 받고 다른 동료 선원들에게는 밀랍으로 만든 귀마개를 사용하게 했지만, 자신은 귀를 막지 않고 돛대에 몸을 묶은 채 이 세상의 온갖 신비로움을 몸소 경험하려 하지 않았던가. 그는 귀향 전에 황천객이 될 수도 있음을 무릅쓴 것이다.

이런 관점에서 보면 《오디세이아》는 '서사시의 여정'이라는 시간성이 아니라, 그 여정을 이루는 다양한 공간과 그 공간에서 생동하는 이야기로 특징지워진다. 물론 이야기는 이야기인 이상 시간성을 갖지만, 이야기의 내용은 시간성을 잊게 한다(다만 공간 이동이 없는 페넬로페의 '기다림'으로 시간성을 유지하지만 말이다).

프라트의 《코르토 말테제》 시리즈[14]는 작가의 오랜 기간에 걸친 조사의 결과물이기도 하지만, 작가가 세계 곳곳을 여행한 경험도 많이 반영되어 있다. 평론가들은 이 작품을 '길들여지지 않는 영웅에 관한 장대한 서사시'라고 평하기도 한다. "코르토 말테제에게는 우정과 정의감이 다른 무엇보다 중요해서 아일랜드 반군, 소말리아 부족, 몽고 빨치산과 브라질의 캉가세이로스 등의 편에 서서 싸우기도 한다."[15] 그는 세계 곳곳의 각종 사건 속에 뛰어들 준비가 항상 되어 있다. 그런 점에서 1980년대에 스필버그 감독이 시리즈로 제작하여 대성공을 거둔 영화 〈인디아나 존스〉의 원형이라는 평을 받기도 한다.

코르토 말테제는 항상 떠날 채비가 되어 있다. 아니 그는 준비 없이도 언제나 떠난다. 그에게 붙어 다니는 '영원한 방랑자'라는 별명과 '항상 여행을 위해 사는 사람'이라는 표현에서, '영원한'이라는 형용사와 '항상'이라는 부사는 시간의 의미를 극대화한 것이지만, 역설적으로 시간의 의미를 삭제하는 효과를 가진 것들이다. 영원성과 항시성 앞에서 시간이 무슨 힘을 발휘하겠는가. 그는 영원한 여로에 있음으로써 시간에 매이지 않는다. 물론 코르토 말테제 자신은 그것이 '종종 있는 일'이라고 반어적으로 넘어가지만 말이다.

시리즈 가운데 《켈트 이야기》의 한 대목을 보자. 아일랜드에서 반군 혐의자를 검문하던 헌병이 코르토 말테제에게 묻는다. "흠…… 코르토 말테제! 흠…… 몰타의 바레타라…… 거주지는 안티구아…… 흠…… 집에서 꽤 멀리 떠나오셨군!"[16] 코르토 말테제는 답

---

[14] 현재 이 시리즈 가운데 다섯 편이 국내에 번역, 출판되어 있다(북하우스, 2002). 《에티오피아 대장정》, 《시베리아 횡단열차》, 《베네치아의 전설》, 《사마르칸트의 황금궁전》, 《켈트 이야기》가 그것이다. 본서에서 인용하는 글과 만화 도판(프라트의 화풍이 살아 있는 천연색이 아니라 아쉽지만)은 이 번역본을 참고하거나 그곳에서 발췌한 것이다.

[15] 클로드 몰리테르니-필리프 멜로, 《연대기로 보는 세계 만화의 역사 : 1896~2002》, 다섯수레, 2003, 170쪽.

[16] 휴고 프라트, 《켈트 이야기》, 59쪽.

한다. "뭐…… 종종 있는 일이죠!" 또한 《시베리아 횡단열차》의 무대 가운데 하나인 중국에서도 코르토 말테제에게 공안 당국자는 이렇게 말한다. "선생에 대해서는 모조리 알고 있소. 1905년과 1913년 중국의 비밀결사와 연계해 음모를 꾸민 적이 있으며, 남해에서 한동안 해적 행위를 일삼았다는 소문도 들리더군요. 아프리카에서는 살인죄 판결을 받았으나 석방되었다는 사실도 압니다."[17]

코르토 말테제의 공간 여행은 마치 '순간 원격 이동(teleportation)'과 같이 일어나기도 한다. 《시베리아 횡단열차》의 도입부를 보자. "이야기 속에서 사는 건 좋은 일이지." "그래요! 당신도 끝없는 이야기 속에서 살지만 그걸 모를 뿐이에요. 어른이 이야기의 세계로 들어오면 다시는 나갈 수 없다는 것, 알고 있나요?"[18] 나갈 수는 없지만 주인공은 한 이야기에서 다른 이야기로 순간적으로 공간 이동한다. 한 이야기 속에 머무는 자는 그 이야기의 흐름, 즉 시간의 경과에 지배받지만, 공간 이동자는 그 흐름에서 벗어난다. 그러고는 삶을 항상 새롭게 시작함으로써 시간을 무색하게 만든다.

코르토 말테제는 《베네치아의 전설》에서처럼 때로는 베네치아의 어떤 골목에 있는 비밀스런 문을 통과해 다른 공간으로 이동하기도 한다. 비밀의 문을 두드리며 코르토 말테제는 말한다. "이야기를 떠나, 다른 곳, 다른 이야기 속으로 들어가고 싶습니다."[19] 그리고 공간 중심의 이야기 구조에서 시간은 조작된다. "12월 34일인데 새해 첫

---

17 휴고 프라트, 《시베리아 횡단열차》, 27쪽.
18 앞의 책, 19쪽.
19 휴고 프라트, 《베네치아의 전설》, 79쪽.

날은 아직도 올 생각을 않는군. 좀 더딘데." "크리스마스도 12월 27일이었어요. 이곳, 베네치아의 한 해는 조금씩 길지요."

또한 공간의 재배치를 위해 시간의 선형성은 마구 잘린다. 그래서 때때로 시간적 인과관계는 무시된다. 코르토 말테제가 상하이에서 헤어졌던 라스푸틴과 시베리아에서 재회할 때의 장면을 보자. "누구요? 날 아시오. 산타클로스 양반?" "코르토! 코르토! 메리 크리스마스!" "맙소사! 어떻게 된 거지? 오늘이 크리스마스던가?!" "아무려면 어때? 내킬 때 즐기면 그게 크리스마스지." "라스푸틴…… 정말 라스푸틴 너야? 믿을 수가 없군. 상하이 앞바다에서 떠내려간 사람이 이렇게 시베리아에 나타나다니." 이에 코르토 말테제에 버금가는 공간 여행자인 라스푸틴은 자기 고향의 산물들로 새로운 공간에서의 만남을 축하하자고 너스레를 떤다. 그가 '언제' 고향에 다녀왔단 말인가! 하지만 고향(또 다른 공간)의 산물인 캐비어와 보드카를 들고 있지 않는가! 공간은 다시 한 번 시간을 무색하게 한다.

방랑벽의 코르토 말테제가 프랑스 시인 랭보(J-N. Arthur Rimbaud)의 시를 읊조리는 것은 당연하다. 시베리아에서 로만 폰 웅게른 슈테른베르크 남작의 병사들에게 잡혀가면서도 그는 시를 읊는다. "푸른 여름 저녁, 나는 오솔길을 가리라/밀 잎에 찔리고 잔 풀을 밟으며/몽상가가 되어, 발 밑의 서늘함을 느끼리/바람에 내 맨머리를 감기우고/말하지 않으리, 생각도 않으리./다만 끝없는 사랑이 내 영혼에서 샘솟아/나는 가리라. 멀리, 보헤미안처럼 저 멀리/여인과 함께인 양 행복하게, 자연 속으로."[20]

《에티오피아 대장정》에서 코르토 말테제는 터키령 예멘에서 영국령 소말리아를 거쳐 에티오피아를 지나 독일령 동아프리카로 간다. 파란만장한 역사의 한 줄기를 따라가는 서사시의 대장정인 것이다. 그런데 이 과정에서 역사를 정밀히 포착해 되살려낼수록 코르토 말테제의 신비스러운 마술적 세계는 더욱 뚜렷해진다. 왜 그럴까? **공간 여행자로서 코르토 말테제의 행적**은 역사적 사건과 그 사건이 일어나는 장소를 세밀히 설명함으로써, 곧 각각의 공간이 지닌 의미를 부각시킴으로써 오히려 그 사건들을 선형적으로 연결하는 역사의 시간성을 배제하기 때문이다.

코르토 말테제는 그의 창조주인 작가 프라트와 마찬가지로 아나키

---

20 《시베리아 횡단열차》, 94쪽.

스트이다. 《베네치아의 전설》에 나오는 대화를 보자. "미안하게 됐소…… 실은 지붕 위로 도망치다가 떨어졌어요." "무슨 연유로 쫓기셨소?" "'누구누구 만세!'를 외치지 않은 덕에 미운털이 박힌 거죠."[21]

그러나 코르토 말테제는 쓰디쓴 환멸만 느끼게 하는 거창한 말을 믿지 않는다. 그는 혁명가가 되기에는 너무 회의적인 인물이다. 코르토 말테제의 행적은 어찌 보면 영웅적이라고 할지 모르지만, 카리스마 있는 정치적 영웅처럼 억지로 세상을 바꾸려 하지 않는다. 그는 이상적인 공동체의 이름으로 건설하는 억압적인 세상을 받아들이지 않으며, 이미 용인된 규칙들을 거부한다. **코르토 말테제는 공간을 통제하는 모든 것을 거부**하는 것이다. 그럼으로써 그 자신은 공간을 마음대로 여행하고자 한다.

시리즈 가운데 《시베리아 횡단열차》는 다른 어느 에피소드보다 철학적 사유를 유발하는 화두를 던진다. 그 가운데서도 코르토 말테제가 토머스 모어(Thomas More)의 《유토피아》를 읽으면서 무료함을 느끼는 장면은 압권이다. 코르토 말테제는 독서의 흥미를 점점 잃으면서 독백한다. "아직도 무얼 하고 있는가? 먼저 도둑들을 벌하고 다음에는…… 이 책은 도무지 읽을 수가 없어."[22]

모어의 《유토피아》는 '1권'과 '2권'으로 구성되어 있다. 1권은 당시 영국사회에 대한 비판이고, 2권은 이상사회에 대한 묘사이다. 1권에서 유토피아를 여행하고 왔다는 라파엘이 영국인 변호사와 대화를 나눈다. 변호사는 당시 도둑질에 대해 취해졌던 정부의 준엄한

---

21 《베네치아의 전설》, 24쪽.
22 《시베리아 횡단열차》, 19쪽.

……

조치를 열렬히 찬성한다. 그러면서도 그는 도둑질하는 사람들을 가차없이 교수형에 처하는데 왜 도둑이 줄지 않을까 하고 의아해한다 (한 교수대에서 20명이 동시에 처형되는 것을 본 적이 있다고까지 말한다). 그는 이것이 '참 묘한 일'이라고 말한다. 코르토 말테제는 이런 사회 비판이 나오는 대목까지는 흥미를 느낀다.

하지만 이상사회를 묘사하는 부분부터는 "도무지 읽을 수가 없는" 것이다. "이 책은 아무리 읽어도 제자리야"라고 하며 짜증을 내기까지 한다. 더구나 코르토 말테제가 이야기의 장소를 옮겨 다니며 그 책을 새롭게 읽으려 해도 책 읽기는 '제자리'에 머문다.

왜 그럴까? 코르토 말테제에게 '유토피아'는 무의미하다. 아무리 천국 같은 이상향이라고 하더라도(아니 바로 그렇기 때문에), 공간 여행자에게는 무의미한 것이다. 이상향에는 그것이 이상향인 이상 머물러야 하기 때문이다. **유토피아의 정체성은 코르토 말테제의 이동성과 조화를 이룰 수 없는 것이다.** 이런 부조화가 바로 독서의 짜증이라는 메타포로 나타난 것이다.

'토피아'의 향연

16세기 초 모어가 만든 '유토피아(Utopia)'라는 말은, 헬라스어 'ou(없는)'와 'tópos(장소)', 그리고 조어를 위한 접미사 '-ia'의 합성어이다. 그래서 현실에는 없는 장소, 즉 이상향인 것이다. 하지만 코르토 말테제가 원하는 것은 없는-장소 '유-토피아'가 아니라, 분명한 공간인 '토피아(topia)'이다.

유토피아는 다른 공간의 의미를 삭제한다. 그럼으로써 자신만이 유일하게 이상적이고 값진 공간이기를 바란다. 최고로 행복한 삶을 위해 필요 충분한 공간이기를 바란다. 코르토 말테제가 유토피아에 흥미를 느끼지 못하는 것은(나아가 그것의 억압성을 느끼는 것은), 이상향이 아무리 긍정적인 삶을 의미한다고 하더라도 바로 그 긍정적 삶의 힘으로 다른 공간으로의 이동을 막을 것이기 때문이다. 이상향에서의 삶은 코르토 말테제의 존재 의미를 삭제한다. 공간 여행자의 존재 이유는 유토피아가 아니라 토피아의 향연이기 때문이다.

다양한 공간적 경험이야말로 코르토 말테제의 존재 이유이다. 토피아의 향연이야말로 그를 살맛 나게 하는 것이다. 《켈트 이야기》는 공간적 경험의 향연을 잘 보여주는 작품이다. 1917년부터 1918년까지 유럽에서 코르토 말테제의 행적을 담고 있는데, 그는 남아메리카를 떠나 제1차 세계대전이 한창일 때 비밀에 싸인 베네치아에 불쑥 나타난다. 곧이어 오스트리아 국경에 나타났다가 아일랜드로, 이어 영국 남부를 거쳐 프랑스까지 간다.

코르토 말테제는 어딘가에 슬쩍 나타나 조용히 관망하고, 친구들을 만나고, 사건을 이리저리 전개시켰다가 마무리하고는 다시 사라진다. 그가 떠나고 나면 옛날 그대로인 것은 없다. 그가 떠나고 난 자리에는 뭔가 변화가 있다. 즉 토피아의 의미가 변한다. 그가 원하는 것은 이미 이상에 도달하여 더 이상 변할 수 없는 유토피아가 아니라, 계속 변할 수 있는 토피아인 것이다. 공간이라는 조건은 인간 존재에 변함없이 항상 전제되는 것이지만, 공간의 의미가 계속 변할 수 있다는 것, 그것이 공간 여행자를 매혹한다.

코르토 말테제가 경험하는 공간 이동은 가끔 별난 방식을 취하기도 한다. 이탈리아와 오스트리아 전선에서 그의 경험담을 들어보자. "물론 전선을 자유자재로 넘나들 수는 없었소. 그러나 가만히 있으면 적들이 절로 알아서 좋은 상황을 만들어줍디다. 하루 이틀 사이에 국경의 한 마을이 오스트리아 손에 들어갔다 이탈리아 손에 들어가기를 반복했죠. 후퇴와 진격을 거듭할 때마다 말이오. 그 가운데 하나인 피아브 지역의 로존이라는 마을에는 아군 입에도 적군 입에도 꼭 맞는 좋은 포도주가 있었죠."[23] 그는 가만히 있으면서도 실제로 공간을 이동하는 효과를 즐긴 것이다. 어느 쪽 군대든 그 지역을 점령하는

---

23 《켈트 이야기》, 48쪽.

쪽이면 함께 어울려 언제든지 포도주를 만끽할 수 있었다. 이동은 상대적이다. 환경이 교대로 바뀌면 자신은 가만히 있어도 움직이는 것 같은 효과를 얻는다. 다시 말해 부동의 공간 여행자가 되는 것이다.

이 별난 공간 여행자와 사귀는 친구들은, 그와는 가상이라도 유명 공간을 걸고 내기해야 한다는 것을 안다. "드 트레세손이란 친구, 좋은 친구야…… 한 푼도 건지지 못하고 조락한 귀족인데 대단한 내기 광이지. 가진 것이 하나도 없으니, 가지지 못한 것을 걸고 내기를 한다네. 나와는 이미 라로셀, 트레기에, 트레호렌테크 교회, 노트르담 성당, 그리고 퐁텐블로 숲을 걸고 내기를 했어. 퐁텐블로 숲은 공증인의 서류까지 갖추어 내게 양도했지."[24]

코르토 말테제가 과거를 더듬는 것은 시간적인 의미가 아니다. '모습'을 찾기 위한 것이다. 때로는 얼굴이라는 특이한 공간의 의미적 유사성을 찾는다. 그가 베네치아에서 프리메이슨 수장의 딸인 히파티아와 나누는 대화를 보자. "왜 그렇게 쳐다보시죠?/내가 어떻게 쳐다보는데요?/삼킬 듯 쏘아보고 계시잖아요./아, 잘 보셨소. 실은 내 기억을 부지런히 뒤지고 있었소. 당신이 누굴 꼭 닮은 듯해서요./누구를요?/수세기 전의 여인…… 히파티아. 신플라톤주의 철학자이며 이집트 알렉산드리아학파의 우두머리. 흔치 않은 아름다움과 결점 없는 맑은 성격의 소유자."[25] 바로 이때 히파티아는 환상적인

---

24 앞의 책, 103쪽.
25 《베네치아의 전설》, 63쪽. 신플라톤주의의 대표적인 여성 철학자인 알렉산드리아의 히파티아는 370년경 태어났으며 아버지로부터 특별한 교육을 받았다. 400년경부터 당시 알렉산드리아의 대학이었던 무세이온에서 철학, 수학, 천문학을 강의했다. 415년 부활절 직전에 광신적인 기독교 무리들에 의해 잔혹하게 살해되었다. 이에 관한 자세한 설명은 마르트 룰만, 이한우 옮김, 《여성 철학자》, 푸른숲, 2005에서 찾아볼 수 있다.

동일자의 의미로 십수 세기의 시간을 삭제해버린다. "그 히파티아가 바로 저라구요. 히파티아가 제 몸을 빌려 환생한 것이지요."

《켈트 이야기》에 등장하는 극단주(劇團主)이자 배우 리코리코는, 자신의 극장에서 살인 사건이 벌어져 피살자의 부대에서 파견된 수사관과 코르토 말테제가 사건의 전모를 파헤치는 과정에서 이렇게 외친다. "대체 내 극장에서 무슨 일이 벌어지는 거지? '공간'과 '시간'은 같은 것이 아니던가? 이게 무슨 조화람."[26] 물론 리코리코의 이런 태도는 코르토 말테제가 공간을 장악하며 사건의 시간적 추이를 파헤치려 하기 때문이지만, 살인 사건 직후라는 혼란 속에서도 시·공간에 연관한 철학적 화두를 던진다는 점에서 흥미롭다. 어쨌든 **코르토 말테제가 가는 곳에는 항상 공간의 의미를 담은 토피아의 향연**이 있다.

자유의 신화, 그 유혹의 힘

프랑스의 미테랑 대통령은 생전에 자기가 닮고 싶은 만화 주인공이 누구냐는 한 만화잡지 기자의 질문에, 코르토 말테제를 꼽으면서 말했다고 한다. "나는 코르토 말테제라면 맥을 못 추고 만다. 내가 휴고 프라트의 이 주인공을 꼭 닮아서가 아니라, 지구상의 다양한 문화들을 넘나드는 자유로운 정신으로 이 단순 명료하고 고독한 모험가 같은 삶을 살 수 있다면, 나는 결코 지루함을 모르고 살 수 있을 것이기 때문이다."[27]

---

26 《켈트 이야기》, 112쪽.

코르토 말테제는 선원 복장에, 한쪽 귀에는 아프리카 원주민의 것 같은 큰 귀고리를 하고 있다. 또한 그가 항상 쓰고 다니는 선원 모자 한가운데는 유럽 어느 나라 왕국의 문장 같은 게 있다. 그는 이런 혼합문화의 상징을 한 몸에 지님으로써 그 어떤 문화적 특성에 매이지 않은 자유를 즐긴다. 모든 것과 관계를 가짐으로써 그 어떤 것에도 귀속되지 않는 자유의 신화를 스스로 창조하고 있는 것이다.

"코르토 말테제. 무정부주의자에 지독한 자유주의자인 이 사나이를 잡아둘 수 있는 건 여태껏 아무것도 없었다. 그에게는 어떤 종교도, 신념도, 사상도, 사랑도, 예술도, 심지어는 집착 그 자체도 없다. 그를 움직일 수 있는 것은 모험 자체를 위한 모험, 단지 그뿐이다. 그는 어디에서도 나타나고, 어디에서도 사라진다…… 그 어떤 존재들과도 기묘한 우정을 나눌 수 있는 이 영원한 방랑자는 낭만주의적 영웅의 마지막 후예로 언제나 우리의 피를 끓게 한다…… 그가 진정 원했던 것은 맹목적이고 파괴적인 세계의 거대한 힘으로부터 자유로워지는 것, 거대한 역사의 소용돌이로부터 떨어져 나오는 것, 벌거숭이로, 개인으로, 오로지 자신의 개인적 추억만으로 존재하며 삶의 기쁨과 자유와 고독을 즐기는, 진정 무용한 존재로 거듭나는 것이다."[28]

코르토 말테제는 항해하지 않는 선원이다. 선원복을 입고 있고 선원모를 쓰고 있지만, 어떤 배에 속한 선원으로서 항해가 그의 임무는

---

27 성완경, 앞의 책, 205~206쪽에서 재인용.
28 황혜영, 〈휴고 프랏의 코르토 말테제 : 영원한 모험과 신비한 매혹의 세계로의 초대〉, 《베네치아의 전설》에 실린 해설(81~84쪽).

아닌 것이다. 선원으로 치장한 모습은 묘한 상징성을 지니며 그를 동반할 뿐이다. 코르토 말테제의 자유는 비행의 자유가 아니다. 땅과 바다 위의 자유다. 제한된 공간을 인식하며, 그 공간에서의 이동을 피부로 느끼는 자유다. 그는 여행 가방 없는 여행자이며, 돌아갈 고향이 없음으로써 모든 곳이 고향이 될 수 있는 사나이다. 이런 면에서 그는 현대판 오디세우스 이상이다.

그의 에피소드에는 팜므 파탈이 자주 등장하는데, 그녀와 코르토 말테제 사이에 존재하는 유혹의 긴장관계는 이야기에 또 다른 에너지를 공급한다. 하지만 그의 별난 친구 라스푸틴이 말하듯이 둘 사이에는 아무 일도 일어나지 않는다. "순 싱거운 말이나 주고받았지. 아니, 말도 거의 없었어, 그 둘은, 줄곧 쳐다보거나 했지. …… 그는 사랑에 빠졌다는 느낌을 사랑하지. 늘 달착지근한 애수에 젖어 사는 인물이라고나 할까!"[29] 코르토 말테제에게 '완성'은 자유의 상실을 의미하기 때문이 아닐까.

코르토 말테제는 이 모든 것이며, 이 모든 것으로부터도 벗어나는 인물이다. 그럼으로써 그는 자유의 극단을 실천하려 한다. 하지만 구체적으로 코르토 말테제의 자유는 그 무엇보다도 **시간으로부터의 자유**다. 가능한 한 시간을 무시하며 마음껏 공간을 유람하려 하기 때문이다. 에픽의 주인공은 시간으로부터 자유로움으로써 '겉보기에' 시간의 형식을 갖춘 이야기를 남긴다.

---

29 휴고 프라트, 《사마르칸트의 황금궁전》, 127쪽.

03

《피너츠》: 시간 곡예사의 존재 의식

"손을 내미는 것이 손으로 치는 것은 아니다."
"우리 집안의 천성적 겸허를 얘기하려던 참이었는데."
"나는 결코 개 말고 다른 것이 되길 바란 적이 없다."
"새들은 아무것도 의심하지 않는다."
"내가 쓸데없다는 걸 아는 건 쓸데없다."
"강도를 여기로 보내면, 마구 짖어댈 수 있는데······."
"개는 풀타임 직업인이다."
"개가 칭찬받는 유일한 순간은 아무것도 안 할 때다!"
"내가 법정 고문이라면, 어째서 재판관이 날 미워하겠어!"
"사람들이 법대에 가는 이유는, 남들이 자신을 뭐라고 부르는지 알기 위해서다."
"사회는 법에 따르기 마련이다."
"변호사들에게 그의 모자를 날아가게 할 정도의 질문을 하는 건

실례다."

"그 말을 들었어도, 듣지 않았도다."

"의뢰인들은 나를 이해하지 못했다 – 변호사 회고록 제목"

역해석의 아포리즘

에코는 슐츠의 《피너츠》 시리즈 이야기를 '아이들의 시(詩)'라고 했다.[30] 그들의 풍자시 속에는 현대 사회 어른들의 모든 문제와 모든 실존적 고뇌가 담겨 있다. 그러나 슐츠의 아이들이 단지 어른들의 문제를 드러내기 위한 은유의 수단으로 활용된 것은 아니다. 그들이 드러내는 문제는 그들 자신도 삶 속에서 경험하는 것이다. 다만 그 문제를 유아적 심리의 방식으로 경험하는 것뿐이다. 즉 그들도 그 문제와 함께 살고 있다. 그렇기 때문에 슐츠의 만화를 보면서 현대의 문제들이 세대에 관계없이 우리 삶의 뿌리 깊숙이 파고 들어와 있다는 것을 깨닫게 된다.

특히 《피너츠》에 등장하는 개 스누피(Snoopy)는 사회 부적응의 노이로제를 형이상학적 문제의 최종 변방으로까지 끌고 간다. 스누피는 자신이 개라는 것을 안다. 철학적으로 표현하면 개도 개라는 자의식을 갖고 있다. 그는 어제도 개였고, 오늘도 개이며, 내일도 아마 개로 남을 것이다. 그래서 그에게는 신분 상승의 기회가 주어지는 풍요한 사회의 낙관적 변증 체계에서도, 상향적 변신을 위한 어떤 기회조차 주어지지 않는다. 그러므로 그는 가끔 겸허의 극단적 처방을 시도

---

30 Umberto Eco, *Apocalittici e integrati*, Bompiani, Bologna, 1990 참조.

한다. "우리 개들은 참으로 겸손하지……"라고 말하며 자기 위안의 한숨을 쉬는 것이다. 그러고는 자신에게 배려를 약속하는 사람에게 살짝 달라붙는다.

에코의 이런 평론은 흥미롭다. 슐츠의 만화를 읽는 사람이라면 쉽게 공감할 수 있다. 그만큼 《피너츠》의 등장인물들 자체의 소통력이 대단하기 때문일 것이다. 원래 만화가 출신에서 뛰어난 영화감독이 된 페데리코 펠리니(Federico Fellini)도 슐츠의 작품을 극찬한다. 슐츠가 창조한 인물들 가운데 특히 리틀 찰리 브라운과 복잡한 심리의 극치인 스누피의 광적인 팬이다. 펠리니는 "자신이 여전히 정서적으로 항상 유머로 가득 찬 단순한 만화에 마음이 끌린다"고 말한다. 여기서 펠리니의 말을 살짝 고쳐보자. '유머로 가득 찬'은 '아포리즘으로 특징지워진'이라고 할 수 있다. 아포리즘처럼 유머도 삶의 깊은 뜻을 간결하고 함축된 형식으로 나타내기 때문이다. 유머는 일상의 아포리즘이다. 그러므로 여기서 단순함이란 '겉보기에 단순한' 것이라고 할 수 있다.

슐츠의 세 칸 또는 네 칸짜리 만화는 마지막 칸에서 촌철살인의 아포리즘으로 끝나곤 하는데, 바로 그 마지막 칸에서 앞의 칸들을 역조명하는 순간 우리는 그것이 치밀한 서사 구조를 품고 있다는 것을 발견하게 된다. 슐츠의 만화는 그 자체로 매우 콤팩트하다. 이것은 세 칸 또는 네 칸짜리 짧은 카툰이라서 하는 말이 아니다.

앞에서 언급했듯이 만화가들이 '빗물 받는 홈통'이라고 부르는 칸과 칸 사이의 빈 공간은 매우 중요한 기능을 한다. 하지만 슐츠는 때로 그 기능 덕을 보지 않고도 각 칸을 절묘하게 연결시킨다. 각 칸은 사이가 있어도 마치 그 사이가 없는 것과 같이 긴밀하게 연결되어 있다. 이것은 슐츠가 다른 만화가들과 달리 마치 병풍처럼 옆으로 길게 늘어진 하나짜리 직사각형 칸에 등장인물들을 나열하는 방법을 즐겨 쓰는 것을 보아도 알 수 있다. 그는 칸을 여러 개로 나누기보다 하나짜리 긴 칸에서 등장인물의 표정과 말풍선으로 이야기를 전개한다. 또한 그는 정사각형의 각 칸을 지그재그로 배열하는 방법을 쓰기도 하는데, 이 경우도 그 유명한 홈통효과의 덕을 보지 않고 말풍선과 그림의 절묘한 조화로만 카툰의 서사 구조를 완성한다.

나는 이 항(項) '역해석의 아포리즘'을 스누피가 주인공으로 등장하는 카툰에서 뽑은 십여 개의 경구 같은 문장으로 시작했다.[31] 이 문장들은 그 자체로도 여러 가지 생각의 화두를 던질 수 있는 아포리즘이지만, 슐츠의 만화에서는 앞의 두 칸 또는 세 칸, 네 칸과 함께 '한 편의 인생 스토리'를 구성하는 것 같은 효과를 준다는 점에서 그의 만화가 탁월한 서사 구조를 가졌음을 알 수 있다. 특히 "내가 쓸데없다는 걸 아는 건 쓸데없다"라든가, "개가 칭찬받는 유일한 순간은 아무것도 안 할 때다!"와 같은 아포리즘은 스누피가 삶의 에피소드들을 어떻게 전복시키면서 자의식을 깨우치는지를 잘 보여준다.

그런데 여기서 더욱 중요한 점은, 카툰 속의 스누피는 각 칸이 연결되어 진행되는 '시간' 안에서 자신의 존재를 드러내야 한다는 과제를 안고 있다는 것이다. 그러므로 각 칸은 공간적 제약인 것 같지만, **사실은 시간적 제약**인 것이다.

---

31 본서에 인용된 글과 만화 도판은 찰스 슐츠의 《스누피 컬렉션》(전 4권, 신영미디어, 2002)을 참고하고 그곳에서 발췌한 것이다(이 판본에는 각 권을 구분하는 일련 번호와 쪽수 표시가 없기 때문에 인용문에서도 이를 표기하지 않는다).

세 칸, 네 칸, 아니면 다섯 칸이 이야기의 진행 고리라는 것이 드러나는 순간 각 칸의 공간성은 사라지고 그들이 함께 시간적 조건으로 부각되는 것이다. 스누피는 이렇게 **매우 짧은 연쇄적 시간조건 안에서 자신의 존재를 의식하고 자신의 존재를 기막히게 표현해야** 한다. 여기서 아포리즘의 선택은 불가피하다. 이런 점에서 카툰의 칸들을 이동하는 스누피는 '시간 곡예사'가 되어야 한다(이때 스누피의 창조자인 작가도 그와 동일시되면서 시간 곡예사의 능력을 발휘하는 것이다).

우리는 문학 작품에서 경구는 물론 시나 시조의 경우, 정해진 문장의 길이 안에서 존재를 드러내는 표현을 완성해야 한다는 점에서, 그것이 시간적 제약이라는 것을 안다. 쓰여진 글의 길이는 그것이 구술될 때의 시간적 길이라는 잠재적 제약을 받기 때문이다. 이것은 슐츠의 작품 같은 콤팩트한 카툰에서도 마찬가지인데, 여기에는 또 다른 제약이 첨가된다. 문학적 또는 철학적 아포리즘이나 시와 달리, 글과 그림을 함께 사용하는 만화에서는 시간적 제약이 '시각적(視覺的) 감시'를 받는다는 특성이 첨가된다. 그러므로 시간 곡예사의 능력은 더욱 요구된다. 그런데 슐츠는 이 문제를 매우 역설적으로 풀어나간다.

'크로니아'의 오수

슐츠가 독창적으로 사용하는 방법은 '시간의 세계에서 낮잠 자기'라고 표현할 수 있다. 앞에서 프라트의 《코르토 말테제》를 설명하면서 우리는 '토피아'의 개념을 도입했다. 같은 방법으로 그리스어에서 시간을 뜻하는 크로노스(chronos)로부터 말을 만들어 시간의 세계를 '크로니아(chronia)'라고 표현한다면, 스누피는 긴박한 상황 속에서도 '크로니아의 오수(午睡)'를 즐기며 자기 존재를 의식하는 캐릭터라고 할 수 있다.

사실 슐츠 만화의 말풍선들은 긴장감으로 가득 차 있다. 첫째 칸, 둘째 칸, 셋째 칸 등으로 대화가 진행될 때마다 말풍선은 고도의 긴장으로 가득하다. 그러다가 마지막 칸의 말풍선에서 바람을 확 빼버리는 '빵때림'으로 그 짧은, 하지만 매우 깊은 뜻의 이야기를 마무리 짓는 것이다.

아니면 이를 좀 변형한 방법도 있다. 예를 들면 이렇다(옆쪽 만화 컷 참조). 찰리 브라운이 첫째 칸에서부터 스누피를 몰아붙인다. 그런데 말풍선의 긴장감과는 달리 찰리 브라운과 스누피의 표정에는 별 변화가 없다. 그들은 계속 거의 졸린 듯한 표정으로 이야기를 진행하고 있다. 더구나 마지막에 홀로 독백을 하는 스누피는 완전히 맥 빠진 자세로 개집에 기대어 힘없이 자신의 말을 내뱉는다. 글과 그림을 이용한 '조임'과 '풀림'의 이 절묘한 조화는 슐츠의 트레이드마크이다. 우리는 어느 순간 마지막 말의 빵때림(또는 공기 빼기)을 듣고 나서야 앞의 말풍선들 속에 들어 있던 '쓸데없는' 것 같던 말들의 의미가 이야기 전체에서 되살아나는 것을 느낀다. 이런 기법은 하나의 긴 직사각형으로 된 '병풍 컷'의 경우에서도 찾아볼 수 있다(556쪽 만화 컷 참조).

찰리 브라운을 비롯한 아이들과 스누피가 소파에 길게 늘어앉아 텔레비전으로 스포츠 경기를 시청하고 있다. 여기서도 아이들의 말이 담긴 말풍선이 연속으로 진행하면서 주는 긴장감과는 달리, 아이들은 눈이 풀린 듯한 자세로 텔레비전을 보고 있다. 스누피는 아예 졸린 눈을 감고 있는 듯하다. 그의 독백은 사실 걱정으로 가득 차 있

지만, 그의 자세는 느긋하다. 아이들의 말이 주는 시간의 긴박감 속에서도 스누피는 시간에 전혀 쫓기지 않는 듯한 여유로운 표정이다.

스누피는 다른 경우에도 시간의 제약을 받지 않는 것처럼 가장한다. 스누피가 등장하는 만화에서 우리가 자주 보는 장면은, 그가 개집의 지붕 위에 길게 누워 있는 모습이다(때로는 서류 가방을 세워놓고 그 모서리에 누워 있기도 한다). 사실 개집 지붕 모서리에 눕는다는 것 자체가 미끄러져 떨어질 위험이 있는 것이다. 그러나 그곳에 길게 누워 있는 스누피는 천하태평의 모습이다. 그는 **상황을 압박하는 시간의 빠른 흐름 위에 누워서도 오수를 즐기는 존재로서 자신을 가장해야** 하기 때문이다(옆쪽 만화 컷을 보라). '크로니아의 오수'는 가장의 기만으로서 슐츠가 창조하는 이야기 세계에 깊이를 부여하는 기제이다.

진실의 소통 양식

시인 카를 크라우스(Karl Kraus)는 "아포리즘은 진리를 말할 필요가 없다. 그러나 진리를 넘어서야 한다"고 했다. 아포리즘을 예술적

표현방식의 하나라고 본다면, 이것은 또 다른 예술의 거장이 남긴 말과 연결지을 수 있다. 피카소는 "예술은 우리에게 진리를 알 수 있게 해주는 기만이다"[32]라고 했다. 이 말은 어쩌면 고대로부터 예술이 사회 속에서 갖고 있던 '모순적 위상'을 가장 잘 함축하고 있는지 모른다. 피카소의 말은 예술이 진리의 길을 위한 '전략적 기만'이라는 뜻을 담고 있다. 마치 긴장감 속에서도 느긋하게 오수를 즐기는 스누피의 기만처럼.

철학사에서 플라톤은 예술적 모방은 진리로부터 멀어지거나 진리를 왜곡할 수 있다고 본 반면, 아리스토텔레스는 그와 전혀 다른 관점에서 미메시스의 기능과 가치를 보았다는 것은 잘 알려져 있다. 아리스토텔레스에게 예술적 모방은 새로운 차원에서 사물들을 재창조하는 것이다. 그런 의미에서 진리의 객관성을 보장하는 이데아를 빈

---

32 본서 3부 2장 02 '실재와 허구에 대한 성찰' 참고.

곤하게 만드는 게 아니라, 오히려 새로운 차원에서 풍부하게 하는 것이다.

그런데 이렇게 하기 위해서는 '전략'이 필요하다. 아리스토텔레스가 개발한 전략은 '유사성'과 '가능성'의 원리이다. 이는 곧 유비(analogy)적 접근이자 확률(probability)적 접근이다. 인간의 예술적 모방은 진리에 접근할 가능성을 '만들어 보여주는 데' 있다. 이런 의미에서 아리스토텔레스의 '시학(포이에티케)' 이론은 '허위'에서 '허구'를 구분해낸 효시적 시도일 것이다. 허위는 진리를 가리는 것이지만, 허구는 진리를 보는 다양한 방식을 제시하는 것이기 때문이다. 허위는 분명히 진리에 반하는 것이지만, 허구는 진리를 다른 각도에서 보여줄 수 있다.

앞에서 살펴보았듯이 스누피의 기만은 자신을 가장하는 방식을 취한다. 스누피가 하는 가장은 아직 완성된 허구는 아니다. 그것은 삶의 진실을 볼 수 있는 '다른' 차원의 길을 시도하는 과정에서 하는 행위이다. 그것은 소크라테스식 위장술(에이로네이아)[33]의 현대판이라고도 할 수 있다. 정통 에이로네이아와 다른 점은 그 방식을 대화 상대에게뿐만 아니라 누구보다도 자기 자신에게 적용한다는 것이다. 이는 스누피가 주로 홀로 남아 독백으로 자신의 위장술을 표현하는 것을 보아도 알 수 있다. "개는 풀타임 직업이라고."

에코는 슐츠의 만화에 대한 평론에서, 그가 창조한 아이들은 인간적 비극과 인간적 희극이 완벽하게 구현되어 있는 소우주를 이룬다

---

33 '에이로네이아'에 대해서는 본서 2부 2장 01 '소크라테스의 대화 방식들'을 참조하기 바란다.

고 했다. 또한 슐츠는 스누피의 캐릭터를 통해서 우리 시대의 인간들이 겪는 나약함과 그 약함을 위장하고 극복하려는 전략들을 백과사전처럼 보여준다고 했다. 우리는 그의 만화가 전하는 '진실'에 신뢰를 보내야 한다고도 했다. 슐츠의 만화가 우리의 삶을 각종 즉흥곡과 변주곡으로 위장하고 왜곡한다고 해도, 한 가지 분명한 것은 인간조건의 다양한 버전을 보여주기 때문이다.

그래도 혹자는 이렇게 물을 수 있다. 몇 칸 안 되는 카툰이 우리 삶의 진실을 보여줄까? 그러면 우리는 이제 이렇게 대답할 수 있다. 바로 몇 칸 안 되기 때문에 우리는 그 짧은 시간 안에 있는 '진실의 곡예'를 볼 수 있다고. 이것이 '하찮은' 만화가 갖는 서사의 힘이다.

04
《코르토 말테제》와 《피너츠》 사이

  서사 구조의 관점에서 만화를 정의하라면 '프레임 서사'라고 할 수 있다. 영화와 애니메이션을 프레임 서사라 하지 않고 만화를 프레임 서사라고 하는 것은, 만화에는 '칸(영화의 프레임에 해당)'이 가시적이고 중요한 기능을 하기 때문이다. 앞에서 언급했듯이 영화와 애니메이션에서 프레임은 필름 제작과정에서 중요하지, 관객이 프레임을 보는 것은 아니다. 그런데 만화의 이야기 방식을 프레임 서사라고 하면, 이야기를 풀어나가는 데 많은 제약이 따른다는 것을 암시한다고 볼 수 있다. 더구나 프레임 또는 칸이라는 한계의 표시가 작품에 그대로 드러나기 때문에 그 제약은 더욱 강화되는 느낌을 줄 수도 있다.

  하지만 **역설적으로 한계가 자유를 가능하게 한다**는 현실에서의 자유의 특성을 이해한다면, 프레임 서사의 활용도를 다시 가늠해볼 수 있다. 이를 위해 칸트가 자유의 개념을 설명하기 위해서 든 예를 상기해볼 필요가 있다.

'프레임 서사'의 제약과 해방

칸트는 《실용적 관점에서 본 인간학》에서 아이가 엄마의 자궁에서 나오자마자 우는 이유는 순간 자유를 상실했다고 느끼기 때문이라고 설명한다. 태아는 엄마의 자궁 안에서 무척 자유롭다. 마치 우주 비행사가 유영하듯이 양막의 보호와 한계 안에서 편안히 부유하면서 자유로운 아홉 달을 보낸다. 그러다가 '열린' 세상에 나오는 순간 자신에게 자유를 보장해주던 경계막을 상실한 불안감에 울음을 터뜨린다. 아이는 열린 세상이 자유가 아니라, 어떤 행동도 아무 위험 없이 마음대로 할 수 없는 황량한 공간이라는 것을 느끼는 것이다. 아이는 앞으로 이 세상에서 성장하면서 자유의 공간을 한계지어가야만 한다는 것을 미리 직감하는지 모른다.

여기서 우리는 자유의 한계를 복합적으로 보아야 한다는 것을 배울 수 있다. 자유에도 한계가 있다는 단순한 의미를 넘어서, 바로 한계가 현실에서의 자유를 보장해준다는 것을 배워야 하는 것이다. 누구든 자신의 방 안에서는 나체로 있을 수 있는 것처럼 마음대로 행동할 수 있다. 방을 구성하는 '프레임'이라는 한계가 일정 수준의 자유를 보장해주기 때문이다. 그러므로 프레임 서사도 제약인 동시에 자유의 조건일 수 있는 것이다.

글과 그림을 사용하는 만화의 서사 구조에서 또 한 가지 중요한 것은, 맥클라우드가 지적했듯이 카툰은 물질세계의 '겉모습'을 강조하지 않고 '형태'라는 관념을 취하기 때문에 '개념의 세계'에 속한다는 것이다. 그럼으로써 좀더 자유로울 수 있다. 만화가들은 전통적인 사실주의 기법으로는 바깥세계를 표현하고, 카툰으로는 내면세계를 표현할 수 있다. 그런데 어떤 이야기를 처음부터 끝까지 카툰으로 표현한다면, 그 이야기의 세계에는 생동감이 떨어질까?

그렇지 않다. 오히려 생동감이 넘쳐흐를 것이다. 맥클라우드의 말처럼 물질, 즉 비생명체들이 저마다 독립된 정체성을 갖게 되어 그 가운데 하나가 훌쩍 뛰어올라 노래를 시작해도 뭔가 이상하다고 느끼지 않게 될 것이기 때문이다. 하지만 물질의 겉모습을 넘어 개념을 강조하려면 많은 것이 생략되어야 한다(한편, 물질세계의 아름다움과 복잡성을 그리고 싶은 작가라면 사실주의로 나가는 것도 좋은 방법이 될 수 있다). 다만 카툰에서의 그림 기법에서도 한계와 자유는 동전의 양면처럼 작동한다는 점을 잊지 않는 것이 현명하다.

환상과 현실, 그리고 이야기

공간 여행자로서 코르토 말테제의 이야기는, 주로 제1차 세계대전이라는 역사적 사실을 배경으로 전개되어도, 현실과 환상이 교묘하게 혼재하는 상황을 자주 연출한다. 반면 에코를 비롯한 많은 평론가들이 지적했듯이 스누피의 이야기는 개의 의인화라는 일종의 환상과 은유의 기법을 적용해서 이야기를 풀어나가도 피부에 닿을 정도로 사실주의적이다.

물론 만화의 영역에도 다른 예술 분야에서처럼 사실주의 경향과 환상적 표현의 경향이 혼재하고, 때로는 어느 것이 더 유행적이고 시대의 주류를 이룰 수 있다. 그런데 만화에서는 카툰일 경우 사실주의 만화가 대세이고, 코믹스일 경우 판타지나 공상 과학적인 요소가 대세일 가능성이 높다는 사실을 새삼 발견하게 된다. 그것은 아마도 카툰의 제한된 칸으로는 다양하고 현란한 환상의 요소들을 소화하기 어렵기 때문일 것이다. 어떤 사람은 오랫동안 네 칸짜리 카툰이 시사만화의 기본이 되어왔기 때문이라는 점도 지적한다. 어쨌든 이야기를 환상적으로 풀어가기에 좋은 형식은 코믹스임에 틀림없다.

반면 시적 감수성이라는 점에서 볼 때 코르토 말테제와 스누피는 모두 탁월한 시적 감수성을 보여준다는 것을 발견할 수 있다. 차이점은 코르토 말테제가 '아나키스트로서의 시인'이라면, 스누피는 '순응주의자(conformist)로서의 시인'이라고 할 수 있다. 물론 순응주의와 시가 만날 수 있다는 데에는 즉각적 반감이 있을 수 있다. 하지만 스누피는 위장술을 쓴 순응주의자이다. 그 위장술은 고도의 은유와 상징을 내포한다. 이미 시의 세계로 진입할 수 있는 기초 요소들을 장착하고 있는 것이다. 어떤 시적 감수성이든 그것은 이야기의 윤활유이다. 바로 이런 점이 우리가 만화를 공부하면서 새롭게 발견하는 것이 아닐까?

05
이미 현재인 미래를 전망하며

코르토 말테제는 영웅인가? 그렇다면 어떤 의미에서인가? 어떤 사람은 그를 '낭만주의적 영웅의 마지막 후예'라고도 한다. 그가 낭만적임에는 틀림없는 듯하다. 그런데 영웅인지는 잘 모르겠다. 혹자는 영웅은 '보통 사람의 반대어'라고 한다. 코르토 말테제가 영웅이라면 스누피도 영웅이다.

'하이퍼스타' 같은 영웅

코르토 말테제가 '보통 사람'이 아닌 만큼 스누피도 '보통 개'는 아니기 때문이다. 어쨌든 영웅을 논할 때면 왠지 좀 망설여진다. 그런 망설임에도 우리가 영웅에 대한 물음을 그치지 않는 것은 우리 삶에서 '영웅의 필요성과 가능성' 때문이다. 곧 우리는 아직도 영웅을 필요로 하는가? 그렇다면 그 가능성은 무엇인가?

영웅을 뜻하는 영어 '히어로(hero)'는 고대 그리스어 '헤로스(heros)'에 그 뿌리를 두고 있다. 그런데 헤로스는 오늘날의 히어로와 그 뜻이 조금 다르다. 헤로스는 신의 피를 타고난 '신인(神人)'을 뜻한다. 고대 그리스의 영웅들은 헤라클레스나 페르세우스와 같이 반신반인의 초인적 인물들이다. 다양한 문명권에서 영웅 전승이 성립할 때, 신이 아닐지라도 신의 성격이나 능력을 어느 정도 갖춘 역사적 인물들을 영웅이라고 여겼다. 이런 점에서 오늘날 히어로 또는 영웅은 좀더 폭넓은 의미의 영역을 갖는다고 할 수 있다.

영웅을 다각도로 탐구한[34] 토머스 칼라일(Thomas Carlyle)은 단테나 셰익스피어 같은 역사적 인물들도 영웅으로 다룬다. 곧 '신으로 나타난 영웅'뿐만 아니라, 예언자로 나타난 영웅, 시인으로 나타난 영웅, 성직자, 문인, 제왕으로 나타난 영웅들도 다룬다. 칼라일은 영웅이 보통 사람들의 지도자이고, 일반 대중이 도달하고자 하는 모범과 패턴을 만든 인물이며, 세계 역사의 본질은 그들의 역사였다는 모범 답안을 제시하기도 하지만, 영웅의 흥미로운 측면도 들려준다. "한 가지 위안을 주는 것은, 영웅은 어떻게 다루어지더라도 유익한 벗이 된다는 것입니다. 설혹 우리가 아무리 미흡하게 다루더라도 반드시 그로부터 무언가 얻는 바가 있다는 것입니다. 그는 살아 있는 광명의 원천이어서, 그에게 가까이 간다는 것은 유익하고 즐거운 일입니다."[35] 윌 듀랜트(Will Durant)도 《역사 속의 영웅들(Heroes of

---

[34] 이런 탐구의 결과물이 1841년 출간된 *On Heroes, Hero-Worship, and the Heroic in History*(역사에서의 영웅, 영웅 숭배 및 영웅 정신)이다. 우리나라에서는 '영웅숭배론' 또는 '영웅의 역사' 등으로 번역되었다.
[35] 토머스 칼라일,《영웅의 역사》, 조합공동체 소나무, 1997, 16쪽.

History)》에서 성인(聖人), 정치가, 발명가, 과학자, 시인, 예술가, 음악가, 철학자들을 다룬다.

베르그송은 영웅을 '완전한 도덕을 구현한 예외적인 사람'이라고 정의한다. 그들은 모방자를 가지며, 군중들을 이끌고 다니며, 아무것도 요구하지 않지만 대중을 얻는다. "그들은 훈계할 필요도 없으며 가만히 있기만 하면 된다. 그들의 존재 자체가 일종의 호소력이다"[36] 베르그송은 특별히 영웅을 호소력의 관점에서 본 것이다.

동서양의 모든 신화에서 '영웅의 원형'을 찾고자 한 조지프 캠벨(Joseph Campbell)은 무대가 다르고 사건이 다르고 겉모습이 다르지만, 인간의 집단 무의식이 투사된 영웅 신화는 거의 일정한 형태를 취하고 있다고 주장한다. 다시 말해 다양한 문화권에서 나타나는 '천의 얼굴을 가진 영웅들' 가운데서 하나의 영웅, 곧 모든 영웅 신화의 원형이 있다는 것이다. 영웅은 비정상적으로 태어나고, 어린 시절에 환란을 겪으며, 방황과 모험을 통해 조력자를 만나고, 기적적인 권능을 획득하며, 결정적인 영웅의 임무를 수행하기 위해 떠났던 자리로 귀환한다. 이런 관점에서는 영웅 과업의 어려움을 보여주는 예로 싯다르타를 드는 것도 어색하지 않다. "영웅 과업의 어려움, 계획이 원대하고, 수행이 신성할 경우 이 영웅 과업의 숭고한 의미를 장엄하게 보여주는 사례는 부처의 고행에 대한 전설에 잘 나타나 있다."[37]

그렇다면 우리의 주인공 코르토 말테제는 어떤 영웅인가? 그는 초인적인 인물은 결코 아니다. 칼라일이 말했듯이 누구에게든 벗이 될

---

36 앙리 베르그송, 《도덕과 종교의 두 원천》, 서광사, 1998, 48쪽.
37 조지프 캠벨, 《천의 얼굴을 가진 영웅》, 민음사, 1999, 45쪽.

수 있겠지만, 항상 '유익한' 벗은 못 될 것 같다. 그는 병사들에 잡혀 가는 순간에도 랭보의 시를 읊조리지만 대서사시를 쓸 시인은 아니다. 그의 호소력은 도덕적 호소력이 아니며 오히려 비도덕적(a-moral) 감동에서 오는 호소력이다. 우리는 그가 어떤 출생의 비밀을 지녔는지, 어떤 어린 시절을 보냈는지 알 길이 없다. 그에게는 라스푸틴이라는 '원수 같은 친구' 또는 '우정의 끈으로 맺어진 적'이 있지만 특별한 조력자는 없다. 그는 당연히 기적을 일으키지 못하며, 수많은 사건에 연루되어 그것을 이리저리 해결하지만 그에게 '영웅의 임무' 같은 것은 없다. 그의 이야기는 비밀스런 탄생과 영웅으로서의 귀환에 이르는 원환(圓環) 구조라는 원형을 따르지도 않는다. 그 자신이 그런 폐쇄적 고리 구조의 존재방식을 결코 받아들이지 않으리라.

코르토 말테제는 어쩌면 시인 네루다(P. Neruda)가 말한 것처럼 "패배한 자를 사랑하고, 낙오된 자를 보호하는" 영웅(이렇게 불릴 수 있다면)에 걸맞은 인물일지 모른다. 피츠제럴드(F.S. Fitzgerald)가 "영웅, 그대를 위한 비극을 쓰리라"고 했던 것처럼, 코르토 말테제는 비극의 아름다움 또는 비극의 미적 감동을 동반하는 인물이다. 모든 영웅의 정의에는 '용기'라는 말이 빠지지 않는다. 코르토 말테제는 용기 있는 사람이다. 하지만 그의 용기는 언제나 드러내놓는 게 아니라 그가 떠난 후에 남은 사람들의 가슴속에서 서서히 그리고 굳게 확인되는 것이다.

하지만 그도 죽음에 대한 공포 때문에 동료를 내버려두고 싸움 앞에서 발을 뺄 때가 있다. 적의 엄청난 공격 앞에서 죽을 고비를 넘긴 뒤 그는 자문한다. "아, 그렇군 사실이야. 그를 내버려뒀어. 그렇지만

난 왜 그렇게 하면 안 되지? 우정? 명예? 대체 무슨 말을 하고 있는 거야." 이런 회의의 순간이 스치자 그는 벌떡 일어나 이 세상에 대고 소리친다. "난 누구에게도 변명할 필요가 없어! 다들 들으시오! 난 도망쳤소! 죽을까 봐 미치도록 두려워서 도망쳤다고! 앞으로도 도망치고 싶으면 또 도망칠 거야! 제길, 모두 지옥에나 떨어져라!"[38] 코르토 말테제는 그에게 따라다니는 영웅, 모험가 같은 거추장스런 수식어를 떼어버리고 싶었는지 모른다. "난 영웅이 아니야. 나도…… 다른 사람들과 똑같아. 내게도 실수할 권리가 있어. 매번 양심에게 묻지 않고 마음 편히 실수할 권리가……." 그의 이런 약한 모습을 보며 사람들은 오히려 인간에 대한 애정을 확인할지 모른다.

캠벨의 영웅론은 유구한 역사에서 원형을 추구한다는 점에서 전통적이고 서사시(epic)적이다. 그는 사회를 지키고 구원해야 할 사람이 바로 창조적 영웅이라고 한다. 그러면서도 우리가 영웅을 어떻게 대해야 할지 의미심장한 말을 남긴다. "우리 각자는 그 영웅의 족속이 대승을 거두는 그 빛나는 순간이 아니라, 그가 개인적으로 절망을 느끼고 침묵을 지킬 때 그가 겪는 모진 시련(구세주의 십자가를 지는 일)을 나누어 부담하는 것이다."[39]

볼테르는 영웅을 싫어했다. "내게 영웅들은 별로야. 그들은 왜 그리 요란을 떠는 거지." 잠바티스타 비코(Giambattista Vico)도 영웅들은 냉철한 이성보다 자기중심적이고 자긍심이 강하며 엄청난 환상과 폭력적인 정열을 지닌다고 했다.

---

38 휴고 프라트, 《에티오피아 대장정》, 75쪽.
39 앞의 책, 488쪽.

재지(才智)와 담력과 무용이 특별히 뛰어난 인물, 지혜와 용기가 뛰어나 보통 사람이 하기 어려운 일을 해내는 사람, 재주가 비범하고 용략과 기개가 탁월한 인물……. 이들은 모두 사전에 나오는 영웅의 정의이다. 그런데 몇 해 전에 우리 청소년들이 '영웅을 찾아서'라는 그룹 스터디를 하는 것을 도와준 적이 있다. 그때 '영웅의 다양한 유형'을 살펴보고 영웅의 특성들을 분석해보았다. 그 결과 청소년들이 찾는 영웅은 전통적인 가치와 덕목(리더십, 민중을 위한 투쟁, 공동체를 위한 자기희생, 목적을 이루기 위한 열정, 역경을 극복하는 능력, 고난을 헤쳐나가는 용기, 부자와 권력자에 대한 항거 등)을 지닌 인물이기도 했지만, 시대의 변화를 반영하는 인물이기도 했다. 그것은 포용력, 배려, 타자에 대한 이해와 수용, 고통 분담, 그리고 흥미로운 것은 '결코 실망시키지 않는 인품' 등이었다. 쉽게 말해 '잘난 영웅'이 아니라 '함께하는 영웅'을 바란다고 할 수 있다.

이것을 보면서 나는 젊은이들이 스타에 열광하듯이 스타 같은 영웅을 바라지만, 한편 그 스타의 성격이 달라지고 있다는 것을 알았다. 한때 젊은 세대 문화의 영웅은 슈퍼스타(Superstar)였다. 슈퍼스타의 특징은 '수직성'에 있다. 곧 남달리 솟아올라서 내리비추는 데 있는 것이다. 하늘에 높이 떠 있는 별처럼 다른 사람들보다 월등히 솟아 있음으로써 슈퍼스타의 상징적 의미는 강화된다. 스타의 영향력은 위에서 아래를 향한다. 이런 의미에서 슈퍼스타는 고전적 영웅의 의미와 일치한다.

그러나 오늘날 젊은이들은 하이퍼스타(Hyperstar)[40] 같은 영웅을 원한다. 높은 곳에서 빛을 발하는 별이 아니라, 사람들의 일상적 삶에 스며들고 동화되는 능력을 지닌 영웅을 원한다. 슈퍼스타 같은 영웅의 타자성(他者性)은 수직적 격리와 추앙에 있지만, 하이퍼스타 같은 영웅의 타자성은 수평적 침투와 동화에 있다. 그러면서 젊은이들이 바라는 최소한의 도덕성은 '실망시키지 않는 인품'이다. 영웅의 아우라가 실천을 보장하지 않는다는 것을 깨닫기 때문이다.

  이 모든 것을 종합해보면, 오늘날의 영웅은 '자원봉사자 같은 영웅'일지 모른다. 이런 영웅은 하이퍼스타처럼 우리 사회와 문화에 편재하면서, 차별과 경계를 넘어 공동체적 연대를 위해 자신의 능력을 제공하는 인물이기 때문이다. 이런 점에서 코르토 말테제는 슈퍼 영웅에서 하이퍼 영웅으로의 전이를 상징하는 인물일지 모른다. 그는 일종의 '자원봉사의 코스모폴리타니즘'을 실천하기 때문이다. 그는 자신의 자유 의지로 사건에 얽혀들고 그것을 해결하고 나서는 훌쩍 다른 곳으로 떠나버린다. 코르토 말테제가 매력적인 것은 함께 있으면서도 언제나 떠날 수 있다는 데 있다. 그는 캠벨의 영웅 원형처럼 '돌아오는 영웅'은 결코 될 수 없지만, 언제나 '떠남의 자유인'일 수는 있다. 그래서 그는 요란스럽지 않고 광기와 억압을 동반하지 않는 영웅일 수 있는지 모른다. 또한 그는 인간적인 솔직함을 잃지 않기 때문에 그가 떠난 후에도 결코 우리를 실망시키지 않는다.

---

40 하이퍼스타(Hyperstar)는 내가 현대 문화 분석과 비판에서 '인물의 신화'가 어떻게 다양하게 구성되는지 설명하기 위해 도입한 개념이다. 나는 우선 이 말을 현대 문화의 스타 시스템에서 슈퍼스타에 대응하는 개념으로서 사용했다. 20세기 후반 이후 사회 자체가 인터넷 공간의 하이퍼텍스트처럼 복잡하게 연계된 세상('하이퍼월드'라고 불러도 좋다)으로 변모하면서, 더 이상 수직적 지배력을 지닌 격리와 추앙의 대상으로 슈퍼스타가 아니라 사람들의 일상적 삶에 수평적 또는 다층위적으로 침투하는 하이퍼스타가 중요해졌기 때문이다. 물론 그 영향에는 긍정적인 면과 부정적인 면이 공존한다.

'모 – 순의 감내'를 표상하는 문화

우리는 앞에서 '스누피의 가면'에 대해서 이야기했다. 작가 슐츠는 스누피를 통해서 우리 시대의 인간들이 겪는 나약함, 곤혹스러움, 어색함, 난처함을 위장하고 극복하려는 전략들을 보여준다. 그것은 희극적이면서도 비극적이다. 희극적이라 함은 일상에서 일어나는 우연의 장난들을 보여주기 때문이다. 비극적이라 함은 필연에 발목 잡힌 인간조건을 암시하기 때문이다. 스누피는 우리 삶에서 쉽게 해결할 수 없는 모순의 파노라마를 보여주고 있는 것이다. 뒤집어 말하면, 스누피가 그 파노라마를 보여주는 것은 미해결의 수많은 모순들이 우리 삶에 상존한다는 의미이다.

고사에 등장하는 창(矛)과 방패(盾)를 파는 상인의 이야기는 잘 알려져 있다. 어떤 방패도 뚫을 수 있는 창과 어떤 창에도 뚫리지 않는 방패가 모순관계라는 것도 잘 알고 있다. 그러나 그 '관계의 의미'는 소홀히 하지 않았는지 다시금 되짚어볼 필요가 있다.

이 창과 방패가 서로 만나지 않으면 아무 문제도 일어나지 않는다. 그들이 '관계'에 들어섰기 때문에 문제가 발생한 것이다. 이때 창과 방패는 그 관계라는 조건 때문에 한쪽이 자신의 절대성을 주장하는 순간 자신의 존재 의미를 상실하는 상황에 있다. 다만 그 '모(矛)-순(盾)'의 '상황'만이 절대적일 수 있다. 아니, 상황의 '불가피성'이라고 할 수 있다. 그러므로 이때 창과 방패의 존재방식은 '공존'밖에 없다. 역설적으로 모순의 상황은 공존을 가능하게 한다. 그러므로 '모-순의 공존'은 동어반복성을 내포한다.

모순은 다른 것의 존재를 부정하는 배타적 상반(相反)의 상황이 아니다. 모순은 공존을 전제한다. 이를 달리 표현하면, 어떤 관계가 모순이라는 것은 모순적 실존의 '완벽한 공생'의 관계에 있다는 뜻이다. 모-순은 이항대립 관계의 극단이지만, 따라서 그 극단에서 대립성을 역설적으로 초월하는 상황을 연출한다.

우리의 삶은 수많은 모순적 상황에 있다. 인간은 모순적 상황으로부터 도피함으로써 해방되거나 자유로워질 수 없고, 모순의 구조 자체를 파괴해버릴 수도 없으며, 모순 구조의 어느 한쪽을 택해 다른 한쪽을 지배할 수도 없다. 그러므로 인간은 **모순을 감내(堪耐)**해야 한다. 어찌 보면 우스꽝스런 요구인 '모순의 감내'는 사실 진지한 철학적 주제이다. 헤겔의 '정신현상학'의 진정한 주제도 그것일지 모른다. 헤겔 변증법의 과정에서 자유정신이 궁극적으로 추구하는 것은 모순의 '해결'이 아니라 모순을 감내하는 '능력'이기 때문이다. 헤겔에게 모순은 절대자의 본성이다. 다시 말해 신 또는 절대자는 모순의 구조를 내적으로 완벽하게 포용하는 존재라고 할 수 있다. 이러한 관점에서 보면, 모순을 감내하기 위한 인간의 노력은 신을 모방하는 또 하나의 방식이라고 할 수 있다.

모순적 공존의 관계는 어느 한쪽에 귀속되지 않는 '동반자적 태도'를 요구한다. 이것은 상황 이해의 태도이자 상호적 실현의 의지를 내포한다. 예를 하나 들어보자. 자연과 문화는 대표적인 모순관계이다. '인간은 본성적으로(by nature) 문화적 동물이다'라는 명제가 이 모순관계를 잘 보여준다. 자연을 바탕으로 문화는 실현된다. 그러면서도 자연에 해를 끼칠 수 있다. 그렇다고 자연이 전혀 문화화되지 않은 상태로 남아 있을 수도 없다. 문화를 모두 자연으로 되돌릴 수도 없다. 완전히 문화화된 삶이 없는 것처럼 완전히 자연화된 삶도 없다. 상호 삭제는 지금 상황에서 불가능하다. 그러므로 이런 상황을 깊이 이해해야 한다. 또한 문화와 자연의 상호 실현을 가능하게 하는 의지와 실천을 보여야 한다.

우리 인간은 문화와 자연 사이에서 창과 방패를 든 상인처럼 서 있다. 현명한 상인이기를 노력하면서 말이다. 이미 현재인 미래에는 점점 더 '모순을 감내하는 인간의 능력'을 현실적으로 요구하는 시대, 곧 자연과 문화의 관계에서뿐만 아니라 다각적 인간 활동에서도 상황 이해에 바탕을 둔 상호적 실현이 요구되는 시대일 것이다.

이제 스누피의 위장술이 단순한 '보호색'이 아님에 동의할 수 있는가. 그것은 모-순의 감내를 표상하는 색이다. 창과 방패 사이에 진실이 있다고 말이다. 이제 우리는 슐츠의 만화가 전하는 '진실'에 신뢰를 보내도 되지 않을까.

영화

cinema

영화

1장

흐름과 구조, 또는 비가역과 대칭성

cinema

01

영화의 현실: '있음'과 '남아 있음'

영화의 첫 번째 미덕(virtue)은 '실감나는' 이야기를 만들어낸다는 데 있고, 두 번째 미덕은 '기억에 잘 남는' 이야기를 소통한다는 데 있다. 이 두 가지는 영화의 능력이기도 한데, 영화가 현대 문화에서 중요한 위치를 차지하고 대중의 관심을 끌게 된 핵심적인 이유이다.

영화가 이 두 가지 미덕을 발휘할 수 있게 된 것은, 그 이전의 문화 창조와 생산이 시각 중심의 '영상문화'인 데 견주어 영화는 본질적으로 '감각종합형 문화'이기 때문이다.[1] 특히 영화는 시각화 작업과정에서 과학-기술의 힘을 빌려 구술문화를 회복시키고 다양한 '청음(聽音)문화'를 도입했다. 영화에서 음향은 대사, 음악, 음향효과 등

---

[1] 오늘날 우리가 습관적으로 문자문화와 영상문화를 대립시켜 인식하고 있는 문제에 대한 나의 입장과 '영상문화' 및 '감각종합형 문화'의 개념에 대해서는 본서 '6부 만화'의 도입부 설명을 참고하기 바란다.

으로 구성되기 때문이다. 이렇게 영화의 감각통합적 성격은 발전해 왔고 발전해가고 있으며, 미래에는 그 통합성을 더 폭넓게 확장할지 모른다.

이런 점에서 영화는 '감각통합형 문화의 효시'라고 할 수 있다. 특히 시각과 청각의 예술적 시너지 효과는 대단해서, 만일 플라톤이 '영혼의 타임머신'을 타고 현대로 날아와 영화의 이런 효과를 접했다면 경악해 마지않았을 것이다. 플라톤은 이데아 이론을 개발하기 위해 영혼(프시케)의 능력을 감각적 지각의 영향으로부터 분리할 필요가 있었고, 그것을 바탕으로 자신의 이론을 전개했다. 그 과정에서 소크라테스의 입을 빌려 인간의 감각 가운데서—어쩌면 영혼을 강조하고자 하는 자신의 의도와는 조금 다르게—시각과 청각의 능력과 영향을 강조한다. 저 유명한 대화편 《파이돈》의 한 구절을 보자.

"그러면 지혜의 획득에 대해서는 어떤가? 누군가 그것을 탐구하는 데 몸을 동반자로 대동한다면, 몸은 방해가 되는가 그렇지 아니한가? 내가 말하려고 하는 것은 이런 걸세. 그러니까 시각과 청각은 인간에게 어떤 진실성을 갖고 있는가, 아니면 이런 것들은 시인들조차도 우리에게 언제나 되풀이하고 또 되풀이해서 말하는 것, 즉 우리는 아무것도 정확한 것은 듣지도 못하고 보지도 못한다고 말하는 그런 것인가? 하지만 만약에 몸과 관련된 감각들 중에서 이것들[시각과 청각]이 과연 정확하지 못하고 명확하지 못하다면, 다른 감각들이야 훨씬 못할 걸세. 나머지 모두는 그것들보다도 어쩌면 더 변변하지 못하기 때문이네."[2]

플라톤이 이렇게 폄하하면서도 강조한 시각과 청각은 영화 제작과 상영에서 특별한 기능과 효과를 보여준다. 그것은 한편으로는 '남아

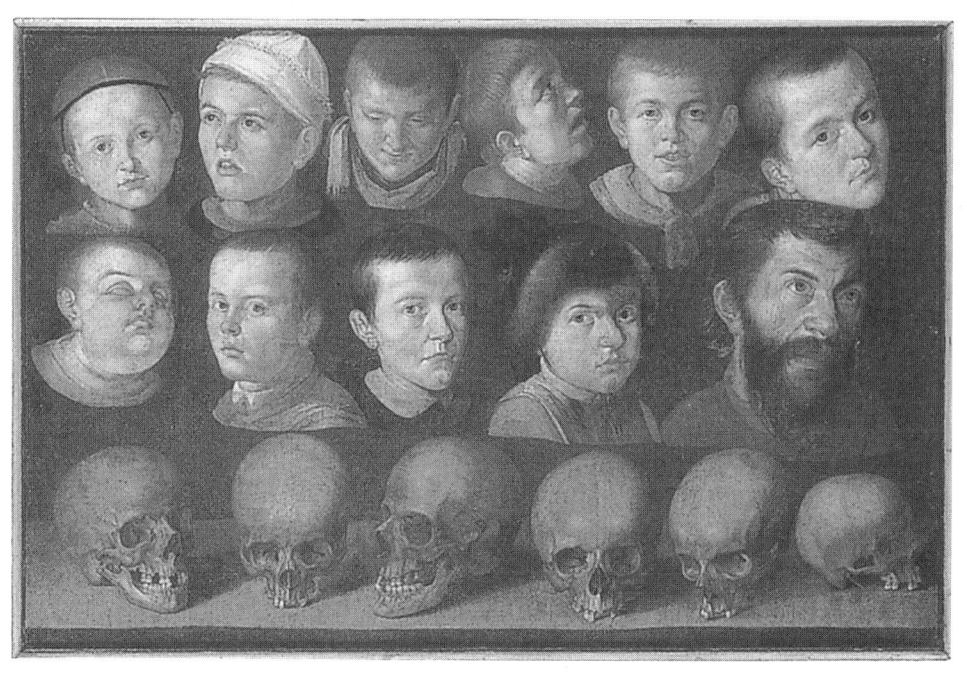

〈아버지와 열 명의 살아 있는 아들과 여섯 명의 죽은 아들〉, 마이어, 1650년경
자신의 흔적을 후세에 남길 방법은 얼마든지 있다. 가장 쉬운 방법은 유전자를 전달하는 것이다. 이 가족의 초상화에서 아버지의 특징이 열 명의 살아 있는 아들에게 어떻게 전달되었는가를 볼 수 있다.
눈이 아버지를 빼닮은 아들도 있고, 귀를 닮은 아들도 있다. 우리가 누구를 닮았다는 것은 주로 두상에 있는 눈, 코, 귀, 입 즉, 감각 기관을 통해서 유사성을 발견하는 것이다.

있음'이 '있음'으로 전환하는 것이고, 다른 한편으로는 '있음'이 계속 '남아 있음'의 효과를 지니는 것으로 나타난다. 첫 번째 효과는 작품의 생산에 관여하고, 두 번째 효과는 작품의 감상에 관여한다. 특히 두 번째 효과는 영화의 서사 구조 및 이야기 전개 그리고 그에 따른 수용자의 감동과 밀접하다. 또한 그것은 시각과 청각의 활동이 — 플라톤식으로 표현하면 — 영혼에도 관계한다는 것을 보여주며, 오늘날에는 그 작동방식이 뇌과학적 분석의 대상이 되기까지 한다.

그렇다면 이런 **감각통합적 노력으로** 영화가 시도하는 것은 무엇인가. 그것은 새로운 '현실들'을 제시하는 일이다. 영화는 다큐멘터리처럼 현실을 재현하기도 하고, 현실이기 위한 예술적 창조를 시도하기도 한다. 그런 현실들은 넓은 의미에서 '이야기'이다. 그것이 이미지 중심의 이야기이든, 대사 중심의 이야기이든, 아니면 이 모든 것을 통합해 이루어내는 이야기이든 그것은 관객에게 실감나는 이야기이다. 이런 점에서 영화는 다른 어떤 예술 장르보다도 '실감나는 이야기'를 위한 기예적(技藝的) 작동이라고 할 수 있다. 그 기예적 작동을 영화를 구성하는 세 가지 기본 요소를 중심으로 간단히 살펴보자.[3]

---

2 플라톤,《파이돈》, 65b. 여기서 '다른 감각들'이란 후각 · 미각 · 촉각을 의미한다고 볼 수 있다. 플라톤은 인간의 기본 오감(五感) 가운데서 동물적 감각이라고 할 수 있는 후각 · 미각 · 촉각과 인간이 문명화하면서 특별히 발달시킨 시각과 청각을 계층적으로 구분한다고 할 수 있다.

3 이에 관한 확장된 이론은 졸고〈영화의 현실과 이론 : 영상, 음향, 서사 그리고 '실효현실'의 철학〉,《철학과 현실》, 2003 겨울(통권 59호), 철학문화연구소, 26~43쪽에서 찾아볼 수 있다. 이 논문은 주로 영화의 존재적 특성을 논한 것이지만, 본서 '7부 영화'에서는 영화의 서사적 특성을 파악하기 위한 이론적 전제를 설명하고자 한다.

02
잔상의 구성

 한때 영화를 '활동사진'이라고 부른 적이 있다. 활동사진이란 영어의 'motion picture'를 번역하면서 나온 말인 것으로 추측할 수 있는데, '영화(映畵)'라는 말보다 영화의 본질을 더 잘 나타내준다고 할 수 있다. '움직임(活動)'이라는 말이 들어가 있기 때문이다. '움직임을 그려낸'다는 그리스어 어원을 가진 'cinematograph'라는 단어도 영화의 본질을 잘 반영한다.

 영상의 차원에서 보면 영화는 움직이는 이미지를 재현하는 것이다(무성영화 시대를 지나온 오늘날에는 움직이는 이미지를 음향과 함께 재현한다). 그런데 여기서 주의해야 할 것이 있다. 이미지는 원래 움직이지 않는다고 생각하기 쉽기 때문이다. 움직이지 않는 이미지, 즉 정적 이미지는 영화 이전까지의 예술이 만들어낸 것이다. 그 대표적인 것이 회화와 사진이다. 영화가 나오기 전까지 미술을 비롯한 시각예술의 본질은 정적 이미지였다(3차원적 표현인 조각도 포함된다). 좀더 깊이 들어가면, 그들이 바로 정적 이미지였기 때문에 예술일 수 있었다고까지 말할 수 있다.

반면 영화는 처음부터 현실을 실감나게 재현하고자 하는 의도를 가졌기 때문에 동적 이미지를 만들어낸 것이다. 현실의 이미지는 동적이다. 사람의 이미지는 현실생활에서 움직이는 이미지이다. 정적인 풍경 이미지도 사실은 움직인다. 물이 흐르고 바람에 나뭇잎이 흔들리며 비가 내리고 눈이 온다. 자연의 이미지도 동적인 것이다.[4]

시각적 차원에서 영화는 본질적으로 활동영상이다. 현실을 정지영상으로 재현하려는 인류의 시도가 언제 시작되었는지는 정확히 말할 수 없다. 인류 역사를 한없이 거슬러 올라가야 할지 모르기 때문이다. 하지만 활동영상을 사용한 재현은 20세기가 다 되어서였다. 특별한 **기술 개발**과 **기계의 발명**이 필요했기 때문이다. 영화기술의 바탕이 되는 몇몇 현상은 오래전부터 알려져 있었다. 특히 안구에 남는 이미지의 잔상(殘像)에 대해서는 이미 기원전에 로마인 루크레티우스(Titus Lucretius Carus)가 《사물의 본성에 대하여(De rerum natura)》에서 언급한 바 있으며, 그 후에 다 빈치, 뉴턴 등 몇몇 물리학자들도 이를 다룬 바 있다.

현실을 재현하기 위해 지속적으로 '있음'이 아니라 일정 시간 동

---

[4] 흔히 간과하는 것이지만, 영화 초기에(아니면 지금까지도 일부 사람들의 의식 속에서) 영화가 예술 대접을 제대로 받지 못한 것은 바로 움직임 속의 이미지를 보여주는 것이었기 때문이라고도 할 수 있다. 그것은 예술적이기에는 너무 자연적이었다. 그것을 예술로 인정하려면 예술의 개념을 바꾸어야 했다. 영화의 예술성 논쟁은 예술의 개념을 밑바탕에서부터 흔들어놓을 수 있는 것이었다. 당시까지 현실을 재현하는 데 극사실성을 추구하는 미술적 경향이 만들어낸 것도 모두 움직이지 않는 이미지였기 때문이다. 하지만 현실의 이미지는 미동(微動)일지라도 움직인다.

안 '남아 있음'을 이용한다는 사실은 영화의 이중적 성격을 결정짓는다. 사실과 허구, 재현과 조작의 이중성이 그것이다. 하지만 이런 성격들은 역설적으로 영화 언어가 엄청난 '유도(誘導) 능력'을 가질 수 있다는 것을 의미한다. 바로 이런 이중성이 사람의 관심을 끄는 것이다. 관객에게 영화는 현실 모방의 차원에서 최고 수준의 착각을 제공하는 것이다.

기술적인 면에서 영화의 이런 특성을 가능하게 하는 것은 샷(shot)과 편집이다. 촬영 카메라는 마치 움직이는 사람의 눈처럼 대상을 여러 각도에서 살피고 인물에 가까이 다가가서 매우 미세한 동작을 탐색하기도 하며 멀어지면서 그 인물을 시야에서 사라지게도 한다. '목소리의 예술'인 연극으로부터 영화가 '얼굴의 예술'이라는 특성을 갖고 독립하게 된 데에는 샷과 클로즈업(close-up)의 기술적 역할이 결정적이었다.[5]

다른 한편, 영화는 편집과 함께 시·공간적 현실을 자기 입맛에 맞게 바꿀 수 있는 특별한 가능성을 갖는다. 영화에서 대상과 표현의 단순 관계를 넘어서는 차원은 바로 편집에 의해서 획득된다. 즉 현실의 시·공간과는 오직 착각적으로만 일치하는 '이상적' 시간과 공간을 창조할 가능성이 그것이다. 영화의 이야기는 바로 그런 시·공간적 조건에서 실감나게 전개된다.

---

5 연극을 '목소리의 예술', 영화를 '얼굴의 예술'이라고 구분하는 것에 동의하기 힘들 수도 있다. 그러나 최소한 연극이 '얼굴의 예술'이 아니고, 영화가 '목소리의 예술'이 아님에 동의할 수는 있을 것이다.

03 잔음의 효과

영화에서 음향은 통상 음향효과(sound effect), 말(language), 음악(musical score)으로 나뉜다. 이것들은 모두 영화의 현실효과를 위해 중요한 역할을 한다. 대사의 중요성은 말할 것도 없고, 음원(音原)이 현재 장면에 있는지 없는지 여부에 따라 구분하는 가시 음향(visible sound)과 비가시 음향(invisible sound)의 효과 있는 사용도 중요하다 (예를 들어 등장인물이 찻잔을 떨어뜨렸을 때 나는 소리는 가시 음향에 해당하고, 방 안에 있는 등장인물의 장면에서 창밖의 자동차가 도착하는 소리는 비가시 음향에 해당한다).

현실에서 우리 주위에 있는 수많은 소리는 비가시적이다. 다만 우리는 그 음원들의 포착을 불필요하게 생각하거나 포착하려고 해도 불가능한 경우가 대부분이다. 이 점을 잘 알고 있는 영화 제작자들은 음향 자체를 독립적으로 정보를 제공할 수 있는 표현 요소로서 사용한다. 그럼으로써 영화 속 상황은 더욱 현실적 효과를 갖게 된다.

그런데 서사적 차원에서 더 중요한 것은 음악효과이다. 사람들은 서사적으로 음향효과보다 '음악효과'가 더 중요하다는 것을 잊거나, 그 중요성을 의식해도 이야기 전개에서 음악효과의 특성을 제대로 파악하지 못하는 경우가 많다. 하지만 어떤 사건의 현장감을 살려주는 음향효과의 역할과 더불어 음악효과는 '이야기의 지속성'을 보장해주는 중요한 역할을 한다. 서사적 차원에서 음악효과를 설명해주는 것은 '동반 음향'과 '잔음(殘音)'이라고 할 수 있다.[6] 이 두 가지는 영화의 본질, 즉 영화가 현실 재현의 효과를 가진 조작된 현실이라는 것을 극명하게 보여주는 것이다.

현실의 삶에서는 남녀가 숲 속에서 사랑을 나눌 때 새소리, 물소리 등 자연의 소리는 들려도 음악은 들리지 않는다. 연인이 썰매를 타고 설원을 달릴 때 현실에서는 배경 음악이 없다. 하지만 〈닥터 지바고〉에서 썰매를 타고 사라지는 라라를 지바고가 창가에서 바라보고 있을 때 흐르는 테마 음악은 걷잡을 수 없는 감동을 불러일으킨다. 그때 남녀의 사랑은 엄청난 실효(實效)를 지닌 현실이 된다. 이때 관객은 영화의 현실 조작성이 노출되어 있는데도(음악이 있을 수 없는 곳에서 음악 소리가 들리는데도) 의식하지 못하며 효과만을 온몸으로 받아들이게 된다. 동반 음향으로서의 음악은 비가시적 음향과는 또 다른 기능과 효과를 발휘하는 것이다. 이에 더하여 동반 음향은 잔음의 효과에서 대사와 일반 음향을 능가한다. 진한 감동을 준 테마 음악은 우리 귀의 감각 안테나에 어느 정도 지속적으로 남아 있기 때문이다.

---

6 '동반 음향'과 '잔음'의 두 단어는 개념화를 위한 내 조어이지, 협약된 영화 전문용어는 아니다.

그러다가 영화의 다른 장면에서 그 음악이 다시 들릴 경우 잔음효과
는 증폭된다.'

영화가 시각적으로 현실 창조에서 잔상을 본질로 한다면, 청각적
으로는 잔음을 실효 있게 이용함으로써 그 현실을 더욱 실감나는 이
야기로 만들어가는 것이다. 더구나 잔상들은 실상으로 구성되기 위
한 것이지만, 잔음은 그 자체로 효과를 주기 때문에 영화 서사에서
부수적이 아니라 핵심적이 될 경우가 많다.

우리는 영화가 일단 시간 속에서 전개된다는 것을 잘 알고 있다.
이 말은 영화가 음악에 가까운 예술이라는 것을 뜻한다. 다시 말해
영화 역시 음악처럼 시간적인 단위 내에서 시작하고 끝난다는 말이
다(영화 전체의 러닝타임 외에, 음악처럼 영화 한 편 안에도 샷, 시퀀스 등
에 따라 다양한 시간의 단위가 존재한다). 이것은 시간예술인 음악이 같
은 특성을 지닌 영화 속에서 자신의 효과를 극대화할 수 있다는 것을
시사한다.

04 잔실의 서사

　영화전문가들은 문학과 영화가 똑같이 이야기를 원재료로 하지만 서술 형태에서는 완전히 다른 구조를 갖는다는 것을 잘 알고 있다. 그렇다고 원작이 있는 영화일 경우 감독이 소설을 자기식으로 재해석하기 때문에 문학과 영화는 다르다고 말하는 것은 단순한 생각이다. 왜냐하면 이야기를 만들어가는 영화만의 독특한 방식이 있기 때문이다.

　이것은 문학과 더 밀접한 관계를 갖고 있는 연극과 영화의 차이를 보아도 알 수 있다. 연극의 희곡을 읽는 것과 영화 시나리오를 읽는 것에는 큰 차이가 있다. 희곡에서는 대사가 중요하다. 그것은 앞에서 말했듯이 연극이 '목소리의 예술'이기 때문이다. 반면 연극에 비해 '얼굴의 예술'이라고 할 수 있는 영화에서는 표정 연기가 대사를 대체하는 경우도 많다. 그러므로 영화 서사에서 중요한 것은 대사가 아니라 전체적인 서사 구조이다.

영화학자 프랑시스 바누아(Francis Vanoye)는 '문자 서술'과 '영화 서술'을 구분하면서, 둘 사이의 차이는 **서술방식**이 다르기 때문이라고 한다. 하지만 여기서 둘 사이의 차이는 무엇보다도 **서술효과** 때문이다. 물론 서술방식이 다르면 그 결과로 서술효과도 다르다는 것은 상식이다. 그런데 여기서 강조하고 싶은 것은 대사로 이어지는 이야기 내적인 문제가 아니다. 영화의 서사에는 다양한 요소가 서사에 끼어들어 서사 구조 형성에 참여한다는 사실에 주목하기 때문이다.

관객이 영화에서 이야기를 따라가는 것은 대사처럼 문자가 구술화된 내용을 통해서이기도 하지만, 무엇보다도 활동영상을 통해서이다. 희곡과는 달리 영화의 시나리오 읽기는 전문가가 아닌 이상 대체로 지루하고 재미없다. 하지만 대사를 잘 알아듣지 못하는 외국영화를 자막 없이 보는 것은 그 정도로 지루하고 어려운 일이 아니다. 그렇게 영화를 보더라도 어느 정도 영화를 즐길 수 있다. 이것은 관객이 영상과 음향(대사가 아닌)으로 이야기를 좇아간다는 것을 의미한다. 바로 여기에 영화의 서사 구조가 갖는 특징이 있다.

영화의 서사 전개에서 일부 이야기는 두뇌에 잔상처럼 남아 있다가 다른 이야기의 줄거리에 다시 연결된다. 즉 잔상이 스토리텔링에 혼합하는 효과가 있는 것이다. 잔상은 영상으로 전하는 스토리뿐만 아니라 문자가 구술화된 대사가 전하는 스토리에도 잘 결합한다. 이런 연결들은 단순한 스토리일지라도 서사 전체가 구조성을 갖게끔 한다. 이것을 나는 '잔실(殘實)효과'라고 부른다. 즉 영상의 형태와 잔음의 효과로 두뇌에 남은 이야기의 내용은 '남아 있는 사실'로서 다른 이야기들과 조합할 준비를 갖추고 있는 것이다.[7] 잔상과 잔음이 잔실이 되어 서사 구조를 이루어가는 효과는 이야기로의 몰입 정도를 증가시킨다. 이렇게 영화의 서사 구조는 픽션이라는 차원에서 실효성 높은 스토리텔링이 된다. 이런 의미에서 영화는 창조과정에서 '남아 있음'을 '있음'으로 전환하는 작업이자, 소통과정에서는 '있음'을 '남아 있음'으로 연장시키는 시도이다.

지금까지 영화가 만들어내는 실감나는 이야기의 특성을 드러내 보이기 위해 영상, 음향, 서사에 대한 분석을 해보았다. 여기서 우리가 그 특성으로 파악한 것은 '남아 있음'의 중요성이다. 즉 잔상, 잔음, 잔실의 효과가 영화의 현실 재현과 창조에서 본질적이라는 것이다.

이에 더해 영화의 서사는 '집약성'이라는 매우 중요한 특성을 갖고 있다. 시간예술로서 영화는 '러닝타임'이라는 제한조건을, 공간예술로서 영화는 '스크린'이라는 제한조건을 갖고 있지만, 바로 그 조건이 영화 서사의 '집약적 효과'를 보장해준다. 이런 의미에서 집약성은 영화의 또 다른 미덕이자 소통 능력이라고 할 수 있다. 이는 또한 관객이 영상과 음향뿐만 아니라 구조로 영화의 이야기를 좇아간다는 사실과도 밀접하기 때문에 중요하다.

이야기를 짓는 사람은 어떤 방식으로든 '일상적 삶의 법칙'과 '자연법칙'을 활용하게 되는데, 영화같이 서사의 집약성이 특성인 장르에서는 그 법칙들 자체가 매우 효과적으로 적용됨으로써 서사의 흐름과 구조를 결정짓는다. 또한 법칙을 활용하는 이상 그 **흐름**과 **구조**

---

7 이것은 소설의 줄거리를 기억하는 것보다 그것을 원작으로 만든 영화의 줄거리를 더 잘 기억하는 것을 보아도 알 수 있다. 이런 효과를 단순히 영화 감상이 소설 독서보다 짧은 시간에 이루어지고 단순화되어 있기 때문이라고 치부할 수는 없다. 짧은 소설을 읽을 때에도 줄거리를 잊지 않기 위해 자꾸 앞쪽으로 돌아가본 경험이 있는 사람은 영화의 '잔실효과'를 좀더 잘 이해할 것이다.

에는 철학적(물리학적이자 형이상학적인) 의미가 담겨 있기 마련이다. 이 글에서는 그러한 법칙들 가운데서 '비가역성'과 '대칭성'이 적용된 대표적인 작품들을 분석함으로써 영화 서사의 흥미로운 측면들을 보여주고자 한다.

영화

2장

비가역의 드라마와 대칭성의 판타지

〈8월의 크리스마스〉, 〈인생은 아름다워〉,
〈맨 인 블랙〉, 〈형사 Duelist〉

cinema

01
비가역과 대칭성

비가역적(irreversible)인 것은 일상에서 흔히 경험하는 일들이다. 우리 삶의 경험들은 되돌릴 수 없는 것이다. 어른은 다시 어린아이가 될 수 없다. 좀더 심각하게 말하면, 모든 생명체가 다 그렇듯이 인간은 한 번 태어나면 오로지 죽음을 향해 일관되게 진행하는 삶을 경험할 뿐이다. 이것을 조금 달리 표현하면, 시간은 한쪽 방향성을 갖고 진행하며 되돌릴 수 없다.

비가역적 조건과 시간의 재발견

이런 시간의 비가역성을 물리학자들이 '시간의 화살(The Arrow of Time)'이라고 특별히 개념화하기 전에, 우리는 일상적으로 비가역적 세월을 경험하면서 살아왔다. 이런 점에서 자연과학의 탐구에서 '시간의 재발견'을 역설했던 열역학자 프리고진의 말은 과학자들의 '이상한 나라'를 엿볼 수 있어서 흥미롭다. 그는 "물리학에 시간을 포함시키는 것은 자연과학과 사회과학 속에 역사를 점진적으로 삽입하는 데 있어서 그 마지막 단계인 것처럼 보인다"[8]고 말한다. 이것은 시간의 비가역성, 즉 모든 것이 한 방향으로 진행한다는 역사적인 사고는 "주로 인간사회에 집중함으로써 시작되었으며, 그 후에야 생명과 지질학의 시간적인 차원에 주의를 기울이게 되었다"는 학문 발전의 역사를 보아도 알 수 있다는 것이다.

인위적인 것(인간의 상상력이 생산해내는 허구들을 포함하여)은 결정론적이고 가역적일 수 있지만, 자연적인 것은 비가역성의 필수적인 요소들을 포함한다. 프리고진은 마틴 가드너가 《양손잡이의 우주(The Ambidextrous Universe)》에서 한 말로 이를 강조한다. "어떤 사건들은 오직 한 방향으로만 진행된다. 이것은 그들이 다른 방향으로 진행될 수 없기 때문이 아니라 뒤로 돌아가는 것이 극도로 있을 성싶지 않기 때문이다."[9] 시간은 과거에서 미래로 흐른다. "과거는 포함되어 있으나 미래는 불확실한 채로 남아 있다. 그것이 '시간의 화살'의 의미이다." 우리는 시간을 조종할 수 없으며 과거로 돌아갈 수 없다(이에 따르면 시간을 통한 여행, 곧 타임머신을 탄 여행은 상상의 세계에 머물러 있어야 한다).

인간의 수준에서 비가역성은 보다 근본적인 개념이며 이것은 우리의 존재 의미와 분리할 수 없는 것이다. "비가역적 과정들은 매우 커

---

[8] 일리야 프리고진-이사벨 스텐저스, 《혼돈으로부터의 질서》, 고려원미디어, 1993, 282쪽(이 주제와 연관해서는 본서 3부 2장 04 '시간의 비가역성'에서 일부 다루었다).
[9] 앞의 책, 315쪽.

〈모든 과학의 주옥같은 정수〉, 두르간상카라 파타카, 1840년

다란 건설적인 중요성을 지니고 있다. 즉 생명은 이러한 과정들이 없이는 불가능하다."[10] 이는 또한 생명체로서 우리 인간은 일상적으로도 시간의 흐름을 느끼며 그것을 존재적 조건으로 받아들인다는 것을 뜻한다. 사실 일상적 관찰에서는 과학 활동도 마찬가지다. 프리고진이 든 쉬운 예에서도 알 수 있듯이 "시간의 방향성을 띠지 않은 과학적 활동은 아무것도 없다. 하나의 실험을 준비하는 데도 '이전'과 '이후'의 구별이 요구된다."

어찌 보면 자연과학에서 시간을 재발견한다는 것은, 일상적인 변화 속에서 인간 자신을 인식하던 방식으로 과학을 보게 되었다는 의미일 수도 있다. 우리가 가역적인 운동을 상상할 수 있고 알아볼 수 있다면, 그것은 "오직 우리가 비가역성을 알고 있기" 때문이다.

그런데 프리고진은 왜 이렇게 자연과학에서 '시간의 재발견'을 강조하는 것일까? 그는 우리 일상에서는 너무나 당연한 '비가역적 속성으로서의 시간'이 과학계에서는 오랫동안 "잊혀진 차원"이라는 점을 지적한다. 뉴턴의 역학으로 대표되는 "고전 과학에서는 시간과 무관한 법칙들이 강조되었다"는 것이다. 고전 과학의 탐구에서는 "변화하는 현상의 뒤에 숨어 있는 영원한 진리를 추구하려는 것에 매우 열성적이었기" 때문이라는 것이다. 미시적인 수준에서 고전 역학의 법칙들은 양자역학의 법칙들로 대체되었고, 우주의 수준에서는 상대론적 물리학이 고전 물리학을 대신하게 되었지만, "결정론적이고 가역이며 정적인 궤적들의 기술(記述)이라는 의미에서" 고전 동역학은 오늘날까지도 과학적 방법의 기준점으로 남아 있다는 것이다.

---

10 앞의 책, 183쪽.

그렇다면 자연과학자들이 이렇게 결정론적이고 가역적인 가설 아래 과학적 탐구를 하는 이유는 어디에 있을까? 그 주된 이유는 자연에는 무수한 대칭성(對稱性)이 존재한다는 믿음 때문이다.

대칭성의 다양한 의미

오늘날 우리는 '대칭'이라는 단어를 마주 보는 두 손처럼 단순한 거울상이나 결정체를 어떤 평면으로 반분했을 때, 그 평면을 중심으로 한쪽의 것이 다른 쪽의 반사된 형태인 경우를 가리키는 좁은 의미로 쓰고 있다. 그러나 고대 그리스어에서 '심메트리아(symmetria)'라는 단어는 '같은 척도' 또는 '같은 값으로 측정되는 것'을 의미했다. 여기서 서로 상응하는 '닮은 꼴'의 의미도 유래했다. 닮을 꼴은 같은 값으로 측정될 수 있기 때문이다.

불변의 값을 측정한다는 의미에서 대칭성은 물리학에서 매우 중요한데, 이에 관해 물리학자 브라이언 그린(Brian Greene)은 현대 과학이 이룩한 모든 업적 가운데서 '원자의 발견'에 견줄 만큼 중요한 것이 "우주가 운영되는 법칙의 저변에는 대칭성이 깔려 있다"는 인식이라고 말한다. "지난 수백 년 동안 과학 분야에서 이루어진 역사적인 발견들은 일관된 공통점을 갖고 있다. 이 세계에 어떤 식으로든 변환을 가하면 대부분의 양들이 일제히 변하게 되는데, 그 와중에도 변하지 않고 원래의 값을 유지하는 양이 존재하는 경우가 있다. 그런데 물리학의 역사를 바꾼 중요한 이론들은 바로 이 '불변량'에 초점이 맞춰져 있다. 물리학자들은 이렇게 변하지 않는 속성을 흔히 '대칭성(symmetry)'이라고 표현한다. 물리량이 갖고 있는 대칭적 성질은 현대 물리학에서 핵심적인 역할을 하고 있으며, 자연에 숨어 있는 진리를 밝히는 데 가장 강력한 도구로 사용되고 있다."[11]

물리학의 중요한 법칙들은 '위치를 바꾸는 변환'에 대하여 불변이라는 의미에서 '병진대칭성(translational symmetry)'을 갖고 있다. 이는 장소가 달라지면 운동은 변할 수 있지만 그 운동을 설명하는 법칙은 변하지 않는다는 뜻을 담고 있다(예를 들어 지구와 달에서 높이뛰기를 한다면 그 운동 현상은 각각 다르게 나타나지만, 지구와 달의 중력 차이를 계산하면 같은 운동법칙으로 설명된다). 뉴턴의 운동법칙, 맥스웰의 전자기법칙, 아인슈타인의 특수 및 일반 상대성 이론 등은 한결같이 병진대칭성을 갖고 있다.

그린은 지난 수십 년간 물리학자들은 대칭의 원리를 파고든 끝에 그것을 물리학의 최고 정점에 올려놓았다고 말한다. 지금까지 관측된 바로는 우주의 전 지역에 동일한 물리법칙이 적용되고 있으므로 물리법칙이 병진대칭성을 갖고 있다고 단언해도 크게 틀리지는 않을 것이라고 한다. 그러므로 현대의 이론물리학자들은 대칭성으로부터 모든 물리법칙이 파생되었다고 믿고 있다. 입자물리학과 우주론을 접목하는 이론물리학자 로런스 크라우스(Lawrence Krauss)도 "대칭성은 자연이 가진 매우 기본적인 성질이어서 올바른 예측을 할 수 있는 이론이라면 당연히 그러한 대칭성을 반영해야 할 것"[12]이라고 주장한다.

---

11 Brian Greene, *The Fabric of the Cosmos*, Vintage Books, New York, 2005, p. 219(315~316).
12 Lawrence M. Krauss, *Hiding in the Mirror: The quest for alternate realities, from Plato to String Theory*, Penguin Books, New York, 2005 p. 10(26).

사실 자연법칙에서 위치가 바뀌어도 '같은 값'을 얻을 수 있다는 물리학적 입장은 플라톤의 사상에서 이미 그 뿌리를 발견할 수 있다. 플라톤이 이데아 이론을 설명하기 위한 전제로 도입한 '한 가지 보임새(monoeides)'는 "언제나 똑같은 방식으로 한결같은 상태로 있으며 결코 어느 때든 어떤 점에서든 또 어떤 식으로든 불변"인 것이다.[13] 고대 그리스 철학이 현대 과학의 모태라는 것을 다시 한 번 확인하게 된다.

한편, 물체에 존재하는 대칭성이란 어떤 변환에 대하여 관찰 대상으로서 물체의 외형이 변하지 않는다는 것을 의미한다. 물체의 외형이 그대로 유지되는 변환의 종류가 많을수록 그 물체는 '높은 대칭성을 갖는다'고 표현한다. 우리가 알고 있는 도형들 가운데 가장 높은 대칭성을 보유한 도형은 구(球)이다. 구의 중심을 지나는 임의의 축을 설정하고 구를 마음대로 회전해도 관찰 대상으로서 구의 모양은 변하지 않기 때문이다. 곧 우리가 관찰하는 모양은 항상 똑같은 구체이다.

대칭성은 기하 도형과 미적(美的) 형상에도 넓게 활용되어왔다. 미술사학자 타타르키비츠(W. Tatarkiewicz)는 "고대인들은 심메트리아(symmetria)를 부분들의 조화로운 배열로 보았고 이것이 고대 미학의 가장 근본적인 개념이었다. 그것은 힘이나 실용성이 아니라 미에 관계된 것이었다"[14]고 주장한다. 그는 고대의 의미 있는 미학 개념들 가운데 핵심적인 것으로 심메트리아, 미메시스, 카타르시스를 꼽는

---

13 플라톤, 《파이돈》, 78d 참조.
14 W. 타타르키비츠, 《미학사1 : 고대 미학》, 미술문화, 2005, 479쪽.

다. "심메트리아의 개념은 고대인들의 미에 대한 이해를, 미메시스의 개념은 고대인들의 예술에 대한 이해를 구체화한 것이라면, 카타르시스의 개념은 인간에게 미치는 미와 예술의 영향에 대한 그들의 개념을 구체화한 것"이기 때문이다.

논리학에서 대칭적 관계(symmetric relation)는 이렇게 간단히 설명할 수 있다. 그것은 임의의 xy에 대하여 xRy일 때 항상 yRx가 되는 관계를 가리킨다. 가령 어떤 두 항이 '친구이다'라는 관계에 있다면, 두 항의 관계는 대칭적 관계이다. A가 B의 친구라면 B가 A의 친구이기 때문이다.

이상 비가역성과 대칭성에 대해서, 일상생활, 자연과학, 미학 등의 영역에서 그것들이 어떻게 다루어지고 있는지 살펴보았다. 짧으나마 그것들의 다양한 의미들을 짚어본 것은, 흥미로운 이야기들은 삶의 법칙과 자연법칙을 어떤 방식으로든(명시적이든 묵시적이든) 내포하고 있기 때문이다. 역으로 흥미로운 이야기를 짓고자 하는 작가는 그러한 법칙들의 다양한 차원들을 탐구해야 하기 때문이다. 다음에 다룰 영화 작품들은 비가역과 대칭성의 법칙들이 다양하게 적용되면서 서사의 흐름과 구조를 결정한 예들이다. 그것들을 각각 강화된 비가역성, 잠재적 비가역성, 가미된 대칭성, 구조적 대칭성으로 나누어서 살펴본다.

02
〈8월의 크리스마스〉: 강화된 비가역성

　시간은 대칭성을 갖고 있지 않다. 시간이 존재한다는 것은 곧 시간에 '과거-미래 대칭성'이 존재하지 않는다는 것을 의미한다. 시간은 한쪽 방향으로 진행하는 비가역성을 본질로 한다. 그 비가역성이 '죽음'을 향해 있고, 죽을 때까지 남은 시간을 '시한부'라고 설정하게 되면, 시간의 비가역적 특성은 더욱 부각된다. 허진호 감독의 〈8월의 크리스마스〉는 죽음이라는 '강화된 비가역성'을 서사의 바탕에 깔고 있는 작품이다. 이 한 가지 특성은 영화 서사의 다른 모든 내용, 사랑, 우정, 가족 그리고 일상생활의 모습들을 결정짓는다.

시간, 그리고 의식된 죽음

　남자주인공 정원은 30대 중반으로 작은 사진관을 운영하고 있다. 그의 사진관에 다림이라는 발랄한 아가씨가 나타난다. 그녀는 정원의 사진관이 있는 지역에서 주차 단속을 하는 구청 공무원이다. 매일 비슷한 시간에 사진관 앞을 지나고 단속한 차량의 사진을 맡기는 다림은 차츰 정원의 일상에서 한 부분이 되어간다. 20대 초반의 다림은 당돌하고 생기가 넘친다. 해맑은 천진난만함을 지닌 그녀가 정원의 일상이 되어가면서 둘 사이에는 사랑이 싹튼다. 하지만 정원은 남모를 병을 앓고 있다. 더구나 불치병이다. 그는 시한부 인생을 살고 있는 것이다. 다림은 자신의 모든 투정과 당돌함을 편안하게 받아주는 정원에게 점점 빠져든다. 하지만 정원은 영화의 홍보 문구처럼 "시간이 얼마 남지 않았는데, 긴 시간이 필요한 사랑을 하고 있다."

〈8월의 크리스마스〉 안에는 사랑 이야기도 있고 죽음의 의미도 있으며 무엇보다도 일상생활과 함께 비일상적 경험이 있다. 곧 평범함 속에서도 독특함을 품고 있는 삶이 있다. 우리 인간의 삶이란 그런 것이다. 그런데 1997년 이 영화가 나왔을 때 평론가들 사이에서 이 작품이 '사랑 이야기'인가, 아니면 '죽음에 대한 성찰'을 주로 하고 있는가 하는 논쟁이 있었다고 한다. 영화의 전체적인 전개를 보면 남녀의 사랑을 애잔하게 그린 멜로드라마라고 해도 좋을 것이다. 더구나 인간 감정의 '촌스러움'을 일상에서 소중히 간직하려는 사람들에게는 감상적 애정극이란 항상 값진 것이다.

다른 한편, 이 영화는 서사 구조에 '죽음의 기능'을 도입하지 않고는 작품으로 탄생할 수 없었다. 〈8월의 크리스마스〉에서 이야기 전개의 핵심 기능으로서 죽음은 거의 절대적이다. 이 영화가 죽음을 주제로 하거나 죽음에 대한 본격적 성찰을 목표로 한 것은 아니라고 본다. 하지만 서사 전개에서 '강화된 비가역성'으로서 죽음의 기능을 철저히 이용하고 있음에는 틀림없다. 이런 점에서 '죽음의 의식(意

識)'이라는 현대 실존주의의 이론 전개 테크닉을 영화에 전용했다고 까지 말할 수 있다.

인간의 삶에서 '죽음의 기능'이란 매우 높은 효율성을 지니고 있으므로 예술 창작에 곧잘 이용된다. 죽음이란 인간의 삶을 조정하기 때문이다. 죽음이 있기 때문에 인간의 삶은 특별한 형태를 갖추는 것이다. 죽음은 사람이 죽는 순간에만 삶에 한계를 지우는 힘을 발휘하는 것이 아니라, 생의 시작부터 끝까지 삶의 형태와 방식을 정한다.

그러나 사람들이—누구나 언젠가 죽는 피할 수 없는 조건에 있다고 해서—매일 죽음을 의식하며 살지는 않는다. 일상생활에서 사람들은 주로 시간의 흐름을 의식하고 산다. 계절이 바뀌고 또 한 해가 지나가는 것이라든가, 이에 따라 나이를 먹고 늙어가는 것을 의식하며 산다. 그래서 작가는 이야기 구성에 죽음을 특별히 의식하게 하는 조건을 도입한다. 이 작품에서처럼 주인공의 '임박한 죽음', 즉 시한부 인생이라는 삶의 조건은 멜로드라마의 서사방식조차 바꾸어버린다. 곧 평범한 일상 속에서도 독특한 이야깃거리를 만들어내는 것이다.

어떤 사람들에게는 죽음이라는 고귀한 철학적 주제에 기계적 냄새가 나는 '기능'이니 '효율성'이니 '이용'이니 '이야기의 장치'이니 하는 단어를 가져다 붙이는 것이 거슬리는 일일지 모르겠다. 하지만 이런 것들은 작품을 만드는 과정에 얽혀 들어가 있게 마련이다. 영화와 같이 이른바 종합예술일 경우에는 더욱 그렇다.

죽음의 기능을 이용하는 허진호 감독의 방식은 영화 시작부터 마지막까지 일관적이고 노골적이다. 이 점에서 이 영화에는 절제가 없다. 도입부의 장면들은 죽음을 일상으로 끌어들이는 작업이다(종종 삶과 대비시키면서). 주인공 정원이 밝은 분위기의 거리를 빨간색 스

〈묘비〉, 그리스(헬레니즘 시대) 유물, 2~3세기경

쿠터로 달리는 장면은 곧 그가 힘없이 잠들어 있는 모습으로, 병원의 복도로, 죽음의 그림자를 조금씩 보여주며 이어진다. 병원에서 진찰을 받고 어릴 적 다니던 초등학교 운동장을 찾은 정원은 마치 생명의 기운을 다시 느끼려는 듯 철봉을 하지만, 곧 흙장난을 하는 생기발랄한 아이들 옆에 앉아 독백을 한다. 정원의 독백은 "돌아가신 어머니", "나도 언젠가는 사라져버린다"와 같은 어찌 들으면 어색할 정도로 죽음의 의미를 담은 단어들을 나열한다. 사진관으로 돌아온 정원은 친구로부터 아버지가 돌아가셨다는 전화를 받고 장례식장으로 간다. 장례식장 장면은 매우 짧지만, 정자나무 아래에서 영안실 쪽을 응시하는 정원의 모습은 긴 시간을 압축하고 있는 듯하다. 사진관에 돌아온 정원은 거의 죽을 만큼 지쳐 있다. 그는 약을 먹는다. 이렇게 도입부만 보더라도 죽음의 상황은 매우 집약적으로 표현되어 있다.

이러한 의도적 배치의 장면들은 영화의 종결부에서 클로즈업되는 정원의 영정 사진으로까지 끊임없이 도드라지게 이어진다. 다만 일상에서 죽음을 의식하는 구도의 축은 남자주인공 쪽에만 있다. 여자주인공 다림은 정원이 시한부 인생을 산다는 것을 모르고 만난다. 어찌 보면 영화의 마지막 장면에서 다림이 이제는 고인이 된 정원의 사진관 쇼윈도에 걸려 있는 자신의 사진을 보며 짓는 밝은 미소는, 항시 죽음을 의식하며 살지는 않는 우리의 일상을 되돌려주려는 것인지 모른다. 다림도 시간의 흐름을 거역할 수 없는 비가역적인 삶을 살고 있지만, 이제 소녀티를 막 벗은 발랄하고 청순한 여인이라는 점 때문에 오히려 죽음과 대비되는 생명을 표현하고 있다. 그것은 우리 일상의 소중한 한 면을 보여준다.

영화는 8월의 한여름에서 눈 내리는 크리스마스가 기대되는 한겨울까지의 이야기를 담고 있다. 두 사람의 깊은 사랑 이야기라는 점에서 그것은 짧지 않은 시간일지 모른다. 하지만 살 '시간이 얼마 남지 않은' 정원에게 8월은 이미 크리스마스에 성큼 다가서 있다. 아니 어쩌면 정원은 크리스마스를 앞당겨 8월에 보내야 하는지 모른다. 시간은 비가역적이지만, 사람의 마음은 가역적이기 때문이다.

| 흘러가버릴 사랑 이야기

눈 내린 겨울 사진관 앞에서 미소짓고는 이내 등을 돌려 관객 쪽으로 성큼성큼 걷는 다림이 등장하는 몇 십 초 안 되는 라스트 신은 이 영화가 일상에서 흔히 볼 수 있는 사랑 이야기라는 것을 상기하게 한다. 영화의 전체적인 흐름은 확실히 멜로드라마의 틀 속에 있다. 길거리에서, 주유소에서, 공원에서, 비 오는 날 오토바이 수리점 앞에서 등등 수많은 '작위적 우연'의 만남으로 이어지는 사랑 만들기 이야기와 적재적소에서 가슴을 흔들고자 하는 배경 음악은, 죽음을 앞둔 정원이 거리에서 주차 단속원으로 일하고 있는 다림의 모습을 카페의 창을 통해 손가락으로 어루만지는 장면에서 절정을 이룬다.

애절한 사랑 이야기가 보여주는 것도 비가역적인 조건에 있는 우리의 삶이다. 흘러가버릴 사랑 이야기를 전해주고 있기 때문이다. 삶에서 '흐름'의 의미를 잘 보여주는 것은 사실 정원과 다림의 관계에서보다 정원과 그의 첫사랑 지원과의 관계에서이다. 지원은 몇 장면 등장하지 않지만, 이 점에서 이야기의 중요한 역할을 한다.

정원은 스쿠터를 타고 동네 담장들이 늘어선 골목을 달린다. 정원은 맞은편에서 걸어오는 여자를 스쳐 지나간다. 여자는 멈칫하고 선다. 그리고 뒤돌아본다. 정원도 뒤돌아본다. 둘이 '뒤돌아봄으로써' 그들의 기억은 순간 과거로 돌아간다. 정원이 말한다. "오랜만이야." 이 말과 함께 둘은 다시 현재에 서 있다. 둘은 어색하게 몇 마디 주고 받고는 곧 각자 가던 길을 간다. 기억이 가역적인 연출을 하더라도 우리의 삶은 어쩔 수 없이 비가역적이다.

며칠 후 지원이 정원의 사진관을 찾아온다. 둘은 초등학교 다닐 때의 추억을 더듬으면서 대화를 나눈다. 참으로 오래전의 아름다웠던 시절을 기억해내고는 마주 보며 미소짓는다. 지원은 정원의 병세를 걱정한다. "오빠, 많이 아프다면서. 심각해?" 곧이어 병원으로 향하는 버스 안에서 정원은 쓸쓸히 독백한다. "세월은 많은 것을 바꾸어 놓는다. 서먹하게 몇 마디를 나누고 헤어지면서 지원은 내게 자신의 사진을 치워달라고 부탁했다. 사랑은 언젠가는 추억으로 그친다."

물론 다림에게도 사랑은 추억으로 그친다. 한때 있었던 아름다운 추억으로……. '흘러가버릴 사랑 이야기'라는 통념에 대한 반전은 오로지 비가역적인 세계를 떠남으로써만 가능하다. 정원의 죽음은 그에게 '영원히 간직할 사랑 이야기'를 가능하게 하기 때문이다. 비가역적 세상을 떠난 정원에게는 다림과의 사랑이 더 이상 추억이 아니다. 정원이 없는 사진관 앞에서 미소짓고는 성큼성큼 사라지는 다림의 모습과 함께 이제는 저세상 사람이 된 정원의 독백이 흐른다. "내 기억 속의 무수한 사진들처럼, 사랑도 언젠가는 추억으로 그친다는 것을 나는 알고 있었습니다. 하지만 당신만은 추억이 되질 않았습니다. 사랑을 간직한 채 떠날 수 있게 해준 당신께 고맙다는 말을 남깁니다." 비가역성이 강화된 이야기의 흐름 그 끝에서 우리는 가역성의 신비를 본다.

03

〈인생은 아름다워〉: 잠재적 비가역성

로베르토 베니니(Roberto Benigni) 감독 주연의 이탈리아 영화 〈인생은 아름다워(La vita è bella)〉는 1990년대 후반 세계 영화계의 신선한 충격이었다. 우리나라에서도 많은 관객들의 호응을 얻었는데, 흥미로운 것은 평론의 반응이었다. 대부분의 평론들이 다음의 세 가지 점에서 일치를 보였다. 첫째, 베니니가 채플린을 흉내내며, 특히 이 영화의 주인공 귀도(Guido)는 채플린식 슬랩스틱 코미디를 재현한다. 둘째, 이 영화는 전편과 후편으로 나뉜 2부작이라고 할 수 있다. 셋째, 이 영화는 유대인 학살이라는 나치의 만행에 대한 풍자 및 고발이다.

그런데 이 세 가지 가운데 그 어느 하나에도 선뜻 동의하기는 쉽지 않다. 이 영화는 제목 그대로 '인생은 아름답다'는 것을 보여주는 작품이기 때문이다. 인생이 역사의 거센 흐름에 쓸려가듯 하더라도 사람은 누구든 인생을 아름답게 살 수 있다는 말을 하고 싶은 것이 베니니의 마음이기 때문이다. 조금 달리 표현하면, 베니니는 비가역적인 흐름이라는 삶의 냉혹함에서도 인생을 게임을 하듯 사는 것의 의미를 보여준다. 인생을 놀이처럼 살면 사람의 힘으로 어쩔 수 없는 역사의 파도라도 어려움과 고통의 기제가 되는 게 아니라 즐거운 놀이의 '재료'가 된다는 것을 보여준다(정치적인 풍자와 고발은 이런 놀이의 결과로 따라온 것 일뿐이다). 그러므로 베니니의 작품에서 시간의 비가역성은 노골적이지 않고 잠재적 재료가 된다.

'펼쳐지는 양탄자' 같은 이야기

베니니의 이런 '깊은', 하지만 결코 무겁지 않은 뜻을 헤아리기 위해서는 그와 채플린의 유사점보다 차이점을 살펴보는 것으로 시작하는 것이 좋을 듯싶다. 그렇게 하면 희극성의 문제만으로도 영화 서사의 특징들을 다각적으로 살펴볼 수 있으며, 이 영화가 전편과 후편으로 나뉘지 않고 어떻게 일관된 삶의 의미를 담고 있는지도 알 수 있을 것 같기 때문이다.

채플린의 익살극은 미국 진출 연극인 〈영국 뮤직홀의 밤〉에서도 어느 정도 그 맹아가 보였다. 그리고 그가 24세 때 처음 영화 출연을 계약한 키스톤(Keystone)사의 트레이드마크가 '슬랩스틱 코미디'였다. 슬랩스틱이란 치고 받고 야단법석을 떨면서 사람들을 웃기는 익살극이라는 것이 사전의 정의이다. 그런 슬랩스틱의 중요한 특징은 무엇인가? 그것은 치고 받을 때 주인공도 당한다는 것이다. 채플린의 경우 어느 누구보다 심하게 당하는 대상이다. 채플린은 남을 실컷 때리고 나서도 자신이 한번 벌렁 넘어져야 한다.

하지만 귀도(로베르토 베니니)는 절대 당하지 않는다. 당하기는커녕 당할 수 있는 위기를 항상 반전시킨다. 남을 골탕먹이고 도망치는 데 귀재이고, 도망치면서도 권력자(지방의 유지인 변호사와 중앙정부의 장학사)와 사회 지도층(학교 선생들)에게 '엿 먹어라'라는 식으로 내지르며, 꾀를 써서 권력자의 애인을 '납치'한다. 당하는 사람은 귀도가 아니라 항상 다른 사람들이다. 베니니는 채플린처럼 지팡이를 돌리다 자기가 맞는 실수로 남을 웃기지 않는다. 사람들은 채플린식 슬랩스틱 코미디에서 다른 사람들 못지않게 그가 괴롭게 당하는 것을 보고 웃지만, 베니니의 경우는 그가 즐겁게 행동하는 것을 보고 웃는다.

채플린식 슬랩스틱의 또 다른 특징은 특별히 정형화된 몸동작들이다. 예를 들면 걸음걸이, 눈 깜빡임, 입과 코의 씰룩거림, 지팡이 휘돌리기, 도망칠 때 그 유명한 '직각 턴' 등이 그것이다. 이는 연극의 팬터마임과 무성영화 시대를 거친 채플린에게는 불가피한 것이었을지 모른다. 하지만 베니니에게 이런 것은 존재하지 않는다. 베니니는 웃음이 나올 수 있는 전체적인 상황 설정과 말재주가 무기다(이는 수수께끼에서도 귀도가 항상 해답을 내며, 수수께끼 풀이를 대인관계에서 즐겁고 감동적으로 활용하는 것을 보아도 알 수 있다). 희극성의 구성 요소가 다른 것이다.

슬랩스틱 외에도 채플린과 베니니의 희극적 연출은 판이하게 다르다. 거의 상반된다고 볼 수도 있다. 채플린이 초기 영화 작품들에서 페이소스를 도입한 이후, 외로운 '작은 방랑자(little tramp)'의 이미지와 '웃음 뒤에 흐르는 눈물'은 그의 작품들에서 여러 번 반복되는 정형이었다. 하지만 베니니는 '눈물을 넘어선 웃음'을 보여주며, 슬픔을 넘어서는 기쁨과 환희를 추구한다. 이는 영화의 마지막 장면 처리에서도 관찰할 수 있으며, 처음의 내레이션에도 명시적으로 나타나 있다. "이 이야기에는 한 편의 동화에서처럼 고통이 있습니다. 그러나 동화처럼 경이로움과 행복으로 가득 차 있습니다." 채플린처럼 웃음이 있지만 가슴 아린 슬픔이 함께하는 것이 아니라, 가슴 아린 슬픔의 감동으로 환히 웃을 수 있다는 것이 베니니의 이야기이다.

채플린은 어둡고, 베니니는 밝다. 그것은 어쩌면 안개와 부슬비 속의 암울한 런던과 항상 태양이 비치는 토스카나 지방의 차이일지도 모른다. 채플린은 주어진 상황과 불운에 당하면서 그것을 비꼬고 풍자하지만, 베니니는 아무리 어려운 상황과 불운 속에서도 그것을 적극적으로 최대한 활용한다. 즉 인생을 사는 것이다. 이는 수용소의 삶에서도 관찰할 수 있다. 아들을 위한 게임 시나리오를 연출하는 것 외에도, 귀도는 경비병이 없는 사이 경비대 마이크로 아내 도라에게 사랑의 마음을 전하고, 축음기로 그들의 감동적 만남의 계기가 되었던 오펜바흐의 음악을 틀어준다. 그 순간 '바우만의 뱃노래', 그것은 고통을 어루만지는 감동적인 애무가 된다.

사랑하는 여자를 대하는 태도에서도 둘 사이는 판이하다. 채플린 영화의 주인공인 방랑자는 짝사랑의 전형이다. 다른 멋진 남자가 나타나면 고이 간직할 순수한 사랑을 위해서 여자를 포기한다. 귀도는 방랑자와 마찬가지로 가난한 추남이지만 끈질기게 노력하여 돈 많고 잘생긴 권력 있는 남자의 애인을 쟁취한다. 말을 타고 사랑하는 여인과 연적(戀敵)의 약혼식장에 들어서는 귀도의 과감함을 보라.

이 영화에는 연출자 베니니의 '생(生)의 철학'이 그대로 담겨 있다. 그가 보여주고자 한 것은 '인생은 살아야 한다'는 것이다. 그것도 망설임 없이 적극적으로 살아야 한다. 삶 자체가 아름답기 때문이다. 인생을 살아야 한다는 것은 영화 전체를 관통하고 있다. 이는 폭우 속에서 귀도가 사랑하는 도라 앞에 펼친 '레드 카펫의 연속성'과 같은 것이다. 폭우로 대성당 앞 계단과 광장에 물웅덩이가 생긴 것을 보고, 귀도는 자동차에서 실크로 된 레드 카펫 두루마리를 꺼내 도라의 발 앞에서 광장 저 끝까지 굴려 보낸다. 레드 카펫 두루마리는 계단을 모두 내리달아 광장을 가로질러 도로 끝까지 펼쳐진다. 도라의, 아니 우리 모두의 감동이 엑스터시에 이르는 순간이다. 삶에 시작과 끝은 있어도 단절은 없다. 모든 것은 생의 활력으로 연결되어 있다.

영화의 줄거리에서 분기점이라고 할 수 있는 지점에서도 베니니는 '생의 연속성'을 강조한다. 귀도는 도라와 변호사 로돌포의 약혼식장에 백마 탄 기사처럼 나타나 도라를 납치한 후, 호텔을 경영하는 삼촌의 저택 정원으로 데려온다. 하지만 집 열쇠를 갖고 오지 않은 그가 어떻게든 문을 열려고 하는 사이, 도라는 정원에 있는 열대 식물이 가득한 온실로 들어간다. 귀도도 그녀를 따라 그곳으로 들어간다. 그 다음 장면에서 온실 밖으로 나오는 사람은 도라도 귀도도 아닌 어린 조수에이다. 그들 사이에서 태어난 아이인 것이다.

〈인생은 아름다워〉에서도 시간은 비가역적으로 흐른다. 그러나 귀도가 자신과 남을 즐겁게 하면서 그 흐름을 뛰어난 곡예사처럼 잘 타기 때문에, 어떤 경우라도 비가역적 삶의 조건이라는 버거움은 귀도의 빛나는 삶 밑으로 잠적한다. 그래서 귀도의 인생은 흘러가는 시간과 동반하며 막힘없이 함께 흘러간다. 이런 관점에서 영화는 두 부분으로 나뉠 수 없다. 이런 점에서 역사적 배경도 부수적이다. 나치의 유대인 학살의 상황뿐만 아니라 그 어떠한 고통 속에서도 인생을 게

임하듯이 기쁨을 찾아 살아야 한다는 것, 그것이 베니니의 철학이다. 역사적 사실에 대한 풍자보다 인생을 사는 방식이 우선한다.

그래서 영화의 제목도 '아름다운 인생'이라고 하지 않고, 'La vita è bella'라고 한 것이다. 이것을 직역하면 '인생은 (라 비타) 아름답다 (에 벨라)'이다. 이는 자기 앞에 놓인 생을 위한 베니니의 단호한 입장이다. 그래서 이 영화는 일관되게 '생의 선물'로 시작해서 '생의 선물'로 끝난다(여자주인공의 이름 '도라(Dora)'는 그리스 어원으로 '선물'이라는 뜻이며, 영화 마지막 조수에의 독백에도 '선물'이라는 말이 들어 있다).

선물과 희망

베니니의 영화 전체를 관통하는 것은 물론 '삶의 의지'이다. 그것이 얼마나 강한지, 심지어 쇼펜하우어(A. Schopenhauer)의 명저 《의지와 표상으로서의 세계》를 제멋대로 해석해서[15] 인간의 의지를 강조하는 데 쓴다. 이것은 물론 베니니의 해학이지만 말이다. 그런데 시간의 흐름에 따라 즐겁고 유연하게 살아가는 '인생'이라는 관점에서 이 영화의 키워드는 '선물'과 '희망'이다. 흥미로운 것은 두 가지 모두 시간의 잠재적 비가역성을 담고 있는 상징들이라는 것이다. 선물은 주어진 것, 곧 과거를 상징하고, 희망은 찾아가야 할 것, 곧 미래를 상징한다. 과거-미래 대칭성이 존재하지 않는다는 것은 과거와

---

15 쇼펜하우어 《의지와 표상으로서의 세계(Die Welt als Wille und Vorstellung)》에서 '의지(Wille)'는 제목에 있는 그대로 '세계의 의지' 또는 '자연의 의지'를 의미한다.

미래가 시간적 비가역성의 결과라는 뜻이다.

언급했듯이 이 작품에서 선물의 의미는 각별하다. 이것은 이야기의 흥미진진한 시작을 가능하게 해주고 이야기의 종결에 의미를 부여하는 기능을 한다. 이야기의 도입부에서 귀도는 친구 페루초와 함께 자동차로 여행하던 중 브레이크 고장으로 한 농가 옆에 정차하게 된다. 그곳에서 페루초가 차를 수리하는 동안, 귀도는 농가에 물을 마시러 갔다가 갑자기 '하늘'에서 떨어진 여인 밑에 깔리게 된다. 사실인즉 농가의 곡간 이층에서 벌 떼에 쫓긴 여인이 밑으로 뛰어내린 것인데, 공교롭게 그 자리에 귀도가 있었던 것이다. 그 여인은 다름 아닌 도라이다. 그녀는 운명의 선물처럼 귀도 앞에 나타난다.

도라와 결혼한 귀도는 자신들이 처음 만났던 바로 그 도시에서 아들 조수에를 낳고 행복한 나날을 보낸다. 그러나 제2차 세계대전의 소용돌이 속에서 귀도와 조수에는 강제로 유대인 수용소로 끌려간다. 남편과 아들을 사랑하는 도라는 유대인이 아니면서도 자원하여 그들의 뒤를 따른다. 귀도는 수용소에 도착한 순간부터 조수에에게 자신들이 처한 현실이 사실은 하나의 신나는 게임이라고 속인다. 귀도는 자신들이 특별히 선발된 사람이라며 1,000점을 제일 먼저 따는 사람이 1등상으로 진짜 탱크를 받게 된다고 그럴듯하게 설명한다. 어릴 때부터 유난히 장난감 탱크를 좋아했던 조수에는 귀가 솔깃하여 아빠의 이야기를 사실로 믿는다. 두 사람은 아슬아슬한 위기를 셀 수도 없이 넘기며 끝까지 살아남는다.

마침내 패전 위기에 몰린 독일은 수용소를 버리고 후퇴한다. 그러나 이 혼란의 와중에서 아내 도라를 찾아 수용소 곳곳을 헤매던 귀도는 독일군에게 발각되어 사살당한다. 1,000점을 채우기 위해서는 마지막 숨바꼭질 게임에서 독일군에게 들키지 않아야 된다는 아빠 말에 따라 조수에는 밤새 나무 궤짝에 숨어서 날이 밝기를 기다린다. 그리고 다음 날 조수에는 정적만이 가득한 포로수용소 광장에 혼자서 있다. 누가 1등상을 받게 될지 궁금하여 사방을 두리번거리는 조수에 앞으로 요란한 소리를 내며 탱크가 다가온다. 조수에는 너무 기쁘고 놀란 나머지 입을 다물지 못한다. 조수에는 탱크를 타고 가다가 마침내 엄마를 만나고 그들은 행복한 결말에 이른다.

남편과 아버지를 잃은 이들을 슬픈 장면으로 처리하지 않은 것도 베니니의 뛰어난 연출이다. 조수에는 엄마 품으로 달려들면서 외친다. "우리가 이겼어!" 엄마도 화답한다. "그래, 우리가 이겼어!" 물론 게임에 이겼다는 말이지만, 무엇보다도 그들이 인생의 승리자라는 뜻을 담고 있다. 그 승리는 바로 항상 웃음을 잃지 않았던 귀도가 희생한 결과이자 그의 선물이었던 것이다. 조수에는 독백한다. "이것이 내 인생 이야기입니다. 이것은 아버지가 우리에게 베풀었던 희생의 결과였습니다. 이것은 아버지가 내게 주었던 선물이었습니다."

귀도가 보여주는 희망의 메시지는 구체적이고 개별적이거나 명시적이지 않다. 그것은 이야기 전체에 걸쳐 깔려 있기 때문이다. 무엇보다도 귀도는 결코 '절망하지 않는 삶'을 살아감으로써 희망의 메시지를 전한다. 이것이 희망을 보여주는 가장 효과적인 방법이다. 관객들은 그가 수용소에서 보여준 모든 행동을 보고 희망을 느꼈을 것이다. 하지만 귀도 개인으로 보면 가장 절망적일 때 그는 희망을 갖고 위기를 극복한다. 바로 연회장에서 로돌포가 도라와의 결혼 계획을 발표할 때 귀도는 처음으로 그 특유의 밝음과 유머를 순간 몽땅 잃어버린다. 거의 실성한 사람처럼 멍한 시선으로 도라와 로돌포가

앉아 있는 테이블을 보며 걷다가 의자에 걸려 넘어진다. 하지만 그는 곧 정신을 차리고 도라를 멋지게 납치할 계획을 세우고 실행한다.

베니니 특유의 해학으로 상징 처리된 '선물'과 '희망'은 이 영화의 서사에서 인생을 아름답게 장식할 수 있는 과거-미래의 비가역적 조건으로 작동한다. 시간이 흘러야 선물의 의미를 깊이 새길 수 있고 새로운 희망을 또 품을 수 있기 때문이다.

04
〈형사 Duelist〉: 가미된 대칭성

극적인 이야기 전개는 비가역적이다. 만일 그렇지 않다면(가역적이라면), 이야기는 더 이상 극적일 수 없다. 이야기에 담겨 있는 모든 사건들을 되돌아가서 다른 방식으로 다시 꾸밀 수도 있다는 말이 되기 때문이다. 그러므로 영화에서도 〈8월의 크리스마스〉처럼 비가역성이 강화된 이야기는 드라마로서의 성격 역시 강화된다.

드라마를 판타지로

그런데 이명세 감독은 "영화는 드라마가 아니라 시(詩)이다"라는 입장을 견지한다. 그에게 중요한 것은 플롯이 아니라 종합예술로서 영화의 특징, 즉 이미지와 음향이 어우러져 이루어내는 작품의 예술적 효과인 것 같다. 〈형사 Duelist〉는 이런 작가의 예술관을 염두에 두고 볼 필요가 있다. 그렇다고 이 영화에 이야기가 전혀 없다는 뜻은 아니다. 이 작품에도 물론 스토리가 있다.

조정의 어지러움을 틈타 가짜 돈이 유통된다. 좌포청의 노련한 안 포교와 그의 후배이자 무술 제자인 남순은 짝을 이루어 사건의 전모를 밝히기 위해 위폐의 출처를 쫓는다. 특히 남순은 물불 가리지 않고 임무를 수행하는 열혈 형사다. 그녀는 범인을 잡기 위한 필사의 노력으로 용의자 병조판서의 오른팔이자 신출귀몰한 검객인 '슬픈 눈'을 집요하게 추적한다. 그 추적과정에서 대결이 펼쳐진다. 그리고 이 두 남녀 사이에서 대결 같은 사랑이 싹튼다.

〈형사〉의 이야기가 이렇다면, 이것은 추리극과 멜로드라마가 합성된 것이라고 할 수 있다. 따라서 이 작품에서 강조된 것 역시 비가역적 이야기 전개라고 할 수 있다. 추리극이 비가역적이지 않다면 이야기가 성립될 수 없기 때문이다. 극적인 사랑 이야기도 시간의 비가역성 안에서 전개된다. 그렇다면 이 영화에서 아무리 미장센과 이미지 그리고 음향이 중요하다고 하더라도, 〈형사〉는 기본적으로 이야기의 극적 요소가 강화된 작품이 아닐까 하는 의구심을 가질 수 있다(아니면 이런 요소들에 중요성을 두는 것 자체가 극적 이야기를 만들어내는 또 다른 방식이라고 할 수도 있다).

그런데 이 작품에는 드라마를 판타지로 바꾸는 장치가 있다. 바로 이것이 〈형사〉를 독특한 작품으로 만든다. 그 장치는 묘하게도 이 영화가 흥미로운 이야기라고 하면서 역설적으로 선형적 이야기의 요소를 덜어내는 효과를 낸다. 그것은 일종의 '가미된 대칭성' 효과라고 할 수 있다.

이 작품도 다른 드라마처럼 기본적으로 비가역적 흐름으로 진행된다. 영화에서 특별한 대칭적 구조는 드러나지 않는다. 적어도 영화의

'본론'에서는 그렇다. 하지만 영화의 프롤로그와 에필로그는 의도적인 대칭 구조를 이루고 있다. 이 대칭 구조 안에는 '이야기꾼'이 등장하여 이야기를 풀어내는데, 바로 이런 이야기꾼의 등장이 이 작품의 드라마적 요소를 덜어내고 관객을 현란한 미장센의 판타지로 안내한다.

이야기꾼이 등장하는 가미된 대칭성은 이렇게 구성되어 있다. 영화가 시작되면 이야기꾼의 말소리(이것은 엄밀히 말해 내레이션이 아니다)가 들린다. "그때가 여름이 거의 끝나갈 무렵이었지라. 때아닌 장맛비는 겁나게 뿌려 내려쌌는디……." 그러고는 '요상한' 이야기가 시작되는데…… 이야기는 확실한 결론 없이 이야기꾼의 "으아악!!!" 소리와 함께 궁금증만 남기고 일단락된다. 이에 이야기꾼 주위에 몰려 있던 사람들이 저마다 소리를 지른다. "뭐여? 무슨 일이여?" "어찌 댓능기여?" "아, 싸게 싸게, 말해보드라고! 언능……."

눈 내리는 밤, 주인공 남순과 슬픈눈의 환영(?)이 각각 쌍비단도와 장검으로 치열하게 대결하는 장면에 이어지는 에필로그에서도 이야기꾼의 말소리가 먼저 들린다. "그때가 지난 겨울이었지라우. 내가 그날 달빛에 홀려부렀는가, 눈빛에 홀려부렀는가. 술병 하나를 들고 동무 집에 가는 길이었는디……"라고 하면서 이야기를 들려준다. 이번에도 '요상한' 이야기인데…… 이야기꾼은 "아, 첨에는 그냥 날이 시푸렇게 선 칼을 휘둘러쌈시롱 남녀가 겁나게 싸우드랑께. 근디 춤을 추는 것 같기도 허고, 달밤에 뭔 정분난 머시매 가시내가 엉케 붙은 것맹키로…… 내가 지케보다 기냥 싸부렀잖어!"라고 하면서 결론 없이 이야기를 일단락짓는다. 죽 둘러앉아 이야기를 듣던 장터 사람들은 물론 이야기를 계속할 것을 재촉한다. "아, 그래서 그 다음은?"

"어떻게 됐는디? 언능……."

물론 프롤로그와 에필로그는 완벽한 대칭을 이루지 못한다. 그렇게 하려면 최소한 이야기를 구성하는 말들을 모두 다시 나열해야 하기 때문이다. 예를 들어 프롤로그의 "그때가 여름이 거의 끝나갈 무렵이었지라"라는 말에 대칭이 되려면, 에필로그에서도 "그때가 지난 겨울이었지라우"라는 말이 맨 끝에 와야 한다. 하지만 사람의 일상 언어는 비가역적이기 때문에 완전한 대칭성을 바탕으로 재구성할 수 없다(이것은 서사에서 대칭성을 구성하는 일이 얼마나 어려운지 잘 보여준다). 불완전하지만 이렇게 가미된 대칭성은 서사의 선형성에 변화를 주어 그 경직성을 완화시킨다. 곧 유연한 판타지 요소로 개입한다.

이야기를 흐름에 맡기면 드라마적인 성격이 강화되고, 이야기가 구조적이 되면 판타지적인 성격이 강화된다. 드라마적인 이야기에 불완전한, 하지만 의미 있는 대칭성이 가미됨으로써 〈형사〉는 이야기의 플롯에 매이지 않고 다양한 영화적 요소를 제공하는 작품으로 구조화된다. 다시 말해 가미된 대칭성으로 인해 드라마가 환상적으로 구조화된다고 할 수 있다.

변증 구조의 도입

이명세 감독은 흐름보다는 구조를 선택했다고 볼 수 있는데, 비가역적 흐름에 가미된 대칭성 외에도 작품을 구조화하는 요소가 또 하나 있다. 그것은 영화의 제목에도 숨겨져 있는데, 바로 '대결'의 변증적 의미이다. 영화 제목에 한글과 나란히 표기되어 있는 '듀얼리스트(Duelist)'라는 영어는 '대결자'라는 뜻이다. 영어에서 '듀얼(duel)'이라는 말은 이탈리아어로 양자 대결 또는 결투를 뜻하는 '두엘로(duello)'에서 유래하고 이 말은 라틴어로 '둘'을 뜻하는 '두오(duo)'에 그 뿌리를 두고 있다. 이것을 알아두면—곧 설명하겠지만—이 영화가 현란한 변증법(dialectic)의 향연으로 이루어져 있다는 것을 이해하는 데도 도움이 된다.

이 영화를 본 사람이라면 '돌담길'에서 남순과 슬픈눈이 대결하는 장면의 독특한 이미지와 음향을 떠올릴 것이다. 그러나 이 작품은 그 장면뿐만 아니라 시작부터 끝까지 각양각색의 대결들로 이루어져 있다. 대결의 이미지와 소리들이 만들어내는 사건들의 연속, 그것이 오히려 이 작품의 서사 구조라고 할 수도 있다. 그리고 바로 그 대결들이 우리에게 철학적 화두를 던진다. 대결은 양자 대립만을 의미하는 게 아니라, 동시에 양자 합일을 뜻하기 때문이다. 이것이 대결의 변증법이다.

수많은 대결 장면 중에서 이를 가장 잘 보여주는 것이 돌담길에서의 결투이다. 쫓는 자 남순과 쫓기는 자 슬픈눈은 마침내 보름달이 휘영청 밝은 밤 안개가 옅게 피어오른 돌담길에서 대결한다. 남순의 쌍비단도와 슬픈눈의 장검은 현란하게 부딪치며 길 한쪽 끝에서 다른 쪽 끝까지 긴박하게 대결한다. 검을 놀리는 사람의 몸과 손은 거의 보이지 않지만 단검들과 장검의 선명한 은백색 섬광은 대결의 치열함을 그대로 노출한다. 그렇다면 쟁쟁 쇳소리를 내며 격렬히 부딪치는 칼들은 양자 대립의 극치만을 드러내는 것일까?

그렇지 않다. 칼들은 서로 부딪치며 뒤엉키고 있기 때문이다. 그것은 칼들이 뿜어내는 섬광의 꼬리 선이 크고 작은 원을 그리며 서로를 품어 안 듯 엉키는 이미지에서도 확인할 수 있다. 그 격렬한 대결은

〈시계〉, 클레, 1930년

합일의 극치도 보여주고 있다.

이미 칼들이 합일하고 있으니, 검객들이야 오죽하랴. 남순과 슬픈눈은 격렬하게 대결하면 할수록 그들의 싸움이 신비한 합일의 경지에 이르는 것을 거역할 수 없다. 물론 모든 것이 섞여 들어가는 그런 혼돈의 합일 속에서 누군가의 검이 상대방에게 먼저 치명적인 일격을 가할 수 있다. 명백히 분리된 대립의 상황이 아니라, 바로 합일의 혼돈 속에서 누군가 죽을 수 있는 것이 목숨을 건 대결이다.

돌담길 대결에서 거역할 수 없는 합일을 본다면, 혹자는 남순과 슬픈눈이 젊은 남녀이기 때문에 남몰래 싹트는 그들의 사랑을 떠올릴지 모른다. 하지만 그들은 사랑했기 때문에 대결하면서 합일의 경지에 이른 것이 아니다. 그와 반대로 서로 상대를 노리는 혼신의 대결이 합일의 경지에까지 이르렀기 때문에 그들 사이에서 사랑이 싹틀 수 있었던 것이다.

남녀 사이의 정분을 떠나서 대결이 곧 합일이라는 것은 영화의 여러 이미지에서도 관찰할 수 있다. 무엇보다도 안 포교와 병조판서 송 대감의 마지막 대결은 이를 매우 간명하면서도 진하게 보여준다. 위폐 유포의 주범으로 벼랑 끝에 몰린 송 대감은 안 포교와 목숨을 건 최후의 대결을 벌인다.

이 장면의 모든 이미지는 대립을 상징한다. 안 포교의 검은 포교복과 송 대감의 하얀 비단옷이 대립하며, 그 구도 안에서 마당을 둘러싼 검은빛 포졸들과 창백한 이미지의 송 대감은 다시 한 번 대비되고, 안 포교의 어두운 이미지는 배경의 붉은빛 천과 독특하게 대조를 이룬다. 이 모든 것이 대립의 긴장을 극대화시키는 순간, 두 사람은 서로를 향해 치명적인 일격을 날린다. 순간 회전하며 합일하는 두 사람, 단 일합의 공방으로 대결은 끝난다.

이 영화에는 사람 사이의 대결만 있는 것이 아니다. 색과 빛의 대결, 상황의 대결, 경향의 대결도 있다. 적과 흑, 빛과 어둠, 긴장과 난장(亂場), 적막과 소란, 기존과 전위, 엄숙과 해학이 대결한다. 그리고 이 모든 대결에서 대립이 있는 만큼 합일의 현묘(玄妙)한 의미가 부각한다. 특히 거의 모든 이미지에서 검은색은 분리와 대립의 원인이자 합일의 구심점이다. 즉 검정(玄)이 개입함으로써 다른 색이 흩어져 대립은 시작되고 묘(妙)하게도 그 대립의 상황에서 검정은 '블랙홀'처럼 모든 것을 빨아들여 자기를 중심으로 합일을 유도한다.

대립과 합일은 변증법의 핵심 요소이다. 서구 사상에서 변증법의 창시자라고 하는 헤라클레이토스는 '폴레모스'를 만물의 보편법칙으로 파악했다. 그리스어로 폴레모스는 투쟁, 전쟁, 논쟁 등 모든 종류의 싸움과 다툼을 뜻한다. 대결도 여기에 포함된다. 헤라클레이토스에게도 폴레모스는 대립과 합일이 번갈아 일어나는 과정이다. 바로 그런 과정이 생명력과 삶의 활력을 보장하기 때문이다.

변증 구조는 대칭성이 아니지만, 서로 대응하는 두 요소가 이분 구조를 이룬다는 점에서 이야기의 흐름을 구조화하는 기능을 한다. 이런 점에서 변증 구조의 도입은 이야기의 처음과 끝에서가 아니라, 이야기를 관통하면서 가미된 대칭성의 효과를 낸다고 할 수 있다. 그 결과 〈형사〉의 서사는 매우 복합적이면서 다양한 의미 신호를 발산할 수 있게 된 것이다.

05
〈맨 인 블랙〉: 구조적 대칭성

차원의 상대성과 물리적 장난

SF 영화에서 대칭성을 작품의 구조에 도입하는 것은 어쩌면 당연하다. SF는 비가역적 법칙이 지배하는 우리 일상생활보다는, 자연에는 무수한 대칭성이 있다고 전제하는 물리학의 이론에서 이야기의 소재를 가져오기 때문이다. 더구나 수많은 SF 작품이 우주를 이야기의 배경으로 삼기 때문에, 그 이야기에 다양한 대칭성들이 도입된다는 것을 쉽게 상상할 수 있다. 지금까지 인류가 개발한 모든 이야기가 선형적 서사를 바탕으로 하기 때문에 시간과 사건의 비가역성을 전혀 배제할 수는 없지만, 대칭적 요소들을 서사 구조에 도입하는 것은 SF가 항상 시도하는 것이다.

배리 소넨필드(Barry Sonnenfeld) 감독의 〈맨 인 블랙〉(원제는 복수로 'Men in Black'이다)은 그 감상과 평가에서 일반 관객뿐만 아니라,

전문평론가들에게도 꽤 혼란을 일으켰던 작품인 것 같다. 따라서 영화에 대한 평도 각양각색이다. "보고 나서 남는 건 윌 스미스뿐이다"라는 어떤 관객의 혹평은 그래도 괜찮은 편이다. 1997년 우리나라에서 개봉했을 때 "기억나는 건 바퀴벌레밖에 없다"는 전문가의 평도 있었던 것 같다. 뭔가 뒤죽박죽인 느낌이고, 영화가 시작과는 달리 갈수록 불균형으로 삐걱거린다거나, 허망한 모기의 일생 같은 영화라는 비판도 있었다. 반면 기발한 상상력과 코미디 영화를 능가하는 유머를 높이 사기도 했으며, 상식적 현실을 뒤집는 환상적 요소들을 발견하면서 "잊을 수 없는 영화"가 되었다는 감상평도 있었다.

하지만 〈맨 인 블랙〉의 매력은 역설적으로 이런 혼란을 일으킬 수 있는 영화라는 데 있다. 그리고 이런 혼란 야기는 이 작품이 '장난'을 그 본질로 하기 때문이다. 속된 말로 '신나게 가지고 놀다 제자리에 갖다놓았으면' 관객과 평자의 입장에서 놀림을 당했다는 느낌이 덜 했을지도 모르고, 덜 혼란에 빠졌을지도 모른다. 한데 이 영화는 장난 후 제자리에 갖다놓지 않았기 때문에 오히려 그런 느낌을 가중시켰다고 본다. 즉 '의미 있는 장난'으로 시작해 '금지된 장난'을 치다 '신나는 장난'에 이르러 모든 것을 제자리 '밖'에 놓고 끝난 것이다. 바로 이 점에서 〈맨 인 블랙〉은 리스크를 진 게임을 한 것이다.

하지만 영화는 그런 대로 재미있게 이야기를 풀어나간다. 그것은 캐스팅 덕도, 컴퓨터 그래픽 덕도 아니다. 뒤죽박죽 속에서도 스토리텔링이 가능하도록 한 이야기의 기본 상황 설정 덕이다. 1,500명의 외계인이 우리가 모르게 인간의 모습으로 우리와 함께 산다는 사실(?)과 그들을 감시하는 MIB라는 비밀 기관이 존재한다는 것, 그리고 인간의 기억을 원하는 만큼 지울 수 있다는 기술적 조건, 이 세 가지 요

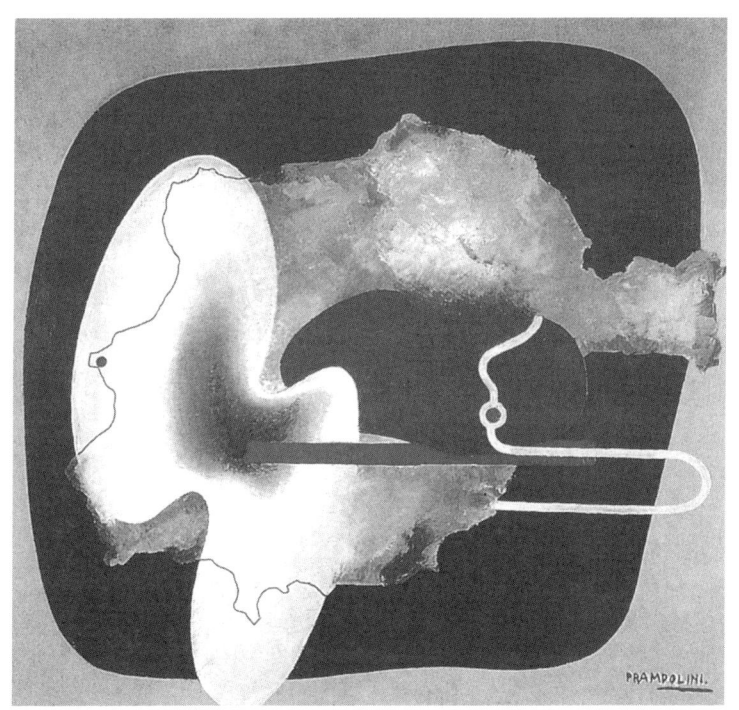

〈외계의 영성(靈性)〉, 프람폴리니, 1932년

소는 이야기가 나오지 않을 수 없는 상황을 설정한다. 즉 이야기를 위한 상황을 만들어주는 '기본 아이디어'가 이 영화가 흥미로울 수 있는 본질이다.

이런 기본 틀에 역설과 파격, 그리고 편견의 부당성을 가지고 노는 '보조 아이디어'들이 등장한다. 영화는 불법 이민자와 그를 막는 국경 경비대의 등장으로 시작하는데, 그것을 MIB는 역설로 뒤집는다. MIB의 기본 강령에 의하면 우주의 정치 망명자를 비롯하여 외계 이민자는 얼마든지 환영이지만 외계인들이 지구 밖으로 나가는 것은 감시의 대상이다. 즉 '체크인'은 오케이이지만, '체크아웃'은 어림도 없다.

이 밖에 어떤 외계인이 하루 종일 일하는 것처럼 보이는 것은 그의 하루가 37시간이기 때문이라든가, 자동차가 터널 천장을 이용해 거꾸로 달린다든가, 손바닥만한 작은 총이 엄청난 파워를 가지고 있어서 그 반작용 때문에 총 쏜 사람을 뒤로 날려버린다든가, MIB 요원의 시계는 원형도 사각형도 아닌 삼각형이라든가, 바퀴벌레의 동족애처럼 우주 간 동물의 연대성이 있다든가 하는 것도 아이디어다. 그러나 그 어느 것보다 뛰어난 것은 고양이의 작은 방울 속에 들어 있는 거대한 은하계일 것이다. 그것은 시체 검시관 로웰 박사의 감동적 표정만큼이나 감동적 역설이다.

그러면 '고양이 방울 속의 은하계'에서부터 대칭성과 연관된 것들을 찾아보자. "The Galaxy is on the Orion's Belt"라는 암호를 풀기 위해 MIB 요원들은 천체망원경으로 오리온 성좌를 샅샅이 뒤지지만 해답을 얻지 못한다. 그들이 '은하계는 오리온 성좌에 있다'고 해석한 이 문장은 사실 '은하계는 오리온의 목걸이에 있다'라고 해석했어야 했기 때문이다. 오리온은 암살당한 외계인이 키우던 고양이의 이름이다. 그 고양이 목걸이에 달린 방울 안에 '은하계'가 있는 것이다. 그것은 정말 은하계이다. 대우주의 어느 곳에 있는 은하계와 동일한 모양으로, 그리고 동일한 자연법칙에 의해서 대칭적으로 존재하는 것이기 때문이다.

그린은 "자연의 대칭성은 물리법칙이 만족하는 하나의 특성에 불과한 것이 아니라, 물리법칙보다 더욱 근본적인 단계에서 우주의 운명을 좌우하는 기본 원리인 것 같다"고 말한 바 있다. 은하계를 담고 있는 고양이의 방울을 바라보고 있노라면, 대칭성은 우리를 우주의 신비로 초대하는 비밀 통로라는 생각이 들지 않을 수 없다.

이 영화에서 가장 눈에 띄는 대칭성은 차원의 상대성을 이용하여 영화 전체를 신비스럽게 만들며 관객을 '놀리는' 구조적 대칭성이다. 영화의 오프닝 시퀀스와 엔딩 시퀀스가 바로 그 구조를 만드는 두 축이다. 오프닝 크레디트와 함께 영화가 시작되면 깜깜한 밤하늘에 작은 별들이 보인다. 그 가운데 별 하나가 이리저리 선회한다. 그것은 밤하늘을 날아다니는 작은 모기이다. 이어서 '거대한' 잠자리가 그 모기를 낚아채듯 잡아먹고는 그 '위용'을 자랑하며 자동차들이 질주하는 도로 위를 비행한다. 그러다가 도로를 달리던 트럭에 돌진하여 차창에 부딪치고는 '미미한' 곤충의 일생을 마감한다.

이 장면은 바로 영화의 마지막, 어떤 '외계 존재'가 '은하계'를 갖고 구슬 놀이를 하는 장면과 구조적 대칭성을 이룬다. 차원의 상대성을 갖고 노는 줌(zoom)의 마술은 거대한 비행선 같은 잠자리가 차창에 부딪쳐 한 방울 체액으로 박살나는 것으로 영화를 장난 같은 현실 속으로 끌어들이더니, 다시금 뉴욕 시의 창공에서 대기권으로, 그리고 은하계 속으로 역(逆) 줌을 통해 탈출시켜 결국 은하계 밖 대우주로 확장시킨다. 그런데 대우주는 역설적으로 구슬 속 축소된 세계이다. 누군가 우주가 담긴 동그란 구슬들을 갖고 놀고 있다. 구조적 대칭성 덕분으로 장난은 또 다른 장난으로 이어진다. 우주를 관통하는 '열린 장난'의 세계라고나 할까? 하지만 이런 장난은 물리학자들이 '강한 심증을 갖고 있는' 심각한 가설을 응용한 것이다.

배제되는 시간성

대칭성을 도입해서 이야기를 구성한다는 것은 다른 한편으로 시간성을 되도록 배제한다는 것을 뜻한다. 〈맨 인 블랙〉에서 어떤 방식으로든 시간성이 배제되고 있다는 것은 인간의 기억에 연관한 특별한 설정을 보면 알 수 있다.

MIB 요원들은 만년필 같은 '기억 말소 장치'를 휴대하고 다닌다. 그것은 인간의 기억을 원하는 만큼 지울 수 있는 기능이 있다. 이 장치는 지구의 평화를 위해서 필수적인 것이다. 이 땅에 수많은 외계인들이 사람의 모습을 하고 살고 있다. 그 가운데는 유명 인사들도 꽤 있다. 그리고 매일같이 외계 이민자들이 지구로 오기 위해서 수속을 밟고 있다. 이런 상황은 그들을 감시하고 그들이 지구에 잘 정착할 수 있도록 도와주는 MIB 요원들만 알고 있어야 한다. 다른 사람들이 이 사실을 알게 되면 큰 혼란이 생길 것이기 때문이다.

그런데 MIB 요원들이 외계인들을 관리하는 과정에서 일반인들이 그들의 모습을 보거나 그들에 관한 이야기를 듣게 되면, 요원들은 즉시 기억 말소 장치로 그 기억들을 지워야 한다. 나아가 요원 가운데 누군가 퇴역하게 되면 반드시 자신이 근무한 기간 동안의 모든 기억을 지우고 이 특수 기관에서 나와야 한다. 그도 일반인의 평온한 일상생활로 돌아가기 위해서는 이런 과정이 필수적이다. 바퀴벌레 외계인의 문제를 해결하고 나서 주인공 케이도 MIB를 떠나 사랑하는 여인과 함께 살기 위해 자신의 기억을 지워줄 것을 동료 요원 제이에게 부탁한다.

시간이 흐른다는 것은 쉴새없이 미래가 과거로 전환되는 과정이 진행되고 있다는 뜻이다. 우리의 삶은 잠시도 쉬지 않고 매순간 미래를 과거로 만들며 진행하고 있다. 그래서 인생무상(人生無常)이다. 만일 삶과 사물의 과거 상태와 지금 상태 사이에 완벽한 대칭성이 존재하여, 삶과 사물에 일어나는 변화가 단지 당구공을 다른 각도에서 바라본 것과 같다면 시간은 존재하지 않는 것이나 마찬가지이다. 따라서 시간이 미래-과거의 주조과정에서 인간에게 만들어내는 기억도 존재할 수 없게 된다.

그러나 시간은 흐른다. 변화가 일어나고 인간은 그 변화를 기억한다. 아무것도 변하지 않는다면 기억할 필요도 없겠지만 말이다. 완벽한 대칭성들로만 이루어진 세계를 가상한다면, 그곳에서도 기억은 필요 없다. 모두 똑같은 것들을 무슨 이유로 굳이 기억한단 말인가. 하지만 이 세상에는 대칭성과 시간의 비가역성이 혼재한다. 우리가 지어내는 이야기에도 이 두 가지 요소가 다양하게 혼재한다. 그렇기 때문에 흥미진진한 이야기가 될 수 있는 것이다.

06
이야기 짓기의 패턴들

서사의 원형과 변형

이야기 짓기에는 여러 가지 패턴들이 있을 수 있다. 비가역성과 대칭성을 활용하는 것은 그 가운데 일부일 뿐이다. 그러나 이야기의 흐름과 구조를 본질적으로 결정할 수 있다는 점에서 매우 중요한 이야기 구성 요소라고 할 수 있다.

어떤 작가들은 한 가지 패턴을 원형 삼아 다양한 변형을 시도한다. 그것은 문학뿐만 아니라 영화에서도 마찬가지인데, 데뷔작으로 〈8월의 크리스마스〉를 연출한 허진호 감독의 경우가 그렇다. 그의 두 번째 작품 〈봄날은 간다〉도 시간과 삶의 비가역성을 이야기 구성의 기본 법칙으로 삼고 있다. 그것은 제목을 보아도 바로 알 수 있다.

시간이 흐르고, 봄날은 가고, 이야기 속 두 남녀의 사랑도 변해간다. 주인공들은 변할 것 같지 않은 사랑이 변할 수 있다는 사실에 무척 가슴아파한다. 그런데 흥미로운 것은 되돌릴 수 없는 그런 변화를 아파하던 주인공의 미소로 영화가 막을 내린다는 것이다.

남자주인공 상우는 이 변화를 유난히 소화해내지 못하지만, 마지막에는 보리밭에서 편안한 미소를 지으며 찬란한 황금빛 보리 사이로 스치는 바람 소리를 듣는다. 이것은 〈8월의 크리스마스〉에서 다림이 정원의 사진관 앞에서 알 듯 모를 듯한 미소를 짓고는 돌아서서 성큼성큼 눈길을 걷는 것과 어떤 일치를 보여준다. 그들은 거스를 수 없는 비가역성을 편안하게 받아들이는 것이다.

배리 소넨필드도 〈맨 인 블랙 II〉에서 전편처럼 대칭성의 장난을 멈추지 않는다. 즉 패턴을 반복하는 것이다. 더구나 차원의 상대성을 활용하는 것은 속편에서 더욱 극단으로 치닫는다. 사물함을 축으로 그 안과 밖을 또 다른 세계로 향하는 통로로 사용하는 것이 그러한데, 우리는 그렇게 무한히 대칭적으로 확장할 수 있는 우주의 어느 한 지점에 서 있을 뿐이라고 또 한 번 장난을 걸고 있는 것이다.

이야기쟁이의 자유

이야기를 짓는다는 것은 어떤 의미에서 자유로운 활동이다. 여기서 '어떤 의미'라고 한 것은 그 자유에도 한계가 있다는 평범한 인식을 포함한다. 그러나 뒤집어 말하면, 한계가 창작을 자유롭게 하는 조건이라는 것이 중요하다. 만화의 경우에서도 언급했듯이[16] 창작을 하는 사람은 이 말에 어렵지 않게 수긍할 것이다.

---

16 본서 '6부 2장 04' 참조.

앞에서 우리는 이야기 짓기에는 어떤 방식으로든 '일상적 삶의 법칙'과 '자연법칙'이 활용되는데, 영화같이 서사의 시·공간적 집약성이 특성인 장르에서는 그 법칙들 자체가 매우 효과적으로 적용될 수 있다는 것을 살펴보았다. 물론 작가들은 문학이나 영화에서 삶의 경험을 충분히 활용한다. 그러나 자연법칙과 그 법칙을 탐구하는 과정에서 도출된 수많은 물리적 가설에는 크게 관심을 갖지 않는 듯하다.

그런데 이런 과학적 가설들은 그 자체로 적지 않게 이야기적 특성을 지니고 있다. 상상력과 믿음(언급했듯이 과학자들은 '강한 심증'이라고 표현하기도 한다)을 동원하지 않고 과학적 가설과 우주 모델을 세울 수 없기 때문이다. 이런 점에서—다윈의 플롯을 다루면서 살펴보았듯이—과학자들도 자연법칙의 탐구과정에서 '허구'의 과정을 동원한다. 예술은 허구로서 완성되지만, 과학은 허구에서 출발한다는 점이 다를 뿐이다. 하나의 예술 작품은 그 자체로 완성된 하나의 세계이다. 실증이나 실험의 대상이 아니다. 그러나 과학적 가설이나 작업 모델은 지속적인 실험과 실증의 대상이다.

자연법칙과 그것을 탐구하는 과학의 이런 특성에 친밀해지면, 다양한 이야기의 자료뿐만 아니라 이야기 짓기의 수단을 얻어낼 수 있다. 이는 단지 SF 작가를 위한 것만은 아니다. 그들은 당연히 주제와 소재를 과학의 영역에서 가져오겠지만, 다른 작가들도 그곳에서 창작방식에 결정적 도움이 되는 수단을 가져올 수 있다.

수단을 가져온다는 것은 창작방식에 한계를 짓는다는 뜻이다. 그 수단을 활용해야 하기 때문이다. 다만 다양한 수단은 한계의 폭을 넓힘으로써 자유의 폭도 넓혀준다. 바로 이 모순적 상황에서 이야기쟁이는 자유롭게 활동하는 것이다.

07
이미 현재인 미래를 전망하며

짧은 시간, 깊고 긴 이야기

골프 시합에도 서사가 있다. 지상에서 하는 스포츠 가운데 아마도 골프는 가장 넓은 땅을 활용하는 시합일 것이다. 그 넓은 경기장의 다양한 구성 요소들을 거쳐 골프공을 '아주 작은'(골프장 전체 면적에 비해 이 표현은 말 그대로다) 구멍 안에 집어넣는다. 그래서 홀인(hole in)이라고 한다. 티샷에서 홀컵에 공을 넣을 때까지 플레이어와 갤러리들의 다양한 토막 이야기들이 모여 그 홀의 이야기가 된다. 광활한 골프장의 모든 것은 홀컵에 응축된다. 홀컵에 조밀하게 모인 이야기들은 다시 역순으로 펼쳐질 수 있다. 어쩌면 흥미로운 골프 해설은 경기가 끝난 후에 홀컵에서 티잉그라운드까지를 역으로 조명하면서 풀어내는 이야기 형식일지 모른다.

오늘날 영화의 러닝타임은 평균 2시간 정도이다. 하지만 제작 기간은 몇 개월에서 몇 년이 걸린다. 영화 한 편을 만들기 위해서는 다양한 분야의 다양한 인력과 다양한 물자가 동원된다. 그들이 쓴 길고 긴 시간들이 단 2시간 안에 응축된다. 영화와 골프 경기의 유비성은 수많은 사연들이 작고 짧은 어떤 결과에 응축되어 나타난다는 데 있다. 그러므로 2시간짜리 영화 한 편을 역으로 풀어서 수십 시간, 수백 시간짜리 이야기로 만들 수 있다. 그렇다고 영화 한 편의 총 제작 과정을 반드시 알아야 하는 건 아니다. 그 과정을 몰라도 영화의 장면 사이사이에 묻혀 있는 '제작 여로'의 이야기들을 상상해낼 수 있다. 그것이 원래의 사실을 반영할 수도 있고 그렇지 않을 수도 있다. 그것과 상관없이 상상이 풀어낸 이야기는 흥미로울 수 있고 풍부한 의미를 표출할 수 있다.

다른 한편, 영화 내부적인 차원에서 시간 구성을 보면 그것은 매우 다양하다. 2시간짜리 영화는 장구한 역사의 이야기를 다룰 수도 있고 몇 년, 몇 개월, 며칠, 몇 시간 동안에 일어난 이야기를 다룰 수도 있다. 또한 영화의 러닝타임보다 짧은 이야기를 다룰 수도 있다(지금까지는 그런 예를 찾기 어렵지만). 예를 들어 1시간 안에 일어난 어떤 사건을 3시간짜리 영화로 만들 수도 있다. 아니면 이럴 수도 있다. 어떤 사람이 커피숍에 들어와서 커피를 마시고 나갈 때까지 15분 동안에 일어난 일을 2시간짜리 영화에 담을 수도 있다. 그가 커피숍 문을 열고 들어오는 순간의 동작과 그 동작에 연루된 사건들을 세밀하게 다루는 데 몇 십 분이 지날 수도 있다. 15분 동안 커피숍에서 행한 그 남자의 작은 행동들은 다양한 회상 및 미래 상상과 연계될 수도 있다. 아니, 그렇게 시간을 늘리지 않아도 커피숍 주인과의 깊은 대화와 표정의 클로즈업이 러닝타임의 많은 부분을 차지할 수도 있다.

영화 안에서의 시간 구성은 얼마든지 다양할 수 있다. 러닝타임의 실시간 흐름과 영화 이야기 속의 시간은 **비대칭적**이기 때문이다.

이런 비대칭성은 영화의 중요한 특성이다. 물론 허구의 작품을 향유하는 데 드는 시간과 작품 속 이야기의 시간은 항상 비대칭적이다. 예를 들어 한 편의 소설에서 수백 년에 걸친 가문의 이야기를 하더라도 우리는 그것을 하루 만에 읽을 수 있다. 하지만 이때에 작품 향유의 실시간은 사람에 따라서 각양각색일 수밖에 없다. 어떤 사람은 동일한 이야기를 며칠에 걸쳐 읽을 수 있기 때문이다. 그러나 영화의 러닝타임은 누구에게나 동일한 시간이다. 그러므로 우리는 러닝타임의 실시간과 대비된 영화 속 '시간의 허구적 경험'을 집약적으로 실감나게 느낄 수 있다.

이제 우리는 **시간과의 허구적 놀이는 이야기 고유의 시간성을 다양하게 한다**는 리쾨르의 입장을 재확인한다.[17] 물리적으로 도저히 그 본질을 파악하기 힘든 시간은 매개체를 통해 형태를 부여받을 수 있다. 이야기는 시간에 대해 이런 매개 기능을 한다. 그래서 리쾨르는 '시간의 허구적 경험'이라는 표현이 "분명히 역설적인데도 과감히 사용된 것"이라고 고백한 바 있다. 각각의 이야기는 자기 고유의 시간성을 갖지만, 그 이야기를 대하는 수용자는 그것을 실시간처럼 '실감'한다. 역설적으로 허구의 시간이 실시간이 되는 경험을 하게 되는 것이다.[18]

여기서 우리가 얻는 철학적 화두는 각별하다. 그것은 시간의 허구적 경험이 동반하는 실용적이자 실존적 측면이다. 그 실용적인 측면

---

17 본서 '4부 2장 05' 참조.

은 허구적 경험이 짧은 시간에도 깊고 긴 이야기를 경험할 수 있게 한다는 것이다. 영화는 이런 성격이 특별히 부각되는 이야기 매체일 것이다. '정해진 짧은 시간'이라는 제약이 부정적일 수도 있지만, 실감나는 허구적 시간 체험이라는 점에서는 긍정적일 수도 있다. 짧은 시간과 깊고 긴 이야기는 어쩌면 창작의 실용적 원칙이 될 수 있을지 모른다. 곧 모든 포이에시스의 실용적 원칙일 수도 있다.[19]

또한 이것은 우리에게 어떤 윤리적 시사점을 던진다. 이런 점에서 실존적이다. 그것은 사실 우리가 과거에 막연하게 실천하고자 했던 것이며, 오늘날 '길이' 또는 '양적인 시간의 늘림'에 집착함으로써 잊고 있는 것이며, 어쩌면 미래에는 '아름다운 삶'을 위해 실천해야 할 것인지도 모른다.

한 사람의 인생은 어차피 '짧은 시간'이다. 유구한 세월 속에서 50년과 100년의 차이는 시간적으로 무의미할 수 있다. 우리가 의미 있

---

18 이것은 물론 일상적 경험의 차원에서 이해될 수 있는 것이다. 그러나 좀더 상상력을 발휘한다면, 허구의 시간과 실시간 사이의 호환성은 우리에게 세계 구성의 근원적인 차원에서 또 다른 생각의 화두를 던진다. 우리는 '서장'에서 '서사 취향의 숨은 이유'를 다루며 '현실과 허구 사이의 구분이 무너질 수 있을 가능성'에 대해 논했다. 이런 가능성은 시간의 개념에 대한 근본적인 성찰과 탐구가 있을 때, 좀더 명확히 드러날 수 있다. 이는 과학적 차원에서도 시간의 물리적 특성에 대한 근본적인 재고를 요청하는 것이다. 마치 코페르니쿠스-갈릴레이 혁명이 하늘과 땅 사이의 관념적 구별을 없앰으로써, 또한 다윈이 인간과 다른 생물 사이의 근원적 구별을 없앰으로써 존재론적 문제를 일으켰듯이, 현실과 허구 사이의 구별을 모호하게 하거나 없애는 일은 존재론적 문제를(그에 따른 윤리적인 문제를 포함하여) 야기한다. 이는 특히—지금까지 인류 역사에서 세계를 이해하는 데 불가사의할 정도로 어려운 문제라고 할 수 있는—시간의 존재 여부와 존재방식에 대한 문제를 자연과학적·형이상학적 차원에서 숙고하게 만든다.

19 여기서 '이야기를 만들어내는 모든 작업'을 '포이에시스'라고 일컬은 것은 문학, 영화, 디지털 게임 등은 물론, 앞으로 나올 기술적으로 복합적인 장치에 의한 서사도 포함하기 때문이다.

는 인생을 산다는 것은 어차피 '시간의 허구적 경험'을 하는 것이라고 해도 과언이 아니다. 우리는 시간 자체를 늘려서 살 수 없다. 다만 하루를 열흘처럼, 한 해를 열두 해의 인생을 사는 것처럼 의미 있게 살 수는 있다. 곧 인생을 깊고 길게 '이야기하듯' 살 수는 있다.

이 지점에서 우리는 '서사 취향의 숨은 이유'에서 다루었던[20] 실재와 허구의 문제를—다른 차원에서—다시 대하게 된다. 시간적 차원에서 우리는 분명히 우리가 만들어내는 시간의 허구성을 경험하며 산다. 이제 그것이 '시간의 실재'라고 하는 '시계로 재는 실시간'보다 더 중요해지는 지점에 있는 것이다. 그러므로 우리는 실시간적 길이의 삶이 아니라, 시간의 허구적 경험으로 이루어가는 삶을 살 때 '의미 있는 삶'을 살 수 있다는 결론에 이른다. 그것이 우리 인간의 실존적 삶이다.

옛날과 훗날의 이야기

"옛날이야기해주세요!"
"그래, 옛날 옛적에……."

우리가 어릴 적 자주 청하고 듣던 말이다. 그리고 우리는 똑같은 옛날이야기를 항상 똑같은 말로 들으면서도 재미있어했다. 이야기는 언제나 "옛날 옛적에……"로 시작해야 했다.

이제 우리는 앞을 보아야 한다. '훗날의 이야기'를 들려달라고 청하고, 훗날의 이야기를 해줄 수도 있어야 하기 때문이다. 특별히 '어

---

[20] 본서 '서장 01' 참조.

〈숲 속의 누드〉, 레제, 1909~1911년

른 아이'들에게는 이런 문화적 상황을 만들어가는 것이 삶을 풍요롭게 하기 위해 필요할 것이다. 가브리엘 마르셀(Gabriel Marcel)은 "희망은 미래에 대한 기억"이라고 했다. 이를 조금 달리 표현하면 훗날의 이야기는 **미래를 기억화**하는 작업이라고 할 수 있다.

흔히 지나치는 것이지만, 훗날 이야기는 상상에 머무는 것이 아니라 우리의 기억이 된다. 우리의 상상과 미래 전망은 태어난 순간 과거의 일부가 된다. 그래서 우리는 그것을 추억할 수 있다. 상상은 기억의 창고를 풍요롭게 한다. 즉 이야깃거리로 가득 차게 한다. '실체적으로 경험하지 않은 과거'로서 상상은 기억의 창고를 신선하게 유지해준다. 다른 기억들을 활성화시키기 때문이다. 상상은 태어나는 순간, 미래의 씨앗 주머니를 들고 기억의 자궁으로 들어가 다른 기억들을 동면에서 깨운다. 그럼으로써 기억들을 다시 태어나게 한다. 기억의 부활은 상상력에 대한 보상이다.

이제 옛날과 훗날의 이야기는 섞인다. 황금 시대(Golden Age)와 이상향(Utopia)은 섞여야 편협하지 않고 포용적이 된다. 그들의 혼합은 '오늘, 지금 이곳의 이야기'를 풍요롭게 한다. 오늘의 무료함에 지친 의식들을 신선하게 자극한다. 고대로부터 현대에 이르기까지 '생각 있는 사람'들이 잊지 않고 추구해온 것은 항상 '더 나은 세상', 아니면 적어도 '뭔가 다른 세상'에 대한 상상이다. 그것을 공동체의 새로운 세계 지평으로서 '이상향'이라고 부르든, 희망의 원리를 품은 '낮꿈'이라고 표현하든 그것은 '실천 가능한 이야기들'이다. 그것도 나 혼자만의 꿈이 아니라 우리 모두 함께 도전해볼 만한 꿈의 이야기들이다.

서사적 상상력의 속성 가운데 하나가 윤리적 능력이라는 말은 맞다. 이때 윤리는 금고 속 돈과 같은 가치의 수호와 지배의 윤리가 아니라, 상쾌한 바람 같은 가치에 대한 희망과 자유의 윤리다. 이야기하기와 이야기 듣기 그리고 이야기 퍼뜨리기의 윤리성은 우리가 흔히 놓치는 것들이다. 윤리성은 이야기에 잠재한다. 훗날의 이야기에 잠재하는 윤리는 옛날이야기의 '소중한 교훈들'에 시비를 걸겠지만, 오늘의 윤리를 건강하게 만든다.

옛날이야기는 어찌 되었건 교훈의 임무를 소홀히 하지 않고 기존 가치에 대한 사랑을 저버리지 않는다. 그래서 옛날이야기에는 '회귀의 서사'가 많은 것이다. 돌아온 영웅, 지하와 심연에서의 귀환, 복수(復讐)의 서사 등이 주를 이루는 것이다. 돌아가서 다시 차지하고 지켜야 하며 길이 보존해야 하기 때문이다.

그러나 훗날의 이야기들은 더 이상 '귀환의 서사'만을 고수하지 않을 것이다. 《오디세이아》는 아리스토텔레스의 말처럼 단순한 줄거리에 수많은 에피소드들이 삽입되면서 길어진 옛날이야기이다. 그러면서도 전통에 충실한 이야기의 기본 임무를 잊지 않는다. 곧 '돌아감'을 완수한다. 하지만 우리가 잊지 말아야 할 것은, 오디세우스가 모험의 일주를 마치고 자신의 고향 이타케에 돌아왔을 때 대학살이 있었다는 사실이다.[21] 이 늙고 추해진 바람둥이 남자의 이야기는 피 튀기는 도륙과 파괴로 자기중심적 '해피엔딩'을 마련한다. 오디세우스는 변화하려는 모든 것을 파괴하고 원래의 것을 다시 차지한다. 아

---

21 이 학살의 가장 끔찍한 장면은 하녀들의 죽음이다. 오디세우스는 페넬로페의 구혼자들을 모두 도륙한 후, 그들과 정을 통했던 12명의 하녀로 하여금 그들의 시체를 치우고 피바다가 된 집 안을 깨끗이 청소하게 한 다음, 그녀들을 모두 목매달아 죽였다.

내와 가정과 공동체의 가치를 원래대로 되돌려놓는다. 또한 20년의 세월 동안 페넬로페가 겪은 말 못 할 인고의 강요가 있었다는 사실도 잊지 말아야 한다. 정조대를 은폐하는 '낮에는 짜고 밤에는 풀었던 피륙'의 은유를 그녀는 미화했어야 했다.

 회귀의 서사가 원환의 고리를 완성하며 해피엔딩으로 이야기를 '잠그기' 위해서는 많은 손상과 출혈이 필요하다. '오디세이아'라는 말의 은유는 그것이 회귀의 서사를 품고 있는 한 억압, 파괴, 학살, 폐쇄, 자기중심화, 인고의 강요, 그리고 생의 활력에 대한 '잠금 장치'의 필요성과 떼려야 뗄 수 없다.

 이런 '서사 오디세이아'는 끔찍하다. 지금 우리는 훗날의 이야기를 위한 다른 메타포를 찾고 있다. 멋진 은유는 우리 '어른 아이'들이 훗날 이야기들을 얼마나 각양각색으로 풍성하게 지어낼 수 있고, 남들이 지어낸 이야기들을 얼마나 진지하고 재미있게 들을 수 있는지에 달려 있다.

 훗날 훗적에 이야기가 있다.

 우리 서로 훗날 이야기를 또 청하고 들으리라……

• 에필로그

　'페넬로페의 베 짜기'는 분명한 음모(plot)였다. 그녀는 기만의 서사를 짜고 있었다. 여러 해 동안 오디세우스의 궁전을 떠나지 않던 페넬로페의 구혼자들은 각자 희망과 꿈을 간직하고 있었다. 그들은 그것을 이야기의 형태로 갖고 있었다. 모두 나름대로 구상한 플롯(plot)을 지니고 있었기 때문이다. 페넬로페의 플롯은 구혼자들의 플롯을 끊임없이 반복하는 순환의 고리에 가두었다.

　호메로스에 따르면, 오디세우스가 트로이아 전쟁에 나간 후 그의 어머니 안티클레이아는 아들의 사망 소식에 애통해하다 얼마 못 가서 세상을 떠났고, 아버지 라에르테스는 농원에 은둔했다. 페넬로페는 점점 더 집요해지는 구혼자들에게 언제 죽음을 맞게 될지 모르는 시아버지의 수의를 다 짤 때까지 기다려줄 것을 부탁했다. 그녀는 보란 듯이 커다란 베틀에 올라 낮에는 열심히 베를 짰고, 밤에는 몰래 옷감 풀기를 반복했다. 구혼자들의 우두머리 격인 안티오노스는 "페넬로페는 누구보다도 음모에 능하다"고 했다. 그녀는 청혼을 분명히 거절하지도 않고 "모든 구애자들에게 희망을 주며 각자에게 약속을 한다"고도 했다.

이런 능란한 계략과 술수는 수절하는 여인으로서 페넬로페를 의심하게 했다. 어떤 전설은 '페넬로페의 피륙'이 수절의 상징이 아니라 불륜을 위한 위장이라고 했다. 페넬로페는 처녀 때부터 유난히 베 짜는 일을 좋아했다. 수없이 베를 짰다가 풀기를 반복했다. 그런 페넬로페의 습관은 남편 오디세우스도 어찌할 수 있는 것이 아니었다. 오히려 방랑벽이 있는 오디세우스는 그녀의 이런 편집적 행동을 목격하는 밤이면 몰래 궁을 빠져나와 여러 날 동안 유랑길에 올랐다. 이렇게 해서 페넬로페에게도 애욕을 충족시킬 수 있는 밤이 확보되었다. 페넬로페의 플롯이 남편 인생의 플롯을 조정했던 것이다.

이 이야기를 듣고 있던 친구는 매우 언짢은 표정을 지었다. 페넬로페의 이미지가 완전히 구겨졌기 때문이다. 그 역시 아름답고 정숙한 페넬로페의 이야기를 읽는 동안 가상의 구혼자가 되어 있었기 때문이기도 했다. 친구를 위로하기 위해 나는 몬테로소(A. Monterroso)가 덧붙인 '기만의 고수, 페넬로페'에 관한 이야기를 좀더 해주었다. 천을 짜고 푸는 전략으로 페넬로페는 남편을 멀리 떠나가 있도록 하면서 자신에게 구애하는 다른 남자들도 희롱할 수 있었다. 페넬로페의 구혼자들은 호메로스와 같은 상상을 했기 때문이다. 즉 그녀가 '귀향의 여로'에 있는 남편을 기다리면서 천을 짜고 있는 것이라고 믿었다. 하지만 실제로는 그녀가 천을 짜는 동안 오디세우스는 '유랑의 여행'을 계속해야만 했다. 호메로스가 그렇게 쓴 것은 그도 가끔씩 잠을 자야 했으므로 사태를 제대로 파악하지 못할 경우가 있었기 때문이다.

그래도 친구의 기분은 풀리지 않았다. 그래서 나는 어떤 조각가에게서 들은 이야기를 하나 더 해주었다. 키프로스 섬의 피그말리온은 뛰어난 조각가였다. 어느 날 그는 훌륭한 대리석을 구했다. 재료는 솜씨를 유혹하고 솜씨는 이상을 구현한다. 피그말리온은 대리석으로 여인상을 조각했고, 완성된 석상은 아름답기 그지없는 여인의 모습이었다. 석상의 여인은 팔을 벌리고 누군가를 포옹하기 위해 다가가는 듯했다. 피그말리온은 자신의 작품에 그만 마음을 빼앗기고 말았다. 강가의 아름다운 요정들에게도 눈길 한 번 주지 않던 그는 석상의 여인과 사랑을 나눌 수 있기를 갈구했다. 아프로디테 여신에게 석상이 사람으로 변해 자신의 아내가 되게 해달라고 간절히 빌었다.

그러나 석상은 언제나 그대로였다. 아마도 아프로디테 여신이 아도니스와 사랑에 푹 빠져 세상의 소리를 듣지 못하던 때였던 모양이다. 피그말리온은 더 이상 조각을 하지 않았다. 먹는 것도 자는 것도 잊다시피 하면서 소원을 빌었다. 그는 점점 여위어갔다. 피그말리온을 흠모하던 강가의 요정들은 여윈 조각가의 소원을 엿듣고 노래를 불렀다. "석상의 여인은 젊고 아름답네 / 세월이 흘러도 젊고 아름답겠지 / 하지만 그녀가 사람이 된다면 / 나이를 먹어가겠지 / 아름다움도 빛을 잃어갈 거야 / 영원한 사랑을 원한다면 / 피그말리온, 무엇을 빌어야 할까? / 또 한 가지 기억할 게 있지 / 신들은 곧잘 인간을 물질이 되게 하지만 / 그 반대의 일은 잘 안 한다네 / 태초에 흙으로 인간을 한 번 만들었기 때문이라네"

요정들의 노래를 듣던 피그말리온은 갑자기 등 뒤에서 엄청난 무게를 느꼈다. 눈앞으로 섬광이 지나가는 듯했다. 무게를 떨쳐내야겠다고 생각했다. 눈을 떠야겠다는 의지가 생겼다. 석상 발치에서 눈을 감고 머리를 숙이고 있던 그는 천천히 일어섰다. 피그말리온은 팔을 벌리고 다가오듯 서 있는 석상의 여인을 마주하며 살포시 포옹했다. 그녀는 차갑고 단단했지만 거부감은 느낄 수 없었다. 아프로디테의 남편을 떠올렸다. 모든 장인들의 신 헤파이스토스에게 소원을 빌었다. 피그말리온은 자신을 '석상이 되게 해달라'고 간절히 빌었다.

"질투심 많은 요정들이 함께 짠 플롯이 순수한 조각가가 홀로 꿈꾸던 플롯을 전복시켰구나!" 친구는 미소를 지으며 말했다. "키프로스 섬에 가면 지금도 변치 않고 영원히 사랑하고 있는 남녀 석상을 볼 수 있을 거야." 나는 답했다. "영원한 사랑을 표현하는 방법은 천 가지하고도 한 가지 더 있으니까 말이야."

감사의 말을 전할 때마다 힘이 든다. 정말로 고마워하기 때문이다. 이야기에 관한 책을 마무리하며 고마움을 '이야기'로 전하려 했는데, 그만 허약하기 그지없고 온전치 못한 형상을 가진 호랑이를 한 마리 그려버렸다.

책을 낼 때마다 글은 저자의 글이지만 책은 편집자의 책이라는 생각을 잊지 않는다. 작가, 곧 '만드는 사람'이란 저자, 편집인, 발행인 등 책 만드는 일에 참여하는 사람들을 모두 아우르는 말이다. 그러니 감사해야 할 사람들이 얼마나 많겠는가. 그런데 이번에는 어떤 한 사람에게만 감사의 뜻을 전하고 싶다. 그는 다름 아닌 휴머니스트의 선완규 편집주간이다. 그는 지난 몇 년 동안 나를 무척이나 괴롭혔다. 나의 '서사철학' 아이디어를 어떻게든 세상에 알려야겠다고 작심했기 때문이다. 지난 10년 동안 내가 서사철학에 관한 주제를 학회, 심포지엄, 콜로키엄 같은 데서 단편적으로 발표한 적은 있지만 본격적으로 저술한 적은 없다는 것도 잘 알고 있었다. 그래서 내게 과제를 주듯이 '이야기와 철학의 만남'이라는 주제로 서사철학 특집을 문예지 《21세기문학》에 연재하도록 주선하고 '강요'했다. 서사철학 특집은 2005년 겨울호부터 2007년 겨울호까지 7회 연재되었다(9회가 아닌 이유는 나의 건강이 나빴던 때와 내가 재직하고 있는 학교 업무로 바빴던 때, 두 번 건너뛴 적이 있기 때문이다. 그때마다 인내심을 보여준 《21세기문학》 편집진에게도 특별한 감사의 뜻을 전하지 않을 수 없다). 이 책은 그 원고들을 바탕으로 하고 있다.

선완규 주간은 이 책을 2008년 봄에 출간하고 싶어했다. 하지만 나는 연재 원고나 논문들을 모아 책으로 낼 때 대폭 수정, 보완하는 악습이 있다. 이번에도 지난 몇 년 동안 나를 괴롭힌 사람에게 복수라도 하듯이 이 악습을 충실히 반복했다. 이와 더불어 이 책에서 가장 긴 '3부 진화'를 새로 집필해서 첨가했다. 다른 부(部)와 장(章)들도 지난 1년 반 동안 지속적으로 수정, 보완했다. 그를 괴롭힐 만큼 괴롭히고 나서야 탈고를 선언했다. 하지만 선완규 주간 입장에서는 자업자득의 측면도 있다. 지난 1년 반 동안 그와 흥미진진하게 대화하는 가운데 아이디어가 떠오르면 그것을 저술에 적용할 방도를 찾느라 탈고를 늦추기 일쑤였기 때문이다. 이것이 우리 두 사람의 악연에 관한 이야기이다. 그러나 언제나 그렇듯이 우리는 '새 책'을 내게 된 것이다.

다른 사람들에게는 서사철학이 아직도 낯선 단어이다. 지난 몇 년 동안 학술적 모임에서 서사철학에 관한 주제를 발표하거나 언급했을 때, 사람들의 반응은 때로는 막연히 생소해서, 때로는 새로운 것에 대한 거부감에서, 때로는 자기 영역을 지키고 싶어하는 학자들의 방어 심리에서 항상 호의적이지는 않았다. 흥미로운 것은 적지 않은 학자들이 아직 '이론(理論)'이나 '평론(評論)'이라는 말이 지니는 권위에 의존한다는 사실이다. 곧 스스로 권위주의의 틀을 만든다. 어떤 철학적 서술이 체계적 이론이나 비판적 평론이 아닌 것에 대해 그들은 뭔가 불안해서 짜증을 내기도 한다. 어쩌면 사람들은 필로소피아로서 철학이 본질적으로 시론(試論)의 성격을 지녀왔다는 것을 자주 잊어버리는지 모른다. 필로소피아는 완성이 아닌 이상 항상 불안정하고 불안의 기운을 풍긴다. 시론도 당연히 불안의 그림자를 지닌다. 그러나 실험적으로 철학하기는 불완전한 지식으로 유쾌하게 소통할 줄 아는 능력을 연마하는 일이다. 그 능력으로 우리는 지혜 사랑의 짜릿한 불안을 즐긴다. 이런 즐김이 있어 시론은 또 다른 시론을 낳는다. 이것이 이야기에 관한 시론의 번식력이다.

'프롤로그'에서도 말했듯이 이 책은 시론이다. 불안정하고 불안하다. 그런 기분이 들게 하는 또 다른 이유는 '철학적 작업이 적어도 어떤 것이어야 하는가'에 대한 나의 소신이 담겨 있기 때문이다. 소신은 타인을 불안하게 만들기도 한다. 때로는 임무를 제시하기 때문이다. 나에게 철학의 임무는 '이야기의 가능성들을 열어놓는' 데 있다.

• 참고문헌

본서에서 직접 인용하거나 주제와 연관하여 언급한 도서문헌에 '필름 자료'를 첨가했다. 독자의 편의를 위해 본문 주석에서 원서와 한글 번역본 쪽 번호를 함께 표시한 책의 경우, 원서에 이어서 번역본 서지 사항을 함께 적었다.

그림, J., 그림, W., 이민수 옮김, 《그림 동화집》, 노블마인, 2005.
김소진, 《열린 사회와 그 적들》, 솔, 1993.
김연수, 〈가장 과학적인 것이 가장 문학적인 것이다〉, APCTP(아시아태평양 이론물리센터) 기획, 《과학이 나를 부른다》, 사이언스북스, 2008.
김용석, 《깊이와 넓이 4막 16장》, 휴머니스트, 2002.
_____, 《두 글자의 철학》, 푸른숲, 2005.
_____, 《문화적인 것과 인간적인 것》, 푸른숲, 2000.
_____, 《미녀와 야수 그리고 인간》, 푸른숲, 2000.
_____, 〈'미와 추의 역사'에서 '인간조건에 대한 성찰'로: 움베르토 에코, 《추의 역사》에 대한 리뷰〉, 《코기토》, 65집, 부산대학교 인문학연구소, 2008.
_____, 〈영화의 현실과 이론: 영상, 음향, 서사 그리고 '실효현실의 철학'〉, 《철학과 현실》, 2003 겨울, 철학문화연구소.
_____, 〈예술과 과학: 그 공생과 갈등의 기원 그리고 전망〉, 아트센터 나비 엮음, 《예술, 과학과 만나다》, 이학사, 2007.
_____, 《철학정원》, 한겨레출판, 2007.
_____, 〈환상예술로서 애니메이션과 '애니메이션 철학'의 가능성〉, 《철학논총》, 제40집 제2권, 새한철학회, 2005.
니체, F., 박찬국 옮김, 《비극의 탄생》, 아카넷, 2009.
뒤마, A., 오증자 옮김, 《몬테크리스토 백작》, 민음사, 2002.
듀런트, W., 안인희 옮김, 《역사 속의 영웅들》, 황금가지, 2002.
라카섕, F., 심상용 옮김, 《제9의 예술 만화》, 하늘연못, 1998.

레비-스트로스, C., 안정남 옮김, 《야생의 사고》, 한길사, 1996.
루소, J-J, 김중현 옮김, 《학문과 예술에 대하여》, 한길사, 2007.
룰만, M., 이한우 옮김, 《여성 철학자》, 푸른숲, 2005.
류우동, 《애니메이션의 성격과 이해》, 신아출판사, 2004.
리쾨르, P., 김한식·이경래 옮김, 《시간과 이야기》 1, 2, 3권, 문학과지성사, 1999, 2000, 2004.
_____, 김웅권 옮김, 《타자로서 자기 자신》, 동문선, 1990.
마커스, G., 최호영 옮김, 《클루지》, 갤리온, 2008.
매크리디, S., 남경태 옮김, 《시간의 발견》, 휴머니스트, 2002.
맥클라우드, S. 고재경·이무열 옮김, 《만화의 이해》, 아름드리, 1996.
몬테로소, A., 김창민 옮김, 《검은 양과 또 다른 우화들》, 지만지, 2008.
몰리테르니, C., 멜로, P., 신혜정 옮김, 《연대기로 보는 세계 만화의 역사: 1896~2002》, 다섯수레, 2003.
바누아, F., 송지연 옮김, 《영화와 문학의 서술학》, 동문선, 2003.
바이츠제커, C. F. von, 송병옥 옮김, 《과학의 한계》, 민음사, 1996.
박이문, 《문학과 철학의 만남》, 민음사, 2000.
배로스, K., 김숙진 옮김, 《시기심》, 이제이북스, 2004.
베르그송, H., 송영진 옮김, 《도덕과 종교의 두 원천》, 서광사, 1998.
보르헤스, J. L., 정경원 옮김, 《〈돈키호테〉에 어렴풋이 나타나는 마술성》, 《만리장성과 책들》, 열린책들, 2008.
_____, 박거용 옮김, 《보르헤스, 문학을 말하다》, 르네상스, 2008.
_____, 송병선 옮김, 《칠일밤》, 현대문학, 2004.
_____, 황병하 옮김, 《칼잡이들의 이야기》, 민음사, 1997.
성완경, 《성완경의 세계만화탐사》, 생각의나무, 2001.
_____, 《세계만화》, 생각의나무, 2005.
세르반테스, M. de, 박철 옮김, 《돈키호테》, 시공사, 2004.
셰익스피어, W., 최종철 옮김, 《오셀로》, 민음사, 2005.
_____, 최종철 옮김, 《햄릿》, 민음사, 2005.
소포클레스, 천병희 옮김, 《소포클레스 비극(엘렉트라, 콜로노스의 오이디푸스 등)》,

단국대학교출판부, 2004.
_____, 천병희 옮김,《오이디푸스 왕》, 문예출판사, 2001.
쇼펜하우어, A., 홍성광 옮김,《의지와 표상으로서의 세계》, 을유문화사, 2009.
슐츠, C. M., 아이작 더스트 옮김,《스누피 컬렉션 1-4》, 신영미디어, 2002.
스넬, B., 김재홍 옮김,《정신의 발견 : 서구적 사유의 그리스적 기원》, 까치, 1994.
시미즈 마사시, 이은주 옮김,《미야자키 하야오 세계로의 초대》, 좋은책만들기, 2004.
아이스퀼로스, 천병희 옮김,《아이스퀼로스 비극(아가멤논, 코에포로이, 자비로운 여신들 등)》, 단국대학교출판부, 2004.
에우리피데스, 천병희 옮김,《에우리피데스 비극(메데이아, 엘렉트라, 타우리케의 이피게네이아 등)》, 단국대학교출판부, 2004.
엔데, M., 한미희 옮김,《모모》, 비룡소, 1999.
오비디우스, 이윤기 옮김,《변신 이야기》, 민음사, 1998.
_____, 천병희 옮김,《원전으로 읽는 변신 이야기》, 숲, 2006.
옹, W. J., 이기우 · 임명진 옮김,《구술문화와 문자문화》, 문예출판사, 1995.
우라야마 아키토시, 구혜영 옮김,《어른을 위한 안데르센 동화》, 베텔스만, 2004.
잭슨, R., 서강문학연구회 옮김,《환상성-전복의 문학》, 문학동네, 2001.
존스, S., 김혜원 옮김,《진화하는 진화론 : 종의 기원 강의》, 김영사, 2008.
초서, G., 송병선 옮김,《캔터베리 이야기》, 책이있는마을, 2003.
칼라일, T., 박상익 옮김,《영웅의 역사》, 조합공동체 소나무, 1997.
_____, 박상익 옮김,《의상철학》, 한길사, 2008.
캠벨, J., 이윤기 옮김,《천의 얼굴을 가진 영웅》, 민음사, 1999.
컨, S., 박성관 옮김,《시간과 공간의 문화사》, 휴머니스트, 2004.
키류 미사오, 이정환 옮김,《알고 보면 무시무시한 그림 동화》, 서울문화사, 1999.
타타르키비츠, W., 손효주 옮김,《미학사 1 : 고대미학》, 미술문화, 2005.
포퍼, K., 이명현 · 이한구 옮김,《열린 사회와 그 적들 I, II》, 민음사, 1997.
폴킹혼, J., 강윤재 옮김,《과학자들에게 묻고 싶은 인간과 삶에 관한 질문들》, 황금부엉이, 2004.
프라트, H., 홍은주 옮김,《베네치아의 전설 - 코르토 말테제》, 북하우스, 2002.
_____, 홍은주 옮김,《사마르칸트의 황금궁전 - 코르토 말테제》, 북하우스, 2002.

_____, 홍은주 옮김,《시베리아 횡단열차 - 코르토 말테제》, 북하우스, 2002.
_____, 홍은주 옮김,《에티오피아 대장정 - 코르토 말테제》, 북하우스, 2002.
_____, 홍은주 옮김,《켈트 이야기 - 코르토 말테제》, 북하우스, 2002.
프리고진, I.-스텐저스, I., 신국조 옮김,《혼돈으로부터의 질서》, 고려원미디어, 1993.
헤겔, G.W.F., 임석진 옮김,《정신현상학》, 한길사, 2005.
헤시오도스, 천병희 옮김,《신통기》, 한길사, 2004.
호메로스, 천병희 옮김,《오딧세이아》, 도서출판 숲, 2006.
_____, 천병희 옮김,《일리아스》, 도서출판 숲, 2007.
황선미(김환영 그림),《마당을 나온 암탉》, 사계절, 2000.
횔덜린, F., 박설호 옮김,《빵과 포도주》, 민음사, 1997.
Andersen, H. C., *Fairy Tales*, Penguin Popular Classics, London-New York, 1994.
Aristoteles, *Peri psyches*.
_____, *Metaphisika*.
_____, *Peri poietikes* ;《시학》, 천병희 옮김, 문예출판사, 2002.
_____, *Politika*.
Aristotle, *The Complete Works of Aristotle*, vol. I, II, Edited by J. Barnes, Princeton University Press, New Jersey, 1995.
Bacon, F., *The New Organon*, Cambridge University Press, 2000.
Beer, G., *Darwin's Plots. Evolutionary Narrative in Darwin, George Eliot and Nineteenth-Century Fiction*, Cambridge University Press, 2000(2nd ed.) ;《다윈의 플롯》, 남경태 옮김, 휴머니스트, 2008.
Bowen, Jack, *The Dream Weaver: One Boy's Journey through the Landscape of Reality*, Pearson Education Inc., 2006.
Boyd, B., *On the Origin of Stories*, The Belknap Press of Harvard University Press, Cambridge, Massachusetts-London, 2009.
Brown, D., *The Da Vinci Code*, Anchor Books, New York, 2003.
Bulfinch, T., *The Age of Fable*, Mentor Classic, New York, 1962.
Burton, R. F., *The Book of the Thousand Nights and a Night*, Perseus Books, New York, 2006.

Carroll, L., *Alice's Adventures in Wonderland*, Norton Critical Edition, New York, 1992.

Carroll, S. B., *Endless Forms Most Beautiful: The New Science of Evo Devo and the Making of the Animal Kingdom*, W. W. Norton & Company, New York-London, 2005.

Cochran, G., "There Is Something New Under the Sun - Us", *What Is Your Dangerous Idea?* edited by J. Brockman, Harper Perennial, New York, 2007;《위험한 생각들》, 존 브록만 엮음, 이영기 옮김, 갤리온, 2007.

Collodi, C., *Le avventure di Pinocchio*, Istituto Geografico De Agostini, Novara, 1994.

Cornford, F. M., *From Religion to Philosophy. A Study in the Origins of Western Speculation*, Princeton University Press, 1991.

Darwin, C., *On the Origin of Species by Means of Natural Selection, or the Preservation of Favoured Races in the Struggle for Life*, Edited with Introduction by J. W. Burrow, Penguin Books, London, 1968(reprinted 1985).

_____, *The Descent of Man and Selection in Relation to Sex*, University of Chicago-Encyclopaedia Britannica, Inc., Chicago-London, 1990;《인간의 유래 1, 2》, 김관선 옮김, 한길사, 2006.

_____, *The Autobiography of Charles Darwin 1809-1882* (Edited by Nora Barlow), W. W. Norton & Company, New York-London, 1969(reprinted 2005.);《찰스 다윈 자서전: 나의 삶은 서서히 진화해왔다》, 이한중 옮김, 갈라파고스, 2003.

Dawkins, R., *The Selfish Gene*, Oxford University Press, 2006(30th anniversary edition);《이기적 유전자》, 홍영남 옮김, 을유문화사, 2002.

_____, *The Ancestor's Tale: A Pilgrimage to the Dawn of Evolution*, Mariner Books, Boston-New York, 2004;《조상 이야기》, 이한음 옮김, 까치글방, 2005.

Descartes, R., *Discours de la methode*, Librairie Generale Francaise, Paris, 1973.

Diels, H.-Kranz, W., *Die Fragmente der Vorsokratiker*, Weidmann, Berlin, 1951;《소크라테스 이전 철학자들의 단편 선집》(딜스-크란츠 판을 기초로 다른 문헌들도 활용한 번역임), 김인권 외 옮김, 아카넷, 2005.

Dyson, Freeman, *Imagined Worlds*, Harvard University Press, Cambridge-London, 1998.

Eco, U., *Apocalittici e integrati*, Bompiani, Bologna, 1990.

_____, *Il nome della rosa*, Bompiani, Milano. 1984.

_____, *Postille A Il Nome della rosa di Umberto Eco*, Bompiani, Milano 1984.

Gaarder, J., *Sophie's World*, Berkley Books, New York, 1996.

Galilei, G., *Dialogo sopra I massimi sistemi del mondo, Tolemaico e Copernicano*, Giulio Einaudi, Torino, 1970;《그래도 지구는 돈다 : 천동설과 지동설, 두 체계에 관한 대화(상, 하)》, 이무현 옮김, 교우사, 1997.

Grahame, K., *The Wind in the Willows*, Wordsworth Classics, Hertfordshire, 1992.

Greene, B., *The Fabric of the Cosmos: Space, Time, and the Texture of Reality*, Vintage Books, New York, 2005;《우주의 구조》, 박병철 옮김, 승산, 2005.

Hume, D., *Dialogues concerning natural religion*, Penguin Classics, London-New York, 1990.

Hume, K., *Fantasy and Mimesis: Responses to Reality in Western Literature*, Metheun & Co., New York, 1984.

Kant, I., *Anthropologhie in pragmatischer Hinsicht*, Philipp Reclam Jun., Stuttugart, 1983.

_____, *Grundlegung zur Metaphysik der Sitten*, Akademie-Ausgabe, Bd. IV, Berlin, 1911.

_____, *Kritik der reinen Vernunft, Suhrkamp*, Frankfurt, 1968.

Kearney, R., *Strangers, Gods and Monsters: Interpreting otherness*, Routledge, 2007.;《이방인, 신, 괴물》, 이지영 옮김, 개마고원, 2004.

Krauss, L. M., *Hiding in the Mirror: The quest for alternate realities, from Plato to String Theory*, Penguin Books, New York, 2005.;《거울 속의 물리학》, 곽영직 옮김, 영림카디널, 2007.

Kuhn, T., "Metaphor in Science", Ortony, A.(edited by), *Metaphor and Thought*, Cambridge University Press, Cambridge, 1979.

Lakoff, G.-Johnson, M., *Metaphors We Live By*, University of Chicago Press, Chicago-London, 1980.

Lanier, J., "One Half of a Manifesto", *The New Humanists: science at the edge*, Edited by John Brockman, Barnes & Noble Books, New York, 2003.;《과학의 최전선에서 인문학을 만나다》, 존 브록만 엮음, 안인희 옮김, 소소, 2004.

_____, "Responses to *The New Humanists* Essay", *op. cit.*

Lucretius Carus, T., *De Rerum Natura(The Things of Nature)*, University of California Press, 2008.

Mayr, E., *What Evolution Is*, Basic Books, New York, 2001;《진화란 무엇인가》, 임지원 옮김, 사이언스북스, 2008.

Miller, Geoffrey *The Mating Mind: How Sexual Choice Shaped the Evolution of Human Nature*, Anchor Books-Random House, New York, 2001

More, T., *Utopia*, Translated and Edited by R. M. Adams, W. W. Norton & Co., New York-London, 1992.

Nestle, W., *Vom Mythos zum Logos: Die Selbstentfaltung des griechischen Denkens von Homer bis auf die Sophistik und Sokrates*, Scientia Verlag Aalen, 1966.

Plato, *Plato Complete Works*, Edited by J. M. Cooper, Hackett Publishing Co., Indianapolis-Cambridge, 1997.

Platon, *Apologia Sokratus*.

_____, *Kriton*.

_____, *Euthyphron*.

_____, *Nomoi*.

_____, *Phaidon*.

_____, *Phaidros*.

_____, *Politeia*.

_____, *Symposion*.

_____, *Theaitetos*.

_____, *Timaios*.

Shakespeare, W., *The Complete Works of Shakespeare*, Edited by George Lyman Kittredge, Ginn & Company, Boston-London-New York, 1936.

Saint'Exupéry, A. *de, Le Petit Prince*, Gallimard(Collection folio junior), Paris, 1996.

Simmel, G., "Der Begriff und die Tragödie der Kultur", *Logos*, II(1911/12), Tübingen.

_____, Philosophie des Geldes, Duncker & Humblot, Leipzig, 1907.

Sober, E., *Philosophy of Biology*, Westview Press, Oxford-Boulder Colorado, 2000;《생물학의 철학》, 민찬홍 옮김, 철학과현실사, 2004.

Stove, D., *Darwinian Fairytales: Selfish Genes, Errors of Heredity, and Other Fables of Evolution*, Encounter Books, New York, 1995;《다윈의 동화》, 신재일 옮김, 영림카디널, 2008.

Tolkien, J.R.R., <Tree and Leaf>, *The Tolkien Reader*, Ballantine, New York, 1996.

Voltaire, *Candide ou l'optimisme*, Gallimard, Paris, 2003.

Wilson, E. O., *Consilience: The Unity of Knowledge*, Vintage Books, New York, 1999;《통섭》, 장대익·최재천 옮김, 사이언스북스, 2005.

_____, (edited by), *From So Simple A Beginning: The Four Great Books of Charles Darwin*, W.W. Norton & Company, New York-London, 2005.

Wolpert, L., *Six Impossible Things Before Breakfast: The Evolutionary Origins of Belief*, W. W. Norton & Company, New York-London, 2007;《믿음의 엔진》, 황소연 옮김, 에코의서재, 2007.

Zimmer, C., "Evolving Darwin", *Time*, Feb 23, 2009(vol. 173, no. 7).

• 필름자료

본문에서 인용되거나 언급된 영화와 혼화의 DVD 자료이다. 자료 작성은 작가로서 감독, 작품명, DVD 제작 공급사, 출시 연도순으로 함을 원칙으로 한다.

김문생, 〈원더플 데이즈〉, 비트윈, 2004.
미야자키 하야오, 〈이웃집 토토로〉, 스튜디오 지브리, 2003.
박찬욱, 〈친절한 금자씨〉, CJ엔터테인먼트, 2005.
오시이 마모루, 〈공각기동대〉, 다우리엔터테인먼트, 2002.
＿＿＿＿＿, 〈이노센스〉, 대원DVD, 2004.
이명세, 〈형사 Duelist〉, 엔터원, 2006.
이성강, 〈마리 이야기〉, 엔터원, 2002.
허진호, 〈8월의 크리스마스〉, 다우리엔터테인먼트, 2002.
＿＿＿, 〈봄날은 간다〉, 스타맥스, 2002.
Adamson, A., *Shrek*, DreamWorks, 2002.
Allers, R., Minkoff, R., *Lion King*, BuenaVista, 2003.
Bakshi, R., *The Lord of the Rings*, Warner Bros., 2001.
Barron, S., *The Legend of Pinocchio*, Cinexus, 2000.
Begnini, R., *La vita è bella(The Life is Beautiful)*, Miramax, 2003.
Butoy, H., Gabriel, M., *The Rescuers Down Under*, BuenaVista, 2001.
Cocteau, J., *La Belle et Bête*, CineCorea, 2003.
Docter, P., *Monsters, Inc.*, BuenaVista, 2002.
Godard, J-L., *Le Mépris*, DreamMix, 2004.
Hand, D., *Snow White and the Seven Dwarfs*, BuenaVista, 2001.
Jackson, P., *The Lord of the Rings I-III*, Spectrum, 2004.

Lasseter, J., *Toy Story I-II*, BuenaVista, 2001.

Lean, D., *Doctor Zhivago*, Warner Bros., 1993.

Lord, P., & Park, N., *Chicken Run*, DreamWorks, 2001.

Ocelot, M., *Princes et Princesses*, DreamMix, 2003.

Petersen, W., *Troy*, Warner Bros., 2004.

Sakaguchi, H., *Final Fantasy*, Columbia Tristar, 2001.

Sharpsteen, B., & Luske, H., *Pinocchio*, BuenaVista, 2000.

Sonnenfeld, B., *MIB. Men in Black*, Columbia Tristar, 2000.

_____, *MIB. Men in Black II*, Columbia Tristar, 2002.

Trousdale, G., & Wise, K., *Beauty and the Beast*, BuenaVista, 2002.

Zemeckis, R., *The Polar Express*, Warner Bros., 2004.

Wedge, C., *Robots*, 20th Century Fox, 2005.

Wochowski, A & L., *Matrix*, Warner Bros., 2000.

찾아보기

1. 주제어 찾아보기

[ㄱ]

가능성 8, 33, 45, 63, 91, 102, 112~118, 136, 147, 153, 195, 222, 232, 259, 261, 273, 274, 292, 308, 342, 362
《가디언(The Guardian)》 417
가미된 대칭성 602, 611, 620, 621, 622, 626
가설 5, 46, 166, 262, 267, 273, 292, 303, 319, 321, 341, 362, 412, 431, 435, 599, 632, 636
감각 32, 33, 216, 231, 262, 266, 338, 341, 426, 468, 498, 513~515
감각종합형 문화 59, 514, 579
강화된 비가역성 602~604
개념 7, 28, 32, 81, 132, 155, 229, 238, 258, 263, 280~300, 323, 351, 361
개념의 세계 561
개연성 326
개인(individual) 72
개인과 상황의 변증법 75, 81
객관성(objectivity) 497
경계 232, 268, 382, 420, 426, 431, 467, 472, 477, 479, 480, 488, 491, 570
경구(aphorism, 아포리즘) 147, 61

계(system) 332
계통 311
계통수 313, 233
《고백록》 413
〈공각기동대〉 502
공간(space) 528
공간 여행자 535, 540, 543, 544, 545, 562, 525
공간성 519, 522, 553
공간화 333, 520
공상과학(science fiction, SF) 46, 49
공조상(Concestor) 317
공존 47, 217, 246, 338, 342, 419, 452, 571, 572
공진화(co-evolution) 360
공통 유래(common descent) 309, 311, 317
공통 조상(Common Ancestor) 238, 307, 309, 311, 313, 317
공통 유래(common descent) 이론 309
과학 서사 6, 245, 280, 282, 303, 306, 311, 315, 316, 322
과학 혁명 275, 285, 316
과학의 대중화 10
과학적 허구 273
관찰 7, 28, 52, 79, 101, 230, 259, 279~285, 290~293, 300, 352, 452, 601, 613, 625

〈광휘의 서(書)〉 44
구술문화 514, 516, 579
구술성(orality) 513
구조적 대칭성 602, 631, 632, 627
구조적 반어법 126
귀환의 서사 127, 644
그리스 철학 32, 35, 39, 601, 449
《그림 동화》 373
기승전결 173, 175
기예적(技藝的) 450, 582
기제 300, 339, 352, 375, 404, 407, 408, 470, 481, 556, 611
기형(畸形)의 미학 307

[ㄴ]

낭만주의 410, 547, 564
네버랜드(Neverland) 372
네트워크 61, 372, 382, 437, 438
노마디즘(nomadism) 435, 436, 437
논리학(logic) 35, 36, 148, 155, 370, 602
《논리학》 361
논문(treatise) 61, 147
논박술(elenchos, 엘렌코스) 166~170, 183
논증 249, 256~258, 264

누벨 바그 71

[ㄷ]

《다니엘 데론다》 322
《다윈의 플롯(Darwin's plots)》 250, 251, 265, 270, 288
다이몬 213
〈닥터 지바고〉 587
단속평형설(Punctuated Equilibria) 357
단편(fragment) 61, 147
닫힌 사회 64, 377, 382, 383~393, 398, 430, 438
닫힘 381, 403, 431
담론(discourse) 61, 147, 150, 261, 386
대칭성 7, 132, 577, 592, 595, 599~603, 619, 627, 599~603, 615, 627, 632
대화(dialogue) 147
《대화》 231, 232
대화편, 테트라로기아 23, 54, 78, 154, 162, 174, 199
덕(德) 30, 134, 168
데우스 엑스 마키나(Deus ex machina) 123,
델포이 193, 335
《도덕과 종교의 두 원천》 382, 384, 566

도덕철학 30,
도망의 서사 127
〈돈키호테의 부분적 마법(Magics parciales del Quijote)〉 44
돌연변이 357
동일성 262, 284, 393, 400, 402, 426, 497
동일화(identification) 392, 401, 440
동태복수법(同態復讐法) 110, 116, 118
동화 7, 42, 64, 365, 369, 373, 388
《두 가지 주된 우주 체계에 관한 대화》 148, 149
디지털 48, 50, 460, 514, 516
딜레마 164, 272, 423

[ㄹ]

로고그라포스(logographos) 188, 213
로고스(logos) 28, 77, 84
《로마사 논고(Discorsi sopra la prima deca di Tito Livio)》 150

[ㅁ]

《마당을 나온 암탉》 376, 394, 402, 404, 409, 410
만화 7, 42, 64, 448, 508, 560
말풍선 518, 554
〈매트릭스〉 45
맥락(context) 375
맥락주의(contextualism) 373
〈맨 인 블랙〉 627, 628, 632, 593
맺어감(networking) 382
멀티버스(multiverse) 46
명증성 131
《모모》 532, 533
모방(mimesis, 미메시스) 36
모호성의 유희 44
모호성의 인간학 463, 483
〈몬스터 주식회사〉 428, 458
뫼비우스의 띠 126
무지(無知) 166
무질서 260, 261
문예의 연금술 517
문자 서술 590
문자문화 59, 500, 513, 516
문자성(literacy) 513
문화연구(Cultural Studies) 62
문화적 동물 5, 572
문화철학 7, 64, 276, 348
물리적 장난 627
물리학(physics) 35
뮈토스(mythos) 28, 37, 71, 77
〈미녀와 야수〉 460

《미운 오리 새끼》 375, 376, 379, 388, 390, 394, 402, 409, 410, 419, 432
미장센 620, 621
미케나이 108
밀레토스학파 32

[ㅂ]

바우만의 뱃노래 613
박물학(Natural History) 245
〈반지의 제왕(The Lord of the Rings)〉 453
《반지의 제왕》 453
《발견의 거리(Eureka Street)》 420
《방법서설(Discours de la methode)》 150
배제되는 시간성 632
《백설공주》 374, 470
〈백설공주와 일곱 난쟁이(Snow White and the Seven Dwarfs)〉 452, 465, 470, 479
《베네치아의 전설》 538, 541,
변론 30, 156, 173, 185, 188
변이(variation) 229, 234, 238
변주 414
변증 구조 296, 622, 626
변증법(dialectic) 623

변화(變化) 229
변화를 수반하는 계승 235, 284, 308, 317
보조 아이디어 630
복수극 125, 126
복잡계 467
〈봄날은 간다〉 634
부재(不在) 200
분기 진화 245, 283, 291, 312, 295
분기적 과학 발전 316
분명함의 윤리학 463, 473
비가역성(非可逆性) 240
비극(tragedy) 36, 90, 93, 103, 107, 126, 162, 332, 329
비극의 암호 290, 332, 329
비극의 합리성 121
비오스(bios) 156

[ㅅ]

〈사랑과 경멸〉 71
《사물의 본성에 대하여》 584
사변가 205, 207, 208
사회생물학 319
산파술(maieutike) 52
삶을 위한 투쟁 253, 272, 285~287, 341

삶의 미적 구성 220
삽입된 에피소드 91, 92, 425
상동관계(homoligy) 262
상형문자 515
상호적 실현 572, 573
상호적 의미(intersignification) 415
상황 이해 572, 573
생명력 369, 405, 476, 516, 626
생명 윤리 350
생명의 나무 312, 313, 342, 347, 233, 288, 297, 310, 320
생명체 232, 234, 299, 340
생식력 272, 277, 279
생의 선물 615
생활 포이에시스 221~223
서사 욕구 5
서사 인프라 48, 51, 52
서사 취향 13, 43, 275, 278, 641
서사 구조 7, 9, 59, 101, 112, 121, 258, 406, 445, 448, 463, 490, 517, 551
서사적 이해(compréhension narrative) 411, 414, 415, 421
서사적 접근 5
서사적 정체성 5, 42, 419~423
서사적 철학(Tale Philosophy) 147, 151, 152, 154, 157
서사철학(Philisophy of Tale) 52, 147
서사철학적 9, 60, 63, 71, 93, 128, 199, 307, 373
서사 혁명 285
선형성 539, 622
설득력 5, 53, 54, 78, 168, 183, 194, 238, 360, 522
설리(說理) 35, 42, 48, 155
설화 89, 454
성선택 279, 298, 306, 319, 321, 322
세계 구상 전략 465
세계의 구상 56, 57
소우주(micro-cosmos) 393
《소크라테스의 변론》 156, 185
소피스트 24, 29, 31, 78, 166, 168, 196
소피아(sophia) 24
《소피의 세계(Sofies verden)》 152
수사법 29, 78
수사적 반어법 126
수식(數式) 133, 249, 274
순간 원격 이동(teleportation) 538
《순수이성비판》 360, 361, 529
순응주의자(conformist) 563
〈슈렉〉 428, 456, 503, 457,
스토리텔링 5, 11, 43, 50, 56, 59, 60, 152, 172, 324, 326, 590, 591, 628
스토아학파 468
스파르타 162
스핑크스의 수수께끼 103, 105, 120, 122

슬랩스틱 611
슬랩스틱 코미디 610, 611, 612
시각적 감시 553
시각화(visualization) 123,
시간 곡예사 513, 514, 516, 579
시간성 301, 332, 410, 413, 414, 519, 521, 522, 527, 535, 536, 540, 632, 639
시간의 비가역성 240, 257, 332, 334, 595, 596, 611, 620, 632
시간의 재발견 595, 598
시간의 허구적 경험 414, 639, 641
시간의 화살 335, 595, 596
시론(試論) 13, 651
시론의 번식력 651
시뮬라크르 468
시민공동체 96, 162, 193, 195, 197
《시베리아 횡단열차》 538, 541
《신기관(Novum Organum)》 148
《신기한 나라의 앨리스》 370, 371
신비(mystery) 84
신비주의 268, 383, 384
신성(神性) 84, 294
신인동형론(anthropomorphism) 240
신전 수면(神殿 睡眠), 엔코이메시스 204
신탁(神託) 72
신플라톤주의 545

《신학대전(Summa Theologica)》 148
신화 6~12, 31, 37, 64, 71~80, 93, 198
《실용적 관점에서 본 인간학》 561
실재 6, 269, 271
실재성(real presence) 264
실재와 허구 6, 11, 269, 271, 272, 275, 312, 641
실체(實體, substance) 27, 28, 262, 454, 486
실험적 접근 12
실효(實效) 587
실효현실(virtual reality) 48, 437, 514
심메트리아(symmetria) 599, 601
《싯다르타》 151

[ㅇ]

SF(Science Fiction) 46
〈아가멤논〉 107
아가이온 산 182
아나그노리시스(anagnorisis) 344
아나키스트 540, 563
아르케(arché) 27
아우라 100, 570
아이리스의 베일 8, 9
아이올로스의 섬 535
아크로폴리스 114, 478

아포리아(aporia) 183
《알고 보면 무시무시한 그림 동화》 373
알렉산드리아학파 545
앗티케 129
애지자(愛智者) 156
《양손잡이의 우주(The Ambidextrous Universe)》 596
《어른들을 위한 안데르센 동화》 374
《어린 왕자》 372
에레미티즘(eremitism) 437
에세이(essay) 61, 147
에우리메돈테스 161
〈에우메니데스(자비로운 여신들)〉 107
《에우티프론》 156, 173, 174, 183, 222, 179
《에티오피아 대장정》 540, 536
에픽(epic) 521
에필로그 10, 621, 622
엑스터시 614
엘레아 230, 240
《엣세(Les Essais)》 150
《역사 속의 영웅들(heroes of History)》 565
역사적 사실에 대한 풍자 615
역해석의 아포리즘 550, 552
열린 사회 381~388, 392, 398, 440
《열린 사회와 그 적들(The Open Societies and Its Enemies)》 382, 385
열린 세계 405, 408
〈영국 뮤직홀의 밤〉 611
영상문화(visual culture) 513
영상화(visualization) 513
영육분리설 500
영혼 진화설 503
《영혼론》 468
영혼불멸설 232, 500
영화 7, 64, 447, 448, 449, 460, 579, 583, 586, 591, 614, 615, 627, 636
영화 서술 590
오기기아 섬 536
《오셀로》 476
오캄의 명제 350
오프닝 크레디트 631
올바름 183, 207, 210, 221
외부의 구원자 490, 491
용불용설 356
용서 177
우연의 동기 298, 331
우주생성론적 신화 80, 99
〈원더풀 데이즈〉 452, 453
〈월-E〉 355
위장술(eironeia, 에이로네이아) 54, 166, 168, 171, 181, 558, 563, 573
유비(analogy) 250, 558
유비쿼터스 437

유사성(similarity in dissimilars) 260
유전자 결정론 350
유토피아(Utopia) 543
유한성 412
윤리(倫理) 25
윤리적 관성 347~350
윤리학(ethics) 35
은유(metaphor, 메타포) 250, 257
은폐성 132
음모(plot) 646
음원(音原) 586
음향 58, 579, 583, 586, 590, 619, 620, 623
음향효과 579, 586, 587
의외성 140
의인화 162, 193, 215, 252, 335, 404
《의지와 표상으로서의 세계》 615
《이기적 유전자》 316
〈이노센스〉 502
이데아(idea) 496
이동성 543
이미지 48, 51, 262, 383, 384, 415, 459, 583, 619, 626
이야기 공부 6
이야기 짓기 5, 7, 12, 41, 45, 51, 53, 89, 92, 155, 220, 265, 319, 322, 634
이야기 창조의 신 13, 343
이야기 철학 35, 36, 42, 47, 114, 243, 327, 418
이야기의 신(神) 13
이야기의 실재성 301, 303, 304
이야기의 중층 구조 13, 47
이야기의 지형 487, 488, 490
이야기의 진화 327
〈이웃집 토토로〉 491, 492, 495
이타케 644
《인간불평등 기원론(Discours sur l'origine de l'inégalité parmi les hommes)》 150
《인간의 유래》 236, 289, 292, 298, 301, 303, 304, 338
《인간의 유래와 성에 관한 선택》 322
《인간의 조건》 422
인간중심주의 239, 241, 252, 335, 336, 353, 354, 355
인과(因果) 110
인과와 응징의 원리 111, 112
인과율 298, 323, 325, 326
인과적 인식 323
《인구론》 290
〈인디아나 존스〉 537
〈인생은 아름다워〉 611
인식론 6, 529
인식의 일관성 325
인지 137, 139, 140, 267
일관성 150, 325, 370, 423

일시적 존재 495
일치성 29
임박한 죽음 607

[ㅈ]

자리 비움(absence) 75
《자연 종교에 관한 대화(Dialogues concernong natural religion)》 148
자연법칙 6, 100, 230, 249, 257, 272, 273, 296, 302, 306, 332, 350, 353, 408, 434, 435, 592, 602, 603, 632
자연선택(natural selection) 234, 258
《자연선택에 의한 종의 기원, 혹은 삶을 위한 투쟁에서 유리한 종족의 보존에 대하여》 253
자연신학(natural theology) 253
자연철학 29, 30, 32, 177, 528
자유의 신화 546, 547
작화증 49, 110
잔상(殘像) 583, 585, 589, 591, 592
잔실(殘實) 592, 589, 591
잔음(殘音) 588, 589, 592, 586, 587
잠언 134
잠재적 비가역성 603, 616, 610
재현 96, 157, 412, 449, 583~586, 588, 592

절대성 268, 527, 572, 435
접촉의 방식 492
정상과학 315, 316
《정신 현상학》 150, 656
정주성(定住性) 436
정체성(identity) 392
정태적 234, 285, 409
정화(catharsis, 카타르시스) 36
조산술(maieutike, 마이에우티케) 166, 169
《조상 이야기》 311, 317
《존 밀턴의 시집(The Poetical Works of John Milton)》 278
종(種)의 기획 407
《종의 기원》 235, 236, 242, 244, 245, 256, 258, 259, 270, 271, 276, 277, 286, 288, 291, 293, 294, 296, 299
종합영상예술 516
죽음의 기능 605, 607
죽음의 의식 605
줌(zoom) 632
중간계 470
증후군 357, 358
지성주의 384
지식의 나무 313, 342
직관 25
진리(眞理) 25
진지성 504

진화 7, 49, 64, 138, 139, 235~238, 241~245, 250, 258, 259, 264~268, 276, 277, 282, 283, 300, 324, 358
진화 서사 243, 298, 307, 313, 411
진화론 238, 245, 250, 258, 259, 264, 266~268, 276, 282, 283, 290, 299, 300, 327, 333, 342, 347, 351, 355
진화생물학 49, 283, 314, 315, 110
진화심리학(Evolutionary Pschology)244, 245, 137, 318, 319,
진화의 종점 354, 356, 358, 362

철학의 임무 652
철학의 현실화 130, 430
《철학자 열전》 25, 131, 188
청각구술문화 154, 516
청각문화 513
청음문화 579
추론 28, 34, 79, 236, 239, 240, 255, 262, 281, 300, 303, 309, 312, 322, 323, 324, 352, 529
《출구 없는 방》 151
〈치킨 런(Chicken Run)〉 456
친화성 238, 245, 411
칠현자, 일곱 명의 지혜로운 자 25

[ㅊ]

차원의 상대성 632, 636
차이성 392, 426, 427
창작 9, 51, 59, 92, 140, 153, 205, 223, 265, 271~273, 402, 440, 462, 641
창조 7, 13, 51, 52, 56, 60, 63, 125, 136, 164, 171, 181, 234, 251, 255, 272, 331, 333, 339
창조된 배우 459, 462
창조론 139, 255, 272, 284, 285, 311
천동설 231, 658
철학 게임 157
철학 소설 151, 152, 157
철학 희곡 157

[ㅋ]

카오스 222, 223
카툰(cartoon) 522
《캉디드(Candide ou l'optimsime)》 151
《캔터베리 이야기(Canterbyry Tales)》 317, 655
컨텍스트(context) 62
《켈트 이야기》 537, 543, 546, 656, 537
코라(chora) 528
《코르토 말테제(Corto Maltese)》 522
코린토스 94, 102, 103, 106, 120
코믹 스트립(comic strip) 522

코믹스(comics) 522
코스모스(cosmos) 393
〈코에포로이(제주를 바치는 여인들)〉 107
콘텐츠 11, 50, 52, 59, 60, 62, 383, 384
크레테 섬 182, 477
크로니아(chronia) 553
크리톤 코드 192
《크리톤》 156, 174, 175, 177, 190~193, 212, 214, 222
클로즈업(close-up) 586
클루지(kluge) 137, 138, 140, 141, 654

[ㅌ]

타르타로스 182
타우리케 39, 129, 655
타자 42, 43, 96, 354, 355, 398, 400, 401, 405, 408, 409, 415, 417, 419, 420, 421, 423, 424, 425, 426, 428,
타자성(他者性) 570
탈과학화 318
탈리오의 법칙 110, 116
탈신화화 369, 431
테바이 94, 98, 101, 103, 106, 120, 124, 128
테트라로기아(tetralogia) 156, 157, 174~178, 183, 191~194, 202, 206, 222
텍스트 7, 8, 58~63, 80, 147, 148, 150, 151, 152, 157, 172, 257, 268, 270, 272, 276, 279
텍스트 분석 8, 13
텍스트 탐구의 방식 61, 373, 377
〈토이 스토리(Toy Story)〉 456
토피아(topia) 543
통합성 580
투쟁 72, 253, 272, 275, 284~287, 289~291, 299, 300, 311, 323, 339, 340, 341, 328, 385, 518, 569, 627
트라우마 472, 488
〈트로이(Troy)〉 75
트로이아 전쟁 75, 76, 94, 98, 109, 535, 536, 647
《티마이오스》 57, 528, 529

[ㅍ]

《파우스트》 151
〈파이널 판타지(Final Fantasy)〉 456, 458
《파이돈》 156, 174, 175, 177, 197~202, 204, 206, 215, 216, 498, 500, 580, 582, 601

판타리얼리티(fanta-reality) 496
판타지(fantasy), 판타지아(phantasia), 환상 263, 409, 453, 456, 458, 459, 469
〈8월의 크리스마스〉 604, 605, 620, 635, 636, 661
패러다임 251, 313, 315, 316, 347, 353, 463, 499
패턴 63, 566, 635, 637
페르시아 전쟁 94, 161, 162
페어리 테일(fairy tale) 404
페이소스 613
펜터마임 612
펠로폰네소스 전쟁 94, 162, 165, 196
편견의 부당성 631
편집 140, 313, 586, 648, 650, 651
포이에시스(poiesis) 13, 36
포이에인(poiein) 36
〈폴라 익스프레스(The Polar Express)〉 458
폴레모스 627
폴리스 94, 96, 161, 195, 478
표상 77, 78, 135, 252, 361, 440, 468, 486, 576, 615, 616, 655
표음문자 515
표의문자 515, 518
풍자 93, 133, 295, 550, 611, 612, 614, 616

풍자시 550
프락시스(praxis) 36, 156
프랑크푸르트 학파 150
프레임 서사 560, 561
프롤로그 10, 622, 623, 652
프시케(psyche) 500
플롯(plot) 647
《피너츠(Peanuts)》 522
〈피노키오(Pinocchio)〉 460
〈피노키오(The Legend of Pinocchio)〉 460
피시스(physis) 130, 155, 499
피타고라스 학파 252
《피터 팬》 372
픽션 53, 327, 592
필로뮈토스(philomythos) 13
필로소피아(philisophia, 愛智) 23
필연성 31, 37, 40, 90, 117, 140, 162, 326, 329, 331, 391, 433
필연화 298, 331

[ㅎ]

하이퍼스타(hyperstar) 570
하이퍼텍스트(hypertext) 435, 437, 438
하이퍼텍스트 사회 435, 437, 438
학문 23, 25, 27, 34, 35, 42, 58, 60, 83,

139, 150, 177, 198, 242, 271, 319, 327, 353, 355, 361
《학예론(Discours sur les sciences et les arts)》 150
합리성 31, 84, 85, 89, 92, 97, 100~103, 105, 106, 119, 121, 131, 135~137, 139, 140
합리성의 비극 121
합리적일 수 있는 동물(animal rationabile) 136, 139
합리주의 151, 383, 384
합일 202, 427, 625, 626, 627, 638
해피엔딩 277, 345, 486, 490, 491, 645, 646
해학 92, 198, 336, 370, 616, 619, 627
행동생태학 319
행동하는 사변가 206, 208
허구 6, 8, 11, 42, 43, 45, 54, 199, 220~222, 240, 262, 267, 268, 270
허구의 신 343
허구의 실재성 199
허구적 놀이 414, 641
허위(falsum) 273
현실화(actualization) 130
현존(presence) 75
〈형사 Duelist〉, 듀얼리스트 620
형상화 422, 423
형이상학 27, 35, 36, 40, 57, 79

형질 245, 255, 256, 294, 307, 308, 321, 356
형질 분기(分岐)의 원리 255
호모 루덴스 506
《호모 루덴스》 507
호모 사피엔스 135, 139
호소력 567
혼재(混在) 84, 222, 479
혼합문화 547
혼화(魂畵) 64, 376, 447
홀로그램 46
화자(話者) 54
환상 7, 76, 215, 217, 222, 281, 372, 410, 422, 449, 450, 452~454, 456, 458, 459, 460~462, 467~471
환상예술 450, 462, 502, 653
환상의 경로 452~454, 472
활동영상 585, 591
〈황금시대(Golden Age)〉 644
회귀의 서사 125, 126, 645
훌륭함 221, 476, 477, 506
훗날의 이야기 643~647
희곡 51, 151, 157, 476, 590, 591
희극 93, 329, 342, 344, 414, 487, 504, 558, 571, 612, 613

2. 인명 찾아보기

[ㄱ], [ㄴ]

가드너(Gardner, Martin) 370, 596
가아더(Gaarder, Jostein) 152, 153
가이아 100, 180
갈릴레이(Galilei, Galileo) 148,
　　230~232, 239, 149, 640
고다르(Godarrd, Jean-Luc) 71, 72
괴테(Goethe, Johann Wolfgang von)
　　151
굴드(Gould, Stephen Jay) 356
그린(Green, Brian) 46, 152, 238, 281,
　　312, 373, 470, 599, 604, 631,
그림 형제(Grimm, Jacob Ludwig Carl
　　and Wilhelm Carl) 373, 375, 470
기곤(Gigon, Olof) 81, 83
기어츠(Geertz, Clifford) 324
김문생 452, 660
김소진 385, 386, 652
김연수 282, 281, 652
네루다(Neruda, Pablo) 567
네슬레(Nestle, Wilhelm) 77, 78
뉴턴(Newton, Sir Isaac) 285, 332, 584,
니체(Nietzsche, Friedrich) 13, 29, 96,
　　422, 652

[ㄷ], [ㄹ]

다 빈치(da Vinci, Leonardo) 530, 584
다윈(Darwin, Charles) 232~322,
　　335~354, 636, 655~659, 665, 676
다이달로스 477, 478
다이슨(Dyson, Freeman) 285, 345, 375
단테(Dante, Alighieri) 565
데닛(Dannett, Daniel) 313
데모크리토스 47
데카르트(Descartes, René) 150
도킨스(Dawkins, Richard) 311~350,
　　314, 330
뒤마(Dumas, Alexandre) 125, 652
듀랜트(Durant, Will) 565
디오게네스 라에르티오스 25, 131,
　　188, 213
디오니소스 94
디킨스(Dickens, Charles) 251
딜즈-크란츠(Diels, Herman-Kranz,
　　Walter) 148
라브다코스 98, 126
라이엘(Lyell, Charles) 242
라이오스(가문) 16, 86, 97~105, 111,
　　120, 125, 126, 131
라이프니츠(Leibniz, Gottfried Wilhelm)
　　151
라카생(Lacassin, Francis) 518, 652

찾아보기 | 677

랍비 모이세스 데 레온(Moisés de León) 44
랑(Lang, Friz) 72, 74, 75, 78
래스터(Lasseter, John) 456, 463, 479
랜드(Rand, Ayn) 372
랭보(Rimbaud, Jean-Nicolas-Arthur) 540, 567
러니어(Lanier, Jaron) 302, 303, 351
러셀(Russell, Bertand) 137
러스키(Luske, Hamilton) 460
레비-스트로스(Lévi-Strauss, Claude) 260, 261, 653
레빈(Levin, George) 250, 251, 270, 271, 274, 313
레이아 181
로드(Lord, Peter) 456
루소(Rousseau, Jean-Jacques) 150, 653
루크레티우스(Titus Lucretius Carus) 584
리시아스 189
리쾨르(Ricoeur, Paul) 412~414, 418, 421~423, 639, 653

[ㅁ], [ㅂ]

마레(Marais, Jean) 460
마르셀(Marcel, Gabriel) 643
마르크스(Marx, Karl) 62
마이어(Mayr, Ernst) 241, 283, 284, 302, 312, 313, 353, 581
마커스(Marcus, Gary) 137~140, 653
마키아벨리(Machiavelli, Niccolò) 150
맥스웰(Maxwell, Gavin) 284, 600
맥이완(McEwan, Ian) 417
맥클라우드(McCloud, Scott) 515, 516, 519, 520, 561, 653
맬서스(Malthus, Thomas Robert) 287, 290, 291
메넬라오스 75, 108
메데이아 94, 654
메티스 100, 182
멜레아그로스 90
멜레토스 184
모노(Monod, Jacques) 330
모어(More, Thomas) 57, 279, 541, 543
몽테뉴(Michel de Montaigne) 150
미노스 477
미노타우로스 477
미야자키 하야오 492, 494, 654, 660
미테랑(Mitterrand, François) 546
밀러(Miller, Geofffry) 319, 321, 323, 327
바누아(Vanoye, Francis) 590, 653
바르도(Bardot, Brigitte) 71
바이츠제커(Weizäcker, Carl Friedrich

von) 78, 80, 429
배런(Barron, Steve) 460
배로스(Barrows, Kate) 476, 653
배리(Brrie, James) 372, 627, 635
백시(Bakshi, Ralph) 453~455
버나드 쇼(Bernard Shaw, George) 331
버로우(Burrow, John) 236, 277
베니니(Benigni, Roberto) 610~618
베르그송(Bergson, Henri) 382~384,
 403, 433, 440, 566, 653
베이컨(Bacon, Francis) 148, 290
보르헤스(Borges, Jorge Luis) 12, 43,
 45, 221, 222, 275, 653
보이드(Boyd, Brian) 327
볼츠만(Boltzmann, Ludwig Eduard) 347
볼테르(Voltaire) 151, 568
뷔퐁(Leclerc de Buffon, Georges-Louis)
 352
뷰캐넌(Buchanan, Mark) 358, 359
브리세이스 74, 76
비어(Beer, Gillian) 103, 250~279, 284,
 288, 311, 322, 331~344, 540
비코(Vico, Giambattista) 123,

[ㅅ], [ㅇ]

사르트르(Sartre, Jean-Paul) 151

사카구치 히로노부 456
사티로스 93
살마키스 82, 85, 140, 141
생텍쥐페리(Antoine de Saint-Exupéry)
 372
샤프스틴(Sharpsteen, Ben) 460
샤프하우젠(Schaffhausen, Hermann)
 237
세르반테스(Miguel de Cervantes
 Saavedra) 44, 653
셰익스피어(Shakespeare, William) 44,
 278, 476, 565, 653
소넨필드(Sinnenfeld, Barry) 627, 635
소버(Sober, Elliott) 336
소크라테스 24, 29~34, 54, 79, 148,
 154~181, 422, 500, 558, 580, 656
소포클레스 39, 76, 93, 94, 98, 102,
 122~129, 653
쇼펜하우어(Schopenhauer, Arthur) 615,
 654, 615
슐츠(Schulz, Charles Monroe) 522,
 550~559, 571, 573, 654
스넬(Snell, Bruno) 80, 81, 654
스미스(Willard Christopher Smith) 628
스탠턴(Stanton, Andrew) 355
스테넬로스 108
스테이플던(stapledon, Wiliam Olaf)
 346

스토브(Stove, David) 354
스필버그(Spielberg, Steven) 56, 537
싯다르타(Gautama Siddhārtha) 151, 566
아가멤논 39, 76, 77, 107, 109~111, 120, 127, 654
아낙시만드로스 27, 32, 352
아낙시메네스 32
아도르노(Adorno, Theodor Wiesengrund) 150
아레스 114, 129
아렌트(Arendt, Hannah) 422
아르테미스 85, 109, 129, 131
아리스토텔레스 5, 27, 35~42, 89~93, 114, 136, 140, 148, 206, 232, 259, 273, 326, 413, 468, 487, 557, 644
아사 그레이(Grey, Asa) 340
아스클레피오스 203, 315
아에로페 108, 109
아우구스티누스(Augustinus, Aurelius) 413
아이기스토스 76, 108, 109
아이스킬로스 14, 76, 93, 94, 99, 107, 109, 111, 113, 127, 129,
아인슈타인(Einstein, Albert) 284, 600
아퀴나스(Aquinas, Thomas) 148
아킬레우스 73, 75
아테나 14, 85, 100, 114, 116, 121, 124

아트레우스 77, 97, 107~111, 118, 129
아트레우스(가문) 77, 87, 97, 107~118
아폴로도로스 200
아폴론 101, 111, 113, 120, 129, 203
안데르센(Andersen, Hans Christian) 64, 374~377, 388, 394, 400~410, 418, 425~428, 432, 654, 669
안드로마케 76
알크마이온 89
애덤슨(Adamson, Andrew) 456
애덤슨(Adamson, Robert) 503
에리니스 113~117, 122, 128, 129
에우리스테우스 108
에우리피데스 39, 76, 94, 99, 129, 654
에우티프론 156, 173~176, 179~184, 208, 209, 215, 222
에케크라테스 200, 206
에코(Eco, Umberto) 36, 56, 164, 308, 550, 558, 562, 652, 659
에피쿠로스 468
엔데(Ende, Michael) 532, 654
엘렉트라 39, 76, 94, 110, 111, 120, 127, 652, 653
오디세우스 71, 72, 535, 536, 548, 644, 646, 647
오레스테스 76, 89, 94, 108~129
오비디우스(Publius Ovidius Naso) 123, 654

오시이 마모루 502, 660
오이디푸스 89, 94, 96, 98, 101~105, 120~132, 137, 653, 654
오케아노스 28, 78
옹(Walter J. Ong) 513
와인스타인(Weinstein, Harvey) 53
우라노스 99, 100, 113, 181
우라야마 아키토시 374, 375, 654
울프(Woolf, Virginia) 251
월퍼트(Wolpert, Lewis) 323, 324, 325, 327
윌슨(Wilson, Edward) 313, 350, 351
윌슨(Wilson, Robert McLiam) 420
이명세 619, 622, 660
이아손 94
이오카스테 84, 99, 103
이피게네이아 39, 76, 85, 107, 129, 654

〔ㅈ〕, 〔ㅊ〕

잭슨(Jackson, Peter) 453, 454, 455
잭슨(Jackson, Rosemary) 502, 654
저메키스(Zemeckis, Robert) 456, 458, 459, 461
제우스 99, 100, 111, 113, 182
존스(Johnes, Steve) 294, 313, 331, 358, 376, 537, 654, 671
짐머(Zimmer, Carl) 244
짐멜(Simmel, Georg) 150, 329, 338, 435
채플린(Chaplin, Charlie) 610~613
초서(Chaucer, Geoffrey) 317, 474, 654

〔ㅋ〕, 〔ㅌ〕

카드모스 98, 126
카산드라 76
카시오페이아 532
칸트(Kant, Immanuel) 35, 136, 139, 150, 360~362, 529, 530, 560, 654
칼라일(Carlyle, Thomas) 44, 565, 566, 654
칼립소 536
캐럴(Carroll, Lewis) 313, 370
캠벨(Campbell, Joseph) 566, 568, 570, 654
커니(kearney, Richard) 43, 411~425, 428, 529
커즈와일(Kuzweil, Ray) 63
컨(Kern, Stephen) 530, 537, 654
케베스 177
케팔로스 31
코스마이즈(Cosmides, Leda) 244

코크런(Cochran, Gregory) 356
코페르니쿠스(Copernicus, Nicolaus) 231, 285, 640
콕토(Cocteau, Jean) 460
쿤(Kuhn, Thomas) 276, 315
크라우스(Kraus, Karl) 556
크라우스(Krauss, Lawrence) 600
크레온 128
크로노스 99, 112, 181, 182, 553
크리시포스 108
크리톤 156, 162, 174, 175, 177, 190
크산티페 163, 198
크세노파네스 240, 352
클라인(Klein, Melanie) 476
클리타임네스트라 76, 109, 110, 113, 121, 128
키류 미사오 373, 375
키르케 536
키케로(Cicero, Marcus Tullius) 29
타타르키비츠(Tatarkiewicz, Wladyslaw) 601, 654
탄탈로스 108
탈레스 27~29, 32, 79, 80, 83
탈로스 108, 477, 478
테세우스 129
테이레시아스 126
테티스 28, 78
텔레포스 90

토머스 모어(More, Thomas) 57, 541
톨킨(Tolkien, John Ronald Reuel) 462, 469, 479
투비(Tooby, John) 244
투키디데스 356, 357
트라실로스(Thrasyllus, Claudius) 155
티에스테스 90, 108, 109

[ㅍ], [ㅎ]

파르메니데스 32~34, 230, 449
파리스 75, 76, 85
파브르(Fabre, Jean Henri) 282, 283
파이돈 200, 206
파크(Park, Nick) 456
페넬로페 72, 535, 536, 644~647
페르딕스 477
페르세우스 565
페리클레스 162
페테르센(Petersen, Wilfgang) 75, 76
펠로페이아 108
펠롭스 108
펠리니(Felini, Federico) 551
포세이돈 92
포퍼(Popper, Sir Karl Raimund) 377, 382~386, 403, 432, 436, 440, 655
폴릭세네 75

폴리보스 102
프라트(Pratt, Hugo) 522, 531, 536~540,
　　546, 548, 553, 568, 655
프로메테우스 72
프로이트(Freud, Sigmund) 78, 285
프리고진(Prigogine, Ilya) 137, 334,
　　596, 598, 599, 656
프리아모스 74
플라톤 23, 31, 39, 54, 78, 148,
　　154~157, 162, 170, 185, 199~206,
　　212, 222, 246, 284, 467, 496~500,
　　528, 445, 557, 582, 601
피츠제럴드(Fitzgerald, Francis Scott
　　Key) 568
피카소(Pablo Picasso) 272, 557
피타고라스 39, 252
피트(Pitt, William Bradley) 75
필라데스 121, 129
핑커(Pinker, Steven) 313
하디(Hardy, Thomas) 251
하버마스(Habermas, Jurgen) 420
하위징아(Huizinga, Johan) 10, 436, 507
하이데거(Heidegger, Martin) 132
하이젠베르크(Heisenberg, Werner Karl)
　　285
해밀턴(Hamilton, Wiliam D.) 314
핸드(Hand, David) 463, 470
행크스(Hanks, Thomas Jeffrey) 458

허진호 604, 607, 635, 661
헉슬리(Huxley, Thomas Henry) 293,
　　307, 351
헤겔(Hegel, Georg Wilhelm Friedrich)
　　33, 150, 573, 656
헤라클레스 565
헤라클레이토스 28, 29, 131~134, 627
헤르마프로디토스 69, 82, 85, 141
헤세(Hesse, Hermann) 151
헤시오도스 80~83, 99, 133, 181, 656
헥토르 72, 75
헬레네 76
호메로스 38, 74, 75, 80~83, 500, 535,
　　647, 648, 656
황선미 376, 394, 402~408
휠덜린(Hölderlin, Friedrich) 74, 75, 656
흄(Hume, David) 148, 355, 422
히치콕(Hitchcock, Sir Alfred) 450
히파티아 545, 546
히포다메이아 108
히포크라테스 150

찾아보기 | **683**

서사철학 Philosophy of Tale

지은이 | 김용석

1판 1쇄 발행일 2009년 10월 26일
1판 3쇄 발행일 2010년 10월 18일

발행인 | 김학원
편집인 | 선완규
경영인 | 이상용
편집장 | 위원석 정미영 최세정 황서현
기획 | 임은선 박인철 김은영 박정선 김희은 김서연 정다이
디자인 | 김태형 유주현
마케팅 | 하석진 김창규
저자·독자 서비스 | 조다영 함주미 (humanist@humanistbooks.com)
스캔·출력 | 이희수 com.
조판 | 홍영사
용지 | 화인페이퍼
인쇄 | 청아문화사
제본 | 광신제책

발행처 | (주)휴머니스트 출판그룹
출판등록 | 제313-2007-000007호(2007년 1월 5일)
주소 | (121-869) 서울시 마포구 연남동 564-40
전화 | 02-335-4422 팩스 | 02-334-3427
홈페이지 | www.humanistbooks.com

ⓒ 김용석 2009

ISBN 978-89-5862-292-5 03100

만든 사람들

기획 | 선완규(swk2001@humanistbooks.com), 유은경, 김서연
편집 | 박민영
찾아보기 | 유재미
디자인 | 민진기디자인